本书得到国家社会科学基金支持

儒家哲学文库
rujiazhexuewenku

山东社会科学院文化所舜耕文化基金赞助出版

涂可国 主编

儒学与人的发展

涂可国　著

齐鲁书社

涂可国　男，1961年生，湖北省麻城市人。1984年毕业于武汉大学哲学系，1997年破格晋升为副研究员，2001年晋升为研究员，长期从事儒学、哲学和文化研究。2003年起担任山东社会科学院儒学研究所所长，2009年3月改任文化研究所所长。兼任山东孔子学会副会长、山东省哲学学会副会长、中国人学学会常务理事、中国历史唯物主义学会理事、中国实学学会理事等，被聘为山东大学儒学高等研究院学术委员会委员、中国孔子基金会学术委员会委员、中国孔子研究院特聘研究员。独著、主编及参著近二十部学术著作，主要有《社会哲学》（独著）、《儒家哲学文库》（主编）、《鲁商文化概论》（主编）、《2010年山东文化蓝皮书》（主编）、《中国文化新体系》（主编）、《儒学与实学及其当代价值》（副主编）、《社会主义思想道德文化概论》（副主编）、《走入哲学史的塑造论哲学》（副主编）等。在《哲学研究》、《文史哲》、《齐鲁学刊》、《社会科学辑刊》等重要刊物上发表文章二百余篇。

儒家哲学文库编委会

重建儒家哲学（总序）

在当代世界经济政治文化不断向全球化与本土化双向扩展的历史背景下，加强儒家哲学研究是发展中国哲学事业的迫切要求与重要途径。儒家哲学自从孔子创立以来经历了两千多年的发生发展演变过程，其内容随着不同历史时期儒家人物的不断诠释与重构，愈来愈丰富多样、博大精深；其叙述方式与主题形态也不断发生着改变。虽然儒家哲学的系统化研究从20世纪初伊始已达一百多年的历史，但是当今加强儒家哲学研究仍然"任重而道远"。

一、儒家哲学的基本内涵及主要特征

在我看来，"中国哲学"大致具有广义、中义和狭义三种指向。狭义的"中国哲学"主要是指近代以前的中国古代哲学；中义的"中国哲学"是指由中国学人通过创造性思维所生发出来的各种哲学思想，包括从古到今的各种哲学如先秦儒家哲学、两汉经学、魏晋玄学、宋明理学、现代新儒学，以及近代以来中国哲学家自身所提出来的各种哲学创新性理论（如新时期在中国本土上所发展起来的人学、社会哲学、价值哲学、经济哲学、政治哲学等）；而广义的"中国哲学"除了包括中义中国哲学所容纳的各种哲学思想外，还包括作为研究形态的外国哲学（主要是西方哲学）和马克思主义哲学。同样的，儒家哲学也有广义、中义和狭义之分。狭义的儒家哲学单指中国古代不同历史时期儒家所创立的哲学思想；中义的儒家哲学不仅包括古典儒家哲学理论，还包括现代新儒家所创造的各种哲学思想;广义儒家哲学则在中义儒家哲学基础上还容纳了各种儒家哲学研究成果。应当承认,古典儒家哲学文本尚没有发现有系统化的哲学理论建构,而现代新儒家有许多站在理论理性层面提出了较为体系化的哲学思想。

从儒家哲学的基本内容和逻辑结构来看,按以往哲学分类,它包括以天人合一为特质的本体论、以知行合一为特征的认识论、以阴阳五行为基本内容的辩证法和以以民为本为主体内涵的社会历史观。笔者曾在《社会哲学》一书中提出,如果按照哲学对象来构建哲学理论体系,那么可以把它看做是由一总(即研究整个世界一般本质和普遍规律的本体论哲学)、二分(即自然哲学和社会哲学)构成的知识体系。自然哲学包括物理哲学、化学哲学、宇宙哲学、自然辩证法等分支。而社会哲学也即广义社会哲学,它包括历史哲学、人类哲学和中义社会哲学,中义社会哲学则由文化哲学(文艺哲学、宗教哲学、科技哲学、语言哲学……)、狭义社会哲学(经济哲学、政治哲学、法律哲学、管理哲学……)所组成。广义社会哲学也可称为普通社会哲学(或一般社会哲学),其他社会哲学则可称为分支社会哲学①。根据上述对一般哲学内容的规定,儒家哲学大致应包括儒家自然哲学、历史哲学、道德哲学、人类哲学、文化哲学、经济哲学、政治哲学、法律哲学、管理哲学、宗教哲学、教育哲学等。由邵汉明等著的《儒家哲学智慧》(吉林人民出版社2005年版)也对儒家哲学进行了全面的梳理,把儒家哲学分为儒家政治哲学、自然哲学、认识哲学、人生哲学、道德哲学、历史哲学、教育哲学、艺术哲学、军事哲学九个方面。

对于儒家哲学的主要特征,前贤已作了大量有价值的分析与概括,我认为它大致表现在以下几个方面。

---

① 参见拙著《社会哲学》,山东人民出版社2001年版,第4~5页。

一是社会性。在某种意义上可以说，儒家哲学即是社会哲学，这一点，南开大学已故中国哲学史家刘文英教授早已指出。尽管儒学体系中并没有排除对宇宙自然的沉思，如天道学说，但是，一则儒家对天道的追问是为了推演人道及社会历史的常道常理，二则儒家往往把自然之天伦理化、人道化、社会化，三则儒家致思的重心与进路主要放在对人伦政治与理想社会的构建上，因而儒家哲学从总体上表现为社会政治哲学。

二是人文性。正如杜维明先生所指出的，儒学一定意义上就是人学。作为中华文化的主干与核心，儒家哲学源远流长、博大精深，其中最主要的包括两个方面：一是政治哲学思想。历代儒家人物提出了大量关于国家与社会的治道、政道、为政之道等政治智慧。二是人学思想。儒学提出并阐发了极为丰富的有关人生哲学、人生哲理等人生智慧思想。这其中最引人注目的是儒学所提出来的关于为什么要做人、做什么样的人以及如何做人等人学思想。从哲学上说，儒家所阐发的做人思想深刻揭示了做人的意义、目的、理想、途径、方法等为人之道，它展现了人为何存在、向何存在、怎样存在等涉及人的生存与发展问题。在儒家看来，真正的学问就是学做人，从某种意义上说儒学就是为人之学，其理论的基本旨趣就是讲述做人的道理。历朝历代儒家人物把主要精力放在对心性、天人、情欲、身心、境界、修养、生死、待人、处世等人的根本性问题思考上。

三是伦理性。这一点可以从以下几个方面进行理解：首先，儒学本质上是一种以家族主义伦理为核心的道德哲学，由《四书》、《五经》所凸现出来的根本命题就是以伦理为本位，以成就圣贤、君子、大丈夫、大人等道德人格为旨归，从而展现出泛伦理主义的思想倾向；其次，儒家道德哲学在整个儒学体系中内容最丰、创获最大、影响最具，它最为广泛地阐述了诸如仁、义、礼、智、信、诚、孝、亲、敬、忠等伦理范畴，深刻地提出了仁者爱人、忠恕而行、见利思义、诚以待人、孝亲为大、和而不同、存理灭欲等道德规范，其伦理学说对儒家文化圈乃至西方世界产生了很大影响；再次，儒家把伦理推及于整个社会生活领域，尤其是儒家哲学致力于政治伦理化与伦理政治化，在为政之道上，它强调“德治”和“礼治”，强调外王必须立足于内圣，强调齐家治国平天下应以诚心正意修身为根基。

四是直观性。作为生长在中华民族国度里的本土哲学，儒家哲学自有其特有的治学传统、思维模式、文化土壤与社会基础。与西方哲学注重于知识性的论证和概念性的思辨不同，儒家哲学具有以下独特的性格：(1)儒家哲学实践理性发达，侧重于生活实践，极力倡导人的圆善智慧与待人处世之道这类现实品格修行，追求知行合一、学行合一，因而可名之为生命的学问；(2)儒家哲学的运思方式凸显直观性与模糊性，讲究随机点拨，注重运用自己民族特有的符号系统与言、象、意之辨，经验直观地去把握和领会对象的底蕴，强调感悟、直觉与体知，而不太注重概念的清晰性和逻辑性，尽管儒家也大量运用如阴阳、动静、心性、善恶、理气、一多、内外、常变等哲学对偶范畴，对宇宙人生的常道常理进行理性思考，但缺乏概念的逻辑推演；(3)如果说西方哲学侧重于强调主客二分的两极思维模式的话，那么儒家哲学则更加注重天、地、人、物、我之间的相互感通与整体和谐，强调天、人、物、我主客身心的相依相待与相济相成，致力于把天与人、身与心、自然与名教、个体与整体、生命与意境有机结合起来；(4)儒家哲学宗教性特征较为明显。在传统中国社会，儒学虽然不是严格意义上的宗教，但它承担着宗教的功能，可以视之为准宗教和亚宗教。尽管子不语怪力乱神，并提出“未知生，焉知死”、“未能事人，焉能事鬼”等论断，后世儒家也较为排斥道佛等宗教，但是在儒家哲学思想体系中也容纳了一些天命论、神道论等宗教神学内容，特别是宋明理学吸收了道家、佛家等宗教义理的内容，况且，儒家也提出了一些类似于宗教教义、用于指导人安身立命的终极关怀和道德信仰思想，这些都表明儒家哲学具有宗教性特点。

二、重建儒家哲学的必要性和可能性

自从中国哲学学科创立以来，中国哲学的合法性就遭到一些人的怀疑与否定。进入新世纪，中国哲学合法性重新被提了出来。在中国哲学合法性危机的语境下，提出重建儒家哲学是否必要与可能，是一个值得深思的问题。

我认为，重建儒家哲学具有极其重要的意义，这主要表现在以下两个方面：

一是有助于丰富与完善中国哲学体系，为整个中国哲学重建提供宝贵的历史文化资源。儒家哲学具有悠久的历史性和丰富的多样性，历代儒家根据特定的思想传统、文化资源、社会条件与历史背景推动着儒家哲学的发展。在先秦，儒学即为显学，儒家学派就成为中国哲学思想史中最重要的学派。儒学以强势的道德意识及政治理想成为贯穿中华民族历史的主流价值观。儒家的创始者孔子教导“为仁”的原理以后，各个时代的儒家学者都对人类自我修养及超越的可能提出各种设计，他们所共同承认并以此为基础而发展其本身的思想观点，即是透过这些人类自身由内而外的功夫修养，追求并达到儒家理想的社会政治体制和文化理想。原始儒家是继承中华远古文明思想而来，并特别重视国家社群的维护及个人修养的实践。先秦儒学的理论重点在于思想生活化的落实（如孔子的《论语》与儒家社会哲学精神之提出，孔子的礼乐教化思想，及孟子的行仁政观点等）。简言之，《论语》标出圣人境界的理想，《孟子》说出修养功夫哲学及性善主张的人性论观点。《中庸》明确提出化天道为有德的德性本体论主张，而《易传》即基于上述的德性思想而提出宇宙论世界观。汉儒在解经的过程中加入了当时的科学知识所提供的宇宙论观点，强调天人的互动性。汉以后儒家理论衰微，中国哲学思想的主要课题转向道家与道佛两教的宗教哲学之中。北宋五子的出现,反映了整个时代的精神生活文明已回到儒家本位中来。儒学发展至当代,当代新儒家熊十力、牟宗三、唐君毅等在经历西方哲学挑战之后重建理论体系,成为当代中国哲学发展中最具有创造力的一套哲学思想。对儒家哲学文本进行创造性解读与分析,可以为儒家哲学重建提供丰富的思想资源,而现代新儒家的哲学思想如新理学、新道学等本身就构成了儒家哲学的现代形态。虽然中国大陆学者把儒家哲学作为信仰体系来加以倡导和构建的人不多,但是把儒家哲学研究作为终身职业却被越来越多的人所接受,而这本身即有力地促进了儒家哲学的发展。同时,加强对儒家哲学的研究,不仅可以为马克思主义哲学和西方哲学的研究提供参照系、精神动力和思想资源,还可以为中国哲学各分支学科的发展提供思想素材、知识背景与方法规范。此外,现有的儒家哲学研究也存在着许多薄弱环节与问题:除邵汉明等人的《儒家哲学智慧》之外,对儒家哲学进行系统化、体系化的研究论著还比较少;对儒家许多二线思想家哲学思想的挖掘还有待于进一步开拓;对有关儒家哲学的一些范畴、命题、概念、观点也没有真正做到客观的认知与真切的把握,例如《论语》中的“仁”字到底是否是“人”字的误用还存在很大的争议。为此,儒家哲学的重建工作就成为一个较为迫切的时代课题。

二是有助于挖掘儒家哲学的丰富资源,为当代人提供人生智慧、道德规范、行为指导和精神动力。儒家哲学并不是无用的过时的哲学,它对于当前的社会发展与个人发展都具有现实作用。这主要取决于以下两点:首先,儒家哲学具有普世性。对儒家哲学普世性的品格,中国社会科学院李存山先生作了系统阐发。我认为,儒家哲学之所以具有普遍性特质,是因为儒家哲学虽然生长在中国传统的自然经济和小农经济基础之上,然而它所要面对和解决的问题如天人、身心、善恶、己他、公私、义利、贫富等,在当代仍在困扰哲人心智；无论是古人还是今人都具有共同的实践结构、社会关系结构和社会环境结构，这些反映到哲学思想中来，使得传统儒家哲学的思想内容在当代仍具有借鉴和启发作用，仍可以为当代人更好地生存和发展提供人生智慧、行为规范和精神动力；哲学的最大特点就在于传承性、抽象性和普遍性，为儒家哲学所创造和运用的各种哲学范畴与原理仍然可以为当代人进行合理的思维和实践活动提供世界观背景和方法论规范。其次，儒家哲学具有丰富性。儒家哲学历史悠久、博大精深、学派林立——孔子之后，儒分为八，从纵向上看，儒家哲学也经历了先秦儒学、汉代经学、魏晋玄学、宋明理学、清代朴学以及现代新儒学等不同的发展形态，这些都为儒家哲学宝库增加了丰富的思想内涵。如前所述，儒家哲学包含着对自然、社会、历史、人生、文化、教育、科技、法律、政治、道德、管理等众多问题的形而上思考，提出了多种多样的哲学命题、哲学范畴与哲学观点，这些至今仍闪耀着真理的光辉，仍是值得吸取的宝贵精神财富，如儒家的民本思想、忠恕之道、礼让情怀、仁义精神、天地境界、诚信观念、求实风格、经世思想、权变态度、中庸方法、贵和理念等，对于现实人生导向与社会理想构建都具有普遍的指导意义。

那么，重建儒家哲学具有多大的可能性呢？

第一，儒学思想体系中包含着大量的哲学知识。在今天，许多人主张要远离乃至抛弃儒家哲学的研究范式，而专注于中国儒家思想；有的主张应从儒家哲学回归到儒家研究，以对儒家经史子集的研究代替儒家哲学研究。我认为，对儒家思想与儒家经学的研究，既无必要也不可能排斥对儒家哲学的研究，这两方面可以并行不悖、共同发展。要知道，在儒学体系中，本身就包含着极为丰富的哲学思想。在我看来，任何对自然、宇宙、人生、文化等对象领域根本性与普遍性问题（本原、规律、过程、结构等）进行概念、逻辑、理性和抽象式思考、体认与追溯，都可以构成哲学。按此理解，不仅儒家对一些普遍性概念、理念、范畴的探讨是一种哲学,儒家对一些社会人生大课题的思考也可以构成哲学。就辩证法而言,儒家哲学的主体内容不是自然辩证法,而是社会历史辩证法、人生辩证法和实践辩证法。既然传统儒家所提出来的哲学思想已成为既成性的事实,那么以此为对象和基础进行儒家哲学重建工作就具有先在的前提与条件。况且,儒家哲学作为生成性的开放事业也处在不断的发展过程之中,特别是现代新儒家所创建的哲学新形态为我们重建儒家哲学提供了现实的资源。

第二,近代以来许多哲学家、哲学史家对儒学进行了深入研究。早在20世纪初,梁启超先生不仅提出了"儒家哲学"概念,而且对此进行了较为系统的整理,胡适的《中国哲学史大纲(上)》、冯友兰先生的《中国哲学史》、张岱年的《中国哲学大纲》都涉及了儒家哲学问题,例如胡适的《中国哲学史大纲(上)》专门探讨了孔子的哲学思想。新中国成立以后出版的各种中国哲学史论著,都把儒家哲学作为主要内容进行阐述,并对孔子哲学、孟子哲学、荀子哲学、二程哲学、朱子哲学、阳明哲学进行了分门别类的研究。纵观近百年来儒家哲学的研究,大体呈现出以下情形和特点:(1)儒家哲学得到了不同层面与维度的研究,既有立足于中国哲学通史和断代史角度对儒家哲学的重塑与重构,其代表性著作有冯友兰的《中国哲学史新编》、任继愈主编的《中国哲学发展史》、冯契的《中国古代哲学的逻辑发展》等,以及从专题方面对儒家哲学进行研究,其中有葛荣晋的《中国哲学范畴史》、张立文的《中国哲学范畴发展史(天道篇)》、张岱年的《中国古典哲学概念范畴要论》、方立天的《中国古代哲学问题发展史(上下)》、庞朴的《儒家辩证法研究》等;还有从儒学学术或儒家文化维度展开对儒家哲学的研究,如赵吉惠等的《中国儒学史》、刘蔚华等主编的《中国儒家学术思想史》、姜林祥主编的7卷本《中国儒学史》等,同时还有直接从儒家哲学思潮、人物、文本、断代史、专题方面进行探索，如梁启超的《儒家哲学》、兰自我的《孔门一贯哲学概念》、蔡尚思的《孔子哲学之真面目》、杨大膺的《孔子哲学研究》、杨荣国的《孔墨的思想》、胡适的《戴东原的哲学》、邹化政的《先秦儒家哲学新探》、杨泽波的《孟子性善论研究》、李景林的《教养的本原——哲学突破期的儒家心性论》、刘宗贤的《陆王心学研究》、董根洪的《儒家中和哲学通论》等。(2)儒家哲学研究呈现阶段性特点。20世纪初，胡适、冯友兰等人开创了儒家哲学的新事业，进入20世纪20年代以后，随着西学的传入，人们纷纷从科学主义、人文主义、马克思主义角度研究儒家哲学，实现了儒家哲学研究的现代转换。从科学主义经验论哲学角度研究儒家哲学的代表人物是胡适，而立足于人文主义思潮探讨儒家哲学的代表人物是梁漱溟，借用马克思主义唯物辩证法模式研究儒家哲学的代表人物是范寿康。新中国成立以后，从50年代到改革开放之前，儒家哲学研究侧重于在马克思主义理论范式下得以进行，并主要从唯物主义与唯心主义、辩证法与形而上学角度探讨儒家哲学的内容、作用、性质、地位、属性等问题，这一时期，儒家哲学研究的开创性成果并不多，只是在资料和文献方面有了一些新进展。改革开放以来，儒家哲学研究逐渐呈现出繁荣的局面，不仅拓展了儒家哲学研究的新领域、新问题，系统化理论化的儒家哲学研究成果不断涌现，儒家哲学研究水平也不断提高，儒家哲学还参与到与西方哲学、马克思主义哲学的对话与交流当中。儒家哲学研究的重点，既涉及孔孟荀哲学，也涉及董仲舒、朱熹、王阳明哲学，而儒家人生哲学、道德哲学、心性哲学、价值哲学等成为关注的焦点。应当指出，中国儒家哲学研究一直以来主要采用西方哲学(马克思主义哲学在一定意义上也是一种西方哲学)的概念、范畴、命题、原理进行分析、诠释、重构，这虽然带来了简单化、片面化、去本土化等弊端，但是它毕竟为儒家哲学研究提供了较为合理的理论研究框架，使研究者能够较好地揭示、澄明儒家哲学的概念、命题、学说中的内在理论意蕴,赋予它可以理解、讨论的形式,并进一步激发当代儒学工作者的哲学沉思①,同时,为我们提供了极为丰富的儒家哲学研究成果,有力地推动了儒家哲学研究事业,从而为我们进一步重建儒家哲学打下了良好的学术基础。

第三,儒家哲学的丰富多样性为我们重建儒学提供了可能。毫无疑问,按照现代学科分类体系,对儒学分别进行哲学、文学、政治学、社会学、经济学、史学、伦理学、美学等方面的研究,难免有断章取义、削足适履、片面割裂等局限性,但是一则儒家思想体系内容极为庞杂丰富,包含着多种学科的内容,它为我们从不同学科角度进行研究提供了理论基础;二则作为认识主体,儒学研究者具有抽象能力、分析能力与理论建构能力,完全可以从儒家思想中剥离出哲学思想加以专门研究。儒家哲学的研究并不排斥从一般高度对儒家思想的探讨,也不排斥对儒家经史子集的传统研究方式,完全可以把多种对儒学的研究方式有机整合起来。

三、重建儒家哲学的基本方略

为了更好地重建儒家哲学体系,从而更有力地促进儒家哲学的现代发展,应采取以下几种方略。

其一,深入挖掘儒家文献与儒家思想中的哲学内涵。儒家经典文本是传达儒家哲学思想的重要载体,要实现儒家哲学的重建必须对儒家文本进行客观的理解与科学的解读,做好小学功夫,要在训诂的基础之上深刻揭示儒家哲学的丰富义理,尤其是要对新发现的儒家地下考古资料如荆门竹简与上博竹简进行认真解读。由于儒家哲学思想同其他思想往往融为一体,因而既要注意把一些非儒家哲学思想纳入儒家哲学对象域之中,又要防止对儒家哲学思想的

① 杨国荣《中国哲学:一种诠释》,载《天津社会科学》2004年第1期。

遗漏。

其二,不断丰富儒家哲学研究者的理论素养。要对儒家哲学进行深入、客观、科学的探索,既要有深厚的国学修养,又要具备西学知识背景,同时也要对哲学的基本原理有较好的把握与了解,这就要求从事儒家哲学的研究者要注重培养立体式的、多方面的哲学涵养与知识储备。现代新儒家之所以能够在儒家哲学研究方面有创造性的贡献,就在于他们不仅有中学的底蕴,还具有西方哲学的涵养。

其三,从不同的理论层面加强儒家哲学研究。我们既要立足于中国哲学史这一二级学科背景把儒家哲学作为重要的组成部分加以研究,还要从儒家哲学的思潮、人物、文本、专题、通史、断代史等角度进行深入的研究。应当说,现有的儒家哲学研究成果在专门性方面有了相当的进展,如对儒家的心学、理学、气学、礼学、仁学等的研究已经出版了大量的有分量的论著,但是也存在着许多不足,正如北京大学教授陈来先生所指出的,我们对宋代张载和明清之际王夫之的思想仍然没有真正理解。为了更好地推进儒家哲学研究事业,山东社会科学院儒学研究所(现已合并到文化研究所)将本着上述要求计划出版《儒家哲学概论》、《儒家哲学发展史》、《儒家自然哲学》、《儒家人类哲学》、《儒家历史哲学》、《儒家道德哲学》、《儒家文化哲学》、《儒家教育哲学》、《儒家政治哲学》、《儒家经济哲学》、《儒家管理哲学》、《儒家法律哲学》等,以及《孔子哲学》、《孟子哲学》、《荀子哲学》、《朱子哲学》、《阳明哲学》、《牟宗三哲学》、《先秦儒家哲学》、《中国现代哲学》等。

其四,采用不同的理论范式。首先要运用各种人文社会科学如社会学、文化学、政治学、经济学、人类学等理论成果,对儒家哲学进行实证考察与理论探索,例如我们可以利用社会学的研究方法做到“知人论世”,深入探讨儒家哲学发生发展的历史渊源、社会背景、历史作用、主要内容等问题。其次，要采用西方哲学新的理论成果对儒家哲学进行新的诠释与解读。这几年，许多学者运用西方现象学、解释学的范式对儒家哲学进行了认真探讨，提出了一些很有价值的儒家哲学新形态，如成中英的本体诠释学、黄玉顺的生活儒学等。再次，采取不同的理论范式和路径对儒家哲学进行多角度的探讨。存在的就是合理的。一百多年来，中国学者采用西方哲学的模式研究儒家哲学取得了丰硕的成果，这一点具有相当的合理性与现实性，在目前西方文化成为强势文化的背景下，对这种研究范式不应加以简单否定。当然，我们也应该倡导"我注六经"、回归元典的经学致思模式，对儒家哲学进行"内在的理解"与"客观的呈现"①。

除上述之外，我们还应具有世界性的眼光，把儒家哲学作为世界哲学的重要构成部分来加以研究，努力促进儒家哲学与西方哲学、马克思主义哲学的互动、互释、互渗，在本土化与全球化的双极之间保持必要的张力②，努力推动儒家哲学为世界哲学做出贡献。

主编　涂可国

2011 年 6 月

---

① 陈来《"中国哲学"学科的建设与发展的几个基本问题》，载《天津社会科学》2004 年第 1 期。

② 郭齐勇《中国哲学：保持世界性与本土化之间的必要的张力》，载《天津社会科学》2004 年第 1 期。

自　序

在中华文化复兴的时代背景下，要承继儒学，发展儒学，弘扬儒学，就务必加强儒学与人的发展之间关系的研究，尤其是要关照儒学对人发展产生的影响，这主要是基于以下三方面的考虑。

一、它有助于进一步推进儒学研究事业的发展。儒学是中国传统文化及古代哲学的主干，自汉代独尊后转变成中国封建社会官方统治思想，它不论在理论上还是在实践上都给人的发展造成了相当大的影响。关于儒学对人的发展带来多大影响、带来什么样的影响、当代如何汲取儒家文化资源促进人的健康发展等问题的研究，从20世纪迄今为止主要集中在两个时间段。一是20世纪初期。这一时期既有严复、梁启超等维新人士针对儒家纲常名教导致人畸形发展而提出"新民说"，又有胡适、陈独秀、鲁迅等激进派人士对以孔儒之学为核心的传统文化造成的国民劣根性（如奴隶性）、"礼教杀人"等的文化批判学说，还有以梁漱溟、辜鸿铭等人为代表的文化保守派人士对儒家文化促进人的发展的认同和辩护。此外，还有林语堂等人以客观公允态度对儒家文化影响人的发展所作的分析。这一时期的专著并不多，主要有梁启超的《新民说》、林语堂的《中国人》、贺麟的《文化与人生》、辜鸿铭的《中国人的精神》等。二是20世纪中叶以来。这一阶段尽管有某些新儒家人物如牟宗三（《心体与性体》、《道德的理想主义》）、唐君毅（《人文精神之重建》）、杜维明(《人性与自我修养》)等从正面角度探讨了儒学对人的发展的积极作用,但显得较为单薄,而从反面阐述儒学对人的发展造成的腐蚀、钳制、片面化等负面作用则较多。还有韦政通对儒家思想影响下的个人的分析(《儒家与现代中国》)、柏杨的“丑陋”说(《丑陋的中国人》)、王润生的“性格悲剧”说(《我们性格中的悲剧》)、林岗等人的“主奴根性”说和“道德阴影”说(《传统与中国人》),以及任剑涛对中国国民性的检讨(《从自在到自觉》)等。

迄今为止,围绕儒学对人的发展产生的影响这一论题所进行的研究,大致呈现以下特点:较为分散,不够系统,缺乏专门探讨儒学对人发展的影响的成果;主要停留在探讨儒家伦理思想和人学思想(人性论、人生哲学、人文精神、人格论、成人之道等)对人全面发展所造成的影响上,而忽视了儒家的天人观、宇宙观、政治观等思想以及儒学的基本特质、儒学的社会化这些方面给人的发展带来的作用;侧重于纯理论分析,缺乏对儒学实际上对人的发展产生的影响的客观考量。

也许有的人会说探讨儒学对人发展的影响这一论题充其量会加深对儒学社会作用和意义的理解,并不能丰富和发展儒学本身。这是偏颇之见。这一则是因为当引入人的发展这一参照系去观照儒学时,就会发现它呈现出某些被人忽视的新特征,例如当代中国人身上存在着个人任性与对他人的依赖(啃老)双面人格,由此返本溯源,就会得知人深受影响的传统儒学原本蕴含着个人本位主义与社会本位主义的辩证特质。二则是为了获得有关儒学与人的发展关系方面的真知灼见,迫使我们选择对人发展产生直接、深刻、广泛作用的儒学内容去作精深分析。可以说儒家人伦规范特别是仁礼孝等是决定中国人文化性格的重要基因,为此我们着力探讨仁爱问题,发现“仁”不仅是指爱人,也包括自爱;而“孝”又可以分为普遍性与特殊性、一元性与多维性、原始性与继发性三个层次;同时,儒家之"礼"包括普遍之礼与特殊之礼、思想之礼与政治之礼、实质之礼与形式之礼,这些不同类别的"礼"对人发展的作用并不完全相同。这使我们对儒家伦理重新获得了某种新的认识。三则是从人的发展视角去反观儒学,可以窥见儒学具有某些独有的特征。在本书中,为了探索儒学已经和将会对人发展产生的影响,我们提炼概括出儒学的主位性、层次性、人情性、实用性、二重性五大特征,这不失为对儒学研究的新拓展。

二、它有助于对儒学的社会价值与功能作出准确定位。儒学自从创立伊始,其命运可谓坎坷,几经沉浮。孔孟奔走诸侯列国宣扬自己的德治仁政主张,却屡遭碰壁,被以为"迂远阔于事情"。虽然汉代"独尊儒术",但历代有些统治者实际奉行的却是"阳儒阴法"。汉唐自佛道两教在中土生成输入之后,逐渐发展成为上层统治者和下层民众的崇奉信仰,儒学一度被边缘化。宋初流传着"佛教治心,儒教治世,道家治身"的观念,宋明一大批道学家为了挽救"儒门淡泊"的景况,援佛道入儒,使儒学发展到第二期,儒家经典成为科考的必备科目。然而,进入中国封建社会中晚期,儒学因其经院化、贵族化使其被认为"袖手空谈心性",遭到具有实学倾向的启蒙思想家的怀疑、批判。鸦片战争以后,由于资本主义经济的发展,西学东渐与冲击,特别是科举制的被取消,儒学在文化生存环境、政治制度依托和经济社会基础等方面遭受巨大冲击,出现了不可阻挡的衰落之势。太平天国取下孔子牌位、五四运动打倒"孔家店"以及"文化大革命"批林批孔、评法批儒,这些激进的反传统运动,使儒学遭到瓦解、颠覆。如今,虽然伴随着中国国力的强盛,中华传统文化得到一定的复兴,出现了一定程度的"儒学热",但是,由于社会的市场化、世俗化、大众化、西方化,绝大多数人对儒学还是很陌生、很疏离。

总之,儒学的历史地位和价值并不是那么巩固,它一再受到人们的怀疑。到底如何看待它的地位、作用和意义呢?我们认为,儒学不论是在过去还是在将来,因其呈现以下四大特征而具有不可替代的、极其重要的作用。一是主导性。自从汉代“独尊儒术”之后,儒学上升为官方统治思想达两千多年,成为中华主流文化。二是普适性。儒家创造性发展出来的纲常伦理、治国理念、人生准则、教育方法等由于建立在超越时代的文化心理结构、社会关系结构、生存环境等基础之上,使之具有普遍适用性。三是丰富性。儒家思想博大精深、流派众多,它涉及人类思想的各个方面,人们从中可以汲取到各种各样的有益精华。四是独特性。虽然世界各国思想家提出了许多同儒学共同或相近的思想观念,例如亚里士多德的“中道”原则、罗梭的“同情心”,但儒家基于道德人文主义作了独到的解释,尤其是对诸多伦理范畴之间的辩证相互规定作了深刻的揭示,如“仁者必有勇,勇者不必有仁”、“知耻近乎勇”等,同时儒家的经典名言精辟凝炼,它们大多可成为人生格言。

如何认识和评价儒学对人发展的影响,历来是仁者见仁、智者见智。通过对此作深入探讨,可以从一个侧面正确把握儒学的地位、作用和意义。自从戴震提出儒家学说会导致“以理杀人”之后,一些文化激进人士对儒学给予人发展的积极影响产生了怀疑,有的人认为它是束缚个人发展的绳索,是阻碍个人自由全面发展的枷锁。而一些文化保守主义者则坚称儒学是关于生命的学问,是指导人健康成长、自我修养的“大本”、“大道”。通过研究,我们发现,儒学对人的发展会产生积极和消极的双重影响。我们不妨选择儒家道德思想和儒学的二重性、主体性扼要加以说明。一是儒家的伦理思想。由儒家所提出和强调的天人合一、天人同心、与仁与命、与天地合德、取仁于天、阴阳二分、天地流变等生态伦理宇宙观,往往使人多敬畏之情，易培养谦逊、诚信美德，但易使人相信命运，侧重玄想，不大注重向自然的进取开拓；儒家所阐述的为政以德、孝治天下、礼治教化、亲亲仁民、等差有序、民贵君轻、尊王贱霸、正己正人、尊贤任能、内圣外王、富民保民等政治伦理思想的制导，有助于个人的职业分途和发展、道德品质的培养、人际关系的稳定、社会角色的合理定位，但也会限制人的个性，不利于人才流动，造成人的片面道德化发展，易培植人的主奴根性；而由儒家大力倡导的修己安人、克己制欲（存理灭欲）、以私利公、仁者爱人、和善忠恕、恭宽信敏惠、义以为上、重义轻利、安贫乐道、厚德载物、孝悌尊亲、和合中庸、均平隆礼、严己宽人、见贤思齐等人生伦理思想，一方面有利于人道德潜质的发掘（扬善抑恶）、伦理人格的完善和人性关系的建立，但不利于个人被发现，不利于个人摆脱家族籓篱而向外发展，不利于个性和公德观念的培养，多乡愿而少进取精神。二是儒学的文化二重性。儒学具有个人本位和社会本位、人文主义与非人文主义、伦理主义与非伦理主义三大二重特质，这三大基本特质均给人带来正面和反面的二重化影响。首先，儒家的社会本位主义固然有助于人的社会性、合群性和社会关系的发展，可以提升人的仁爱心、利他心及树立集体主义观念，但以社会为本，也会削弱个人自我发展的动力和空间；而儒家的个人本位主义诚然为我们每个人的成长和发展提供了十分切近的“为人之道”和“成人之道”，但也会造就重世故的自私品格。其次，儒学对人非伦理的品性、才能、需要等的阐述将引导我们注意开发人的理智和道德潜质，塑造才智和德性兼备的人才，其重智、尚志、崇美的人学主张及其彰显的“成人之道”，启发我们培养德智体美全面发展的人格；而儒学的伦理至上主义有助于加强社会主体道德品质修养，纠正当前社会的过度物质化、功利化、金钱化、享乐化、个人化倾向，但它也会导致大量片面的、畸形的“伦理人”(假道学、伪善)。再次,儒家重人轻神、重人轻物、以民为本、重生爱生、内在超越、天人分立等人文主义理念有助于对人的生命存在、人的独特价值的重视,提高人的地位,有助于人主体性能力的展现和综合素质的培养,而其非人文主义(宿命论、缺乏感性自然和世俗功利的诉求、把人文自然化等)因素则使人生成萎缩性人格,造成个人的不发展。三是儒学的主位性。儒学上升为政治意识形态,成为政治化儒学,使人的生存、成长和发展有了信仰支持、精神支柱和基本规范,但“独尊儒学”的后果则是在一定程度上限制个人思想的充分发展和多样化选择,文化的一元化不易使人展现多样化的文化创造、享受能力。儒学作为重要的传统文化被纳入教育体系(如科举)、渗入各类读物、融入文艺作品(文以载道)乃至潜入百姓习俗文化之中,为个人做什么样的人及怎样做人(为人之道)提供了有用的思想资源、生存智慧、行为规范和人文环境,但它的过度政治化、社会化也在一定程度上束缚人创造性的发挥,阻遏人对文化多样性的择取。

三、它有助于为人的全面发展提供帮助。人的发展本质上是指人的德智体美等方面素质得到普遍提高、人的个性得到尊重和展现、人的各种能力得到提升和发挥、人的需要得到满足以及人的各种关系尤其是社会关系得到协调。然而,在当代中国,个人发展却出现了一系列较为严重的问题。一些人只讲功利不讲道德,成为畸形的如马尔库塞所说的被物欲所控制的“单面人”。有的人为了金钱不择手段,成为金钱的奴隶,成为拜金主义者,成为纯粹的“经济人”。有的人良知麻木、道德沦丧,或见死不救、冷漠围观,热衷于当过客或看客;或者是杀人越货、制假贩假、贪污腐败,成为犯罪分子、土匪强盗,成为阶下囚。有的人沉湎于酒色财气之中,变成十足的享乐主义者。有的人则是消极沉沦、不思进取、得过且过,做一天和尚撞一天钟。产生这些金钱至上、个人至上、享乐至上等问题固然有着各种复杂的客观原因,但主观上是一些人世界观、人生观和价值观出现了扭曲、偏差,缺乏人生信仰,缺乏规范内化。而从文化上讲,恰是缺乏文化认同意识,失去了传统文化的根,失去了传统权威的支撑。儒学遭冷遇、被妖魔化,变得花果飘零,使之逐渐远离人们的日常生活,从而使人的人生实践缺乏儒学的行为导向和价值指导。要知道,儒学不仅可以成为当代人赖以安身立命的精神家园,成为人立德立功立言的文化支撑,还为每个人的成长与发展提供处世之道、为人之道,同时它也提出了许多用以处理人与自然、人与社会、人与人之间的行为准则、道德规范。儒家文化作为主导文化,作为文化遗因,作为中华民族的集体记忆,它为传统中国人创设了行为规范、价值观念、道德伦理、情感模式等,它通过不断的积淀内化到民族大众的血液中,成为个人无意识和集体无意识。对于儒学对人的发展产生了何种影响、多大影响这一问题,决不能加以回避甚至嗤之以鼻,而是应该抱着诚心和敬意去客观地认识它、正确地把握它,以从中挖掘可资用来指导个人发展的价值资源。站在现代化的历史背景下,可以相信,通过体认儒家文化,解读儒家文本,发掘儒学微言大义,定会不断地开出新意蕴、新内涵,必将为每个人的全面自由健康发展提供行之有效的行为规范、伦理精神与人生智慧。

为了深入探讨儒学对人发展的影响,本书从儒家基本思想和主要特质两大方面分上下两篇加以展开。

上篇选取了对人发展产生最大影响的人学思想、道德思想、德治思想、社会中和思想和儒学传统分别加以论述。一是分析了儒家人学思想与人的发展问题。天人之学是整个儒学的逻辑起点,故我们首先叙述了儒家天人合一的宇宙本体论以及它的仁民爱物生态伦理智慧,指出儒家的天人之学有助于对人进行生态道德教育,优化人的自然发展环境。人性论可以说是儒学理论的基石。为了对其进行创新性解读,我们分别从先天性、层次性、伦理性三大特质去进行较为系统的梳理,揭示了儒家人性论在人的潜能开发、弘扬人的主体性、构建合理的性情结构、正确对待人的本能欲望等方面的作用。为人之学同人的发展息息相关,它可以为人提供成人之道、处世准则和做人智慧,因此引起了我们的关注。本书探讨了儒家有关为人的意义、为人的理想、为人之道等问题,揭明了儒家为人之学是我们寻求为人处世经验的重要参照。二是探讨了儒家道德思想与人的道德发展问题。儒家伦理是儒学的主干,也是它的最大价值所在,故此我们用力颇多,用了较大篇幅探讨儒家道德本体论与人的道德发展、儒家道德规范论与人的行为范导。本书把儒家道德本体论分为天命说、心性说和人为说三个方面,阐释了它们可以助成人培养谦逊之心、道德自信心,确立人的道德权威,为人的道德成长提供主体性基础。道德规范论是儒学的重心,对人的发展作用最明显、影响最深广,它可以分为核心道德规范、基本道德规范和普通道德规范三大类型。本书主要就前两种道德规范如仁义礼智信忠孝节俭等的内涵、特征及其对人发展的影响作了较为系统的探索,说明了儒家道德规范可以在塑造人的德性、提升人的精神境界、调节人的行为等方面发挥重要作用。三是论述了儒家德治思想与社会主体道德素质提高问题。主要探讨了儒家德治思想的前提、内涵,对道德与法律的分合关系作了哲理性辨析,展现了儒家德治理念能够为人的素质提高创立政治导向机制、文化教育机制、社会奖惩机制,指明了它有助于各级官员加强自身道德修养。四是剖析了儒家社会中和思想与人的全面发展问题。中和包括自然中和和社会中和,由于我们缺乏对儒家社会思想的探讨,故只能以点带面,依据社会中和思想去窥见儒家社会思想对人发展带来的影响。这一章把儒家中和分为自然中和、实践中和、伦理中和、政治中和及心性中和五大层面,研究了儒家以他平他、执两用中、礼义有序、安贫乐道、等差有分等致和之道及其基本特征,揭示了它对人发展的双重效应。五是立足于人的社会理想维度探索了儒学传统在人从事公益事业、企业文化建设和小康社会建构中的作用。不仅分析了儒家的人性论、仁爱学说、同情理论、德政民本观念可以为人的慈善行为提供良好的精神动力,也说明了儒商精神能够帮助创建优秀企业,同时阐明了儒学传统伦理精神是全面建设小康社会的价值目标、精神力量和精神资源。

下篇着眼于探析儒学的基本特征对人发展产生的影响。大致分为二重性、实用性、人情性、层次性和主位性五个方面,依次透视它们在人发展中的地位、作用和意义。一是儒学的人情性。儒学是一种重情的哲学,同时它也对中国的人情文化产生了巨大作用。在揭示了人情文化的涵义、特征、功能之后,重点探讨了儒学对人情文化形成和发展的影响,指明了儒学可以为人情文化创设情理基础、行为规范和社会根基,并据此提出了扬弃人情文化、吸收儒学合理资源以优化人际关系的途径、方法,例如倡导正常交往、合理人情规避、遵循普遍理性原则、弘扬正义精神和社会公德,等等。二是儒学的二重性。主要选取了儒学的人文—反人文、社会本位—个人本位、伦理主义—非伦理主义三大双重特性加以解析,彰显了儒学能够提高人的地位、展现人的主体性能、培养人的利他主义精神、塑造德智体全面发展人格等价值,同时也指出了儒学二重性会导致它在一定程度上助长萎缩性人格、个性不发展、义务本位乃至个人主义等消极后果。三是儒学的实用性。本书致力于从经世致用维度分梳儒学的社会实用特征——不离人伦日用、追求学以致用、强调通体达用等,选择实学这一儒学特殊形态探讨了儒学与实学的既对立又统一关系,指出儒学有助于培养人的务实品格、求真精神、朴实作风等实用理性。四是层次性。儒家文化是一个包括多种要素、多种层面的多元一体系统,从不同层面制约着中国人的众趋人格、价值取向、道德情感、处世方式等。本章把儒家文化的层次性概括为理论的结构性、传统的结构性、学派人物的结构性三个方面,重点探讨了儒家文化层次性的评判标准问题以及它对人的文化重构的启示,并指出:要科学对待儒家文化同中国现实社会存在的冲突、融通与转化,树立对待儒家文化的正确态度。五是儒家文化的主位性。从比较分析角度阐明了儒家文化是中华传统文化的主流、正统,它对个人和社会产生的影响最大,这一重大影响包括文化、社会、政治三个领域。作为本书的最后部分,本章用了较大篇幅探讨儒家文化在中华民族精神建构中的地位与作用,从而得出一个重要结论:儒学在人发展中的影响和意义,最根本的是为人的安身立命提供精神家园。

我们将遵循以下思路,即从文化与人双向互动角度去分析儒学这一特定文化样式对人的模塑、陶铸和制约,同时分别从儒学的基本内容和主要特质两方面分析研究它对人的发展的巨大作用。本书不仅从各种文献中汲取前人对儒学给人的发展造成的影响的研究成果(如启蒙思潮和文化激进派对儒家礼教"杀人"的分析),还从各种传统文化典籍(如文艺作品、家谱、启蒙读物等)中分析儒学的传播与教育对人的发展带来的影响。我们还深入到实际社会生活和全国各地尤其是儒学的发源地进行实地考察,以探讨儒学对个人的人格、能力、个性、社会关系、品性等造成的影响。在此基础上,把实证分析和规范分析、归纳法和演绎法有机结合起来,借以把握儒学的多种社会价值和历史作用。

涂可国

2011年6月18日

目 录

上　篇

儒家基本思想与人的发展

第一章　儒家人学思想与人的发展

在某种意义上儒学就是人学，但从研究的对象和内容来说，儒家人学又区别于其伦理思想、政治思想、文艺思想、经济思想、史学思想等。就人本身而言，儒家人学是关于人的地位、价值、性质、作用、环境、发展等方面的思想观念，在一定意义上它是关于人如何认识和处理天人关系、人际关系等问题的学说。儒家人学内容十分丰富，我们这里重点围绕儒家天人之学、人性思想和为人之学探讨它们对人发展所产生的影响。

第一节　儒家天人之学与人的环境发展

在当今出现的全球化生态环境危机、环境污染等大背景下，在我国强调重视人与自然和谐的氛围下，努力挖掘儒家天人之学大力倡导的生态伦理思想，无疑对于优化人的生存、发展和享受环境将具有极为重要的意义。传统儒家天人之学立足于“天人合一”的宇宙论框架，围绕正确认识和处理人与自然环境的生态关系问题，就如何保护动植物、水土、农业、森林等人的自然条件，提出了较为丰富的处理天人关系的观点、原则和规范。要实现人与自然的和谐相处，优化人的环境，理应从儒家天人之学中汲取可资借鉴的智慧。

一、儒家天人之学的基本内容

自孔子创立儒学以来，天人关系问题就成为先秦以来中国哲学的重大理论问题之一，不同历史时期的儒家人物就天人关系提出了丰富的思想，大体有天人合一的宇宙精神、仁民爱物的伦理情怀和用之有节的实践伦范等方面。

（一）天人合一的宇宙精神

毋庸置疑，在儒家体系中，显示出强调问人不问马（孔子）、“天地之性，人为贵”①、“制天命而用之”（荀子）、“惟人独能偶天地”（董仲舒）等人文主义倾向。荀子是中国天人相分思想的典型代表，他不仅强调了人最为天下贵这一突现人的主体性命题，还发展出制天命而用之、与天地参、明于天人之分等思想。这些天人相分观点不像汉代以来一些抑荀派人物所批评的那样是对正统儒家的反动，只是利用老子道家无意志的天改铸孔子“赏善罚恶”的有意志天、弱化敬天畏命，从而把孔子思想中的人本主义观念推向极致而已。正如牟钟鉴所言，荀子虽然明于天人之分，提出“制天命而用之”的主张，其基本思路仍未脱离天人一致的轨道，只是更看重人的特殊性和能动性罢了。② 荀子思想之精深不仅在于他超迈落后生产力和小农自然经济时代的限囿而高扬了人的主体性，因为“天人之分”属于现代性的，它确立了人的族类本质，也在于他在天人观上讲究辩证法——既承认天人相分又强调天人合一——认为人间之礼、人道与天道一致，天生人成，并提出“天德”范畴，把天人之间的“分”与“合”综合起来，这也符合首次提出“天人合一”概念的张载的理念。张载讲：“以万物本一，故一能合异；以其能合异，故谓之感；若非有异则无合。”③张岱年也曾指出：“荀子虽然强调‘天人之分’，却也不

① 《孝经·圣治章》。

② 参见牟钟鉴《儒学价值的新探索》，齐鲁书社2001年版，第47～48页。

③ 《张载集·正蒙·乾称》。

否认天与人有统一的关系。"①

从根本上说,儒家天人合一之学更多凸现天人合一、天人一体的理念,并从不同维度进行了阐释。儒家天人之学包含着极为丰富的内涵。张岱年在《中国哲学大纲》中指出:"中国哲学中所谓天人合一,有二意谓:一天人本来合一,二天人应归合一。天人关系论中之所谓天人合一,乃谓天人本来合一。关于天人本来合一,有二说:一天人相通,二天人相类。所谓天人相通,如解析之,其意义可分为两层。第一层意义,是认为天与人不是相对待之二物,而乃一息息相通之整体,其间实无判隔。第二层意义,是认为天是人伦道德之本原,人伦道德原出于天。……天人相类之意义,亦可析为两方面。一,天人形体相类,此实附会之谈。二,天人性质相类,此义与天人相通论之天道人性为一之说相似,实际上亦是将人伦道德说为天道。"②鉴于儒家大多价值与事实不分,故儒家天人之学中所蕴含的天人合一观点恐怕应是本来合一(本体论)与应归合一(价值论)兼而有之。儒家天人合一观点源远流长,呈现出十分复杂的面向,综合前贤的各种主张和见解,它大致包含以下几方面内容。

1. 天道与人道合一。儒家重"道",但往往把天道与人道视为同一。孔子所提出的仁道、孝道等虽然表现出天人相分的趋向,其以泛爱众的人道原则也突破了自然之域,同时从总体思想倾向上说他应认同《左传》子产所说的"天道远,人道迩",为此他才罕言性与天道,但他却肯认人道来源于天道,提出"天生德于予"③。而不论是《中庸》所说的"诚者,天之道也;诚之者,人之道也",抑或是《孟子》所提出的"诚者,天之道;思诚者,人之道",都从"道"的角度把天与

① 张岱年《中国哲学大纲》,中国社会科学出版社 1982 年版,第 178 页。
② 张岱年《中国哲学大纲》,中国社会科学出版社 1982 年版,第 181 ~ 182 页。
③《论语·述而》。

人打通，视为一体。张载也讲："儒者则因明致诚，因诚致明，故天人合一。"①程明道说："天人本无二，不必言合。"②程伊川也讲："道未始有天人之别，但在天则为天道，在地则为地道，在人则为人道。"③天道与人道合一不仅在本体论上说明人道来源于天道，表明天人之道之间具有同构性、同态性和同质性，因而可以从天道论及人道；同时它也在认识论和价值论层面上要求人要敢于和善于知道、学道、闻道，因此孔子才提出了"朝闻道，夕死可矣"④、"人能弘道，非道弘人"⑤、"志于道，据于德，依于仁，游于艺"⑥等尊道重道观点，才提出了"畏天命"⑦和"唯天为大，唯尧则之"⑧的主张。而早在《易传》中也指明了人必须顺应天道规律："裁成天地之道，辅相天地之宜"⑨，《中庸》也强调要修道："天命之谓性，率性之谓道，修道之谓教"。宋明理学家的"理一万殊"思想更是强调了人与万物同理（理便是天道）："万物皆只是一个天理"⑩。二程明确说明了借助于不违、通达而使天道、地道、人道相统一。他们讲："天地所以不已，有常久之道也。人能常于可久之道，则与天地合"⑪、"天地之道，至顺而已矣。大人先天不违，亦顺理而已矣"⑫、"天地人只一道也。才通其一，则余皆通"⑬。

---

①《张载集·正蒙·乾称》。
②《二程集·河南程氏遗书》卷六。
③《二程集·河南程氏遗书》卷二十二上。
④《论语·里仁》。
⑤《论语·卫灵公》。
⑥《论语·述而》。
⑦《论语·季氏》。
⑧《论语·泰伯》。
⑨《周易·泰》。
⑩《河南程氏遗书》卷二上。
⑪⑫《二程集·河南程氏粹言》卷二《天地篇》。
⑬《二程集·河南程氏遗书》卷十八。

2. 天人合德。首先,人类道德来源于天命。孔子承继了周公"以德配天"的治国理念,直接明了地说:"天生德于予。"孟子、董仲舒以及宋明理学家同样把人伦道德溯源到宇宙之天,这一点后面道德本体论将详讲。其次,天人均有道德。在儒家看来,"天"不仅是自然天,同时它也具有灵性、神圣性,是义理之天、德性之天,因而他们将"天"道德本体化、心性化。实际上,早在西周时期,"天"与"德"就密切相关。陈来指出:"商周世界观的根本区别,是商人对'帝'或'天'的信仰中并无伦理的内容在其中,总体上还不能达到伦理宗教的水平,而周人的理解中,'天'与'天命'已经有了确定的道德内涵,此种道德内涵是以'敬德'和'保民'为主要特征的。"①这样,就开启了在道德基础上天与人的合一。据此《周易》明确提出了"与天地合其德"、《礼记·礼运》也提出了"天地之德"的范畴。思孟也对德性之天作了一定阐释。宋明理学家更是把"仁性"推及宇宙万物,这从张载的"民胞物与"、程颢的"仁者浑然与物同体"、朱熹的"天是一个大底人,人便是一个小底天"、"仁是天地之生气"等思想观念中得到了体现。再次,要"以德配天"。周代开创了"以德辅天"的天人合德思想传统,孔子从"敬天畏命"出发,把"天"看成一个有意志的人格神,要求人要顺应自然界的规律和变化,按照一定的道德原则(如节制)对待自然万物,提出了"断一树,杀一兽,不以其时,非孝也"②。孟子依照"天人一本"和"尽性知天"的理路,提出了"仁民爱物"的主张。荀子把道德发散于外物之中,讲"夫义者,内节于人而外节于万物者也"③。《周易·系辞上》也讲:

---

① 陈来《古代宗教与伦理——儒家思想的根源》,生活·读书·新知三联书店 1996 年版,第 168 页。

②《礼记·祭义》。

③《荀子·强国》。

与天地相似，故不违；知周乎万物而道济天下，故不过；旁行而不流，乐天知命，故不忧；安土敦乎仁，故能爱。范围天地之化而不过，曲成万物而不遗。

董仲舒的天人感应和天人相副尽管带有神学目的论成分，但从神秘主义角度体现了天人合德的精神，由此他强调人要以自己的作为使万物臻于完善："天生之，地养之，人成之。"①二程提倡仁者应与万物一体，朱熹则要求仁者应具备天地生物之心，②阳明说大人者乃是"以天地万物为一体者也"③。总之，儒家天人合德思想阐明了人应以其仁义之心去善待大自然，去爱护宇宙万物，与天心心相印、情感相通，进而达到天人合一。

3. 天人一体。传统儒家从道德维度深刻揭示了天人一体的理念。在儒家看来，人来自于自然，具有自然属性，是整个大自然系统中的有机成分。《周易》云："夫大人者，与天地合其德，与日月合其明，与四时合其序。"《周易》还提出天地人"三才"的思想，将人与天地相提并论。孟子把"天"加以人格化、神圣化，认为"天之生物也，使之一本"④。这已然暗含着人与万物一体的思想。宋代思想家把本体论和伦理价值论加以合一，从泛伦理主义出发，鲜明地彰扬了"天人一体"的思想。周敦颐指出，我与天地之同在于皆有生意，在于都具有仁的属性。张载提出了"民吾同胞，物吾与也"⑤的命题，意即人类是我的同胞，天地万物是我的朋友，天与人、万物与人类本质上是一致的。程颢提出了著名的"仁者，浑然与物同体"⑥的命

---

①《春秋繁露·立元神》。
②《朱子语类》卷五十三。
③《王阳明全集·大学问》。
④《孟子·滕文公上》。
⑤《张载集·正蒙·乾称》。
⑥《二程集·河南程氏遗书》卷二上。

题，他用一种很形象的说法来说明这种同体之感，云："医书言手足痿痹为不仁，此言最善名状。仁者，以天地万物为一体，莫非己也。"①朱熹指出，"天便脱模是一个大底人，人便是一个小底天"、②"一身之中，凡所思虑运动，无非是天"③，这就是说，人是大天系统中的小天，是大宇宙中的小宇宙。可见理学家把天与人看成道德统一体，认为天人在"仁"的意义上是合一的。王阳明也主张"大人者，以天地万物为一体者也"④，强调人与自然的融合："风、雨、露、雷、日、月、星、辰、禽、兽、草、木、山、川、土、石，与人原只一体"、"只为同此一气，故能相通耳"。⑤ 这表明人与天地万物本来就是有生命的整体，血脉相连，痛痒相关，如同头脑、心肺、四肢之间的关系一样。

4. 天人合心。孟子认为："尽其心者，知其性也；知其性，则知天矣"，⑥主张人可通过"尽心知性知天"的途径，达到"上下与天地同流"的精神境界。虽然这里孟子所认识的天并非单指自然之天，但并不否定在孟子的思想中具有自然之天意识。实际上，孟子通过很多其他方式表达了自己对自然万物的关爱之情。例如孟子把儒家的差等之爱发展为一种泛爱情怀，将仁心向外推开，提出"亲亲而仁民，仁民而爱物"⑦，表达出对自然万物的关爱之情。正如牟钟鉴所深刻指出的："《礼运》所说，人乃'天地之德，阴阳之交，鬼神之合，五行之秀气'，故而认为人者天地之心，天地本无心，以人为心，人是天地的明觉，天地是人的躯体，所以人要为天地着想，决无以心毁身的道理。"⑧

---

① 《二程集·河南程氏遗书》卷二上。

②⑥⑦ 《朱子语类》卷六十《孟子·尽心上》。

③ 《朱子语类》卷九十《礼七·祭》。

④ 《王阳明全集·大学问》。

⑤ 《王阳明全集·传习录下》。

⑧ 牟钟鉴《儒学价值的新探索》，齐鲁书社2001年版，第47页。

总之，儒家所讲的“天人合一”既有道德价值层面上的含义，又蕴涵着自然层面上的意义。儒家对于人与自然关系系统性的阐释主要体现在前者。从“天人合一”对人与自然关系的认知来看，儒家把天地人看成整体系统，强调天道与人道、自然与人为的息息相通、和谐统一，这成为儒家天人关系思想的核心理念。可以说，支持儒家生态伦理的精神主要是一种“天人合一”、与自然和谐的精神①。儒家“天人合一”的整体和谐观强调人与自然关系的和谐，强调人要敬天、畏天、顺天，同时又不否认人的主体能动性，而是主张胜天，辩证地处理，把人的主体能动性与对自然规律的尊重结合起来，把顺天、敬天、爱物同制天、参天、戡天结合起来。

(二)仁民爱物的人文情感

人类自觉地为整个大自然着想，可以起到“天地之心”的作用。人类懂得天地万物为一体的道理，便会有热爱自然的感情，便会在行动上促使各种生命蓬勃发展。因此，从“天人合一”出发，儒家普遍怀有一种热爱大自然的伦理情怀，即“亲亲而仁民，仁民而爱物”，②将爱心由亲情的范围扩大到整个人类社会，然后更进一步贯注于无限广大的自然万物，用爱心将人与万物连为一体。这种爱心在处理人与动物或植物的关系上就会有一种道德意识：动植物也是有生命的，当然也需要人的保护与爱护，使它们不要受到伤害与破坏。这种对自然界及万物的热爱和关怀，是儒家的一贯传统，也是儒家生态伦理思想的重要内容。

孔子说：“知者乐水，仁者乐山”③，仁智之人，对自然界的山水充满了爱。孟子将孔子的仁爱之学由对人进一步推广到自然界，第

---

① 何怀宏《儒家生态伦理思想述略》，《中国人民大学学报》2000年第2期。

② 《孟子·尽心上》。

③ 《论语·雍也》。

一次提出了“仁民而爱物”的主张。“仁民”即是对人民的爱，包含对人的尊重，具有道德尊严上的平等之义。“爱物”则是同情之爱，兼有爱养之义，即爱护、保护、养护等等，这是人的责任和义务，其中也包含着对于生命价值的尊重。① 在孟子看来，推恩不限于他人，也及于动物，因而《孟子·梁惠王上》说：“恩足以及禽兽。”

儒家提出仁民而爱物的思想，是将人类特有的道德情感贯注于自然万物，要求人们把万物当成自己的同类甚至血肉相连的一部分来爱护，②这样当生物受到伤害或破坏时，就能引发人类爱护生命的恻隐之心，激起人类强烈的保护生物生存的情感。所以孟子说：“君子之于禽兽也，见其生，不忍见其死；闻其声，不忍食其肉。是以君子远庖厨也。”③句句“不忍”，强烈地表现出了儒家对其他生物的同情和眷顾。在《朱子语类》中，朱熹讲：“‘见生不忍见死，闻声不忍食肉’，非其时不伐一木，不杀一兽，‘不杀胎，不妖夭，不覆巢’，此便是和内外之理。”④明代儒者高攀龙告戒家人：“少杀生命，最可养心……省杀一命，于吾心有无限安处，积此仁心慈念，自有无限妙处。”当人类将怜悯和关怀之情投入到自然界的生命万物中时，便会产生强烈的情感动力去珍爱生物，保护生物。

可见，孔子所说的“知者乐水，仁者乐山”、孟子主张的“仁民爱物”等思想情怀所追求的“上下与天地同流”的境界，表达了对自然界生命意义的崇敬与热爱之情，也是对人与自然“合一”的生命体悟。

（三）有效保护、节制和利用自然的实践理性

怀着“仁民爱物”的情怀，抱着“天人合一”的宇宙精神，儒家一

---

① 蒙培元《从孟子“仁民爱物说”看儒家生态观》，《大众日报》1999年8月9日。
② 白奚《仁爱观念与生态伦理》，《首都师范大学学报》2002年第1期。
③《孟子·梁惠王上》。
④《朱子语类》卷十五《大学·经下》。

再主张在实践中对自然万物既要合理利用又要有效地进行保护。儒家认为万物的可爱之处正是在于它对人的可取、可用，但人的取用要有时、有节，“爱物”的内涵就在于取用物的“度”。因此，儒家要求人们在开发利用自然资源时，要顺应生物的繁育生长规律，做到“取之有时”、“取予有度”、“用之有节”及“节流开源”。《中庸》提出：“致中和，天地位焉，万物育焉”，①指出人必须按照“中和”的原则处理人与自然的关系，以使天地正常运转，万物健康发育，从而强调天地人的和谐发展。荀子主张“天有其时，地有其财，人有其治，夫是之谓能参”，②天、地、人各自既有不同的职分，又彼此之间相互影响、相互作用，这样便构成了天地人相互联系的生态系统。西汉大儒董仲舒吸收了荀子“天人相参”的思想并加以发扬，强调“天生之，地养之，人成之”，③认为天地是生命之本源，而人的作用在于使天地所生养的万物臻于完美，天、地、人为相互感应、相互作用的一个整体。发展到宋代，这种天地人整体观更趋于成熟。

分析儒家天人合一的实践理性，大致可以“一分为二”。一方面，要学会节制节用自然资源。这大致又包含以下三层意思：

一是要做到顺时取物。万物的生长都有时间性，正是鉴于此，儒家强调一定要遵循万物的生长规律，“取物以顺时”。孔子对于谷物瓜果之类，坚持“不时，不食”④，并指出：“启蛰不杀则顺人道，方长不折则恕仁也”。⑤ 曾子则说：“树木以时伐焉，禽兽以时杀焉。”⑥强调要按动、植物的生长规律行事，以维持生态平衡。《中庸》讲如果人“上律天时，下袭水土”，就可以使“万物并育而不相害，道并行

①《中庸》。

②《荀子·天论》。

③《春秋繁露·立元神》。

④《论语·乡党》。

⑤《孔子家语·弟子行》。

⑥《礼记·祭义》。

而不相悖”。孟子、荀子等进一步对这一思想进行了阐发。孟子认为“不违农时,谷不可胜食也。……斧斤以时入山林,材木不可胜用也”①,荀子也谈到:“圣王之制也,草木荣华滋硕之时则斧斤不入山林,不夭其生,不绝其长也;鼋鼍、鱼鳖、鳅鳝孕别之时,罔罟毒药不入泽,不夭其生,不绝其长也”。②《礼记·月令》在这一思想的基础上,根据自然万物的节律对人们的行为作了具体的规定,主张在万物复苏的春夏之际,禁止人们进行破坏鸟兽的巢穴,砍伐树木,杀取或伤害鸟卵、虫胎、幼小的鸟兽等有害于自然生长的行为,从而保持生产和生活资料的持续性,维护生态和谐。

二是要做到取予有度。儒家强调人应有节制,限量以取,而不应随心所欲地取用万物。孔子主张“钓而不纲,弋不射宿”③。即钓鱼时不用网纲打鱼,从而使鱼儿能够繁衍生息;射鸟时不射杀归巢宿窝的鸟,以为了能让母鸟归巢使待哺之幼鸟得以喂养。孟子也认为只要“数罟不入洿池”,则“鱼鳖不可胜食也”。④《礼记·王制》中规定“天子不合围,诸侯不掩群”,要求天子诸侯打猎时不要杀伤过多,以免造成生灵的灭绝。

三是要做到用之有节。儒家一再强调要适度消费、节约自然资源,这乃是因为自然资源是有限的,并非取之不尽、用之不竭,因而人不能无限制地毫无顾忌地向自然索取。鉴于资源有限,孔子认为人类应珍惜万物,节制资源的使用,他说:“道千乘之国,敬事而信,节用而爱人,使民以时。”⑤孔子主张节约俭朴,认为“奢则不逊,俭则固。与其不逊也,宁固。”⑥过一种节俭的生活是一种美德,其中

①④《孟子·梁惠王上》。

②《荀子·王制》。

③⑥《论语·述而》。

⑤《论语·学而》。

也包含了爱惜自然资源的意识。孟子也一再倡导节俭,以体恤民众。他说:“贤君必恭俭礼下,取于民有制。”①荀子清楚地揭示了人与自然和谐相处之道,指出只要人类节用自然,就能足衣足食:“今是土之生五谷也,人善治之则亩数盆,一岁而再获之,然后瓜桃枣李一本数以盆鼓,然后荤菜百蔬以泽量,然后六畜禽兽一而剸车,……夫天地之生万物也,固有余足以食人矣;麻葛、茧丝、鸟兽之羽毛齿革也,固有余足以衣人矣。”②因此荀子提出“强本而节用,则天不能贫”③的观点,明确指出在生产的同时要注意节约,只有适度消费,才能保持生产和生活资源的源源不竭。在《荀子·富国》中,荀子明确指出要保持自然资源的持续发展,就要“谨养其和,节其流,开其源”。用“节流开源”概括出人类应如何与自然相处,表明既要节约用度,不过分消耗自然资源,又要充分发挥人的主观能动作用去改造自然、利用自然,这样就能使“天下有余”,使人们过上富足的生活。

另一方面,要善于保护各种自然资源。儒家“爱物”思想不仅仅表现在对动植物的爱护上,其“取之有时,用之有节”的思想还适用于自然界的各种生态资源,并且在实践上根据其自然规律提出了不同方面的保护措施。

一是对土地资源的利用和保护。在小农经济社会中,土地是人们生存的重要基础,对于土地的重要性,儒家有着明确的论述,如荀子讲“得地则生,失地则死”④、“无土则人不安居”⑤等。在获得土地的基础上,儒家强调要对土地进行保护,合理利用土地。《礼记·

---

①《孟子·滕文公上》。
②《荀子·富国》。
③④《荀子·天论》。
⑤《荀子·致士》。

月令》中根据季节的变化，规定了使用土地的时间，提出在土地生产的季节里要尽力发挥它的生产功能，而冬季不适应农作物生长，就应该使土地得到修整，以使土地能够持续利用，否则就会造成“地气沮泄”。儒家还反对人们乱垦、乱殖土地。孟子说：“善战者服上刑，连诸侯者次之，辟草莱、任土地者次之。”①之所以要坚决禁止和反对“辟草莱”、“任土地”这种乱垦、乱用土地的行为，是因为它是仅次于“善战”、“连诸侯”的罪行。这一主张无疑有助于人们保护土地资源。

二是对水资源的利用和保护。水是人类生活中的重要资源，对此，儒家强调要合理保护，以为人类永续地利用。《礼记·月令》中根据季节的变化，规定该如何对水资源进行合理的利用，认为春季为万物生长的季节，很需要水，但这时往往干旱少雨，于是提出在仲春之月“毋竭川泽，毋漉陂池”，不得竭取流水，不得放干蓄水。同时要加强对水利设施的维护和管理。《礼记·月令》中要求君主派司空在季春之月在各地巡视，以“修利堤防，道达沟渎，开通道路，毋有障塞”。孟秋之后，为防止秋涝，要“命百官始收敛，完堤障，谨壅塞以备水潦”。同时，儒家还主张对水井、沟渠等要注意维护，以防“井泥不食，旧井无禽”②的情况。

三是对生态资源的立法爱护。儒家倡导对生态资源要进行立法爱护，禁止人们随意砍伐树木、捕鱼打猎，以使万物得到休养。溯至唐虞，即有“帝尧命益作虞，使掌山林薮泽之政”的传说。据《逸周书》曰：“禹之禁，春三月，山林不登斧，以成草木之长。夏三月，川泽不入网罟，以成鱼鳖之长。”该书虽为战国时拟周代诰誓辞命之作，

①《孟子·离娄上》。
②《周易·井》。

当有所依据。《礼记·月令》中有更多规定。据此,孟子提出了“斧斤以时入山林”的思想,荀子将这些归纳为“圣王之制”。

总之,在儒家生态伦理观中,始终是以维护生物的持续发展为前提的,极力反对人类对自然资源的掠夺,强调要遵循自然规律进行有节制的索取,使自然资源的种类和数量处于相对稳定的状态,这样才能收到良好的生态效益,也只有这样,才能使万物“生生不息”,使大自然“并育而不害”,真正达到“天人合一”的境界。

二、儒家天人之学对于人的环境发展的启示

儒家以生态伦理思想为核心的天人之学对于人的环境发展的意义,主要体现在儒家生态伦理情怀和实践理性的基本价值和道德取向是今天实现人与自然重归和谐的宝贵思想资源,也是对人进行生态道德教育和加强环境保护的重要文化支撑。

(一)儒家生态伦理对生态文明建设的重要作用

一是“以德配天”的道德化行为不仅可以建立良好的人际关系,也是人与自然和睦相处的重要条件。《周易》中提到“既雨既处,尚德载”、“既雨既处,德积载也”,①即该下雨的时候就下雨,该停雨的时候就停雨,这是因为人们有高尚的道德。从中我们看到在西周初期人们已经将风调雨顺、生态平衡的自然现象与人类自身拥有的高尚道德联系在一起了,已经意识到“天人合德”的重要性。《周易·坤》更是直接指出“坤厚载物,德合无疆,含弘光大,品物咸亨”。可见,儒家十分重视人们的道德修养以达天人和谐。

二是儒家的生态伦理情怀有助于培育人关爱万物的道德情感。孔子在劝戒人们爱护动物时,指出:“丘闻之也,刳胎杀夭则麒麟不至郊,竭泽涸渔则蛟龙不合阴阳,覆巢毁卵则凤凰不翔。何则?君

① 《周易·小畜》。

子讳伤其类也。夫鸟兽之于不义也尚知辟之,而况乎丘哉!”①动物尚且对同类的不幸遭遇具有悲哀和同情之心,人类就更应该自觉地禁止这种伤害动物的行为,主动地同情和保护生物。荀子也认为:

> 凡生乎天地之间者,有血气之属必有知,有知之属莫不爱其类。今夫大鸟兽则失亡其群匹,越月逾时则必反沿过故乡,则必徘徊焉,鸣号焉,踯躅焉,然后能去之也。小者是燕雀,犹有啁噍之顷焉,然后能去之。②

儒家这种将鸟兽昆虫“拟人化”的道德心理的表述,将强化世人珍爱保护动物的伦理情感。

三是从反面提示人们注意保护生态平衡。孟子批评对自然的破坏,以牛山的森林被毁为例,指出:“牛山之木尝美矣,以其郊于大国也,斧斤伐之,可以为美乎?是其日夜之所息,雨露之所润,非无萌蘖之生焉,牛羊又从而牧之,是以若彼濯濯也。”③这一时人普遍所知的生态破坏的典型事例,虽然旨在说明人对善性进行存养的必要性,但它从特定角度对实现天人和谐很有警示作用。

(二)儒家生态伦理情怀对于人生态教育的双重启示

儒家生态伦理情怀以其丰富、积极的价值内涵,不但在历史上曾一定程度地起到了保护自然和促进社会健康发展的积极作用,在今天生态危机日趋严重的情势下,也能够带来人与自然关系的道德思考,给生态道德教育以很大的启示。

一方面,在生态道德教育中,要确立人们新的生态价值观念,正确认识和把握人与自然的辩证关系。当今的现实生活中,在一种人

---

①《史记·孔子世家》。
②《荀子·礼论》。
③《孟子·告子上》。

类中心主义①的观念主导下，人们习惯于认为自己是自然的立法者而凌驾于自然之上，把征服自然看做是自己最大的成果和乐趣。这导致人的环境急剧恶化。而在儒家生态伦理情怀中，将人类与自然万物置于同等的地位，看成是和谐统一的整体，并主张人们将自己的道德情感倾注于天地万物，促使人类与自然和睦相处。这启示我们在今天的生态道德教育中，要致力于使人们确立人与自然平等的价值观念，确立人对自然的道德责任，确立可持续发展的理念，以一种仁爱的态度注重生态的整体和谐，以促进人与自然的融合，培育“生态人”的人格范型，实现人与自然的协调发展。

另一方面，将情感教育引入生态道德教育。儒家提倡的对天地万物的博爱之心符合人类的道德情感，是当前进行生态道德教育的一种有效资源。北宋理学大师程颐曾说“圣人之仁，养物而不伤”，一次见家人买了一大堆小鱼来喂猫，他看见小鱼口吐白沫，于是就将小鱼放到书房前的石池子里，看着鱼儿在水中欢快地游玩，他不

① 对于儒学是否具有人类中心主义的特质，学术界一度展开过激烈的争辩，至今仍未达成一致。有的人否认儒学在处理天人关系问题上是一种人类中心主义，认为它只是在肯定“天人合一”的前提下主张“天人分立”。有的人则认为儒学存在人类中心主义的思想特质，这又分为两派。一是为儒学人类中心主义作辩护，认为它高扬了一种把人从神道和兽道中超拔出来的人文主义精神，展现了人的能动性、创造性、自觉性等主体精神，是值得倡导和弘扬的。一是对儒学人类中心主义进行责难，认为它是导致生态失衡、天人失调、环境破坏等问题的文化根源。我们认为，应从事实和价值两个层面去把握儒学同人类中心主义之间的关系。从事实上说，儒学提出的“人最为天下贵”、“亲亲而仁民，仁民而爱物”等思想观念，表明它是一种人类中心主义，只不过是弱势的、温和的，也是辩证的，而不是旨在征服自然、宰制万物的强势人类中心主义。从价值上说，儒家“人最为天下贵”观念，不仅符合迄今为止人是世界上最有灵性的动物这一经验事实，也有助于提升人的自信心、自豪感和责任感。至于“仁民爱物”，它既符合人类“施由亲始”、推己及人及物的情感发生逻辑，由近及远的推恩和泛爱是人天理良心的自然呈现，反映了人性的真实拓展状态，同时它也有助于确立人对宇宙万物的伦理义务，培养人施爱天地的仁者情怀；即便“仁民爱物”会引发个人随着道德对象的逐步扩展关怀程度会降低，但站在群体乃至全人类角度，社会会把爱物摆到合理位置；何况，儒家提出的“民胞物与”、“取予有度”、“开源节流”等生态伦理会矫正弱势人类中心主义带来的流弊。

禁感慨:“吾之感于中也。吾读古圣人书,观古圣人之政禁,数罟不入洿池,鱼尾不盈尺不中杀,市不得鬻,人不得食。……鱼乎!鱼乎!感吾心之戚戚者,岂止鱼而已乎?”①可见,由内心焕发出来的爱心与怜悯之情,其情感力量是多么令人感怀。在生态道德建设中,对人们进行情感上的教育,激发人们对自然万物的“恻隐之心”、“悯恤之心”,能够培养人类保护生物的自觉意识,有助于促进人与自然的友爱相处。

(三)儒家生态实践伦理思想对于保护人的生态环境的重要价值

儒家的生态实践伦理观对保护中国古代生态环境、维护自然生态平衡起了重要作用。今天它对于建设生态文明,建设资源节约型、环境友好型社会,同样具有重要的启发和借鉴意义。

1. 提高生态意识,切实保护生态系统。要坚持生态效益优先原则,建设可持续利用的资源保障体系。切实保护水资源,科学确定各类用水规模和时序,进行水资源的优化配置,提高水资源利用效率,严格控制开采地下水,全面建设节水型社会;通过封山育林、退耕还林、平原绿化等方法,大力保护、培育和发展森林生态体系;改变传统生物资源开发利用方式,以保护生物为重点,发展生态经济,充分利用现代化高科技手段发展绿色农业、环保产业等。一句话,要加快经济增长方式的转变和经济结构的调整,防止对资源的掠夺性开发,实现科学发展;同时要改变传统的生活方式,崇尚低碳生活,倡导科学文明的饮食文化,遏制乱捕乱食、暴食暴饮等生活恶习。

2. 加快环境法制建设进程,规范人们的环境保护行为。在我国近年来制定的环境保护法律中,吸取了儒家生态伦理思想中的一些

① 《二程集·河南程氏文集》卷八《养鱼记》。

因素,如吸取儒家的“取之有时”的思想,规定在育林期,“不得滥伐幼树”,禁止在幼林地内“砍柴、放牧”;在禁渔期,禁止捕捞“怀卵亲体”;再如环保法中规定“对森林实行限额采伐、鼓励植树造林、封山育林,扩大森林覆盖面积”;规定“合理使用草原,防止过度放牧”,在捕鱼时,“不得使用禁止的渔具、捕捞方法和小于规定的最小网目尺寸的网具进行捕捞”,“禁止炸鱼、毒鱼”;“禁止使用军用武器、毒药、炸药进行捕猎”等等。从这些法律条文中可以看出,儒家“取物不尽物”的原则在今天仍具有强大的生命力。① 在今天的环境保护立法过程中,要结合各种资源的生态规律,制定更加人性化、具体化的环保法律法规,加快环境法制建设进程。

3. 加强环境道德建设,促进天人关系和谐发展。改革开放以来,党中央始终重视道德建设,把道德建设作为社会主义精神文明建设和先进文化建设的重要内容加以强调。在精神文明建设两个决议和党代会政治报告中,都强调了加强社会主义道德建设的重要性,先是提出了社会公德、职业道德和家庭美德,2001 年颁布了《公民道德建设实施纲要》,十七大报告又增加了个人品德建设,形成了“四德”建设的完整体系。目前,我国在经济建设、政治建设、文化建设和社会建设之外,又提出了要加强生态文明建设。不过,令人遗憾的是,至今尚未重视环境道德或生态道德问题。早在 1996 年,我们就曾提出了个人道德、婚姻家庭美德、职业道德、社会公德和环境道德“五德”。② 也许是出于人类中心主义的思维定势和价值取向,现今仍有许多人反对人对动植物及其他物种具有伦理义务,把道德限定于人间范围之内。我们虽然不完全赞同一些学者倡导的物种中心论或生态中心主义,但基于生态失衡、环境污染等导致人的自

① 葛荣晋《试评儒家生态哲学思想及其现代价值》,《长安大学学报》2002 年第 1 期。

② 参见黄学军主编《社会主义思想道德文化建设概论》,山东人民出版社 1996 年版。

然环境(人的环境包括自然环境、社会环境和文化环境)被破坏,基于自然之物是人际、代际关系的中介,基于动植物本身也具有灵性,认为应大力倡导环境道德或生态道德,并期望它们早日成为主流意识话语。如前所述,儒家不仅创设了天人一体、天人合德、天人合心、天人同道等"天人合一"的宇宙论图式,还把自然伦理化,要求人以一种伦理情怀把仁孝之德和恻隐之心外化到宇宙生物特别是动植物上去,提出了仁民爱物、乐山乐水、一体之仁、民胞物与、敬天畏命等生态伦理智慧,同时还构建了天人相参、取物以时、强本节用等生态实践伦范,这些同当代生态保护主义、生态哲学和可持续发展观相贯通。我们应该汲取儒家这些旨在促进天人和谐、保护人的生态家园的伦理传统,推动环境道德建设。

三、科学继承儒家天人之学以促进人的环境优化

今日世界已迈入高科技时代,当代人类所面临的生态环境已经与产生儒家生态伦理的古代大不相同,依靠原封不动地继承和弘扬儒家的传统天人之学思想与具体主张,不足以解决当前人类面临的生态环境危机。因此,必须根本转变现代人的价值观,充分吸纳现代文明批判理论,同时批判地继承儒家生态伦理思想,对儒家天人之学进行合理的现代转化。

(一)批判性地继承

儒家天人之学充满着对大自然的关爱和人与自然关系的智慧之思,但是这一思想在现代自然科学和人文知识的背景下,既有其自身优势,也存在着历史局限性。这种局限性主要存在于农业文明自身的历史限定性之中。例如,农业文明中经济结构单一、生产力落后、偏重农业,这就导致对自然的依赖性较强,儒家天人之学是以限制人的需求和开发自然的手段来协调人与自然关系的。在工业化、商品经济发达的现代社会中,主体的能动性需要且得到了很大的提高，这是与传统农业社会所不同的地方。必须从当代视角出发，对以生态伦理思想为核心的儒家天人之学进行批判性的诠释，继承和发展其中具有普适价值的优秀思想遗产，如仁民爱物、取舍有度、用之有节等，对其进行科学诠释和合理吸收；与此同时，也要剔除其中的神秘主义、直觉主义以及模糊性、朴素性等杂质，实现天人关系意识的更新和视角的变换，以科学地匡正人与自然关系的价值取向。

（二）创造性地转换

不论是先秦孔子的敬天畏命、钓而不纲、不时不食、乐山乐水，孟子的仁民爱物、不违农时，荀子的强本节用、开源节流、外节于物，还是宋明时期张载的民胞物与、程颐的养物不伤，这些天人之学观念均表达了儒家一贯的仁者情怀和重生爱物的人文精神，它以尊重自然规律、顺应万物之情的实践态度和行为方式，努力追求人与自然的共生共存、和谐相处，它确立了人不仅对人同时对物的环境责任和主体意识，有利于为人的生存和发展创造良好的物质环境。充分挖掘儒家天人之学的生态智慧，必定能实现马克思所期望的"自然主义和人本主义的有机统一"的社会理想。"不过，中国古代的天人之学所包含的生态哲学及种种保护生物与环境的见解，都具有朴素的性质，表现出人类童年时期纯真美好的情感，缺乏严格的论证和成熟的体系，在具体内容上无法与近现代生态学的细密严谨相比。可是古代的天人之学，具体到儒家的天人一体论，又具当代西方生态学和生态哲学所缺少的内在优势，主要是重视人与天地万物之间的感情心理因素。可以说，西方近代生态理论和环境保护主义的兴起，在很大程度上是全球性生态危机所造成的震撼和恐惧，而儒家的天人一体之学，主要不是受到自然惩罚的结果，而是建立在本然的情感和深刻的体认之上。"①可以讲，儒家的天人之学是在自

① 牟钟鉴《儒学价值的新探索》，齐鲁书社2001年版，第51页。

然经济的社会历史背景下,基于"天人合一"的本体论世界观、以恻隐之心为内核的仁爱情感、受制于自然之物相对匮乏所应有的开源节流的实践理性以及自然之物的生息规律,而发展起来的用以协调人与自然环境之间关系的思想学说,今天要发挥它在保护人生存、发展和享受的物态环境的作用,就要根据当代自然社会状况赋予儒家各种天人合一观念、命题以新的内涵,把生态伦理与生态法律有机结合起来。同时,要充分发挥儒家生态伦理思想在解决人与自然对抗关系中的作用,另一个重要的前提是在对传统儒家生态伦理思想进行全面发掘、整理的基础上向西方现代和后现代科学学习,借鉴其系统论、自然科学论等科学方法,将各种中外理论与实践彼此进行融合与会通,以补充传统儒家生态伦理思想的理性思维、逻辑论证的不足,努力促进它从传统形式向现代形式转换。

(三)对生态文明社会理想进行重构

儒家对追求的生态理想社会进行了描绘:"不违农时,谷不可胜食也。数罟不入洿池,鱼鳖不可胜食也。斧斤以时入山林,材木不可胜用也。……五亩之宅,树之以桑,五十者可以衣帛矣;鸡豚狗彘之畜,无失其时,七十者可以食肉矣;百亩之田,勿夺其食,数口之家可以无饥矣。"①在孟子所描述的理想社会中,既强调了人人衣食有着,文明礼貌,还强调了只有农业生态保护得好,才能够可持续地发展,展现了一幅人与自然和谐相处的生态平衡图景。② 正是儒家所追求的这种完美的社会理想,给华夏民族自强不息提供了巨大的动力,保证了传统中国社会人与自然的相对和谐,推动着中华文明的健康发展。可以说,实现社会和谐,建设美好社会,发展生态文明,始终是人类孜孜以求的社会理想,也是包括中国共产党在内的

① 《孟子·梁惠王上》。

② 任俊华《孟子的生态伦理思想管窥》,《齐鲁学刊》2003 年第 4 期。

马克思主义政党不懈追求的社会目标。今天我们努力建设的社会主义和谐社会,人与自然和谐相处正是其中一个重要表征,它要求生产发展、生活富裕和生态良好。

第二节　儒家人性思想与人性的潜能开发

在一定意义上,儒家有关天人关系的思想是其人性论的逻辑前提。这一则是因为从宇宙本体论来说人是自然界长期演化的产物,是大自然之子,先有天再有人;二则是因为人本身也是一个自然存在物,正如马克思所深刻阐明的:"人直接地就是自然存在物。人作为自然存在物,而且作为有生命的自然存在物,一方面具有自然力、生命力,是能动的自然存在物,这些力量是作为天赋和才能、作为欲望存在于人身上;另一方面,作为自然的、肉体的、感性的、对象性的存在物,和动植物一样,是受动的、受制约的和受限制的存在物。"①历代儒家尽管强调人为天地最贵,强调人具有异于动植物的本性,但从不否认人具有自然之性,认为人性乃是天所赋予人的;三则是因为儒家往往由天道推及人道,由自然反观人性,进而提出用以处理天人关系、己他关系、群际关系的准则、规范乃至制度(如井田制、家长制等)。然而,儒家人性论又处于儒学体系中的基础位置。由于人性是一切人类行为和社会现象的深度动因和原生力量,因而儒家往往把人性论作为其构建为人之道、为政之道和纲常伦理的逻辑起点和思想前提。正因如此,几乎所有的儒家无不提出了自己的人性主张,从而使儒家人性思想不仅源远流长,且复杂多样,以致某些现代新儒家把孟、程、朱、陆、王一系所阐发的"道问学"、"尊德性"等

① 《马克思恩格斯全集》第42卷,人民出版社1979年版,第167页。

心性论作为儒学的根本特征。儒家人性思想具有先天性、伦理性和层次性等基本特点，它们对人的发展产生了很大的影响，如何合理地汲取儒家人性思想的精华，开发人的人性潜能，将是本节所要探讨的重要课题。

虽然孔子不大言说性与天道，但从思孟开始，历代儒家分别提出了性善论、性恶论、性三品说、性善恶混论、性无善恶论、性二元论等不同形态的人性思想，这些多样化的人性论在理论旨趣、时代背景、历史传统、社会意义等方面固然存在差异，但从总体上表现出某些共同的特征，这就是先天性、层次性和伦理性。

一、儒家人性论的先天性与人性潜能开发

儒家的心性之学可谓博大精深，源远流长，且其“命”、“心”、“性”同“道”、“理”、“情”等重要范畴具有极大的粘连性，从而使之呈现十分复杂的面相。然而，从总体上说，儒家心性具有先天①特征。

不同时代的儒家不论是主张性恶论、性善论，还是宣扬性善恶混论、性可以为善可以为恶论，抑或是倡导性无善恶论；不论是主张性一元性，还是二元论，抑或是性多元论，他们所理解、所规定的“性”均是在与生俱来、先天赋予的意义上使用的。要准确把握儒家“性”的含义及其特质，必须厘清几个容易混淆的相关概念。人性可谓是人类属性的简称，它是一个反映人的基本性质的总体性复合范畴，人的本能是指称人先天固有的不学而会的生物性能，人的本质

① 有的学者认为，儒家的人性不是先天的，而是先验的，譬如孟子的性善论就是一种先验主义的。实际上，“先验”一词大致有两层含义：一是先于后天经验，不是人后来所造成的，而是人生下来在日后的人生经验中所形成的特性；二是超乎实际经验的形而上本体，它既可以由人先天所禀赋，也可为后天所养成。康德哲学把这二者加以综合，视“先验”为超越感性经验的先天形式。我们认为，用先天性去概括儒家人性论的某种特质更为合理，因为它主要是讲述儒家所言说的人性来源问题，并且蕴含了部分人性的先验内容。在本书之中，“先天”与“先验”将作为可以互相置换的同一性范畴交替使用。

(属性)是指决定人存在和发展的根本属性,人的本性是指人既定的原有性质——包括人先天固有的和后天习得的较为成型的性质,而人的类特性则是指人异于神和动物的特有属性。人性是由生理属性和心理属性(精神属性)所组成的,而换一个角度,又可以将它看成是由自然性、文化性和社会性构成的"三位一体"的有机系统。

就先秦儒家人性论而言。作为儒学的开山祖,孔子虽然只是提出"性相近也,习相远也"①这一著名命题,缺乏对人性的具体言说,从而导致子贡感言道:"夫子之言性与天道,不可得而闻也。"②然而,孔子所阐发的"性—习"人性架构初步奠立了后世中国传统人性论的基本范式,以后各个时代的儒家几乎都是在"先天之性"与"后天之习"两极之间保持着一定的张力。

新近出土的郭店楚墓竹简其中的《性自命出》篇弥补了从孔子到孟子之间人性论思想的缺环,而它反映出来的正是天—命—性—情的逻辑结构,它同样是将"性"界定为人与生俱有的天赋本性。《中庸》提出了影响至深的"天命之谓性"命题。思孟学派的代表性人物孟子人性论的先验特质已得到学界绝大多数人的共识,但对其的具体解说都是见仁见智。先看看孟子对告子"生之谓性"的反诘。"告子曰:'生之谓性。'孟子曰:'生之谓性也,犹白之谓白与?'曰:'然。''白羽之白也,犹白雪之白;白雪之白,犹白玉之白与?'曰:'然。''然则犬之性,犹牛之性,牛之性,犹人之性与?'"③表面上,孟子似乎是否定告子"生之谓性"的说法,实际上,孟子并未抹杀人的天性(与生俱来),他否定的不过是费尔巴哈抽象人道主义式的空洞的、无差异的、普遍同一的生物特性。告子的失足之处不在于他强

---

①《论语·阳货》。
②《论语·公冶长》。
③《孟子·告子上》。

调人的先天本性，而在于他完全抹杀了人同动物的差异；孟子所反复强调的是“人之所以异于禽兽者几希”的类特性。必须指出，人的自然性有时指人生来带有的属性，有时则仅指人与生俱有的生理官能和自然机能（尤其是自然欲求和性能）。这两点，孟子在别的场合都加以肯认。他说：“形色，天性也；惟圣人，然后可以践形。”①在性命之辨时他又说：

口之于味也，目之于色也，耳之于声也，鼻之于臭也，四肢之于安佚也，性也，有命焉，君子不谓性也。仁之于父子也，义之于君臣也，礼之于宾主也，智之于贤者也，圣人之于天道也，命也，有性焉，君子不谓命也。②

由此不难看出，孟子虽然从价值实践及道德人格（圣人与君子）维度强调了外在的命运同人内在的本性之间的紧张和对立，并要求对之顺或逆，从而表现出重人伦特性轻自然性能的思想倾向，但他从本体论角度肯定了人的两种本性，即生来就具有的感官自然性能、形体特征（形色）以及仁义礼智等社会文化特质。

荀子性恶论虽然在一定意义上同孟子性善论决然分立，可它同样从“明于天人之分”和“天人合一”两极角度把“性”看成人先天具有的。他大致从四个方面阐述了人性的先天特质。一是从人性来源角度指认了人性乃是人的生性。荀子指出：“生之所以然者谓之性”③、“凡性者，天之就也”④。显而易见，荀子把“性”当成人与生俱有的原始质朴的天然之性。二是从人性特点角度指明了人性乃是人先天固有的、未经人为的纯粹自然之性。荀子说：“不事而自然

①《孟子·尽心上》。
②《孟子·尽心下》。
③《荀子·正名》。
④《荀子·性恶》。

谓之性。"①"不可学、不可事而在人者谓之性。"②在荀子看来,"性"乃是人的一种自在自为的本然状态,而不是人工产物。这种"性"只是来自于人先天的自然禀赋。三是从人性作用角度揭橥人性是人先天赋予的自然材质。例如他说:"性者,本始材朴也;伪者,文理隆盛也。无性则伪之无所加,无伪则性不能自美。"③在此,荀子把"性"规定为人后天社会实践及社会教化的原初基础。四是同告子和孟子一样,荀子也从人性内含角度阐述了"性"是人生来就具有的自然性能。在他看来,人不仅具有先天的感官机能:"今人之性,目可以见,耳可以听。夫可以见之明不离目,可以听之聪不离耳。"④同时还具有先验的自然欲求:"饥而欲食,寒而欲暖,劳而欲息,好利而恶害,是人之所生而有也,是无待而然者也。"⑤

就汉唐儒家人性论而言。不论是董仲舒、王充、荀悦、韩愈等人的性三品说,还是贾谊、扬雄的人性论,抑或是李翱的复性论,都凸现了人性的先天性一面。董仲舒从"天人感应"和"天人相副"的宇宙本体论出发,认为"人本于天",人性是天生的:"如其生之自然之资谓之性,性者质也"⑥,这表明,人性是人得之于天的自然资质。在董仲舒看来,性情合一,情属于性,性情同为天赋,即"天地之所生,谓之性情"⑦。东汉的王充虽然不认同董仲舒"人性有善端,也有恶端"的观念,而接受世硕"人性善恶混"的思想,但他却肯定"性三品论";而且,依据元气论的本体论,王充还把人性看成是禀气而生就的:"人禀天地之性,怀五常之气"⑧。荀悦承继了"性三品论"及"性

---

①《荀子·正名》。

②④《荀子·性恶》。

③《荀子·礼论》。

⑤《荀子·荣辱》。

⑥⑦《春秋繁露·深察名号》。

⑧《论衡·本性篇》。

有善有恶论”,他也明确将人性看成人的天性,只是他把人性的内容归结为人的形神并提出“凡情、意、心、志者,皆性动之别名也”这一合理命题,如他说:“或问性命,曰:生之谓性也,形神是也。”①韩愈的“性三品说”对孟子、荀子、董仲舒、扬雄等人的人性论有损益,但同样主张“性也者,与生俱生也”②的天赋人性论。由上可见,汉唐儒家不仅大多主张性有善有恶,并分为三品,且无一不是从自然天成意义上去理解人性、规定人性。

就宋元儒家人性论而言。这一时期的儒家,不管是张栻、陆九渊的性本善论,还是苏轼的性无善恶论,或是占主流的性二元论(张载、二程、朱熹、魏了翁等人为代表);不论是将“理”置于人之外的程朱理学,还是将“理”纳入人心中的陆王心学;不论是仅仅倡导天命之性,还是把“性”分为“天地之性”和“气质之性”,其人性都具有先天特点。宋元人性思想以张载为界大致划分为两大阶段。张载以前及同时的儒家人物,一般从“天命之谓性”意义上去诠释“性”,而自从张载首倡“天地之性”和“气质之性”后,后世儒家除少数例外绝大多数从这两种情性角度去论说人性,然而不论是性一元论还是性二元论,均是视“性”为天然的。李觏赞同韩愈的性三品说,同时明确肯定人“性”来自天命,人性为人受之于天者,例如他说:“然则本乎天谓之命,在乎人谓之性。”③王安石把“性”规定为人的心理活动(存在于心而未发于外的感情)和视听思动等认知能力,把“性”看成是人与生俱来的“天资之材”。司马光笃信天命,认为天是人和万物的产生者和主宰者,据此他认定人性乃是由天所赋予人的:“性者,天与之也”,“性,天命也”。邵雍从神学人性论出发,沿着天—命—

① 《申鉴·杂言下》。
② 《原性》。
③ 《李觏集》卷四《删定易图序论》。

性—理的思维逻辑而阐述了人性天赋论："天使我有，是之谓命。命之在我之谓性，性之在物之谓理。"①周敦颐承继了《周易》"继善成性"的思想，提出人得天地阴阳五行所生，为万物之灵，如他说："二气交感，化生万物，万物生生而变化无穷焉。惟人也得其秀而最灵。"②虽然汉唐某些思想家蕴含着"天地之性"和"气质之性"之分，但将此明确系统提出并加以阐释，张载可谓有开创之功，他的"人性二元论的创立，是对中国古代人性学说的重大发展，颇得宋明理学家的尊崇。张载之后，许多思想家围绕着这个人性二元论的学说，展开了激烈的争论和探讨"③。不惟如此，张载的人性二元论为后世绝大多数儒者所尊奉。朱熹评价说张载人性学说"极有功于圣门，有补于后学"。那么，"天地之性"和"气质之性"究竟是先验的还是后验的呢？张载立足于气本论从发生学角度去说明人性的由来和特点。他认为"含虚与气，有性之名"，"性"是由太虚与气化聚合而成的本然之性："天性在人"、"君子所性，与天地同流"、"性与天道合一"④，由此可见，人性根源于天性。从"天人合一"出发，张载推导出人性即是天地之性。同时，他认为"形而后有气质之性，善反之则天地之性存焉"⑤。可见，张载所谓的"气质之性"是人在气聚而有形后秉承来的。程颢把人性分成"天命之性"和"生之谓性"，前者是上天命于人的绝对善性，是天理和天道在人身上的显现；后者则是气禀之性，此即"生之谓性，性即气，气即性，生之谓也。人生气禀"⑥。程颐明确将性一分为二："一是出于天的'天命之性'；二是

① 《皇极经世书》卷十四《观物外篇下》。

② 《太极图说》。

③ 姜国柱、朱葵菊《中国历史上的人性论》，中国社会科学出版社 1989 年版，第 124 ~ 125 页。

④⑤ 《张载集·正蒙·诚明》。

⑥ 《二程集·河南程氏遗书》卷一。

出于气的‘气质之性’。出于天者为理性，故称为性；出于气者为才性，故称为才。”①在程颐看来，气质之才性就是“生之谓性”，它是人生而禀受的天成之性。作为“东南三贤”的张栻、朱熹、吕祖谦同张载、二程大同小异，基本上秉承了把性类分为“天命之性”和“气质之性”的人性二元论，而且都把人性界定为由天所赋予人的先天规定性。宋代心学派的开创性人物陆九渊重心轻性，不大“理会”人性问题。不过，他并没有完全绕过人性，而是推崇孟子的性善论，认为“人乃天之所生，性乃天之所命”，从而肯定了天命之性。虽然陆九渊承认恶来自物欲，物欲来自浊气，但他并未因此确认“气质之性”的存在。

就明清儒家人性思想而言。这一时期的儒家并没有占据主导地位的人性思想，而呈现出多样化的状况，不过，大体上可以分为三大派。一是人性自然论。从主张“心者，人之神明，性者，人之生理”、人只有气质之性②的罗钦顺，其性情论断言“性生于气”、“有生则有性”，反对宋儒离气定性、析性分“本然之性”和“气质之性”的王廷相气质人性论，到认为“非气质无以为形，非气质无以见性”、形与性合一的颜元气质即性论，再到李塨的生之有性论和戴震的血气心知即性论，均在“先天”意义上使用和界定“性”。二是性本善论。主要代表人物是刘宗周的两大弟子陈确、黄宗羲及清代中期儒者焦循。陈确推崇孔子“性近习远”论和孟子先验主义的性善论，反对宋儒的人性二元论。黄宗羲力主“心与性一”，认为“人禀是气以生，心即气之灵处。……性不可见，见之于心”。③ 不难看出，他将心性视

---

① 姜国柱、朱葵菊《中国历史上的人性论》，中国社会科学出版社 1989 年版，第 38 页。

②《困知记》卷上。

③《黄宗羲全集》第一册《孟子师说》卷二。

为人禀气而先天生成的,从而只认同人有气质之性。同时,他还强调,天地之气使"人心"自然具有仁义礼智之名,"此生而有之,人人如是,所以谓之性善,即不无过不及之差"。① 三是性日生日成论。作为具有启蒙思想的王夫之,他在中国人性论史上可谓独树一帜,提出了不同于任何前人的性日生日成论。一方面,他以气一元本体论为基础,提出"秉太虚和气健顺相涵之实,而合五行之秀以成乎人之秉彝,此人之所以有性也"②。道就是理,人禀而生,循理而生,生而有性,性在气中。另一方面,他认为人性并不都是与生俱来的,而是有后天习染而成的:"夫性者生理也,日生则日成也。……天日命于人,而人日受命于天。故曰性者生也,日生而日成之也。"③可见,人性并非均先天固有的,乃是后天逐渐生成的,在人生的实践过程中,人性是"未成可成,已成可革"。很显然,王夫之的人性思想迥异于前后之儒者所标举的既成论,而独创人性生成论。

综上所述,历代儒家所阐发的人性思想除王夫之倡导人有天命之性和日成之性外,几乎都具有先天特质;虽然从内容上说,不同儒家对人性的规定并不完全一致,有时指人的形色之类生物(理)特性,有时指人的欲望、情感之类心理特性,有时指人的主观精神(心),有时指仁义礼智等道德品性,但是,它均是在"生之谓性"和"性自命出"的致思取向上而获得自身规定性的。犹如徐复观先生所言:性之原义,应指人生而即有之欲望、能力等而言,有如今日所说之"本能"。④ 儒家基本上是沿着"性自命出"或"天命之谓性"的理路,把"性"归结为天命之性,认为它是由天所赋予人的,因而是为

① 《明儒学案》卷六十二《蕺山学案》。
② 《张子正蒙注》卷一《太和篇》。
③ 《尚书引义》卷三《太甲二》。
④ 参见徐复观《中国人性论史(先秦篇)》,生活·读书·新知三联书店2001年版。

人所固有的先天属性,大致相当于西方学者及当代中国学人所言说的自然之性——在英文里,“自然”和“本性”共用一个词“Nature”。如此可以说儒家人性论即是自然人性论。新中国成立以后,由于儒学遭受严重挫折和冲击,使儒家的自然之性隐没不彰,加之对马克思主义人性论的误读和曲解,人们完全抹杀了人的自然性,而把人性仅仅归结于人的社会性;在强调“阶级斗争为纲”的背景下,又把人性等同于阶级性,从而滑向社会人性的另一端。以牟宗三为代表的现代新儒家对儒家自然人性论作了系统梳理与总结。牟宗三指出:“凡言性有两路:一顺气而言,二逆气而言。顺气而言,则性为材质之性,亦曰:‘气性’,或曰:‘才性’,乃至‘质性’。……逆气而言,则在于气之上逆显一‘理’,此理与心合一,指点一点心灵世界,而以心灵之理性所代表之真实创造性为性。”①很显然,牟先生是照着宋明理学家“气质之性”与“义理之性”的二元论来讲的。他把气之性视为个体存在时所本具的特性,抑或是人自然之质性。这无疑是先天的。那么,义理之性是否也是先天生就的呢?在他看来,所谓义理之性是根据另外一个老传统而来的,它由思孟所抉发,依据《诗》、《书》中帝、天、天命、敬德以及孔子之仁、智与天诸观念,它即是天命之性。这表明,牟先生同样是在先天禀赋意义上来规定“义理之性”。由此可见,即便是现代新儒家,仍不乏从先天性维度去界说“性”的义理。儒家人性论的先天性讲述的不过是人性的来源问题,它不等于所谓的唯心主义,但毕竟是先验的,而区别于人后天习染而生成的各种属性。即使是人的先天属性,也在特定意义上蕴含着过去常说的社会性,西方社会生物主义即肯定了人有先天生物社会性,而康德早就说过“人天生是一个合群的动物”,所谓天生,不仅包

① 牟宗三《才性与玄理》,台湾学生书局1985年版,第1页。

括人通过父母的获得性遗传,也包括人由气所禀受而来,总之,此种人性是由大自然所赋予人的。

儒家人性论的先天性同其天赋道德论浑然一体,后者恰是构筑在前者基石之上,后面我们将在儒家道德本体论部分就儒家天赋道德论和心性论对人道德发展的影响和作用作专门探讨,这里主要立足于先天—后天的二元维度就人的潜能开发乃至人的全面发展问题作出分析。

围绕人性这一人学核心问题,西方思想家作了不同阐释,分别提出了遗传决定论、环境决定论、文化决定论或弗洛依德主义、行为主义、存在主义、社会生物主义等不同理论主张,旨在对人的先天特性在人的发展和社会发展中的地位与作用作出说明。前已指出,由孔子所开创的"性近习远"的人性论范式在历代儒家那里得到了沿袭,而几乎所有的后世儒家在肯认人性的先天特质的致思过程中,主要又是立足了"天人合一"的宇宙论图式和"生之谓性"、"天命之谓性"的思维路径。一句话,儒家把人性看成是由天所赋予、不事而自然、人所本具的秉性。至于如何认识和评价人性在人发展中的作用,则显示出不同的思想倾向。告子认为人性无分于善恶,它对善恶的影响取决于人为的"决",取决于朝何种方向引导。主张人性恶的荀子则指出,如果放纵人性,就会犯分乱理,侵蚀仁义礼治,因而必须对人性进行转化——化性起伪。而孟子的性善论、董仲舒等人的性三品说以及程朱理学的性二元论,均肯定了人的仁性、善性,它们构成了人行善成德的自然根基。毋庸置疑,人的发展是先天因素与后天人为双向塑造的结果,要使人获得健康全面的进步与发展,必须把"性"与"伪"有机结合起来,而不可偏废。杜维明指出,正如有的学者所讲的孟子人性善观点背后隐含着人是完美的信念,但孟子并未详尽说明在人的完善化过程中究竟是人的天赋才能还是环境起主要作用，杜先生强调说："荀子认为人完善化的过程包含着一个心灵认识过程和社会强制这两者之间的复杂的相互作用。人的完善的境界可由人类心灵的智力能够领悟、理解共同价值和准则的人性可塑性而得到说明。这样，人的主动参与完善化的过程就取决于自己内在的自我修养与社会理想的相互协调。"①在过去，我们由于受到社会人性论的牵制，过分夸大社会对人的改造作用，而忽视人的禀赋、才性，而西方一些社会思潮又放大了诸如人的遗传基因、本能、生物社会性、自然性等先天因素的功能，这两种极端化的做法显然同儒家的人性先天特质思想是不太吻合的。从儒家人性论的先天性观念我们可以获得如下有益启示。

1. 任何社会建构必须尊重和顺应人的天性。从总体上，儒家的人性先验主义思想确认了人是一个自然存在物，这一自然存在先天固有善性和恶性，这也就是说，人生来既是天使也是野兽，即使是主张性善论的孟子也承认形色是人的天性，即使是主张性恶论的荀子也肯定知、义、辨、分等是人之所以为人的类本质，这些要求任何文化改造活动理应适应人的天性，而不能脱离人性定势。一方面，人生来就具有七情六欲，人无完人，金无足赤，犹如美国教育学家卡耐基所言，人性既有优点也有弱点，因而我们不能将人神化，加以无限拔高，要防止极"左"时期那样树立"高、大、全"先进典型，因为这样的道德完人由于过于理想化、过于远离人性特点，难以服人；另一方面，我们也要认识到人毕竟具有异于动物的类本质，人天生具有人性光辉的灵性一面，不能忽视人性的伟力，因而在后天的社会文化实践活动中要注意充分发挥人的认知能动性和实践能动性。

2. 要注意挖掘人性的潜能。也许人生来是软弱的，在生物学意

---

① 杜维明《人性与自我修养》，中国和平出版社 1988 年版，第 51～52 页。

义上缺乏某些动物那种尖牙利爪攫食，也没有某些动物那种迅捷的奔跑能力抵御敌人，更缺乏天生固有的本能生存方式去适应环境，但是，人还是带有一定适应环境以维持生存的秉赋，人作为大自然之子不论在起源上还是在材质上同大自然是融为一体的，经过长期的演化，人天生具有独有的生物类特性，具有复杂的大脑神经系统、种种独特的生理—心理潜能以及由各种体质特征有机组合的生物构造。西方以舍勒等人为代表的哲学人类学只是一味强调人在生物上的“不确定性”、“不完善性”、“不适应性”或“匮乏性”，是失之偏颇的。要知道，人的先天生物缺陷反而造成了它的可塑性。也许人天生具有某种“自私的基因”，具有利己的人性倾向，但人性之中也蕴含着如同孟子所讲的“恻隐之心”；虽然荀子言性恶，但他也注意到人区别于动物之处就在于人有分、辨、知、义等族类本质，这表明，人一生下来就赋有认知潜能等。为了发掘人的潜能，历代儒家既提出了存善、操守、主静、格物等自我修养方法，也提出了积习、扰化等社会机制。站在当代科学视角，我们知道，人的先天自然因素是社会文化形成和发展的动力基础，人的自然形体结构和机能不仅在一定程度上决定着人的生存生活状态，也为社会文化创设某种生物学前提，例如人的“动物的恐惧”，例如人的生理心理容量对机器设计、服装、家具、工程等的影响。这些既要求社会要从人性出发注意防止环境污染，保持合理的劳动强度，也要求社会为人的潜能发挥创造良好的外部条件，提高教育水平，建立有利于人才成长的机制，充分发挥每个人的聪明才智，从而促使人先天的禀赋、才能由潜在向显在转化。必须指出，文化在促进人的潜能自我实现、弥补人生物缺欠的同时，也由于它的代偿作用使人先天潜在的自然力、意志力和思维力抑制乃至蜕变，例如计算机、汽车的广泛运用导致人计算能力、奔走能力下降，这就要求每个人必须在广泛的实践中充分锻炼个人的理智才能。

3. 对人的本能善于进行引导。本能是人在进化过程中所形成并由遗传固定下来和不学而会的性能，它包括先天固有的内驱力、心理倾向性和固定行为模式。儒家虽未采用“本能”一词，但提出了一系列与之相近相通的范畴和命题。孟子不仅承认形色为人的天性，还反复论证了人具有先天的“四心”和良知良能。荀子从性恶方面论述了人具有“饥而欲饱，寒而欲暖，劳而欲休”①的情性，同时还指出人具有“薄愿厚，恶愿美，狭愿广，贫愿富，贱愿贵”②的心理倾向性，程朱理学家则把人正当的欲望视为天理，阳明心学提出了“致良知”学说。对于儒家所提出来的合理化本能——主要是道德本能，由于它们是人走向道德完善的基础，自然应加以利用、开发，努力存心养性，使之成为人健康成长——达至圣贤君子的人性力量。至于为孟荀等人看做是恶的本能，虽然要设立一定的文化禁忌进行适度的抑制，但也不能一味加以压抑。且不说“恶”有时也是历史进步的动力，就拿一些常人轻视乃至否定的许多本能来说，也并非均是驱使人堕落、败坏、贪婪、侵略等负面文化的根源。人的饮食本能是人从事物质生产和社会生活的直接动力，它有助于为人这个生物体输送物质、能量，保证人进行新陈代谢。性在文艺、体育、交往、战争等层面也起着直接或间接、有意识或无意识的广泛渗透作用，它既是爱情的生物基础，也是婚姻和家庭的纽带。另外，像现代西方心理学所讲的防卫本能、苦乐本能、合群本能、攻击本能等，也对个人成长和社会发展具有积极和消极的双重功效。可见，对儒家判定为恶的人的各种本能固然要用师法、礼义等进行转化乃至遏制，但也要开辟一定的社会渠道进行疏导，要知道本能压抑过度，反而会

---

①②《荀子·性恶》。

损害人的身心健康。

二、儒家人性论的层次性与人的个性发展

假如说先天性是阐明儒家对人性的起源看法的话，那么层次性是用以解释儒家是如何看待人性的内容及其展现出来的多种类型。由儒家所揭示的人性是一个由多种要素、多种层次、多种形态所构成的有机系统，它大致分为自然肉体本性与精神伦理本性、气质之性与义理之性、性之三品等。

（一）自然物质本性与精神伦理本性

人不仅是一个物质存在，也是一个精神存在，是一种身心合一的统一体，因而它既具有物质属性，又具有精神属性。在西方人性论历史上，人性除了从感性与理性、利己与利他、善与恶三方面去加以诠释外，还经常从物质与精神、身与心两极给予分析。早在古希腊，柏拉图就把人性分为肉体本性和心灵本性，而著名宗教改革家马丁·路德更是直截了当地宣称："人有一个双重的本性：一个心灵的本性和一个肉体的本性。"在儒学发展史上，同样存在着把人性分为肉体本性和精神本性的传统。

人的肉体本性大致包括两方面的含义：一方面是指形体本身的特性，也就是人作为一个物质存在的性状，如身材、体重、外貌等；另一方面则是由肉体所产生的各种感性欲望、本能、机能等，如食色（性）、暖等。

告子从自然主义人性论出发，在肯定人性为"生之谓性"的前提下，认为"食色，性也。"①从而把人性归结为人的先天欲望。告子还认为"性，犹杞柳也；义，犹桮棬也。以人性为仁义，犹以杞柳为桮棬"②。这里，告子把"性"视为同杞柳一样的自然存在物之类的东

①②《孟子·告子上》。

西,而明确否认仁义是人性。与此不同,孟子从不同层面论证了人具有肉体本性和精神本性。一是孟子肯定了形色是人的天性:“形色,天性也;惟圣人,然后可以践形。”①这一论断不仅如上述表明孟子肯定人性的先天性,同时也说明“形色”是人普遍的天然特性,只有圣人才能通过外形来加以体现。二是孟子在著名的性命之辨中分辨出人具有肉体(器官)机能和精神特质。他说:

> 口之于味也,目之于色也,耳之于声也,鼻之于臭也,四肢之于安佚也,性也,有命焉,君子不谓性也。仁之于父子也,义之于君臣也,礼之于宾主也,智之于贤者也,圣人之于天道也,命也,有性焉,君子不谓命也。②

可见,孟子仍然依照通常做法而把人的各种自然欲望归之于“性”。不过,在他看来,由于这些肉体机能或自然需要属于“生之谓性”之性,用现代心理学术说来讲是一种自然本能,它们属于由天所决定的外在他律,不能由人自己选择、自己做主,真正的“性”应内在于个体的生命本质,由主体自己做主,因而来自于天的意志的各种自然性能,与其说是人性,毋宁说是“命”。虽然孟子承认诸如“命也”、“天命”,但他同康德一样更为突出“正命”、“立命”,强调人的主体性及类特性,注重于把外在天命转换成内在的道律自律,据此,他认为仁义礼智圣等道德品格诚然是天赋予人的,但却是“我固有之”,并且由人自己做主,因而它们尽管由天命定,但本质上都是人的真正特性。三是孟子把人体分成大小、贵贱,实则类分为肉体之性与精神之性。他如此说:

> 体有贵贱,有大小。无以小害大,无以贱害贵。养其小者为小人,养其大者为大人。……养其一指而失其肩背,而不知

---

①《孟子·尽心上》。
②《孟子·尽心下》。

也,则为狼疾人也。饮食之人,则人贱之矣,为其养小以失大也。饮食之人无有失也,则口腹岂适为尺寸之肤哉?①

这里孟子尽管未明确指明“大体”即是人的精神官能,但从他批评“饮食之人”养小失大,大致明了他所讲的“大体”不是饮食之类的感性物质欲望。因为孟子还接着指出:“从其大体为大人,从其小体为小人。……耳目之官不思,而蔽于物,物交物,则引之而已矣。心之官则思,思则得之,不思则不得也。此天之所与我者,先立乎其大者,则其小者不能夺也。此为大人而已矣。”②结合这段话,可以想见孟子所谓“大者”即是理智官能,而“小者”则是感官官能,他把重视大体还是小体看成是划分大人和小人两种道德人格的重要标准,这类似于西方社会关于魔鬼与天使的划分。

毫无疑问,荀子的性恶论建立在对“性”作为自然物质本性的基础之上,他似乎未将性指向人的精神本性和伦理特性。如前所述,他认为“性”就其来源是“生之所以然”、“本始材朴”、“天之就也”,而其内容则是“饥而欲食,寒而欲暖,劳而欲息,好利而恶害”③,或是“生而有好利”、“生而有疾恶”、“生而有耳目之欲”④之类的物质利欲。这一点应当说是无可争议的。问题在于,荀子断言人性是恶的,并且君子与小人完全相同:“凡人之性者,尧、舜之与桀、跖,其性一也;君子之与小人,其性一也。今将以礼义积伪为人之性邪?然则有曷贵尧、禹,曷贵君子矣哉?凡所贵尧、禹、君子者,能化性,能起伪,伪起而生礼义。”⑤既然连圣贤也是性恶,那么何以保证他们能够化性起伪,能够起礼义、制法度呢?因为从荀子的圣凡同为性恶可以推出恶的无限可能性(相对而言)。而且,凡人如果绝对是性恶,也

①②《孟子·告子上》。

③《荀子·非相》。

④⑤《荀子·性恶》。

难以确保他们接受礼义教化。即使荀子强调普通人可以同圣人一样是通过积习而成善的,如他说:"圣人者,人之所积而致矣。"①但倘若没有圣贤制礼义和外在教化,要成为圣人也是不可能的。因此,这些必然迫使荀子要找寻人不同于动物的特殊之性。一是荀子认为人异于禽兽之处在于:"人之所以为人者,非特以二足而无毛也,以其有辨也。……夫禽兽有父子而无父子之亲,有牝牡而无男女之别,故人道莫不有辨。辨莫大于分,分莫大于礼"②;二是荀子断言人有知有义:"水火有气而无生,草木有生而无知,禽兽有知而无义,人有气、有生、有知,亦且有义,故最为天下贵也"③。尽管荀子并未从总体上像孟子那样把知、义看成是人的天性,④但从当代人性哲学来看,这实际上可以看做他把知识、道德视为人的本质特性,借此明于天人之分,挺立人作为知识主体和道德主体的价值与地位。可见,荀子同孟子实为"殊途同归",在彰显人的伦理本质上是相通的,同时共同建构了由物质本性和精神本性所构成的人性二元结构系统。

汉代思想家贾谊、董仲舒、王充、荀悦等虽然都主张性分三品说,但也包含有从阴阳、心物两种维度去界定人性的进路,汉唐儒家基本上是沿着从性→情→欲这样的逻辑思路涉及人的双重本性。董仲舒认为"性有善端,心有善质"⑤,同时他又从性善恶混论出发,认为人性也有恶,原因是性中有情,而情为恶。人性之有善恶,是因为"身之有性情也,若天之有阴阳也"⑥,而阳为善,阴为恶。这样,董仲舒实际上是把人性分为阴阳、心情两类特性。王充虽然反对董

---

①《荀子·性恶》。

②《荀子·非相》。

③《荀子·王制》。

④ 有时荀子也讲"心"是人的先验理性,例如他说:"凡以知,人之性也。"(《荀子·解蔽》),但毕竟较为零散。

⑤⑥《春秋繁露·深察名号》。

仲舒的神学目的论，并且批判了孟子的性善论和荀子的性恶论，可他同样窥见到人具有物性和德性两方面，例如他说："人禀天地之性，怀五常之气，或仁或义，性术乖也；动作趋翔，或重或轻，性情诡也；面色或白或黑，身形或长或短，至老极死不可变易，天性然也。"①这里，王充较为明确地把人性分为仁义五常等伦理属性和面色、身形等物质属性两方面。汉代历史学家荀悦更是直截了当地说："或问性命。曰：生之谓性也，形神是也"②，至于这里的"神"大致应包括人的精神和道德品性，荀悦把它们归结为人所禀之气："凡言神者，莫近于气。有气斯有形，有神斯有好恶喜怒之情矣"，而"凡情、意、心、志者，皆性动之别名也"③。

宋元时期的人性论思想，大多奉行性二元论，真正明确宣称人性分为自然物质之性和精神伦理之性的并不多，但也有人具有这种思想倾向。李觏从圣人寡欲有度提出了"形同而性同，性同则情同"④。王安石认为人性即是人的心理活动能力："不听而聪，不视而明，不思而得，不行而至，是性之所固有而神之所自生也"⑤，而这种能力是在人有了形体之后自然赋有的："神生于性，性生于诚，诚生于心，心生于气，气生于形"⑥。作为理学的开山祖之一，周敦颐在"诚正"论基础上提出，人是得天地阴阳五行之秀气而生的，故为万物之灵："二气交感，化生万物，万物生生而变化无穷焉。惟人也得其秀而最灵。形既生矣，神发知矣，五性感动而善恶分，万事出矣。"⑦这里，他虽未明确把形与神视为人性，但揭示了人的类本质。自从张载提出"天地之性"和"气质之性"之后，二程、朱熹均加以尊

---

①《论衡·本性篇》。

②③《申鉴·杂言下》。

④《李觏集》卷二十一《庆历民言·损欲》。

⑤⑥《礼乐论》。

⑦《太极图说》。

奉,假如说“天地之性”包括人的心性和德性的话,那么,“气质之性”就蕴含着人的生理之性以及本能欲望。这是因为,天地之性是体现天理的,是纯善的,而气质之性蕴含着人的物欲,它是善恶混的。在现代人学看来,性不仅是人的物质特性或生理属性,也是心理属性或精神特性。而宋元理学家却对心与性作了多种规定,呈现出十分复杂的样态。王安石认为“神生于性,性生于诚,诚生于心,心生于气,气生于形”①,从而把心看成性的根源。张载提出了“合性与知觉,有心之名”②的命题,并提出人要改恶归善,就要用敬、养气、存心。程颢认为性即气、即道、即理、即五伦(仁、义、礼、智、信),而人心即仁,心是天德,心知理、知天,从而知性。程颐明确把性分为“天命之性”和“气质之性”(生之谓性、才性),但他同时提出“在天为命,在义为理,在人为性,主于身为心,其实一也”③。把天、命、性、理和心视为同一个东西。湖湘学派的胡宏讲:“诚者,命之道乎!中者,性之道乎!仁者,心之道乎!”④认为只有尽心,才能成性:“心也者,知天地、宰万物以成性者也”⑤;“未发只可言性,已发乃可言心”⑥;“圣人指明其体曰性,指明其用曰心。性不能不动,动则心矣”⑦。对于胡宏性体心用、心以成性、性动为心等心性观点,朱熹、张栻、吕祖谦曾展开过争辩。朱熹赞同张载所提出的“心统性情”观点,张栻认为应提出“心主性情”。朱熹不同意胡宏所讲的“性不能不动,动则心矣”,认为“凡此心字,皆欲作情字”;而张栻则肯认伊川所说“自性之有形者谓之心,自性之有动者谓之情”。与陆九渊把性仅仅归结为理与心不同,非主流派的功利主义学者陈亮力倡自然天

---

①《礼乐论》。

②《张载集·正蒙·太和》。

③《二程集·河南程氏遗书》卷十八。

④《河南宋元学案·五峰学案》。

⑤⑥⑦《宋元学案·五峰学案》。

赋人性论,认为人性并非仁、义、礼、智等,而是人的耳、目、鼻、口、四肢之欲和喜、怒、哀、乐、爱、恶、欲之情。

明清时期的儒家人性思想有的更为凸现人的精神伦理属性,有的则强调人的自然物质本性。就前者来说,刘基认为,天生人和万物,并赋予它们以形和性,"天生物而赋之形与性"①,可见,他把性与形区分开来。同宋明理学家一样,王阳明心学人性论也把性同心、理、道、命视为一体,它既指孟子所说的"四端",也包括孟子所讲的"五伦"。相对而言,黄宗羲的人性论包含的合理成分更多些。他虽然把心、性、气、理看做一体,但对其分别作了正确界定。他说:"人禀是气以生,心即是气之灵处。……理不可见,见之于气。性不可见,见之于心。心即气也。"②这里,黄宗羲表达的是理不离气、性由心显的观点,从而把"性"界定为人的心理本性,他的"心即是气之灵处"说法显然同现代哲学中"精神是人这一高级物质的机能"相近似。就后者来说。明初理学家薛瑄"以复性为宗,濂、洛为鹄"③,可他洞悉到人性既为精神属性亦为物质属性,指出:"性非特具于心者,为是凡耳目口鼻手足动静之理皆是也"④。罗钦顺在就心性问题同王阳明辩论时指出:"夫心者,人之神明,性者,人之生理。……二者初不相离,而实不容相混。"⑤这里,他把"性"归结为"人之生理"固然有失偏颇,但把心和性作区分,承认"欲与喜、怒、哀、乐皆性之所有者"还是颇有见地的。王廷相的气质人性论把"性"看成气之固有,认为人由气而生,有生才有性,仁、义、礼、智不过是性的内容,而人的知觉运动不过是性的才质。吴廷翰提出:"朕兆之初,天地灵秀

---

① 《诚意伯刘文成公文集》卷二。
② 《黄宗羲全集》第一册《孟子师说》卷二。
③ 《明儒学案》卷七《河东学案》。
④ 《读书录》卷一。
⑤ 《困知记》卷上。

之气孕于无形,乃性之本,其后以渐而凝,则形色、相貌、精神、魂魄莫非性生,而心为大。”①从而较为明确认识到人性的二元结构,这些言论近乎于科学的人性解释。只是吴氏把仁义礼智归结为来自于气的人性,滑向了泛伦理主义的诠释。明中叶至鸦片战争之前的非主流派儒家何心隐、李贽、颜元、戴震等,立足于思想启蒙,反对封建禁欲主义和蒙昧主义,因而大多肯定人欲的人性意蕴。且不说吴廷翰提出了“不可以有欲为非性”的论断,何心隐同样明确指明“性而味,性而色,性而声,性而安佚,性也。乘乎其欲者也”②。同时,明清之际的思想家大多从气一元论出发,充分肯定了物质自然的人性意义,颜元的气质即性论鲜明地提出了“形,性之形也;性,形之性也”③的命题,戴震的人性论也指明了“性者,血气心知本乎阴阳五行,人物莫不区以别焉”④,焦循更是一针见血地指出:“性无他,食色而已”⑤。

（二）天理之性与气质之性

如果说在儒家人性论史上上述物质自然之性与精神伦理之性显得隐没不彰的话,那么自宋明理学以后由天地之性和气质之性所构成的人性二元结构则成为后期儒家人性思想的显著特色。对于这一人性二元论历代前贤作了较为深入的探讨,本书将立足于人性层次性维度从以下几方面试图作某种新的诠释。

由宋明理学家所阐发的人性二元论有着十分复杂的社会历史和文化原因,这大致可以归结为以下三方面。一是力图应对佛老心性思想的挑战,在肯定人性善的道德基础上,在继承和发展《中庸》

①《吉斋漫录》卷上。
②《何心隐集》卷二《寡欲》。
③《颜元集·存人编》卷一。
④《孟子字义疏证》卷中《性》。
⑤《雕菰集》卷九《性善解一》。

“天命之谓性”和《周易》“穷理尽性以致于命”等人性观念的前提下,对人性深层的形而上结构特别是人性恶问题作深入的哲理反思。二是调和孟子性善论和荀子性恶论的对立,并对先秦以来各种人性思想作出新的总结和概括,特别是对孟子的仁义礼智四德所赖以立足的心性论基础作更进一步的追问。三是同时代思想家之间的相互激发。被胡宏称为“北宋五子”之一的邵雍从“神者,人之主”的神学主义出发,提出了天→命→性→理的人性论图式。他讲:“天使我有,是之谓命,命之在我之谓性,性之在物之谓理。”①这已然蕴含着“天命之性”或“天理之性”的含义。作为宋代理学的开山祖之一,周敦颐首次明确提出和阐发了义理心性之微言问题。他说:“乾道变化,各正性命;诚斯立焉,纯粹至善者也。”②这同张载所提出的纯善的天地之性极具相通之处。在他看来,由“诚”所生发出来的仁义礼智信五常之本作为先天之性是纯善的,只是由于这一“刚柔之性”有“中”与“不中”而导致有善恶之分。正是在同时代人性思想的启发下,张载创造性地提出了“天地之性”和“气质之性”。

人性二元论的基本含义是什么呢?张载从气本论出发,阐发了“天地之性”和“气质之性”。他指出:“天地之塞,吾其体;天地之帅,吾其性。”③可见,统帅天地的性,构成为人的本性。他还说:“由太虚,有天之名;由气化,有道之名;合虚与气,有性之名;合性与知觉,有心之名。”④“太虚无形,气之本体,其聚其散,变化之客形尔。”⑤太虚是气的本体,气的变化为道,而由太虚与气的结合产生了性。由于在张载那里性同神一样为气所固有,性既有物性也有人

① 《皇极经世书》卷十四《观物外篇下》。
② 《通书》卷一《诚上》。
③ 《张载集·正蒙·乾称》。
④⑤ 《张载集·正蒙·太和》。

性，而人又是天地万物之分子，且性与天道为一，故而就人而言，它不仅具有天地之性，也有气质之性。张载明确把性二元论呈现了出来："形而后有气质之性，善反之则天地之性存焉。"①善于变化气质之性，才会保持纯善的天地之性。在学术界，一般均认为二程认同张载人性二元论。殊不知，二程固然都主张理本论，两人被确认为宋明正宗理学的创始人，不过，大同中毕竟有小异。有的论者指出，"天命之谓性"的人性，程颢说是"人生而静以上"的性，程颐说是"穷本极源之性"；"生之谓性"的性，程颢说是"气禀"之性，程颐说是"才"。这表明二程均是赞同张载人性二元论的。在主理上程氏兄弟诚然是一致的，但与程颐不同，程颢将"天命之性"和"生之谓性"严格区分开来，但未明确提出"气质之性"概念。程颢认为"道即性也"，"其理则谓之道"，而天"命于人则谓之性，率性则谓之道"；另一方面，他又指出：

> 生之谓性，性即气，气即性，生之谓也。人生气禀，理有善恶，然不是性中元有此两物相对而生也。有自幼而善，有自幼而恶，是气禀有然也。善固性也，然恶亦不可不谓之性也。盖生之谓性，人生而静以上不容说，才说性时，便已不是性也。凡人说性，只是说继之者善也，孟子言人性善是也。夫所谓继之者善也者，犹水流而就下也。……水之清，则性善之谓也。故不是善与恶在性中为两物相对，各自出来。此理，天命也。顺而循之，则道也。循此而修之，各得其分，则教也。自天命以至于教，我无加损焉，此舜有天下而不与焉者也。②

对这段话仔细解读，可以知道，程颢认为，天命之性是善的，因而他

---

①《张载集·正蒙·诚明》。

②《二程集·河南程氏遗书》卷一。

肯定孟子的性善论，而气禀的生性则有善恶之分，从而把牟宗三所讲的逆气而言的天命之性传统①融合在一起。同明道一样，程颐亦将“性”一分为二：一为天命之性，二为气质之性。如他说：“性出于天，才出于气，气清则才清，气浊则才浊。……才则有善与不善，性则无不善。”②他还从理本角度明确区分“生之谓性”和“天命之性”两种人性类型：“生之谓性，与天命之谓性，同乎？性字不可一概论。生之谓性，止训所禀受也。天命之谓性，此言性之理也。”③同二程一样，张栻也肯定了人具有“本然之性”，或者说人由于禀受阴阳二气之正，使人具有纯善之性，但由于天地本然之性总是同气质相结合，而产生善恶不同：“人性本善，气质之禀，一昏一明，一偏一正，故有善恶之不同。”④朱熹继承并发展了人性二元论，他认为孟子只讲天命之性，不讲气质之性，故只能说人性善；荀子则只讲气质之性，不讲天命之性，故只承认人性恶，殊不知，人兼具天地之性和气质之性，前者是“人物之受之于天者”⑤、“论天地之性，则专指理言”⑥，后者则是由天理“分殊”到各个人身上与气相杂陈之后而产生的：“论气质之性，则以理与气杂而言之。”⑦天地（命）之性同气质之性不是决然分开的，天命之性必须附着于气质之性（寓所）。朱子之后，吕祖谦、陈淳、蔡沈、真德秀、魏了翁、许衡、吴澄、薛瑄等人基本上因袭了由张载所开创、程朱所发挥的人性二元论。

对于宋元时期人性二元论的地位、作用与价值，姜国柱、朱葵菊认为：“张载和程颢、程颐所创立并为朱熹所发展的‘天地之性’和

① 参见牟宗三《心体与性体》，上海古籍出版社 1999 年版。

②《二程集·河南程氏遗书》卷十九。

③《二程集·河南程氏遗书》卷二十四。

④《性理大全》。

⑤《朱子语类》卷五《性理二》。

⑥⑦《朱子语类》卷四《性理一》。

'气质之性',这个人性二元论的创立,使中国古代思想家关于人性善恶之争,以及善恶来源问题的说明,有了比较合理的解决,能够自圆其说,并且为'天理人欲之辨'找到了理论根据。因此,得到了宋以后历代统治者的称赞和嘉许,而理所当然地遭到进步思想家的抨击和批判。"①这一评价虽然不乏合理之处,但又包含着自相矛盾:一方面说人性二元论能够合理解决长期争论不休的人性善恶问题,能够思想自洽;一方面又说遭到进步思想家的排斥,这是自相否定的。实际上,早在宋代,人性二元论就受到心学派陆九渊的批判。陆九渊主张"人性本善"②、"性乃天之所命"③、"心性即理",反对心、性、情、才相分,尽管他也承认人之恶来自于物欲,物欲来自浊气,但他似乎未将气质之性同天命之性区分开来。他从人心为一出发,指责以程朱为代表的当世儒者没有"笃敬之心"和"践履之实",只是"拾孟子性善之遗说",把人心割裂为所谓的天理人欲。作为正宗理学,宋代人性二元论即使到了明清时期仍然得到普遍尊奉,但与此同时,它也受到许多具有进步倾向(如启蒙思潮、实学思潮)的思想家的批判。罗钦顺依据"理一分殊"的思维框架,确认气乃是性的惟一来源,认为人只有气质之性,气质之性即是天命之性:"但曰'天命之性',固已就气质而言之矣,曰'气质之性',性非天命之谓乎?一性而两名,且以气质与天命对言,语终未莹。"④从"性生于气"、"神与性皆气所固有"观念出发,王廷相反对宋儒把人性分为"本然之性"与"气质之性",指出:"所谓超然形气之外复有所谓本然之性者,支离虚无之见与佛氏均也,可乎哉?"⑤刘宗周的两大弟子陈确、黄宗羲

① 姜国柱、朱葵菊《中国历史上的人性论》,中国社会科学出版社 1989 年版,第 105～106 页。

② 《陆九渊集》卷三十四《语录上》。

③ 《陆九渊集》卷十二《与赵咏道》。

④ 《困知记》卷上。

⑤ 《性辨》。

虽然主张性善论但反对程朱的天地之性(义理之性),而从“理与气一”出发,认为只有气质之性。陈确指斥宋儒人性二元论之非,认为他们“既本韩、告”,又“全堕佛老”。他说:“宋儒分本体、气质以言性,何得不支离决裂乎?”①黄宗羲也强调:“夫盈天地间,止有气质之性,更无义理之性,谓有义理之性不落于气质者,臧三耳之说也。”②明清之际集前代思想之大成者王夫之同样以气一元论作为基础建构人性学说,认为人性本天之气而生,是固有善的,人只有一个气质之性,而无什么另外的本然之性,他指出:“程子谓天命之性与气质之性为二,其所谓气质之性,才也,非性也。”③

(三)性三品说

把人性分为上、中、下三个层次的性三品说在中国人学思想史上产生了较为广泛的影响,它由董仲舒所首创,由王充、荀悦、韩愈等人加以发展,宋明部分思想家加以继承。根据孔子“唯上智与下愚不移”、“中人以上,可以语上;中人之下,不可以语上”等思想,董仲舒提出了圣人之性、中民之性、斗筲之性的性三品说:一是不教自善的“圣人之性”,二是可以为善可以为恶的“中民之性”,三是教之而不能为善的“斗筲之性”。王充则根据气一元论,认为人由于所禀元气多少不同,因而“性有贤愚”。他说:“余固以孟轲言人性善者,中人以上者也;孙卿言人性恶者,中人以下者也;扬雄言人性善恶混者,中人也。”④这里,王充依人性之善恶把人性明确划分为上、中、下三品。荀悦赞同刘向的性非专善情非专恶论,认为人事同天命一样,均可分为三品:“或问天命人事。曰:有三品焉,上下不移,其中

① 《别集》卷十七《大学辨四》。
② 《南雷文集》卷四《先师蕺山先生文集》。
③ 《张子正蒙注》卷三《诚明篇》。
④ 《论衡·本性篇》。

则人事存焉尔。”①而且，他还把人品又分为三，提出人性九品之说。唐代韩愈进一步完善了性三品说，提出性与情均可分为三品：“性也者，与生俱生也；情也者，接于物而生也。性之品有三，而其所以为性者五；情之品有三，而其所以为情者七。”②进入宋以后，明确标举性三品说的儒家似乎仅有李觏。他肯定韩愈的性三品说，指出：“韩退之谓性之品三：上焉者善也，中焉者善恶混也，下焉者恶而已矣。”③而且他把人根据性分为上智、中人、下愚，而将中人又分为学而成为贤人，与上智同的人，学后还迷惑、失其本者的中人以及兀然不学的愚人。

李觏之后的儒家，大多秉承由张载创发的人性二元论，真正明确表明奉行性三品说的几乎没有。不过，性三品说的某些思想片断在一部分宋元明清思想家那里得到了延续。王安石在承认性情一体的同时，掘发孔子“性相近，习相远”的观点，提出人习于善则为上智，习于恶则为下愚，一半习于善、一半习于恶则为中人。宋以后的儒家人性论一个重要特点就是往往要对孟子的性善论、荀子的性恶论、扬雄的性善恶混论加上韩愈的性三品说进行分析、总结和批判。毋庸置疑，朱熹力主人性二元论，不过，他也指出，孟子的性善论是只见“大本”、论性不论气，荀子的性恶论则是论气不论性，两者均不够完备，至于扬雄的善恶混论则是只“见半善半恶”，且同样拘泥于论气不论性，倒是韩子（愈）的性三品说“较近”，但“中间过接处少个‘气’字”④。朱熹的弟子陈确肯定张、程、朱的人性二元论气性兼备，认为韩愈的性三品说只是论气而失却大本，要知道，由于人所禀之气千差万别，

①《申鉴·杂言下》。

②《原性》。

③《李觏集·礼论第六》。

④《朱子语类》卷四《性理一》。

岂止是三品,“韩要求胜荀、扬,却不与荀、扬无异”①。

应当说,儒家人性层次性思想对于人的个性发展具有多种启发、教育和引导意义。个性既是指由自觉性、创造性、独立性、自主性等所构成的主体性,又是指个人在性格气质、思想观念、需要动机、知识技能乃至社会关系等内在本质和外在表征方面呈现出来的特异性。深入挖掘儒家人性层次性思想资源,可以正确指导人在个性方面全面健康发展。

1. 保持人的身心协调健康发展。无疑,主流派儒家一般重人的精神本性而轻人的物质本性,孟子认为人的食、色等生理机能和自然欲望与其称为性不如说是命,他还指出人体有贵贱大小之分,要求人不要“以小害大”、“以贱害贵”,并把顺从耳目之官的人称为小人,把挺立能够思的心官称为大人,劝戒人要“立乎其大”。荀子则经直指认人的各种物质机能及自然需要是恶的,必须用礼义、文理、师法等进行教化、制导。程朱理学把由气质、肉体所产生的人欲、气质之性看成是同仁性、道心相对立的低层次的东西,并由此力主“存理灭欲”,同时,宋明理学家极力宣扬“心主性情”或“心统性情”。

在西方,智者学派和文艺复兴时期人文学者的感性人体论充分肯定了肉体享乐的世俗意义及其历史合理性。然而,人的肉体却在理性人性论及基督教神学的典籍里遭到诅咒,而人类精神被抬高到无上或永恒的地位。在柏拉图看来,灵魂要飞升,就要除去造成感官苦乐的欲望;只有彻底摆脱了安放在胃里和心脏中的肉体欲望,位于头脑中的理性灵魂才能进入光明不朽的幸福天堂。柏拉图所崇尚的爱情正是没有任何肉体接触的一种“迷狂”的精神状态。基督教也宣扬灵魂是肉体的主宰、灵魂不灭,人的肉体不仅于人无益,

① 《北溪字义》卷上《性》。

还是罪恶的渊薮，人在现世只有禁欲赎罪，死后灵魂才能升入天堂。新托马斯主义代表人物马里坦也承继了轻肉体重精神的基督教传统。他认为，人源于肉体的个体性是指人的自私和狭隘的本性，而源于灵魂的个性则是以自由和爱情中的无私为特征的。

轻视乃至否定人的物质特性功能的人性观在一定程度上脱离了人性定势，带有价值理想主义色彩，不利于人的正常生存和成长。殊不知，首先，吃、穿、住、性等是人的基本需求，是维持人生存和发展不可或缺的条件。人作为一种特殊的物质存在，他的肉体及其需要，只要符合社会礼法，就应加以肯定。可以说，每个人都是一个小宇宙，它的生命追求第一位的就是“生”。《周易》认为宇宙万物的根本规律就是“生生不息”，程颢也曾讲：“‘生生之谓易’，是天之所以为道也。天只是以生为道”①。正如告子所言，食色，性也。马克思也把吃、喝、住、穿看做人维持生存和平衡的最基本性质和活动，并指出“人们首先必须吃、穿、住、穿，才能从事政治、科学、艺术、宗教等等。”②其次，人要发展就必须立足于实体存在。人命关天，人的生命个体直接指向其生命机体即身体，它是人独立自存、不可替代、无法选择的存在形式。因而保存生命、强身健体是每个人的重要义务，在人的形神关系上完全不应重神轻形。当今所谓以人为本，最重要的一点就是要继承“正德利用厚生”的思想传统，防止对生命的残害，防止自杀率的提高，防止生态严重失衡。传统中国人讲究修身、保身、养生之道，显示出一种“身体化”倾向，重视养亲、揾食等，在很大程度上是合理的。就此而言，董仲舒强调“身有性情”、王充说“形谢神灭”及身形或长或短本是人的天性，荀悦讲“生之谓性，形神是也”、周敦颐认为“形即生矣，神发知矣”以及颜元所说的“形，性

① 《二程集·河南程氏遗书》卷二上。

② 《马克思恩格斯选集》第3卷，人民出版社1995年版，第776页。

之形也；性，形之性也”等性形合一、重视形体的思想，不失为注重人的实体存在及其发展的重要精神资源。再次，人的身体感官机能和欲望是人生存和发展的重要动力。如前所言，人的各种物质性需要是人从事社会实践活动的原动力，也决定着社会文化的内容及其样式。而且，正如杨金海所指出的：“人的五官之欲之所以重要，还因为它们是人的精神性质和社会性质生发的直接基础，亦即马克思所讲的人之社会器官生成的直接基础，譬如耳目之审美性质直接基于人之自然的好色好声之性，若无此自然之性，人之高级的审美特性就成为不可理解的东西了。”①最后，即使是人的物质本性也具有不同于动物性的特殊之处。且不说人天生具有独特的类特性，即使是为孟荀视为恶的性欲、食欲、美欲、暖欲等也不是完全同犬牛之性绝对无异的，而是在内容、程序、方法等方面自有其为人的特点，况且，人的自然物质性因素一旦纳入人这个生物有机体，就会同其生物类特性相互渗透、相互制约，从而被赋予属人性的特点。人若要实现全面健康的发展，不在于要完全根除各种物质机能和欲望，而在于正确地引导利用它。惟有如此，人才能成为真正现实的人。

不过，儒家对人精神伦理本性的重视对于人的个性培养与发展来说，也具有重要的理论意义和现实价值。一方面，人在宇宙大化中的地位从根本上说取决于它的理智功能。孟子重视心之官思，认为这是大人之事，并要求人要致力于追求养心、存心、大心，荀子指出人之所以最为天下贵，就在于它“有气有生有知”，大程认为人心可以知理、知天、知性，胡宏讲心能够知天地、宰万物，张栻赞成“心主性情”，朱熹力主“心统性情”，这些凸现了人的心智在人性结构中的地位与作用的思想观念，体现了人类对自身独特价值和特性的自

① 杨金海《人的存在论》，广西人民出版社1995年版，第157页。

我认知,它同西方思想史重视人的理性本质传统基本是一致的。亚里士多德把人定义为理性动物,康德也说人不同于万物的地方乃是在于它具有理性能力,①黑格尔也讲:“人之所以为人,全凭他的思维在起作用。”②马克思也深刻指出:“有意识的生命活动直接把人跟动物的生命活动区别开来。”③应当说,只有理智才最能体现人是万物之灵,最能说明人最为天下之贵,最能展现人的类本质。在当代非理性主义的泛滥导致人欲横流、人性沦丧、社会分裂、精神危机、文化冲突等社会病的社会历史背景下,无论是做一个真正的仁者、君子,还是达至圣贤,都必须充分发挥自己的理智功能,释放出精神主动性、自觉性和创造性,用理性去战胜感情,做到“心统性情”。

另一方面,努力追求精神需要的满足,以此展现自己的生命价值。人不仅具有食欲、性欲、睡欲等生理性需要,也具有安全、交往、审美、超越、归属、尊重以及自我实现等精神性需要。在物质本能需要满足之后,人会追求更为高级的精神文化需要的实现,这是把人从动物中提升出来的重要动力,也是推动个人和社会发展的人性力量。当人的精神文化需要得到较好的满足后,就会使他保持个人身心健康及人格健全,从而使他保持恒久的生命力。反之,就会影响他的自然性能。正如马斯洛所指出的:“生活在高级需要的水平上,意味着更大的生物效能,更长的寿命,更少的疾病,更好的睡眠、胃口等等。心身研究者多次证实,焦虑、害怕、爱和优势的缺乏等等,除促成不良的心理后果外,往往还造成不良的生理后果。”④客观地讲,儒家并没有提出现代心理学意义上的精神需要概念,更谈不上对之进行系统化研究,不过,在儒家心性论系统中也不乏有关精神

① 康德《道德形而上学探索》,商务印书馆 1959 年版,第 65 页。
② 黑格尔《小逻辑》,商务印书馆 1980 年版,第 38 页。
③ 马克思《1844 年经济学——哲学手稿》,第 50 页。
④ 马斯洛《人的潜能和价值》,华夏出版社 1987 年版,第 201 页。

需要的思考。儒家提出的喜、怒、哀、乐、爱、恶、欲这七情蕴含着某些人的精神诉求，即便是“耳之于声”也不能完全归于人的感官机能，它未尝不包含着人的审美需要，孟子对心官之思的倡导在一定意义上也是对人求知欲的推崇，至于儒家对“仁且智”人格的阐扬，对“四心”、“四德”的掘发，对仁心道义的呼喊以及力倡“致良知”，无一不展现出对人道德需要的肯定与提倡。努力汲取这类对人类精神文化需求加以肯认的思想养料，必将促使人从物欲中超脱出来，提升人的精神境界，避免做一个“单面人”，引导人做一个脱离了低级趣味、高尚的人。尤其是随着中国社会现代化水平的提高，人们的精神文化需求呈现出跨越式发展，加强精神文明建设，用日益丰富的精神文化产品和文化服务去实现人的精神文化权益，重建人类的精神家园，将会有效防治恐惧、忧虑、迷惘、压抑、紧张、渺小、无聊、抑郁、空虚等精神病症状。

2. 努力培育人的圣贤气象。由张载所开创的人性二元论虽然为人性是否善恶以及善恶来源问题作出了新的解释，在一定意义上解决了孟荀性善性恶的分歧，但它毕竟较为牵强，倘若站在现代生命科学立场来加以理解，也许宋明理学家所说的天地之性大约相当于由人的遗传基因所决定的人的特性，而气质之性约略等于由外在物质环境如形体、空气等所产生的人的性质。只是现代生物主义并不是把人的遗传特性视为纯善的，尽管有人断言人生来带有利他基因，但也有人认为人具有自私的基因。而当代心理学把气质看做是个人心理过程的快慢、隐显、强弱以及反应的灵敏与迟钝等特征，如活泼与安稳、敏感与迟缓、喜交际与孤僻等。这里，抛开宋明理学家把天地之性看成是纯善的、把气质之性看成有善有恶是否科学合理不论，仅就其人性二元论的某些思想对人的发展带来的意义作一分析。

一是强调道德义务的普遍性。张立文指出，二程的天地之性纯为善观念来自于孟子的性善论,但它打破了孟子只讲人性、不讲物性之失,赋予其普遍性,指出:"万物皆有性,此五常性也。"①把人和物均视为具有仁义礼智信五常之性,既为"五常"之性的普遍合理性作了论证,也为逃禅者、违性者堵塞了不履行封建伦理纲常的后门。② 二程从"天下一体之仁"出发,把五常贯穿于宇宙万物之中,虽有泛伦理主义之嫌,但它有助于确立具有不同信仰、不同人群的道德义务。

二是注重人的环境熏习。牟宗三在《才性与玄理》、《心体与性体》、《圆善论》等论著中接着宋明人性二元论讲,把人性分为顺气而言的材质之性和逆气而言的义理之性,同时又将生之谓性(材质之性)分为较高层次的气质之性——此性可善可恶,既不是父母遗传决定,也不是环境和熏习所能决定,和较低层次的材质之性——类似于饮食男女的动物本能,它本身是中性的、无善无恶,但从可塑造来说,它又是可善可恶的,这主要是受环境和熏习影响。牟先生还讲,如果只是说善恶"生而有",不落实于熏习,那人都成了"定命菩萨,与修行无关"③。应当说,牟氏对人性的层次分析可谓精辟深刻。宋明人性二元论只是把人的气质之性说成是生而禀气而来,并未说清楚是遗传得来还是后天禀受,也许这两者兼而有之。无论如何,环境和熏陶是培育人气度的重要外在条件。环境造人,人是环境的产物。孟子说:"富岁,子弟多赖;凶岁,子弟多暴"④,荀子也讲:"可以为尧、禹,可以为桀、跖,可以为工匠,可以为农贾,在注错习俗之所积耳。"⑤人要获得良好发展,造就圣贤气象,就个人而言就要选择

① 《河南程氏遗书》卷第九。

② 张立文《宋明理学研究》,人民出版社 2002 年版,第 322 页。

③ 牟宗三《圆善论》,台湾学生书局 1985 年版。

④ 《孟子·告子上》。

⑤ 《荀子·荣辱》。

好的环境；就社会而言，则是要创造优良环境去改造人、塑造人，借以培养人的优良气质。如果说“孟母三迁”、注重胎教侧重于文化环境的选择的话，那么孕妇讲究饮食、防止环境辐射以及注重生态文明、创造宜居环境就是重视物态（气）环境——由此不难理解“近山者仁，近水者智”的真谛。

三是把先天善性与后天善德有机结合起来。对于孟子的“四心”和“良知良能”以及程朱理学所申明的仁性、道心是从何而来，历来存在不同解释。在我们看来，孔孟程朱由于深受天命论的影响，比较明确地将人的道德本能归于天赋，特别是人性二元论把纯善的义理之性追溯为天命，这在某种意义上符合现代伦理学有关道德起源的思想。从种族演变历史来说，正如恩格斯所指出的，人来源于动物界这一事实，决定了人永远不能完全摆脱动物性。这种动物性并不都是邪恶的，它也蕴含着诸如基于血缘基础上的关心、照顾乃至自我牺牲等人类基本伦理，这一点已得到动物学的证实。所谓天下一体之仁不仅指人应把仁爱之情推及宇宙万物之中，实际上也意味着在一般动物身上体现出某种仁爱精神。经过长期的历史演化，大自然（天）在造就人类这一世界上最美花朵的同时，也把一些伦理品格如恻隐之心、合群本能等赋予了人类。就个体而言，它一方面通过由祖先、父母的基因生物性遗传先天禀有某种品性，另一方面则接受由气等所构成的外在物质（有的学者认为这可能是气场）所产生的力量影响而获得或善或恶的品性，这大概是人性二元论所讲的气质之性。一个人要获得道德发展乃至走向至善，不仅要注意挖掘、存养内在固有的先天族类善良人性，同时也要努力保持和发挥气质之性中的致善因素，并且还要接受社会外在纲常、礼法的人性转化，努力遏制自身由气禀而渗透进来的不良人性因子，把天命之性和气质之性加以有机整合、转换，发展出圣贤气度。

3. 把普遍性要求和先进性要求结合起来。无疑,整个世界不仅可以“一分为二”,也可以“一分为三”,这都是大千世界的普遍现象和本质规律。自古以来,中国人对“三”这个数字十分崇拜。由董仲舒率先提出来的人性三品说,认为“性有贤愚”,把人性分为圣人之性、中民之性和斗筲之性,并指明上品之性为善的,中品之性有善有恶,下品之性是恶的。应当说,人的天性确实存在差异,每个人在现实生活中所展现的品性也有高低不同。不过,还是孔子说得好:“性相近、习相远”,人同此心,心同此理,从总体上讲,人的先天本性并没有根本差异,如果说有些微差别的话,只是有的人人性善的因素稍多些,有的稍少些罢了。当然,儒家人性三品说在致力于人的发展方面还是具有多种启发意义的。

首先,它教育我们应因材施教。每个人的禀性存在差异,尤其是由于后天修习带来的精神境界存在高低层次之分,这决定了我们的社会化工作应根据不同的人提出不同的要求,采取不同的教育方式,对于社会中品性好、觉悟高的先进分子,可以要求他们做到大公无私、自我牺牲,但对普通大众则只能要求他们先公后私、互惠互利、尽职尽责。只有这样,对人的塑造和教化才是符合人性的,才是人道的,才是行之有效的,从而造就出具有丰富个性的人格来。

其次,有助于克服非好即坏的二元对立思维方式。不错,在现实社会生活中,有好人、善人和坏人、恶人的分别,这是社会建立惩恶扬善、奖优罚劣机制的依据。但是,所谓的好坏、善恶主要是指人在人性外化出来之后其社会行为是否符合礼法道德的效应,恐怕很难说人天生是圣人与刁民、是好人与坏人。过去,我们奉行非好即坏、非善即恶的简单二元化思维方式,造成了社会的混乱、分裂和阶级斗争扩大化,以致产生了大量灭绝人性的现象。殊不知,现实中绝大多数人属于中间状态,不能机械划分为圣人与恶人、良民与刁民。人性三品说告诉我们,人有高、中、低三个层次,应该用"三分法"去认识人和教育人。

再次,应从人性可塑出发去促进人的健康发展。应当说,不论是孔子的"惟上智与下愚不移",还是董仲舒的"不教自善"、"教而不善",均具有一定的片面性。且不说人性善恶并不等于人的行为善恶——受到内外多种因素的左右,即使是人内在固有的人性因素也会受到社会文化的模塑、改造和扰化,而且后天长期的熏习、文化的内化积淀,也可以锻造出人的后天本性来。程颐就曾否定了孔子"上智与下愚不移"的观点,认为"人皆可以为圣人,而君子之学必至圣人而后已"①,即便是具有恶性的人,只要不自暴自弃,便可规恶迁善,达到圣人的境界。"二程以昏愚之至者,亦可移,是对孔子有价值的修正,这样就扩大了改过从善的范围,把昏愚不可移的人也包括在'移'之中。打破'下愚不移'的清规戒律,为下愚之人给出了智的道路。"②

(三)儒家人性论的伦理性与主体心性结构的合理建构

所谓儒家人性论的伦理特性,主要是指儒家通常立足于善恶论及人性问题,换言之,人性善恶问题构成儒家人性思想的核心和底色,这同伦理是儒学的核心密切相关,也体现了儒家的泛伦理主义特点。宋元明清时期思想家在辨析有关人性善恶问题的几派观点时,常常引述孟子的性善论、荀子的性恶论、扬雄的性善恶混论再加上韩愈的性三品论。实际上,早在《孟子》一书中,孟子的学生公都子就指出告子主张性无善无不善,另有人倡导性可以为善可以为不善,或是主张性有善有不善。综合孟子之后的思想家所提出的各种各样人性善恶观点,可以归纳为五种:性善论、性恶论、性无善恶论、

---

①《河南程氏粹言》卷一《论学篇》。

② 张立文《宋明理学研究》,人民出版社 2002 年版,第 326 页。

性善恶混论以及性可善可恶论。不论是哪一派观点——即使是性无善恶论,均是从伦理维度去解释人性怎么样的问题,而且贯穿于中国古代人学思想史的始终。下面我们将从三个方面探讨一下儒家人性思想的伦理特质。

1. 属性与特质。孔子提出了“性相近也,习相远也”①的著名论断,有的论者从孔子“天生德于予”推断孔子所讲的“性相近”应当近于“德”,因而他应主张性善论。不过,儒学史上明确提出“性善论”的第一人是孟子。如何理解孟子的性善论,一直存在争议与歧见,例如在台湾学术界,傅佩荣提出孟子的人性论是向善论而非性善论,并由此引起了孟子的性善到底是性本善还是性向善的分歧争论。赵法生对孟子的性善论作了多维解读,指出它包括性善(善的禀赋与可能)、向善(善的动力与自由)、为善(善的存养与扩充)和致善(善的外推与实现)四个环节②。可以肯定的是,孟子明确主张性善论,这不仅表现在他在同告子辩论时提出“人无有不善,水无有不下”③,也表现在他的学生公都子向孟子提出“今曰‘性善’,然则彼皆非与”问题④,还表现在《孟子·滕文公上》讲“孟子道性善,言必称尧舜”。那么,孟子的性善到底是本善、向善、可善、成善、为善呢?

一般说来,凡是主张性善论的儒家,反对把人性归结为同动物性无异的普遍属性,而强调人异于动物的特殊本质。孟子把这种人所特有的本质规定性归结为人的“四心”或“四德”——人无“四心”则非人也。他还从性命之辨上立足于人的道德主体性角度去界定人性结构。张栻同张载、二程、朱熹等宋明理学家一样从本质上倡

① 《论语·阳货》。

② 赵法生《孟子性善论的多维解读》,《孔子研究》2007 年第 6 期。

③④ 《孟子·告子上》。

导人性二元论，不过，他也鲜明地提出了性本善论。一方面，张栻从“天命之性”的人性来源维度认为“原人之生，天命之性，纯粹至善而无恶之可萌者也”[①]，“原性之理，无有不善”[②]。另一方面，他把孟子的“四德”（仁、义、礼、智）和“四端”（恻隐、羞恶、恭敬、辞让、是非之心）加以倒置，强调“恻隐、羞恶、恭敬、是非之所以然，是乃仁、义、礼、智之具乎性者也”[③]，从而把“四德”视为人的本性。再一方面，也是最重要的，张栻从气禀说出发去区别人性与物性的差异，他说：“性本善，而人禀夫气之正，初不隔其全然者耳。若物则为气既昏，而不能自通也。惟人全天地之性，故有所主宰，而为人之心所以异于庶物者，独在于此也。”[④]人之所以不同于物，就在于它先天禀气之正。

倘若说以孟子为代表的儒家性善论更为凸现人的族类本质的话，那么以荀子为代表的性恶论者则强调人同动物共通的自然本性。路德斌认为，荀子之“性”实为两个层面：一是属于经验层面的“性恶”，亦即人的食性等各种自然机能，二是属于形上学层面的辨、义等特质。在他看来，荀子所言之“性”相当于孟子所讲的“命”，而荀子的“伪”则是彰显“人之所以为人”的类本质。[⑤] 这里，我们且不论路先生把荀子所讲的“性”划定为经验形态的东西是否合适，必须指明的是，荀子固然肯定了人兽之间存在差异，认为人之所以为人者，就在于“以其有辨”[⑥]，就在于“人有气、有生、有知，亦且有义，故最为天下贵也”[⑦]，就在于人能群能分[⑧]；李泽厚也指出，荀子突出强

①③《南轩全集》卷六《孟子说》。

②《南轩全集》卷九《论语解》。

④《南轩全集》卷十一《存斋记》。

⑤ 路德斌《荀子与儒家哲学》，齐鲁书社 2010 年版，第 101 ~ 133 页。

⑥《荀子·非相》。

⑦⑧《荀子·王制》。

调了群体规范秩序作为人的族类本质的意义。① 不过，通读《荀子》全书，似乎看不出荀子把礼、义、群、辨、分等归结为人性，说荀子肯定了人的族类本质，也只是后人的解读罢了，实际上，荀子"性"的本义主要是在"生之谓性"意义上指向人的各种与动物近似的共同本性。无论如何理解荀子人性的内涵与意蕴，并不妨碍我们得出这样的结论，此即荀子的人性论具有伦理特色。同孟子注重人兽差异断言人性善不同，荀子在严格的"性"的含义上并未着眼于人的特殊属性，而是从人天生具有生理心理欲望——"今人之性，饥而欲饱，寒而欲暖，劳而欲休，此人之情性也"②出发，认定人性是恶的。然而，孟荀均是从伦理道德维度去透视人性，孟子是从性善这一正面的角度去肯定人性的伦理特征，而荀子则是从性恶这一负面角度去述说人性的伦理性质。假如立足于广义人性论，那么荀子同孟子并无二致，而从"人之所以为人"这一人类族类本质视域明确承认人具有礼义、辨分、能群等社会伦理特质。

历代儒家所阐发的性善恶混论同样展现了人性的伦理主义品质。虽然唐宋以来，扬孟抑荀之风盛行，二程甚至认为"只一句'性恶'，大本已失"。③ 朱熹教弟子"不须理会荀卿，且理会孟子性善"④。不过，孟荀之后的儒家真正单纯标举"性善论"或"性恶论"甚为少见，倒是主张性善恶混的人占据主流。扬雄之后，纵观历代性善恶混论，可以看出一般既从人的特殊规定性去讨论人性善恶问题，也从人同动物共有的性质角度论述人性的伦理特性。扬雄主要从阴阳二气结合角度论证人性由善恶混合。宋代司马光

① 参见李泽厚《中国古代思想史论》，天津社会科学院 2004 年版。
②《荀子·性恶》。
③《二程集·河南程氏遗书》卷十九。
④《朱子语类》卷一三七《战国汉唐诸子》。

反对孟子的性善论和荀子的性恶论,而赞同扬雄的人性善恶混论,他指出,人性的重要特质就在于人只有仁、义、礼等不可损益的"天性自然","阙一则不成人"①。这里,司马光突出了人性伦理特质的人文意蕴。

秦汉以后分别占主导地位的儒家人性三品说和人性二元论也是立足于人禽之辨维度展现了人性的伦理特质。董仲舒指出:"天之为人性命,使行仁义而羞可耻,非若鸟兽然。"②天赋予人以性命,使之行仁义,而区别于鸟兽之类的动物。董仲舒也揭示了人由于具有同动物一样的情欲而具恶端。在他看来,性情为一,情亦性,性由气而成,性为阳、为善,情为阴、为恶,而情为欲,故为恶;不论是圣人之性、中民之性,抑或是斗筲之性,均包含有情欲,只是有多少不同。汉唐荀悦、韩愈、李翱等人乃至宋代的李觏在承继董氏性三品说基础上,均将仁义道德规定为人性,把好恶或喜、怒、哀、惧、爱、恶、欲视为情。虽然他们缺乏人兽之分辨的理论自觉和追溯善恶之性来源的形上学之思,但毕竟凸现了仁义道德在人性情结构中的重要意义。作为人性二元论的开创者,张载所讲的"性"是"合两"的"极总"之称,不仅指人性,也包括物性,例如他说:"天下凡谓之性者,如言金性刚,火性热,牛之性,马之性也,莫非固有。"③从"性与天道合一"出发,一方面,张载认为人具有"天地之性",它体现天理,因而是至善的;另一方面,他也肯定了人具有"耳目口腹之欲"等气质之性。二程的人性二元论吸收了孟子的性善论而把仁义礼智信置入天命之性中,且将五常之性作为区分人兽的标准,同时又借鉴了气本论的思想而提出人的气质之性有善有恶。朱熹在将张载和二程人性

①《法言注·问道》。
②《春秋繁露·竹林》。
③《张载集·拾遗·性理拾遗》。

二元论加以系统化的同时，又着力阐明了人性与物性的同与异。他指出，人与物“同得天地之理以为性，同得天地之气以为形”①。而由于气禀不同导致人性和物性的差异：“其不同者，独人于其闻得形气之正，而能有以全其性”②，“凡人之能言语动作，思虑营为，皆气也，而理存焉。故发而为孝弟忠信仁义礼智，皆理也。然而二气五行，交感万变，故人物之生，有精粗之不同。……惟人得其正，故是理通而无所塞；物得其偏，故是理塞而无所知。……物之间有知者，不过只通得一路，如鸟之知孝，獭之知祭，犬但能守御，牛但能耕而已。人则无不知，无不能。人所以与物异者，所争者此耳”③。这里，朱子既从禀气之偏正、是否“全其性”（人全知全能）分析人与物（包括动物）的先天差异，还从人具备孝悌忠信仁义礼智等多种伦理品性维度把人从万物中提升出来，从而展现出人的伦理主体性。

2. 实然与应然。许多学者断言孟子所讲的性善并不是人性的本然状态，不是实然的事实，而是应然的价值理想，孟子所谓性善，是指人内在拥有善的禀赋，是“可以为善”，孟子曾明确指出：“乃若其情，则可以为善矣，乃所谓善也。若夫为不善，非才之罪也”④，这表明孟子所说的“性善”是指人人皆有善根（禀赋与可能），而不是现实形态的仁义礼智。我们认为，孟子之性善既包含人性实然善的含义，也蕴含人性向善、为善的应然内涵。首先，孟子所说的“性”是人异于禽兽的类本质，而这些人性内容正是人先天固有的“四端”与“四德”，且“仁义礼智根于心”，由“四心”和“四德”彰显出人性本身即是善的；其次，上述一段话表明孟子把顺应、开发人的才情当成人为善的本然基础，说明他认定人性本身是纯善的，而恶（不善）并非才质的过错；再次，孟子在同告子争辩时曾提出“人无有不善，水无有不下”⑤，同时他

---

①②《四书章句集注·孟子集注》卷八。

③《朱子语类》卷四《性理一》。

④⑤《孟子·告子上》。

还明确指明人具有“良知”、“良能”①,这说明孟子把人善看成一种必然的、带规律性的本质,把人性善视为人的普遍规定性。从逻辑上讲,应然与实然、应当与否、价值与事实存在差异,但也具有内在关联,孟子的性善不可能仅仅指一种理想,它同样是一种人性事实的认定。孟子讲“人之有是四端也,犹其有四体也”②,把“四端”当成“我固有之”的四体,正表明孟子把体现善的道德当成人实际具有的本然属性。不过,孟子把“四心”同“四德”区分开来,认为前者仅仅是后者的端始、根源,四心不过是四德的善根,这表明人性只是人为善的主体基础,为人趋善避恶提供先天的禀赋。

不论是儒家性三品说还是其性二元论,无一不是在实然—应然的双重意义上去解说人性的伦理特质,只不过它们在肯定人性善的同时,加入了恶的因素。本来,孝悌忠信、仁义礼智这类道德品性属于应当追求的道德价值,但在儒家哲学中,往往是与应当、实然与应然、事实与价值浑然一体,不加细分,这种模糊化的道德致思模式在人性论中也有所体现。在某种意义上,儒家性三品说和性二元论也是一种性善恶混论。这里,姑且不论儒家性三品说,拿宋明理学家人性二元论来说,它通常不仅把仁义礼智信五常直接赋予人性,还明确提出了道心、仁性等范畴。张载说:“性于人无不善,系其善反不善反而已。”③这表明,人性之善是普遍的、固有的本体存在,是一种客观的人性事实;人性虽然是善的,但又应当学会变化气质,以返回人本然的善性,换言之,由于人的气质之性是客观固有善恶,因而必须努力排除个人私欲,这即是“克己要当以理义战退私己”④。张

---

①《孟子·尽心上》。

②《孟子·公孙丑上》。

③《张载集·正蒙·诚明》。

④《张载集·横渠易说·下经·大壮》。

子从克己胜私这一道德本质角度揭示了从人性有善有恶可以推导出人应当依据理义战胜小我之私。在程颢看来，性为道，为理，而道在每个人身上均是善（天命之性），他明确把五常视为性的本质规定，如他讲："仁、义、礼、智、信五者，性也。"①程颐把"生之谓性"与"天命之谓性"严格区分开来，并将前者等同于天性、才性，后者归结为自然之"理"性，而"天下之理，原其所自，未有不善。"②正是从天命之性乃是由天所决定的、包含仁义礼智信在内的"不可易"的实际人性状态，程颐推出人应当安命顺命，以此达至天理。张栻提出的"人性本善"观念明确肯定了善是人性的实然状态。朱熹指明了人的天地之性体现了宇宙之大道，因而是善的，气质之性代表人心（不同于道心），它由"气"这一自然之物所决定，故此是有善有恶，这表明朱子亦承认人性之善恶本是人生来具有的实然状态。根据"礼者，理也"③以及"三纲五常，礼之大体"④的思想，朱子力主人应致力于"克己复礼"。

同性善论从人性善推衍出人应行善致善养德不同，性恶论则是从人性恶出发要求人应"化性起伪"，去恶致善。关于荀子所讲的性恶到底是不是性本恶，学术界历来争议不断。毋庸置疑，作为杂家化的儒家，崇仁厉义、成圣成贤这类道德理想价值也是荀子所极力追求的，可是，假如说人有生有知有义以及能群、能分、能辨为人达至伦理之善奠定了某种形而上根基的话，那么从人性恶要推出人应善却是颇费思量的"休谟难题"（如何从"是"推出"应当"），这或许正是二程断言荀子性恶论"极偏致"、"大本已失"，朱子说荀子"看

① 《二程集·河南程氏遗书》卷二上。
② 《二程集·河南程氏遗书》卷二十二上。
③ 《论语或问》卷十二。
④ 《四书章句集注·论语集注》卷一。

人不破”、劝人“不须理会荀卿,且理会孟子性善”的原由吧。在这里,按本小节主题,我们首先要厘清荀子性善论在实然—应然、事实与价值框架下的伦理意蕴。

一如路德斌所言,荀子性之内涵包括两种规定性:一是“生之所以然”,它是“从存有、本质的意义上讲的,是说‘性’是与生俱有的,是不待人为而有的”①;二是“不事而自然”,它是“从发用、经验的层面上说的,是说‘性’与外物交接,感物而动,自然而然,是不待思虑而成的”。② 就外延而言,荀子称为“性”的东西是人的自然属性所包含的内容,如饥欲饱、寒欲暖、劳欲休,如目好色、耳好声、口好味、心好利、骨体肤理好愉佚等等,简言之,荀子所说的“性”即是指人基于其自然生命之上之种种生理及心理的本能和欲望,它恰恰是指人与禽兽之共通属性,也就是牟宗三先生在《荀学大略》中讲的“人之动物性”。③对于路德斌解读荀子“性”的本义我们表示认同,但对他对“性恶”原义的解释却不能完全接受。他认为,荀子的善恶观念不是从主体的先天道德根据处立言,而是落实在一个外在、客观的标准之上,也即落实在能够使人类社会趋于“正理平治”的“群居和一”之道——礼义法度上,因而,他所言说的“人之性恶”,并非谓人的本性(人之所以为人)是恶的。④

不错,荀子所谓人性善恶的评价标准和实现条件关涉到社会秩序层面——这一点下面将详谈,而且,荀子性恶的宗旨并不是要确立人的族类本质,但是,他所强调的性恶却是人性的本然状态和实然事实。荀子从性恶善伪的维度说明了人性本恶。他说:

今人之性,生而有好利焉,顺是,故争夺生而辞让亡焉;生

① 路德斌《荀子与儒家哲学》,齐鲁书社 2010 年版,第 138 ~ 139 页。
②③ 路德斌《荀子与儒家哲学》,齐鲁书社 2010 年版,第 139 页。
④ 路德斌《荀子与儒家哲学》,齐鲁书社 2010 年版,第 145 页。

而有疾恶焉，顺是，故残贼生而忠信亡焉；生而有耳目之欲、有好声色焉，顺是，故淫乱生而礼义文理亡焉。然而从人之性，顺人之情，必出于争夺，合于犯分乱理而归于暴。故必将有师法之化、礼义之道，然后出于辞让，合于文理，而归于治。用此观之，然则人之性恶明矣。①

这意思是说，人生来就具有好利、疾恶、耳目之欲、好声色等特性，如果只是一味顺应乃至放纵而不加约束教化，它们必然导致争夺、残贼、淫乱等丑恶现象产生，破坏乃至消解辞让、忠信、礼义、文理等社会道德，由此证明恶是人性的本有状态，社会外在之恶正是它未加教化所带来的后果。联系荀子另一段话"立君上，明礼义，为性恶也"②可以看出，荀子主要是从人性恶推出要达至善就应化性起伪、明礼义、制法度。孟子虽然并未明言人的自然本能与欲望是恶的，但他认为这些是外在必然的"命"，而非人性，只有仁义礼才是性。与之相反，荀子把孟子称为善性的东西视为"伪"，而由各种自然本能欲望所组成的人性则是恶的。

3. 可能与现实。在儒家人性思想史上，只有性无善恶论或性无善无不善论才认识到了人性的非伦理性，不过，这是从对人性本体的认识上讲的，从致思模式上说，性无善恶论仍是从伦理角度去透视人性的特质。按照《孟子》一书的记载，孟子学生公都子提出当时流行四种人性主张：性无善无不善、性可以为善可以为不善、性有善有不善及性善。也许告子宣传的性无善恶完全否定人性有善的一面及其他原因（如把食色说成性），孟子同告子展开了激烈辩论。告子或许不是性无善恶论的开创者，但他却是典型代表。令人深思的是，告子尽管把人性归之于食色之类的人兽之共性，但他并未断言

①②《荀子·性恶》。

人性是恶的，而是引述了两个比喻来说明人性无善与不善：一是把人性比做杞柳，认为“性，犹杞柳也；义，犹桮棬也。以人性为仁义，犹以杞柳为桮棬”①。把人性说成是仁义之类善的东西，混淆了杞柳（材质）和桮棬（器具）之间的关系。二是把人性比做水，认为“性犹湍水也，决诸东方则东流，决诸西方则西流。人性之无分于善不善也，犹水之无分于东西也”②。在告子看来，性本身无善恶之分别，它的善恶发展方向取决于外在力量。我们早在20世纪80年代曾指出：“告子的‘性无善无不善’观点有一定合理之处。因为，尽管人生来即有各种各样的欲望（如食色……）、需求，但是，它们本身却并不先天具有善与不善的道德属性。只有当它们付诸实践时，人的行为才有善恶之分。质言之，人一生下来仅有作善作恶的可能性，而不具备扬善作恶的现实性。”③今天看来，这些观点应作进一步修改。我们认为，在人性系统中，应作某种层次划分。有些人性因素在某种意义上即是孟子所说的善端，它为人行善提供先天的心理基质或潜能，为人成为善人创造可能性，孟子“四端”说所讲的恻隐之心（不忍人之心）作为一种人类共有的利他情感正是驱使人行善的伦理心理基础。有些人性要素例如人的攻击本能、贪婪之心、嫉妒之心等“自私基因”一般会引发人作恶，为恶行提供某种心性基础。而绝大多数人性要素包括人的食色等自然本能和欲望是无善无恶的，或者说是可善可恶的。要准确把握儒家人性思想的伦理特色，不妨把善恶分为内在的和外在的两种。内在善恶是指人性结构中某些要素的伦理特征，外在善恶是指人的现实社会行为所体现出来的伦理特质。

---

①② 《孟子·告子上》。

③ 参见拙文《孟子的“四端说”评议》，载孔孟学丛书编辑委员会主编《孟子思想研究》，山东大学出版社1986年版，第240页。

为了更好地从可能和现实维度认识儒家人性伦理性，还应从以下几个层面着手。

(1)性与情。先秦时期，诸多文献典籍对性情问题作了探讨。欧阳祯人指出，郭店楚简中的“情”有时写作“青”，而作为与“性”可以互换的“生”，它同“青”之间是一种本体与表现形式之间的关系：青为生质，生由青显，生、青互证；中国先秦时期的传世文献中，“情”字的意涵绝大多数并不是情感的“情”，而是情实、质实的意思。[①]的确，一方面，“情”字在先秦典籍中有时即是某种事实状态，相当于情况、情状等，如《礼记》讲的“因人之情而为之节文”[②]，《孟子》所说的“乃若其情，则可以为善矣，乃所谓善也”[③]等，其中的“情”即为情状、情实之意；另一方面，儒家文献大多把“情”界定为人的情感，这从“情”字从心从青即可看出，而最典型的莫过于《左传》和《礼记·礼运》。《左传》昭公二十五年云：“民有好恶、喜怒哀乐，生于六气。”此处《左传》言六情。《礼运》则言“何谓人情？喜、怒、哀、惧、爱、恶、欲，七者弗学而能”。先秦时期，性与情的关系被规定为情生于性，性为本体，情为发用，情为性显。犹如余治平先生所说：“情是性从本体境界走向存在表象的实际过程和外化经历。情在中国哲学里是实质、内容、成分，是本体之性流入现象世界后所生发出来的具体实相。”[④]徐复观也将先秦文献中的性与情比喻为根与枝的关系。[⑤] 郭店楚简明确提出了“情生于性”的命题，《中庸》虽然从中和之道角度提出“喜怒哀乐之未发谓之中，发而皆中节谓之和”，并未将之纳入性情结构之中，但后儒多从性体情用方面加以诠释，且发

---

① 参见欧阳祯人《先秦儒家性情思想研究》，武汉大学出版社2005年版。

②《礼记·坊记》。

③《孟子·告子上》。

④ 余治平《性情形而上学：儒家哲学的特有门径》，《哲学研究》2003年第8期。

⑤ 徐复观《中国人性论史(先秦篇)》，生活·读书·新知三联书店2001年版。

展为一种思维定势,如朱熹注之曰:“喜怒哀乐,情也。其未发,则性也。无所偏倚,故谓之中。”无可否认,孔孟似乎未明言性本情用之间的关系,但从孟子“乃若其情,则可以为善矣”以及他所提出的“四端”这些心理情感当可以看出,他已意识到情与性的同一性。应当说,荀子对性与情的体用关系在儒学发展史作了明确的自觉辨析。他不仅指明了“性之好、恶、喜、怒、哀、乐谓之情”①,还将性情并提——“好利而欲得者,此人之情性也”②,并直截了当地揭示了性与情的关系:“性者,天之就也;情者,性之质也”③。秦汉以后,性本情用的思想传统得到传承。董仲舒认为性有阴阳,阳为性,情为阴,两者均为天地生成:“天地之所生,谓之性情。”④这之后,韩愈提出了“性也者,与生俱生也;情也者,接于物而生也。”⑤李翱阐明了性为情之本,情由性而生:“无性则情无所生矣,是情由性而生。情不自情,因性而情;性不自性,由情以明。”⑥从而把情看做性的外在显现。宋明儒进一步阐明了性情关系。从王安石的“性者情之本,情者性之用”⑦,到朱熹的“性是体,情是用,性情皆出于心”⑧,几乎均把性与情归之于本与用、静与动之关系。

古代儒家的性情学说同样从可能与现实角度展现了人性的善恶性。在孟子那里,性由心显,心善即性善,他心目中的恻隐之心、羞恶之心、辞让之心和是非之心除后者外均为道德化情感。孟子的特异之处在于他把这“四心”看做产生仁义礼智四德的端始、基

①③《荀子·正名》。
②《荀子·性恶》。
④《春秋繁露·深察名号》。
⑤《原性》。
⑥《复性书》。
⑦《性情》。
⑧《朱子语类》卷九十八。

础——虽然它们本身具有善的属性,换言之,“四心”是致善的主体条件。对孟子“乃若其情,则可以为善矣,乃所谓善也。……”一段话,历来存在不同的解读。有人认为这仅表示孟子主张性是可善的,而非本然善的。而对孟子所说的“情”,有的认为它是情实之情,如戴震说:“孟子……首云‘乃若其情’,非性情之情也。……情,犹素也,实也。”①而赵岐、朱熹、焦循等人则将孟子之“情”训为性情之情。实际上,犹如上述,孟子这儿的“情”既有情实之义,亦有情感之意,它是反映人固有的情感状态。同后儒不同,孟子并未将性与情严格区分开。朱子认为,在孟子那里,“情可为善,则性无有不善。所谓‘四端’者,皆情也。仁是性,恻隐是情。恻隐是仁发出来底端芽,如一个谷种相似,谷之生是性,发为萌芽是情。所谓性,只是那仁义礼知四者而已”②。这显然是误读,也同他本人的性本情用观念相矛盾。性由情显,应当说,在孟子那里,人性通过情(四端)的中介而达到道德善。孟子明确将“四心”之类天生的道德情感看做是仁义礼智之类现实善的端始,它们构成了性善和人善的根基,为人行善提供了主观可能性。他说:“五谷者,种之美者也;苟为不熟,不如荑稗。夫仁亦在乎熟之而已矣。”③这分明把仁视为由善的种子发展成熟的结果。

荀子的性恶论在批评孟子性善论混淆了性伪的基础上,肯定了人性具有恶的属性或因素,提出“性恶善伪”的思想。这表明他既立足于主体先天的心性结构去确认人的善恶问题,又注重从外在社会秩序、规整角度去分析人善恶的现实表现。更进一步,有时荀子也将善恶看做是否符合社会标准、规范的产物,从而把善恶问题置于

① 《孟子字义疏证》卷下《才》。

② 《朱子语类》卷五十九《孟子九·告子上》。

③ 《孟子·告子上》。

社会现实层面。他讲:“孟子曰:‘人之性善’。曰:是不然。凡古今天下之所谓善者,正理平治也;所谓恶者,偏险悖乱也。是善恶之分也已。”①这表明,性作为天之就、不可学、不可事的生性无所谓善恶,它只是人的天然禀赋,只有当它后天外化出来之后视其是否符合理治秩序才有善恶的实际分野。由于荀子把情看做性之质,且指出性之好、恶、喜、怒、哀、乐可谓人之情,并指明礼义文理的主要作用是养情,因而可以说情构成了由性到德的重要介质。

董仲舒所原创的性三品论实质上也是善恶混论,他认为性既有善端也有恶端,人之所以有时行善有时作恶,就在于性中有情,而情为恶。他讲:“善如米,性如禾。……性虽出善,而性未可谓善也。”②性不仅不是纯善纯恶,并且性仅包含善的资质,具有为善的可能性,要把这种可能性转化为现实性,就必须实施“王教之化”。荀悦虽赞同董氏三品之说,但反对性善情恶论,他明确指出:“好恶者,性之取舍也,实见于外,故谓之情尔,必本乎性矣。仁义者,善之诚者也,何嫌其常善?好恶者,善恶未有所分也,何怪其有恶?”③在荀悦看来,好恶是性展现于外的取舍,它虽说是情,但并未有善恶的分化,并不一定就是恶,可见,情同性一样,并非独恶,包含着致善致恶的两种可能性。唐代韩愈对性三品论作了新的拓展,这主要表现在以下三方面:一是沿着“性也者,与生俱生也;情也者,接于物而生也”④的生成论思路,提出了与性三品相对应的情三品;二是在儒学发展史上把情的内容规定为喜、怒、哀、惧、爱、恶、欲七者,从而颠覆了由《礼记》、《荀子》所创发的喜、怒、哀、乐、爱、恶、欲的情感内容与

① 《荀子·性恶》。
② 《春秋繁露·实性》。
③ 《申鉴·杂言下》。
④ 《原性》。

顺序;三是把中庸确认为判定三品之情的标准,指出下品之情的发动不符合中道原则,中品之情仅是部分符合中道原则,而上品之情的发动则都合乎中道原则。李翱的复性论几乎是董仲舒人性论的翻版,他承继了董氏的性善情恶思想,认为情是性之动——性动于物欲,故为恶。

应当说,宋元明清时期,儒家性情学说在新的历史时期从可能与现实维度对人性善恶问题作了更加深入的诠释。从“性情一也”出发,王安石强调“喜、怒、哀、乐、好、恶、欲未发于外而存于心,性也;喜、怒、哀、乐、好、恶、欲发于外而见于行,情也”①。性为未发,故无善恶;情为已发之性,故有善恶;人之七情发于外而合理则为善,反之,则为恶,可见,情并不全恶,而在于发动于外时当与不当。张载、程颐同样秉持性善情可善可恶。张载认为,情发而和于性,则为善,反之则为恶。程颐则依“中节”诠释情的善恶。在他看来,情如发于外中节,则无往而不善,反之则归于恶。就建构人的性情结构而言,程颐性情学说最有意义之处是他在《颜子所好何学论》中提出的“性其情”和“情其性”观点:“是故觉者约其情使合于中,正其心,养其性,故曰性其情。愚者则不知制之,纵其情而至邪僻,梏其性而亡之,故曰情其性。”②可以说,在传统中国性情思想史上,苏轼极富独创性,他力主性无善恶,认为“夫善恶者,性之所能之,而非性之所能有也”③,善恶并非性的本质,而是性的效能,这表明苏氏肯认善恶乃是人性外在的现实表征;同时他还批评韩愈等儒者“以为喜怒哀乐皆出于情,而非性之所有”④是“离性以为情”,从而肯定了情符合

① 《性情》。
② 《二程集·河南程氏文集》卷八《杂著·颜子所好何学论》。
③ 《苏东坡全集·应诏集》卷十《扬雄论》。
④ 《苏东坡全集·应诏集》卷十《韩愈论》。

人的天性。湘学派代表人物胡宏从性本心用出发，认为“未发只可言性，已发乃可言心”①，性为本体、为未发，心为效用、为已发。他还讲：“性不能不动，动则心矣。”②朱子反对胡宏性体心用、性动为心的说法，认为不如把心改为情，不如伊川“自性之有形者谓之心，自性之有动者谓之情”更为精密。围绕胡宏“心也者，知天地宰万物以成性者”这一说法，张栻和朱熹展开了激烈辩论。张栻主张“心主性情”，认为性是理，心为具体的性，心含有气，故有情，而情则为性之动，欲是情动而向外物追求，欲是恶。显然，张栻视性本善，情是欲恶的中间环节。朱熹则赞同张载“心统性情”观点，故他说：“‘心统性情’，统，犹兼也。‘心统性情’，性情皆因心而后见。心是体，发于外谓之用。……性者，理也。性是体，情是用，性情皆出于心……静者性也，动者情也。……性安然不动，情则因物而感……”③

以上我们从断代史角度大致梳理了儒家性情学说，立足于人性善恶概括起来，可以把它们归结为以下六种类型：一为孟子的性善情善论，情是实现现实善恶的可能性基础；二为荀子的性恶情恶论，情是由性恶到外在善恶的中介；三为董仲舒、李翱的性善情恶论，情是主观见之于客观（物）的外显，因受外物的诱使，故它为恶；四为荀悦等人的性善情可善可恶论，情本身并无善恶，但包含着致善行恶的可能性；五为王安石的性无善恶而情有善恶论，情是由未发之性发于外的各种情感，其善恶取决于合理与否；六为张载、二程、朱熹等宋明理学家提出的性情均有善恶论，不论是性还是情，都蕴含着善恶两种特质。

（2）性与欲。欲与情在儒家文献中，既紧密相关又相对独立，如何认识和对待“欲”，在很大程度上影响儒家人性论的性质和面相。

---

①②《宋元学案·五峰学案》。

③《朱子语类》卷九十八张子之书一。

如前所述,《礼记·礼运》、《荀子》把欲当做人情的一个组成部分,率先提出了七情之说。以唐代韩愈、李翱等为代表虽把“乐”置换成“惧”,但仍把“欲”纳入“情”范畴。宋代王安石把“爱”换成同等意义的“好”,但同样视“欲”为“情”。不过,在肯定“欲”与“情”同一性的同时,许多儒家人物也看到“欲”同“情”的差异之处。例如荀子就曾指出:“性者,天之就也;情者,性之质也;欲者,情之应也。”①欲是情接触外物的感应。

儒学发展史上不同儒家对“欲”的善恶性作出了不同解释,并由此大体提出了三种对待“人欲”的主张。

其一,孟子的寡欲说。孟子在展开性命之辨时指出,与其把口味、目色、耳声、鼻臭等之类的欲望称为性,不如称为命,因为它们无法将人性同动物性区分开来,不能由人自己做主。在孟子看来,人的欲望属于身体感官机能,属于私心,属于恶,而同道德之心(如四心)相对立,因而要养心以致善,就必须寡欲:“养心莫善于寡欲。其为人也寡欲,虽有不存焉者,寡矣;其为人也多欲,虽有存焉者,寡矣。”②由于欲望终究是人与生俱来的天性,人不可能完全根除它——《礼记·礼运》也讲:“饮食男女,人之大欲存焉”,即使它同善性此消彼长,也只能控制它,使之减少,惟有如此,才能积善成德。

其二,荀子的养欲论。荀子在人与动物共同性的意义上(非人之所以为人)明确强调孟子的“性善”是“不然”,提出“今人之性,饥而欲饱,寒而欲暖,劳而欲休,此人之情性也”③。从而把“欲”作为人性的重要内容加以确认。在他那里,这种包含“欲”的性本然是恶的(有时他也在外在理治意义上讲善恶),倘若任其自然发展(用荀

① 《荀子·正名》。
② 《孟子·尽心下》。
③ 《荀子·性恶》。

子话就是"顺是"),不仅会带来辞让、忠信、礼义、文理丧失,还会造成相互争夺——"从人之性,顺人之情,必出于争夺,合于犯分乱理而归于暴"①,"人生而有欲,欲而不得,则不能无求;求而无度量分界,则不能不争;争则乱,乱则穷"②。这里,他从效果论方面指明了"欲"的消极效应——恶果。路德斌认为荀子并不主张性恶包括欲恶,否则他不会反对"去欲"、"寡欲",不会主张"养人之欲"及"性伪合"。③ 我们认为荀子肯定了"欲恶",这一则是因为荀子可能意识到人欲不可能完全去除掉,二则是因为荀子思想博大精深,难免有自相矛盾之处;三则是因为人欲不可违——"欲不可去,性之具也"④。道德也只能顺应它,故而荀子提出先王制礼义以"分之"。尽管欲是恶的,但它毕竟同性有细微差别,又是人的自然情性,且无关乎治乱⑤,所以,虽然荀子不赞成去欲、寡欲,认为这无法导欲、节欲而治理好国家,故此主张"养欲":"凡语治而待去欲者,无以道欲而困于有欲者也。凡语治而待寡欲者,无以节欲而困于多欲者也。"⑥但严格意义上说,孔孟的寡欲与荀子的养欲并不像荀子所认定的那样有何本质差异,因为孔孟的去欲、寡欲不过是要用心去限制、克制不符合道义的欲望,并非根除人求富求贵的欲望,而荀子提出的"养人之欲,给人以求"以及"虑者欲节"⑦同样是用礼义对人欲进行疏导⑧。

其三,程朱理学家的灭欲论。程朱理学在理欲之辨中展现了性与欲的善恶特性。它首先肯定了天地之性是本然纯善的,气质之性则有善有恶,同时还从"十六字心传"出发,把心分为道心和人心(狭

---

①《荀子·性恶》。
②⑧《荀子·礼论》。
③ 路德斌《荀子与儒家哲学》,齐鲁书社2010年版,第146页。
④⑤⑥⑦《荀子·正名》。

义的)两种,道心纯然是善的,而人心则与私欲相连,它通常是恶的。程颢指出:"'人心惟危',人欲也。'道心惟微',天理也。"①人心如果为外物私欲所蔽,就会失去中正而滑向恶。程颐更是把天理与人欲直接对立起来,认为"不是天理,便是私欲。人虽有意于为善,亦是非礼。无人欲即皆天理。"②可见,人欲势必妨碍人为善去恶。正因人欲为恶,且"人心私欲,故危殆。道心天理,故精微"③,故他主张"存天理,灭人欲"。二程把"目则欲色,耳则欲声,以至鼻则欲香,口则欲味,休则欲安"④之类人的各种欲望完全当做与天理不容的恶的东西:"人心莫不有知,惟蔽于人欲,则亡天德也。"⑤这显然是一种禁欲主义的说教。⑥ 朱熹同二程稍有不同,他把人的欲望作了划分,认为人的最起码的基本欲望可谓天理,而不当的、过分的欲望则为人欲:"饮食者,天理也;要求美味,人欲也。"⑦这样规定的天理人欲显然是相互对立的,因而朱熹讲:"天理人欲,不容并立。"⑧人之道心体现天理,故至上至善,但人心若受物欲之累,有气禀物欲之私,发而则有善恶之分。由此可见,朱熹是一个温和的禁欲主义者。

(3)性与才。在传统典籍中,"才"被界定为人生之初所含的潜质,由草木初生之义引申而来。人性本体不可测度,其外化于外者,一是性中所发之情,一是性中所呈之才。"才"包括才性、才气(接近人的气质)和才能。朱熹注《孟子》曰:"才犹材质,人之能也;才有是性,则有是才。"孟荀人性论有同有异,其同表现在他们均将人性视

---

①⑤《二程集·河南程氏遗书》卷十一。

②《二程集·河南程氏遗书》卷十五。

③《二程集·河南程氏遗书》卷二十四。

④《二程集·河南程氏遗书》卷二十五。

⑥ 参见张立文《宋明理学研究》,人民出版社 2002 年版,第 329 页。

⑦《朱子语类》卷十三《学七·力行》。

⑧《四书章句集注·孟子集注》卷五。

为“才”上。首先,在孟子看来,人的才性蕴含善端(即“四心”),人之作恶,并不是才性出了问题,而是不能“尽其才”,他说:“若夫为不善,非才之罪也……或相倍蓰而无算者,不能尽其才者也。”①显而易见,孟子这里实质上确认了人天生具有行善的自然潜质,具有发展出仁义礼智四种德目的功能。其次,人之所以具有成善的才质,就在于人性有一种向善的特性,故孟子讲“人性之善也,犹水之就下也。人无有不善,水无有不下。”②再次,人性之所以蕴含善的才质,还在于人天生具有“良知”、“良能”,用孟子的话来说就是“人之所不学而能者,其良能也;所不虑而知者,其良知也。孩提之童,无不知爱其亲者;及其长也,无不知敬其兄也。”③在此,仔细辨析可知,犹如我们前面所讲的,就自然天性而言,孟子肯定了人性本善,抑或说人具有善根、善基;就社会现实性而言,人的善性仅仅是实现社会之善的可能性,如果不对人的才性加以开发、存养,就难以变成行善的现实。

与孟子一样,荀子也把人性说成是“才”或“材”,但不同的是他反对孟子的性善论而力倡“性恶善伪”。荀子说:“性者,本始材朴也;伪者,文理隆盛也。无性则伪之无所加,无伪则性不能自美。”④这表明,性作为材质是人为加工的对象,假如缺乏“伪”,则人性无以成善。孟荀人性论的宗旨均是引导人趋善避恶,但孟子人性论更为强调人行善的可能性,而荀子人性论则凸现人性趋善的必要性⑤;孟子性善论指向人的存养,荀子的性恶论指向人的积伪。“伪”大致是对人的才性利用“师法之化”、“礼义之道”进行“矫饰”和“扰化”,使

①②《孟子·告子上》。

③《孟子·尽心上》。

④《荀子·礼论》。

⑤ 荀子虽然也强调人具有善质,如他说:“涂之人也,皆有可以知仁义法正之质”(《荀子·性恶》),但他不是从“性”讲“质”。

人的才性展现出来时，能够“出于治，合于道”①，达到正理平治的善。

董仲舒虽然未采用“才”来说明人性，但他明确提出了“性质”范畴。他讲“性者质也”②，“性者，天质之朴也”③。从人性的伦理性来说，董仲舒指出，人性有善质，这只是一种善的可能性，而不可称为现实的善，他比喻说：“善如米，性如禾。……性虽出善，而性未可谓善也。”④与孟荀分别把人的才性转化为现实善的条件寄托于存善和积伪不同，董仲舒认为挖掘人的善质使之成善是“王教之化”：“善者，王教之化也。无其质，则王教不能化；无其王教，则质朴不能善。”⑤在人性论史上，董仲舒是第一个明确从可能性和现实性维度去把握人性善恶的儒家学者，他尽管肯定人性有善质，但认为这还不是现实的善，他讲“性待渐于教训而后能为善。善，教训之所然也，非质朴之所能至也”⑥，“万民之性苟已善，则王者受命尚何任也”⑦？

对于上述性与才、质不分用以言说人性善恶的做法，到了宋明以后由于人性二元论的流行而遭到冷遇。与孟荀侧重于才性不分有所不同，宋代思想家同时指明了才与性的差异。程颢的人性二元论认为出于气者为才性，故称为才，而“才则有善与不善，性则无不善”⑧。他分析指出，孟子讲性善是指性即理，所以是善的；荀子、扬雄讲性恶或性善恶混，讲的不是性，而是才，由于才禀于气，气有清浊，所以是善恶混的。著名文学家、思想家苏轼在批判性总结先秦以来人性论的基础上宣传的是性无善恶。在他看来，凡是从善恶去看待人性问题的各家之说，并不是“真所谓性也”，而是“杂乎才而言之”。这说明苏轼不同意将才与性混为一谈。他指出，孔子所谓的

---

①《荀子·性恶》。

②⑦《春秋繁露·深察名号》。

③④⑤⑥《春秋繁露·实性》。

⑧《二程集·河南程氏遗书》卷十九。

“唯上智与下愚不移”观点“是论其才也。而至于言性,则未尝断其善恶”①。

以上我们分别从属性与特质、实然与应然、可能与现实三个角度诠释了儒家人性思想所体现出来的伦理特质,对于儒家人性论伦理性对人的发展造成的影响将在儒家二重性部分论述,这里将从人的类特质、性情结构和欲望三方面展开。

1. 突出人的主体性。如前所述,不同时期的儒家通常不太看重人的物质感性机能,在他们看来,这些与动物性无异,无法体现出人的独特本质规定性。这诚然有一定的偏颇之处,不过,好在孟子毕竟承认形色是人的天性,荀子也从恶的意义上把人的各种自然机能纳入人性系列,性三品论和性二元论同样肯定了感性机能和欲望的人性意蕴。这些思想观念对于忽视人的正当物质利益追求和世俗享受具有某种纠偏作用。当然,儒家人性论对人的发展最有积极意义的还是它对人这一主体类本质的强调。相应于知、情、意三种人格特质,儒家人性论分别彰显了认知主体性、情感主体性和道德主体性。

一是认知主体性。孔子提出了“仁且智”的理想人格,孟子把“智”作为“四种善端”之一以此证明人性是善的,荀子将有知当做人高于动物的本质规定性之一,程朱更是把智同仁义礼信一起纳入人性结构之中。尽管儒家之智偏重于“智者利仁”之类的道德理性,但它对人智慧力量和知识追求的倡导,在很大程度上培养了人对知识技能的渴望,它势必为理智的运用和科学精神的弘扬提供助缘作用。

二是情感主体性。儒家有时性情不分,视二者为一体;有时主张性本情用、性静情动;有时注重七情之说,并因此断言人性趋向恶

① 《苏东坡全集·应诏集》卷十《扬雄论》。

(性善情恶);有时彰显人的道德情感,如孟子的"四心",等等。值得肯定的是,儒家以孟子为代表,对理性化道德情感的阐释,展示了人区别于动物的情理特质,揭明了人是宇宙大化中具有高级情感的动物。这对于培养人的道德情操,塑造人的优雅风度,具有较为积极的提振作用。可以说,高尚的情感是使人保持独立尊严的巨大人性力量。在评论《巴黎的秘密》中女主人公玛丽花时,马克思认为她尽管处在极端屈辱的境遇中仍保持人性的落拓不羁和优美,她的纯朴、灵气、善良和资产者太太虚伪、冷酷和自私自利形成了真正人性的对比。

三是道德主体性。孔子充满自信地讲"天生德于予"。孟子提出人异于禽兽几希之处就在于它具有仁义礼智四德,且指明人之本然性是善的,具有向善致善的才质、禀赋,它们为人后天行善提供了自然可能性基础。程朱人性二元论明确宣称"独人于其间得形气之正"、"性于人无不善"、"仁义礼智信五者,性也"等,天赋于人纯善无恶的天地之性。儒家这一系列突出人高于动物的道德潜能和特质,以及"人能弘道"、"我欲仁,斯仁至矣"等标明人的道德主体性思想,将会极大地提高人的道德自信心和责任感,定会激发人发挥伦理主动性、创造性和自觉性。尤其是孔子倡导的志于道据于仁,孟子阐发的居仁由义,二程强调的"天下一体之仁",以及程朱反复申说的仁性和五常之性,作为孕育人类道德主体性的优良思想传统,曾经激励、感染、教育了无数仁人志士,成为范仲淹"先天下之忧而忧,后天下之乐而乐"、文天祥"孔曰成仁,孟子曰取义"、顾炎武"天下兴亡,匹夫有责"等思想观念的精神资源。正如李泽厚所指出的,《礼记》上说:"是故圣人作,为礼以教人,使人以有礼,知自别于禽兽"①,具有

①《礼记·曲礼》。

外在强制性和约束力的“礼”，曾经是人区别于动物的社会性标志所在，孔子释“礼”为“仁”，把这种外在的礼仪改造为文化——心理结构，使之成为人的族类自觉即自我意识，使人意识到他的个体的位置、价值和意义。① 钱穆也认为，孟子的性善论，启迪吾人向上之自信，鞭促吾人向上之努力。②

2. 建构合理的性情结构。在儒家性情学说中，“情”包括两个层次：一是由喜、怒、哀、惧（或乐）、爱、恶、欲等组成的普通感性情感，二是由孟子所提出来的“四心”之类的道德化情感。后者是纯粹至善的，前者是有善有恶或可善可恶的。凡人均有知、情、意，因而在一定意义上可以说它是一种情感存在。根据儒家性情思想，应如何建构人的合理性情结构呢？

其一，以性制情。扬性抑情固然不对，但毕竟性本情用，性由情显。由于情往往受到外物的影响，特别是人类许多情感具有冲动性、原发性、自利性，而在人性系统中又蕴含着许多本然的积极的致善因素和力量，因此，必须努力挖掘人性善的因素去节制人的情感。按照孟子的说法，“四心”是产生仁义礼智四德的本根、端始，据此思路，我们就应运用内在的恻隐之心、辞让之心和外在仁义去调控自己的七情六欲，使它符合仁义之道。“发乎情，止乎礼义”。要发展出人的健康性情结构，还要坚持以理节情，以礼制情，用礼制秩序对人的情感进行克制、引导和自我调节，做到情理合一。除此之外，还要化情入智和化智入情，像朱子所说的那样做到“心统性情”，用未发之性去驾驭已发之情，使之无所偏倚，符合中道原则。在日渐世俗化的现时代，我们更应坚持用理智的人性力量去引导人的激情和欲望，做一个有情有义的智者。

---

① 参见李泽厚《中国古代思想史论》，天津社会科学院出版社2004年版，第32页。
② 钱穆《孟子研究》，开明书店1948年版，第80页。

其二,用情化性。把人性理想化、神圣化、伦理化,使之不近人情,就会过分压抑人性,远离人道。建构人的合理性情结构,一个重要门径就是促进伦理与情感的良性互动,也就是致力于情感伦理化和伦理情感化。在儒家那里,仁义礼信忠孝等伦理既是人性的本质特征,也是人性的需要,它们往往建立在人的情感基础之上,例如孔子在回答宰我为何要行三年之丧时,就是根据人是否安乐①。为了使人的伦理本性在践履中更为有效、有力,就应运用各种情感包括血缘亲情去润泽人性、化导人性,以此防止伦理理性过度压抑人的真实情感,克服情与理之间的冲突。②

其三,区别对待人的情感。人固然是一种情感存在,情感是人性结构中不可或缺的有机组成部分,但是人情并不是铁板一块,而是有层次、类型之分,既有合理情感也有不合理情感,既有积极情感也有消极情感,既有高级情感也有低级情感,等等。一个人要获得个性的自由全面协调发展,不仅要培养和发挥像道德情感、审美情感之类的有益情感,也要克制仇恨、嫉妒、贪婪等恶劣情感,决不能过分放纵自己的情感,以至滥情。情欲诚然是人生的重要动力,是推动个人建功立业的重要力量,但当我们将之外化出来时就必须掌握一个度,做到无过与不及。应该说,董仲舒把情完全视为恶的东西失之片面。不论是荀悦提出情无善恶分化、王安石认为情并不全恶而在于发动于外时当与不当,还是宋明理学家提出的性情均有善恶,都反映了人的性情的真实面貌。人的情感本质上是可善可恶的,这取决于它的正当性、合法性和适宜性。拿七情来说,当喜则喜、当怒则怒、当哀则哀、当恶则恶、当爱则爱,就是善的,至少是正当的;反之,则是不正当的、恶的。一个人过分抱怨,到处施爱,无缘

---

①《论语·阳货》。

② 参见许苏民《中华民族文化心理素质简论》,云南人民出版社1987年版。

无故地喜怒,都是不合适的。对敌人、坏人的爱怜、同情显然是恶的,只有对亲人、好人表现出喜悦、关爱、悲伤(失去亲人时)才是恰当的、善的。可见,当我们展露自己的情感时,一定要以时间、地点、条件为转移,一定要看对象是谁。

3. 正确对待人的欲望。人都有七情六欲,都有本能欲望,也有为孔子所肯定的对富贵追求的大欲。一个人要培养健全人格,无疑要寻求个人合理欲望的满足,因为这是保持个人生命力的重要源泉,但是又不能陷入纵欲主义的泥坑。在当前社会逐步世俗化、大众化、功利化的历史情势下,在许多人正被物欲所累的时候,更应汲取儒家性欲思想的合理精华,以防止人变成畸形的物质人。首先,要学会克制自己的欲望。俗话说:欲壑无底,人永远没有满足的时候。况且欲与物之间正如荀子所言总是充满矛盾,社会资源总是相对匮乏的,如果欲望过分膨胀或是过分放纵,不仅会破坏人的生存环境(掠夺性开发)和社会环境(不正当竞争),也会导致人内心的不平衡、紧张、冲突。因此,要像孟子说的那样在保持正当欲望的同时清心寡欲,不要欲望太多也不要太大。其次,要合理满足自己的欲望。欲不可去,因为它是人的本性。过分禁欲、去欲,只会丧失个人和社会发展的活力。只要取之有道,只要合理合法,每个人都有追求欲望满足的权利。所以,我们应努力创造条件以"养人之欲,给人以求",并且用礼义调节个人追求欲望的社会化行为,使之同社会规范之间保持合理的平衡。再次,要阻遏人的不当欲望。人的许多欲望因其本能性、原始性乃至非理性而对个人和社会带来破坏性,这些人心私欲正如程朱理学所言是恶的,应加以禁灭,否则,欲火中烧,不仅会损害他人和社会,最终也会伤及自身。

第三节 儒家为人之学与人的待人处世之道

为人之学有广义和狭义之分。狭义的为人之学主要是指有关人格理想、做人、待人以及个人的克己、修己等方面的思想观点，而广义的为人之学则不仅包括诸如做人、待人、修己、成人等与内圣直接相关的学说，还包括立身、做事、立功等外王事功的理论，由熊远极、王余光主编的《为人古训》①正是从广义上讲述了各种为人之学，其内容十分广泛，涵盖修身励志、处世交友、为官从政、养生之道、居家规范、治生理财、蒙养教规、读书藏书、作文辞令、琴棋书画、宗教劝戒等十一个方面。

要全面认识和把握儒学究竟对人发展产生什么影响，就必须关注儒家人生思想，尤其要深入探讨其为人之学。这一则是因为儒家话语中的“为人”，既包括利人、利他、安人这类不同于负面的只是装饰门面的“为人”而具积极意义的利他主义精神，又蕴含着诸多克己、舍己、修身、养性等为己品格与功夫；二则是因为像“人不为己，天诛地灭”之类的利己主义观念遭到了主流意识形态的批判与摒弃，与其使用易于引起误解的“为己之学”，不如顺应人的心理习惯而采用“为人之学”一语；三则是因为，也是最为重要的，人生思想在整个儒学体系中占有极其重要的地位。作为中华文化的主干与核心，儒学源远流长、博大精深，其中最主要的包括两个方面：一是政治思想。历代儒家人物提出了大量关于国家与社会的治道、政道、为政之道等政治思想。二是人学思想。儒学提出并阐发了极为丰富的有关人性哲学、人生哲理、人格理论等思想，其中最引人注目的

① 熊远极、王余光主编《为人古训》，湖北人民出版社 1994 年版。

是儒学所提出来的有关人生的本质、理想、目的、价值、意义、方法、幸福、自由、尊严、境遇、需要等人生哲学及其关于为什么要做人、做什么样的人以及如何做人等为人之学。从哲学上说，儒家所阐发的做人思想深刻揭示了做人的意义、目的、理想、途径、方法等为人之道，它展现了人为何存在、向何存在、怎样存在等涉及人的生存与发展的问题。在儒家看来，真正的学问就是学做人，从某种意义上说儒学就是为人之学，其理论的基本旨趣就是讲述做人的道理。儒家的天人之学和人性论主要是围绕为人之学所展开的。可以说，为人之学构成了儒家人学乃至整个儒学的核心。黑格尔说《论语》仅仅是一种人生道德哲学，这虽有贬低儒学之意，但也从反面说明孔学对人生问题的极度关切。

儒家人生哲学自近代以来引起了中国学者的广泛重视。作为现代新儒家的贺麟早在 1947 年于商务印书馆出版了《文化与人生》①一书，分别探讨了五伦观念、假私济公、英雄崇拜、人的使命、信仰与生活、理想与现实、乐观与悲观、自然与人生、观念与行动、读书方法与思想方法、人心与风俗、树木与树人、西洋近代人生哲学的趋势等极为广泛的问题。冯友兰在《新世训》、《新原人》等书中也对人的觉解、心性、境界、学养、才命、死生等人生问题和尊理性、行忠恕、为无为、道中庸、致中和等生活方法作了精辟分析。梁漱溟在《人心与人生》②一书中对人心的特性，人与自然、与人之间的关系、身心关系，人生的道德实践，人的性情、气质、习惯以及未来人生的艺术化等重大人生课题作了梳理。不过，新时期以来，国内学者对儒家人生思想探讨的很不够，其中一个重要原因可能是人学这门学科提出较晚，尚未达成共识，致使儒家人学及人生思想缺乏合理的学科定

① 贺麟《文化与人生》，商务印书馆 1988 年版。
② 梁漱溟《人心与人生》，学林出版社 1984 年版。

位，尽管郑晓江对中国人生思想包括儒家人生哲学进行了专门探讨，并同程林辉一起出版了专著《中国人生理论史鉴》，①姜国柱也出版了《儒家人生论》，②但总体上说，对儒家人生思想的研究还比较零散，也比较粗浅，更缺乏自觉的学科意识。即便是由傅永聚、韩钟文主编的《二十世纪儒学研究大系》总共有二十多套，涉及儒家各方面的思想，可惟独缺少儒家人学思想。为了更好地观照和把握儒家人学及其为人之学对人发展的影响，必须进一步深入儒家人生理论的堂奥。当然，之所以要关注它，更重要的是它已经并可能对人的发展产生极为广泛而深远的作用，这一点，下面将详述。

儒家人生思想可谓博大精深、源远流长，本书因受篇幅所限，不可能一一论列，这里，只能择取儒家的为人之学③来窥视儒家人生思想如何对人发展产生影响。本书将围绕儒学有关为人的思想，初步探讨一下儒学关于为人的意义与价值、为人的目标与理想（人格思想）以及如何为人等问题，以深刻揭示它在当代社会背景下人如何待人处世、建功立业以及促进社会的和谐稳定发展等方面的价值与意义。

一、儒家为人之学的丰富内涵

儒学虽然并未绝对否定宗教和神学，但它确实对怪、力、乱、神等"敬而远之"，缺乏浓厚的理论兴趣，而注重人的现世终极关怀。不论是孔子的"子不语怪、力、乱、神"，还是他的"未知生，焉知死"的反问，都说明儒学具有世俗化、人文化的精神特质。以孔子、孟子、荀子为代表的先秦儒家以至于后世儒家继承和发展了周代以来所

① 郑晓江、程林辉《中国人生理论史鉴》，广西人民出版社1991年版。

② 姜国柱《儒家人生论》，国防大学出版社1997年版。

③ 我们这里讲的"为人之学"主要是指儒家关于如何做人、做什么样的人以及做人的意义等方面的思想，它不同于孔子所说的"古之学者为己，今之学者为人"中的"为人"。孔子的意思是说古代的学者注重自己的修持和改进，而现代的学者则重视教训别人，在他人面前炫耀。应该说，为人之学和为己之学本质是一致的，只是侧重点不同而已。

形成的“神民互补”、“以人为本”、“天人相分”、“重人事,轻鬼神”等原始人文主义思想,而把思考的重心放在人的心性修养、待人处世、终极关怀、为己之道、民事民瘼等人道问题上。为此,儒家比较系统地论述了为人的意义、途径、目标、方法等做人的道理。

(一)为人的意义与价值

儒家的主要经典文献从处理个人与他人、集体(含家庭、国家、民族乃至天下)和自身关系三个维度,全面阐述了为己之学与为人之道的价值与作用。

1. 助成立人利他。孔子曾经提出了“古之学者为己,今之学者为人”①、“君子求诸己,小人求诸人”②、“己欲立而立人,己欲达而达人”③等为己之学。这表明,一个人应像古圣君子一样注意修己、克己,注重学习与训练,注意培养自己多方面的品质,尤其要注重个人的道德修养。之所以如此,是因为为人修己有助于他人的幸福和安康。在儒家看来,为人不是纯为了个人目的,不是做面子功夫,更不是纯粹为了自私自利,而是为了他人,这也就是孔子所说的“修己以安人”、“修己以安百姓”。在孔子看来,作为为政者的官吏,只有正己,才能正人。他说:“政者,正也。子帅以正,孰敢不正?”④“苟正其身,于从政乎何有?不能正其身,如正人何?”⑤可见,学会正确做人,有助于协调人际关系,有利于关爱、帮助他人。

2. 成就外王事功。《大学》提出了影响深远的“三纲领”与“八条目”。所谓“三纲领”,就是指“明明德、亲民、止于至善”;所谓“八条目”,就是指“格物、致知、诚意、正心、修身、齐家、治国、平天下”。

---

①《论语·宪问》。
②《论语·卫灵公》。
③《论语·雍也》。
④《论语·颜渊》。
⑤《论语·子路》。

《大学》言：

> 古之欲明明德于天下者，先治其国；欲治其国者，先齐其家；欲齐其家者，先修其身；欲修其身者，先正其心；欲正其心者，先诚其意；欲诚其意者，先致其知。致知在格物，物格而后知至，知至而后意诚，意诚而后心正，心正而后身修，身修而后家齐，家齐而后国治，国治而后天下平。自天子以至于庶人，壹是皆以修身为本。

这表明，格物、致知、诚意、正心、修身等内圣功夫是达成齐家、治国、平天下等外王事功的必要前提与基础。在《大学》"三纲领"、"八条目"之外，历代儒家也分别提出了其他不同的处理己群关系的观点，王齐彦将之概括为四种形态，即先秦儒家的群己互益说、汉唐儒家和宋明理学的群体至上说、宋明清儒家功利派的群己关系说和近现代儒家个体自觉说。① 在这些群己观中，儒家也阐释了为人在群体中的地位与作用。例如，孟子讲述了人为仁可以保群："天子不仁，不保四海；诸侯不仁，不保社稷；卿大夫不仁，不保宗庙；士庶人不仁，不保四体。"②并认为一个人如果扩充固有的仁义之心，则"足以保四海"③。还如，《大学》讲："一人贪戾，一国作乱"，朱熹说："一心可以兴邦，一心可以丧邦，只在公私之间尔。"④

3. 达致立身善身。学会做人，学会正确待人处世，也是为了个人自身完善自我、成就自我。下面将讲到，学习是修己的良方。实际上，"学"也是学做人的门径，它对于个人自己的生存与发展同样十分切要。孔子反复强调了这一点。他告戒说："不学诗，无以言；

---

① 参见王齐彦《儒家群己观研究》，中国社会科学出版社 2006 年版。

②《孟子·离娄上》。

③《孟子·公孙丑上》。

④《四书章句集注·论语集注》卷七。

……不学礼，无以立”，[1]认为“好仁不好学，其蔽也愚；好知不好学，其蔽也荡；好信不好学，其蔽也贼；好直不好学，其蔽也绞；好勇不好学，其蔽也乱；好刚不好学，其蔽也狂”[2]。可见，孔子肯定了人只有借助于为学达至为人，才能更好实现个体的自我价值，实现自我完善。在回答子张问何为“仁”时，孔子也指明了人的德性修为对个人自身发展的意义。他如此说：“恭则不侮，宽则得众，信则人任焉，敏则有功，惠则足以使人。”[3]人既是价值主体又是价值客体，是价值主客体的有机统一。个体的为人不仅可以满足他人和社会的需要，同时也可以满足自身生存、发展和享受三大需要，因而兼顾外在社会价值和内在自我价值。对此，孟子作了独到的诠释。他说：“得志与民由之，不得志独行其道”[4]，“古之人，得志，泽加于民；不得志，修身见于世。穷则独善其身，达则兼善天下”[5]。这是说，人在穷困不得志之时追求自我完善，显达之时则泽加于民、兼济天下。列宁曾讲：“人人为我，我为人人。”这深刻揭示了为人的真谛。一个人为人处世，必须怀有仁爱之心和恭敬之情，这于人于己均是有利的。据此，孟子在《孟子·离娄下》中说：“仁者爱人，有礼者敬人。爱人者人恒爱之，敬人者人恒敬之。”在人际交往中，一个人敬爱他人，就会获得他人恒长的回敬与回爱。相反，如果残杀他人，就会像孟子在《孟子·尽心下》所说的那样：“杀人之父，人亦杀其父；杀人之兄，人亦杀其兄。”

从根本上说，儒家所倡导的做人道理，要求按照一定的道德规范、社会理想（道）和价值准则正确处理个人与他人、个人与群体（包

---

①《论语·季氏》。
②③《论语·阳货》。
④《孟子·滕文公下》。
⑤《孟子·尽心上》。

括家庭)、个人与国家等之间的关系,努力做到克己修己、正心诚意、格物致知,做到仁者爱人、见利思义、依道而行、孝亲敬长、言行一致、知行合一、主忠信、隆礼重礼、泛爱众、厚德载物、成人之美、以直报怨、与民同乐、为政以德,等等。按照这些处世之道去做人,方可以利人、利家、利国以至利己(合理的),从而达至个人的心灵平和、家庭的和睦团结及国家的长治久安。

(二)为人的理想

做什么样的人,做人要达到什么样的目标和境界,属于人格理想范畴,儒学对此进行了多方面、多角度的阐释。总起来看,儒学关于人格理想的思想主要包括以下三大方面。

1.内圣外王。虽然内圣外王是由《庄子》一书首先提出来的,但是它深刻地展现了儒家关于人格理想的构想。在儒家那里,内圣是实现外王的必要条件,"内圣"是指具有较高德性修养的个人,"外王"则是指在社会上能够建功立业、齐家、治国、平天下的人士。孔孟虽未将"圣"与"王"合称,如《论语》、《孟子》这两大典籍中未曾出现过"圣王"二字,但他们却是"圣"、"王"不分,以为凡王必须具有"圣心"或"仁心",君王的"为政之道"必须以实行"仁政"为旨归。荀子虽然将"圣"、"王"合称,在《荀子》一书中大量采用"圣王",但同孟子偏重"内圣"不同,他偏重"外王",尤其是他看到了圣与王之间的差异,提出了"尽伦"与"尽制"的不同:"圣也者,尽伦者也;王也者,尽制者也。两尽者,足以为天下极矣。故学者,以圣王为师。"①儒学作为"为人之学",特别重视人自身的道德修养。《大学》指出:"自天下以至于庶人,壹是皆以修身为本。"可见,修身是做人的基本要求,其要旨就是按善的原则来设计和塑造人,使人真正成

①《荀子·解蔽》。

为人。但如上所言儒家修身的目的并不是个人生活的安逸和生命的永恒,而是要以天下为己任,用个人的德行造福他人与社会,以仁义行天下,把治国平天下作为更高的人生追求。这就是说,一个人要先修己成德,再去从政。那么儒家的为政之道又是什么呢?儒家认为,治国要用"仁政",即"为政以德"。只有统治者敬德保民,才能得到人们的拥护,社会才能安定有序,才能和谐稳定:"为政以德,譬如北辰,居其所而众星共之"①。孔子还特别强调了统治者为人与为政的关系,他曾对季孙氏说:"政者,正也。子帅以正,孰敢不正?"②意思是统治者要以修身为本,先正己而后正人。如果你行为端正,"以身作则",对社会就具有感化作用,别人的行为也就端正了。可见,"内圣外王,治国平天下"是儒家做人的理想目标,它把国家社会的安定看做最高理想,把个人抱负与治理国家社会的责任统一起来,把个人前途与国家的前途命运统一起来。正如张载所说:"为天地立心,为生民立道,为去圣继绝学,为万世开太平。"③这个观点几乎代表了所有儒家的人生理想和抱负。

2. 大丈夫。"大丈夫"作为一种人格范型,首先由孟子创发,并得到后世儒家的推崇,他的基本特质用一句话概括就是:"富贵不能淫,贫贱不能移,威武不能屈。"④孟子在孔子"志士仁人,无求生以害仁,有杀身以成仁。"⑤人生理念的基础上,提出了"至大至刚"、"直养无害"、"配义与道"的"浩然之气"。⑥ 更进一步,他创造性地阐发了"大丈夫"人格。"丈夫"在中国古代社会一般指成年男性,后

①《论语·为政》。
②《论语·颜渊》。
③《张载集·近思录拾遗》。
④《孟子·滕文公下》。
⑤《论语·卫灵公》。
⑥《孟子·公孙丑上》。

引申为具有阳刚之气的道德人格。所谓“大”，不妨用孟子的话来说，就是“充实之谓美，充实而有光辉之谓大，大而化之之谓圣，圣而不可知之之谓神”。[①]“大丈夫”之所以能做到常人不易做到的“富贵不能淫，贫贱不能移，威武不能屈”，就在于他具有深厚的仁义修养，就在于他的所作所为乃是正义之举。正是在孟子提出的“浩然之气”和“大丈夫”人格熏陶下，中华民族涌现出无数成仁取义的志士仁人，展现出惊天动地的浩然正气。

3. 成人、君子和圣贤。儒家所推崇的“成人”触及了人的全面发展问题。“成人”既可以作为一个名词，指称一种既定的人格状态，又可以作为一个动词，意味着人的发展过程。就前者而言，《论语·宪问》说：“子路问成人。子曰：‘若臧武仲之知，公绰之不欲，卞庄子之勇，冉求之艺，文之以礼乐，亦可以为成人矣。’曰：‘今之成人者何必然？见利思义，见危授命，久要不忘平生之言，亦可以为成人矣。’”在此，孔子认为“成人”必须具备“知”、“不欲”、“勇”、“艺”、“礼乐”、“思义”等多种品质，涉及了社会主体知性潜能、德性力量的开发和审美情趣的培养，为后人树立了为之努力自我全面发展的人格范型。一般民众可能难以成圣，但把“成人”作为人生理想还是切实可行的，为此，就应学会成人之道。在《四书训义》中，王夫之说：“自非圣人，必以学成人之道。”

儒家还为不同的社会主体设计了不同层次的君子、贤人、圣人理想人格，这也是做人要不断达到的三种境界。所谓“君子”，是指具有重义轻利、安贫乐道、自强不息、才学出众等优良品行的仁礼合一的人。儒家从不同方面界说了“君子”人格。一是善于成己成人：“君子求诸己，小人求诸人”[②]，“君子成人之美，不成人之恶”[③]，君子

---

①《孟子·尽心下》。

②《论语·卫灵公》。

③《论语·颜渊》。

"修己以敬"、"修己以安人"、"修己以安百姓"①;二是重义轻利、重道轻器:"君子喻于义,小人喻于利"②,"君子义以为质,礼以行之,孙以出之,信以成之"③,"君子食无求饱,居无求安,敏于事而慎于言"④;三是近仁向仁:"君子无终食之间违仁,造次必于是,颠沛必于是"⑤,"君子而不仁者有矣夫,未有小人而仁者也"⑥,"君子以文会友,以友辅仁"⑦;四是尚礼崇德:"君子怀德,小人怀土"⑧,"文质彬彬,然后君子"⑨,"君子博学于文,约之以礼"⑩;五是贵和尚中:"君子和而不同,小人同而不和"⑪,"君子矜而不争"⑫,"君子和而不流"⑬,"君子周而不比,小人比而不周"⑭,"君子中庸,小人反中庸"⑮等。关于"君子"人格的内涵,除上述五个方面,还包括谋道不谋食:"君子谋道不谋食"⑯、"君子忧道不忧贫"⑰、"君子乐得其道,小人乐得其欲"⑱,以及自强不息:"天行健,君子以自强不息"。⑲ 儒家关于君子人格的构想,大多在《论语》和《中庸》中通过与小人的对比而展现了其多种道德品性。"君子"是孔子儒家最为关注的人格类型,不论是《论语》,还是《中庸》和《孟子》,都做了大量界定,儒家众多道德品性、规范及人学观念均是在"君子"人格的构想中展露出来的。同下述更高境界的"圣贤"人格不同,"君子"也具某种理想特质,但经过一定的努力,绝大多数人都可以达到,因而是一种可以为

①⑥《论语·宪问》。
②⑤⑧《论语·里仁》。
③⑫⑯⑰《论语·卫灵公》。
④《论语·学而》。
⑦《论语·颜渊》。
⑨⑩《论语·雍也》。
⑪《论语·子路》。
⑬⑮《中庸》。
⑭《论语·为政》。
⑱《荀子·乐论》。
⑲《周易·乾》。

大多数人所共有、共享的人格范型。在儒家文献中,“君子”有时带有“位”的意义,但主要指具有高尚操持的人。孔子儒家充分展示了君子人格的魅力所在,断言具有智、仁、勇三德的君子可以做到不忧、不惑、不惧:“君子之道三,……仁者不忧,知者不惑,勇者不惧”,①可以发挥良好的示范作用:“君子之德风,小人之德草。草上之风,必偃”②等等。五四运动以来,虽然有的人对儒家的君子人格作了批评,断言它带来奴性、个人不发展、自我萎缩、泛伦理主义等弊端,但时至今日,仍有不少人把它作为人格理想加以倡导和追求。

“贤人”是既具有君子品德又能明于政事、辅佐君主治理国家、具有圣贤气象的人。《荀子》中引孔子话说:

> 所谓贤人者,行中规绳而不伤于本,言足法于天下而不伤于身,富有天下而无怨财,布施天下而不病贫,如此,则可谓贤人矣。③

对于那些王之下、民之上的进入政治领域的各级官吏,儒家对他们的要求就是做“贤人”。“圣人”在儒家理想的人格境界中居于最高地位,他具有仁且智的优良品格,具体的是指尧、舜、禹等古帝。被后人称为圣人的孔子曾说:“圣人,吾不得而见之矣;得见君子者,斯可矣。”④但作为做人的最高人生境界,儒家认为只要经过艰苦的修身磨炼还是可以成圣的,正如荀子一再声言“涂之人可以为禹”,孟子反复强调“人皆可以为尧舜”。程颐也讲人人均可成圣,他批评那些认为自己难以成圣的人是不自信:“人之性一也,而世之人皆曰吾何能为圣人,是不自信也”⑤,是不愿意作为。儒家的圣贤人格具有

---

①《论语·宪问》。
②《论语·颜渊》。
③《荀子·哀公》。
④《论语·述而》。
⑤《二程集·河南程氏遗书》卷二十五。

内在和外在两种规定。就内在方面而言，它即是“内圣”，也就是指人具有崇高的伦理品性和精神境界。宋明理学的圣人观把“圣人”规定为“无我”，认为圣人可以尽“天地之用”，做到顺天无违；可以做到尽性尽心，存理灭欲；可以无过与不及，等等。二程讲：“圣贤千言万语，只是欲人将已放之心，约之使反，复入身来。”①做圣贤不过是像孟子所言将流失的善心加以存善。朱熹明确地说：“向内便是入圣贤之域，向外便是趋愚不肖之途。”②这里，朱子强调了内在心性修养对于做圣贤的价值。王阳明认为即便是普通民众，只要肯学就能成圣成贤，从而凸现了圣贤人格的现实性：“虽凡人而肯为学，使此心纯乎天理，则亦可为圣人。”③不管唐甄批评宋明理学家的圣贤之学是“精内而遗外”④是否正确，有一点是值得肯定的，这就是缺乏长期、艰苦的修炼，难以成为圣贤。就外在方面而言，圣贤能够展现出一种大成气象，能够做到“孔颜乐处”。对此，二程作了独到分析。他们认为“学者不学圣人则已，欲学之，须熟玩圣人气象”⑤。而要把握圣贤气象，不能只停留在语言文字上，必须加以自身体验和感受。孟荀尽管倡言人人均可为圣人，这有助于提升人的道德自信心，但圣贤毕竟是一种崇高无比的人格类型，非一般人所能企及，只有少数道德精英才能达到。当然作为一种终极人格理想目标，它为人做人指明了前进的方向。

在儒家那里，内圣、外王、君子、成人、圣贤、大丈夫等人格类型虽然具有层次之分，但都赋予了它们以更多的伦理崇高意义——仁爱精神、中庸准则、经世情怀、献身品格等，并具有才、气、技、美等品质。

---

①《二程集·河南程氏遗书》卷一。
②《朱子语类》卷一百一十九。
③《王阳明全集·传习录上》。
④《潜书·有为》。
⑤《二程集·河南程氏遗书》卷十五。

（三）为人之道

儒学不仅深刻阐述了学会做人的意义与价值，提出了关于做人的理想境界的设想，还阐明了许多关于如何做人的行之有效的途径和方法。儒学围绕如何做人、为人、修身等为人之学所提出来的思想十分丰富，主要有待人之道、成人之道和修己之道三方面。

1. 待人之道。所谓待人之道，是指儒家提出的有关如何处理己他关系、己群关系的准则、方法、途径及技巧等。无疑，这方面的内容是丰富多样的，像后面谈到的儒家各种道德规范作为调节人际关系的重要手段均可列入其中，这里我们只从普遍适用性角度举其要端陈述如下。

（1）成己成人。儒家围绕如何处理协调人我关系问题提出了极为丰富而有益的思想观点，其中主要有三方面。一是反求诸己。儒家认为，成人必先成己，正人先正己，治人先修己，这是因为如同《中庸》所讲的“正己而不求于人，则无怨”，也是因为孔子所说的“其身正，不令而行；其身不正，虽令不从”①。可见，一个人只有加强自我修为，强化自我修养，才能率先垂范，才有威权，才不会招致滋生怨恨之情，才能感召人、管理人和帮助人。此外，儒家还强调一个人为人处世既不能取悦于人，也不能苛责于人，而必须确立自己的独立人格，培养自己的宽容精神，提高自己的道德修养，这就是“君子求诸己，小人求诸人”、“古之学者为己，今之学者为人”。同时，儒家一再强调要不断地反省自己，看到自己的不足与缺点。《中庸》载孔子曰：“射有似乎君子，失诸正鹄，反求诸其身。”这意思是说，射箭如同君子修道，假如箭没有射中靶心，应该反责自己是否用心不专或技艺不精，而不能怨天尤人——“上不怨天，下不尤人”。孟子也指出：

---

①《论语·子路》。

“爱人不亲反其仁，治人不治反其智，礼人不达反其敬，行有不得者，皆反求诸己。”①二是成人之美。在儒家看来，正己求己不仅仅在于独善其身，更不是像扬朱倡导的那样是单纯的为我主义（虽然不损人），而在于兼善天下，在于利人、助人。儒家不但提出了“仁者爱人”、“泛爱众”这类总的利他主义原则，还提出了“修己以安人”、“修己以安百姓”、“人不独亲其亲，不独子其子”的社会为本理想，更是提出了成人之美、与人为善的伦理精神。孔子提出“君子成人之美”②。孟子主张人应以善良之心去帮助他人：“取诸人以为善，是与人为善者也。故君子莫大乎与人为善。”③孔孟儒家基于仁爱之心提出的“成人之美”、“与人为善”规范成为中华民族协调人际关系的宝贵优良传统，至今仍是具有普适性的价值方针。三是反对损人利己。尽管扬朱“拔一毛利天下而不为”其精神境界不如墨家“兼爱”高，它属正当层次，但它比起那种损人利己的自私自利不当行为要合理些。儒家在肯定成人之美的同时，还反对损害他人的利益。孔子就说：“君子成人之美，不成人之恶。小人反是。”④“不成人之恶”虽然是一种底线伦理，但在今天一些人为了谋取个人一己私利、为了发财致富而不择手段、肆意坑害他人的时代背景下，仍具有相当的现实合理性。

（2）和而不同。儒家在汲取前贤和同思想的基础上，提出了贵和的待人处世之道。孔子说：“君子和而不同，小人同而不和。”⑤孔子的弟子有子也讲：“礼之用，和为贵。先王之道，斯为美；小大由之。有所不行，知和而和，不以礼节之，亦不可行也。”⑥《中庸》中孔

①《孟子·离娄上》。
②④《论语·颜渊》。
③《孟子·公孙丑上》。
⑤《论语·子路》。
⑥《论语·学而》。

子也要求人“和而不流”。所谓“和而不同”本质上是指在承认和尊重差异、多样性的前提下进行有机协调、融合、统一。它不仅是用以安邦定国的为政之道,也是用来调节人际关系的为人之道,蕴含着一系列处理己他关系、己群关系的行为要求。一是反对随波逐流。孔孟之所以反对乡愿人格,就在于它为和而和,盲目顺从、跟从,缺乏是非善恶观念,不知保持个人的独立性。要知道,“和”并不是“不争”,而是允许不同意见、不同个性的存在,有时人际合理的斗争、竞争与冲突反而是促进关系和谐发展的必要条件。即便是争,“争也君子”,争必须合理合情合法。孔子说过“君子矜而不争”①,孔子这儿所说的不争是指个人要学会自重,学会尊重别人,而不要去作无原则的争执,不要一味争强好胜。儒家之“和而不同”,并不鼓励人一味忍让、顺从,而是尊重人的个性与独立人格,孔子就说:“君子和而不流,强哉矫!中立而不倚”②。同样的,孟子也极为鄙视只知附和顺从的人,认为“以顺为正者,妾妇之道也”③。二是群而不党。孔子提出了两条君子处理己群关系的规范:“君子矜而不争,群而不党”④和“君子周而不比,小人比而不周”⑤。这些虽然是作为德位合一的君子所应秉持的为政之道,但它们也不失之普通人处理己群关系的为人之道。人是一个群居动物,合群是人的本性之一,荀子把“能群”规定人异于动物的特性:“人能群,彼不能群也。⑥”群体是由个人所组成的集合体,它是个人赖以生存和发展的环境和条件。据此,孔子提出“群而不党”,荀子更是说:“故人生不能无群。”⑦根据“群而不党”、“周而不比”的精神,人要学会过集体生活,把个人融入集体

①④《论语·卫灵公》。
②《中庸》。
③《孟子·滕文公下》。
⑤《论语·为政》。
⑥⑦《荀子·王制》

当中，通过各种各样的集体活动来实现自己的人生价值，有时甚至要为了集体的利益大公无私，作出自我牺牲也在所不惜，决不能太过“特立独行”，游离于组织之外，更不能损公肥私。同时，凡事要出以公心，讲团结反对勾结，决不能结党营私，拉帮结派，搞个人小圈子。一句话，要以和处众，遵循“群和之道”。三是宽以待人。朱熹《论语集注》曰：“和者，无乖戾之心。同者，有阿比之意。”要做到“和而不同”，就应像君子一样做到“坦荡荡”，做到“毋意，毋必，毋固，毋我”①；就应像《中庸》所说的那样“宽裕温柔，足以有容也；发强刚毅，足以有执也”。在人际交往中，要学会尊重彼此的差异和个性，以宽容、大度的处世态度对待他人，不能太苛责于人——“躬自厚而薄责于人”②，做到宽以待人，严以律己。即便是对待与自己有矛盾、有冲突乃至有积怨的人，也应“以直报怨，以德报德”③，“不念旧恶，怨是用希”④，借此化解仇怨、隔阂，实现人与人之间的和睦相处。

(3)忠恕而行。儒家提倡要与人为善、成人之美、成己成物，那么如何才能更好地处理人与人、人与群体、人与国家之间的关系呢？这就是按照关系的亲疏远近进行合理的社会交往——忠恕而行。忠和恕一般并称为“忠恕之道”，它们的含义虽然不同且多样，例如，“忠”不仅指向事业(忠于事)，也指向国家(精忠报国)，但忠恕连用就主要表达的是做人和待人的一种方式，也是求仁、行仁的基本方式。孔子没有直接给“忠”释义，《论语》记载了孔子一段话：

> 夫仁者，己欲立而立人，己欲达而达人。能近取譬，可谓仁之方也已。⑤

---

①《论语·子罕》。
②《论语·卫灵公》。
③《论语·宪问》。
④《论语·公冶长》。
⑤《论语·雍也》。

冯友兰等人认为这就是“忠道”。[①] 关于“恕道”，《论语·卫灵公》中子贡问曰：“有一言而可以终身行之乎？”子曰：“其恕乎！己所不欲，勿施于人。”《大学》对这种思想阐述得更加具体：

> 所恶于上，毋以使下；所恶于下，毋以事上；所恶于前，毋以先后；所恶于后，毋以从前；所恶于右，毋以交于左；所恶于左，毋以交于右。

即对任何人都不把自己憎恶、想要的东西强加给他人。可见，忠恕之道的基本精神是推己及人——我自己不愿意别人怎样对待我，也不要以之来对待别人；我自己所希望达到的，也希望别人能达到。这就是人们常说的将心比心、设身处地为他人着想。忠恕之道是儒家的根本为人处世之道，亦即是儒家倡导的根本人道理念。

2. 成人之道。在不同的语境里，儒家往往给予“人”以不同的规定。有时，“人”是指与“己”相对应的他人。例如，孔子讲“君子成人之美，不成人之恶。小人反是”[②]，“君子求诸己，小人求诸人”[③]，“为仁由己，而由人乎哉”[④]以及“古之学者为己，今之学者为人”[⑤]等，显而易见，这些命题中的“人”是指称对象化的他人客体，而区别于与其相互对待的主体自我（“己”）。有时，在儒学中，“人”是一个泛称，它涵盖了社会中所有的个体，既包括主体自身也包括他人，像“成人”、“人能弘道，非道弘人”、“未能事人，焉能事鬼”这些范畴和命题中的“人”即是。我们所要阐释的儒家成人之道，乃是指儒家有关自我成长与自我发展的方法、原则、规范、途径等。考证儒家文献，似乎可以看出儒家的成人之道大致包含自知、自得、自省、自强、

① 卜师霞认为，忠恕不是体用关系，恕的外延大于忠，参见卜师霞《孔子忠恕思想的内涵》，载《孔子研究》2007 年第 5 期。

②④《论语·颜渊》。

③《论语·卫灵公》。

⑤《论语·宪问》。

自主、自律、自尊等方面内容。

(1)自知。自知一般是自知之明的简称,它是指个人对自我的内在认识。本书拟将"自知"作广义化处理,把它界定为主体对自身的内在认识和对外界环境(客体)的外在认知。作为为人之道的自知,孔子在强调不能苛责于人、不怨天尤人,别人不了解自己既不愠怒——"人不知而不愠,不亦君子乎"①,也不在意他人的赞誉——"不患人之不己知"②、"不患莫己知,求为可知也"③的同时,还从多种角度倡导人要致力于自我认知。一是要学会知人,了解互动客体。因为只有这样,才能更好协调人际关系。孔子说:"患不知人也"④,我所要担心的是不了解别人。《中庸》还把"知人"当做修身事亲的前提条件:"君子不可以不修身。思修身,不可以不事亲;思事亲,不可以不知人。"二是要知"道",了解和把握各种德性。《中庸》认为知、仁、勇三者是天下达德,并指出认识这"三达德"是把握内圣外王的基础:"知斯三者,则知所以修身;知所以修身,则知所以治人;知所以治人,则知所以治天下国家矣。"三是要知天。天是人生存的大环境,它自有其运行规律("天行有常"),天人要和谐,就必须了解天的本性;同时,天又是人与人交往、沟通、相处的中介与资源,要处理好己他关系、己群关系,同样要知天。为此,《中庸》讲:"思知人,不可以不知天。"孟子也提出尽心、知性、知天的"天人合一"理路。四是要知社会境遇。孔子提出人要立身处世,必须做到"三知",他说:"不知命,无以为君子也;不知礼,无以立也;不知言,无以知人也。"⑤每一个人都有"命",它在很大程度上决定着人的生老病死、富贵穷达,人固然不能做宿命论者,不能消极待命认命,要

①②④《论语·学而》。

③《论语·里仁》。

⑤《论语·尧曰》。

学会与命运抗争，但个人的任何作为也不能不顾外在情势和客观规律一味违命，命有小大、逆顺、邪正之分，成人的先在前提则是知命。这些命包括自然规律、生存境遇、社会条件、时代趋势等。礼是用来调节人的行为、维持社会秩序的规范体系，一旦违礼、背礼，就会导致人行为失范、失序，导致角色紊乱，导致与他人难以很好相处，为此，孔子提出了“四勿”。“礼仪是普通人修身养性和持家立业的基础……有时候，一个才能平庸的人，如果深谙礼仪的妙用，具备人格魅力，就能够吸引住一些人才，为他所用，事业就能成功，这方面比较典型的例证就是刘备。”①言为心声，一个人的言语是其思想观念的表达，语言或说话反映一个人的性格、气质和修养。因此，人应学会知言。孔子讲：“侍于君子有三愆：言未及之而言谓之躁，言及之而不言谓之隐，未见颜色而言谓之瞽”②，“仁者，其言也讱”③，“知者不失人，亦不失言”④。为此，孔子表示要了解一个人，就必须“听其言而观其行”⑤，善于察言观色，看人择言，可以说是重要的生存智慧和处世哲学。

（2）自省。在儒家看来，一个人要完善自身、发展自我，就要不断地进行自我反思、自我省悟，具体说就是要做到以下几点。一是自我思过。从消极意义上说，成人的功夫就是随时自察过失而严格自责：“子曰：‘已矣乎，吾未见能见其过而内自讼者也。”⑥智者千虑，必有一失。一个人犯错误是难免的，关键是要有错就改。儒家认为，人不仅要思过，还要改过。孔子要求人们“过，则勿惮改”。⑦明清之际的刘宗周对儒家“迁善改过”思想作了系统发挥，提出人要

① 林旭编著《孔子做人精要》，中国言实出版社 2006 年版，第 3 页。
②《论语·季氏》。
③《论语·颜渊》。
④《论语·卫灵公》。
⑤⑥《论语·公冶长》。
⑦《论语·学而》。

“一迁一改,时迁时改”。二是经常反省。曾子说:“吾日三省吾身,为人谋而不忠乎?与朋友交而不信乎?传不习乎?”[①]每天多次反思自己在人际交往中是否忠诚、守信,这种对自己有可能出现的过失和不足不断地反省虽不同于基督教原罪说的自我忏悔,但它仍不失为自我成长与完善的重要方法,是连结和沟通不同主体间性的交友处世之道。三是见贤思齐。人都有一种好强争胜、不甘人后的心理,它是激励个人奋发有为、不断上进的重要精神力量。孔子儒学据此提出了“自省”这一助人成德成人的功夫。孔子说:“见贤思齐焉,见不贤而内自省也”[②],“三人行,必有我师焉。择其善者而从之,其不善者而改之”[③]。直到今天,见贤思齐、择善而从仍然被视为个人实现自我完善的有效途径。

(3)自律。自律是道德的本质规定性,是一种自我克制、自我约束、自我创造的成人之道。在孔门儒家那里,自律大致包含以下几个要点。一是自我克制。孔子说:“小不忍,则乱大谋。”[④]一个人不善于克制自己的情绪,缺少律己之心,就会因小失大,难以成就大事。可以说,忍是一种合理的等待,是一种无为而至有为的人生策略;适当的容忍和退却,是为了更大的进步和成功。更进一步,为人做事要防微杜渐,做到“不以恶小而为之,不以善小而不为”。二是慎言慎行。孔子认为做一个君子就应“敏于事而慎于言”[⑤],“讷于言而敏于行”[⑥]。不论是敏于事还是敏于行,同慎言慎行并不矛盾,因为敏捷并不等于鲁莽。另外,孔子提醒人们不能贪快,因为“欲速则不达”[⑦]。三是自我警戒。一个人要做一个受欢迎的人,做一个成

---

①⑤《论语·学而》。

②⑥《论语·里仁》。

③《论语·述而》。

④《论语·卫灵公》。

⑦《论语·子路》。

功人士，就必须谨慎从事，必须有一种敬畏感，而不能无所顾忌、任意妄为。故此，孔子郑重提出了人要成为君子就应有“三畏”，即“畏天命，畏大人，畏圣人之言”。① 这种敬畏感虽然带有某种原始宗教的意味，但它作为对权威的认同、信仰和敬重等人性情感，是使人不致行为放纵的监督力量。谈到个人成长与自我发展的自律精神，自然不能忽视孔子所说的“三戒”。他说：

> 君子有三戒：少之时，血气未定，戒之在色；及其壮也，血气方刚，戒之在斗；及其老也，血气既衰，戒之在得。②

根据少、壮、老三个不同年龄阶段的血气状况，孔子分别提出了戒色、戒斗和戒得。这符合儒家“成人”的基本理念。“成人”不仅是指法定的成熟的人，③更是指一个人不断趋向完善的过程，这意味着在人生的不同发展历程中，要遵循相应的社会规范禁忌，承担相应的社会责任，扮演好相应的社会角色，同时也表明个人的不同发展状态。孔子用自己实际的人生履历对此作了生动的自我诠释：“吾十有五而志于学，三十而立，四十而不惑，五十而知天命，六十而耳顺，七十而从心所欲不逾矩。”④四是自尊自重。所谓自尊自重，就是正确而恰当地认识和评价自己的价值和地位，既不过分张扬、狂妄，又不奴颜婢膝，表现出一定的自信心、自豪感和威严感，它是一种维护个人人格的表现。在孔子看来，自重于人极为重要。他讲：“君子不重则不威，学则不固；主忠信，无友不如己者，过，则无惮改。”⑤孔子不仅本身以自己的实际举动显示了自尊自重品格，例如《论语》讲：“子之燕居，申申如也，夭夭如也。”⑥孔子即使在家闲居，也是品貌

---

①②《论语·季氏》。

③ 在中国古代，男子一般到 20 岁进入成年期，便举行加冠之礼。《礼记·冠义》说：“已冠而字之，成人之道也。”

④《论语·为政》。

⑤《论语·学而》。

⑥《论语·述而》。

端庄，神态和乐，他还对狂妄等不良品行表示不理解："狂而不直，侗而不愿，悾悾而不信，吾不知之矣。"①另外，孔子还分析道："君子泰而不骄，小人骄而不泰"②，那种飞扬跋扈、目空一切、矜己傲物的人生态度，是一种小人的所作所为，而绝不是君子风度。孔子认为，虽然贫而无谄、富而无骄不如贫而乐、富而好礼，但也是值得赞许的③。一个人的自尊自重同其羞耻感、荣誉感可谓一体两面、密不可分。只有具备羞耻之心、珍惜和爱护自己的荣誉，他才会体现出自尊自爱自重品格；反之，只有人格展现出尊严与高尚，才有人生的荣誉。基于此，孔门儒家往往以言行不一、巧言令色等为耻。孔子推崇古帝先贤，因而他说："古者言之不出，耻躬之不逮也。"④古人以言而不实而感到耻辱。左丘明以巧言令色、华而不实为耻，孔子表示赞同，他讲："巧言、令色、足恭，左丘明耻之，丘亦耻之。"⑤

3. 修己之道。儒家不仅阐明了各种待人之道和成人之道，还特别重视个人的修为——《大学》讲"自天子以至于庶人，壹是以修身为本"。这是因为，只有加强克己、修己，加强自我修养，才能更好地成人成己，才能更好地待人处世。为此，儒家阐述了众多行之有效的克己、修己的原则、要求和方略，提出了丰富多样的自我修养工夫。

(1)注重慎独。"慎独"一词来源于儒家经典《礼记》。《大学》在说明何谓诚意时说："所谓诚其意者，毋自欺也，如恶恶臭，如好好色，此之谓自谦，故君子必慎其独也。"一个人做到诚意正心，不自欺欺人，才能达至自我满意、毫不亏心，因而高尚的人即便在独处时也能保持谨慎的态度和严于律己的情操。《中庸》进一步对"慎独"的

①《论语·泰伯》。
②《论语·子路》。
③《论语·学而》。
④《论语·里仁》。
⑤《论语·公冶长》。

内涵作了解释:“君子戒慎乎其所不睹,恐惧乎其所不闻。莫见乎隐,莫显乎微,故君子慎其独也。”正如牟钟鉴所言,慎独来自于孔子“古之学者为己,今之学者为人。”①刘宗周创造性地发展出以“独”为体的慎独说,他反对朱熹“戒慎属致中”、“慎独属致和”的观点,认为慎独既致和又致中,是中和之道。应当说,慎独既是一种具有较强道德自律心的人格境界(君子人格),同时也是个人修身养性的重要工夫,在缺乏外界监督、私人独处的环境中磨炼自己的自持意志和律己之心,有益于提高人扬善抑恶的道德能力。“慎独”是推动个人完善自我的重要门径,它提示我们要常怀律己之心,常思贪欲之害,常弃非分之想,甘于清贫、耐住寂寞,既要慎权、慎欲、慎微、慎众,又要自重、自省、自警、自戒、自励,在孤独中成就自我。儒家这一慎独思想成为中华民族成人成己修己修身的重要精神遗产,影响深远,它孕育出了“杨震暮夜却金”和许衡心中有主而不偷梨的佳话。刘少奇在《论共产党员的修养》一书中对“慎独”也作了肯定,他说:“即使在他个人独立工作、无人监督、有做各种坏事的可能的时候,他能够‘慎独’,不做任何坏事。”

(2)学思并重。善于学习、勤于思考是提高自身素质和知识水平的重要途径,也是锻炼个人能力的重要基础,是修己、成己的重要方法,因而得到了儒家的高度重视。就学习来说,儒家首先阐述了它的重要性。孔子弟子子夏明确讲“君子学以致其道”。② 学习是致道、明道的良途。同样是子夏,他进一步提出了加强个人修养的学思方法,这就是“博学而笃志,切问而近思,仁在其中矣。”③很显然,子夏把学、问、思规定为求仁、近仁的不二法门。谁也不会否认,学是智的差不多惟一的门径,两者可谓体与用之间的关系。在孔子

① 《论语 · 宪问》。牟钟鉴《儒学价值的新探索》,齐鲁书社 2001 年版,第 159 页。

②③ 《论语 · 子张》。

那里,仁与智虽然相对分离、各有差别,如孔子说“知者乐水,仁者乐山;知者动,仁者静;知者乐,仁者寿”①,“仁者安仁,知者利仁”②,且仁者有时表现出“愚”,如“吾与回言终日,不违,如愚”③,但是,孔子实际上是认为,仁者是大智若愚——“回也不愚”④,而且他把智看做是达到仁的手段与途径,如他讲“知者利仁”⑤。同时孔子还指明人必须好学,否则就是“好仁不好学,其蔽也愚。……”⑥正是认识到“学”的重要性,故荀子总是劝人为学。他如此说:“今人之性,固无礼义,故强学而求有之也;性不知礼义,故思虑而求知之也”⑦,借助于学习,人就可知礼义以至变得有礼义。其次,指明了学习内容的丰富性。孔子讲:“博学以文,约之以礼。”⑧“文”是什么?孔子没有明说,但其内容应该是十分广泛的。孔子曾提出教以文、行、忠、信,这表明他把文从忠、信等道德中抽离了出来,但他毕竟重德与重道,因此他讲的“闻道”说明人不光要学文,亦要学道、知道。荀子强调学礼:“学恶乎始?恶乎终?曰:其数则始乎诵经,终乎读礼;其义则始乎为士,终乎为圣人。”⑨这段话,荀子既为我们讲述了学习的路径、目的,也为我们谈及了学习的对象就是礼,从而同他隆礼义的基本思想相适应。更进一步,荀子还把学礼当做道德自我完善的根本,认为“学至乎《礼》而止矣,夫是之谓道德之极”⑩。再次,揭示了为学之方的多样性。《中庸》提出了博学、审问、慎思、明辨、笃行,除慎思、笃行外,博学、审问、明辨均为学习的方法。《大学》在内圣修养功夫上提出修身、正心、诚意必须做到致知格物。儒学发展史上,

①⑧《论语·雍也》。
②⑤《论语·里仁》。
③④《论语·为政》。
⑥《论语·阳货》。
⑦《荀子·性恶》。
⑨⑩《荀子·劝学》。

格物致知作为修己工夫引起了广泛反响和激烈的争论。朱熹从理一元论出发,认为学者工夫应是向外的"格物穷理",而陆王心学则从"心外无物"、"心外无理"出发,认为"格物之功只是身上做"。现在看来,不论是内学还是外学,偏重于哪一方面,就会陷入片面的"支离"或"易简",它们都不失为人成己、修己不可或缺的两种工夫,应把两者有机结合起来。

至于"思",儒家也作了多种阐发。仅就先秦儒家来讲,《中庸》提出了慎思、明辨的观念,孟子强调发挥心官之思,认为"思诚者,人之道"①、思则得之。当然最重要的是孔子所阐发的学思并重思想。孔子认为学与思二者不可偏废,因为"学而不思则罔,思而不学则殆"②。只注重学习而不思考,就会无所得;单纯思考而不去学习,则会疑惑以致危险。正因如此,孔子才主张学思结合,二者并重,一方面力倡志学、多闻、每事问,另一方面则强调要多思,尤其是要对自己的言行举止作自我检讨、自我省思,进而提出了"九思":"视思明,听思聪,色思温,貌思恭,言思忠,事思敬,疑思问,忿思难,见得思义。"③

(3)修心养性。人的心性是人生的原点,也是人生实践的动力,是为人、做人、成人的主体基础,因此,儒家的为人之学直指如何修养人的心性,可以说,修养心性的功夫成为儒家人学的主基调。儒家把修身修己不仅看做外在的言谈举止、出处辞受、仪表风度等修饰,更是把它转换成个人内在的道德养成。孔子提出了修己以敬、安人、安百姓,同时还表示自己的忧患所在是人不修德。他在《论语·述而》一章中讲:"德之不修,学之不讲,闻义不能徙,不善不能改,是吾

①《孟子·离娄上》。
②《论语·为政》。
③《论语·季氏》。

忧也。”亚圣孟子同样阐释了修身的重要性。如他在《孟子·尽心上》中说:“修身以俟之,所以立命也”、“君子之所守,修其身而天下平”等。儒家的修身之学对中国人的自我成长起到了重要的教化作用。综合分析儒家心性修养思想,大致可以分为以下几种观点。

一是主诚论。《大学》倡明包括“正心诚意”的“八条目”,要求人“毋自欺”。《中庸》依据“诚者,天之道也;诚之者,人之道也”的天人之道,从多个方面强调诚对于成己修身的重要性与必要性,指出:“自诚明,谓之性。自明诚,谓之教。诚则明矣,明则诚矣”,“诚者物之始终,不诚无物。是故君子诚之为贵”,“至诚之道,可以前知”,“唯天下至诚,为能尽其性;能尽其性,则能尽人之性;能尽人之性,则能尽物之性;能尽物之性,则可以赞天地之化育,可以赞天地之化育,则可以与天地参矣”。这种合外内之道、成己成物、尽性尽物的主诚思想对后世儒家影响极大,以致后来儒者之间一度展开过“自诚明”和“自明诚”的争论。正是在《中庸》主诚思想的基础上,孟子把“思诚”界定为人之道。同时,孟子还说明了诚的意义、目的、原则和方法。他认为,人要正确做人、待人,感动别人,就必须心诚:“至诚而不动者,未之有也;不诚,未有能动者也”①;人心具有了一切善性,通过返求诸己,反身内求,达到至诚之境,将会带来人生极大快乐——“万物皆备于我矣。反身而诚,乐莫大焉”②。要想诚心正意,孟子认为须先“明善”,他说:“诚身有道:不明乎善,不诚其身矣。”③先秦思孟学派的重诚思想被宋明理学家加以继承和发展。周敦颐提出了“以诚为本”的道德本体功夫论。张载则创设了诚明学说,断言“‘自明诚’,由穷理而尽性也;‘自诚明’,由尽性而穷理也。”④认为修己就应实现这两种途径的有机结合,如此才能达至

①③《孟子·离娄上》。
②《孟子·尽心上》。
④《张载集·正蒙·诚明》。

“天人合一”的圣人境界。程颢主张用诚敬去存养人的仁义礼智信五常之理。

二是存养论。孟子在儒学史上较为完善地发展出存养修身学说。所谓存养，即是存心、养性，亦可称“尽心”、“尽性”，保持“良心”和善性不失，进而扩而充之，使自己发展成为圣贤、君子。人之所以能存养，就在于人天生具有“四心”、“四德”，也就是具备天赋善性。而人存养的必要性则在于，人的善心善性可失（“放心”），孟子引证孔子的话说：“孔子曰：‘操则存，舍则亡；出入无时，莫知其乡。’惟心之谓与？”①为使善心善性不致丧失，孟子一方面要求人要“求放心”，这乃是“存心”的逻辑必然，他认为“学问之道无他，求其放心而已矣”②；另一方面在讲到道德修养时，他又提出“养气”主张，他说：“我知言，我善养吾浩然之气”③。什么是“浩然之气”？又如何善养呢？孟子说：

> 其为气也，至大至刚，以直养而无害，则塞于天地之间。其为气也，配义与道；无是，馁也。是集义所生者，非义袭而取之也。④

可见，浩然之气是道义所生，由义日积月累而成，它一旦生成，就可充塞于天地之间。孟子这一养气集义的存善功夫论为宋明理学家加以发挥。张载认为，为了恢复人先天的善性，为了使人改恶归善，关键在于变化人的气质之性；而要变化气质，就要集义养气。据此，他极力推崇孟子的存心养性思想：“变化气质。孟子曰：‘居移气，养移体’，况居天下之广居者乎！居仁由义，自然心和而体正。更要约时，但拂去旧日所为，使动作皆中礼，则气质自然全好。”⑤张载还揭示了集义与养气之间的关系，指出：“养浩然之气是集义所生者，集

---

①②《孟子·告子上》。

③④《孟子·公孙丑上》。

⑤《张载集·经学理窟·气质》。

义犹言积善也，义须是常集，勿使有息。”[①]集义是一个长期不断的克己从义养心的工夫。作为陆王心学的先驱，程颢不止认同孟子的集义之说，还崇奉孟子的修性养心论。他立足于“一人之心即天地之心”[②]和心性合一、性理同一的思维逻辑，认为人要扬善避恶，就要求放心，他说：“圣贤千言万语，只是欲人将已放之心，约之使反，复入身来，自能寻向上去，下学而上达也。”[③]由此可见，孟子、张载乃至大程的养心学说已经包含着陆王心学的萌芽。

三是持敬说。这主要是由程朱所系统阐发的。在二程理学看来，只有“敬义夹持”和“格物致知”有机结合，才能存理灭欲、胜气复性，自我才能达到“与理为一”的天人合一境界。程颢主要在“主敬”与“集义”的相互对照中论说主敬的。什么是敬的含义呢？程颢说：“主一之谓敬”、“无适之谓一”[④]，敬是一种心专属于天理的信仰认同。为什么要主敬呢？这是因为，“敬以直内”、“敬以涵养”、“纯于敬，则已与理一，无可克者，无可复者”[⑤]、“敬胜百邪”[⑥]，可见，只有敬，才能胜私去欲，扬善抑恶，复明天理。程颢还进一步依照“十六字心传”论证了主敬的必要性：“‘人心惟危’，人欲也。‘道心惟微’，天理也。‘惟精惟一’，所以至之。允执厥中，所以行之”[⑦]，“敬而无失，便是‘喜怒哀乐未发之谓中’也。敬不可谓之中，但敬而无失，即所以中也”[⑧]。人心惟有主于敬、敬于一理，才不会偏离中道。程颢在肯定主敬和集义的差别同时，力主二者结合。他说：“敬只是持己之道，义便知有是有非。顺理而行，是为义也。若只守一个敬，不知集义，却是都无事也。”[⑨]一言以蔽之，“涵养须用敬”。朱熹接

① 《张载集·经学理窟·学大原上》。
②⑧ 《二程集·河南程氏遗书》卷二上。
③ 《二程集·河南程氏遗书》卷一。
④⑤ 《河南程氏粹言》卷一《论道篇》。
⑥⑦ 《二程集·河南程氏遗书》卷十一。
⑨ 《二程集·河南程氏遗书》卷十八。

着大程“敬义夹持”和传统儒学“格物致知”讲，阐释了“居敬”与“穷理”互补的修己方法。他十分欣赏敬养，认为“敬”字是“真圣门之纲领，存养之要法”①，并明确指出：“‘敬’字工夫，乃圣门第一义，彻头彻尾，不可顷刻间断。”②基于此种认识，朱子仿照张栻《主一箴》，作了《敬斋箴》，足见他对“居敬”的重视。就“居敬”这一修己工夫，“朱熹提出了多种内外结合、动静一贯的用功方法，诸如仪表整肃、静坐闭邪、敬义夹持等”。③ 如何评价朱熹的“居敬”工夫论呢？有的论者认为：“我们并不排除道德修养的内省体察，但朱熹的所谓居敬，完全是一种心体的自我观照，是能觉之‘灵’对先验之‘理’的直觉体认，它完成于一‘心’之中。……与佛、道有别，但都不能改变其唯心主义先验论的实质。”④对此，我们不敢完全接受。朱熹“居敬”之修己之说，固然有夸大心灵作用之嫌，但尚未陷入先验唯心主义，而且它也不是什么心体的自我观照和直觉体验，更应是一种心灵的体认，它的最为合理之处在于凸现了对道德（天理）的信仰和认同，这对于克服当前信仰危机、确立为人们普遍尊崇的道德权威，具有极大的教育启示意义。

四是致良知说。良知良能概念是由孟子所原创的，良知被他界定为“不虑而知者”⑤。这种良知既是人天生就会的爱亲敬长的道德本能，也是一种不假思索的理性直觉能力，同时还蕴含着某种道德情感成分。良知是良心，但不等于良心，它同孟子的“四心”密切相关。工阳明进一步发展了孟子的良知论，提出了致良知论。他首先从本体论上肯定了心、性、理一体，认为“所谓汝心，却是那能视听

①②《朱子语类》卷十二《学六·持守》。
③ 朱贻庭主编《中国传统伦理思想史》，华东师范大学出版社 2004 年版，第 398 页。
④ 朱贻庭主编《中国传统伦理思想史》，华东师范大学出版社 2004 年版，第 397 页。
⑤《孟子·尽心上》。

言动的,这个便是性,便是天理"①。然后从认识论上说:"知是理之灵处。就其主宰处说,便谓之心;就其禀赋处说,便谓之性"②,"心者,身之主宰"③,"吾心之良知,即所谓天理也"④。最后从价值论上指出:"性无不善,故知无不良。"⑤总之,良知是一种先天禀赋的能够认识和把握天理的认识能力。⑥ 依据"身之主宰便是心,心之所发便是意,意之本体便是知,意之所在便是物"⑦的心学思想,王阳明提出了"无善无恶是心之体,有善有恶是意之动,知善知恶是良知,为善去恶是格物"⑧的"四句教"。前面我们已就人性善恶问题作了分疏,加之东林学派的顾宪成、高攀龙以及刘宗周对"四句教"作了详细辩难,故这里不予置评,仅就致良知的修己工夫意蕴作简要分析。很显然,王阳明的致良知说既继承了学庸和张载、程朱、陆九渊的"格物致知"思想,又秉持了孟子的良知良能说,同时融入了张载的"德性之知"观念。在王阳明看来,人之所以要致良知,是因为良知使人的本体工夫一起圆通,它是体用无间的道:"夫良知即是道"⑨,是无动无静的精灵妙用,是可以知善知恶的道德自觉和道德判断。所谓致良知,就是把良知发挥、推广和扩充到极致状态。王阳明讲:"良知也者,是所谓'天下之大本'也。致是良知而行,则所谓'天下之达道'也。"⑩把致良知提高到"大本"、"达道"的地步,显然过分夸大了它在人的心性结构中的地位与作用。人的确生来具

---

①《王阳明全集·传习录上》。

②⑦《王阳明全集·传习录上》。

③⑧《王阳明全集·传习录下》。

④《王阳明全集·传习录中·答顾东桥书》。

⑤⑨《王阳明全集·传子录中·答陆原静书》。

⑥ 张立文认为,王守仁将"良知"作为融本体论、工夫论、人性论和道德论为一的范畴,它是先验性、普遍性、直觉性,他的良知包括心之本体、造化精灵、天理至善、是非之心等规定。参见张立文《宋明理学研究》,人民出版社2002年版。

⑩《王阳明全集·文录五·书朱守乾卷》。

有某种以恻隐之心、羞恶之心作为基础的判断善恶的道德情感和道德本能，不断发掘、培植这些先天秉性和能力，无疑是个人修己、养身的重要职责和工夫，但是单靠自身的体验、发动是不够的，必须把涵养同社会教化有机结合起来，才能使良知不致丧失。

(4)笃志力行。个人不论是为人、成人还是修己，立志笃行十分重要。修己务必立志。这是因为，志向是人对未来目标的向往和确信，它给人以明确的前进方向和强大的奋斗动力，它给人以勇气和毅力。儒学的修己之学诠释了笃志的意义、内容和方法。

一是人不可无志。俗话说："有志者，事竟成。"孔子反复强调学生在人生境界与事业上树立崇高理想与标准的重要性。他讲："三军可夺帅也，匹夫不可夺志也。"①宋儒郑汝谐在《论语意原》中就此句讲："可夺者所主在人，不可夺者所主在我。"这表明了自我(包括普通人)意志和志向的坚定性和重要性。孟子通过下棋的故事说明了"专心致志"的重要性②。特别是孟子提出了有名的"持志养气"说。他说："夫志，气之帅也；气，体之充也。夫志至焉，气次焉。故曰：'持其志，无暴其气。'……曰：'志壹则动气，气壹则动志也。……'曰：'我知言，我善养吾浩然之气。'"③这里，孟子把志(含志向和意志)看做是气的主帅，要求人们坚定自己的意志，保持志气的专一，以此去存养浩然之气。不难看出，孟子"持志养气"之说充满着一股豪迈英雄气概，它势必激励自我不畏艰险、勇于进取、穷且益坚，树立自强不息的坚定信念，从而对人立志成才、淬励功夫、修养德行大有裨益。荀子对志论述不很多，可他也认识到立志的作用，认为"笃志而体，君子也"，并且提出了"是故无冥冥之志者无昭昭之

①《论语·子罕》。
②《孟子·告子上》。
③《孟子·公孙丑上》。

明，无惛惛之事者无赫赫之功”①这一名言。

二是志当存高远。俗话说得好：“有志者立长志，无志者常立志。”人的志向必须是崇高而远大的，是需要艰苦努力乃至牺牲生命去努力追求的，而不能是低级、庸俗的；不能胸无大志、目光短浅，只有心存“鸿鹄之志”的人，才能建功立业。孔子表示“士志于道，而耻恶衣恶食者，未足与议也”②，“士而怀居，不足以为士矣”③。有文化之人应抱着强烈的使命感、责任感去弘扬社会道义，那些不甘于清贫的知识分子是不值得称道的。孔子说：“苟志于仁矣，无恶也。”④如果以践仁为志向，就会远离恶行，这从反面告诉人们应以行仁为职志。当然，最有影响的莫过于孔子所提出的“志于道，据于德，依于仁，游于艺”⑤，这一志道精神在曾子“士不可以不弘毅，任重而道远”⑥的誓言中得到了回响。

三是要善于养志。朱熹在《孟子序说》中讲：“程子又曰：……仲尼只说一个‘志’，孟子便说许多‘养气’出来，只此二字，其功甚多。”孔子不仅如前所言讲了一些“志”的观点，他还与弟子谈志向时要求“各言其志”。虽然孔子未明说“养志”，但从他的相关思想如“各言其志”、“匹夫不可夺志”、“志于仁”、“志于道”等，间接显示出他主张“养志”。有的论者认为，孟子只讲“养气”，虽然其“集义”法可看做培养人的理想的方法，但“直养”是无根的，也不符合“志”生“气”的心理行为规律。程颢借鉴了孟子养心、养气、寡欲的思想，创造性地提出了“养志”之说。他说：“志可克气，气胜则愦乱矣。今之人以恐惧而胜气者多矣，而以义理胜气者鲜也”⑦，“率气者在志，养

①《荀子·劝学》。
②④《论语·里仁》。
③《论语·宪问》。
⑤《论语·述而》。
⑥《论语·泰伯》。
⑦《二程集·河南程氏遗书》卷十一。

志者在直内”①。养志既是以义理涵养,同时也是用志去统帅气、去胜气。大程的这一“养志”说显然为个人培养伦理化的志向和意志品质提供了一条可行路径。

人光有志还不足以使修己工夫达到理想效果,还必须践行、必须见诸实际行动。因为实践出真知、实践出才干,人必须在实践过程中展现个人的理想与抱负,必须在社会人生实践中提高自己的知识水平和实践能力。职是之故,历代儒家倡导一种笃行的实践主义精神。在儒家思想体系中,虽然存在知先行后与知后行先之争、存在知难行易与知易行难之辨,虽然出现过王学末流“袖手空谈心性”问题,但从总体上还是体现出如同张岱年先生在《中国哲学大纲》中所言明的合知行特色,以及重行的实践理性精神。《中庸》在谈及“择善而固执”时提出“博学之,审问之,慎思之,明辨之,笃行之”。这并不像陆九渊所解读的那样是讲“知先行后”,更没有主次轻重之分,而只是思想内容的叙述顺序,实际上,知行是相互为用、相互循环的。《中庸》的笃行观念正是源自于孔子的力行哲学。《论语》中孔子认为判断一个人的道德修行的最好办法是“听其言而观其行”②,他还勉励弟子当一个“躬行君子”③,《中庸》载孔子更是明言“力行近乎仁”。荀子鲜明地提出了“学至于行之而止”的知行观。他说:

> 不闻不若闻之,闻之不若见之,见之不若知之,知之不若行之,学至于行之而止矣。行之,明也。明之为圣人。圣人也者,本仁义,当是非,齐言行,不失毫厘,无它道焉,已乎行之矣。故闻之而不见,虽博必谬;见之而不知,虽识必妄;知之而不行,虽敦必困。④

① 《二程集·河南程氏遗书》卷十五。

② 《论语·公冶长》。

③ 《论语·述而》。

④ 《荀子·儒效》。

意思是说，闻、见、知、行是修养“本仁义、当是非、齐言行”这类圣人品质的四个不可缺少的环节和途径，而行则是学习、修养道德的最终归宿或目的。在朱熹看来，学者的功夫“唯在居敬、穷理”①，而穷理又离不开为学、读书。他还指出“为学之序，学（博学）、问（审问）、思（慎思）、辨（明辨）四者，所以穷理也”②，及“为学之道，莫先于穷理；穷理之要，必在于读书”③，“义理不明，如何践履”④。这里，朱熹显示出某种知先行后、重知轻行的思想倾向。不过，朱熹毕竟认识到了知行相互促进的义理关系，从而大力倡导先秦孔子的力行学说，认为人的自我修养要明了纲常伦理就应“力行”，他说：“夫学问岂此他求，不过欲明此理，而行之耳”⑤，“故圣贤教人，必以穷理为先，而力行以终之。”⑥儒家重行力行的修己观念在王廷相“事机之妙得于行”、颜元“犯手实做事”以及孙中山先生“行其所不知以致其所知”等思想认识中得到了进一步伸展，并在“实践是检验真理的惟一标准”大讨论中得以升华，从而为个人在实践中锻炼自我、提高自我创造了良好的思想文化环境。

二、儒家为人之学对人发展的影响

不可否认，诸子百家对整个中国社会文化、对个人的为人处世之道均产生了的影响，尤其是佛道，自古以来就成为许多人尤其是宗教信徒的人生信仰，即使是在科学昌明的今天，随着宗教自由政策的实施，信奉佛教、道教的人日见增多。在传统中国，人生态度、人生信念可谓五光十色，既有自然无为的顺天人格、赖力仗义的侠士气度，也有长生久视的神化世界、与世无争的佛陀音容。⑦ 不过，

①④《朱子语类》卷九《学三·论知行》。

②《朱文公文集》卷十四《白鹿洞书院揭示》。

③《朱文公文集》卷十四《行宫便殿奏折》。

⑤⑥《朱文公文集》卷五十四。

⑦ 参见朱义禄《从圣贤人格到全面发展》，陕西人民出版社1992年版。

一方面,在古代中国,不同思想流派之间存在共同的人生理想境界和人格设想,例如,儒道墨都追求"圣贤"人格,庄子提出的"内圣外王"反而成为历代儒家最真实、最强烈的人生理想;另一方面,在多样化的人生理论中,儒家的为人之学借助于制度化、社会化而成为独占主导地位的普遍众趋人格观念。统治者的"独尊儒术"使儒学上升到主流意识形态,它经过长期的文化积淀而融化在中华民族国民人生观念、价值取向、心理品格之中。尤其是统治者仰仗实施以孝治天下和科举制培养了体现儒家人格的忠臣、孝子、烈女。

对儒家以为人之学为主要内容的人生理论对人的发展到底产生了什么样的影响,这种影响的性质如何评价,要不要承继儒家为人之学以指导人生实践,自鸦片战争以来就有不少人产生了怀疑、动摇以至加以基本否定。谭嗣同认为即使是圣贤也并不是只谋道不谋食,他驳斥了"圣贤不计利害"论。此时,许多思想家也开始提出培养新人问题,例如洪仁玕的"新人"口号、严复开发"力智德"的主张、梁启超的"新民说"等。直至五四运动,当时的人学思潮更多的是抨击受儒家思想影响而塑造出来的奴性人格,倡导一种自由、进取、平等、独立的理想人格。五四运动作为旨在追求精神解放的反传统运动,对儒家人学思想给人的发展所造成的影响进行了激烈批判,其根本宗旨就是致力于塑造独立人格。陈独秀指出,作为一切道德政治之源的"儒者三纲之说",剥夺了民、子、妻的独立自主人格,使之沦为君、父、夫的附属品,为此,他提出了"自我中心"、"自我实现"和"自身本位"等观念。胡适、陈独秀等激进派人士还对由"父子君臣,天下之定理,无所逃于天地之间"①、"臣子无说君父不是底道理,此便见得是君臣之义处"②等纲常名教所锻造出来的权威主

①《二程集·河南程氏遗书》卷五。
②《朱子语类》卷十三《学七·力行》。

义、绝对主义进行了驳斥，提出了类似于尼采的自由意志以及存在主义大师萨特的自由选择等观点。

进入改革开放新时期，在当时的“文化热”中，不少人也对儒家人学给人的发展造成的影响进行了否定性批判。王润生指出，中国封建道德的正宗是儒家学说，而儒家以“仁”为本，以“贵中和”为根本目的，这自然导出了以协调性道德为骨架的道德结构，特别是宋明理学的守节存理思想更是重协调轻进取。儒家并不是倡导什么人文主义，因为它只泛泛淡人，并不谈个人，并把人加以神化。由儒家文化所影响下的价值观是“知足者常乐”、“不患寡而患不均，不患贫而患不安”、“修身莫善于寡欲”等内在超越型价值观和以忠臣、孝子、节妇、义友等为代表的谦谦君子型人格。[①] 刘再复、林岗主要立足于礼治秩序分析了儒学对个人产生的作用。他们指出，由于儒家文化所致力于的“文化的突破”，使中国社会走上礼治这一条路，形成一套礼治秩序，而选择了礼治价值取向的文化，它在潜移默化中引导、影响、模塑着中国人的心灵、思维和性格。中国的圣贤先哲所构筑的礼治秩序，不是为了人的尊严与自由，反过来压抑和抹杀人的自由与个性——以理（礼）杀人，并使人儿童化和依附性增强。[②]

相比而言，台湾新自由主义者韦政通[③]对儒家人生哲学给人发展造成的负面影响的剖析更为系统，也更为深刻。他从不同层面作了探讨。一是人格理想层面。韦政通指出，儒家在理想人格的设计上，通常将古帝先贤理想化，这使中国人养成崇古的价值取向和性格，注重祖先崇拜和家族传统，而崇古的价值取向又实是形成权威人格、保守或拒变、要求悠久等中国国民性最基本的文化因素。二

---

① 参见王润生《现代化与现代伦理精神》，广西人民出版社 1989 年版。

② 参见刘再复、林岗《传统与中国人》，生活·读书·新知三联书店 1988 年版。

③ 笔者曾于 2007 年在杭州特别拜访过韦政通先生，他本人否认自己是自由主义者。

是人生道德层面。韦政通认为,儒家的人生道德思想存在对生命体会肤浅、泛孝、外王的消除等流弊。特别是在道德工夫方面,孔子的“居处恭,执事敬,与人忠”、“克己复礼为仁”以及“九思”等,既过分又简易。孟子的存养与扩充仍停留在直道而行的方式上,并未指明“四端”不能扩充时怎么办。程朱所倚重的“涵养须用敬,进学则在致知”没有辨清涵养与致知两种工夫之不同;而他们把人欲与天理视为不能相容并存,并不符合人生经验。儒家人生道德思想重先验,重超越无对,重直觉,重个人体悟,重冥想,在根本上导致道德与知识的冲突,这也是导致在科玄论战中一些保守派人士反对用科学干预人生的文化原因。三是宇宙论。儒家宇宙论虽在不同时期有所变化,但从总体上它具有神秘主义、天人合一等特色,在其影响下,个人往往多敬畏之情、相信命运、侧重玄想、向往超人、重视孝道、缺乏社会意识和对自然探讨的兴趣。①

在我们看来,儒家以为人之学为主体的人生哲学毕竟是传统历史的产物,毕竟不是完全条理化、系统化的人学理论,它对人的发展所发挥的作用与影响不可能纯粹是无可挑剔、完全正面的,它确实会导致某种奴性人格、等级观念、轻视理性等问题,但是,儒家的为人之学作为关乎生命的学问,不论是在理论上还是在现实上从总体上对中国人的发展形成了积极的影响。

一方面,儒家的为人之学作为人生观比起许多传统人生观要合理。不论是佛教还是道家(含道教)的人生观总是较为避世的,前者主张出世,推崇虚静空无;后者讲究循世、崇尚自然无为、与世无争。而道家所孕育出来的魏晋风度虽然展现了一种审美化的人生态度,但它间杂着一定的颓废情绪和享乐主义精神。由儒家所阐发的仁

① 参见韦政通《儒家与现代中国》,上海人民出版社1990年版。

且智、见义勇为、杀身成仁、和而不同、直道而行、宁折不屈等圣贤人格、君子品格和大丈夫气象，不失为提升个人人生境界、促进社会和谐稳定、安邦定国的高尚人格。正是在儒家理想人格构想的感召、激励和浸润下，中华大地上才涌现出像张骞、文天祥、戚继光等仁人志士和近代革命英雄。而儒家所倡导的仁者爱人、依礼而行、见利思义、明知不可为而为之、持之以恒、坚韧不拔、自强不息、勤劳勇敢等人生态度，也鼓舞无数中国人在人生实践中去战胜一切困难。由儒家所提出来的忠恕之道、推己及人、中道而行、和而不同、正人正己、以身作则、见贤思齐、三省吾身、讷言敏行、君子慎独、学思并重、反身而诚、主敬集义、持志养气、通权达变等一系列为人之道，也成为协调人际关系的重要人生智慧。儒家自孔子、荀子一直到王夫之等人反复论述、不断加深的"成人之道"，有见于人的德性力量、知性潜能与审美情趣的发掘，涉及人的全面发展问题。① 正因如此，"己所不欲，勿施于人"才作为道德金律被吸收到《世界宗教宣言》之中，当代许多中国人也把它作为人生信条。至于儒家的社会团体本位主义人生哲学显然要高于扬朱的为我主义以及西方的利己主义，它同共产主义道德的集体主义具有同构性。

另一方面，儒家的为人之学对人生实践具有切实的指导作用。韦政通认为儒家人生哲学来自对人性善的肯定，只看到仁义礼智信等善性，而忽视人生的种种罪恶，它不如基督教的原罪说对生命体会深刻，因而对那些具有深刻痛苦经验的人显得无力。实际上，且不说荀子的性恶论、董仲舒的性三品论以及宋明理学的人性二元论，即使是孟子的性善论，也关切到人恶的一面。当然，人性善的理念在实践上确实有助于提高人的道德自信心，它同"人皆可为尧舜"

① 朱义禄《从圣贤人格到全面发展》，陕西人民出版社 1992 年版，第 257 页。

一起，极大地激发、滋润了无数中国人的心田，鼓励他们立德、立功、立言，自从蒙学读物《三字经》问世以来，它那头一句“人之初，性本善”曾经激励了不可胜数中国人的心灵。韦政通断言儒家为人工夫流于虚玄。实际上，儒家自始标举切问而近思、下学而上达。《论语》不仅是一部教人如何治国理政的政治教科书，也是一部教人如何待人处世的人生教科书；不仅充满种种人生哲理，也饱含着各种如何为人、做人的生活技巧。孔子在一问一答过程中的随机点拨、深入浅出，启发教育人们如何解决各种人生难题；无疑，孔学富有道德理想主义色彩，但它何尝不是平实的呢，它以亲切具体的方式指点为仁之方，它本身即是很好的生活儒学、社会儒学。孔子不光提出了“四勿”和“九思”，还身体力行、以身示范，在具体生活中做到品貌端正、以礼待人。在当今中国，民众掀起了一股《论语》热，恐怕不是发思古之幽情，也不仅是为了附庸风雅，更多的人应是期望寻找到怎样应对各种人生难题的智慧。在为己、修己、克己的修身工夫方面，孟子和程朱陆王的确提出了许多规范化的一般人生准则，如仁民爱物、舍生取义、存理灭欲、致良知等，但他们同样讲述了很多行之有效的自我修养方法，例如“养夜气”、“慎独”、“格物致知”等。即使是现代西方伦理学，在德性伦理和规范伦理方面也不否认道德直觉和伦理知识在人生选择中的地位与作用。

三、儒学为人之学对人发展的当代价值

古人说：“人同此心，心同此理。”虽然当代中国的社会文化条件同古代中国社会相比已经发生了很大的变化，但也存在着许多共同的问题与环境，儒家的做人思想无疑有应当舍弃的成分，但由儒家所阐述的许多人生智慧、人生哲理在当代仍具有普世性价值，儒家的做人思想经过两千多年的演变发展，既能为古人效法，也能为今人所用。

儒家的为人思想在一定程度上有助于培养全面发展的社会主义新人。做人难,做好人更难。在当前,所谓好人,也就是社会主义"四有"新人。按照儒家的做人理念,做一个好人,就是要做一个道德品质高尚的人,做一个纯粹、脱离了低级趣味的、有益于人民的人;就是要积极汲取儒家所大力倡导的理想人格,努力做到见利思义、宽以待人、依礼而行、爱人为人、成人之美、仁民爱物。儒家把"智"、"德"视为人异于动物的类特性,强调学思并重,将引导我们注意开发人的理智和道德潜质,塑造才智和德性兼备的人才。儒学重智、尚志、崇美,关于理想人格的构想对人才能、财富的重视,有助于人们把才能展现和道德文章、功利追求和伦理完善有机结合起来。儒家的做人思想尽管呈现"重义轻利"、"重道轻器"的泛道德化倾向,但它毕竟把握到了人的求利价值取向,这使得中国传统社会文化实用理性比较发达,中国人的聪明才智在劳动实践和各种创造发明中得到充分锻炼和展现。儒学对"乡愿"的否定,对人个性的维护和尊重,也会促进人发展自己的个性。传统中国社会个人之所以不够发达,难以全面发展,主要应归因于自然经济、专制政体和宗法社会,而不能完全归咎于儒学思想。其实,以儒学为主干的传统中华文化所熏陶的个人,并不都是孝子贤孙之类的道德化畸形个体,同样也有才情洋溢、仁智结合的真君子、大丈夫和完满之人。

儒家的为人之道也有助于人们正确处理人际关系和社会矛盾。目前,我们的道德教育内容远离现实生活,难以做到寓情于理,以情动人,而是用干巴巴的教条或生硬的说教进行灌输,甚至干脆用原则和口号来取代道德观念、道德品质的教育,以至于许多人不注意涵养自己的道德良知,不注意修身养性,更没有掌握到合理的待人处世之道,不知道怎么做人,做什么样的人,导致手足无措、善恶不分、行为失范和人际紧张,以至于有的人堕落成恶人、坏人、罪人。

在儒家看来,真正的学问就是学做人。而做人的基本方法则是忠恕而行,由近及远,推己及人,即从最亲近的人开始,培养起孝心、爱心,然后两者向纵向、横向两个方面扩展,由亲至疏,逐渐把这种爱心扩大到对长辈、小辈、上级、下属以及朋友、同事等等,最后达到"泛爱众",即对全社会民众的"博"爱,甚至"博施于民而能济众"的境界。儒家所大力宣扬的"己所不欲,勿施于人"、"己欲立而立人,己欲达而达人"、"老吾老,以及人之老;幼吾幼,以及人之幼"等为人之道,不仅是我们处理国家与国家、民族与民族之间关系的准则,也是我们每个人待人处世所应遵行的"不二法门"。联合国教科文组织提出,终身学习是21世纪的通行证,而终身学习又主要指学会求知、学会做事、学会共处、学会做人。21世纪教育的四大支柱,其核心就是做人。儒家的做人思想是宝贵的历史文化遗产,其内涵博大精深,它对于我们做一个大写的人、完善的人、具有良好形象的人、对社会有用的人,具有极大的借鉴意义。

我们今天之所以要继承弘扬儒家的为人之学思想,并不是主张盲目复古,教导人们再去做一个具有崇古人格、依附性人格、自我萎缩性人格、保守人格的片面发展的人,而是把儒家的做人思想与当代社会对人的要求有机地结合起来,将儒家的人生哲学进行创造性转化,以加强个人的道德修养,丰富个人的人生智慧,提高处理人际关系和社会关系的能力,塑造德智体美全面发展的健全人格,从而为个人立德、立言、立功提供良好的主体条件,以真正做到堂堂正正做人,老老实实做事。

第二章　儒家道德思想与人的道德发展

儒家道德思想是儒学体系的核心或主干，对儒家伦理的探索可以说是儒学研究中最丰富、最普遍、成果也最多的学术现象。与之相应，儒家道德学说对人发展产生的影响也最为广泛深入。儒家道德思想内容宏富、类别多样，既包括儒家道德本质论、功能论、价值论、起源论、结构论，又包括儒家道德规范论、理想论、人格论、品质论、工夫论、认识论等。我们在这里将选取儒家道德本体论和规范论两大部分研究儒家道德思想给予人发展带来的影响，首先把儒家道德本体论分为天命说、心性论和人为说三个层面分别说明它们在人发展中产生的作用及意义，然后从核心道德规范和基本道德规范两个方面较为具体地探讨儒家伦范在哪些方面对人发展带来了影响。

第一节　儒家道德本体论与人的道德发展

儒家伦理哲学是儒学的核心，也是中国传统哲学的主干，它具有广泛而深刻的内容，两千多年来，历朝历代儒家立足于“天人合一”的宇宙论背景，对心性、善恶、知行、义利、王霸、己他等一系列问题进行了深入的理论思考，尤其是在道德本体论方面提出了一系列极为丰富的思想。总起来看，在古典儒学中，道德本体论大致表现出以下三个特点：一是伦理本体论占据儒家本体论的核心位置——虽然不能将儒家本体论完全归结为道德本体论；二是古代儒家所使用的“本”、“体”以及“本体”一般是指“根本”、“主体”等，如《论语·学而》所说的“孝弟也者，其为仁之本与”；三是同整个儒学本体论一样，儒家的道德本体论也是强调体用无间、体用一源、知行合一。当代新儒家面对西方人文主义与科学主义关于本体论的争议，力图构建一种儒学本体论，他们坚持哲学与科学划界、本体与现象合一（体用一源）、主体性与理想性（心与理）兼顾的基本原则，在继承传统儒家本体论基础上重建新的本体论。只是现代新儒家所致力于创建的本体论未能解决与现实生活打成一片的问题。① 由于儒家伦理哲学自始至终是儒家哲学的主体内核，现代新儒学对儒家伦理本体论问题同样给予了极大关注。如贺麟明确指出：“哲学上可以说有仁的本体论，仁的宇宙观。”②现代新儒家第二代标志性人物牟宗三认为传统儒学本体论只是一种道德本体论，它所建立的主体是道德主体，而不是认识主体或政治主体；它上通天，下通人，内透精神价值之源，外通事为礼节之文；它调护并安顿我们形而下的自然生命，而显示出人之所以为人的尊严。“本体”在中西哲学历史上具有多种规定性。在儒家哲学系统中，“本体”一词既可以指本根、本质和本原，又可以指根源、来源、基础和条件。这里，我们将要叙述的儒家道德本体论，③主要包括儒家对道德的起源、根本、来源、根据、主要条件等问题的探

① 李维武《现代新儒学重建本体论的贡献与困境》，载丁冠之等主编《儒家道德的重建》，齐鲁书社 2001 年版，第 332 ~ 352 页。

② 贺麟《文化与人生》，商务印书馆 1988 年版，第 10 页。

③ 我们认为，儒家道德形而上学除了包括道德本体论，还包括道德知识论、道德价值论等。

讨。总括起来,儒家道德本体论大致包含天命说、心性说和人为说三种基本观点。本书将致力于分别深入挖掘儒家道德本体论丰富的内容,透视其主要特质,充分认识和把握其在当代中国人道德建设和发展中的作用和意义。

一、儒家道德天命说与人的道德发展

虽然先秦儒家即已开始摆脱远古神灵论思想的束缚而具有原始人道主义的特质,并且在其天人之辨中蕴含着天人相分的理念,但是“一天人”的主客统一论思维模式毕竟成为儒学致思的主导倾向;同时,包括孔子、孟子、荀子等在内的原始儒家仍具有较为深厚的天命论思想,因而,儒家自始注重从自然之天中寻找道德的形而上本体。这既为道德提供了合理性的根源,又将之置于宏观宇宙论背景下借以解释它的根基。当孔子直截了当地说“天生德于予”①时,不仅揭示了道德的来源,也由于有天命作支撑而使他对道德力量充满了自信。作为儒学来源的易学更多注重由“天”推及“人”,由“天道”推衍“人道”,从宇宙万物的大化流行中追溯道德的根源和依据。《周易·系辞上》讲:“一阴一阳之谓道,继之者善也,成之者性也”,“易简之善配至德”、“天地设位,而易行乎其中矣,成性存存,道义之门”。可见,易学是将道德视为效法天道而来的。不论是《中庸》提出的“诚者,天之道也;诚之者,人之道也”,还是《孟子·离娄上》所讲的“诚者,天之道也;思诚者,人之道也”,均从“诚”这一特定伦理范畴维度揭示了作为当然之则的人间道德同作为实然状态的自然之天的内在关联性。

汉代大儒董仲舒立足于“天人感应”、“天人合类”的宇宙本体论论证了道德纲常的本原,提出了“道之大原出于天”②、“是故仁义制

① 《论语·述而》。
② 《举贤良对策》。

度之数，尽取之天”①、“人之受命于天也，取仁于天而仁也”②等一系列道德神学天命论思想。

作为援道入儒及儒道会通的魏晋玄学，为了消解由尊崇名教所带来的形式化、虚饰化和功利化流弊，其代表性人物王弼从“有生于无”立论，明确提出了“名教本于自然”的“无”为“五教之母”③的道德本体论；而郭象则从物各自生、自化的崇有论出发，提出“名教即自然”的天理自然论道德形而上学。

作为儒学发展的新形态，宋明理学在儒家伦理哲学体系化、精致化方面有了很大拓展，而其伦理本体论思想则立足于天理—人欲框架，遵循从宇宙论到伦理学的思维路径，④进一步阐释了道德的天命特征。二程将“天理”的本体精神和终极意义贯彻到其伦理思想的全部学说当中，创造性地建立了一个以天理论为核心的理学伦理学体系；他们所阐发的“天理”从伦理学角度来说，即是指道德的起源——道德起源于“天理”。在二程看来，万物均从“天理”而来，圣人循天理而行就称为“道”、“德”；而“道”即是以三纲五常为基本内容的人伦道德。“在天为命，在义为理”⑤、“天有是理，圣人循而行之，所谓道也”⑥。这些命题表明二程正是由天道推及人道，说明了道德根源于宇宙本体。朱熹是我国封建社会理学的集大成者，他继承并发展了二程的理本论，从“理一分殊”的道德哲学命题出发，充分论证了人间伦常起源于“天理”。他讲：“宇宙之间，一理而已，天

---

①《春秋繁露·基义》。

②《春秋繁露·王道通三》。

③《老子指略》。

④ 参见李泽厚《中国古代思想史论》，天津社会科学院出版社 2004 年版，第 208～219 页。

⑤《二程集·河南程氏遗书》卷十八。

⑥《二程集·河南程氏遗书》卷二十一下。

得之而为天,地得之而为地,而凡生于天地之间者,又各得之以为性。其张之为五常,盖皆此理之流行,无所适而不在。"①同时,朱熹既强调作为当然之则的伦理蕴含着"命"这一必然,故他说:"语义,则命在其中。"②又认为必然决定当然:"既有是物,则其所以为是物者,莫不各有其当然之则而自不害已,是皆得于天之所赋。"③作为宋代心学的开创者,陆九渊从"宇宙便是吾心,吾心便是宇宙"的本体论出发,认为"心即理也"、"满心而发……无非此理",从而阐发了以心为本的天人合一论。不过,这并不表明陆九渊否定人伦秩序的天命特质,因为他所界定的"心"恰好是孟子所说的先天固有的四种善端和良心:"恻隐,仁之端也。羞恶,义之端也。辞让,礼之端也。是非,智之端也。此即是本心。"④作为宋明心学的集大成者,王阳明一方面同陆九渊一样提出了"心外无物"、"心外无理"、"理也者,心之条理也"、"心即理也"等心本论命题,认为天理即良心,即是人心无私欲之蔽,道德不过是天理在社会关系上的流行发用——"发之于亲则为孝,发之于君则为忠,发之于朋友则为信"⑤;另一方面,从道德的终极根源来说,王阳明并未完全否认人间伦理(主要是良知良心)是由天自然赋予人类的,因为他所说的心之本体——良知,正是借用自孟子伦理哲学,而"良知"从终极意义上讲仍是天赋予人的先验道德意识,是一种至善的"天命之性"——"天命之性,粹然至善,其灵昭不昧者,此其至善之发见,是乃明德之本体,而即所谓良知也"⑥。

---

①《朱文公文集·读大纪》。
②《朱子语类》卷四十五《论语二十七·卫灵公篇》。
③《大学或问》。
④《宋元学案·象山学案》。
⑤《王阳明全集》卷八《文录五·书诸阳卷》。
⑥《王阳明全集》卷二十六《大学问》。

由上可见，从先秦儒学到宋明道学，绝大多数儒家人物都致力于将道德的来源追溯到“天”上，不论是孟子的“四端”、《周易》的“道”与“德”、《中庸》的“诚”、董仲舒的“仁义制度”，还是魏晋玄学家的“名教”、宋明道学家的“天理”、“良心”，均被说成是由“天”赋予人的。这种天赋论虽然在一定程度上可谓道德自然起源论——因为这里的“天”相当于“大自然”的含义，但它不同于一些社会达尔文主义者所宣传的自然起源论——将道德说成是动物合群本能和自我牺牲“精神”的简单延续和复杂化，而注重人兽的本质区别。

儒家天赋道德论对人的道德发展产生了多重不同效应。首先，它有助于孕育和提升人的谦逊之心。在传统中国社会，人们缺乏强烈的西方基督教式的宗教意识，孔子的不言怪、力、乱、神也助长了一定的非宗教心理，可是两千多年来儒家及普通民众并未完全摆脱原始宗教中的天神观念，作为儒学核心的儒家道德哲学，其道德本体论的重要内容和特质之一即是从天道推及人道，从大自然的阴阳互补、大化流行、演化规律和生命运动中找寻人间道德的本质或始基。把伦理视为天赋，在一定意义上能够培养人的虔敬之情。犹如韦政通先生所深刻指出的，《论语》中所讲的天，如“获罪于天”，如“天之未丧斯文也”，如“不怨天”等，都是直接从原始天神接受而来；宋明儒者在哲学思想上摆脱了纯超越的天，但在实际生活上和一般人一样，时时流露出对天的敬畏之情；为儒家所重视，且又代表修养主要功夫的“敬”字，似即是从这一精神下脱胎而出；人多敬畏之情，则易培养谦逊、诚信诸美德。①

其次，它有助于增强人的道德自信心。从理论上说，儒家道德本体论体现了儒家伦理哲学所普遍具有的伦理哲学化与哲学伦理

① 韦政通《儒家与现代中国》，上海人民出版社1990年版，第68页。

化的二重化特质；从现实性上说，儒家道德本体论则展现了自然伦理化与伦理自然化的精神追求。儒家道德本体论之所以认为人的道德来源于“天”，是由于它从“天人合一”的宇宙观出发，不仅肯认人同万事万物一样是自然界中的一种特殊存在，天与人之间具有同构性、同质性——天人合德、天人一体……同时还揭示了“天”作为人间伦理的本体具有“道”与“德”性。早在西周时期，“天”取代“帝”而成为占主导地位的崇拜对象，它被赋予善性，故此，“德配天地”、“唯德是辅”观念勃然时兴。到了先秦儒学那里，“天”在孔子心目中具有“人格神”意蕴，因而，具有神圣性或神秘性。同时，“天”又总是与“命”联系在一起，进而又具有必然性和强制性。这种带有神圣性和必然性的“天”作为伦理的本质根基，极大地提高了道德主体的自觉性、能动性和创造性，正因如此，孔子才力主“我欲仁，斯仁至矣”、[①]“人能弘道，非道弘人”[②]的道德尊严感，才提出“仁者无敌”的勇敢精神，才表现出“天生德于予，桓魋其如予何”[③]的大无畏气概。马克思主义道德哲学虽然从人的本质是一切社会关系的总和出发，把道德看成社会关系的反映，规定为人类劳动的产物，因而，反对道德天赋论和自然起源论，但是马克思主义伦理学也肯定了人是一个自然存在物，也具有自然性，认为人是大自然长期进化的最美花朵，人的许多自然性和社会文化性也是来源于自然界的馈赠；即使是人的某些自然性如食欲、性欲、防卫本能等也不同于一般动物，更何况人还具有特有的生物类特性——复杂的大脑神经系统和种种独特的生理—心理潜能，这些自然性能作为天赋予人的特质和遗传基因，它们（如利他基因、合群本能、同情感等）正是人发展道德的重要基础。在当代中国道德建设过程中，充分认识和把握人先

①③《论语·述而》。
②《论语·卫灵公》。

天固有的道德潜质,充分挖掘人的伦理天性,将会提高人扬善抑恶的自信心,树立人的道德尊严感。

再次,它有助于确立道德权威。在西方基督教世界里,上帝是人间道德外在超越的价值之源,由它来行使道德权威的职责。一旦上帝遭到怀疑和否弃,就会像存在主义萨特所说的那样人就可以为所欲为。当前,我国社会上出现的道德麻木、良知丧失等现象,在很大程度上是由于以儒家伦理系统为主干的传统道德权威受到怀疑乃至否定,又缺乏西方宗教伦理所宣传的上帝权威支持,而新的适应现代社会生活的道德权威又没完全建立起来。以天生我德(孔子)、天命之性(中庸)、继善成性①、天所与我(孟子)、取仁于天(董仲舒)、一体之仁(二程)、天理流行(朱熹)等为基本内容的儒家道德天赋论,倘若剔除其中包裹的神秘主义、先验主义和自然主义成分,那么它可以为我们在道德建设中重建道德权威提供一定的文化资源。一方面,从积极意义上说,由天道、天德、天志、天意、天性、天理等观念所组成的儒家道德天赋论为我们的道德修身与道德践履设立了一种具有绝对性、必然性和规律性的宇宙本体,它为社会主体道德价值的自我实现提供了良好的世界观背景和自然支撑力量,它让人类认识到人天生就具有巨大的道德潜能;另一方面,从消极意义上说,儒家的天赋道德论还可以发挥"道德法庭"的力量,像"天理不容"、"天怒人怨"之类的说法无疑会对人发挥警戒作用,至于董仲舒依据"天人合一"、"天人相副"所提出来的"天谴论",如果剥去神学目的论的外衣,它同样可以对人尤其是封建帝王起到劝戒、约束的道德功能。

---

①《周易·系辞上》。

二、儒家道德心性说与人的道德发展

主张心性为伦理本体的儒家学者一般并不否认道德根源于天命,这是因为,不同历史时代的儒家大多接受了"性自命出"、"天命之谓性,率性之谓道,修道之谓教"等伦理命题,差不多都肯认了人性的先天特质。不过,他们似乎更为直接地强调道德之根本在于人的心性,从而把道德置于主体的规定性之上。对于道德的心性根源问题,徐复观先生作了深刻而独到的阐释。他指出,性之原义应指人生而即有之欲望、能力等,有如今日所说之"本能",其所以从心者,乃是因为古人多从知觉感觉来说心,人的欲望、能力多通过感知觉而始见,当然,有时"性"字也可作本性本质解释,间或也作"生"字解释;尽管《左传》等古代文献指明了天地之性与人性的关联,在春秋时代已将天地被投射为道德法则之天地,但在长期的宗教传统习性中,依然是倒转来在天地的道德法则中求道德的根源,而尚未落下来在人的自身上求道德的根源。① 的确如此,尽管孔子也曾讲到"为仁由己"等道德主体性,但他并未明确论述道德的心性本体问题,故在《论语》中仅有两处谈到"性":一为"性相近也,习相远也"②;二为子贡所说"夫子之言性与天道,不可得而闻也"③。

真正明确而又系统阐述道德心性本体的是思孟学派。作为体现子思及其弟子伦理哲学思想的《中庸》和郭店楚简阐明了"道"与"性"之关系。《中庸》曰:"天命之谓性,率性之谓道,修道之谓教。"而楚简曰:"性自命出,命自天降。道始于情,情生于性。"④由此可见,《中庸》直接揭示了"道"源于"性",而《性自命出》则通过道→情

---

① 参见徐复观《中国人性论史(先秦编)》,生活·读书·新知三联书店 2001 年 9 月版。

②《论语·阳货》。

③《论语·公冶长》。

④《性自命出》。

→性→命→天的逻辑思路而间接指明了“性”对于“道”的本始意义。孟子更是直接将人的心性视为道德的形而上基础。他主要是从两个相互连结的方面即性善论和“四端说”来加以展开。“四端说”是孟子“性善论”的基础。“四端”即“四心”,它是“四德”的萌芽状态,使四心发展并扩充起来就形成了四德。四端也就是四种“善端”,它是人先天带来的,用孟子的话来说,即是:

> 恻隐之心,仁之端也;羞恶之心,义之端也;辞让之心,礼之端也;是非之心,智之端也。①

可以看出,孟子所说的“性”从其内容来说即是“四心”和“四德”,从其特征来说,即是“善”,由前者决定后者,人的四种善心成为性善的支柱或根基。孟子所谓的“心”,有时指四心,有时被界定为良知良能,它实际上是一种不同于感觉的伦理化意识或情感——如他说:“耳目之官不思,而蔽于物……心之官则思”②。孟子赋予“心”以特定的道德意义,他所讲的恻隐、羞恶、辞让、是非不过是“心”的四种状态和特性。可以说孟子从心理发生、发展角度揭示了道德产生、存在和发展的基础。

汉代儒家虽然立足于天人关系维度去揭示道德的根源,但也注重从人的心性上去找寻伦理的根据。例如董仲舒力主性善恶混论。他说:“性有善端,心有善质。”③这表明他肯定人的心性蕴含着伦理的资质。不过,他同时又认为人性亦有恶,因为性中有情,而情为恶。

作为援道入儒的魏晋玄学家,王弼、向秀、郭象等人诚然致力于名教的自然化,试图从宇宙自然之中发掘伦理当然之则的根源,但同时,他们化当然为自然,从主体(人)的内在自然或天性中探索道

---

①《孟子·公孙丑上》。

②《孟子·告子上》。

③《春秋繁露·深察名号》。

德本体。例如,向秀、郭象就在《庄子注》一书中说:"夫仁义者,人之性也。"①"夫仁义自是人之情性,但当任之耳。"②把仁义之类的道德范畴视为人性,表明向秀、郭象旨在突现人性之中蕴含着作为应然的伦理特质。

如果说自汉代至隋唐历代儒家绝大多数从性善情恶出发,致力于性分三品,进而主张性善恶混,并以此去探讨道德的心性基础的话,那么,宋明道学自张载以后则大多从"气质之性"和"天地之性"角度去论说道德形而上学问题。在某种意义上,儒家所张扬的德性伦理认为德性是统一的整体,是人的心灵所具有的,它来源于自然界的目的性("天命"或"天道"),因此,归根到底,伦理是人性决定的,而人性是由天即自然决定的。③ 包括心学、气学和理学在内的宋明道学正是沿着从天命→心性→伦理的逻辑顺序来展开其道德本体论的。成中英先生曾在《儒家道德的辩证与人的形而上学》④一文中将古典儒家道德哲学划分为三个阶段:背景假设阶段(前儒家)、道德的自我理解阶段(以孔子儒学为代表)与道德思辨的证明阶段(以思孟儒学为代表),并指出这三个阶段也可视为儒家道德理论架构的三个次元:思辨的基础、思辨的内容和思辨的证明,同时也可普遍化为道德的三个层面:既有的自我、自我实现普遍性之"人性"的潜能和实现的"自由的自我"。就实际情形而言,不仅是古典儒学,即使是宋明道学,同样不仅立足于"天"、"命"维度为道德作本体证明,还从人的内在主体性——自我的心、性等去对人类道德的

① 《天运》注。

② 《骈拇》注。

③ 参见蒙培元《中国的德性伦理有没有普遍性》,转引自丁冠之等主编《儒家道德的重建》,齐鲁书社2001年版。

④ 李翔海、邓克武编《成中英文集》(二),湖北人民出版社2006年版,第274~277页。

本根性作哲学思辨。二程和朱熹虽然一方面认为包含人伦纲常在内的“天理”、“天道”是形而上者，是万物和气的本质和主体——朱熹说：“有是理便有是气，但理是本”①，但另一方面又承认“在天为命，在人为性，论其所主为心，其实只是一个道”②，这表明，人心即为“道心”。同时，二程还说：“仁、义、礼、智、信五者，性也。”③朱熹还讲：“这个理在天地间时，只是善，无有不善者。生物得来，方始名曰‘性’。”④可见，程朱所谓的“天命之性”是纯善的，它既是先验的道德本体，又是先天的道德理性，从而说明人性乃是善的根源。同程朱道德本体论稍有不同，主张心本论的陆王心学似乎更为强调将伦理价值之源置于主体内在心性（尤其是心）根基之上。徐复观先生深刻指出，陆王重在先立乎其大者，与程朱稍有异同，然所谓“大者”，决非西方形而上学的悬空的东西；儒家之学，当然以究体为归，但儒家所谓体，多系道德之心；儒家言心，只是主张道德的主动性和感通性。⑤ 毋庸置疑，以秉承孟子“良知良能”说为特质的陆王心学更加致力于将“心”视为道德的内在根源。陆九渊所谓“人皆有是心，心皆具是理，心即理也”⑥，“满心而发，充塞宇宙，无非此理”⑦，都说明“心”是“理”的本原和实体。而他所言说的“理”无非就是孟子所说的“四心”。王阳明创立“心外无理”、“心理合一”为基础的“致良知”学说，把陆九渊倡导的心学推向完备形态。他说“良知者，心之本体”，⑧同时又说：“心者身之主也，而心之虚灵明觉，即所谓

① 《朱子语类》卷一《理气上·太极天地上》。
② 《二程集·河南程氏遗书》卷十八。
③ 《二程集·河南程氏遗书》卷二上。
④ 《朱子语类》卷五《性理二·性情心意等名义》。
⑤ 转引自曾振宇主编《儒家伦理思想研究》，中华书局2004年版，第97~98页。
⑥ 《陆九渊集》卷十一《书·与李宰》。
⑦ 《陆九渊集》卷三十四《语录上》。
⑧ 《王阳明全集》卷二《传习录中·答陆原静书》。

本然之良知也”[1]。这表明,良知属于植根于人心的主体或主要内容,更进一步,良知是判断善恶是非的准则。相较而言,陆王心学一则突出心的作用,二则前儒就“性”的问题已作了详尽探讨,故而陆王言性并不多。不过,这并不等于他们完全避谈人性问题,而是继续标举孟子性善论旗帜,这从陆九渊提出的“人性本善,其不善者迁于物也。……知善者乃吾性之固有,循吾固有而进德,则沛然无他适矣”、“盖孟子道性善,故言人无有不善”[2]、“诚以吾一性之外无条理”,王守仁所讲的“心外无理”、心之本体原自不动、“心之本体即是性,性即是理”[3]、“道也者,性也,不可须臾离也”[4]、“仁义礼智,也是表德,性一而已”[5]等等,无疑可以肯定陆王是将人的心性规定为道德的本体。

以上我们立足于先秦儒学、两汉经学、魏晋玄学和宋明理学四个大的发展阶段择取代表性人物,分别阐述了儒家有关心性道德本体学说,关于其他儒家人物大抵也是沿着以心性为伦理依据而前行的。

围绕儒家道德心性论对人类道德的影响,学术界存在不同意见的分歧。韦政通基本持否定态度。他指出,自孟子起,心性就成为儒家道德思想中最重要的观念;儒家走向形上学的发展,也是从这两个观念开始。孟子说“尽其心者,知其性也;知其性,则知天矣”[6],天象征无限大,尽心则能知天,则心亦必无限大。由于孟子这一思路的开辟,引发了后世儒者有关心性的无数玄论。在这些玄论里,心性之超越无对性,是最核心的部分。儒家的道德形上学,足以

---

① 《王阳明全集》卷二《传习录中·答顾东桥书》。
② 《陆九渊集》卷三十四《语录上》。
③⑤ 《王阳明全集》卷一《传习录上》。
④ 《王阳明全集》卷七《文录四·修道说》。
⑥ 《孟子·尽心上》。

迷人,足以幻化出一时的庄严情绪的,也是在这一部分。落在实际生活中,儒家心性论导致人睥睨一切,自狂自大,凡事主观、独断。陷溺或满足于这种心态的人,他可以被幻构的世界陶醉,也可以因之而狂热,甚至因它而殉身。这种心态是人类灾害的根源之一。①实际上,对儒家道德心性论所谓"害人误国"的批判早有明清之际的实学思潮和启蒙思潮就曾作过努力。例如,王廷相就曾将明朝灭亡的原因归于宋明心性之学的空疏与迂腐:

> 近世好高迂腐之儒,不知国家养贤育才将以辅治,乃倡为讲求良知,体认天理之说,使后生小子澄心自坐,聚首虚谈,终岁嚣嚣于心性之玄幽,求之兴道致治之术,达权应变之机,则暗然而不知。以是学也,用是人也,以人当天下国家之任,卒遇非常变故之来,气无素养,事无素炼,心动色变,举措仓皇,其不误人家国之事者几希矣!②

毋庸置疑,儒家道德心性本体论的确会造成人的空幻、迂阔、主观等不良品性,导致人心的盲目膨胀和狂妄自大性格。不过,我们认为,它对人的道德建设及道德发展并不绝对全是消极的,同样也能产生积极的影响。

一方面,从人类的道德生活而言,为儒家所张扬的心性哲学同样为人的自我道德成长与实现创设了较为坚实的主体论基石,儒家心性本体论为主体道德发展提供较为坚实的人性基础,儒家道德本体论致力于从人内在的天性中探寻伦理的根源和人学根据,从根本上说,它为人的道德自我完善提供主体条件。

就人性内涵而言(所指),除可作本性本质和生字解外,在历代儒家那里,人"性"有时指形、气等生理特质,有时指食、色、暖、嗅、

---

① 韦政通《儒家与现代中国》,上海人民出版社1990年版,第53~54页。

②《雅述》下篇。

佚、利等自然性欲望和需要,有时指人的知性、理智等主观精神,有时指人的仁义礼智等道德潜能,有时则是指人的气质等。儒家无疑认为人的天生道德情感(如恻隐之心)、心智能力是人实现道德人格的主体条件,是人善行的人性根基,是德性伦理的内在根据。虽然人性特质仅是人良好道德品质形成与发展的潜在根据,只是一种向善的可能性,并不等于现实的道德品质,但它们终究是人赖以行善抑恶的重要主观条件。

至于人的自然之性,在某种意义上,绝大多数儒家忽视乃至否定它对于人道德成长与发展的基础作用——虽然他们一般并不否定人身上具有的吃、穿、用、性等自然欲望和机能属于人性范畴。就拿对儒家形而上学影响巨大的孟子心性学来说,孟子不仅讲过形色是人的天性,同时他有时也依据当时流行的观念而将人生而具有的欲望称为"性",例如他讲:"如使口之于味也,其性与人殊"①。不过,孟子倾向于否定人的自然性可以成为人为善成德的动力和条件。他在作性命之辨时说:

> 口之于味也,目之于色也,耳之于声也,鼻之于臭也,四肢之于安佚也,性也,有命焉,君子不谓性也。仁之于父子也,义之于君臣也,礼之于宾主也,智之于贤者也,圣人之于天道也,命也,有性焉,君子不谓命也。②

这里,孟子实质上不承认人之口味、目色、耳声、鼻嗅、肢佚等自然性能的道德意义,他将这些同仁义礼智圣之类的伦常之性相对置,认为作为道德人格的"君子"将人的自然欲望视为"命"而不称之为"性",因为它们外在于人,不能由自己做主。宋明理学家一般倡导

---

①《孟子·告子上》。
②《孟子·尽心下》。

由张载开创的“天地之性”和“气质之性”二元论，尽管他们认为“气质之性”有善有恶，但基本否定气质之性本身的伦理价值。张载虽承认“饮食男女皆性也”①、“口腹于饮食，鼻舌于臭味，皆攻取之性也”②，但认为君子不应存在“气质之性”。假如说张载从气本论出发认定“至诚、天性也”③的话，那么二程则从理本论出发提出“性即理也”④、“仁、义、礼、智、信五者，性也”⑤等命题，从而把“天命之性”规定为人的先验道德本体，为人的成德之教奠定人性根基。对于“气质之性”的内涵，二程的人性二元论虽未明确加以规定，但它作为人固有的“才”应蕴含人的各种欲望，而对人欲，很显然二程极力主张存理灭欲，把它看成诱使人作恶的渊薮。

从总体而言，儒家人性论一般肯定人的善性、智性、仁性、理性对于人道德品质培植的积极作用，而轻视乃至根本否定欲性、色性等自然性能对于人的道德发展所产生的正面影响。儒家这一心性本体论不论是理论上还是实践上都给予人的道德发展以两种不良后果：一方面是导致人重理性轻感性，或说是以理性束缚人的感性生命，另一方面则是导致人道德行为的动力不足——因为人的食、色、性等自然性需要有时也是作出牺牲、宽容、同情、孝亲等道德行为的重要动因。

另一方面，儒家心性本体论为人的道德发展能够提供一定的心理基础。

在儒学系统中，“性”与“心”具有内在的统一性，它们相互规定、相互渗透，有时还被视为一体两面。孔子对“心”语焉不详，而对

①③《张载集·正蒙·乾称》。
②《张载集·正蒙·诚明》。
④《二程集·河南程氏遗书》卷二十二上。
⑤《二程集·河南程氏遗书》卷二上。

“心”问题作了较为详细探讨的，应是孟子。他提出了诸如仁心、善心、四心、养心、存心等一系列新范畴、新命题，可以说是儒家心学派的开创者。孟子不仅从人性角度揭示了道德发生发展的内在机制，同时还把心和性有机结合起来，探讨了“善”的心理根据。在他看来，“四端”是性善的基础，“四心”是“四德”（仁、义、礼、智）的端始，使它发展并扩充起来就形成了“四德”。《孟子·公孙丑上》说：“恻隐之心，仁之端也；羞恶之心，义之端也；辞让之心，礼之端也；是非之心，智之端也。”所谓“恻隐之心”又作“不忍人之心”，意指人类的同情心。仁就根于这种恻隐之心，以此为萌芽、端始。人正是有了“不忍人之心”，即对同类的同情和怜悯之心，才有可能去爱人。西方伦理思想史上，休谟开了“同情说”的先河，亚当·斯密和卢梭则继承并发展了他的“同情说”。休谟说：“同情是人性中一个很强有力的原则。”①卢梭则干脆宣称“怜悯心是一种自然情感，由于调节着每一个人自爱心的活动，所以对于人类全体的相互保存起着协助作用。”②大量的道德事例也证实，人的同情和怜悯之心是驱使人去爱人的动力，由此产生出利他的行为。用孟子的话来说，就是“人皆有所不忍，达之于其所忍，仁也”③。当孟子把“不忍人之心”当做“仁之端”时，他并没有错，错就错在他把这种同情心完全看成是天赋的了。“羞恶之心”是指羞耻心和憎人为恶之心。义，古作谊，《中庸》说：“义者宜也”。孟子的“义”承袭了孔子“义”的基本含义，它一般指服从等级秩序的言行。不过，孟子的义的主要内容更多的是指敬人，如他说“敬长，义也”、“君臣有义”；且不囿于下级对上级的尊奉，也包括上对下的尊重和爱护；更重要的是，孟子还把义和仁连

① 休谟《人性论》，商务印书馆1980年版，第620页。
② 卢梭《论人类不平等的起源和基础》，第102～103页。
③④《孟子·尽心下》。

结起来,提出了“仁义”这样一个合成概念。孟子又指出:“人皆有所不为,达之于其所为,义也。”④这即是说,依照羞恶之心,不去做不当做的事,就是义。“义”特定意义上是社会以道德要求的形式向特定个人提出来的“应当”完成的职责、使命和任务,因此,孟子大致上揭示了义的基本含义。“辞让之心”即“恭敬之心”。“礼”在孔子那里,有时指礼节仪式,有时指周制,有时又指谦虚、恭敬、有礼貌。而孟子的“礼”主要指谦让、有礼貌和礼节仪式,它根源于人的恭敬之心,表示人与人之间彬彬有礼。“礼之实,节文斯二者是也。”①礼的实质就是在于节制和文饰仁义。礼较之于仁义具体和外在,它使仁义具体地体现出来。“是非之心”是指明辨善恶曲直之心。“智之实,知斯二者弗去是也。”②是非之心作为一种判别善恶的道德能力,可以帮助人们选择是“做”还是“不做”,进行恰当的价值目标定向。孟子从心理发生、发展的角度,揭示了四德产生、存在和发展的基础,它较孔子只是颁布一些戒令、规范,缺乏某种具体论证来说,提供了更为现实的心理基础。

宋明理学家大多直承孟子心性论,不论主张气本论、理本论还是心本论,一般都强调“心”的地位与作用,只是程度和表现有所不同罢了。

一是强调道心惟微的人文意蕴。同陆王心学较为接近的程颢就认为:(1)心是理,理是性,性是天,心亦是天,心与性合一,“心所感通者,只是理也”③;(2)天人是合一的,“一人之心,即天地之心”④;(3)心是人之主宰,“人心莫不有知,惟蔽于人欲,则亡天理也”⑤;

---

①②《孟子·离娄上》。

③《二程集·河南程氏遗书》卷二下。

④《二程集·河南程氏遗书》卷第二上。

⑤⑥《二程集·河南程氏遗书》卷十一。

(4)人心可以分为作为人欲的人心和作为天理的道心两种,这就是"'人心惟危',人欲也。'道心惟微',天理也"⑥。由此可知,大程并未摆脱性善情恶的传统观念,但他把"理"植入人的内心,这既可以为人扬恶抑恶提供内在根据,同时又有助于消除封建纲常名教对人的强制性约束,充分发挥人的主观能动性,使人的道德行为变成人的自觉自律活动。而程颢正确认识到了人欲对人心的干扰,这就为人加强自身的修身养心提供了合理性和必要性说明。

二是突出心主性情的伦理作用。在对待心性关系上,作为"湘学"派的代表性人物胡宏提出了很有代表性的三大观点:(1)心成人性——"心也者,知天地、宰万物以成性者也"①;(2)性本心用——"未发只可言性,已发乃可言心"②;(3)心为身主——"气之流行,性为之主;性之流行,心为之主"、"圣人心即合理,理是即心,以一贯之,莫能障者"③,"心者,身之本也"④。同为湘学派的张栻把胡宏的心成人性、性本心用和心为身主等观点进一步发展成为心主性情。朱熹则认同张载的说法,力主心统性情。在朱熹看来,性是理,是体,情是用,性静情动。而性情都出于心,一心之中有静有动、有性有情,特别是心是体,它是性情的主宰。⑤

三是凸现了心理的道德本体功能。陆九渊所提出的心学从思想史上融合了思孟学派的尽心知性知天的心性之学、禅宗明心见性思想以及程颢"心是理"的命题,只是他不满足于朱熹心含理、主体与本体不离不杂的思想,而把"心即理"推向极点,将二者合二为一——从"人皆有是心,心皆具是理"⑥推出"心即理",进而推衍出

①②《宋元学案·五峰学案》。

③《宋元学案·五峰学案》、《衡麓学案》。

④《宋元学案·武夷学案》。

⑤《朱子语类》卷九十八《张子之书》。

⑥《陆九渊集》卷十一《书·与李宰》。

"宇宙便是吾心"。尽管王守仁也承继了朱熹所讲的"心是体"、"性是体"、"心之本体是性"、"性安然不动"等命题,但他如同陆氏一样更加凸现"心"之本体意义,而把它看做蕴含仁义智信、忠孝等内容的良知。

不同时期的宋明道学家,把纲常之理归结为"我固有之"的主体心,为伦理价值建构奠定了某种主体的理性基础,突现了主体道德实践的自主性、能动性和创造性,它能够引导人们注重主体内在心理能量的挖掘,培植人的道德合理性的性情结构,培养自我立意去选择的能力;同时它也有助于改变那种把"善"仅仅视为人对外在环境、规范、条件和要求顺应的思想偏颇,而把道德看做主体有目的有意识地自觉自愿对社会负责的合理选择。只是把心视为伦理本体,且过分夸大它在人道德实践中的作用,也会导致两种负面后果:一是走向道德唯心主义和理想主义,使人的道德自觉走向道德狂想乃至道德任性;二是不切实际地吹胀人心的道德潜能,也会使社会的伦常要求、戒命脱离人性(心)定势,要么使人承担能力范围之外的伦理责任,要么为了获得社会的认同而走向虚假的自我同一或伪善。

三、儒家道德人为说与人的道德发展

就儒家道德人为说与人的道德发展这一问题,应该从以下三方面来加以阐释。

首先,要从道德与非道德的维度去把握。一般说来,人的道德行为有广义和狭义之分。狭义的道德行为是指符合社会人伦标准、具有善价值的合理化行为(善行),它是同不道德行为(恶行)相对而言的。广义的道德行为则是既包括狭义道德行为又包括不道德行为的具有伦理属性的行为,也就是说它是善行和恶行的总称,而同非道德行为相对而言。显而易见,如果着眼于狭义的道德行为,那

么大概只有主张性本善的孟子会认为道德来源于天赋,而非人为;反之,那些不论倡导性恶论、性无善恶论还是主张性善恶混论的儒家,都认同道德(善)来自于人为,例如荀子的“人为”、程朱的“变化气质”等。但如果立足于广义维度去分析儒家道德本体论,那么所有儒家人物都会承认道德的一个重要根源乃是社会主体的能动作用,像力主性善论的孟子就认为恶行是因为“人不能尽其才”,是由于人自暴自弃、过度“砍伐”人的善性,而不能很好存心养性。

其次,要分清儒家道德“本体”不同的涵义。在中外哲学史上,人们赋予“本体”一词以本质、始基、根源、依据、来源、主体、不变者、统一者等不同含义。当我们说儒家将心性视为伦理本体时,实际上是将“本体”视为根源或依据、根基;而当我们把“人为”确认为某些儒家视野中的伦理本体时,实际上是在“来源”的意义上使用“本体”范畴。然而,不论是伦理根源还是伦理来源,都属于道德赖以生成和发展的条件。

再次,要注意区分“人为”主体不同的层面。有时,“人为”是指个人的节制,也就是人的自觉自律,包括孔子所说的“克己复礼为仁”①中的“克己”。在儒家文化中,存在着一种圣贤崇拜的传统。所以,“人为”有时又指圣贤的道德创造。郭店楚墓儒简《性自命出》云:“礼、乐,有为举之也。圣人比其类而论会之,观其之而逆训之,体其义而节度之,理其情而出入之,然后复以教……礼作于情,或兴之也,当事因方而制之。”这大意是说,礼乐的产生,是因人有所为而采取的举措,圣人依据各种人伦关系、人际关系的亲疏、类别、先后等次序,来度量裁节之,并疏理人们的情感,根据事理之宜和人之不同身份而制作礼乐。荀子曾指出:“古者圣王以人之性恶,以为偏险

---

①《论语·颜渊》。

而不正，悖乱而不治，是以为之起礼义、制法度，以矫饰人之情性而正之，以扰化人之情性而导之。"①可见，荀子的"化性起伪"说认为道德得之于圣人的创造。程朱理学诚然视"天"为伦理价值之源，但是没有否定圣贤在道德建构中的作用，正因如此，程伊川才说："天有是理，圣人循而行之，所谓道也。"②

儒家的道德人为本体论对人的道德发展会产生两种影响。一是它有助于激发人的道德主体性，提高人的道德实践能力。如前所述，儒家不论是主张性善论还是倡导性善恶混论，其对仁性、善性和仁心、善心、良心、道心的肯定，对上品之性和天命之性的设定，不过是为人的道德价值实现构设了一种先天心性本体，最终还是要落脚到人的主观修为上来。不论人的心性是本善还是纯善，只是为人成善成德提供了某种可能性，尚不构成现实的品德。要知道，即使包含仁义礼智信等道德要素的心性，由于受浊气的干扰、物欲的侵蚀和人欲的遮蔽，也会逐渐丧失。本质上人人都有四心，而且又是相同的，如果开发之，利用之，人就会具有德性；反之，人就可能作恶，这就是"苟得其养，无物不长；苟失其养，无物不消"。③ 那么，人何以会作恶呢？究其原因，有客观的，亦有主观的："富岁，子弟多赖；凶岁，子弟多暴，非天之降才尔殊也，其所以陷溺其心者然也。"④正是由于扬善抑恶的艰难性，正是在"事在人为"的弘道精神激励下，正是基于对向善成善理想目标的追求，两千多年来中华大地上众多志士仁人致力于克己复礼、强恕而行、格物致知、守静主一、正心诚意等道德实践工夫，从而使中华民族成为两千多年而不坠的礼仪之邦。历代儒家对道德化心性主体为主旨的道德形而上学的建构，对

①《荀子·性恶》。

②《二程集·河南程氏遗书》卷二十一下。

③④《孟子·告子上》。

于生活相对安适、痛苦较少的人道德自我的发展，事实证明是较为有效的。至于基于人性恶思想（含性恶论和性善恶混论）而阐发出来的节制本体论，似乎更为深刻地捕捉到了人的心性中所暴露出来的贪婪、仇恨、怨尤、狂傲、说谎等丑恶一面，窥见邪恶、凶杀、奸淫、偷窃、毁谤、背伪等社会乱象，这对于人的道德发展具有极强的警醒作用。尤其是它从某种意义上更准确地把握到了道德的本质特征，这即是道德往往需要主体克制自己的私心杂念，遏制自己的物欲、情欲，用理性去战胜感性，以义制利，从而做到克己为人、成人成己和仁民爱物。可以说，道德之为道德，义务之为义务，就在于它要求主体不屈从于自然欲求和愿望，就在于道德主体自觉地牺牲幸福、利益乃至生命。犹如德国哲学家费希特所言：道德的根本是克制心克己心，使自身的本能服从全体。实际上，不管是从性善论出发而强调人的践形成性，抑或是从性恶论出发而主张人要节制、窒欲，归结到一点就是要求人修身，如此才能做到进德修业。

二是儒家的人为道德主体论有助于为人挺立德性主体提供权威支持。在儒家看来，纲常名教是圣人因人之情、顺物之性而制作出来的，旨在维持社会人伦之序，借以安邦定国。可见，圣人的人为乃是社会道德的重要源头，这既不同于神启论，也区别于自发论。众所周知，儒家文化向来具有崇古价值取向以及圣贤崇拜传统，这两点导致儒家认为往圣先贤不仅表现出尚贤、刚毅、发明器物等优秀特质，同时还能够制礼作乐、树立五教等。这在一定意义上揭示了人类道德产生和发展的客观过程。因为，道德最初即是社会风俗习惯的组成部分，它因文化、民族、地域和时代不同而具有或大或小的适用范围。一种成熟形态的道德在发展过程中会在一定社会区域和文化场景中褪去特殊意志成分而把其中带有普遍性的重要因素用风俗、仪式、规范等形式固定下来。在传统中国社会，作为调节人与人、人与社会之间关系的行为规范,各种伦理道德一般是由被后人誉为圣贤及其他士大夫(圣王)制订出来的,并由帝王加以认可和确认,进而在全社会推行。汉代"独尊儒术"之后,儒家伦理制度作为官方钦定的统治意识形态的核心内容,为中国人的社会行为提供了普遍的行为准则,为人们道德素质的培养提供了权威的精神资源。把道德的根源归结为圣人的制作,能够利用普通大众圣贤崇拜的心理,强化道德的权威性,有助于增强人们的道德认同感。传统中国封建社会,即使被赋予神圣色彩的儒家纲常伦理,要转化成人们自觉遵循的理想信念,内化到大众的文化心理结构之中,形成百姓借以安身立命的精神家园,并不是一件容易的事,它不仅受到战乱、灾害等的冲击,也受到佛教文化、道教文化等的影响,正因如此,唐代的韩愈才提出要重建"道统"。宋明道学之所以应时而生,正是在于它旨在应对佛道对儒家伦理的重大挑战,解决儒教统绪断裂的问题,以接续由尧、舜、禹、文、武、周公、孔、孟等圣贤所开创的道统,进而改变纲常不振、世风日下、人心不古的混乱状况。欧阳修深刻指出:"甚矣,五代之际,君君臣臣父父子子之道乖,而宗庙、朝廷、人鬼皆失其序,斯可谓乱世者欤!自古未之有也。"①面对这种道德失序、行为失措的乱象,宋明儒家起而为人们的精神世界重建提供赖以遵奉的伦理规范。

第二节 儒家道德规范论与人的行为范导

要探究儒学对人发展产生多大影响以及造成怎么样的影响,就务必充分认识儒家道德规范在儒学中的地位与作用,务必高度重视

① 欧阳修《唐废帝家人传》,《新五代史》卷十六,中华书局1992年版,第173页。

辨析儒家道德规范论对人道德发展造成的效应。

一、儒家道德规范论的地位与作用

(一)儒家道德规范学说在儒家文化中占有核心的地位

规范是指用以调节人的行为的文化指令,它规定人应该做什么、不应该做什么以及如何做。广义的规范包括规则、原则、准则、条例、规约、制度等。据此,道德原则也是适用性最广的道德规范,而某些较为根本的规范也是一种道德原则。但狭义上说,规范又同原则、准则有一定的细微差别。一般说来,规则更为凸现人的行为方式,而规范则强调行为所应遵循的一般准则。至于道德原则和道德规范的关系,可以表述为:道德原则规定着道德规范的主要内容,道德规范则体现着并服务于道德原则。就儒学而言,学术界有的把"仁"、"礼"、"诚"分别视为儒家道德原则,而把仁、义、礼、智、信、忠、孝、悌、恕、诚、耻、勇、廉、直、节、志、俭等看做儒家的道德规范和道德品质。① 在当代西方伦理学领域,存在着所谓德性伦理与规范伦理之争。德性伦理也即是美德伦理,它是由亚里士多德所开创,20 世纪后被情感主义伦理学和元伦理学所取代,20 世纪 70 年代在罗尔斯的倡导下,规则伦理成为占主导地位的思想倾向,而近年来德性伦理大有复兴之势。② 很显然,儒家伦理不存在德性伦理与规范伦理之分离与冲突问题,儒家众多伦理范畴(如仁义礼智信)和伦理判断(如和而不同、见利思义、约之以礼等),这些既是一种品德(要求、修养、诉求)同时又是一种指导人如何待人处世、安邦定国的道德要求。实际上,在儒家那里,有时德性伦理也可看做一种品性

① 参见牟钟鉴《儒学价值的新探索》,齐鲁书社 2001 年版,第 135～146 页。

② 对义务规范的认同是德性的基本要求,而对善价值的认同,则是一种更高的德性即美德,德性总是与仁爱、勇敢等具体德性相联系,这些德性既是道德的规范,也是道德品格。参见倪素襄编著《伦理学导论》,武汉大学出版社 2002 年版,第 128 页。

规范。以致有的学者提出可以从形式分析的角度将道德分为品德规范和行为规范。①

众所周知,历代儒家并未提出明确而又系统的道德规范学说,但是,一则因为在中国文化史上出现了如《洪范九畴》、《弟子规》等同道德规范极为接近的规范伦理文化,二则自从孔孟儒学产生以来不同时期的儒家提出并阐发了丰富多彩的纲常伦理,因而可以说,道德规范论构成为儒学的重要内容。无疑,儒学中蕴藏着许多道德功能论、道德关系论、道德价值论、道德人格论、道德境界论和道德工夫论等,但其核心则是道德规范论,对人伦关系的探讨构成儒家道德人文主义的重要特点。作为儒家创始人的孔子虽未对伦理规范进行非常系统、充满哲理的理性建构,但在《论语》中,孔子不仅提出了大量旨在对人的行为进行范导的道德范畴如仁、义、礼、智、信、忠、和、孝、悌、敬、直、恭、宽、敏、惠、正等,同时还阐发了大量用以处理人与自然、人与人、人与社会、人与自身关系的行为规则如克己复礼、安贫乐道、和而不同、约之以礼、敬事而言、群而不党等。尤其是孔子率先提出了"君君,臣臣,父父,子子"这一纲常伦理和仁义礼智信五常德,它对后世儒家的伦常学说产生了深远影响。《左传》提出了"五教":"……舜臣尧……举八元使布五教于四方:父义,母慈,兄友,弟恭,子孝"②。《大学》以修身为治国平天下之本,不仅提出了"五止",这就是"为人君,止于仁;为人臣,止于敬;为人子,止于孝;为人父,止于慈;与国人交,止于信",还开宗明义地阐发了影响甚巨的"三纲领"(明德、亲民、至善)和"八条目"(格物、致知、正心、诚意、修身、齐家、治国、平天下)。《中庸》将伦理纲常概括为"五达道",此即"君臣也,父子也,夫妇也,兄弟也,朋友之交也,五者天下

① 王润生《现代化与现代伦理精神》,广西人民出版社1989年版,第59页。
②《左传·文公十八年》。

之达道也”。《礼记·礼运》则鲜明地提出了“十义”：“父慈，子孝，兄良，弟悌，夫义，妇听，长惠，幼顺，君仁，臣忠，十者谓之人义。”孟子坚持仁义并举，把五伦即“父子有亲，君臣有义，夫妇有别，长幼有序，朋友有信”视为道德的基本内容。到了汉代，出现了以礼治天下、以孝治天下的社会政治局面，儒家的纲常伦理得到极大重视。《白虎通》提出了“三纲六纪”之说，指出：“三纲者，何谓也？谓君臣，父子，夫妇也。六纪者，谓诸父，兄弟，族人，诸舅，师长，朋友也。故《含文嘉》曰：‘君为臣纲，父为子纲，夫为妻纲。’”董仲舒则对以“三纲五常”①为核心的政治伦理和家族伦理规范作了总结。② 宋元明清时期，除了继续在全社会大力推崇三纲五常外，还先后流行“忠孝节义”新四德说和“孝悌忠信礼义廉耻”旧八德说。虽然到了中国封建社会后期，戴震、谭嗣同等人先后批判过儒家纲常，指斥它“以理杀人”，认为名教是“以上制下”的工具，但并没有完全终结儒家纲常伦理。有时，伦理纲常被儒家当成道之大本来加以强调。程颐就讲：“道之大本如何求？某告之以君臣父子夫妇兄弟朋友，于此五者上行乐处便是”③，朱熹也说：“吾之所谓道者，君臣、父子、夫妇、昆弟、朋友，当然之实也”④。综上所述，如果说伦理思想是儒学的核心的话，那么，道德规范则构成了儒家伦理的主干。

（二）儒家所阐发的伦理规范对人产生了极为广泛而又深刻的普遍影响。

从直接意义上，“礼”最能代表儒家倡导的道德规范，在儒家伦

① 此处五常是指君臣、父子、夫妇、兄弟、朋友五常伦。

② “三纲”最初由《中庸》提出，它说：“所求乎子，以事父未能也；所求乎臣，以事君未能也；所求乎弟，以事兄未能也；所求乎朋友，先施之未能也”。韩非进一步加以明确，他说：“臣事君，子事父，妻事夫，三者顺天下治，三者逆则天下乱，此天下之常道也。”

③《二程集·河南程氏遗书》卷十八。

④《论语或问》卷四。

理思想史上，“礼”首先具有作为外在约束力的“规范”意义，甚至可以说儒家道德规范体系是以“礼”为基点而建构起来。犹如荀子所言：“礼者，法之大分，类之纲纪也，故学至乎《礼》而止矣。夫是之谓道德之极。”①“礼”是诸种德目的大宗：“礼也者，贵者敬焉，老者孝焉，长者弟焉，幼者慈焉，贱者惠焉。”②在儒家看来，礼具有“辨群臣上下长幼之位”，“别男女父子兄弟之亲”，“经国家，定社稷，序民人，利后嗣”等多种功能。当然，儒家的道德规范又不能简单归结为“礼”，它的内容要丰富得多，可以说儒家所倡导的各种德目和戒律都属于伦理规范。儒家道德规范虽然设定了某种“天命”和“心性”作为产生的根源，但它也是对中华民族在共同生活中逐渐形成的风俗、习惯、传统的集中反映，是通过某种观念文化形式传达了对调整各种人际关系的行为要求，因而它是现实性和理想性的统一。迪尔凯姆在谈及伦理规范的社会作用时指出：“我们可以这样认为，一般而言，道德规范的特点在于它们明示了社会凝聚的基本条件。”③

当然，以礼教为基石、以五常德（仁义礼智信）和五常伦（君臣父子夫妇兄弟朋友）为主要内容的儒家道德规范，不止具有建构社会秩序、约束个人行为的功能，它还有激励人、感召人、凝聚人、教育人、指导人的多种作用，它能够培养人在社会实践中学会进行合理的角色定位，学会正确的待人处世。

首先，儒家道德规范可以塑造人的基本德性。由儒家所倡导的德目规范如仁义礼智信和戒律规范如约之以礼虽然是外在于人的普遍性东西，但借助于个体的社会化（包括教育、学习、社会生活的

① 《荀子·劝学》。

② 《荀子·大略》。不过，我们不同意把“礼”视为人的行为的道德规范的总和与总称。

③ 参见杨国荣《道德形而上学引论》，五南图书出版公司2002年版，第43～44页。

参与等）过程，而逐渐内化为个人的内在文化心理结构，被个体所接受和认同，并转化为个人内在的德性。在某种意义上可以讲，儒家对人发展产生的影响主要是借助于儒家伦范对中华国民品性长期模铸而展现出来的。反过来，这些德性又在一定程度上影响着个人对儒家道德规范的认可和遵循。可以说，只有具有仁义礼智信等德目的人，才能较好地遵从仁者爱人、约之以礼、讲信修睦、见义勇为等道德规范。千百年来，正是在儒家道德规范的不断熏陶、教育、激励和指导下，中国人逐渐培养出乐善好施、恭敬有礼、诚实守信、贵和尚中等品格。

其次，儒家道德规范对于提升人的精神境界和调节人的行为发挥着重要作用。儒家所提出来的各种道德规范具有中心与非中心、高低层次之别，具有适用范围之不同，例如“己所不欲，勿施于人”是做人的基本道德底线，而“己欲立而立人，己欲达而达人”则是积极的较高层次的为人之道，这就使得儒家的道德规范被赋予较广泛的适用性，使其能对人起着普遍的范导作用。与此同时，儒家的任何道德规范虽然都是对当时宗法社会关系的反映，在一定时期适应了封建统治者维持社会秩序的政治需要，正因如此，它们才成为调整传统中国社会人际关系的行为准则，支配和制约着以往中国人的道德关系和道德活动。然而，儒家道德规范又是人所应当做的社会要求，并不是人人都能做到的，它们均具有某种理想性特征，故此，它们对人又具有提高行为层次和道德境界、锻造理想人格（内圣外王）的作用。

再次，儒家道德规范塑造了中国人特有的民族品格。不错，儒家的许多道德规范，即使是其核心三纲五常、三从四德，在其他文化中（如摩西十戒）均能找到，因而是全人类所共同拥有的，但是，中国特殊的宗法小农社会和封建专制制度决定了儒家道德规范具有独特的社会历史规定性,并为它的现实转化设定了不同的历史条件,使其打上泛伦理主义、人情主义、家族主义、人文主义等民族烙印。同时,历代儒家也根据不同的价值观念、思维方式、学术旨趣、社会地位等而赋予道德德目和道德命题以不同的解释和内涵,例如宋明理学家就把义利之辨转化成公私之分,这些使得儒家道德规范在实际上模塑了独特的中华民族国民性。偌若说日本把输入的儒家之"忠"转化为对企业(公司)忠诚的话,那么,在中国,"忠"更多的是导向对封建帝王的忠诚不贰。

(三)对儒家道德规范论系统化研究的薄弱影响了它的作用发挥。

围绕有关儒家道德规范及其对人发展所产生的影响的研究至今仍相对薄弱。毫无疑问,从孔子的"君君,臣臣,父父,子子"到《中庸》的"五达道"、《大学》的"五止"以及"三纲领"和"八条目",从《礼运》的"十义"到孟子的"五伦",最后由董仲舒较为系统地提出"三纲五常"以至宋元明清时期流传的"新四德"和"古八德",儒家的纲常伦理经历了不断的变革、发展过程,历代儒家也曾进行过不懈探索。不过,真正自觉从伦理学角度去探讨儒家的道德规范还是始自20世纪。在五四新文化运动时期,一些激进人士如吴虞、鲁迅、胡适、陈独秀就对儒家礼教进行过批判,不过,由于种种原因,他们只是停留在封建纲常层面,而未触及其核心。相反,倒是对传统儒家伦理持同情态度的冯友兰、贺麟等先生对儒家规范作了较深入的探究。冯友兰先生在《中国之社会伦理》一文中,分析了中国传统伦常问题,阐明了纲常的类名和提法,重点论述了三纲之说,诠释了三纲的形而上根据(如阴阳学说);针对当时一些人批评儒家"只教人重事个人"之谬论,冯先生指出历来中国多数忠臣、孝子、节妇都只是忠于君、父、夫的名和概念,而不管其事实上是怎样的人。贺麟先生则对五伦观念的是非优劣作了透彻剖析，从中发现其最新的现代精神，指出了“五伦”的四种基本要素：注重人与人之间的关系、维系人与人之间正常永久关系、以等差之爱而善推之以及以常德为准而竭尽片面之爱(义务)；贺先生提出应从以五伦为核心的礼教破瓦颓垣中寻找不可毁坏的永恒基石，以重新建立起新人生新社会的行为规范和准则。[①] 应当说，贺先生这篇早期论文是迄今对五伦作出精辟解读最好的文章之一。新时期，虽然学术界对儒家的每一个德目或范畴、每一个道德规范均作了专门研究，傅永聚等还主编出版了一套《中华伦理范畴》大型丛书，少数学者还从伦理学维度对儒家某些伦常作了探讨，弓克先生甚至还提出了以“一元六本十德”为主要内容的新纲常，徐儒宗也对以五伦为核心的儒家人伦思想作了较为系统的阐释。[②] 不过，从总体上说，目前国内外对儒家道德规范及其对人发展的影响的研究还是初步的，还比较零散，更少站在道德哲学层面全面深入地去探讨儒家道德规范的起源、内容、特征、作用、意义及其发展等问题。这就要求我们在新的历史时期进一步深刻审视儒家伦常及其在人的发展中的作用和影响。

二、儒家核心道德规范论及其对人发展的影响

儒家道德规范论的内容十分丰富，学界大多从类型学角度去把握它，且按照个人与社会两条线路加以归类。王润生把道德分为协调性道德和进取性道德：前者属于用以调整人与人之间关系的社会道德(广义的)，它又分为狭义的社会道德(包括社会公德、民族道德、阶级道德、行业道德、朋友道德……)和家庭道德(包含夫妻、父母子女、兄弟姐妹等之间的道德)；后者又称为个人道德，它是指用以维持人类生存和发展的个人品质修养，包括刚毅、勇敢、明智、节

---

① 贺麟《文化与人生》，商务印书馆 1988 年版。

② 徐儒宗《人和论——儒家人伦思想研究》，人民出版社 2006 年版。

制、勤奋、热情、坚忍等。① 由于儒家伦理范畴具有极为广泛而深刻的规定性,譬如,儒家的“义”不仅有义务、正义的意蕴,还有情义、无私等内涵,它尽管有时表示人们应追求的某种德性(德目),但它同时又是比大部分命题更具普遍性的道德规范,因而,许多儒家倡导的道德准则如诚实守信具有较大的适用范围。有时还仅仅限于特定的社会人际关系如“朋友有信”。因此,学术界更习惯用道德范畴(一个字的如“仁”或两个字的如“中和”)来表达儒家道德规范。牟钟鉴《儒学价值的新探索》一书中论及儒家的主要道德规范与道德品质时,就列举了仁、义、礼、智、信、忠、孝、悌、恕、中庸、诚、耻、勇、廉、直、节、志、俭等18个范畴,而弓克在谈到新纲常时,把仁、义、勤、勇、智、忠、孝、礼、信、和归结为“十德”。傅永聚等人主编的《中华伦理范畴》丛书实质上也是对儒家道德规范的研究。在该丛书总序中,张立文按照和合学的“三观”说,把中华伦理(主要是儒家伦理)范畴看成是由人心——家庭——人际——社会——世界——自然的顺序构成的逻辑系统。应当说,根据个人和社会的路径来划分儒家道德规范和伦理范畴,在一定意义上是合理的,也是可以接受的。但这样做会带来一个最大的问题,就是儒家许多范畴和判断具有极为广泛的适应性、层次性和多样性,如果把它们硬性划归到社会道德、公德或者个人道德、私德之中,就会将它丰富的内容加以割裂。这一点,张立文也作了认真分析。他在总序中指出,中华德目群的划分是相对的,而非绝对,其间许多伦理范畴德目是互渗、互补、互换、互转的,例如“和”,作为人心伦理范畴为和善,作为家庭伦理范畴为和睦,作为人际伦理范畴为和顺,作为社会伦理范畴为和谐,作为世界伦理范畴为和平,作为自然宇宙伦理范畴为和美。我们认

① 王润生《现代化与现代伦理精神》,广西人民出版社1989年版。

为,不妨根据重要性——包括在儒学体系中的学术重要性和现实生活中的实践重要性,把儒家道德规范分为三类:一是核心道德规范,包括仁、义、礼、智、信、忠、孝、和、勇、中等;二是基本道德规范,包括耻、慈、温、诚、悌、勤、俭、惠、节、恕、直、恭、宽、敏、廉等;三是普通道德规范,包括毅、让、顺、博、刚、贞等。在每一个德目下面,实际上又包括许多较为具体的道德规范。

仁、义、礼、智、信、忠、孝、勇、中、和十德在儒家经典文本中论述最多,也最受推崇。孔子曾分别对仁、义、礼、智、信做过大量论述,孟子更是提出了“仁义礼智”四德,董仲舒则发展成为“仁义礼智信”五常,从而使它们成为道德规范的主干,成为长期影响中国人社会伦理的基本范型和行为准则。同时,孔子不仅提出“敬事以忠”等倡导“忠”的精神,他还注重“四教”,即文、行、忠、信。至于“孝”,更是受到孔孟的大力推崇,认为“孝”是“仁之本”,汉代还以孝治国。孔孟还极力宣传“勇”,并作了大量论述。而“中”和“和”更是被视为自尧舜以来相传的“大道”。由于中与和我们将在儒家社会中和思想一章中作较系统阐述,这里略而不论,下面就其他八大儒家核心道德规范展开讨论。

(一)仁

对“仁”的规范意蕴,应从三方面加以把握。

1. 全德之称。在儒学系统中,仁是总德目,也是总的道德原则,它统摄差不多所有的德性品格和行为规范,许多伦理范畴和命题正是从仁中引申出来的。孔子在回答“仁”的提问时,从不同角度和层面作了界定,充分展现了仁的丰富多样性。《论语》讲:“子张问仁于孔子。孔子曰:‘能行五者于天下为仁矣。’‘请问之。’曰:‘恭,宽,信,敏,惠。恭则不侮,宽则得众,信则人任焉,敏则有功,惠则足以使人。’”①可见,恭宽信敏惠五种德目隶属于仁德。孔子还认为刚

①《论语·阳货》。

强、果断、质朴、谨慎最接近于仁："刚、毅、木、讷近仁。"①他的弟子子夏还强调"博学而笃志，切问而近思，仁在其中矣"。② 同时，其他一些重要道德范畴如勇、孝等也被孔子纳入"仁"之中。当然，最重要的是孔孟儒学把仁视为礼义这两大主要范畴的根本和核心。可以说，孔子建构了一种仁本礼用的伦理关系结构。一方面，"克己复礼为仁"，遵循礼可以算做仁；另一方面，"人而不仁，如礼何"③？缺乏仁德，礼显得无意义。从某种意义上说，仁是人的一种道德行为（善行）内容，而礼则是此种行为的方式（状态）方法。孟子所讲的仁宅礼门从一定意义上正确揭示了仁对礼的统摄作用，它同孔子仁学一样展现的是一种引仁入礼、以仁释礼的理路。同样的，孔孟儒学也致力于纳义入仁，仁义并举，以义补仁，以义体仁。如果说对仁与义的制约关系孔子论述还不够明晰的话，那么，由孟子所提出来的"恻隐之心，仁之端也；羞恶之心，义之端也"④，"仁，人心也；义，人路也"⑤，"仁，人之安宅也；义，人之正路也"⑥，"居仁由义，大人之事备矣"⑦等论断则表明，仁是义的根源，义从仁那里获得了自身的规定性，依义而行，就可达至仁。可见，仁是一切道德规范和美德的总称。不过，在孔子这里，仁虽然没有达到"博施于民而能济众"的圣人境界，但是，它又是具有较高标准的道德，并非所有德行均可归于仁。孔子在回答樊迟问仁时，认为"居处恭，执事敬，与人忠"⑧为仁，可是他又指出"令尹子文三仕为令尹，无喜色；三已之，无愠色。

①⑧《论语·子路》。
②《论语·子张》。
③《论语·八佾》。
④《孟子·公孙丑上》。
⑤《孟子·告子上》。
⑥《孟子·离娄上》。
⑦《孟子·尽心上》。

旧令尹之政,必以告新令尹”[①]只是“忠”,尚不是“仁”,这说明在孔子看来,并非一切“忠”都可称为“仁”。他还明确指出:“仁者必有勇,勇者不必有仁。”[②]仁是人应当做的行为要求,而“克、伐、怨、欲不行”只是正当的行为,故此,孔子也不轻易许人以仁。

2. 己他两爱的统一。毫无疑问,儒家所讲的“仁”,其本质规定就是爱人。孔子在回答弟子樊迟问“仁”时,就说:“爱人。”孟子也讲:“仁者爱人。”[③]朱熹则将“仁”界定为“爱之理,心之德”[④]。然而,人又可分为己他两种对象。很显然,孔孟仁爱思想更为凸现他爱或爱他人。在孔子看来,“仁”首先是“孝亲”,也就是从孝顺父母、敬爱兄长开始,因而有子才说“孝弟也者,其为仁之本与”[⑤]。之所以说“相亲相爱”是仁的本义之一,就在于孔子之“仁”是由前代的“血亲之爱”发展而来。清代段玉裁在《说文解字注》释“仁”说:“独则无耦,无耦则相亲,故仁字从人二。”这也表明,仁是一种人与人的互爱关系。孔子之后的儒家进一步阐发了“爱自亲始”的观念。《中庸》说:“仁者人也,亲亲为大”,孟子认为“亲亲,仁也”[⑥]。当然,仁不仅仅限定于“爱亲”,它要求由此出发根据推己及人的方法,施爱于其他人,这就是《论语》所讲的忠恕之道:“己所不欲,勿施于人”[⑦]、“己欲立而立人,己欲达而达人”,[⑧]以达到“泛爱众,而亲仁”,以及孟子所说的“亲亲而仁民,仁民而爱物”。[⑨]这些无不表明,儒家的“仁”是一种协调人与人之间关系的利他主义道德规范。不

①《论语·公冶长》。
②《论语·宪问》。
③《孟子·离娄下》。
④《四书章句集注·论语集注》卷一。
⑤《论语·学而》。
⑥⑨《孟子·尽心上》。
⑦《论语·颜渊》。
⑧《论语·雍也》。

过,“仁”是不是也是调节个人与自身关系的伦常呢?“仁”是不是也蕴含着自爱的成分呢?道德的本质规定性之一就是舍己利他,儒家之“仁”作为一个重要道德原则无疑要求克己舍己,这就是“克己复礼为仁”、“杀身成仁”。客观地讲,孔孟儒学并未明确肯定仁包含自爱,这导致绝大多数人认为仁主要是指向他爱。然而,也有一些证据表明,儒家的仁蕴含着自爱的意思。一是《论语·颜渊》中孔子有一句话“爱之欲其生,恶之欲其死”。如果像张曙光所解释的那样既爱己之“生”,又爱人之“生”①,并且把“仁”等同于爱,那么,仁就应包含自爱了。戴震反对朱熹仅将“仁”释为“私欲净尽”的观点,而认为“仁者,生生之德也。……一人遂其生,推之而与天下共逐其生,仁也”②。二是荀子曾经明确讲过“仁者爱人”、③“仁者必敬人”④为王道之本,但同时也指明“仁者自爱”⑤。三是郭店楚简中“仁”的本义是“心里存着自己”。这表明“仁爱”建立在对自己痛痒、喜怒关切的基础之上。不论是《礼记·表记》中孔子所讲的“中心憯怛,爱人之仁也”,还是孟子所说的“恻隐之心,仁之端也”⑥,都表明同情之心乃是仁的心理情感根基,而同情之心正是对他人疾苦引起自己产生同一感受的切身体验。四是《孔子家语·三恕》记载:“子路见于孔子,孔子曰:‘智者若何?仁者若何?’子路对曰:‘智者使人知己,仁者使人爱己。’子曰:‘可谓士矣。’子路出,子贡入,问亦如之。对曰:‘智者自知,仁者自爱。’子曰:‘可谓士矣。’子贡出,颜回入,问亦

① 张曙光《自爱·仁爱·正义》,载丁冠之等主编《儒家道德的重建》,齐鲁书社2001年版。

② 《孟子字义疏证》卷下《仁义礼智》。

③ 《荀子·议兵》。

④ 《荀子·臣道》。

⑤ 《荀子·子道》。

⑥ 《孟子·公孙丑上》。

如之。对曰:‘智者自知,仁者自爱。’子曰:‘可谓君子矣。’”由此可见,孔子认为仁爱不仅是爱他人,还应包括人的自尊自立自重自强及自爱。

3. 差等之爱与普遍之爱的统一。儒家是否倡导等差之爱,到底如何评价等差之爱? 从孟子一直到今天一直是聚讼不已的问题。墨家非议儒家之仁是“亲亲有术,尊贤有等”①。胡适、任继愈等先生认为儒家之“仁”主张“爱有差等”,旨在“严格维护宗法血缘关系”。黄裕生同样明确批评道:“甚至连‘仁’这个最高原则本身都不可能具有普遍性(因为它没有非经验的绝对根据)。”因此,它所倡导和维护的那种“亲爱只是一种特殊之爱,而不是普遍之爱”,“爱有等差,这是儒家伦理学中最荒诞、最黑暗的思想,它在理论上导致整个儒家伦理学陷于相对主义和特殊主义,从而否定一切绝对的普适性伦理法则;在实践上,则给实践—践履原则的过程留下了可以灵活的巨大空间,直至一切保证正义的绝对原则都丧失掉规范作用”②。刘清平也指出,由于孔孟儒学强调“父慈子孝”、“事亲从兄”、“孝亲为大”等血缘亲情团体性的本质根据和至上地位,导致它压抑限制人们遵守法律正义和任人惟贤等普遍准则。

实际上,儒家的仁爱既是一种特殊主义伦理规范也是一种普遍主义伦理原则,是差等之爱和普遍之爱的统一。

一方面,儒家所倡导的“仁”的确是一种具体的、特殊的人间之爱。这主要体现在三个层面:(1)作为一种全德之称,仁蕴含着三纲五常这样用以调节个人性关系的角色道德,充分展现了君臣、父子、夫妇、朋友之类个人性关系的行为要求;(2)儒家之“仁”凸

① 《墨子·非儒下》。
② 郭齐勇主编《儒家伦理争鸣集》,湖北教育出版社2004年版,第952页。

现人际关系的亲疏远近(以个人自我为中心),尤其是讲究“孝亲为大”、“孝弟也者,其为仁之本与”①,强调血缘亲情的本根性;(3)儒家之“仁”往往同强调上下、长幼、尊卑等差序的“礼”和名分结合起来,这也在一定程度上强化了儒家仁爱差异化的特殊主义色彩。

然而,另一方面,儒家之仁爱又具有普遍主义伦理规范之特质。第一,作为总德目的“仁”,不仅涵盖诸如“孝悌”之类的特殊伦范,同时还包括“义”、“信”、“智”、“恭”、“敬”之类适用于不同人际关系的道德规范,孔子弟子子夏还提出了“四海之内,皆兄弟”②的理念;第二,儒家之仁在继承血亲之爱的基础上倡导把爱的对象扩展到广泛的人际关系,主张根据推己及人的忠恕之道,做到“泛爱众”、“博施于民而能济众”(孔子)、“亲亲而仁民,仁民而爱物”、“老吾老,以及人之老;幼吾幼,以及人之幼”(孟子)、“天下万物一体之仁”(程朱)等博爱思想;第三,儒家提倡个人的修己、为己、克己(自爱)服从服务于社会大爱(修齐治平),力主“杀身成仁”、“舍生以取义”,从而实现仁义的社会理想。

早在先秦百家争鸣时期,墨家就批评儒家仁爱过于狭隘,夷子甚至提出“爱无差等,施由亲始”的观念,认为一个人可以像爱兄之子一样爱邻之子,从而主张无差别地“兼爱”所有人。据此,孟子驳斥墨家的“兼相爱”是“二本”③,是“无父无君”。而以黄裕生、刘清平等人为代表的当代学者则指斥儒家的“仁爱”(尤其是“亲爱”)会抑制公平、正义、法制等普遍原则的践履,限制人的个体性存在和社会性存在的发展,始于“孝亲为大”的“推恩”同普遍之爱之间会产生

① 《论语·学而》。
② 《论语·颜渊》。
③ 《孟子·滕文公上》。

深度悖论。在我们看来,儒家之仁爱作为一种特殊主义的有差等之爱既有其合理之处也有其不合理之处。合理之处是:它充分而又准确反映了中国宗法血缘关系发达的社会现实,即使到今天有差等的血亲之爱仍是人间之爱的普遍形态;儒家的血亲仁爱对于推动和维护自古至今家庭的和谐、稳定和发展发挥着极为重要的作用,就是现代化社会也需要父慈子孝、兄友弟恭这样的家庭伦理风范;有人类天生的同情心(恻隐之心)和普遍人性(人同此心,心同此理)作为文化心理基础,完全可以根据“施由亲始”、“推己及人”的基本原理,实现由亲亲之爱扩展至普遍之爱(泛爱众);在一般情况下,亲人之爱同普遍之爱并不产生矛盾,二者完全是可以并行不悖的;最为重要的是,孝亲之爱不仅是普遍仁爱的出发点,也是培养后者的文化心理基础,不仅较为现实,较为符合人之常情,也是实现人类大爱的本根,正如朱熹所言,孝弟如同树木之有本根,如此方始枝叶繁茂,仁民爱物从孝弟做起。儒家仁爱的不合理之处是:在血亲之爱同泛爱众之间产生矛盾时,由于它强调前者的至上性,就可能牺牲普遍之爱,这就在一定程度上遏制正义、忠恕、法则、诚信等普遍伦理规范的践行;墨家的“兼相爱”虽然没有完全顾及人际的血缘亲情关系,使其缺乏现实根基(正如王阳明在《传习录》上说的:“墨氏兼爱无差等,将自家父子兄弟与途人一般看,便自没了发端处。不抽芽,便知得他无根。”),但墨家的兼爱道德境界,显然要高于儒家的仁爱(这就不难理解“大义灭亲”受到人们的推崇),也容易同当代的普遍主义伦理相整合。

“仁”是儒学核心之核心,孔学有时被归结为仁学,正是在儒家仁学的长期影响下,传统中国形成了尚仁的文化精神,这一重仁精神文化对中国社会及其个人发展已经并将继续产生广泛而深远的影响。

1. 为个人人格操练提供深厚的伦理基础。在儒家看来，仁者虽达不到圣贤境界，但同君子人格一样，是一种具有较高德性的人格范型，儒家从多个方面为建构仁者风范提供了思想指导。首先，儒家认为仁是主体内在的心性，它植根于人先天固有的不忍人之心之上，并指出亲亲作为仁的表现是人的天性，是人区别于禽兽的本质规定性，它来源于自然界的"生生之德"。宋明理学家更是断言人天生即具有仁心、道心。这些将有助于提升人们培养仁性品格的自觉性和自信心。其次，孔孟儒学把仁看成是全德之称，是贯穿于礼义智信、恭宽敏惠、忠孝廉耻等各种德目的灵魂，各种具体德目是对仁道这一儒家人道原则的展开、补充和表现，这就意味着任何具体德性修养如循礼、守义、知耻、守静、孝养等均在一定意义上是对仁德的修炼、提升，从而从不同层面形塑人的仁德人格。犹如孔子所说："能行五者（恭宽信敏惠）于天下，为仁矣。"①其次，儒家仁学以其鲜明的时代特色和强有力的思想观念范导人心。像仁者爱人、杀身成仁、仁者无敌等理念极大地震撼人心，激励无数中国人以弘道气魄去修身齐家治国平天下，成为为人所景仰的仁人志士。同时，诸如"惟仁者能好人，能恶人"②、"君子而不仁者有矣夫，未有小人而仁者也"③这些鲜明的伦理标准，具有强烈的实践指向性，引导人们去恶扬善，比照着仁者君子理想磨砺自己。最后，儒家仁道借助于特殊的社会机制去培养人的仁德。这些机制不仅包括由孟子极力倡导的仁政实践和王道政治，还包括各种社会慈善事业、公益活动，也包括各种蒙学读物和家训，鉴于此，逐渐使人的仁爱情怀得以生长养成。

2. 为构建良好的人际关系提供重要的行为规范和原则。如果

---

①《论语·阳货》。

②《论语·里仁》。

③《论语·宪问》。

说墨家倡导的是兼爱,基督教倡导的是博爱,那么,儒家的仁爱就是泛爱。这种泛爱不仅内在地蕴含“泛爱众”,还包括自爱、爱人和爱物,这种泛爱是调节人际关系的重要规范。首先,只有真正的自爱才能爱他人,才能处理好己群关系。如上所述,荀子直接指出“仁者自爱”,显然这是对孔孟仁学的发展,它把爱的范围扩展到主体自身。作为仁德体现的自爱决非自私自利,也不是扬朱式的消极为我主义,而是个人对自身生命、才智、身心、需要等的珍惜、重视,既包括修己、克己、成己(《中庸》说:“成己,仁也。”),也包括爱己。贺麟先生在谈到儒家五伦观念内含的等差之爱时讲到:“等差之爱的意义,不在正面的提倡,而在反面的消极的反对的排斥等差之爱。非等差之爱,足以危害五伦之正常发展者,大约不外三途:一、兼爱,不分亲疏贵贱,一律平等相爱。二、专爱,专爱自己谓之私,专爱女子谓之沉溺,专爱外物谓之玩物丧志。三、躐等之爱,如不爱家人,而爱邻居,不爱邻居,而爱路人。又如以德报怨,也可算在躐等之爱范围内。”①显而易见,儒家仁爱框架下的自爱并不是专爱,而是合理的自爱(在一定意义上含贵生)。一个人自爱并不全属于个人私事,也不仅仅属于个人性进取道德,它同样牵涉到己他关系,也算是一种协调性道德。因为只有好好自爱如康德所说的重视生命、发展才智,他才有资格、条件和能力去爱亲人、爱社会的人。其次,儒家仁道中的爱人精神直接会促进人际关系的改善。仁爱可以用孟子“亲亲而仁民”来概括,包含爱亲人和爱一般人,这两者都体现了一种利他主义精神。毋庸赘言,夫妻之间的恩爱、父子之间的慈爱、兄弟之间的关爱(兄弟之情)等是维护家庭和睦、稳定、幸福的精神动力。由于每个人都会遇到困难、危险、灾害、挫折等,需要他人的关爱、帮

① 贺麟《文化与人生》,商务印书馆1988年版,第55页。

助、关怀,因而爱人会给予他人以温暖,促进彼此之间关系的提升。同时,人与人之间有时会产生冲突、矛盾,这更需要一种张载所说的"民吾同胞"仁爱情怀去加以协调。在一般情况下,爱亲与爱他人并不存在冲突和矛盾,况且它们均具有利他本质规定性,彼此之间可以互相转换,因而,儒家的差等之爱是合理的,也符合人之常情。只是在特定情境下两者会产生不可两全的矛盾,儒家的亲亲为大会同爱人、泛爱众产生所谓的"悖论",甚至会牺牲社会正义,这时如若执意坚守等差之爱会使人走向以家族本位为内容的自私自利(个人主义)。再次,儒家仁道中的爱物理念会改善人的生存处境。孟子的仁德包含亲亲、仁民和爱物三个层次,由此可见儒家并不是强式人类中心主义者。到了宋明时代,张载把"仁民爱物"进一步发展成为"民吾同胞,物吾与也",①程颢也提出了"仁者,以天地万物为一体"②的一体之仁说,朱熹也认为"仁者,天地生物之心"③。人之爱物不仅可以促进天人和谐、生态平衡,改善人的生态环境,同时,由于物是人与人之间的中介,如何占有、分配、使用"物"直接关系到同代之间及代际关系的走向、性质,如果出于仁心而合理合法地爱物,就会保持和促进人的社会关系融洽发展。

3. 儒家的仁爱思想能够为人成德成善提供方法途径。儒家不仅提出来了行仁的道德要求,还指明了许多为仁之方,如孔子及其弟子的忠恕之道、能近取譬、中道而行,《中庸》的"絜矩之道",孟子的存心养性、推恩,王阳明的致良知、发明本心、四句教,等等。应当说,遵循这些古训,是每个人修养仁性的重要门径。孟子认为,不忍人之心是仁的端始,同情心是践仁的本根,因此,日常生活中只要看

① 《张载集·正蒙·乾称》。
② 《二程集·河南程氏遗书》卷二上。
③ 《朱子语类》卷五十三《孟子三·公孙丑上之下》。

一看所作所为是否心安,就是养仁的方法。孟子认为齐宣王不忍杀掉一头活牛正是因为他心中有不安、不忍,故他说:“无伤也,是乃仁术也,见牛未见羊也。”[①]人要培养仁爱之心,就要在社会实践中反复历练,就要在善行中提升自身仁爱的境界,就要在行动中加强自身修养。正如《中庸》所说:“好学近乎知,力行近乎仁,知耻近乎勇。”

(二)义

同“仁”一样,“义”也是儒家一贯倡导的基本道德规范。对“义”应从以下四点加以领悟。

1. 合理适宜。义,古作谊,《中庸》云:“义者,宜也。”韩愈《原道》曰:“行而宜之之谓义。”清代段玉裁在《说文解字注》中指出:“义之本训谓礼容各得宜。”孔子并未对“义”作明确界定,倒是孟子承继了孔子“君子之于天下也,无适也,无莫也,义之与比”[②]的思想,而对“义”作了某种规定,他说:“人皆有所不为,达之于其所为,义也。”[③]这即是说,依据羞恶之心,不去做不应当做的事而做应当做的事,就是义。可见它是一种扬善抑恶的情感和行为品质。换言之,儒家之义乃是指应当、适宜、应该之意,也就是人的行为合理性。就对内而言,义是出自仁爱之心的行为,是达成仁的途径:“仁,人之安宅也;义,人之正路也”[④];“仁,人心也;义;人路也”[⑤]。这表明,依据仁而行则为义,反之则为不义,显见仁是评价是否义的内在标准或依据。就对外而言,义即是符合社会的礼法、事理。《左传》:“酒以成礼,不继以淫,义也。”这说明,合礼才能称为义。

2. 普遍的道德规范。早在《国语》中,义被赋予普遍伦理之内

---

① 《孟子·梁惠王上》。
② 《论语·里仁》。
③ 《孟子·尽心下》。
④ 《孟子·离娄上》。
⑤ 《孟子·告子上》。

涵:“夫赵衰三让不失义。让,推贤也;义,广德也。”《左传》也讲:“临患不忘国,忠也;思难不越官,信也;图国忘死,贞也;谋主三者,义也”,“正德、利用、厚生,谓之三事。义而行之,谓之德、礼”。可见,“裁制众德使之合宜,使之行于社会就是义范畴应有的逻辑内涵”。[1] 立志复兴孔孟儒学的韩愈对义德更是作了明确说明:“博爱之谓仁,行而宜之之谓义,由是而之焉之谓道,足乎己无待于外之谓德。”[2]在孔子那里,义乃立身之本,是行为之最高标准,也是仁礼忠信孝勇诸德的普遍标准,因此才有忠义、仁义、礼义、道义、信义、孝义等提法,如此孔子才说“君子义以为上,君子有勇而无义为乱,小人有勇而无义为盗。”[3]孟子虽然从血亲伦理出发经常把义看成是家族道德,如他说:“仁之实,事亲是也;义之实,从兄是也”[4],“敬长,义也。”但也并未限于此,而在五伦说中提出“君臣有义”,并且还阐述了“集义养气”、“配义与道”、“惟义是从”、“舍生取义”等观念,这说明,孟子是把“义”当成一个较为广泛的伦理规范。

3. 去私从公。在儒学发展史上,义常常在公与私的关系范式上加以诠释。早在《左传》和《国语》中就倡导公为义,如书载晋王生曰:“私仇不及公,好不废过,恶不去善,义之经也。”[5]晋赵宣子曰:“吾闻事君者比而不党。夫周以举义,比也;举以其私,党也。”[6]这里,强调的是义为舍私就公,好恶合度。孔孟虽未明确阐明义为公,但从其有关义的论述中可以看出,孔孟之义具有鲜明的克己、去欲、孝亲、利他等价值倾向,迥异于扬朱的为我主义。荀子则直接指明:

① 仝晰纲等著《中华伦理范畴·义》,中国社会科学出版社 2006 年版,第 18 页。
② 《原道》。
③ 《论语·阳货》。
④ 《孟子·离娄上》。
⑤ 《左传·哀公五年》。
⑥ 《国语》卷十一《晋语五》。

“能以公义胜私欲也。”①汉代儒学第一次明确将“义”纳入“三纲五常”道德规范体系并将之作为治国理念。同孟子一样，董仲舒也是仁义并举，只是他将两者作了明确区分。他说：

所以治人与我者，仁与义也。以仁安人，以义正我。②

这里，所谓“正我”，大致应包括克己、自制、去欲的含义。到了宋明理学阶段，更是明确从公私维度去言说义利问题。张载说：“义公天下之利。”③这表明，张载是将“义”看成天下之公利。不过，儒学史上最为明确将义利关系界定为公私关系的要算是二程。他们指出：“义与利，只是个公与私也”④、“义利云者，公与私之异也”⑤。可见，二程把利视为个体特殊之私利，把“义”当做社会之公利。朱熹继承和发展了二程的义利观，认为义利只是为己为人之分⑥，“仁义根于人心之固有，天理之公也。利心生于物我之相形，人欲之私也”⑦。他把“义”规定为人间“大利”：“才说义，乃所以为利，固是义有大利存焉。”⑧作为开创湖湘学派的著名理学家张栻立足于天理人欲对立维度强调了义利的公利差异。他指出：

夫善者天理之公，孳孳为善者存于此而不舍也。至于利则一己之私而已。盖其处心积虑，惟以便利于己也。然而皆云孳孳者，犹言君子喻于义，小人喻于利之意。⑨

陆九渊的心学力倡“义利之辨”和“辨志”，以此去明善及舍私小而志

---

①《荀子·修身》。
②《春秋繁露·仁义法》。
③《张载集·正蒙·大易》。
④《二程集·河南程氏遗书》卷十七。
⑤《二程集·河南程氏粹言》卷一。
⑥《朱子语类》卷十三《学七·力行》。
⑦《四书章句集注·孟子注》卷一。
⑧《朱子语类》卷五十一《孟子一·梁惠王上》。
⑨《孟子说》卷七。

于“义”。可见,他同样是从公私角度去理解义利之分。

4. 重义轻利。许多人反对说儒家提倡重义轻利价值观,这一则是因为历代儒家并不否定人性有自利性的一面,孔子就认为追求富与贵是人之大欲,荀子明确说义与利是人之所两有,董仲舒则指出义利为人之“两养”,即“利以养其体,义以养其心”①。二程甚或认为“人无利,直是生不得”②;二则是因为孔子虽然主张在规范个人行为上特别是面临道德选择处境时要“喻于义”、“罕言利”,但在国家为政治民上却力主“因民之利而利之”,强调富民安民;三则是儒家倡导的“义”正是天下国家之公利,亦即福利、民利、大利,而反对谋取个人之财利、私利、小利,因此可以说儒家“重义不轻利”。

然而,从总体上说,儒家倡导的还是重义轻利价值观。一方面,儒家提倡义以为上。从道德人格和行为规范上,儒家要求人在处理个人同社会关系时坚持把义置于首要位置。孔子所推崇的君子人格正是讲究以义为先。他所提出的“君子喻于义,小人喻于利”③的命题表明,作为理想人格的君子通晓并推崇作为当然之则的“义”,相反,小人则只知道追求某种功利。孔子还提出:

> 君子义以为质,礼以行之,孙以出之,信以成之。④

这里,孔子将义视为君子应具备的内在素质,而礼、逊、信则为君子行义成义的外在形式。自孔子提出“君子喻义小人喻利”之后,后世正统儒家更进一步从动机论角度把先义后利甚至“罕言利”作为普遍待人处世(包括治民安邦)的行为准则。同孔子肯定“民利”之不同,后儒一般直接将“利”限定在以自我为中心的小利私欲上。孟子不仅在个人修身层面上要求人要集义,同时还在治国使民方面强调

① 《春秋繁露·身之养重于义》。
② 《二程集·河南程氏遗书》卷十八。
③ 《论语·里仁》。
④ 《论语·卫灵公》。

要重义轻利。他在见梁惠王时所讲的言论,其主旨即是"亦曰仁义矣,何必曰利",要求人把是否合乎仁义作为一切行动的动机和出发点,反对从"利"出发去选择行为方式。很显然,孟子坚持的是人在实施某一行为时,应在动机上惟义是求,不计任何利害得失。这一理念在孟子"大人者,言不必信,行不必果,惟义所在"①的论断中也得到了充分体现。这一惟义是从的义务论动机主义被汉代大儒董仲舒"正其谊(义)不谋其利,明其道不计其功"②命题得到彰显。董氏虽然提出了"利以养其体,义以养其心"③的义利两养观点,但他还是秉承了孔孟义高于利因而以义为先的思想。他根据有义者虽贫而能自乐、无义者虽富莫能自存,利小人易知、义大人不难明而强调义高于利。二程尽管从事实层面承认"人无利,直是生不得",因而既反对孟子的"耻言利",又不赞同李觏提出的"人非利不生",不过,他们毕竟把"义理"当做"天理"之有机组成部分,把"利"看成人的私欲,同时又大力倡导"存天理,灭人欲",所以说二程从价值层面上还是推重义以为先,义以为上——从他们一再强调"居敬集义"也可见一斑。同样的,朱熹也是倾向于把先义后利作为人的行为准则。他指出:

> 仁义根于人心之固有,天理之公也。利心生于物我之相形,人欲之私也。循天理,则不求利而自无不利;殉人欲,则求利未得而害已随之。④

不难看出,朱熹之所以主张义先利后,是因为在他看来,义是天理,利是人欲,而君子必须存天理灭人欲;同时,循天理则无往不利,而一味求利反而会害人害己。

---

①《孟子·离娄下》。
②《汉书·董仲舒传》。
③《春秋繁露·身之养重于义》。
④《四书章句集注·孟子注》卷一。

另一方面，儒家力主以义驭利。在学术界，有的论者认为儒家并不反对利，而只是摒弃特殊性质的"利"，即财利、私利、君利、小利或不义之利，认为在义利冲突时儒家主张"义以为上"、"先义后利"，而在义不伤利的情况下，应"以义驭利"。我们认为，从直接的形式的意义上，先秦孔孟儒学是"罕言利"乃至"耻言利"，而以董仲舒、程朱等为代表的儒家则承认了"利"对于人的意义，只是把它置于"义"之下。不过，不论是否直言"利"，历代儒家倡导的是求取合义之利，反对不义之利。孔子说："富与贵，是人之所欲也；不以其道得之，不处也。贫与贱，是人之所恶也；不以其道得之，不去也。"①这里，孔子强调的是追求富贵与去除贫贱均要以"道义"作为行为准绳。孔子十分否定不义之利，这就是"不义而富且贵，于我如浮云"②。孔子对君子提出了一系列重义的行为要求："君子谋道不谋食"③，"见得思义"，④"见利思义"。⑤ 孟子的惟义主义更为强调义利之间相冲突的一面，而在义利不能两全之时他要求人要舍生取义："鱼，我所欲也；熊掌，亦我所欲也，二者不可得兼，舍鱼而取熊掌者也。生，亦我所欲也；义，亦我所欲也，二者不可得兼，舍生而取义者也。"⑥荀子虽提出义与利是"人之所两有"，但他还是秉承孔孟义利观，认为"义之所在，不倾于权，不顾其利，举国而与之不为改视，重死持义而不桡，是士君子之勇也"⑦，"不学问，无正义，以富利为隆，是俗人者也"；⑧同时，他还强调人欲不可去或寡，只能导欲、节欲和养欲，这就是发

---

①《论语·里仁》。
②《论语·述而》。
③《论语·卫灵公》。
④《论语·季氏》。
⑤《论语·宪问》。
⑥《孟子·告子上》。
⑦《荀子·荣辱》。
⑧《荀子·儒效》。

挥“心”的理性作用,以心导欲,以义制利(欲)。宋明理学家中较为明确地提出以义驭利观点的是程朱。二程断言“计利则害义”,①因而他们坚决反对为求富而害义:

富,人之所欲也,苟于义可求,虽屈己可也;如义不可求,宁贫贱以守其志也。②

在他们看来,作为君子圣人应当做到求利不妨义,这就是:“圣人于利,不能全不较论,但不至妨义耳。”③朱熹不仅从人欲和天理角度界定义利而同孔孟一样主张重义轻利,同时他还认为义可生利:“循天理,则不求利而自无不利;殉人欲,则求利未得而害已随之。”④取利必合义:“朋友若以钱相惠,不害道理者可受”。⑤ 陆九渊把仁义视为人的本心,主张人要“志于义而行在义”。王阳明直接把“义”看做“致良知”,认为人“集义”不过是“致其良知以求自慊”,⑥从而倡导“正义不谋利”的非利主义伦理。宋元明清时期,虽然功利派陈亮提出“义利双行”、叶适提出“以利和义”、“义利并立”同程朱理学的惟义主义抗衡,虽然明代异端思想家李贽倡导“谋利方可正义”的私利主义观念旨在颠覆以董仲舒为代表的“正其义不谋利”的非利主义,虽然颜(元)李(塨)的实学派以其“正其义而谋利”而同程朱理学家的空谈仁义相论争,然而,由于程朱理学依靠封建统治者的支持,而使重义轻利和以义驭利作为占统治地位的主导价值观得以沿传下来。

以上我们从合理适宜、普遍伦范、去私从公、重义轻利四大方面解读了儒家义德。那么,这些义德思想到底会对人的发展会产生哪

①②《二程集·河南程氏经说》卷六《论语解》。
③《二程集·河南程氏外书》卷七。
④《四书章句集注·孟子集注》卷一。
⑤《朱子语类》卷十三《学七·力行》。
⑥《王阳明全集》卷二《传习录中·答欧阳崇一》。

些影响呢？这些影响有多大、如何评价之？不妨从以下几方面加以考量。

1. 儒家义德有助于培养人的义务感。许多人侧重于从合理适宜和道义角度去理解儒家之义，不太在意它所蕴含的义务含义。殊不知，儒学中的“义”暗含着现代伦理学所讲的“义务”。无疑，义可以分为仁义和礼义，这表明义是由发自人内在仁心和遵循外在社会礼法的应当行为，而这正好是义务。孟子说：“敬长，义也。”这里，完全可以理解为敬爱长兄是人的一种道德义务。他还说：“人皆有所不忍，达之于其所忍，仁也；人皆有所不为，达之于其所为，义也。”① 人都有不愿意做的事，把这种不愿意扩充到他愿意做的事上，就是义。所谓愿意也就是依据羞恶之心去做应当的事。这同“义务”十分接近。可以讲，儒家重义在许多场合即是重视人作为特定的社会角色所应当履行的职责、使命，例如敬长、君臣有义、正德利用厚生等。在这种重义价值观的导向上，传统中国人义务感特别强，出现了许许多多的义庄、义田、义民、义工，甚至出现了对皇帝死守道义的忠臣烈子。应当说，在当前许多人义务感下降、不愿尽义务的时势下，深入挖掘儒家的义德资源，用之对民众进行正确义务观教育，会大大强化人的责任意识，提高人的义务感和责任心。不过，由于儒家特别说孟子所设立的义务过于严格，且有泛义主义之嫌，特别是封建统治者对广大民众义务的强制，这使得本来能像康德所说的那样使人获得自由的各种义务戒命，变成束缚个性发展的沉重负担，义务至上导致人难以充分自由的发展。

2. 儒家的义德有助于培育人的正义感。美国成中英很早研究过儒家正义思想，目前国内学术界有的学者如郭齐勇、黄玉顺等也

---

①《孟子·尽心下》。

开始关注儒家正义问题。儒家的“义”同正义到底是不是属于同一范畴呢？张曙光提出，“正义”在中国古代指中正的“仁义”、“礼义”，简约为“义”，与西方的“正义”虽然相通却难以吻合，只是到近代以后，“正义”在中国才逐步与“礼义”脱离。[①] 与张曙光有所不同，成中英直截了当地肯认了儒家正义观念，认为可从“义”、“直”、“中”和“正”四个维度去诠释它，并且他提出了正义感问题，认为儒家正义感是一个蕴含恻隐之心的仁、恭敬之心的礼和是非之心的智，以客观事物为决定因素的主观态度。同时，他分梳了仁义之间的复杂关系：违仁合义、合仁违义、合仁合义和违仁违义。从“正”来说，儒家强调的重点在正人，义之为用在正己以正人，以人的修养为基础，这是正身、正心、修身观念之发展起源，当然也不应否认儒家也讲究客观化的制度以为纠正正义的凭借。[②] 这里，成中英实际上提出了“伦理正义”和“政治正义”两种类型。前面我们已讲过，荀子明确提出了“正义”范畴，如他说：“正义直指，举人之过，非毁疵也”[③]，“正利而为谓之事，正义而为谓之行”[④]。董仲舒则主要强调以义正己，认为以仁安人，以义正我，“仁之法在爱人，不在爱我。义之法在正我，不在正人”[⑤]。应当肯定，董仲舒把仁义加以区分确有其价值，但把仁归结为正人、把义归结为正我显然是片面的，因为仁与义均存在正己正人两面。无论如何理解“正义”概念，儒家所提出来的义之与比、义以为上、义以为质、喻于义、见利思义、舍生取义、先义后利、惟义所在、君臣有义等重义观念，就像阳光雨露一样，在

① 参见丁冠之等《儒家道德的重建》，齐鲁书社 2004 年版，第 38～41 页。

② 参见李翔海、邓克武编《成中英文集·伦理与管理》第三卷，湖北人民出版社 2006 年版。

③《荀子·不苟》。

④《荀子·正名》。

⑤《春秋繁露·仁义法》。

两千多年的历史过程中，不断滋润着中国人的心田，不断加以沉淀，内化成为人们的价值观念、理想信念、道德情感等的重要组成部分，有力地培养了人的正义之感，以此去正己正人正名正政，从而使中华民族涌现出一批批义士、壮士，锻造出立志于民族国家大义的正义之师、义勇之军。

3.儒家的义德有助于培养人的道义感。虽然儒家并不全然反对人谋利，并认为义与利可以统一，但从总体思想倾向来说却是重义轻利。这一重义价值观只要保持在合理范围内（如伦理情境）是完全正确的，也是应该大力倡导的。义是仁心天理的表现，是人区别于动物的主体性展现，只有坚持儒家义以为上、见利思义等伦理价值，才能做到以义养心、大义凛然，才能使人们在日用中培养自己的正义情感。诚然，诸如罕言利、谋道不谋食、惟义所在、正其谊（义）不谋其利等确实会在一定程度上带来某种非利主义的流弊，特别是把重义轻利价值观扩展到一切领域（如国家层次、政治经济层面）的泛义主义，会造成重农轻商、重道轻器等问题，乃至像“文化大革命”那样否弃人的正当利益追求，引发摒弃人的求利之心的禁欲主义，用义来阻遏人的成就动机自然会严重削弱人建功立业的精神动力，也严重影响人的求富求乐追求。然而，儒家的重道尚义思想毕竟在历史上造就了一代又一代守义不辱、舍生取义的民族英雄，它对那种“上下交征利”的混乱景象起到了矫正作用。

在新的历史时期，我们不应抛弃儒家的重义思想，而应批判地继承、合理地运用。可以说，在道德范围内提倡“重义轻利”本身没有错，任何时代、任何社会，“舍生取义”、“见利思义”、“大义灭亲”等重义轻利的举动总是为人称道和倡导的。问题在于，儒家文化以伦理为本位，将“重义轻利”价值观不加选择地推广到社会生活各个领域，夸大它的社会整合功能，从而带来义务本位和非利主义的某些流弊。第一,由于受义务束缚,中国人的个性不能伸张,正当权利得不到实现,严重影响了个人积极性、主动性和创造性的发挥。第二,过分追求公平与和谐,造成平均主义盛行,效率低下,最终导致普遍贫穷。第三,用“重义轻利”这把道德一元尺度去衡量一切,其结果是把许多带有“小恶”而又对发展生产力和生产商品化、社会化、现代化有利的社会文化成分——私营经济、商品经济、自由竞争、市场经济等加以排除,从而使中国错过了早日实现现代化的诸多良机。如今,重义轻利价值观已经受到了巨大冲击,求利、求富、求实已成为人们的普遍价值选择。不过,令人痛惜的是,现在一些人惟利是图,为了一己私利,可以不择手段,不讲求任何道德良心、社会正义,以至于“颂利非义之声盈耳,弃义逐利之行盈目”。这就使我们在处理义利关系上面临着双重压力:一是继续清除一些人观念中不应留存的“重义轻利”观,二是反对只顾逐名追利不讲道德仁义的行为。

究竟怎样看待和处理义利关系,才能使人的行为和整个社会沿着正确方向发展呢?有人提出在国家层次上不宜提倡“重义轻利”,而在个人行为层次上要求“重义轻利”。我们认为,不论何种层次,都不应笼统地提“重义轻利”,在社会总体上似应提义利并重,倡导革命功利主义。首先,对什么是应该做的,什么是不该做的,什么是道德义务,什么是不义的,要根据现实社会的文化、历史条件,做出新的界定。其次,从宏观上着眼,大兴民族之利、国家之利、集体之利及社会之利等各项公利,强化人们的功利意识和求实精神,对那些确实有利于国家强盛、人民富裕的文化成分,哪怕从道德上讲是不义的,也应加以合理利用(“利用厚生”)。再次,区分道德与非道德行为和场合。在道德领域,一旦义利不能两全,应鼓励舍利取义;但在非道德领域(尤其是经济领域),只要不违背道德和法律,就应鼓励大胆追求利益。换言之,既不能把诸如“大利大干,小利小干,无利不干”的市场法则带入道德场合,也不能将“重义轻利”普遍推行于经济领域。

(三)礼

在我国,“礼”的观念起源很早,早在夏商时期即已产生。面对“礼崩乐坏”的社会混乱景象,以孔子为代表的先秦儒家力图恢复周礼,以后“礼”又被后儒赋予了极为丰富的意义。“礼”作为一个调节人际关系的道德规范,我们应从以下层面加以诠释。

1. 礼的伦理意蕴。一般说来,礼大致包括礼法、礼义和礼仪三大方面,在孔子所致力恢复的周礼当中,这三者浑然一体,只不过更多的是指宗法等级制度和家族制度,因而是一种政治规则和伦理规范的混合体。孔子所说的“为国以礼”,①荀子所讲的“礼者,法之大分”②、“乐合同,礼别异”③等,其中之“礼”大体是指政法制度、宗法制度。不可否认,当孔子对“仁”作出新的历史解释赋予其以“全德之称”,同时纳“礼”入“仁”,使“仁”成为“礼”的本根和内在精神时,“礼”的伦理意蕴就逐渐凸现出来。最典型的例证莫过于由孔子所提出来的“克己复礼为仁”④、“人而不仁,如礼何?人而不仁,如乐何”⑤等命题。相对而言,孟子更为强调并发展了“仁义”,不如孔子那样重视礼,而且,他很少谈周礼、周制,而把“礼”作为同仁、义、智相提并论的“四德”,从而把“礼”作了道德化的改造——“辞让之心,礼之端也”。⑥ 可以说在先秦就重视礼的伦理含义来说,经历了肯定——否定——肯定三个阶段。荀子虽然肯认了礼的道德规范

①《论语·先进》。
②《荀子·劝学》。
③《荀子·乐论》。
④《论语·颜渊》。
⑤《论语·八佾》。
⑥《孟子·公孙丑上》。

意蕴，但就他把礼同法联用来讲，礼对他而言，既具有规制、礼仪、礼节、礼俗的内容，又具有伦理之意义。例如，他常将礼义连用，说："制礼义以分之，以养人之欲，给人之求"，[①]显然，这里的"礼"就包含了礼法、礼德、礼仪等多重意义。可以说，不论是三礼(《周礼》、《仪礼》、《礼记》)之礼，《中庸》所说"礼仪三百，威仪三千"，还是先秦之后诸儒所讲的各种"礼"，无疑是集各种含义于一体，只是由于儒家的泛伦理化取向，使儒学之礼更多的是指调节人行为的伦理规则、原则。

2. 以礼为大。围绕儒学的核心究竟是仁、中庸，还是礼，学术界至今仍无定论，我们虽然倾向于认为"仁"应是儒学思想的核心，但也承认重礼是儒学的基本主张。儒学之所以重视礼，乃是建立在其对礼的重要作用和社会价值充分认识的基础之上。《礼记·哀公问》讲孔子主张"礼为大"。之所以如此，在儒家看来，主要是因为礼具有两大社会作用。

一方面，礼是德性伦理的具体化。"道德仁义，非礼不成"、[②]"克己复礼为仁"，[③]这说明合礼是为仁的重要标准，是仁爱这一内在道德情感的外在表征。而孔子所说的"人而不仁，如礼何"，则表明践履礼必须以仁为基础。至于《论语》中所言"大哉问！礼，与其奢也，宁俭；丧，与其易也，宁戚"[④]，则反映了人在从事种种行礼过程中应有内心的尊敬、怀恋和感恩之情。孟子对仁礼关系作了生动而深刻的阐发。在孟子看来，仁是人内在主观的道德情感，义是人所应当做的事(适宜)，而要将它们真正转化为人外在的行为就必须依

① 《荀子·礼论》。
② 《礼记·曲礼上》。
③ 《论语·颜渊》。
④ 《论语·八佾》。

赖于礼进行节制和文饰，正所谓"礼之实，节文斯二者是也"①。用孟子自己的话来概括就是仁宅、义路、礼门。由于礼是出自人的辞让、恭敬之心（"辞让之心，礼之端也"），它比仁义具体而实在，因此，仁义必须借助于五伦（即父子有亲、君臣有义、夫妇有别、长幼有序、朋友有信，在这里，亲、义、别、序、信是人应为的义）等礼规（实即道德规范）得以彰显，仁义通过各种各样的礼仪、礼节、礼俗、礼容等得以展现、表达和修饰。譬如，孔子儒家特别强调守三年之丧，借以表达对父母的孝心和感恩之情（仁义）。从另外意义上讲，践行礼又是培养人仁义道德品质的重要途径、手段和方式。因此，孔子才说"道之以德，齐之以礼，有耻且格"②，才讲克己复礼为仁："一日克己复礼，天下归仁焉"③，才批评不愿意守三年之丧的宰予"不仁"④。更进一步，儒家还将礼视为评价各种美德的尺度和界线："恭而无礼则劳，慎而无礼则葸，勇而无礼则乱，直而无礼则绞。"⑤乃至把礼作为特定的道德品质——如孟子所倡导的仁义礼智四德。

另一方面，礼可达至和谐。首先，礼能为角色定位。在某种意义上，礼就是根据一个人在社会生活中的身份关系等而确立的行为方式，大致相当于人的角色体系，它表明了一个人所应承担的责任以及相应的权利。礼要求人做符合自己社会身份的事，也就是孔子所讲的"正名"——君君、臣臣、父父、子子，从而使人明了自己所处的义务、权利，并以此选择正当的行为举止，从而使人际关系可以正确进行行为期待，便于人与人之间沟通和互动。其次，礼可以使人进行合理社会定位。礼的一个社会功能就在于它把人在社会关系体系

①《孟子·离娄上》。
②《论语·为政》。
③《论语·颜渊》。
④《论语·阳货》。
⑤《论语·泰伯》。

中的位置确定下来，提供建立社会结构和社会调适的规则和标准。对此，荀子作了独到阐释。他说：“礼者，贵贱有等，长幼有差，贫富轻重皆有称者也”。[①] 礼能够区分社会上的不同差别，这就使每个人各按自己地位的高低顺序而安分守己、各尽本分，从而维持社会良好的秩序。可见，礼作为一种社会调控机制，它可以对社会秩序起到整合调节作用。再次，礼能够节制人的行为。孟子把礼置于人的辞让之心上，这就为人克制私心奠定了道德情感基础。而荀子在谈到礼的起源时，也指出：

> 先王恶其乱也，故制礼义以分之，以养人之欲，给人之求，使欲必不屈于物，物必不屈于欲，两者相持而长[②]。

礼使人的欲望保持在适当范围之内，限制人的行为，使社会不致产生混乱，以达到和谐稳定。以荀子为代表的儒家还致力于把礼上升到法的制度层面，以此去调控人的社会化行为。早在《吕刑》中即已将礼提高到“五刑之属三千”的威仪高度而凸现礼的法制内含。荀子更是明确指出：“非礼，是无法也”[③]，“礼者，法之大分，类之纲纪也，故学至乎礼而止矣。夫是之谓道德之极”[④]，礼法的强制和惩治，乃是实现社会安定和睦的重要手段。最后，礼是维系人际关系的纽带。传统中国社会往往会通过送礼和还礼这一模式来保持人际关系的协调、沟通和畅达。正如《礼记·曲礼》云：“礼尚往来，往而不来非礼也，来而不往非礼也。”借助于礼尚往来，传统中国社会借助于“投桃报李”的情义纽带，实现了人际关系的融通和沿展。也许正是由于有上述四种功能，《论语·学而》中有子才说：“礼之用，和为

---

①《荀子·富国》。
②《荀子·礼论》。
③《荀子·修身》。
④《荀子·劝学》。

贵”——礼的最主要功用就是追求和谐。

3. 重礼尊礼。由于礼具有多种社会作用，因而儒家强调人要隆礼、习礼、尊礼、学礼。孔子不仅把礼看做人安身立命的根本，提出“不学礼，无以立”、①“兴于诗，立于礼”②等，指出，要成就仁德，务必做到“四勿”，即“非礼勿视，非礼勿听，非礼勿言，非礼勿动”③。强调“为国以礼”、“君使臣以礼”，倡导在治国时注重礼教。同时在现实生活中，孔子注重树立谦谦君子的形象，处处用礼来指导自己的日常生活起居。孟子把礼作为同仁义智一起的“四德”加以倡扬，要求人像君子一样“以仁存心，以礼存心”，④把践行礼化为个人内心信念。与孟子相对重仁义轻礼教不同，荀子把礼看做人道之极、道德之极，视礼为法之大分、类之纲纪，立足于“礼义者，治之始也”、⑤“法者，治之端也”⑥的礼法并重思想，而强调隆礼重法：“人君者隆礼尊贤而王，重法爱民而霸”⑦。自汉高祖刘邦之后，在儒生的倡导下，历朝历代封建统治者注重礼仪、礼制和礼治，同时也涌现出了一大批像叔孙通、高堂生、孟卿、后苍、刘向、马融、郑玄、何承天等礼学大家。

对于儒家的重礼思想给予人的发展造成什么样的影响，也是仁者见仁、智者见智。早在明清时期，戴震就对礼教进行了批判，五四运动时期，一些激进反传统人士也把攻击的矛头直指儒家的礼教，断言它“以礼杀人”、“以礼吃人”。改革开放以后，在“文化热”中，

---

①《论语·季氏》。
②《论语·泰伯》。
③《论语·颜渊》。
④《孟子·离娄下》。
⑤《荀子·王制》。
⑥《荀子·君道》。
⑦《荀子·强国》。

许多人也对儒家之礼治、礼教大加挞伐。刘再复、林岗在《传统与中国人》一书中，先是陈述了周作人、鲁迅、陈独秀等先觉者如何揭露中国日常生活、家庭生活中“吃人”的风俗后，然后把吃人连同自私、冷漠都归结为儒家的仁义忠恕和礼治秩序，并得出结论说，礼治秩序即礼教，在模塑中国人的主奴根性方面确实扮演了不同寻常的角色。

在我们看来，要正确分析评价儒家重礼思想对于人发展产生的作用及影响，必须遵循以下几种思路。

一是普遍之礼与特殊之礼。冯友兰在谈到如何对待中国道德遗产时，提出要注意区分“共相”和“殊相”。在认识儒家礼德的作用和意义时，同样应遵循这一思路。儒家不仅强调了礼的重要性，认为“不学礼，无以立”①，“上好礼，则民易使也”②，“安上治民，莫善于礼”③，还提出了一系列重礼的行为要求，如“君君，臣臣，父父，子子”④、“克己复礼”⑤、“博学于文，约之以礼”⑥、“礼以行之”⑦等，同时，也就具体的日常生活、政治生活提出了明确的要求。另外，儒家还把礼乐教育作为成人的基本素质加以强调，认为“文之以礼乐，亦可以为成人矣”⑧。应当承认，儒家关于重礼、尊礼、循礼作为一般的行为规范有助于培养人的好礼作风，有助于整合社会秩序，有助于为个人发展创造一个安定、有序、和谐的社会关系环境，有助于提高人们的文明礼貌水平。正因如此，新时期党和国家大力号召人民群众“树新风、讲礼貌”，社会上也强调“礼让三先”。要知道，懂礼貌是文明人的基本标志。只是孔子主张恢复周礼，以及《礼经》等对人

①《论语·季氏》。
②⑧《论语·宪问》。
③《礼记·乐记》。
④⑤⑥《论语·颜渊》。
⑦《论语·卫灵公》。

的具体循礼要求如“夫死不嫁”等，以及旧中国的一些陈规陋俗和繁文缛节，确实存在束缚人、限制人的问题，正因如此，我们才要倡导移风革礼、移风易俗。

二是思想之礼与政治之礼。出于对“礼崩乐坏”社会混乱状况的反思，先秦儒家提出了重礼、约礼、尊礼、隆礼的思想，这些思想表达了儒家对长幼有序、各安其分、尊卑有序、各司其职等理想社会的向往，表达了他们对新的人际关系和社会秩序建构的美好设想。儒家礼学的经典是《周礼》、《仪礼》和《礼记》，《周礼》为国家的典政大法，《仪礼》是士民的行为规范，《礼记》是后儒的心得笔记。这些文献特别是《春秋》贯穿着重礼观念，均旨在使人践履。不论是孔孟儒家的重礼观念，还是“三礼”，其向往人间秩序构建的人文主义礼治精神，具有普遍而恒常的适用性，今天仍需要加以发扬，何况目前社会上违礼不讲礼现象日渐增多，许多人的行为陷入失序、失范、失轨状态。当然，四书五经也夹杂着不少旧礼、繁礼、陋礼等成分，这些对人的健康发展带来了消极影响。儒家把礼作为社会政治制度、治国大法加以倡导，提出“以礼让为国”，这同样适合于治国安邦的政治需要。司马谈认为，虽然“儒者博而寡要，劳而少功，是以其事难尽从”，但“其序君臣父子之礼，列夫妇长幼之别，不可易也”。① 也许由于重礼能够适应封建统治者的需要，导致汉武帝把儒学政治化，使儒家礼学服务于政权。历代王朝如汉、三国、唐等高度重视礼学礼制，制订了各种礼仪，这固然促进了儒家重礼思想向政治儒家礼治的转化，但出于维护封建专制的需要，当权者包括政治儒家，一方面利用先秦儒家及“三礼”中一些消极落后的礼学观念，另一方面则进行某些歪曲、损益，并适应了政权、族权、父权的特点，使礼治带

① 《史记·太史公自序》。

来过于严酷、过于繁琐、脱离人性定势等弊端。五四运动把“吃人”、“杀人”以及人的主奴根性主要归咎于儒家礼治思想显然过于偏激，应当说，依附于封建制度的政治之礼要承担更多责任。

三是实质之礼与形式之礼。不可否认，儒家礼学思想中存在着对某些虚饰、形式、落后的礼仪、礼法、礼节的赞许、认同和肯定，例如《中庸》所说的“礼仪三百，威仪三千”，孔子本人也过分推崇复礼、循礼，讲究等级之礼，他严厉指责鲁大夫，表示子贡爱羊我爱礼①，并要求人们做到“四勿”：“非礼勿视，非礼勿听，非礼勿言，非礼勿动”②，主张以礼事君，以礼教人，以礼为国，以礼从政。这种泛礼治主义无疑会造成人为礼而礼的形式主义不良后果，使人落于礼套不能自拔，成为各种礼教的牺牲品。但是，儒家终究创设了一种实质之礼，这就是仁礼互摄，由仁来规定礼，认为失去了仁的支撑，礼变得无意义，只是空壳和仪表而已：“人而不仁，如礼何？人而不仁，如乐何？”③这表明，外在的礼节礼仪必须体现内在仁爱情怀，而不仅仅是为了管辖人、约束人。孟子进一步认为礼的功能就在于对仁义进行节制和修饰。于是，礼不再是一种外在强制的社会规范，而是发自人类主体仁心的根本要求，循礼遵礼不再是形式化的程序规整，而是个人展现仁道的门径——仁宅义路礼门。孔子本人也把礼纳入义礼结构之中，认为礼不过是义的外在化：“义以为质，礼以行之”④，从而为礼注入义理。孔子还说：“丧，与其易也，宁戚。”⑤这里，孔子把注重真情看做是礼的根本。同时，他表示不忍心接受“为礼不敬”⑥，赞赏“文质彬彬”的君子⑦。尤其是孟子虽然重礼，但反

①③⑤⑥《论语·八佾》。
②《论语·颜渊》。
④《论语·卫灵公》。
⑦《论语·雍也》。

对死守礼节，而主张以权变态度对待它。他指出，男女授受不亲固然是礼，但一旦嫂嫂掉在水里，就应伸手相救，因为这是一种应变的策略，孟子显然反对死守礼规的形式主义礼教。在当代，儒家对实质之礼的阐释告诉我们，只要抱有仁心正义和真诚情感去行礼、践礼，以礼存心，不仅会使自己变成有礼之人，也能培养人仁爱、谦恭、正义的品性。

(四)智

在《论语》、《孟子》等儒家经典文本里，“知”有时同“智”通用，如孔子所言“知者不惑”，①有时则不能完全等同，知仅为智的基础，而主要指知识、文化水平，而智则不仅指人具有丰富的聪明才识，还指拥有较强的各种能力，如“知者不惑”。② 我们在这里，把儒家的“知”同“智”一起来加以探讨。且不说儒家是否主张愚民，有一点可以肯定，就是同道法轻智乃至反智不同，儒家历来重智。先秦儒家特别重视“智”的问题，《论语》有一百多处谈及“知”(智)。作为儒家道德规范之“智”，应从以下几方面加以理解。

1. 偏重于德性之知(智)。早在先秦，儒家就提出了“仁且智”的人格理想和道德要求。《孟子·公孙丑上》上子贡说：“学不厌，智也；教不倦，仁也。仁且智，夫子既圣矣！”可以看出，子贡在这儿是将仁与智看成两种相对独立的品格来言说的。另外，孟子所提出来的“尽其心者，知其性也；知其性，则知天矣”③，也肯定了知的对象可以是天。宋代张载更是明确提出了“德性所知”与“见闻之知”两类范畴，④从而在儒学发展史上第一次把事实认识和价值认识区分

① 《论语·子罕》。
② 《论语·宪问》。
③ 《孟子·尽心上》。
④ 《张载集·正蒙·大心》。

开来。然而,在绝大多数场合,儒家更为强调道德之知(仁知),把“智”从属于“善”。一是智者应有仁。孔子认为“择不处仁,焉得知”、“知者利仁”、“知及之,仁不能守之;虽得之,必失之”。[①] 显然,他将仁视为智的来源、标准和皈依。孔子还讲:“知之为知之,不知为不知,是知也。”[②]可见,孔子把诚实、谦虚看做“知”,从而把“善”归之于“真”。在“四德四端”说中,虽不能绝对说孟子把“智”完全归结为伦理智慧,但他却侧重于把“智”定位于“求善”。一方面,孟子认为人先天具有的恻隐、羞恶、辞让、是非四种“善端”,必须致力于“求”,因为“求则得之,舍则失之”;另一方面,孟子强调人生来具有良知、良能——“人之所不学而能者,其良能也;所不虑而知者,其良知也”[③]。而这种所谓的“良知良能”主要表现为道德化的智能:“孩提之童,无不知爱其亲者;及其长也,无不知敬其兄也。”[④]同时,孟子还说:“仁之实,事亲是也;义之实,从兄是也;智之实,知斯二者弗去是也。”[⑤]这里,孟子把善与真、伦理学和认识论统一起来了。二是崇尚德知。扬雄在《法言》中指出天下有禽门、人门和圣门,而要成为圣人,就需“尚智”,从而建构起尚智主义的知识论传统。程朱理学虽然接受了张载“闻见之知”和“德性之知”两种说法,可他们也是重后者轻前者。在他们看来,人心具万理,人心即是天理,“人心莫不有知,惟蔽于人欲,则亡天理也”,[⑥]因而,只要尽心内省即可知天理;同时,程朱均认为德性之知不假耳闻,“耳目能视听而不能远者”,[⑦]“闻见之知”只能就一事论一事,无法知天理,惟有“德性之知”才是“论圣人之事”。王阳明把孟子的“良知”说进一步作了伦

①《论语·卫灵公》。
②《论语·为政》。
③④《孟子·尽心上》。
⑤《孟子·离娄上》。
⑥⑦《二程集·河南程氏遗书》卷十一。

理化的改造，不仅否认良知应有闻见，还把致良知当成圣人之学，认为“心之良知是谓圣。圣人之学，惟是致此良知而已”①。由此可知，历代儒家把智（知）主要规定为对仁义道德进行辨别、判断和择取的才智和能力并加以推崇。三是仁者可以有愚。尚智重知一般并无错，人们也愿做一个富有聪明智慧之人。但如果如上所说“择不处仁”，知在实际运用过程之中不用仁义加以节制，就会招致失败，就会带来恶果。因此，智本身并不纯粹是善的，要趋善避恶就必须同“仁”结合起来。“智”同“愚”是相对应的，而“愚”既可以是愚钝、愚蠢、愚昧之“愚”，也可以是大智若愚之“愚”。在特定场合，表现出“无知”反而是仁所需。因此，孔子儒学把木讷、不佞视为仁德。仁且智固然应受推崇，但有时愚者只要能行仁也是可以接受的，现实生活中，愚且仁的人不仅存在且是正当的。正因如此，孔子才在《论语·子路》中说：“刚、毅、木、讷近仁”，才在《论语·阳货》中讲：“巧言令色，鲜矣仁”。当然，讷言木讷不过是意味着某种反应缓慢、不善言谈的性格特质，并不是严格意义上的“愚”，孔子从本质上把“愚”当做弊端看待而要求人既好仁又好学——“好仁不好学，其蔽也愚，”并在《论语·雍也》中说“君子可逝也，不可陷也；可欺世，不可罔也。”一个人作为仁者可以不必文化水平高、聪明伶俐，但必须具备道德智慧。同时，仁者与智者可以在性格、爱好上有所不同——《论语·雍也》讲：“知者乐水，仁者乐山；知者动，仁者静；知者乐，仁者寿。”但从根本上讲孔子儒学是主张仁智合一的。

2. 尚知重学。学习是获取知识、汲取智慧、培养操守的有效途径，因此，儒家特别重视学知。孔子提出了生知与学知问题：

生而知之者，上也；学而知之者，次也；困而学之，又其次

---

①《王阳明全集》卷八《文录五·书魏师孟卷》。

也；困而不学，民斯为下矣。①

另外，他还说："惟上知与下愚不移。"②这里，孔子把人的才智分为生知、学知、困而学、困而不学四个层次，难免有先验主义之嫌，不过，孔子更为强调学而知之。一是他自以为自己并非天知，而是"学而知之者"，他明确地讲"吾十有五而志于学"，③"我非生而知之者，好古，敏以求之者也"④；二是他反复申说人要致力于多方面学习："多闻阙疑，慎言其余，则寡尤；多见阙殆，慎行其余，则寡悔"⑤，"盖有不知而作之者，我无是也。多闻，择其善者而从之；多见而识之；知之次也"⑥。可见，孔子主张人要多闻多见；三是孔子要求人注意学习的态度和方法，既要做到"学而时习之"⑦、"学而不厌"⑧、"敏而好学，不耻下问"⑨、"入太庙，每事问"⑩等等，又要善于掌握"闻一以知十"、⑪、"下学而上达"⑫等为学之道；四是提倡学思并重，认为"学而不思则罔，思而不学则殆"⑬；五是强调学习的重要性，即"好仁不好学，其蔽也愚；好知不好学，其蔽也荡；好信不好学，其蔽也贼；好直不好学，其蔽也绞；好勇不好学，其蔽也乱；好刚不好学，其蔽也狂"⑭。荀子从"化性起伪"维度也强调人要加强学习，并专门写了《劝学篇》，要求人要"学不可以已"，"博学而日参省己身"，还以其学知思想批评了孔孟的"生而知之"论和"良知"论。从孟子、张载到程朱，虽然他们更为凸现"圣人之学"、"天德良知"

①《论语·季氏》。
②⑭《论语·阳货》。
③⑤⑬《论语·为政》。
④⑥⑧《论语·述而》。
⑦《论语·学而》。
⑨⑪《论语·公冶长》。
⑩《论语·八佾》。
⑫《论语·宪问》。

和“内省之学”,但并未完全否弃“闻见之知”,二程还一再宣扬“涵养须用敬,进学则在致知”,朱熹提出了持志、致精、读书、穷理的“为学之道”。① 在社会实际生活中,致知求学的目的无非是为了提高人的才智或文化水平以及人的各种能力修养,然而,有的人却是有才无德,有的则是德才兼备。康德把发展才智视为人对自己的道德义务。儒家同样把尚知重学当做人安身立命的求道功夫看待。这固然表现在儒家把智直接当成人的道德品格,例如孔子提出了智、仁、勇三德,孟子创发了“仁义礼智”四德,同时还体现在历代儒家认为人的格物致知、为学进学的主要目的乃是为了求善,为了成仁,为了修身养性,为了实现天理。上引孔子对子路所讲的不好学就会带来愚、荡、贼、绞、乱、狂等流蔽即说明学知是为了防止发生各种道德偏差。致知求学乃是为了完成道德职责这一儒家理念,可以用张载一段话来概括,这就是:“读书少则无由考校得义精,盖书以维持此心,一时放下则一时德性有懈,读书则此心常在,不读书则终看义理不见。”②用南宋著名教育家吕祖谦的话来说,就是:“为学须识义、利、逊、悌、廉、耻六个字,于此守之不失而为善人。”③

关于儒家智德对人发展产生的影响,本书儒家为人之学部分已有所涉及,后面在讲到儒学二重性时也会涉猎,这里我们只想简单指出以下两点。

一方面,它有助于让人们重视道德认知能力的提高。儒家对德性之知的重视虽然不利于造就人为知识而知识、为学术而学术的求真精神,但是,道德知识同样是人必备的基本品质,它乃是人进行正

---

①《朱文公文集》卷十四《行宫便殿奏札三》。

②《张载集·经学理窟·义理》。

③《杂说》。

确的善恶判断、明辨是非的前提,是知人善任、选贤与能的基石,智者不惑的意义不在于聪明明智,而在于它可以像孟子所说的那样知道仁义的价值所在。古今中外许多人之所以会犯道德过失,有时并不是他们缺乏向善之心,而在于缺乏知善知恶的道德判断能力,为此,我们应高度重视培养人的道德智慧,挖掘人的道德良知,修养人的伦理慧命。另一方面,它有助于培养人的好学品性。儒家尚知重学的思想内容丰富,其劝学态度和方法既实在又实用,是我国形成尚学、重教传统的重要文化原因。大力弘扬这一优良传统,有助于培养人的才智能力,改变当前一部分人厌学的态度,促进学习型社会建设,推动人在德智方面的全面发展。

(五)信

儒家的信道德虽没有被孟子纳入同仁义礼智相并列的德目之中,却也被作为五伦(朋友有信)加以倡导。儒家信伦理思想继承和发展了三代时期盟誓、胥命以及信为政本、交友以信、言行一致、定身行事等尚信传统,尤其是吸收了东周“信用昭明于天下”、“赏莫于信义”、“设围以信”、“忠信而志爱”、“以信为动”以及春秋战国时期“定身以行事谓之信”、“信者言之端也”等重信观念,由孔子、孟子和荀子在先秦作了创发性探索。对儒家信这一道德规范,不妨从以下层面加以解读。

1. 言行一致。信具有许多样态,如信用、信誉、信任、信心、信义、信仰、信念等,同时它又经常同其他道德范畴连用,如忠信、诚信等。信字,从人而言,言又包括语言和言语,按常人的说法,信就是一种用来进行人际交往和沟通的言说道德,它大致包括内在和外在两点。一方面,就对内而言,信表达的是人内心的真实无妄态度,是对忠和诚的一种坚守。这就是历代儒家所极力倡导的忠心和诚心,它们均为信的心理基础。孔子说："言忠信，行笃敬，虽蛮貊之邦行矣。"①何谓忠信？邢昺在《论语注疏》中指出："中心无隐谓之忠。人言无欺谓之信。"俗话说"言为心声"。由忠而言心言如一即为信。另一方面，就对外而言，信代表人的言行一致，也就是孔子所说的"言必行，行必果"。作为信之言并非一般之言，而主要是诺言，因此要有信就务必有诺必践，这就是讲究信誉。

2. 无信不立。儒家不仅阐明了"信"德的实质，同时还从两个层面说明了守信的重要性。一方面，信是做人之本。在儒家看来，信是人在社会上立身行事的根基，是待人处世的基本准则。先秦儒家尤其注重把"信"作为交友之道，因此，孔子把"老者安之，朋友信之，少者怀之"②作为社会理想，曾子则说：

> 吾日三省吾身，为人谋而不忠乎？与朋友交而不信乎？传不习乎？③

子夏则明确提出"与朋友交，言而有信"。④孟子更是将"朋友有信"当做五伦之一。信是对社会的一种承诺和责任，是建立人与人之间和谐、友善关系的道德基础，因此，儒家凸现了其重要性，孔子说："人而无信，不知其可也。大车无輗，小车无軏，其何以行之哉？"⑤儒家要求每一个人成为君子，而信正是君子人格不可缺少的基本品质。在《论语》中，孔子提出君子应谨言慎行，说："君子不以言举人，不以人废言。"⑥这乃是因为言与行并非完全一致，有言者未必有德，有德者未必有言；君子应先行后言，以确保言而有信："子贡问君子。子曰：'先行其言而后从之。'"⑦君子应为言过其实而感到羞

①⑥《论语·卫灵公》。
②《论语·公冶长》。
③④《论语·学而》。
⑤⑦《论语·为政》。

耻:“君子耻其言而过其行。”①《礼记》等书中也阐明了信是为君子之本,如《大戴礼记·曾子立事》讲到君子应先行后言:“君子博学而孱守之,微言而笃行之。行必先人,言必后人。君子终身守此悒悒”;君子言必足信:“君子不失足于人,不失色于人,不失口于人。是故君子貌足畏也,色足惮也,言足信也”。② 如上所述,孟子把“朋友有信”作为五伦之一明确提了出来。荀子对人讲信的作用也作了概括,他说:“体恭敬而心忠信,术礼义而情爱人,横行天下,虽困四夷,人莫不贵。”③另一方面,信为立政之道。在儒家看来,信是为政的基本要求。孔子要求:“道千乘之国,敬事而信,节用而爱人,使民以时。”④这就是说君王在治理国家时应谨慎处理事务并讲究诚信。儒家还阐述了诚信作为基本国策的重要性。在《孔子家语》中,孔子称赞子路治蒲三年做到了“忠信以宽”,同时,他认为“恭敬忠信而已矣,恭则远于患,敬则人爱之,忠则和于众,信则人任之,勤斯四者,可以政国。”⑤为大家所熟悉的是在子贡问政时孔子强调“足食、足兵、民信”,如不得已必去之则先去掉足食足兵而保留民信。在他看来,国家如老百姓无诚信则失去了根基,君子倘取信于民则会保证施政效果:“君子信而后劳其民;未信,则以为厉己也。信而后谏;未信,则以为谤己也”⑥,“上好信,则民莫敢不用情”⑦,“信则民任焉”。⑧ 可见,以孔子为代表的儒家十分强调政治信德的规范意义,

---

①《论语·宪问》。
②《礼记·表记》。
③《荀子·修身》。
④《论语·学而》。
⑤《孔子家语·贤君》。
⑥《论语·子张》。
⑦《论语·子路》。
⑧《论语·尧曰》。

把信上升为用以调节君民、君臣关系的基本准则。

3. 讲究信义。任何道德规范都具有相对性，信也不能加以绝对化。儒家诚然推崇诚信，强调言行一致，但又从“通权达变”角度强调不能刻板遵循它，因此，孔子认为“言必信，行必果，硁硁然小人哉！抑亦可以为次矣。”①为信而信只是小信，只有那种信与义相结合才是大信，故而“信近于义，言可复也”，②与人约信，只有合乎道义，说话才可兑现(践诺)。孔子还强调一个人必须用诚信的态度去完成道义原则，即“信以成之”。③ 孟子作为某种意义上的一个惟义主义者更是强调信与义一致，而认为“大人者，言不必信，行不必果，惟义所在”。④ 且不说后世儒家如何论说信德，就先秦儒家来说，往往把信摆到道德基本规范的重要地位，在《论语》首篇《学而篇》中就有大量有关诚信的言语，如曾子说“与朋友交而不信乎”，孔子说“敬事而信”、“谨而信”、“主忠信”，子夏说“与朋友交，言而有信”等。同时，为了培养人的诚信道德，孔子儒家还提出了“先行其言而后从之”、“听其言而观其行”、“言寡尤，行寡悔”⑤、“敏于行而慎于言”、“罕言利与命与仁”等一系列谨言慎行观念，并把文行忠信作为教育人的主要内容，要求弟子“笃信好学，守死善道”。⑥

儒家信德在儒学体系中占有重要的地位，它被孟子纳入“五伦”而作为常道深刻地烙印于民族心灵之中，成为人们的立身之方、交友之道和为政之纲，它在人的发展和社会文明进步方面的积极作用迄今仍无任何争议，但如何把它运用现时代以培养人的诚信守信品

---

①《论语·子路》。
②《论语·学而》。
③《论语·卫灵公》。
④《孟子·离娄下》。
⑤《论语·为政》。
⑥《论语·泰伯》。

德,是一个有待进一步思考的深层次问题。我们认为,应从下述几方面对儒家信德作创造性转换,以更好发挥它在促进人的全面发展中的积极效应。

一是诚信合一。信字牵涉到心、言、行三个方面。信首先应是立足于内心的真诚、真实无妄,因而它同诚密不可分。在先秦儒家思想中,《中庸》和《孟子》均把“诚”上升到天道与人道高度,宋明儒则提出了主诚学说。朱熹认为,“诚者,实有此理”①、“诚是不欺妄底意思”②、“诚只是一个实”③,由此,诚实才作为一个组合词成为一个重要伦理范畴。《说文》说:“诚,信也。”二程认为:“不诚无以为善,不诚无以为君子”④,同时,他们认为诚信无间:“诚则信矣,信则诚矣。不信不立,不诚不行”⑤。不过,朱熹既看到了诚与信的同一又指明了二者之异。他说:“诚是自然底实,信是人做底实。故曰‘诚者,天之道’。……若‘诚之者,人之道也’,便是信。信不足以尽诚,犹爱不足以尽仁。”⑥这里,朱子认为诚与信同是“实”之义,但诚侧重于“天道”,而信侧重于“人道”,诚涵盖了信。实质上,信从人言,它前有心(诚心、诚意)后有行,成为心与行的中介,正因如此,心诚才信,但诚逻辑上仅是信的必要条件,而非必要条件,也就是说,诚并不是像二程所言必然信。因为,信还涉及言行一致、有诺必践,光有心诚无法绝对保证信,要守信还要具备客观条件,有时受利益的驱使、能力的限制及外在条件的制约,一个人即使心诚也会不愿和不能守信。由此,引申出道德诚信问题。孔子反对巧言、大言、假言,认为“巧言令色,鲜矣仁”⑦、“巧言乱德”⑧,要求“君子欲讷于言

---

①②③⑥《朱子语类》卷六《性理三·仁义礼智等名义》。

④⑤《二程集·河南程氏遗书》卷二十五。

⑦《论语·学而》。

⑧《论语·卫灵公》。

而敏于行”①,做到“言必信,行必果”②。由于儒家重德轻法,因此我们说这些言论表达的是孔子对伦理诚信的重视。然而,伦理诚信主要依赖人情、习惯、传统、舆论及个人良知作保障,是一种软约束,而不像法律诚信那样可以通过刑罚加以强制,因此,建立在情理和义气等基础上的诚信有时难以真正落实。这大概是导致传统中国人往往“诚有余而信不足”、履约率不高的病因吧。现实生活中,许多人为人不可谓不真诚,不可谓不实在,但真正见诸实际行动上,往往不大讲信誉。可见,儒家伦理诚信固然是建立当代诚信观念的文化之源,但对之尚得进行改造,应经过法律的洗礼,进一步建立起以个人信用为基础的社会信用体系。

二是信义一致。从价值论来讲,真善美利四种价值达到统一仅是人类的最高理想,在实际生活中,这四者之间可能会产生矛盾与冲突。人生最痛苦的有时不是在义与利、善与恶之间进行抉择,而是在善与善之间加以取舍。在儒家伦理思想中,信同勇一样并不纯然是善的,即使它是善的,也要服从更高更大的善。如上所述,孔子不光把信看成行仁的具体展现,还强调“君子义以为质,礼以行之,孙以出之,信以成之”③。从而,把仁义规定为信的本质伦理基础。他还讲:“言近于义,言可复也。”④这些充分表明,孔子并不是泛信主义者,而是以仁义为重,这也许正是导致作为亚圣孟子并未遵循孔子“言必行,行必果”的意蕴而强调“言不必信,行不必果,惟义所在”的重要思想根源。朱子也强调:“如今人与人要约,当于未言之前,先度其事之合义与不合义。”⑤从理论和实践上说,崇信并不必然

①《论语·里仁》。
②《论语·子路》。
③《论语·卫灵公》。
④《论语·学而》。
⑤《朱子语类》卷二十二《论语四·学而篇下》。

是好的,有时谎言会是善意的。这是因为,一味笃信可能会带来恶果,可能带来利小害大,可能损害亲情、关爱、健康等。故此,伦理学也强调诚信的相对性,认为在特定场合(如某人得了绝症)可以隐瞒、"说谎"。由此我们不难理解孔子为何主张"父子相隐",要知道,父子笃亲对于代际关系的和谐至关重要,这是一种自然的情义。当然,对儒家的信义这一权变伦理应作辩证分析,必须保持合理的度,不能以义害信、以善伤真。王润生认为中华民族存在欺瞒症、近视症、非我症、不合作症、良知麻痹症、守旧症、依赖症等,指出儒家过于理想化的人格设计导致人的伪善及对圣贤的神化,孔子作《春秋》本是弘扬大义,但为此提出"为尊者讳耻,为贤者讳过,为亲者讳疾"。这种以善伤真文化是导致诸如"知无不言,言无不尽"、"良药苦口利于病"的古圣难以变成真正有效的文化指令的原因之一,是导致"文化大革命"时期"假、大、空"成风的原因之一,虽然以善伤真并非绝对不可取,但在实际运用过程中,应进行利弊比较。①

(六)忠

对儒家"忠"的道德规范,概略地说似应从以下两点加以诠释。

一是忠应作广义狭义之分。如前所述,尽己之谓忠,换言之,做到心口如一、内心真诚才为忠。我们基本赞同牟钟鉴先生把"忠"分为泛义和狭义两种:一曰尽心为人效力,这是泛义;二曰尽心为君服务,这是狭义。孔子说:"与人忠"。② 曾子说:"为人谋而不忠乎?"③这都是从泛义上说。朱熹概括为"尽己之谓忠"。④ 孔子说:"臣事君以忠",⑤郑玄说:"死君之难以为尽忠"⑥。不过,这里需要补充的

① 参见王润生《我们性格中的悲剧》,贵州人民出版社 1988 年版。
②《论语·子路》。
③《论语·学而》。
④《四书章句集注·论语集注》卷一。
⑤《论语·八佾》。
⑥《孝经注》。牟钟鉴《儒学价值的新探索》,齐鲁书社 2001 年版,第 139 ~ 140 页。

是，在儒家经典之本中，广义的“忠”远不止为人尽心尽力，它还包含更多意蕴。有时，忠是指做事的一种诚恳尽职态度和要求，如孔子说：“行之以忠”。[①] 有时，忠与恕相连结，而指人宽以待人、与人着想、成人之美的品德。曾子把孔子所讲的一贯之道概括为忠恕。[②]所谓“恕”，孔子解释为“己所不欲，勿施于人”[③]。而“忠”前已述及过去一般人们将之理解成“己欲立而立人，己欲达而达人”[④]。《左传》有时将“忠”作为处理公私关系的规范，它说“公家之利，知无不为，忠也”、“以私害公，非忠也”；有时把“忠”当成上对下、官对民的行为要求：“上思利民，忠也”；有时将“忠”视为个人对国家民族的献身精神：“临患不忘国，忠也”。可见，“忠”是一种用于处理个人与个人、个人与国家、民众与君王、君臣、个人与事业等多重社会关系的普遍性道德规范。

二是区分大忠与愚忠。忠的实质是尽心尽力和真心诚意。真正的大忠建立在“仁”的基础上，并从此出发而对他人、事业、上级、国家勇于献身，以及推己及人、宽以待人和成人之美。在先秦儒家那里，虽然孔子也讲“臣事君以忠”，但尚未发展为绝对服从的愚忠，如孔子强调臣对君的劝谏，孟子也提出了“诛一夫”。只是秦汉以后某些腐儒为了适应封建专制统治的需要，把“忠”限定为对君主的绝对顺从，并移孝作忠，导致忠孝混一，导致“君叫臣死，臣不得不死”的奴隶般愚忠观念产生，导致不管君王是否明暗而一味死节。

儒家的忠德不论是对中国人的发展还是对民族文化的特质造成了不可忽视的影响。其原因不外乎有三：首先，儒家之忠同众多

---

①《论语·颜渊》。

②《论语·里仁》。

③《论语·卫灵公》。

④《论语·雍也》。

德目具有极大关联性。曾子把孔子的一贯之道概括为“忠恕之道”。自此以后,人们有时把这两者一个看成是积极意义的“己立立人,己达达人”,一个看成是消极意义的“己所不欲,勿施于人”;有时人们认为“忠”是用来修饰“恕”的,断言只有尽心、尽忠才能“恕”。无论怎样理解,忠恕之道几千年来成为中国人做人的重要准则,成为人们遵循的为人之道,而忠义同样是中华民族共有的道德记忆,这从许多地方修建的“忠义堂”可见一斑。忠孝也得到历代统治者的青睐,作为凝聚人心的重要道德规范在全社会大力推广,在清代忠孝成为“古八德”的重要内容在广大民众中得到风行。汉代统治者之所以“独尊儒术”,诚然与儒学重孝尚礼有关,但另一个重要原因恐怕是儒家讲究尽忠。即使是倡导孝治,也是因为“孝慈则忠”,是因为可以“移孝作忠”、“忠孝混一”。为了江山稳固,既需要“臣事君以忠”①,也需要民众为国尽忠,为君尽心,还需要以自身的孝慈行为作出表率以让民众忠于君主。另外,正如上所言,忠又同“公”联系在一起,构成“公忠”,这显然同统治者维护国家至上、家庭至上相适应。

其次,儒家之忠德具有多维指向性。儒家之忠不仅包括忠于君、忠于国,也指忠于人、忠于事。作为一种道德品质,儒家之忠自然把忠君放在第一位,随着封建君主制的发展,忠君不断得到强化,它在培养了一批批顺民、忠臣,使中国形成“超稳定结构”的同时,也造就了无数具有奴性人格的子民。特别是由忠所生发出来的尽心、尽力、顺从等,也使所谓忠臣发展成为不分好歹地为君效忠,为皇帝死节,从而变成愚忠。相对而言,儒家所倡导的忠于事更具正面意义,它表达的是一种敬业精神,至今仍对职业道德建设具有重要意义。儒家凸现的与人忠、与人忠谋,则是以仁心作内在道德情感支

①《论语·八佾》。

撑的利他主义精神，它乃是调节己他关系的价值理性，是改善人伦关系的他爱情怀，是成人之美的优良品格。

再次，儒家之忠德具有层次性。儒家把忠区分为大忠与愚忠，其大忠精神内在地蕴含着谏诤、诛一夫、非一味盲从等品质的合情合理忠诚意识，它以忠正、仁忠为主导，以道正君。这是精忠报国的精神动源，是发展为爱国主义的文化土壤。愚忠则是为腐儒所为，它势必导致不顾仁义地死守忠节的愚昧、愚蠢，滋生依附性人格。要培养大忠品性，就应抛弃死守名分、君为臣纲的封建泛忠主义，坚持扬忠抑愚、忠义而行，忠于祖国，忠于人民，忠于正义事业，按照平等原则处理上下级关系。

(七)孝

本来，在儒家那里，孝只是一种上下辈之间的相亲相善伦理，只是一种调节家庭生活的行为准则，而仁、义、礼、智、信、忠则是调控家庭生活、职业生活和公共生活的普遍性伦理规范，在某种意义上说不属于同一逻辑层次范畴，但我们之所以把“孝”纳入儒家道德核心规范，一则是因为儒家伦理本质是一种家族主义伦理，而孝正是基于血缘关系而产生的下辈对上辈、晚辈对长辈的敬养品德和义务，是建构和维护上下前后代际关系的家庭秩序的报偿机制；二则在儒学系统中，孝被规定为“三纲”、“五常”的原点，尤其是儒家把“孝”置于人伦道德的极为重要地位，提出了“百善孝为先”、“孝悌为仁之本”、“夫孝，德之本”等重孝观念，孝成为儒家所倡导的基本行为规范；三则是在儒家重孝思想影响下，孝治自汉以后成为重要的政治方略，中国传统文化在一定意义上被看做建立在孝德基础上的“家国同构”文化，孝道文化对中国传统社会文化影响至深，以至五四运动时期以吴虞为代表的激进派把矛头直指儒家之孝。迄今为止，前贤已对儒家孝德作了较充分的研究，在借鉴前期成果的基础上,这里我们将儒家孝德作如下进一步界定。

1. 敬养前辈。无疑,孝首先反映的是子女对双亲的敬养感情和职责,因此,儒家一再讲“父慈子孝”。①《说文解字》把“孝”释为“善事父母者。从老省,从子,子承老也”。从而“孝”被说成是一种“子德”。不过,“孝”还经常从广义上看做是儿女尊祖敬宗的亲情伦理,也就是说“孝”固然以亲子血缘关系为核心,但也包括儿子对一切具有亲缘关系的前辈表达爱心的伦常行为。具体地讲,“孝”又包括以下内涵和要求。一是赡养。从物质上关心赡养父母,是孝的最起码要求,这也是对父母养育之恩的反哺之情。尤其是当父母双亲年迈体衰之时,更需要儿女尽孝道,以使其能安度晚年。因此,孟子在《孟子·离娄下》明确指明不养父母即为不孝。二是有敬。人不仅是一个物质动物,也是一个精神动物,如果仅仅是养活父母,而缺乏精神情感上的关怀、尊重,在儒家看来,那还不是真正的“孝”。孔子讲:“今之孝者,是谓能养。至于犬马,皆能有养;不敬,何以别乎?”②这里孔子把是否孝敬提到人的类本质高度来加以强调。《礼记》把“孝”分为三个层次,认为“大孝尊亲,其次弗辱,其下能养。”③孝养仅是最低层次的伦理要求,而敬亲才是大孝。三是无违。过去,我们常把儒家所讲的“孝”理解为“父母之命”、“父叫子亡子不能不亡”之类的绝对顺从。诚然,“无违”之孝有不违背双亲意愿含义,但它实质上是指不违背礼节,也就是孔子明确所讲的:“生,事之以礼;死,葬之以礼,祭之以礼”。④要做到这些,不仅要不改父之道,要继承先人的遗志——“夫孝者,善述人之志,善述人之事者也”⑤。同时要像孟子所一再强调的那样通过娶妻生子以承农祭,否则就为

① 《礼记·礼运》。
②④《论语·为政》。
③ 《礼记·祭义》。
⑤ 《中庸》。

大不孝。孟子说:“不孝有三,无后为大。”①所谓“三不孝”,按照《十三经注疏》的解释是:

于礼有不孝者三事,谓阿意曲从,陷亲不义,一不孝也;家贫亲老,不为禄仕,二不孝也;不娶无子,绝发祖祀,三不孝也。

四是谏诤。先秦原始儒学并未像后儒那样深受封建专制的影响而把“孝”解释为子女对父母绝对服从的纲常(惟命是从),而认为假如双亲有什么过错,做晚辈的应进行劝谏,只是当父母不听从时,才要求不能滋生怨恨之情,而仍表示恭敬态度,如此才是“孝”。孔子说:“事父母几谏,见志不从,又敬不违,劳而不怨。”②《孝经》说:“父有争子,则身不陷于不义。”而《十三经注疏》在诠释孟子“三不孝”时也认为曲从双亲是不孝之举。五是忧思。孔子在回答孟武伯问孝时说“父母唯其疾之忧”③,这里,不论是理解为忧父母之疾,抑或是解释为由于自己染疾而使父母忧虑,都表明对父母双亲的关切。《论语》还说:“父母之年,不可不知也。一则以喜,一则以惧。”④知悉双亲的年龄,既为他们的健康长寿而喜悦,也为他们的衰老而忧惧,这些同样是孝的具体伦理要求。六是显耀。光宗耀祖在儒家看来也是孝的重要规定,儒家经典《礼记》就讲:“显扬先祖,所以崇孝也。”儒家也要求子女为了尽孝自身要立德、立言、立功:“立身行道,扬名于后世,以显父母,孝之终也。”⑤以上我们分别从赡养、有敬、无违、谏诤、忧思和显耀六个方面阐述了儒家孝道的基本要求,实际上,孝表达了后辈对前辈的仁爱之情,本质上是一种事亲行为,而这种事亲只有做到上述几方面才是“孝”。对此,《孝经·圣治章》作了

---

①《孟子·离娄上》。
②④《论语·里仁》。
③《论语·为政》。
⑤《孝经·开宗明义章》。

精辟的概括："孝子之事亲也，居则致其敬，养则致其乐，疾则致其忧，丧则致其哀，祭则致其严。五者备矣，然后能事亲。"①

2. 孝亲为大。历代儒家十分重视孝德，把它置于同仁义礼等核心伦范相等地位，乃至成为儒家伦理的基石，而这始终与中国血缘宗法关系保持长期延续相适应，以致有的学者认为儒家提出了以"孝"为核心的道德规范体系。② 孝在儒家道德思想中占有极为重要的地位，这主要体现在以下几方面。一是认为孝是人的一种天然性情。自从家庭特别是一夫一妻制产生以来，父母对子女的慈爱和子女对父母的赡养，成为一种相互对等的道德和法律义务与权利，维系这一代际关系的重要纽带，即是体现血缘亲情的"孝"。对父母先人的孝，既是一种报答的义务，又是一种天然的情感，因此，《孝经》才说："夫孝，天之经也，地之义也，民之行也。"在儒家看来，孝还是人一种发自内心的仁性。《孝经·圣治章》言："父子之道，天性也"，而《吕氏春秋·节丧篇》更是直截了当地说："孝子之重其亲也，慈亲之爱其子也，痛于肌肤，性也"。二是肯定孝是德之本。孝道一向被儒家视为道德的根本，认为孝是百行之先、百善之首。对此，儒家经典文本作了多种界定。《论语·学而》中有子说："君子务本，本立而道生。孝弟也者，其为仁之本欤！"本来，仁是儒家思想的核心，是全德之称，可有若却认为孝是仁的根本，这虽然引发了经学家激烈的争论，但足见儒家对孝在伦理体系中地位的高度重视。孝的本质规定乃是"事亲"，而孟子则说"仁之实，事亲是也"。③《孝经》更是上升到更普遍的高度强调孝的基础地位："夫孝，德之本也，教之所由生也。"④从而明确肯定孝为道德的根本。孝与忠均是儒家思想

① 《孝经·纪孝行章》。
② 陈谷嘉《儒家伦理哲学》，人民出版社 1996 年版，第 25 页。
③ 《孟子·离娄上》。
④ 《孝经·开宗明义章》。

两个极其重要的道德范畴和规范，而儒家则把“孝”说成是“忠”的基础和前提，提出了“忠孝合一”、“移孝作忠”等观念。《论语·为政》曰：“季康子问：‘使民敬、忠以劝，如何？’子曰：‘临之以庄，则敬；孝慈，则忠；举善而教不能，则劝。’”《孝经》明确指出：“子曰：‘君子之事亲孝，故忠可移于君。’”①不过，儒家对孝重要地位加以肯定的最鲜明之处乃在于它在宗法血缘关系基础上提出了“孝亲为大”的命题。孟子提出了“事亲为大”、②“孝子之至，莫大乎尊亲”，③《中庸》则说：“亲亲为大”。“孝亲为大”虽不能像有的论者所理解的那样“亲亲至高无上”，因为《中庸》也讲过“尊贤为大”，《礼记·丧服小记》也说“亲亲、尊尊、长长、男女之有别，人道之大者也”。不过，“孝亲为大”毕竟表明以孟子为代表的儒家确实把“孝”视为极高的道德表现（百善孝为首）。儒家之所以把“孝”规定为仁德的根本，就在于“施由亲始”、“立爱自亲始”，④由孝亲所体现出来的血缘亲情是实现人伦的出发点；就在于孝在家国同构或宗法社会是一种极为重要的伦理戒命——以父子有亲为主要形态；就在于“孝”乃是培养仁义礼智忠等道德品性的本原基础。三是认为罪莫大于不孝。儒家经常从否定性角度论述孝的重要性。为此，有时儒家从法德关系维度讨论孝之地位，《孝经·五刑章》讲：“五刑之属三千，而罪莫大于不孝”、“非孝者无亲，此大乱之道也”；有时从各种伦理品性比较中讨论“孝”或“不孝”，如《大戴礼记·曾子大孝》篇说：“居处不庄，非孝也；事君不忠，非孝也；莅官不敬，非孝也；朋友不信，非孝也；战陈无勇，非孝也”，从而把“孝”或“不孝”泛化了；孟子更是着眼于家庭关

① 《孝经·广扬名章》。
② 《孟子·离娄上》。
③ 《孟子·万章上》。
④ 《礼记·祭义》。

系列举了五种不孝之行：

> 世俗所谓不孝者五：惰其四支，不顾父母之养，一不孝也；博弈好饮酒，不顾父母之养，二不孝也；好货财，私妻子，不顾父母之养，三不孝也；从耳目之欲，以为父母戮，四不孝也；好勇斗很，以危父母，五不孝也。①

这里，孟子把子女众多不良端行均归结为“不孝”，从而进一步把孝道的范围加以扩展。

3. 孝慈则忠。儒家不仅充分阐述了孝道在整个道德体系中的重要地位，同时还多方论证了孝道的各种社会作用。首先，就对个人而言，儒家虽然强调正身对“孝”的基础作用，孟子就说“事亲为大”、“守身为大”、“不失其身而能事其亲者，吾闻之矣”。②《孝经》也讲“子曰：夫孝，始于事亲，中于事君，终于立身。”③但也曾指出：“天地之性，人为贵。人之行，莫大于孝。”④从而把孝行看做体现人性光辉的最高实践形态。同时，儒家还把“孝”视为个人的重要行为准则。孔子强调“弟子，入则孝”，⑤认为评价士的一条重要标准即是“宗族称孝焉”。⑥ 孟子把孝道对于个人的意义进一步加以扩展，一方面认为“不得乎亲，不可以为人；不顺乎亲，不可以为子”⑦，孝顺成为人极富意义的角色规定。另一方面提出孝顺是个人排解忧愁的良法：“富有天下，而不足以解忧，……惟顺于父母，可以解忧。”⑧其次，就对家庭和宗族而言，“孝”是维系家族关系的重要情

---

①《孟子·离娄下》。
②⑦《孟子·离娄上》。
③《孝经·开宗明义章》。
④《孝经·圣治章》。
⑤《论语·学而》。
⑥《论语·子路》。
⑧《孟子·万章上》。

感纽带，可以说，尊亲事亲养亲既是"孝"的根本特质，亦是其重要功能，它既使以父母双亲为代表的上辈物质生活和精神生活得到保障，有助于代际关系的延传和协调，也通过继志述事、不改父之道、葬祭以礼、名显父母等方面而使家族社会文化生命得以延展。特别是先秦儒家及《孝经》所提出的谏诤即孝可以防止父母陷入不义："父有争子，则身不陷于不义"。① 再次，儒家更为凸现的是"移孝作忠"，认为"孝"是安邦定国的前提，是形成民族国家认同意识和凝聚力的基础。在孔子那里，往往倡导"孝慈则忠"，例如他在回答季康子如何"使民敬忠以劝"时，说："临之以庄，则敬；孝慈，则忠；举善而教不能，则劝"，②显然，这是孔子对《诗经》强调文王武王能够"孝思"、"克孝"、"追孝"以强化文武德业利于统治做法的承继和发展。孟子本已有"泛孝主义"的思想倾向，而到了秦汉大一统以后，《大学》、《中庸》、大小戴《礼记》等古籍更是直接把孝与忠加以混同，以便移孝作忠。《大学》讲：

> 君子不出家而成教于国。孝者，所以事君也；弟者，所以事长也；慈者，所以使众也。

这里，直接把事君等同于孝了。不仅如此，儒家经典还从多个维度阐释了孝道在教化民众方面的作用：孝亲可以提高百姓的道德修养："曾子曰：'慎终追远，民德归厚矣。'"国君行孝，可使民对君主表示亲爱之情："子曰：'教民亲爱，莫善于孝。'"③儒家尤其强调孝道对于巩固社会秩序的作用。孔门弟子有子说："其为人也孝弟，而好犯上者，鲜矣；不好犯上，而好作乱者，未之有也。"④

---

①《孝经·谏诤章》。
②《论语·为政》。
③《孝经·广要道章》。
④《论语·学而》。

以上我们大体阐述了儒家有关孝的本质、地位与作用思想，毫无疑问，儒家孝德学说不限于此，而涉及孝的特质、根源、结构、方法等问题。由历代儒家所发展起来的孝德文化是中华民族源远流长、最有特色的伦理文化，是处理家庭代际关系的重要道德规范。适应于宗法血缘社会基础和政治秩序建构的需要，作为充分体现儒家伦理家族主义特质的孝德，对中国人的性格品质、道德人格、价值观念、思维方式等产生了极为深远的影响，甚至比仁德还要大。明清以来，许多学人开始反思儒家孝德对人发展产生的影响，据文献，尚未发现有人对这种影响只承认是正面的、积极的，一般认为儒家孝道对人也会产生某种限制、束缚效应。只是在20世纪激进的反传统派那里，他们以"打倒孔家店"为旗帜，对儒家孝道文化给人发展造成的伤害大加挞伐。吴虞在其《说孝》一文指出，儒家及封建皇帝教孝，所以教忠，也就是教一般人恭恭顺顺地听他们一干在上的人愚弄，不要犯上作乱，把中国弄成一个"制造顺民的大工厂"；儒家"不孝有三，无后为大"观念，必然带来婚姻不自由，带来一夫多妻和蓄妾的制度，导致人流于保守，"使四万万人作亿兆死人之奴隶，不能自拔"。① 进入新世纪，国人变得比20世纪更有理性，对儒家倡导的"孝"给予人的作用的评价要客观得多。马景仑、赵英黎认为，孔子及儒家所倡导的"孝"，十分强调子女对父母的热爱、尊敬之情，强调子女对父母的奉养责任，强调"事亲"方面的推己及人，这是一种十分美好、十分高尚的情操，它对于人们不断提高自身的素质修养，获得家庭的和美幸福，保障社会的平稳安定，已经起了并将继续起着极其巨大的促进作用。但他们同时也对儒家之孝提出了批评意见，指出，孔子强调孝子的行为要符合"礼"的规定，这在"礼崩乐坏"的

① 转引自曾振宇主编《儒家伦理思想研究》，中华书局2004年版，第6~10页。

春秋时代乃是一种复古，而儒家之“孝”要求“三年无改于父之道”，强调家庭内部孝子对父亲的绝对服从关系，强调“以孝事君”、“以孝治天下”等，这就把“孝”这个宗法社会家庭内部两代人之间的伦理关系准则发展衍化为整个国家和社会的政治生活原则，把父子之间的血缘亲情关系发展衍化为君臣之间的政治等级关系，到了汉代形成了“君为臣纲，父为子纲，夫为妻纲”和“君要臣死，臣不死不忠；父要子亡，不亡不孝”的封建伦常，成为束缚中国人民的精神枷锁和阻碍社会前进的僵死教条。① 王文科不仅批判了儒家“移孝作忠”对人发展的负面作用，还从其他具体层面剖析了儒家孝道对人发展的影响。他指出，儒家强调善事父母和无后为大，实是人类种族繁衍的需要和动力机制，它促成了人们最强烈的生育动机并进而孕育了中华民族多子女的生育传统；儒家提出的“敬亲之孝”、“谏诤即孝”和“父慈子孝”等至今仍是处理代际关系的重要伦理原则。不过，他亦明确指明了儒家之孝对人所产生的消极影响：传统孝德意识强调父尊子卑的等级秩序，阻碍了人的解放和发展；孝德意识肯定了封建礼教的权威，使人沦为意识形态统治的工具；传统孝德中的“无后为大”蕴含着性别歧视的因素，它不仅是对无子嗣妇女一种严重的精神摧残，也导致“生男则贺，生女则杀”的不道德行为；儒家孝德中包含的“厚葬久丧”等非人道元素，既助长了矫饰之情，且伤生毁生、耗费钱财。②

要全面准确评价儒家孝道文化对人发展产生的影响，不妨从以下几个维度加以考量。

一是普遍性与特殊性。儒家之孝道文化从人的发展角度来说

① 丁冠之等主编《儒家道德的重建》，齐鲁书社 2001 年版，第 31～34 页。

② 王文科《中国传统孝德的当代转换》，载张文彦、贾英健主编《伦理与文明》，中国广播电视出版社 2009 年版。

既有可以称道和汲取的一般性内容，也有需要加以否弃的特殊性规定。就前者而言，由于儒家之孝是建立在“仁”的基础上并赖以成为仁的重要外在表征，因而它充满了子辈对父辈的种种关爱，它要求做儿女不光要从物质上赡养长辈，还要从精神上尊敬、关心、忆念、礼让父母——“孝子之事亲也，居则致其敬，养则致其乐”，①这些不仅保证了父母老人身心健康，使之生存和享受需要得到满足，同时也有助于提高子女的道德义务感，扮演好家庭成员的社会角色，促进代际关系的和谐发展。除能养、有敬外，孔子儒家还提出了“无违”作为“孝”的一个普遍规定。一些对儒学一知半解的人过去一度把“无违”视为不违背父母意志、绝对顺从而加以批判。殊不知，所谓“无违”乃是如孔子所明言的“生，事之以礼；死，葬之以礼，祭之以礼”，这一依礼奉养和祭祀父母的孝行在漫长的岁月中很大程度上形塑了中国人重视祖先的传统。② 就后者而言，由于特定的历史条件的限定，以孔子为代表的儒学往往赋予“孝”以某种特殊的历史规定性，使之有的不适合人的更加健康全面发展。孔孟均力倡“三年之丧”，其理由孔子认为这是“子生三年，然后免于父母之怀。夫三年之丧，天下之通丧也”③。孟子则说：“三年之丧，齐疏之服，飦粥之食，自天子达于庶人，三代共之。”④三年之丧的确可谓“长丧”，而孔孟基于这是三代所共同形成和拥有的惯例，认定是孝子对于父母生前爱的回报，这虽然对人生具有积极意义（下面申述），但确实造成人时间和精力的浪费，耽误事业前途的发展（古代官僚因“丁忧”会搁置事业）。大概也是出于“三年免于父母之怀”而应报恩的“报

① 《孝经·纪孝行章》。

② 李亦园、韦政通曾指出：孔子的“无违”之教，对中国人的人格特质，有决定性影响，这影响就是使中国人权威人格的倾向特强，个人独特的行为很少被允许。参见韦政通《儒学与现代中国》，上海人民出版社 1990 年版，第 144 页。

③ 《论语·阳货》。

④ 《孟子·滕文公上》。

本反始”考虑,孔子在《论语》中一再强调孝子之于丧亲,必须“三年无改于父之道”①。这会在一定程度上像某些学者批评的那样造成人的保守性格,虽然在孔孟所处的小农经济时代和相对稳定的传统宗法社会长辈的经验和技艺显得特别重要,因而长期固守“父之道”而不改亦有相当的合理性——年轻人因为借鉴或传承老人的经验智慧而更快地提高自己生存和适应本领。

二是一元性和多维性。如上所述,孝最基本的规定是善事父母及其他长辈,它是一种出于仁爱之情和报恩心理而用以处理代际关系的行为规范,千百年来,它对于中国人调节亲子关系、促进家庭和睦发挥着独特作用。由孔子所开创的“入则孝,出则弟”的孝悌之道,极大地推动形成了中国尊长敬老传统,维护了良好的长幼之序。同时,儒家又赋予“孝”以多种涵义,这也使之对人产生了多重社会效应。首先,儒家赋予“孝”以赡养、敬奉、谏诤、思念等多种规定,要求“孝子之事亲也,居则致其敬,养则致其乐,病则致其忧,丧则致其哀,祭则致其严”②,其次,儒家把“孝”往往分成不同层面,《孝经》把“孝”分为天子之孝、诸侯之孝、卿大夫之孝、士之孝和庶人之孝五种,曾子也把“孝”分为三:大孝尊亲,其次弗辱,其下能养。再次,儒家往往把“孝”推广泛化到社会的广泛领域,且不说《孝经》提出了“夫孝,始于事亲,中于事君,终于立身”③,即便是孔子也称赞禹“菲饮食而致孝乎鬼神”。④ 正是由于儒家孝道文化渗透到社会生活的各个方面、领域,因此它就从多种角度和层面深刻塑造着中华民族的国民品性,使重孝成为中国最有特色也最为普遍的人格特质。以

①《论语·学而》。

②《孝经·纪孝行章》。

③《孝经·开宗明义章》。

④《论语·泰伯》。

致有的学者指出,建立在报本反始基础上的"孝"指向了三个具体向度,即作为个体生命之本的祖先、作为社会生命或文化生命之本的圣贤与作为类性生命之本的天地,这三个向度从特定层面体现了对人的终极关怀。当然,儒家孝道文化对人产生影响的多元性最鲜明的当是体现在它的社会功能二重性上。毋庸置疑,践行儒家之孝有助于人间亲情的培养(血亲之爱),有助于代际关系的整合(家庭和睦),有助于人类生命的延续(生儿防老),有助于道德文化的传承(继志述事),等等,但同时它也在一定程度上带来家长制、依附人格、伤生毁性(卖儿葬父……)、重男轻女等问题。自20世纪90年代末以来,围绕儒家仁孝血亲伦理在学术界展开了激烈论辩,以刘清平为代表的一方认为,以"事亲为大"[①]、"孝子之至,莫大乎尊亲"[②]、"亲亲为大"[③]等为基本观念,以大舜"窃负而逃"为主要事例的儒家孝道,并不是一种道德理性,而是一种血亲情理,它所特别强调的是血缘亲情在人类社会生活中享有至高无上的地位(孔子认为"父子相隐"为直,孟子主张"父子之间不责善"),将它置于一切行为准则和道德规范之上,从而必然牺牲社会公正,必然同泛爱众的仁爱产生深度悖论,并带来徇亲枉法和任人惟亲的政治腐败,这表明,儒家的血亲情理精神会在文化心理结构的深度层面上,为某些把特殊性团体情感置于普遍性群体利益之上的腐败现象的产生提供温床。[④] 以郭齐勇先生为代表的一方认为,孔孟儒学并未主张血缘亲情(包括孝)具有至高无上性,它只是表明把仁者爱人的普遍主义因素建立在父慈子孝的特殊主义基础之上,同时它也是一切正面

---

① 《孟子·离娄上》。
② 《孟子·万章上》。
③ 《中庸》。
④ 刘清平《美德还是腐败》,《哲学研究》2002年第2期。

价值的源头。在我们看来，就像众多儒家伦理规范一样，儒家孝德对人的发展产生的作用也是具有积极和消极双重性。一方面，儒家所倡导的“孝亲为大”作为典型的家族主义伦理，完全契合当时的血缘宗法社会，完全符合春秋战国时期以单系亲族为组织原则、以父子关系为主轴的社会结构，完全符合人的常情——以父子亲情为最普遍、最迫切、最原始的关系。它为儒家的泛爱众、天下一体之仁等仁爱提供心理情感基础，“孝亲”不过是导致腐败的非必然、非本质、外在因素之一。儒家之孝虽然会在某些场合同社会之爱产生矛盾，但这不过是现实社会生活中必然碰到的矛盾，而不是儒家思想的逻辑矛盾或悖论。孔孟儒家尽管强调“孝亲为大”，但从未明确表示要“舍仁以从孝”，倒是后世儒家如荀子主张“从义不从父”。另一方面，儒家“孝亲为大”就其境界而言低于“兼相爱”，它易于使人局限于家庭小圈子里，在一定意义上不利于个人向外开拓进取，也在某种程度上孕育了传统中国的自我萎缩性人格和依附性人格。

三是原始性与继发性。从孔子首次明确把“孝”作为一个道德规范提了出来，后世儒家在其思想言说和经典文本中，不断补充、扩展“孝”的形式和内容，使之更加普遍化、政治化、精致化，由此给人的性格、品性、情感等带来不同的影响。主要体现在：第一，《论语》中只有一处是有子提出“孝弟也者，其为仁之本与”①，虽然这可能会代表孔子对孝的重视，但毕竟孔子本人从未明确把孝作为仁乃至德的“本”（本原、本根、本始），而后世儒家把“孝”进一步拔高，孟子提出“孝亲为大”、“孝子之至，莫大乎尊亲”②、“不得乎亲，不可以为人；不顺乎亲，不可以为子”③，《孝经》则讲“大孝，德之本也”④、“人

① 《论语·学而》。
② 《孟子·万章上》。
③ 《孟子·离娄上》。
④ 《孝经·开宗明义章》。

之行,莫大于孝"①,以致董仲舒提出"父为子纲"的纲常伦理,这些思想的侵染固然会培养人讲究孝道的品格,但也会导致把"孝"当成过于严苛的道德律令而约束人的个性发展。第二,本来在孔子那里,忠与孝是两个相对独立的道德规范,他也只是说作为君主"孝慈则忠",忠只是政治人物行孝带来的效果,从孔子之孝引申不出后世对君主绝对服从的意义。然而,后世却出现忠孝混一,这即是移孝作忠,以孝事君,把"忠"看成"孝"的扩大,而到了汉代实行"以孝治天下",从而把君权视为父权的扩展,不仅强化了封建家长制,也造成了某种道德伪善及泛孝主义的流弊。第三,孔子尽管提出了"君君、臣臣、父父、子子"的思想,但他的孝道思想最让人诟病的是他较为强调子女对父母的单方面义务,而忽视了父母对子女的责任(慈),这无疑会妨碍子女们独立自尊人格的锻造。不过,后世儒家经典似乎关注到了亲子之间的双方义务,例如,《大学》就是孝慈并提:"为人子,止于孝;为人父,止于慈",《礼记·礼运》也提出了父慈、子孝等十义。只是秦汉统一中国以后,由于受到泛孝主义(以《礼记》、《孝经》阐释最详)、孝治主义和封建家长制的负面影响,导致民间普遍流行"天下无不是的父母",在一定意义上强化了子女单方面的伦理义务,引发亲子之间人格的不平等。

(八)勇

自古以来,勇就是一个重要道德范畴,以往,许多人仅把它当成个人私德。实际上,勇既是一种德性伦理,也是一种规范伦理;既是用以调节个人自身的私德,也是处理个人同他人、社会之间关系的社会道德。在《诗经》中,就出现了"无拳无勇"、"天乃锡王勇智"等提法,先秦儒家虽然未对"勇"作专门系统研究,但也从不同语境对

---

①《孝经·圣治章》。

“勇”进行了探索。

勇是三达德之一。在古希腊，苏格拉底认为欲望发展出节制之德，意志表示勇德，而理性则代表智德。另外，有的学者在智、勇、节外，还提出了义德。在我国先秦时代，原始儒家也十分重视勇德，提出了智、仁、勇三达德。孔子在《论语》中两次讲到智仁勇，认为“仁者不忧，知者不惑，勇者不惧”①。《中庸》明确提出了“三达德”：“知、仁、勇三者，天下之达德也。”荀子同样将知、仁、勇相提并论：“蓝苴路作，似知而非。软弱易夺，似仁而非。悍戆好斗，似勇而非。”②毫无疑问，在儒家道德规范谱系中，勇绝不是最重要的，也不是靠前的，应处于仁、义、礼、智、孝、信之后，譬如孟子的“四端说”就将勇排除在外，然而这并不表示儒家不重视“勇”，这从“勇”字在《论语》中出现16次、《孟子》出现15次、《荀子》出现31次亦可得到佐证。

1.勇者不惧。儒家特别是先秦孔孟荀确实未对“勇”作本质规定，但也从不同方面对勇的涵义作了深刻阐释。勇表达的是不惧、知耻和耐力。勇是一种不畏艰难险阻的气概，是一种不怕牺牲的精神。不过，单纯的勇其自身并不具有合理性，换言之，它自身并不就是纯然善的。这一点，康德就曾作过批判性分析。早在先秦，孔孟荀也注意到勇并不纯粹是善德，它必须借助于其他范畴如仁义加以规定，从而为人类勇德思想做出了原创性贡献。首先，勇必须仁。在孔子看来，仁必有勇，而勇不必仁。他说：“勇者不必有仁”③，这说明，勇并不纯然是道德的，它可能非仁的，也就是非善的，或就是恶的（不仁）——如过于鲁莽。但是仁却蕴含着勇：“仁者必有勇”④。当然这并不等于说仁一定归结为勇，因为仁是全德之称，它

① 《论语·宪问》、《论语·子罕》。
② 《荀子·议兵》。
③④ 《论语·宪问》。

有时体现为其他德目，只是在孔孟儒家那里，人必须有坚持“仁”的勇气，即“当仁，不让于师”①，以及作为一个道德之人要表现出一种大无畏气概：“志士仁人，无求生以害仁，有杀身以成仁”②，当然这只是在非常时期。通常情况下，仁也不必勇，如让座。其次，勇必须合义。不畏艰险、勇往直前的勇敢行为，有一个符不符合义的问题，如果背离了义，就会带来非道德后果，因而就不能算是真正的勇。故此孔子言：

> 君子义以为上，君子有勇而无义为乱，小人有勇而无义为盗。③

勇敢固然可嘉，但如不用义加以节制，君子就会作乱，小人就会做强盗。另外，孔子还讲：“见义不为，非勇也。”一个人看到应当做的事而不去做（如见死不救），是一种懦弱的表现，当然不算勇。但如见不义而勇为，那也是一种恶行，而非真正的勇。再次，勇还必须好学。孔子在问子路听说过六种美德和六种毛病时指出：“好仁不好学，其蔽也愚；好知不好学，其蔽也荡；好信不好学，其蔽也贼；好直不好学，其蔽也绞；好勇不好学，其蔽也乱；好刚不好学，其蔽也狂。”④这里，孔子把“好学”（实即知识）看做六德的前提，同苏格拉底“知识即美德”暗合，认为假如不好学，勇敢就会带来祸弊。

《论语》两次提及“三达德”时指出：“知者不惑，仁者不忧，勇者不惧。”⑤之所以不惧，一是由于人有耐力，有韧劲；二是由于人有坚强的意志力，因此孔子讲“三军可夺帅也，匹夫不可夺志也”⑥；三是由于人有一种勇气，也就是孟子所言的大丈夫气概；四是由于人具

①②《论语·卫灵公》。

③④《论语·阳货》。

⑤《论语·宪问》、《论语·子罕》。

⑥《论语·子罕》。

有天生的道德,孟子归之于“四端”和“四德”,它们构成了人得以勇敢不惧的心性力量。《荀子·法行》引述了孔子“以玉为德”的话:子贡问于孔子曰:“君子之所以贵玉而贱珉者,何也?为夫玉之少而珉之多邪?”孔子曰:

> 恶!赐!是何言也!夫君子岂多而贱之,少而贵之哉!夫玉者,君子比德焉。温润而泽,仁也;栗而理,知也;坚刚而不屈,义也;廉而不刿,行也;折而不桡,勇也;瑕适并见,情也;扣之,其声清扬而远闻,其止辍然,辞也。故虽有珉之雕雕,不若玉之章章。《诗》曰:“言念君子,温其如玉。”此之谓也。

可见,勇是一种“折而不桡”的坚强意志品质,而人之所以勇,是因为它有坚韧性、耐久性。那么,有勇而不惧什么呢?无非是来自于自然界(如狂风暴雨)、动物界(如食人兽)和人类界(如敌人的攻击)的危险、痛苦、挫折和困难。著名伦理学家温尔生根据中道观点指出:“作为与节制相并列的德性,希腊哲学提出了勇敢,并把勇敢看做是一种运用理性意志抵抗痛苦、危险的和恐惧的感觉的能力”①

人知耻才能后勇。《中庸》讲:“好学近乎知,力行近乎仁,知耻近乎勇。”我们上面指出,人之所能勇,恰是因为人有孟子所说的四心,即恻隐之心、羞恶之心、辞让之心和是非之心。可以说,“知耻”包含了人的羞恶之心和是非之心。当一个人面临挫折、困难和危险时,如果退缩、懦弱、恐惧,从而感到羞耻,他就会反过来勇往无前、百折不挠。由此可见,勇与人的耻感密切相关,后者是前者的道德情感基础。

2. 勇德为上。台湾辅仁大学教授潘小慧认为,儒家哲学中的“勇”可以分为勇德、勇气、勇力,而三者之间“勇德”为贵,勇气次之,

① 泡尔生《伦理学体系》,中国社会科学出版社 1988 年版,第 423 页。

勇力为轻。在儒学中,勇力有时指人的力气如力能搏斗,有时指鲁莽举动,即孟子所讲的“五不孝”中的“好勇斗很”①及荀子所讲的“暴悍勇力”②。孔子在《论语》中所批评的“好勇疾贫,乱也”③、“好勇过我,无所取材”④,均可为“勇力”。孟子在与公孙丑对话过程中论及如何做到“不动心”及“养浩然之气”时谈到了“勇气”。他从“养勇”角度切入:

> 北宫黝之养勇也,不肤挠,不目逃,思以一豪挫于人,若达之于市朝。不受于褐宽博,亦不受于万乘之君。视刺万乘之君,若刺褐夫。无严诸侯。恶声至,必反之。⑤

可见,北宫黝的勇表现为不甘受侮、临危不惧。而孟施舍养勇则不一样:“视不胜犹胜也。量敌而后进,虑胜而后会,是畏三军者也。舍岂能为必胜哉?能无惧而已矣。”⑥孟施舍的“勇”是面对敌人无所畏惧。孟子认为这两人的刚勇难分高下,但孟施舍之勇似乎更能掌握要领。论气象,孟施舍和北宫黝类似乎曾子、子夏,但孟子认为子夏专注于守气,不如曾守约,因为曾子是一种大勇:“自反而不缩,虽褐宽博,吾不惴焉;自反而缩,虽千万人,吾往矣”⑦,这种坚守正义的大勇高于孟施舍那种不问义否而表现出来的盛气——血气之勇。然而,光有勇气、勇力还不足以称为真正的善德,只有在某种高尚信念和崇高道德动机推动下所展现出来的无所畏惧行为品质,才算是勇德。勇德的基本规定性有:一是文之以礼乐。孔子在讲到“成人”人格的基本品质要素时说:

---

①《孟子·离娄下》。
②《荀子·议兵》。
③《论语·泰伯》。
④《论语·公冶长》。
⑤⑥⑦《孟子·公孙丑上》。

若臧武仲之知，公绰之不欲，卞庄子之勇，冉求之艺，文之以礼乐，亦可以为成人矣。①

可见，成人之勇德应是卞庄子之“勇”加上礼乐之饰的品质。当然，孔子还认为现实的完美的人用不着知、不欲、勇、艺兼备，只要“见利思义，见危授命，久要不忘平生之言”②即可。二是好学、有义。上已述及，孔子强调君子应“好勇又好学”，并认为“君子有勇而无义为乱，小人有勇而无义为盗”，显然，不论是君子还是小人，其勇必须做到有义。孟子也认为面对死亡必须看是否合义再作出选择，如果“可以死，可以无死”，表示死并非必要，也不一定符合义，如果执意去求死赴死，那就会伤害了勇德——“死伤勇”③。三是符合礼。这是因为礼不仅是用来文饰，而是也带有约束、调节的意味。《论语》还讲到君子有“四恶”，其中一恶即是“恶勇而亡礼”④，同时孔子还从重礼角度强调“勇而无礼则乱”⑤。同孔子一样，荀子也认为君子有“三恶”，即“疏知而不法，察辨而操辟，勇果而亡礼”⑥，可见，先秦儒家把“礼”作为重要法度去衡量是否去行动。

3. 勇有大小。孟子对勇的类型作了明确的等级区分，他不仅讲述了曾子曾经听到过孔子说过“大勇”，还在同齐宣王对话时论及了“大勇”与“小勇”：“王曰：‘大哉言矣！寡人有疾，寡人好勇。’”对曰：“王请无好小勇。夫抚剑疾视曰：‘彼恶敢当我哉！’此匹夫之勇，敌一人者也。王请大之！《诗》云：‘王赫斯怒，爰整其旅，以遏徂莒，以笃周祜，以对于天下’，此文王之勇也。文王一怒而安天下之民。《书》曰：‘天降下民，作之君，作之师。惟曰其助上帝，宠之四方。有

①②《论语·宪问》。
③《孟子·离娄下》。
④《论语·阳货》。
⑤《论语·泰伯》。
⑥《荀子·大略》。

罪无罪,惟我在,天下曷敢有越厥志?'一人衡行于天下,武王耻之。此武王之勇也。而武王亦一怒而安天下之民。"①这里,孟子把齐宣王所好之勇说成是"小勇",把文王武王之勇说成是"大勇"。荀子对"勇"也作了仔细的区别,进一步分成"上勇"、"中勇"和"下勇"②或"狗彘之勇"、"贾盗之勇"、"小人之勇"和"士君子之勇"③。不过,荀子似乎有把"勇"泛化之嫌。因为前三者之勇实为假勇,只有"士君子之勇"(义之所在,不倾于权,不顾其利,举国而与之不为改视,重死持义而不桡)才是真勇。

以上我们主要从先秦儒家经典当中梳理了儒学中有关勇德的思想,实际上,后世儒家虽在某些方面对勇这一道德规范作了延伸和扩展,但均未脱离先秦儒家勇德思想的框架。可以看出,儒家之勇有时是在较为广泛意义上言说的,孔子说"仁者不必有勇",孟荀把勇分为大勇、中勇、小勇,正是立足于勇的广义。有时则是在严格规定的狭窄意义上讲"勇",如要求勇必须合义、循礼及好学,这才是"真勇"。还应指出,尽管先秦儒家未明确从"中道"标准出发去界说勇,但实质上暗合了这一意思。过与不及均不是勇,而是懦弱和鲁莽。犹如泡尔生所言,有"两种行为方式都受到人们指责,前者被谴责为懦弱,后者则被指责为盲目的狂热或莽撞。人所需要的是一种与此不同的行为,这就是勇敢。人的勇敢在于:当面临外界的冲击或死之危险之时,既不盲目地逃走,也不盲目地冲进危险,而是保持镇静,仔细冷静地研究情况,运用头脑来思考和判断,然后果断有力地作出究竟是去抵抗进攻,还是防御退却的决定。因此,审慎构成勇敢的重要部分"④。

---

①《孟子·梁惠王下》。

②《荀子·性恶》。

③《荀子·荣辱》。

④ 泡尔生《伦理学体系》,中国社会科学出版社 1988 年版,第 424 页。

由孔孟所阐述的勇者不惧、仁者必有勇、折而不挠、志士不忘在沟壑①、勇士不忘丧其元②、杀身成仁、见利思义、见危授命,《中庸》所讲的"知耻近乎勇",荀子所说的上勇中勇下勇、重死持义不桡、行道有勇,这些勇德思想对于古今中国人的发展产生了巨大的影响。一是锻造了一大批坚强不屈、不怕牺牲、不畏险阻、英勇顽强的志士、仁人、勇士,一大批为国捐躯、为民请命的民族英雄。尤其是孟子提出来的"富贵不能淫,贫贱不能移,威武不能屈"的大丈夫气概,更是教育激励了无数中国人,促使中华民族涌现出像苏武、岳飞、文天祥、郑成功等民族英雄,培育了不畏权势、以德抗位的谏臣忠臣,塑造了新中国一大批像邱少云、黄继光、王杰、欧阳海等水火烈士。二是形塑了中华民族坚强不屈、勇往直前的品格。在孔子见危授命、杀身成仁,孟子"苦其心志,劳其筋骨,饿其体肤,空乏其身"和《周易》"天行健,君子以身强不息"等勇德思想的教育、感化下,中华民族表现出百折不挠、顽强不屈、知难而进、不怕牺牲的坚强意志,这些在新时期抗洪、抗非典和抗震救灾中得到充分展现和提升。而见义勇为从古到今一直是中国社会的时代最强音,今天我国各地不仅涌现出无数见义勇为、舍生忘死的道德楷模,还把它纳入人们普遍推崇的时代精神之中。《义勇军进行曲》激励无数中华儿女抵抗强敌,作为国歌感召着当代中国人艰苦创业、克服现代化建设过程中各种困难、风险和挑战。孟子所倡导的"浩然之气"日渐成为全社会民众共同的情感诉求,成为现代中国人不畏强敌、抵御外侮、反抗强暴的民族气节。正是在儒家智仁勇"三达德"的不断熏陶和教化下,中华民族以富于勇敢献身闻名于世,勇敢精神已成为中华民族性格和气质不可或缺的要素,十六大报告将之纳入民族精神体系之

---

①②《孟子·滕文公下》。

中。三是儒家勇德思想将继续成为中华民族自立于世界民族之林的文化资源。泡尔生认为:“我们的整个文明教育和军事教育都不适合于产生这种个人勇敢,这些教育的主要目的是发展纪律,即服从;这种服从在一定程度上是勇敢的对立物。”①殊不知,也许那种尚武的勇敢德性在以和平、发展和合作为主题的国际大背景下,会使其重要性减弱,但这并不等于个人不再需要勇敢这一道德性规范,且不说我们每个人在现实社会生活中会遇到暴雨雪、地震、病魔等自然灾害,会碰到抢劫、强奸等暴力犯罪,就是在国与国之间也还会产生文明的冲突、外敌入侵、金融风暴等艰难险阻,这些正需要发扬儒家百折不挠、见义勇为、一往直前、顽强进取等勇德精神。

三、儒家基本道德规范及对人发展的影响

由耻、悌、勤、俭、节、恕、直、恭、宽、廉等组成的儒家基本道德规范,虽然在儒学中重视程度不及核心道德规范,但同样受到儒家的关注,且不说悌、勤、俭、节、恕、直等在儒家经典中大量论及,就是廉与耻也是构成儒家道德规范体系的重要范畴,它们同礼义一起成为儒家推崇的“四维”,并在清代纳入“古八德”而受到儒家和整个社会的遵奉。下面我们将依次对这些基本道德规范及其对人发展产生的影响作扼要论述。

(一)耻

耻德是儒家重要伦常规范之一,历代儒家特别是原始儒家要求人们要“有耻”、“知耻”、“贵有耻”、“人不可以无耻”,认为“知耻近乎勇”,耻是“立人之节”、“治世之大端”,并为此论证了人有羞耻之心;同时,为了使人有耻,强调要进行知耻教育。本来,耻应上升为儒家核心道德规范,但鉴于儒家论述不详,故把它放在基本道德规

① 泡尔生《伦理学体系》,中国社会科学出版社1988年版,第425页。

范加以探讨。

1. 明辱知耻。这一小节我们将从理论上对儒家伦理思想进行"明辱知耻"。耻的本义是什么呢?牟钟鉴作了深刻提炼。他认为,儒学中"耻作为人的羞愧之心,为保持人格的尊严,对于不道德的行为不屑于去做,从感情上加以排斥;对于别人加于己身的侮辱不能容忍"①。这里,我们将从外在和内在两方面去解读儒家之"耻"。从外在方面说,耻就是明辱。耻与辱经常联用,即"耻辱",实为"耻于辱",它表明人对来自外界的侮辱、凌辱等表示不可容忍、内心不安。同时,耻的对象还可以是对个人自身的不道德行为(恶行)不愿去做,或做了会感到丢人、没面子,感到名誉不保(受挫),用孟子的话来说即是有"羞恶之心"。从内在方面说,耻乃是人的一种去恶扬善的道德情感。孟子在讲到"四端"和"四德"时指出:"羞恶之心,义之端也"②,"羞恶之心"是人生而固有的善端,是人区别于禽兽的本质规定性之一,它是孕育发展出义德的心理基础。义行是善行,是适宜、正当的行为,这就意味着人有了耻感(羞恶之心),就会行义,而对不义举动会感到羞愧。正如朱熹所言:"人有耻,则能有所不为。"③王润生认为过去和现在许多人之所以偷偷去干"不要脸"的事,不能慎独,是传统耻感文化的过错,儒家把"耻"仅仅看做是来自于外界的监督,而不是出于良知的命令,是为了保"面子"、保荣誉、保地位,是他律而被迫的,非自律而自觉的。④ 殊不知,儒家之"耻"不仅建立在人"我固有之"的先天"羞恶之心"上,还从"仁"方面去加以规定。孟子讲:"仁则荣,不仁则辱。"⑤人只有具备仁德才

① 牟钟鉴《儒学价值的新探索》,齐鲁书社 2001 年版,第 143 页。
②⑤《孟子·公孙丑上》。
③《朱子语类》卷十三《学七·力行》。
④ 王润生《我们性格中的悲剧》,贵州人民出版社 1988 年版。

能带来荣誉，才能被社会认同；反之，就会带来“耻辱”。而在孟子这里，仁正是来源于人的恻隐之心（实为良知良能良心）。

2. 近礼远耻辱。儒家不光把仁义视为人有耻的道德前提和条件，还从礼、德方面来强调人如何才能做到“知耻”、“明耻”。孔子说：“恭近于礼，远耻辱也。”①假若恭敬符合礼仪，就会远离耻辱。这实际上是说，一个人在与他人交往时，必须依礼而行，以礼待人，学会尊重他人；如果违礼、失礼，就会带来耻辱，就会受到惩罚，导致别人也不尊重自己。反之亦然。孔子还从德治功能维度强调只有坚持以德治国，才能使人有羞耻之心：

> 道之以政，齐之以刑，民免而无耻；道之以德，齐之以礼，有耻且格。②

光有刑罚和行政难以培养人的羞耻之心，顶多使人具有畏惧之心，必须加强道德教化，必须让统治者以德理政，才能使人生成羞耻之感。管仲曾说：“仓廪实而知礼节，衣食足则知荣辱。”③殊不知，物质富足仅是道德的必要条件，而不是充要条件，倘若不施以道德教育，人照样无廉耻，也不会知什么荣辱。王夫之就批评说：“待其足而后有廉耻，待其阜而后有礼乐”，就会造成“可以得利者无不为也”的恶果，因此他主张用廉耻观念引导民众。④

3. 人不可无耻。在儒家看来，人不可以无耻。有耻于国于民都具有重要意义。这一则是因为羞恶之心是人行义的伦理基础，人只有具备耻辱感，才会做应当做的事情，不做不当为之事。假如没有羞耻之心，就会太无耻了：“人不可以无耻。无耻之耻，无耻矣。”⑤

---

①《论语·学而》。
②《论语·为政》。
③《管子·牧民》。
④《诗广传》卷三《小雅》。
⑤《孟子·尽心上》。

真正的无耻就是不知羞耻的羞耻，不以耻为耻之耻，就是耻辱不分。二则是因为耻作为一种道德情感，是人之大节、国之根本。《管子》讲："礼义廉耻，国之四维。四维不张，国乃灭之。"对此，儒家也是认同的。三则无耻则必贪。下面将讲到儒家的廉耻观。可以说，人无廉必耻，反过来，无耻则必无廉，二者是相互为用的关系。四是有耻是培养理想人格的条件："行己有耻，使于四方，不辱君命，可谓士矣。"①做一个真正的"士"就应不做使自己蒙耻之事。孔子还讲："士志于道，而耻恶衣恶食者，未足与议也。"②可见，一个"士"不屑于同那些以恶衣恶食为"耻"的人为伍，从而从反面说明"士"不会以恶衣恶食为耻。孔子还把"有耻"作为君子人格的特质，认为君子以言过其实、言行不一为耻："君子耻其言而过其行。"③在《孟子·离娄下》中孟子也指出："声闻过情，君子耻之。"君子所耻是那种声誉超过实际——名不符实。对此，荀子更是做了大量阐述。他认为君子耻不修、不信、不能④，认为"故君子苟能无以利害义，则耻辱亦无由至矣"⑤。

4. 明耻有方。社会是复杂多变的，人世间变幻莫测，怎样才能正确做到明耻知辱呢？孔孟儒家提供了知耻之方，这就是依道而行。《论语·宪问》载："宪问耻。子曰：'邦有道，谷；邦无道，谷，耻也。'"如果国家政治清明，道行天下，官员们拿俸禄，是理所应该的；但如果国家政治黑暗，老百姓衣食无着，还拿高俸禄，就是一种耻辱。在《论语·泰伯》中，孔子进一步明确指出：

邦有道，贫且贱焉，耻也；邦无道，富且贵焉，耻也。

---

①《论语·子路》。
②《论语·里仁》。
③《论语·宪问》。
④《荀子·非十二子》。
⑤《荀子·法行》。

孟子也认为人必须据道而行才不至于无耻,反之,必是耻辱:"立乎人之本朝,而道不行,耻也。"①

由儒家提出来的行己有耻、不可无耻、远耻辱、有耻且格、不仁则辱、据道明耻等耻德思想,对于中国社会文明进步及个人的身心修养、道德发展,在过去产生了重大影响,在今日也具有重大的意义。它不仅促使封建统治者重视明耻、雪耻,例如乾隆皇帝对钱谦益"可鄙可耻"进行了谴责,也激发了中国广大爱国人士明耻、知耻、雪耻的决心和信心,例如中国人民奋起抗争鸦片战争、甲午战争,致力于抗英、抗日斗争,并在五四运动时期把 5 月 7 日定为"国耻纪念日";同时也在很大程度上培养了中国人有耻且格、礼义廉耻、明荣知辱、勇于雪耻的精神品格。尤其是在儒家耻德思想的激发和引导下,中国社会形成了一种耻感文化。在中国,大力弘扬儒家耻德文化具有很强的现实针对性。应当承认,当今中国绝大多数人具有羞耻之心,但是,我国社会上也存在着一些人善恶不分、荣辱颠倒,以至于以耻为荣,以丑为美,以恶为美;有的人缺乏起码的羞耻情感,羞耻明耻知耻观念淡薄。汲取儒家耻感文化的合理成分,显然有助于人们做出趋荣避耻的价值选择,确立明荣知耻的价值标准,树立正确的荣辱观。自古以来,尚荣知耻、羞恶从善就是为世人所称颂的传统美德。中国共产党人历来重视正确的荣耻观念在道德建设中的作用。邓小平曾指出:"中国人民有自己的民族自尊心和自豪感,以热爱祖国、贡献全部力量建设社会主义祖国为最大光荣,以损害社会主义祖国利益、尊严和荣誉为最大耻辱。"②江泽民也强调:"领导干部必须讲学习、讲政治、讲正气,还必须讲修养、讲道德、讲廉耻"③、"要在全党全社会大力提倡高尚的社会主义思想道德和中

① 《孟子 · 万章下》。
② 《邓小平文选》第 3 卷,人民出版社 1993 年版。
③ 江泽民《论党的建设》,中央文献出版社 2001 年版。

华民族的优良传统,以艰苦奋斗、勤俭朴素为荣,以铺张浪费、奢侈挥霍为耻"①。2006年"两会"期间,胡锦涛明确提出了以"八荣八耻"②为主要内容的社会主义荣辱观,并在十七大报告中把它作为社会主义核心价值体系的组成部分加以强调。

要更好地弘扬儒家耻德规范思想,促进人的健康发展,还必须做到:一是汲取儒家耻德思想的合理营养,丰富社会主义荣辱观。以"八荣八耻"为主要内容的社会主义荣辱观主要从对待国家、人民、科学、劳动、他人、诚信、法纪、实践的态度方面确立了荣耻的界线和标准,而没有对明辱知耻的意义、作用、条件、方略等作出明确规定。儒家的耻德思想虽然不成系统(虽然《荀子》中专章谈荣辱),但它毕竟涉及有耻明耻的意义如知耻近乎勇、条件如仁则荣、方法如据道明耻等,把这些思想加以丰富完善纳入社会主义荣辱观之中,有助于使之更好地操作、普及、推广,为广大人民群众扬善抑恶提供有效指导。二是要对儒家耻感文化作创造性转化。儒家耻德思想固然有其可取之处,但不够完整,缺乏严密性,且有一些已经过时。如"邦有道,贫且贱焉,耻也;邦无道,富且贵焉,耻也",不一定全对,因为有的人在"邦有道"情况下可能因为某些不可抗因素而居于"贫且贱"地位,并不一定是耻辱的事;而即使"邦无道",只要合乎仁义礼达到富贵,就不是耻辱。对于儒家耻德,学术界存在两种完全对立的评价说法。有人如王润生说它过于强调他律,注重外在评价、地位和荣誉;有人则认为它是完全的道德自律,主要依赖主体的

① 江泽民《论党的建设》,中央文献出版社2001年版。

② 所谓"八荣八耻",即是以热爱祖国为荣,以危害祖国为耻;以服务人民为荣,以背离人民为耻;以崇尚科学为荣,以愚昧无知为耻;以辛勤劳动为荣,以好逸恶劳为耻;以团结互助为荣,以损人利己为耻;以诚实守信为荣,以见利忘义为耻;以遵纪守法为荣,以违法乱纪为耻;以艰苦奋斗为荣,以骄奢淫逸为耻。

自律意识,而这种自觉性对于个体行为的约束力是有限的。① 在我们看来,儒家耻德既有自律又有他律,要借鉴这一耻德思想,培养健全的人格,就要把自律和他律结合起来。一方面要培植人的仁心、羞恶之心,另一方面也要依礼而行、见义勇为,保持明耻知辱中仁与礼合理的张力,在强化致良知、慎独的同时,注意社会道德监督。三是加强耻感教育。羞恶之心、羞耻之心虽然是每个人具有的,但必须存养,否则会丢失,要激发人的羞耻之心使人能改过迁善,固然要强调个人的修身养性,但也要进行社会知耻明耻有耻教育,对人进行提醒、强制、劝告。加之,善恶、荣辱有时难以作出准确分辨,特别是如荀子所言荣辱有类型之分(义荣与势荣、义辱与势辱),这更需要社会对个人进行明耻知辱教化,为他们知荣明耻、知荣弃耻、扬荣抑耻,做当荣之事,拒为辱之行,提供耻德知识和正确的价值观。

(二)悌

大概受宗法关系和父权制的影响,儒家更为关注的是父子关系、夫妻关系,而不太重视兄弟姐妹关系。不过,这并不等于说儒家没有就兄弟姐妹关系提出道德规范,"悌"就是其中之一。儒家之悌德规范应从以下三点加以把握。一是儒家在广义和狭义两个层次上去使用"悌"。无疑,儒家更多的是从狭义上去规定"悌"。《中庸》讲:"所求乎子,以事父未能也;所求乎臣,以事君未能也;所求乎弟,以事兄未能也;所求乎朋友,先施之未能也。"在此"五伦"基础上,《礼记》在讲到"十义"时指出:"父慈,子孝,兄良,弟弟,夫义,妇听,长惠,幼顺,君仁,臣忠,十者谓之人义。"②显然,《礼记》把"悌"(悌同弟)作为敬爱兄长提出来。贾谊《道术》说:"弟爱兄谓之悌。"

① 参见张树骅、宋焕新主编《儒学与实学及其现代价值》,齐鲁书社 2007 年版,第 351 页。

②《礼记·礼运》。

孟子似没有明确将弟事兄作为“悌”提出来，他只是在讲到“五伦”时提出“长幼有序”。从儒家经典文献上看，除《礼记》外，似乎有把“悌”当做兄弟姐妹相互敬爱的倾向。在宣传“兄友弟恭”的同时，孔子讲“入则事父兄”①、“入则孝，出则悌”②，这里的“悌”并不完全就是敬重兄长、善事兄长，也有可能包含着兄弟彼此之间的笃爱和睦。二是儒家之“悌”也有“次第”之意，从而同孟子所说的“长幼有序”接近，表达的是一种等差秩序。这又同把“悌”规定为“善事兄长”密切相关。应该说，这两层含义对于中国社会兄弟姐妹之间建立互相爱护、相互恭顺的人伦秩序发挥着重要作用。三是儒家十分强调“悌”维系社会关系、促进社会稳定的功能。“悌”往往同“孝”连用，被视为仁的根本道德类型。《论语·学而》中有子说：“其为人也孝弟，而好犯上者，鲜矣；不好犯上，而好作乱者，未之有也。君子务本，本立而道生。孝弟也者，其为仁之本与！”学术界往往注意并争论“孝为仁之本”，而忽视了“悌”为仁之本的意义。同“孝”一样，“悌”亦是一种家庭中重要的伦理情感，它同样是“仁”或“人”的根本，是作仁(人)的出发点，它代表着家庭价值和家庭稳定，只有强化这种血缘伦常情感，才能为避免犯上作乱提供人性基础。对孝悌的功用，朱熹也有着深刻认识。他说：“故仁义之道，其用至广，而其实不越于事亲从兄之间。”③

在传统中国社会，由于受到儒家“兄友弟恭”、“兄良弟弟”、“友于兄弟”④、“兄弟怡怡”⑤、“四海之内，皆兄弟”⑥等思想的影响，加

---

①《论语·子罕》。
②《论语·学而》。
③《四书章句集注·孟子集注》卷七。
④《论语·为政》。
⑤《论语·子路》。
⑥《论语·颜渊》。

上宗法血缘关系和家族制的制约，中国人讲究结义兄弟、亲如兄弟、兄弟义气，把家庭兄弟关系进一步延伸到乡里和社会。当然兄弟姐妹之间的相互扶助、亲爱之情也促进了中国人家庭的和谐稳定——虽然封建大家庭也带来如同巴金小说《家》中所描写的许多问题。兄友弟悌这一儒家家庭伦理在当代仍有推广价值。本来，兄弟友爱、良悌是一种先验的良知良能——孟子说："孩提之童，无不知爱其亲者；及其长也，无不知敬其兄也。"①但是，随着中国社会的现代化发展，传统大家庭已解体，兄弟姐妹成家立业后各自独立生活，彼此之间面临着疏远化的危险。在市场经济条件下，"亲兄弟明算账"无疑具有相当合理性，但由于种种利益冲突，导致兄弟反目成仇的现象也日渐增多。利用儒家发自于自然之道的孝悌规范调节兄弟姐妹关系，将有助于建立彼此祥和、互相帮扶、相互勉励的良好兄弟姐妹关系。

（三）勤

中华民族素以勤劳勇敢著称于世，在人们眼里，这无疑同深受儒家文化的熏染分不开。在解释日本和亚洲"四小龙"经济腾飞原因时，虽有马克斯·韦伯否认儒家伦理对资本主义的助缘作用，虽有制度派与文化派之争，但一般都不否认正是由于奉行儒家勤劳这一工作伦理，才在一定程度上推动了儒教文化圈国家和地区经济的发展。那么，儒家有关勤德思想到底具有什么特点呢？首先，论述不多。我们翻遍先秦儒家经典文献，谈论"勤"并不多。只是在《尚书·大禹谟》中说："克勤于邦，克俭于家。不自满假，惟如贤。"其次，儒家之"勤"主要侧重于勤学上。先秦儒家讲得最多的是人为什么要好学、如何好学，如"博学之"②、"笃信好学"③、"发愤忘食"等。

---

①《孟子·尽心上》。
②《中庸》。
③《论语·泰伯》。

孔子批评那种“饱食终日，无所用心”的人难以有所作为。[1] 从总体上，儒学更为凸现勤学而不是勤政、勤劳。再次，儒家重勤主要表现在对古帝推崇上。《孟子·滕文公上》讲到“五伦”之起源时，认为舜帝基于人们“饱食、暖衣、逸居而无教”而使契为司徒，教以人伦。孟子还称赞大禹“三过其门而不入”的勤政精神[2]。最后，儒家更多从反面强调勤劳，如“生于忧患，死于安逸”等。也许正是儒家谈勤不多，牟钟鉴在论及儒家主要道德规范和道德品质时，一共列了 18 条惟独缺少“勤”。[3] 这里，我们试对儒家对“勤”所言不多作出解释。摩尔根在《古代社会》一书中把勤劳同勇敢、团结、互助作为原始人生活的四种美德。在传统中国社会，由于大自然不可能自动满足人的基本需要，加上生产力水平不高，造成了“短缺经济”，为了生存的需要，人们不得不辛勤劳作，“日出而作，日落而息”，因而勤成为具有普遍必然性的道德品质。故此，儒家觉得没有必要对“勤”加以着力强调。在极度匮乏的传统中国社会，广大劳动人民在艰苦的改造自然和改造社会的实践中锻造出了勤劳品格，并大力倡导勤德。在古代中国，诸如“勤能补拙”、“一生之计在于勤”、“忧劳可以兴国，逸豫可以立身”、“万恶懒为首，百善勤为先”、“天道酬勤”、“业精于勤荒于嬉”、“民生在勤，勤则不匮”等训条普遍流行于世。

在当代中国，倡导儒家克勤克俭、勤奋好学、杜绝淫逸的精神，对于培养人们的勤劳美德，有着很强的现实指导意义。我国正日益走向富裕社会，绝大多数人承受巨大的竞争压力而辛勤工作，但无可否认的是，一些人身上好逸恶劳、奢侈浪费、投机取巧现象不断滋长，严重损害国家的形象。为此，党和国家强调要发扬艰苦朴素作

---

① 《论语·阳货》。

② 《孟子·离娄下》。

③ 参见牟钟鉴《儒学价值的新探索》，齐鲁书社 2001 年版。

风,并把勤劳勇敢纳入中华民族精神系统中加以倡导。中国当前仍属于发展中国家,仍然需要大力弘扬勤奋学习、勤劳致富、勤政为民等优良传统。对于官员来说,应当学习大禹治水“三过家门而不入”、周公辅政“一沐三握发,一饭三吐哺”、诸葛亮“鞠躬尽瘁,死而后已”的勤政为民精神,发扬愚公移山、精卫慎海、勤俭建国精神,发扬尊重劳动的精神。

(四)俭

勤是开源,俭是节流,前者是财富之源,后者则是对财富、资源的正当利用和合理节制,因而二者经常连用。同勤德不同,儒家就俭德论述相对多一些,这主要表现在以下几方面。一是强调俭以养德。“俭以养德”是由诸葛亮明确提出来的。他本人提倡节俭,反对奢侈,认为“夫君子之行,静以修身,俭以养德,非淡泊无以明志,非宁静无以致远”①。先秦儒家对俭以养德的作用似未明确论述,孔子倒是有类似的观念。他指出:“道千乘之国,敬事而信,节用而爱人,使民以时。”②对“节用而爱人”有的解为“节制用度,并且爱护人民”。不过,从前后句来看,似解为“节约用度以爱护人民”更贴近些。在儒家那里,“爱民”是一种政治美德。俭作为美德之一,自然应是仁德的表现,因此,《礼记》讲:“俭近仁”。秦汉以后,一些思想家、政治家也对“俭”的意义作过探索,提出了“崇俭兴国”(隋文帝)、“治国之道,节用为先”(张居正)等。二是取之有度。本来,取与俭是两个相反的行为范畴,前者是如何占有财富,后者是如何使用财富。不过,两者也有一定相关性。巧取豪夺、惟利是图一般是为了追求奢侈、享乐。因此,儒家特别重视见利思义、生财有道。从以义驭利价值观出发,孔子讲到富贵如果是可求的,也就是合义的,

①《诸葛亮集·文集·诫子书》。

②《论述·学而》。

那么就可以追求,否则宁愿放弃。他说:

> 富而可求也,虽执鞭之事,吾亦为之。如不可求,从吾所好。①

孟子不仅提出了"富贵不能淫"的大丈夫气概,还提出如果熊掌与鱼不可得兼,则根据仁义而取鱼。在回答任国人问"礼与食孰重"时,孟子认为"礼重"。② 三是适度消费。俭既不是主张像葛朗台守财奴式的吝啬,也不是主张禁欲主义,而是消费有度。孔子之所以婉言谢绝了颜路请求他卖掉车子为颜回办棺椁,是因为他认为作为士大夫必须坐车不能徒步。③ 孟子也认为"可食而食之矣……食功也"④。四是节用反奢。俭总是与节联用,之所以如此,就对内而言,俭即是节制个人欲望,力戒贪欲,不放纵自己;就对外而言,俭就是有节制地合理地使用财物,反对奢侈浪费。一方面,俭必须节约(俭约),节约时间、精力、财物、金钱、机会等,相当于孔子所说的"节用"。另一方面则是反对奢侈浪费。孔子讲:"奢则不孙,俭则固。与其不孙也,宁固。"⑤奢侈是与节俭相反的人生取向,要俭就必须反奢,何况孔子认为奢与俭会带来"不孙"(谦逊)与"固"(简陋)两种后果,而简陋毕竟比不谦逊要好。孔子认为,尊礼固然重要,但决不能因礼而奢华,而应厉行节约,他说:"礼,与其奢也,宁俭。"⑥在《论语·子罕》中,孔子又说:"麻冕,礼也;今也纯,俭。"荀子亦反对奢侈,倡导节俭,认为粮食大侈,就会让一些人乞讨乃至饿死。⑦ 他还谈到节用的基本原则,这就是"节用裕民"⑧、"节用以礼",并且明

①⑤《论语·述而》。
②《孟子·告子下》。
③《论语·先进》。
④《孟子·滕文公下》。
⑥《论语·八佾》。
⑦《荀子·荣辱》。
⑧《荀子·富国》。

确提出“开源节流”思想:“故明主必谨养其和,节其流,开其源,而时斟酌焉。”①五是安贫乐道。孔孟均认为追求富与贵是人之大欲,但假如不得不陷入贫困、困顿之中,也应自得其乐,为此孔子提出了所谓“孔颜之乐”。他称赞颜回安于简陋生活的精神:“贤哉,回也!一箪食,一瓢饮,在陋巷,人不堪其忧,回也不改其乐”②,肯定安贫乐道生活:“饭疏食饮水,曲肱而枕之,乐亦在其中矣”③,并表示不害怕简陋:“君子居之(九夷),何陋之有”④?可见,只有据道奉行生活简朴的人,才能真正做到节俭。

综上所述,儒家虽然缺乏对俭的系统性论述,但也提出了许多有关俭德的一些闪光思想,由俭以养德、节用爱人、俭近仁、取之有度、节用以礼、孔颜乐处等所组成的儒家俭德规范要求,对人的发展同样具有重要的教育、引导和激励功能。俭以养德,用之对人进行教育,不仅可以培养人的节俭美德,还能促成人养成廉洁、勤奋、重义、节制等德性。同时,在短缺经济的物质贫困时代,节俭是人赖以生存的重要方式,也是立业兴国的重要策略,正是在尚俭文化的长期教化下,中华民族形成了勤俭持家、勤俭建国的优良传统。在今天,物质生活富足了,一部分人先富起来了,然而由于缺乏正确的价值观引导,部分人出现了畸形消费、奢侈性消费,大手大脚、奢侈浪费极为严重,有的人还以扩大内需为由,追求非理智的消费,把节俭视为现代化的阻碍。诚然,发展市场经济、提高生活质量应鼓励人消费,但凡事都有一个度,过与不及均不好,消费必须遵循合理的尺度。我国毕竟人均收入还不高,几千万人还未脱贫,生态失衡,尤其

①《荀子·富国》。
②《论语·雍也》。
③《论语·述而》。
④《论语·子罕》。

是社会资源和自然资源总是相对匮乏，这就要求我们要发扬儒家尚俭精神，注意厉行节用、节俭，反对奢侈。特别是中国仍处于现代化未发达阶段，为了积累生产资金，为了教育、医疗投资，我们每个人也应厉行节约。要知道，二战以后正是由于奉行儒家节俭反奢伦理，才在某种程度上促进了日本后来的经济起飞。

（五）节

节总是与俭联系紧密，如节俭、节用、节约等。不过，我们认为，节是一个更为根本的伦理范畴。对内来说，如果没有节，或者说缺乏对欲望的节制，有时难以做到俭约；对外来说，如果没有节度、节制、节约，就难以实现俭。况且，一个人的道德自律实际上表现为人对私欲的节制，所谓道德心即是人的节制心。不过，遗憾的是，儒家似乎未将“节”作为一个完整独立的德目凸现出来，“节”一般是在与别的字连用时表达某种理性的合宜的态度和行为，如节俭、节简、节养、节约、节制、节用、节省、节度等，惟一例外的是荀子说过“士大夫莫不敬节死制”。[①] 根据我们初步研究，儒家之节大致有三层意思。一是节制，也就是对个人欲望和行为的适度控制。这一点除上述外，有子认为“知和而和，不以礼节之，亦不可行也”[②]。不以礼节制致和行为，那也行不通。孟子在论及“四德”时也谈起过“节制”。他说：“礼之实，节文斯二者弗去是也。”[③]礼的实质就是对仁义进行节制和文饰。这显然是外在之节，只是由于它对仁义道德的调节而具有伦理价值。当然，把节当做一种伦理化行为加以强调，主要是荀子，他在《荀子》一书中多处提到节用，如“节用而强本”、“节用裕民”等。二是礼节。这也就是来源于上述有子和孟子“节制”之语。

①《荀子·王霸》。
②《论语·学而》。
③《孟子·离娄上》。

同时,《论语》也在子路遇见隐者仗荷老人时讲到,子路认为“长幼之节,不可废也”①。可以看出,子路所讲的“节”也是“礼节”的意思。三是一种人格操守,即气节,它是一种不为外界所动的坚强意志,是一种能够运用理智对自己的私欲和行为进行抑制的道德自律精神。节操,即是一种信守道义不为外界所动的恒心、耐心,一种保持人格独立的精神力量,如同曾子所言:“临大节而不可夺也。”②这是一种为某种信仰而献身的意志品质,包括气节、节操、贞节等。

儒家节德观念尽管较为零散,它对人发展的作用却不可小视。首先,它有助于造就人的节制心,助成人的道德自律意识,培养人的忍让观念。尤其是在当代中国,随着社会经济的发展,人面临着金钱、权力、美色、财富、名誉、地位等各种诱惑,一些人物欲横流,纵欲过度,惟利是图,对自然资源进行掠夺性开发,带来生态失衡、权钱交易、权色交易、卖淫嫖娼、制假售假等一系列社会问题。这些迫切要求我们汲取儒家节德思想的精华,加强节制教育,提高人的自律能力。其次,它有助于培养人的道德节操。在传统中国重节文化的影响下,中国士(知识分子)形成了重气节轻名利的优良传统,一大批仁人志士和革命先烈临危不惧、坚守民族大义和个人气节,做到“富贵不能淫,威武不能屈,贫贱不能移”。不错,由于深受封建礼教的束缚,在旧中国产生了一批节女、节妇,封建官府也为表彰她们立了不少贞节牌坊,这些无疑在某种意义上是对人性的摧残。但无论如何,即使是现在,夫妻间的忠诚(不二),坚守名节气节,防止过分放荡(一杯水主义),总是值得肯定的。《周易》曰:“节,亨,苦节,不可贞。”节制而又适度,则万事通达。死守名节和毫无节操,都是不可取的。再次,它有助于遵循可节制性发展模式。儒家不仅强调个

① 《论语·微子》。
② 《论语·泰伯》。

人的节制品德，也在国家层面强调节用、节俭。无节制则无可持续性发展。人的欲望是无止境的，俗话说"人心不足蛇吞象"，人的幸福是一种主观感受，它是会"水涨船高"的。虽然当代我们不主张一味节衣缩食，但也不能过分的贪大、贪优、贪多。荀子说得好："人生而有欲，欲而不得，则不能无求，求而无度量分界，则不能不争，争则乱，乱则穷。"①一个国家和社会无论怎么发达，资源总是相对有限的，这就要求对人的欲望和需要进行度量划界，防止欲望过度膨胀（节欲），以免引起人世间的争斗、混乱。

（六）恕

在儒家那里，恕总是与忠连结在一起，但含义有所不同。假如说"忠"是讲尽心、尽己、尽力、诚心的话，那么"恕"就是将心比心、推己及人。曾子认为孔子所说的一贯之道即是"忠恕之道"②。儒家之"恕"大致可以从三方面加以理解。

1. 恕的含义。可以说，将心比心是"恕"的本义，它是推己及人的道德心理基础，同孟子的恻隐之心、同情之心较为接近。孔子在回答子路问哪一句话可以一辈子奉行时，说："其恕乎！己所不欲，勿施于人。"③所谓恕，即是自己不想要的，不要强加给别人。还有一次是在答问仲弓问什么是"仁"时，孔子说："出门如见大宾，使民如承大祭。己所不欲，勿施于人。"④这表明，"己所不欲，勿施于人"作为"恕"道，亦是"仁"的表现。对孔子恕道思想，《礼记》作了继承和发挥。《中庸》讲："施诸己而不愿，亦勿施于人"。《大学》更是提出了"絜矩之道"："所恶于上，毋以使下；所恶于下，毋

①《荀子·礼论》。
②《论语·里仁》。
③《论语·卫灵公》。
④《论语·颜渊》。

以事上……”关于“己欲立而立人,己欲达而达人”,如前所述是属于“忠”还是“恕”历来存有争议。许多人把它当做积极意义上的“忠”而区别于消极意义上的“恕”。由于孔子只是提出“己欲立而立人,己欲达而达人”①,并未说它即是“忠”,这就给我们的理解增添了困难。我们认为,把“己立立人,己达达人”同“己所不欲,勿施于人”作为“恕”的一体两面似乎更好些。假如说“忠”是讲尽心尽力、一心一意的话,那么,“恕”是以将心比心为本然情感而对他人的关爱、帮助——立人、容人、宽人。当然,“忠”同样是立人达人容人的仁心根基。忠应该说主要是指对某种事物的坚定信仰、服从、认同。况且,孔子在把“己欲立而立人,己欲达而达人”界定为“仁”后说“能近取譬,可谓仁之方也已”②,能够从自身出发去处理己他关系。这也说明“己立立人,己达达人”同将心比心较为接近。

2. 恕的作用。孔子十分推崇忠恕,这不仅可以从曾子把夫子之道归结为忠恕之道得到证实,也从孔子自己认定“恕”可以一辈子奉行得到证明,同时,这还体现在孔子把“己欲立而立人,己欲达而达人”和“己所不欲,勿施于人”作为“仁德”的展现。我们认为,仁固然是全德之称,但忠恕作为处理人际关系(当然忠还有对事业的忠诚)的重要道德规范,最能体现“仁者爱人”的本质。

3. 恕对人发展的当代意义。鉴于我们已在“仁德”部分阐释了仁对人发展的价值,这里只想简要指出,如果说“己欲立而立人,己欲达而达人”的推广有助于培养人的乐于助人、与人为善的精神品格的话,那么,“己所不欲,勿施于人”的传播与教化则有助于养成人宽以待人、诚以容人的优良品性,虽然后者境界不如前者高,但它是

①②《论语·雍也》。

人的底线伦理,在利益冲突日益加剧、交往愈来愈频繁、生存压力较大的社会历史背景下,能够做到“己所不欲,勿施于人”实属不易,正因如此,房龙才写了《宽容》,“己所不欲,勿施于人”才作为金律纳入了《世界宗教宣言》,国内许多人才把它视为座右铭。

(七)直

直的内容十分丰富,包括直率、正直等。儒家直道对中国民众和民族心理产生的影响很大,但在学术界也引起了很大争议,主要是“父子相隐”和“以直报怨”两大问题。不妨从以下几方面去把握儒家直道思想。

1. 直的基本含义。在儒学中,“直”当然首先指正直、公道,公正无私为直,它是遵循中道原则而产生的不偏不倚品性。不过,“直”有时也指直率、坦诚和实在,说明一个人性格耿直,凡事不加掩饰、实诚。只有内在的心诚、意诚,才能“从容中道”①,才能真正达到正直。而外在言说的直率并不必然造成正直。正直同直率有很大相关性,但并非必然连结,正直的人不一定遇事必然直率,而直率的人也并不是绝对出于正直。正如荀子所说:“是谓是,非谓非,曰直。”②《论语》记载叶公对孔子说:“吾党有直躬者,其父攘羊,而子证之。”孔子曰:“吾党之直者异于是:父为子隐,子为父隐。直在其中矣。”③有的人把这里的“直”训为“直率”。就“子证之”来说,把“直”解为“直率”似无不可,但这样显然不符合父子相隐的义理,况且,直率与正直有所不同,它仅仅是表达一个人的性格,并不一定就是伦理范畴。故此,这一语境中的“直”应理解为“正直”。在这里,隐不隐不重要,重要的是顺乎人的天性与人情,因为父子相隐是出

①《中庸》。
②《荀子·修身》。
③《论语·子路》。

自人的真情表露。

2. 直的道德要求。《老子》说:“大小多少,报怨以德。”①意思是说以道德报答别人的怨恶。《论语·宪问》上记载:“或曰:‘以德报怨,何如?’子曰:‘何以报德? 以直报怨,以德报德。’”同老子人生哲学不同,孔子主张用正直回应仇怨,以道德报答道德。老子道家和西方基督教的以德报怨固然境界甚高,但却过于理想,一般人难以做到,况且,这也会在特定意义上助长人作恶之风(姑息养奸)。以怨报德、不识好歹和以怨报怨,诚然属于不当行为层次,以德报德也是属于正当行为,这实为互惠互利。以直报怨虽比不上以德报怨直观意义上精神境界高,但它较为平实,它从正义观念出发,讲究适度、中道,它既有“本当如此”的意义,也有“应当如此”的含义,你做了对不起我的事,我会按照公正合理原则去对待你,不自慊,不做作,不饰过,不同流合污(乡愿之人),因而,正直总是同正义内在相关。子张问孔子士怎么做才可以“达”,孔子认为子张所讲的“在邦必闻,在家必闻”是“闻”而不是“达”,他指出:

> 夫达也者,质直而好义,察言而观色,虑以下人。在邦必达,在家必达。夫闻也者,色取仁而行违,居之不疑。在邦必闻,在家必闻。②

这里,孔子严格区分了“闻”与“达”的界线,认为前者假仁求名,达者则秉义正直,惟义是从。

3. 直道的意义与作用。孔子肯定了直道而行可以服人。他在回答鲁哀公问怎样才能使民众信服、服从时说:“举直错诸枉,则民服;举枉错诸直,则民不服。”③使民服的为政之道是提拔重用正直的

---

① 《老子》六十三章。
② 《论语·颜渊》。
③ 《论语·为政》。

人,也就是扶正祛邪。孔子还强调为人正直可以幸运善终。如前所说,围绕“父子相隐”问题当代中国学术界展开了激烈论辩。刘清平等人认为,不论是孔子提出来的“三年之丧”、由孝悌到泛爱众、父子互隐,有子所说的“孝亲为大”,还是孟子所讲的大舜“窃负而逃”和“封之有痹”,均体现了血缘亲情,是一种家族团体本位,孔子把父慈子孝的特殊亲情置于诚实正直的普遍准则之上,它必然同泛爱、推恩相矛盾,也会牺牲社会公正,造成腐败。而郭齐勇等人认为“父子相隐”不仅符合当时的民间习俗,也为当时上层社会的伦理体系所肯定,同时,它也符合特殊、具体的道德情感。① 对于争论双方的是非曲直这里不想多作评论,只想就直道与“亲亲相隐”作一辨析。就“诚”而言,如果说“子证之”是诚实的话,那么,在孔子看来,父子相隐也是一种求真,只不过它是讲符合人间真情,讲究父子血缘亲情这一自然之诚;就“义”而言,揭发父子在某些法理框架下应是“正义”的体现,但在有些国家和地区,父子相隐不仅是符合法理正义的,也合乎伦理正义,即符合由血缘亲情所要求的适宜、合当、正当乃至应当的义行。朱子说:“父子相隐,天理人情之至也。故不求为直,而直在其中。”②说父子相隐符合至情并且直在其中是对的,但说孔子不求直则是错的。抽象地看,父子相隐有时是合法的,但不合情理,有时既合法也合情理,有时既不合法又不合情理,一切应依据具体的法理规定而定。至于孔子所讲的“父子相隐”这一正直是否会带来政治腐败,就要看能否将它保持在一个合适的范围之内。最后,我们想扼要指出,儒家的直德思想无疑会培养人的正义感、正直品格,它最容易同西方的正义原则接轨(当然要进行一定的转换)的。

---

① 参见郭齐勇主编《伦理争鸣集》,湖北人民出版社 2004 年版。

②《四书章句集注·论语集注》卷七。

(八)恭

在古汉语中,“恭”的本义是肃敬、谦逊、有礼貌。《礼记·曲礼》疏注曰:“在貌为恭,在心为敬”。相对于“勤”而言,儒家对“恭”的言说较多。儒家恭德思想大致有以下几个特点。

1. 更多的是把它作为君子人格的品质规范加以论述。一是孔子把“恭”当做“九思”之一,说:“君子有九思:视思明,听思聪,色思温,貌思恭,言思忠,事思敬,疑思问,忿思难,见得思义。”①从而,“思恭”成为君子必备的行为素质。二是提出“恭道”。孔子评价子产说:“有君子之四道焉:其行己也恭,其事上也敬,其养民也惠,其使民也义。”②显然,这里的“君子”属于德仁兼有的统治者,孔子认为这样的君子既要敬事惠民,使民以义,同时要行为态度谦逊、庄重,把个人修身同外王之道结合起来。孔子弟子称赞他具有“温而厉,威而不猛,恭而安”③的人格特质。

2. 强调“恭”的意义与价值。在与其他德目连用时,孔子儒学明确揭示了“恭”的重要性。子贡在回答子禽问孔子每到一个国家听闻政事、是自己求还是别人说与时,说:“夫子温、良、恭、俭、让以得之。夫子之求之也,其诸异乎人之求之与”④,称赞孔子以恭敬等态度去求取政闻。孔子从礼角度认为“恭而无礼则劳”⑤,谦逊但没有礼貌会使人劳顿。子夏指出,只要做到“敬而无失,与人恭而有礼”,就会“四海之内,皆兄弟”。⑥ 恭不仅使人有礼,也可使人明礼,故《礼记·曲礼》说:“君子恭敬,撙节退让以明礼。”孔子把“恭”作为仁德的表现,认为做

①《论语·季氏》。
②《论语·公冶长》。
③《论语·述而》。
④《论语·学而》。
⑤《论语·泰伯》。
⑥《论语·颜渊》。

到“恭”就会“不侮”。他还讲“能行五者于天下,为仁矣”,哪五者呢?这就是恭、宽、信、敏、惠,而“恭则不侮”,①人如果谦恭,就不会招致侮辱。孔子强调要珍惜恭这一仁德。他在回答樊迟问何为仁时,说:“居处恭,执事敬,与人忠。虽之夷狄,不可弃也。”②

3. 从知耻、明耻角度倡导恭敬。孔子弟子有子说:“信近于义,言可复也;恭近于礼,远耻辱也;因不失其亲,亦可宗也。”③一个人谦恭而符合礼节,就会免于耻辱。孔子本人也对“巧言令色足恭”表示同左丘明一样感到羞耻而不以为然。④ 由上可见,孔子及其弟子十分重视恭德的规范意义,认为它是君子人格的基本要素,是为人处世的行为准则,也是治国安民的为政之道。在孔子儒学这里,恭敬两者有时难以分开,可谓大同小异,都是表示一种待人接物的真诚态度,但同时又明确将它们作为不同德目加以使用,如“其行己也恭,其事上也敬”、“貌思恭……事思敬”、“居处恭,执事敬”等。朱熹认为恭侧重于待人的容貌,而敬侧重于内在的态度:“恭主容,敬主事。恭见于外,敬主乎中。”⑤说“恭主容,敬主事”可,说“恭见于外,敬主乎中”似不妥,因为恭也是一种内在谦恭态度,而敬既然是待事也是见乎外的。也许正是恭敬难分,且与礼相连,孟子便把恭敬之心当做礼德的形而上心性本体:“恭敬之心,礼之端也。”程明道先生也认为恭敬、忠直通仁体。不过,二程似乎不大重视“恭”,而极力倡导“敬”,并提出了著名的“敬以直内,义以方外”⑥的论断,且同朱子一起共同发展了“主敬”学说。

---

①《论语·阳货》。
②《论语·子路》。
③《论语·学而》。
④《论语·公冶长》。
⑤《四书章句集注·论语集注》卷七。
⑥《二程集·河南程氏遗书》卷十一。

先秦儒家提出来的温良恭俭让、恭近于礼、行己也恭、恭而安、恭而有礼、居处恭、恭则不侮等重恭思想,以及程朱理学的“主敬”理论,作为大多数传统中国人耳熟能详的经典言论,对中国文化也好,对民族精神也好,对个人的品性修养也好,均产生不可忽视的影响。像恭宽信敏惠、温良恭俭让已经深入人心,成为中华民族精神的文化基因。当然这种作用并非单纯是好的、积极的,也包含着某些消极成分。它诚然能够引导人待人谦和、恭敬、有礼貌,有助于建立人际和谐关系,使人间充满温情与敬意,也能促使彼此之间互相尊重,从而培养一种谦谦君子型人格。但不可否认,谦恭、礼敬也可能在一定意义上助长自我萎缩性人格,使人不敢张扬、不思冒尖,乃至导致人畏葸,过于退让。

(九)宽

作为一个道德规范,“宽”主要是指宽容、宽恕、宽仁、宽宏、宽厚等。在儒家那里,宽无疑是一种重要的个人性品德。孔子认为能做到恭宽信敏惠可谓仁。他称赞伯夷、叔齐“不念旧恶”,①可见,宽乃是宽以待人、为人仁厚的心胸和气量。曾子讲:“以能问于不能,以多问于寡;有若无,实若虚,犯而不校,昔者吾友尝从事于斯矣。”②被侵犯了,但不计较,这种宽以待人的品格得到了曾子的赞扬。这一昔日朋友(有人认为指颜回)可谓宽宏大量。不过,孔子更多的是把“宽”作为为政之德加以倡导。他认识到“政宽则民慢,慢则纠之以猛;猛则民残,残则施之以宽”③,因而主张宽猛相济。孔子对那种心胸狭窄的为官者表示鄙夷不屑,说:“居上不宽,为礼不敬,临丧不哀,吾何以观之哉?”④人非草木,孰能无过。宽能容众。孔子儒家倡

---

①《论语·公冶长》。
②《论语·泰伯》。
③《左传·昭公二十年》。
④《论语·八佾》。

导的宽容精神无疑是促进人与人和睦相处的一剂良药，特别是在人事纠纷、利益纠纷频仍的现时代，多学一点儒家宽以待人的处世之道，有助于化解各种矛盾和冲突，促进社会和谐及个人内心和谐。

（十）廉

为政之道是儒学的核心之一，注重官德建设是历代儒家的共同特点。其中，“廉”是儒学着力阐述的基本道德规范之一，廉洁从政是儒家一贯的政治社会理想，反腐倡廉是儒家的重要治国方略。儒家的廉德思想主要体现在以下诸方面。

1.“廉”的基本涵义。在儒家看来，所谓“廉”即是不苟取、有操守、不取不义之财。廉有廉正、廉洁、廉隅、廉介、廉耻等形态，廉的反面是“贪”。早在夏商周三代，“廉”观念就已出现，最早见于《仪礼·乡饮酒礼》：“设席于堂廉东上”。段玉裁在《说文解字注》中说：“此与广为对文，谓福仄也。廉之言敛也。堂之边曰廉。贾子曰：‘廉远地则堂高，廉近地则堂卑’是也。堂边有隅有棱，故曰廉。廉，隅也。又曰：棱也，引申之为清也，俭也，严利也。”由此可见，廉的本义与建筑物有关，是指堂屋的侧边，其特点是平直、有棱、敛缩等，后来又引申为清廉、正直、俭约、收敛、廉耻等等，逐渐成为一个重要的伦理范畴。随着生产力的发展和私有制的产生，以权谋私、贷力为己现象开始萌生，因而《尚书·尧典》记载尧、舜时期确定了惩戒官吏贪污腐败的“冒于贷贿，侵欲崇侈”的罪名。① “廉”作为一种完整的道德规范，最早见于《周礼》。《国礼·天官·小宰》：“以听官府之六计，弊群吏之治。一曰廉善，二曰廉能，三曰廉敬，四曰廉正，五曰廉法，六曰廉辨。”周公也提出了“观其任廉”、“有勇于廉勇者”、“廉洁而不戾”等思想。虽然孔孟未对“廉”作出明确规范，

① 参见张涛、项永琴《中华伦理范畴·廉》，中国社会科学出版社2006年版，第2～3页。

但孟子在《孟子·离娄下》中说：

> 可以取，可以无取，取伤廉；可以与，可以不与，与伤惠；可以死，可以无死，死伤勇。

这表明在孟子看来，所谓“廉”即是不取不当之财。南宋大儒朱熹对“廉”作了独特的解释。他说：“廉，有分辨，不苟取也。”①

2. 廉的地位与作用。由《周礼》所提出的廉善、廉能、廉敬、廉正、廉法、廉辨六计实质上是以廉为本——郑玄注。儒家对反腐倡廉重要价值的认识大致有以下要点。一是认为正己才能正人。儒家强调“为政以德”，这里，“德”显然包括“廉”。在德政思想指导下，孔子儒学倡导为政清正。孔子在回答季康子问政时说：“政者，正也。子帅以正，孰敢不正？”②他还讲：“其身正，不令而行；其身不正，虽令不从。”③无疑，“正”的一个指向就是清正廉洁，这说明，为政者只要自身清明公正，就会政令畅通，就会带来良好的伦理导向作用。二是奢则不逊。一个人追求奢侈难以廉，许多人之所以贪，就在于他往往向往奢华生活，而奢侈则会不谦逊。所以，孔子说：“奢则不孙，俭则固。与其不孙也，宁固”，可见，为了反奢倡廉，儒家倡导俭约，以达至牢固。正因如此，儒家虽然重礼、隆礼，但却反对形式主义的铺张浪费：“问礼，与其奢也，宁俭。”三是廉则邦宁。作为黄老道学的代表性人物，管子在《管子·牧民》中提出礼义廉耻为国之四维，认为“四维不张，国乃灭亡”，从而把是否廉洁清政上升到国家兴亡成败的高度。虽然儒道两家在治国思维上存在不少差异，虽然孔子曾批评管仲有三归因而不俭：“管氏有三归，官事不摄，焉得俭？”④但他同时称赞管子协助桓公“九合诸侯，不以兵车”是有仁

---

① 《四书章句集注·孟子集注》卷六。

② 《论语·颜渊》。

③ 《论语·子路》。

④ 《论语·八佾》。

德的表现,至于管仲提出的“四维”,想必孔子应该是认可的。汉初儒学人物贾谊肯定礼义廉耻是治国之纲常可以作为佐证。

3. 廉的道德要求。儒家不仅提出了廉这一道德规范,还谈到了一系列与之相配套的道德要求。其一是欲而不贪。为官者之所以失廉而贪腐,一个重要根源是过分放纵欲望,因此,要达至廉德,就必须克制自己的私欲。孔子在回答子张提出的如何从政时说,君子应该做到“尊五美,屏四恶”,所谓“五美”,即是“惠而不费,劳而不怨,欲而不贪,泰而不骄,威而不猛”①。可见,孔子把具有欲望但不贪求视为从政的一项基本品性要求。汉代大儒董仲舒从天人关系维度认为“天两有阴阳之施,身亦两有贪仁之性”②。要倡廉,就必须抑止人的贪性、贪欲。宋代著名思想家司马光也从劝俭戒奢角度提出了反贪倡廉的原则。他说:“侈则多欲。君子多欲,则贪慕富贵,枉道速祸。小人多欲,则多求妄用,丧身败家,是以居官必贿,居乡必盗”,为此,他要求为官者要学会清心寡欲。其二是以义取财。前已述及,与廉相对的“贪”本质上是获取不正当、不符合社会规定的不义之利,因而在历代儒家看来,要养廉、倡廉,做一个廉吏,就务必根据社会道义谋取个人正当利益。儒家所推崇的“君子”,有时仅在“德”的意义上指一种理想化的伦理人格,有时则是在“德”、“位”合一的意义上指具备较高道德修养的为政者——包括君王和各级官员。而儒家最重要的价值观之一就是大家耳熟能详的命题“君子喻于义,小人喻于利”。孔子不仅从事实层面肯定了“富与贵,是人之所欲也”③,还从价值层面认可人去追求合理范围的正当之利,认为“富而可求也,虽执鞭之士,吾亦为之”④。但是从重义轻利价值

①《论语·尧曰》。
②《春秋繁露·深察名号》。
③《论语·里仁》。
④《论语·述而》。

观出发又提出了“取之有道”的主张。一方面,孔子要求以道义之心去谋求“富”与“贵”,“富与贵,是人之所欲也;不以其道得之,不处也。贫与贱,是人之所恶也;不以其道得之,不去也”①;另一方面,孔子又要求人们安贫乐道,保持俭约风格:“菲饮食而致孝乎鬼神,恶衣服而致美乎黼冕,卑宫室而尽力乎沟洫”;再一方面,孔子又大力倡导“志于道”,这就是“士志于道,而耻恶衣恶食者,未足与议也”。尽管孔孟这里提出的“取之有道”观念是针对所有人的,但对作为掌握权力资源的为官者来说,适用性应该更强。儒家重要经典之本《大学》强调德为财之主,有德才能有财——所谓“德者本也,财者末也”,并提出“仁者以财发身,不仁者以身发财”②,这即是说,有仁德之人散发财富以获得自身发展,而无仁德之人则以自身的毁灭为代价去求得财富。三是为政清廉。《论语》中没有孔子关于清廉的明确观念,但《礼记·礼运》却引述了孔子一段话:

> 大臣法,小臣廉,官职相序,君臣相正,国之肥也。

这从一定意义上表明孔子还是重视“廉”德的。孟子不仅猛烈抨击“庖有肥牛,厩有肥马,民有饥色,野有饿莩”的统治者暴敛贪财现象为“率兽而食人”,同时还极力推崇伯夷具备为政清廉美德,称赞他“目不视恶色,耳不听恶声”,肯定伯夷之风必带来“顽夫廉,懦夫有立志”③。朱熹把“廉”视为从政者必须遵循的道德要求,明确强调“如今做官,须是凭地廉勤”④,要求“士人先要识个廉退之节”⑤。

儒家以“仁者爱人”观念为根基,以爱民利民为根据,以知耻自律为主线所发展起来的廉德思想,构成了儒家廉政文化的核心,它

---

①《论语·里仁》。
②《大学》。
③《孟子·万章下》。
④《朱子语类》卷二十七《论语九·里仁篇下》。
⑤《朱子语类》卷一百零六《朱子三·外任》。

在中国传统社会对政治清明以及培养官吏为政清廉发挥了较为重要的作用，在一定程度上造就了一大批清官廉吏。在今天，儒家廉德思想对于各级官员培养廉政意识、塑造清官人格也具有多方面的启示作用。

首先，强化节制意识。为政者之所以背廉而贪，主观上是因为贪欲过重，放纵自己的欲望，在这方面历代儒家做了大量阐述。尤其是宋明理学家二程和朱熹更是作了深入探索。从"存天理，天人欲"理念出发，程颢、程颐提出要对从政者进行仁义道德教育，使之"知廉耻之道"。在当代中国社会，出现了世俗化转向，应当说包括各级干部在内的每个人都可以也应该追求个人的正当利益，但是一些干部经受不住金钱、权力、美色等的诱惑，奉行享乐主义人生观，导致私欲膨胀，不能很好地克制自己，从而走上了贪污腐败的邪路。这就要求各级党员干部要树立自律意识，培养艰苦奋斗、勤俭节约精神，以争取做一个善于节制自己行为的清官，以能做到慎独奉公、克己以廉。

其次，培养正义感。"廉"和"正"是一种辩证统一关系。无廉就难以正己正人，为普通群众树立良好的榜样；不"正"就难以清廉，只有品性和行为端正，不逾越社会法规和道德防线，才能做到廉洁从政。由儒家所提出来的"子率以正"、"其身正，不令而行"等廉正思想，无疑对于各级官员具有警示和导向作用。同时，儒家所阐释的重义轻利、以义取利、取财有道等价值观也提示为政者要用理智控制自己的情感、欲望，弄清楚哪些行为是正义的、正当的，哪些是不当的、不义的，对不义之财莫伸手，时时处处以社会礼义为行为取舍的尺度。

再次，确立正确的廉耻观。很显然，儒家的知耻、明耻等耻文化包括把廉洁作为有耻的重要内容，并把廉耻视为选拔任用官员的标准之一,这也是历来廉与耻并提的重要原因。孔子要求"行己有耻",孟子也说"人不可以无耻",虽然他们未讲不廉即为耻,但孔孟之道作为政之道应该逻辑上包含这一点。陆九渊专门写了一篇《人不可以无耻》的文章,认为"甘为不善而不之治者,是无耻也",并把违法乱纪的行为归结为无耻之行。朱熹也说:"若寡廉鲜耻,虽能文要何用!某虽不肖,深为诸君耻之"①;同时他还批评那些变换名目以求取馈送为无耻之徒的行为。以无廉为耻的耻感文化将引导当前从政者树立正确的荣誉观,推动广大干部知耻而廉洁从政。

① 《朱子语类》卷一百零六《朱子三·外任》。

第三章　儒家德治思想与社会主体道德素质提高

在2001年全国宣传部长会议上，江泽民正式提出了“以德治国”的战略方针。他强调要坚持不懈地加强社会主义法制建设，依法治国，同时也要坚持不懈地加强社会主义道德建设，以德治国。“以德治国”，把“法治”和“德治”有机结合起来，这是第三代中央领导集体在我国改革开放不断深化、现代化建设取得重大成就的发展时期所提出来的重要治国方略，是对我国“两手抓，两手都要硬”战略思想的运用和发展，是对马克思主义、毛泽东思想关于国家学说和道德学说的丰富和贡献，是对建设中国特色社会主义规律性认识的升华。“以德治国”方略刚提出来时，社会反响不一。绝大多数从事传统文化研究的人表示热烈欢迎和认同，认为这是对儒家德治思想在新时期条件下的继承发展，有助于社会主义道德建设，有助于克服道德危机、道德信仰缺乏、良知麻木等不良现象，有助于重建“礼仪之邦”的良好形象。然而，有的认为“以德治国”方略同儒家德治思想有本质上的差异，在历史背景、现实条件、根本目的和路径依赖等方面完全不同，我们所讲的“德”是指社会主义道德，它是迄今为止人类最先进的道德类型，而历代儒家所提倡的“德治”，其“德”主要是封建的过时的道德。更多的人特别是一些法律界人士表示反对“以德治国”，认为它不过是中国传统“德治”政治思想的翻版，它所带来的必然是落后的“人治”，造成圣贤崇拜和清官政治，不利于国人树立法治意识，不利于法治国家的建立。正是在一些人的反对下，加上中国社会市场化、现代化、世俗化对道德的某种冲击和排斥，今日“以德治国”的声音变得十分微弱。在我们看来，一些人之所以不愿意接受儒家德治思想和“以德治国”基本方略，就在于他们对儒家德治思想存在种种疏离和误解，对“以德治国”的重大意义认识不足，对法律与道德之间的辩证统一关系缺乏正确把握。

德治思想是儒家学术文化的核心，是儒家政治思想的基石，也是中华民族悠久历史传统的精华。从尧舜时期的“克明峻德”，到孔孟的“德治”、“仁政”，再到明清时代儒家对德治思想的承继，儒家德治思想不断丰富完善，并成为中国人占统治地位的意识形态。作为一项治国理政的基本方略，儒家德治思想不仅在安邦定国、国家统一、社会稳定方面发挥着极为重要的作用，对中国人的修身养性、安身立命、个性发展也产生了极为广泛的影响。

第一节　儒家德治思想传统

儒家德治传统可谓源远流长、博大精深，构成了中华民族政治思想的优秀遗产。

一、儒家德治思想的产生与发展

早从远古时期起，尧舜禹汤文武周公这些被儒家所推崇的圣贤或道统人物在其政治实践中就很重视德治教化。尧舜同为儒墨道神化的人格形象。《墨子·尚贤中》认为“尧舜……之所王天下，正诸侯者，此（指尚贤）亦其法已。”《庄子·庚桑楚》讲：“尊贤与能，先善与利，自古尧舜以然。”《尚书·尧典》说尧“钦明文思安全，允恭克让，克明峻德”。《大戴礼记·五帝德》也指出尧“其仁如夭，其知如神。富而不骄,贵而不豫”。孔子在《论语·泰伯》也称赞尧:“大哉!尧之为君也!巍巍乎,唯天为大,唯尧则之。……其有成功也,焕乎,其有文章”。儒墨虽“政见”有所不同,但均视俭为美德,并将之赋予禹,孔子曾赞扬禹“菲饮食”、“恶衣服”①。舜不仅同尧一样,让位于贤人禹,在他的政治实践中也更加注重德治。舜集重孝(被后世誉为“二十四孝”之首)、尚贤、树立五教、实行礼乐等优秀品质于一身,得到孔孟尤其是孟子的极力推崇,把它同尧禹一起描绘为“圣王”,使之成为躬行德治的楷模。孔子从多个角度称扬“大舜”,指出“巍巍乎,舜禹之有天下也而不与焉”②,“舜有臣五人而天下治”③,“舜有天下,选与众,举皋陶”④。孟子对大舜明德更是不吝赞美之词:“大舜有大焉,善与人同。舍己从人,乐取于人以为善”⑤,“天下大悦而将归己。视天下悦而归己,犹草芥也,惟舜为然”⑥,“人之有道也,饱食、暖衣、逸居而无教,则近于禽兽。圣人有忧之,使契为司徒,教以人伦:父子有亲,君臣有义,夫妇有别,长幼有序,朋友有信”⑦,“尧、舜之道,不以仁政,不能平治天下”⑧,“舜尽事亲之道而瞽瞍厎豫,瞽瞍厎豫而天下化”⑨。对于大禹的德治,孔子只是说禹不讲究衣食华贵,而禹“三过家门而不入”的动人传统在春秋时期作为德治典型而流传,孟子肯定大禹“闻善言则拜”⑩,“禹思天下有溺者,由己溺之也”,“禹、稷当平世,三过其门而不入”⑪。尽管上述孔孟儒家对尧舜禹注重以德治国给予的肯定更多的是依据历史传说,甚至包含着一定的虚构和神化成分,但这也充分表达了先秦儒家倡

---

①②③《论语·泰伯》。
④《论语·颜渊》。
⑤⑩《孟子·公孙丑上》。
⑥⑧⑨《孟子·离娄上》。
⑦《孟子·滕文公上》。
⑪《孟子·离娄下》。

扬德治的政治理想。

当然,真正对儒家德治思想产生更为直接和深广影响的恐怕应是商汤文武周公的政治伦理化实践。在《孟子》一书中,孟子多处论及商汤德政问题,他指出:"汤执中"①,"惟仁者能以大事小,是故汤事葛"②,"伊尹相汤以王于天下"③,"汤之于伊尹,学焉而后臣之"④。虽然孟子对商汤的德政评价低于尧舜之道,但总体上还是认可的。正如许多论者所承认的,早在周代德治思想就已开始萌芽。郭沫若在《青铜器时代》一书中指出"敬德"思想为周人所独创,并提出了"以德配天"说和"敬天得民"说。《尚书》中说:"书云:敬胜怠者吉,怠胜敬者灭;义胜欲者从,欲胜义者凶。以仁得之,以仁守之,其量百世。以不仁得之,以仁守之,其量十世。以不仁得之,不仁守之,不及其世。"《周书》谈到周公旦总结商朝因采用严刑峻法而致灭亡的教训时指出:"皇天无亲,惟德是辅;民心无常,惟惠之怀",认为做君王的人理应"以德配天"、"敬德保民"。周人还借助于"德"论证周代商的必然性。可以说,周代不仅在中国历史上提出了较为明确的德治主张,同时也开创了中国德治政治的先河。对此,孔孟荀儒家也给予了充分的继承和借鉴。《中庸》说:"'文王之德之纯'!盖曰文王之所,以为文也,纯亦不已。"孟子则称赞文王的王政曰:"昔者文王之治岐也,耕者九一,仕者世禄,关市讥而不征,泽梁无禁,罪人不孥。老而无妻曰鳏。老而无夫曰寡。老而无子曰独。幼而无父曰孤。此四者,天下之穷民而无告者。文王发政施仁,必先斯四者。"⑤作为周代开国功臣的武王,其"以德治国"的政绩也受到

①《孟子·离娄下》。

②⑤《孟子·梁惠王下》。

③《孟子·万章上》。

④《孟子·公孙丑下》。

先秦儒家的高度赞许。孔子说武王是“谨权量，审法度，修废官，四方之政行焉”①、“兴灭国，继绝世，举逸民，天下之民归心焉”②。《中庸》讲“武王、周公，其达孝矣乎！”孟子认为武王“不泄迩，不忘远”③。孟荀一反当时认为汤、武之有天下是出于篡夺的说法，而为武王德政作辩护并提出汤武革命论。孟子说：“贼仁者谓之贼；贼义者谓之残，残贼之人谓之一夫。闻诛一夫纣矣，未闻弑君也。”④荀子说：“汤、武非取天下也，修其道，行其义，兴天下之同利，除天下之同害，而天下归之也。”⑤后来，《易传》明确指明“汤、武革命，顺乎天而应乎人”。至于制礼作乐的周公更是受到儒家的推重。《尚书大传·周传》讲：“先君周公制礼乐”、“制礼乐，一统天下，合和四海”。孟子称周公为古圣人⑥。荀子说：“周公其盛乎！身贵而愈恭，家富而愈俭，胜敌而愈戒。”⑦

在继承和发展夏商周三代德治传统的基础上，自孔子始，历代儒家也都提出了德治主张。孔子明确提出“为政以德”，要求做到“道之以德，齐之以礼”⑧，从而奠立了儒家德治的基础。孟子从人性善出发，鲜明地倡导仁政说和王道政治，强调以仁义和民本统一天下、治理国家，《孟子》大部分篇幅正是讲述伦理本位的为政之道。荀子为政思想的最大特色是“隆礼重法”，他否定了孟子尊王贱霸的观点，而力陈礼法双行、王霸杂用，以王道为主。经过荀子的系统阐发，儒家德治思想的基本框架大致确立起来。

---

①②《论语·尧曰》。
③《孟子·离娄下》。
④《孟子·梁惠王下》。
⑤《荀子·正论》。
⑥《孟子·公孙丑下》。
⑦《荀子·儒效》。
⑧《论语·为政》。

秦始皇用武力统一中国后,采用商鞅、韩非等法家任法不任贤、"重刑少赏"、反对仁慈亲亲的分封政策,加强中央专制统治,实施"焚书坑儒",取消"德治"、"礼治"教育,结果造成了哀鸿遍野、民怨沸腾、郝衣满道的惨相,在陈胜、吴广农民大起义声中,仅维持了十五年的统治而灭亡。汉兴之后,刚开始采纳了黄老道家"无为而治"的政治思想。后来,董仲舒总结了强秦重法轻德而亡的历史教训,强调德治、仁政对于巩固汉朝大一统政治的重要意义,提出"文德为治"、"文德为贵,而威武为下"①的观念。汉武帝"独尊儒术"以后,汉朝统治者实施了"尊王攘夷"、刑法和仁政并举的阳儒阴法政治策略,也就是"本霸王道杂之"。从此以后,中国历代封建统治者基本上采用把法治和德治相结合的统治术。至宋代,理学家极力宣扬以道治国,以德王天下,并从道统论出发,力主天理治国,把道统同政统合二为一。朱熹在继承孔子"为政以德"思想的基础上,提出了"以德为本"的政治主张。

二、儒家德治思想的丰富内涵

儒家德治思想在两千多年的演变过程中,变得极为丰富,围绕德治的基本前提、基础、原则、作用、地位、要求等问题,创造性地提出了内圣外王、无礼不宁、以民为本、王道政治、德主刑辅等观念,为当代中国个人发展提供了许多可资利用的宝贵精神资源。

(一)内圣外王

由庄子所提出来的"内圣外王"不仅表达了儒家的做人思想,同样传达了儒家关于政治的构想,它表明为政者在成就外王事功之前,必须具有良好的德性修养,德性乃是德治的基础,德治不过是官员内在人格修养在现实政治实践中的外在展现。孔子主张"为政以德"、"道之以德"②,用道德来从政,来引导人民。他还讲"修己以安

①《春秋繁露·服制像》。
②《论语·为政》。

人,修己以安百姓”。这里,孔子把修己作为本,把安人、安百姓作为用,把具备“圣德”视为外王的前提。《大学》提出了格物致知正心诚意修身齐家治国平天下的八条目,明确把内在的心性修养规定为治国等外王事业的出发点;同时,它还指明从格物致知诚意正心到齐家治国平天下,“自天子以至于庶人,壹是皆以修身为本”。《中庸》引述孔子的话说:“故大德必得其位,必得其禄,必得其名,必得其寿。”孟子力倡仁政说,而他的仁政思想正是建立在“四心”说和“四德”说根基之上。他指出:“人皆有不忍人之心。先王有不忍人之心,斯有不忍人之政矣。”①他在继承和发展《尚书》、《诗经》、《论语》和《易传》、《大学》基础上,明确指出“天下之本在国,国之本在家,家之本在身”②,把修身说成是国家天下之本。荀子是先秦思想的集大成者,是法家化的儒家,他力主“隆礼重法”,按照“内圣外王”的逻辑框架,提出任贤使能,主张“无德不贵,无能不官”③,要求根据礼义的修养进行“度量分界”、划分等级:“虽王公士大夫之子孙,不能属于礼义,则归之庶人。虽庶人之子孙也,积文学,正身行,能属于礼义,则归之卿相士大夫”④。上承孔子以德致位、德位一致的政治理想,荀子还明确强调“德必称位,位必称禄,禄必称用”⑤。

先秦儒家提出的德性决定德治、内圣决定外王思想从社会领域来说实质上即是所谓的道统决定政统、治统。宋明理学家接过韩愈的“道统”说旗帜,坚持以仁义礼智信忠等为主体内容的道去治国行政,一方面主张把人内在的天理道心发散到治国理政中去,张南轩认为天理应是治国之本,认为“王者之政,其心本乎天理,建立人纪,施干万事”⑥。另一方面则力图把儒家道德学说转化为政统,凸现仁

①《孟子·公孙丑上》。
②《孟子·离娄上》。
③④《荀子·王制》。
⑤《荀子·富国》。
⑥《南轩文集·汉家杂伯》。

义之道高于君主之位，二程主张格君心之非，朱熹则认为“正君心是大本”①，反对封建君主的独裁与暴政。

从某种意义上说，儒家德性决定德治的内圣外王之道，反映了其政治伦理化与伦理政治化的政治理想主义。把伦理同政治结合起来，不光是儒家的主观政治愿望，它同样具有现实的社会基础，在“家国同构”的传统中国宗法社会，父权、族权和君权往往交结在一起，作为维护家族（庭）内部关系的伦理原则必然延伸到社会政治生活领域，像“忠孝混一”、“移孝作忠”即是家族主义伦理对国家政治的渗透。早在西周，就开始在一定程度上实行“礼治”，而当表示“吾从周”的孔子纳礼入仁时，这实际上正是一种伦理政治化和政治伦理化的努力。到了汉代，大儒董仲舒明确建构起来的“三纲五常”不仅是一种道德原则，也是用来安邦定国的政治制度，从而具有伦理和政治的双重含义。罪莫大于不孝。汉代独尊儒学以后大力推行“以孝治天下”，从而使中国真正具有伦理政治化的现实政治建制。可以说，伦理与政治的相互结合，既是儒家实施德治主义纲领的政治诉求，也是封建统治者用来强化其夺取政权、巩固政权的合法性和合理性的重要举措。

如上所述，推行内圣外王之道，儒家认为关键就在于修身，也就是使执政者具备较好的德性。故此历代儒家在如何修养心性上用力颇多。任何社会的政治建构均建立在某种人性学说之上，例如西方的三权分立恰是以人性恶为依据。历代儒家在人性理论上并不相同，但在强调修养心性以实现“德治”上却是相通的，只是修养方法上有所不同罢了。主张性善论的孟子提出了“四心说”（亦可称四端说）、“四德说”、良知良能说，以论证人的性善（且不论是本善还是

① 《朱子语类》卷一百八《朱子五·论治道》。

向善)，从而为其仁政说奠定了理论依据；与此同时，他又指出人的先天善性必须尽其才，必须蓄养之，否则就会遮蔽乃至流失，导致人弃善作恶——“苟得其养，无物不长；苟失其养，无物不消”①，因而他极力倡导人要存心养性。主张性恶论的荀子力倡“化性起伪”，以矫正化导人之情性，引导人存恶就善，实现起礼义、制法度以至隆礼重法的政治目的。宋明理学家张载、程朱等人则立足于人性善恶二元论（也可说是善恶混论）而要求人们存理灭欲，去除人心（私心）而保留道心，并以此按照道德治理国政。

对于从德性到德治、从内圣到外王的儒家政治理念，前贤作出了精深的研究和评价。有的认为，圣者为王仅是一种美好的政治理想，圣人未必一定为王，孔子被人尊为圣人，但他也不过是“素王”；“内圣”与“外王”分属于不同的社会领域，前者是个人信念和修养问题，注重的是个人的道德自觉自律；后者旨在解决客观的社会组织结构方面的问题，属于公共事务，它要求一系列客观理性法则以及程序化的规则。我们已在儒家人学思想一章中指出，孔孟虽未将“圣”与“王”合称，但却也未将两者相分，荀子虽然将“圣”“王”合称，却指明了它们在尽伦与尽制上的差别。这里，我们要进一步指出的是，“内圣”未必一定为“外王”，也未必适合为“外王”，不论是外王还是政治有时并不一定需要高尚的“圣德”，两者之间并无必然联系。儒家强调德性是德治乃至治国的基本前提，当权者应具备一定的道德素质，一般来说是不错的。况且，道德作为社会控制和政治管理的必要手段，坚持“以德治国”，也是必要的。然而，儒家的内圣外王之道毕竟存在两大缺陷：一是过分理想化，不仅对统治者提出的道德要求过高，甚至认为道德高于政统，忽视了在特定的社会

① 《孟子·告子上》。

政治情势(例如王权衰落、列国争霸等)下法治更为有效;二是过于片面化,过多强调统治者的道德素质,忽略了一个有效的掌权者应该具备的能力素质、政治素质、知识素质等,要知道,一个好的管理者应该德才兼备。

(二)无礼不宁

"无礼不宁"一语是由荀子在《荀子·大略》中提出来的:"故人无礼不生,事无礼不成,国家无礼不宁。"这尽管是讲礼在治人治国中的重要作用,但它未尝不是对儒家强调"以德治国"重要性的反映。

周朝统治者在总结夏商灭亡的经验教训时,充分认识到它们之所以失国,是因为失德而失去了天命的庇护,而周朝之所以兴起,是因为敬德修业,为此,《尚书》提出了"惟不敬厥德,乃早坠厥命"、"皇天无亲,惟德是辅。民心无常,惟惠之怀。为善不同,同归于治;为恶不同,同归于乱"、"敬德保民"、"德惟治,否德乱"、"正德利用厚生惟和"等一系列关于"德治"在关系国家存亡兴衰中的重要意义思想,初步确立了我国早期重视"德治"的历史传统。以孔子为代表的儒家也明确阐述了"德治"的多种社会功能。

1. 道德教化功能。孔子说:"道之以政,齐之以刑,民免而无耻;道之以德,齐之以礼,有耻且格。"①这里,孔子比较了法治与德治效用的差异,认为如果只是运用行政手段和刑罚手段去治理民众,管理国家,那只会使民众避免犯罪,但不能培养他们的廉耻之心;但如果用道德来治理百姓,用礼义来约束他们,则人们不但有廉耻之心,而且能纠正自己的过错。显然,孔子无意完全否定法治的作用,不过他揭明了其内在局限性,而凸现了德治在教化民众方面的重要价值。《大学》在讲到"絜矩之道"时指出:"所谓平天下在治其国者,

---

①《论语·为政》。

上老老而民兴孝,上长长而兴弟,上恤孤而民不倍。”这是说,平天下的根本在治好国,而治好国应掌握测量方正的法则,因为为政者的德行可以教化民众培养孝悌信等品德。荀子更是从多种角度阐述了以德治国的道德教化作用:从礼法起源角度,荀子认为礼义法度可以矫正扰化人之情性:

> 古者圣王以人之性恶,以为偏险而不正,悖乱而不治,是以为之起礼义、制法度,以矫饰人之情性而正之,以扰化人之情性而导之也。①

从圣王礼义之治的意义角度,荀子指出:“今人之性恶,必将待圣王之治,礼义之化,然后皆出于治,合于善也”②等。

2. 道德示范功能。儒家十分强调和赞许君王以德治国对于人民大众道德品质的表率作用。孔子在《论语》中多处论及。他在回答季康子如何从政之问时指出:

> 子欲善而民善矣。君子之德风,小人之德草。草上之风,必偃。③

可见,小人(含民众)的道德是受君子(含统治者)道德左右的。同样在回答季康子问政时,孔子说:“政者,正也。子帅以正,孰敢不正?”④统治者带头行正道,老百姓没有不行正道的。《论语·子路》也谈到孔子讲述了正己正人问题,他说:“苟正其身矣,于从政乎何有?不能正其身,如正人何?”只要统治者自己能够端正自己的言行,那么从政就不是一件难事,就可以达到正人的目的。孔子还直接明了地揭示了君子的道德带动作用。他这样说:

> 上好礼,则民莫敢不敬;上好义,则民莫敢不服;上好信,则民莫敢不用情。⑤

---

①②《荀子·性恶》。

③④《论语·颜渊》。

⑤《论语·子路》。

这里，孔子从道德权威角度强调统治者只要自身讲究礼义信等品德，就会促使民众诚实敬重顺从。作为孔子的私淑弟子，孟子尽管更多的是从社会政治维度言说儒家德治的功能，可他也认识到了德治的道德示范作用，他较为有名的论断“惟大人为能格君心之非。君仁莫不仁，君义莫不义，君正莫不正”①，即是讲述“上行下效”问题。

荀子的“隆礼重法”思想强调礼是确立人们身分、地位的等级制度，是制约人性、调控行为的规则和规范，是治国的根本大法，认为礼具备改造人性、为政治民、救善除恶、使君爱民等作用，从而指出圣王制礼、隆礼、循礼可以引导民众弃恶从善。他解释说，君主的以身作则能够化导民众：“故为人上者必将慎礼义，务忠信然后可”②。在传统中国社会，儒家政治目标之一就是君师合一，而荀子特别强调“师法”的作用。他说：“师者，所以正礼也。……无师，吾安知礼之为是也”③，还讲：“人有师有法而知则速通，勇则速威，云能则速成，察则速尽，辩则速论”④。

从现实政治生活来说，儒家揭示的德治的道德教化示范功能，通过汉以后一大批儒学化的官吏在政治活动中身体力行、为民表率、敦风化俗得到体现。例如《汉书·黄霸传》讲地方官吏黄霸在坚持以德治政之际，致力于用儒家伦理去教化劝导民众，他的功绩得到汉宣帝的褒奖，诏曰：“百姓向化，孝子恭弟，贞妇顺孙，日益众多，田者让畔，道不拾遗，养视鳏寡，赡助贫穷，狱或八年亡重罪囚，吏民向于教化，兴于行谊，可谓贤人君子矣。”

3. 行为调控功能。为政以德不仅要求从君主到各级官吏自身

①《孟子·离娄上》。
②《荀子·强国》。
③《荀子·修身》。
④《荀子·儒效》。

要依德而行，同时也要求各级行政者用道德去教化民众、约束民众，而且也要求广大民众必须按照社会道德纲常去调节自身的社会化行为，以正确处理个人同社会之间的关系。正因如此，坚持以德治国，就可以使民众的行为走向有序化和合理化。对此，孔子作了独到的分析。在他看来，要使民众服从，就应举贤使能，因而他说："举直错诸枉，则民服；举枉错诸直，则民不服。"①提拔重用正直的人，使之置于奸邪之人之上，民众就会服从统治。在回答季康子如何使民恭敬、忠诚和互相勉励时，孔子指出：在为政时，用庄重的态度对待他们，他们就会恭敬；掌权者孝顺父母、慈爱幼弱，他们就会忠诚；提拔好人、教育能力差的人，他们就会劝勉："临之以庄，则敬；孝慈，则忠；举善而教不能，则劝。"②孔子还曾指出："君子笃于亲，则民兴于仁；故旧不遗，则民不偷。"③君子如对亲人感情深厚，那么百姓就会兴起仁爱之风；如果不遗弃老朋友，那么百姓就不会对人感情淡薄。在谈述"正名"思想之后，孔子为卫国的国君陈述了如下治理政事的道理："事不成，则礼乐不兴；礼乐不兴，则刑罚不中；刑罚不中，则民无所措手足。"④他又说："上好礼，则民易使也。"⑤由此我们不难理解孔子为何那么推崇礼乐文明，因为它在促使刑罚法制文明保持恰当的前提下，可以为百姓的行为找到正确定位，使之不至举措失当。在孔子看来，一个人如果具备忠信笃敬等道德品质，就会畅行天下，此即"有理走遍天下，无理寸步难行"。他如此讲："言忠信，行笃敬，虽蛮貊之邦，行矣。言不忠信，行不笃敬，虽州里，行乎哉？"⑥这里，我们不由联想到孟子的"仁者无敌"名言。不论是行政官员，还是平

①②《论语·为政》。
③《论语·泰伯》。
④《论语·子路》。
⑤《论语·宪问》。
⑥《论语·卫灵公》。

民百姓，在孔子观念中，只要具备五种优良品行，就会获得良好的社会信任和肯定。他说能行恭、宽、信、敏、惠这五者于天下，就是仁，就会带来良好社会效果，即"恭则不侮，宽则得众，信则人任焉，敏则有功，惠则足以使人。"①吊诡的是，一向强调以民为本的孟子在宣传仁政之际，反而对以德治国的行为调控作用所言不多，不过在《孟子·梁惠王下》一章中，孟子还是高度概括地讲到："君行仁政，斯民亲其上，死其长矣"，君主只要实行仁政，那么老百姓就会对上司不仅表示出热爱之情，甚至还会为之拼命。

对人性充满不信任的荀子，似乎更为关注实行礼治主义对于矫正和控制人的行为调控功能。首先，荀子认为制礼义可以使人等差有序，各安其分，"故制礼义以分之，使有贫富贵贱之等"②。他从尊崇先王之道视角指出："先王案为之制礼义以分之，使有贵贱之等，长幼之差，知贤愚、能不能之分，皆使人载其事而各得其宜。"③其次，指明礼义可以为人立身提供行为准则。荀子把礼看成人道之极，视为人社会实践活动的准绳："礼者，人之所履也。"④从礼是人修身、待人的根本原则出发，指出："不法礼，不足礼，谓之无方之民；法礼足礼，谓之有方之士。"⑤从日常生活角度，荀子对重礼产生的作用也作了深刻阐释。他说："凡用血气、志意、知虑，由礼则治通，不由礼则勃乱提僈；食饮、衣服、居处、动静，由礼则和节，不由礼则触陷生疾；容貌、态度、进退、趋行，由礼则雅，不由礼则夷固僻违，庸众而野。"⑥再次，强调遵礼可以使人养生安乐："治民不以礼，动斯陷矣"⑦，管理民众不根据礼，一行动就会出错。人性均贵生乐安，而要达到此目的，就务必依礼而治。

---

①《论语·阳货》。
②《荀子·王制》。
③《荀子·荣辱》。
④⑦《荀子·大略》。
⑤《荀子·礼论》。
⑥《荀子·修身》。

荀子讲："故人莫贵乎生，莫乐乎安，所以养生安乐者莫大乎礼义。"①

4. 安邦定国功能。孔子承继和发展了周代德治传统，从修己以安人、修己以安百姓出发，反复申说德治是一种安邦定国之术。他说："为政以德，譬如北辰居其所而众星共之。"②如果统治者能够用道德去从政，就会像北斗星一样受到民众的拥戴。孔子高度肯定了"善人为邦百年，亦可以胜残去杀矣"③，这表明他认同任用善人统治国家会带来战胜残暴、免除杀戮的积极效果。孔子之所以护持"不患寡而患不均，不患贫而患不安"的理想政治局面，是因为在他看来"均无贫，和无寡，安无倾"④，明确表明了他主张用均平、和谐、安全等道德价值去整合社会秩序的理念。同时，孔子也力倡用重义价值观去维持社会和谐局面，他讲："君子义以为上，君子有勇而无义为乱，小人有勇而无义为盗。"⑤

围绕德治在安邦定国方面的地位与作用，孟子作了更为全面的阐释，为他的仁政主张进行了有力辩护。他在论述"亦有仁义而已矣"时，明确指出："未有仁而遗其亲者也，未有义而后其君者也"⑥，即从来没有讲求仁义而遗弃父母、怠慢国君的人。至于孟子的王道政治思想，下面将详论，这里只想强调的是，孟子十分肯定王道的政治控制力作用，他的著名论断"保民而王，莫之能御也"⑦，足以说明他对王道政治功用的信心。为宣传仁政学说，孟子确认人天生有恻隐之心、羞恶之心、辞让之心和是非之心四种善端，认为只要扩充它们，就能使人事父母、保天下："凡有四端于我者，知皆扩而充之矣，

---

①《荀子·强国》。
②《论语·为政》。
③《论语·子路》。
④《论语·季氏》。
⑤《论语·阳货》。
⑥⑦《孟子·梁惠王上》。

若火之始然，泉之始达。苟能充之，足以保四海；苟不充之，不足以事父母。”①孟子还认为当权者必须以善养人，因为“以善服人者，未有能服人者也；以善养人，然后能服天下”②。

荀子的礼治主义同样对德治的安定作用有独到的分析。他认为，礼就如同衡、绳墨、规矩一样，依据它去治国，就可以正国、定国。他说：“国无礼则不正。”③礼作为国家的根本大法，是国之命脉所系，因此荀子强调：“隆礼贵义者其国治，简礼贱义者其国乱”④，“得礼义然后治”⑤，“礼者，表也。非礼，昏世也。昏世，大乱也”⑥，一言以蔽之，“人无礼不生，事无礼不成，国家无礼不宁”⑦。

《礼记》中的《大学》、《中庸》两篇也不乏关于德治政治安定作用的论述。《大学》把德行提到得失天下高度加以强调，认为“君子有大道，必忠信以得之，骄泰以失之”。《大学》还立足于民众维度要求君子要“慎乎德”，提出了“德本财末”的重要观点：

> 德者本也，财者末也，外本内末，争民施夺。是故财聚则民散，财散则民聚。

《中庸》提出治理天下有九经，这就是修身、尊贤、亲亲、敬大臣、体群臣、子庶民、来百工、柔远人和怀诸侯。这九经绝大多数是讲实行德化和德政，而依照九经理国就会道立、不惑、不怨、不眩、礼重、百姓劝、财用足、四方归之及天下畏之。

（三）以民为本

以德治国在某种意义上即是以德治民。这是因为，所谓政者，

①《孟子·公孙丑上》。
②《孟子·离娄下》。
③《荀子·王霸》。
④《荀子·议兵》。
⑤《荀子·性恶》。
⑥《荀子·天论》。
⑦《荀子·大略》。

即事也；所谓治者，即理也，因而政治就是治理人民。孙中山先生说："政治两字的意思，浅而言之，政就是众人的事，治就是管理，管理众人的事，便是政治。"[①]国以民为主，不论是国家政权的获取，还是政权的巩固和维护，以至国家的繁荣昌盛，都离不开广大民众的支持与参与。毋庸置疑，儒家倡导的德治也好，"以德治国"基本方略也好，主体和重点首先是为政者，它们均要求当权者具备较高的德性修养，同时也要求掌权者在政治实践中要按照纲常伦理去治理国事与民事，以协调好君民关系或干群关系。然而，作为为政之道，德治也对广大民众提出了道德要求，要求他们加强自身的道德修养，并遵循基本的社会道德规范，从这一意义上说，广大民众也不失为德治的主体。国无德不立。离开人民群众的道德主动性、创造性和积极性，以德治国就失去了根基。

正是由于看到了人民在政治生活中安邦定国的重要作用和地位，周代统治者往往将道德和民众相提并论，在人文主义逐渐萌发的同时，民本主义观念也日渐兴起。《尚书》称赞尧"克明俊德，以亲九族。九族既睦，平章百姓。百姓昭明，协和万邦，黎民于变时雍"[②]，并提出"德惟善政，政在养民"[③]。针对当时流行的神本观念，《尚书》还明确提出了民本思想："民为邦本，本固邦宁"[④]，"天视自我民视，天听自我民听"[⑤]。政治家周公说："人无于水监，当以民监"[⑥]、"爰知小人之依，能保惠于庶民"[⑦]。把了解和关心民众疾苦

---

① 《孙中山选集》下册，人民出版社 1956 年版，第 66 页。
② 《尚书·尧典》。
③ 《尚书·大禹谟》。
④ 《尚书·五子之歌》。
⑤ 《尚书·泰誓中》。
⑥ 《尚书·酒诰》。
⑦ 《尚书·无逸》。

作为检验政绩的镜子。周代的德治思想和实践归结为一点，就是“敬德保民”。

孔孟可以说是民本政治思想的开创者和集大成者，他们从多个方面进行了系统阐述。

1. 重民。孟子充分论述了以民为本在德治中的重要作用和意义。他首先提出了“民贵君轻”观念：“民为贵，社稷次之，君为轻。是故得乎丘民而为天子，得乎天子为诸侯，得乎诸侯为大夫。诸侯危社稷，则变置。”①这里的民贵君轻同封建尊卑等级(尊君)并不矛盾，因为民之所以贵，就在于民是维护君主政权的基石，就在于民心向背是决定国家稳定与否的根本。正如朱熹所言：“国以民为本，社稷亦为民而立，而君之尊，又系于二者之存亡。”②为论证重民的重要性与合理性，孟子提出了“民心决定论”。他在讨论三代政治得失时指出：“桀纣之失天下也，失其民也；失其民者，失其心也。”③孟子还把“人和”看成决定战争胜负的关键，认为“天时不如地利，地利不如人和。……得道者多助，失道者寡助”④。春秋战国之时，君权神授观念还较为流行，故而孟子尊天、畏天、伸天，但他也从民本出发，认为“天”和“民”均是决定政权更迭的重要因素，《孟子·万章上》篇中，孟子分析道，尧把舜介绍给“天”，使舜“主祭而百神享之”，尧又把舜介绍给民，使舜“主事而事治，百姓安之”。他引述《尚书》“天视自我民视，天听自我民听”，表明既重视天意也重视民心。荀子借用古语说明君为舟民为水的关系：“君者，舟也；庶人者，水也。”⑤而汉代贾谊也说：“闻之于政也，民无不为本也。”⑥

---

①《孟子·尽心下》。

②《四书章句集注·孟子集注》卷十四。

③《孟子·离娄上》。

④《孟子·公孙丑下》。

⑤《荀子·王制》。

⑥《新书·大政上》。

2. 爱民。不论是孔子还是孟子，君主爱民无疑表现为以仁爱之心去关心、体恤百姓，用孟子的话来说就是以不忍人之心行不忍人之政——仁政。下面我们将详论。作为德治的爱民具体应是按照伦常规范去顺民、使民。孔子对子产为政之道大加赞赏，认为子产为政“有君子之道四焉：其行己也恭，其事上也敬，其养民也惠，其使民也义”①，可见，子产为政之道的可赞许之处就是他教养人民施以恩惠，按照道义原则去使用百姓。同时，孔子也强调应当按照合理性去顺民、用民，认为治国理政必须“敬事而信，节用而爱人，使民以时”②。孟子全面继承和发展了孔子的爱民思想，他不仅创造性地提出了“仁政”学说，还从不同层面论述了实施德治过程中的爱民、顺民、安民：(1)反对暴民。对于那种不体恤百姓，“上慢而残下”的虐民做法，孟子认为应“吊民伐罪”。(2)与民偕乐。孟子在同齐宣王对话中讲：“为民上而不与民同乐者，亦非也。乐民之乐者，民亦乐其乐；忧民之忧者，民亦忧其忧。”③他在与庄暴讨论如何爱好音乐时指出，老百姓之所以表现出怨恨，就是因为周王在老百姓兄弟妻子流离失散时仍独自享受音乐、打猎，而不能与民同乐④。(3)反对战争特别是不义战争。孟子认为“春秋无义战”，他抨击“能为君约与国，战必克”的人，是“民贼”，要求对“善战者服上刑”，反对“兼并”战争，因而他十分推崇王者之师。(4)君臣对等。孟子不仅提出了“君有大过则谏，反复之而不听，则易位”⑤，“诸侯危社稷，则变置”等政治革命思想，还提出了君臣关系互尽义务论：“君之视臣如手

① 《论语·公冶长》。
② 《论语·学而》。
③④ 《孟子·梁惠王下》。
⑤ 《孟子·万章下》。

足,则臣视君如腹心;君之视臣如犬马,则臣视君如国人;君之视臣如土芥,则臣视君如寇仇"①。

3. 富民。养民富民是儒家以民为本思想的重要内容,也是儒家德治政治管理方式的重要体现。孔子首先提出了"利民"、"教民"、"惠民"和"养民"等范畴,他在回答子贡问如何从政时说:"足食,足兵,民信之矣。"②并对民要"富之"和"教之",同时要做到"因民之所利而利之"③,反对对老百姓横征暴敛。孟子对孔子的富民观念作了充分展开,提出了一系列养民主张,强调养生之道,认为"养生丧死无憾,王道之始也"④,把养生丧死无憾这类民生问题视为王道政治的出发点。为此,孟子在经济上主张使民有恒产,也就是制民以产。孟子借鉴了管子"仓廪实而知礼节,衣食足而知荣辱"⑤的观点,立足于"民之为道也,有恒产者有恒心,无恒产者无恒心。苟无恒心,放辟邪侈,无不为已。及陷乎罪,然后从而刑之,是罔民也"⑥。他要求"明君制民之产,必使仰足以事父母,俯足以畜妻子,乐岁终身饱,凶年免于死亡。然后驱而之善,故民之从之也轻"⑦。为使民有恒产,孟子一方面提出"取于民有制",反对横征暴敛。孟子严厉批评了诸侯的溺民政治导致"庖有肥肉,厩有肥马,民有饥色,野有饿莩,此率兽而食人也"⑧,"凶年饥岁,君之民老弱转乎沟壑,壮者散而之四方者,几千人矣;而君之仓廪实,府库充,有司莫以告,是上慢而残下也"⑨。基于此,孟子特别强调重视农业生产,要求执政者"不违

①《孟子·离娄下》。
②《论语·颜渊》。
③《论语·尧曰》。
④⑦⑧⑩《孟子·梁惠王上》。
⑤《管子·牧民》。
⑥《孟子·滕文公上》。
⑨《孟子·梁惠王下》。

农时",征收赋税要有节制:"省刑罚,薄税敛,深耕易耨"⑩、"易其田畴,薄其税敛,民可使富也"①、"是故贤君必恭俭礼下,取于民有制"②。他还指明了无节制的横征暴敛会带来民众饥饿、流离失所的恶果:"有布缕之征。粟米之征,力役之征。君子用其一,缓其二。用其二而民有殍,用其三而父子离。"③另一方面,孟子提出了使民有恒产的主张。他认为,推行仁政,必先从"正经界"开始,然后恢复"井田制"——"方里而井,井九百亩,其中为公田。八家皆私百里,同养公田。公事毕,然后敢治私事。"④他还描绘了"五亩之宅"、"百亩之田"会带来"七十者可以食肉"和"数口之家可以充饥"的美好理想。且不论孟子的"井田制"是否引导人倒退、复辟奴隶制,至少他关心民事民瘼,维护小农自给自足生活,以利于封建政权的稳定和社会秩序的维护,是可以肯定的。

虽然荀子同孟子治道有所不同,但在富民上却是高度一致的。在《荀子》一书中,他多处论及统治者(君王)要利民、裕民、富民。在他看来,"不富无以养民情",指出:"足国之道,节用裕民而善藏其余。……彼裕民,故多余。裕民则民富,民富则田肥以易,田肥以易则出实百倍。"⑤

比较儒、墨、法等先秦诸家,应该说在具体施政方案和统治方法上有所不同,但在寻求富民这一治国之道上是相同的,可谓"殊途而同归"。

4. 教民。教化民众是民本主义德治的题中应有之义,它不仅包括上述的以德示人、以身作则(身教),还包括对广大民众进行以道

①《孟子·尽心上》。
②④《孟子·滕文公上》。
③《孟子·尽心下》。
⑤《荀子·富国》。

德为主的教育。什么是德化?《韩非子·难一》说:“仲尼叹曰:舜其信仁乎?乃躬藉处苦而民从之。故曰:‘圣人之德化乎’”。《说文解字》曰:“化,教行也”,“教,上所施,下所效也”。由于教化可以使统治者的价值观、道德观内化为被统治者的自觉意识,有利于政治管理,因此,历代儒家十分重视对民众的教化。孔子在同弟子冉有对话中讲到,既庶又富后,应“教之”①,这表明,他认识到“富”是“教”的经济基础,然而光富不行,还必须对民众进行教化。这一“富而后教”思想同新时期中国共产党坚持物质文明建设同精神文明建设一起抓不谋而合。另外,孔子在回答子张问如何从政时,指出,必须“尊五美,屏四恶”,把“不教而杀”当做“四恶”之一加以抨击②。孔子不但对学生重视“六艺”教育,还强调“四教”:“子以四教:文,行,忠,信。”③

孟子承接孔子“富而后教”思想,提出“富而教之”论断,认为“善政,不如善教之得民也”④。他从人与动物本质区别的角度指出:“饱食、暖衣、逸居而无教,则近于禽兽”,因此,古圣先贤大舜命契为司徒,教育人民遵循“父子有亲,君臣有义,夫妇有别,长幼有序,朋友有信”五伦⑤。同时,孟子还主张设立学校对民众进行道德教育:“谨庠序之教,申之以孝悌之义”⑥。荀子更多的是强调“平政爱民”应“学而致富”,不过,他同样明确肯认了孔子对“不教而诛”的摒弃,而认为“不教而诛,则刑繁而邪不胜;教而不诛,则奸民不惩”。⑦

① 《论语·子路》。
② 《论语·尧曰》。
③ 《论语·述而》。
④ 《孟子·尽心上》。
⑤ 《孟子·滕文公上》。
⑥ 《孟子·梁惠王上》。
⑦ 《荀子·富国》。

（四）王道政治

王道政治首先由孟子明确阐发。针对当时诸侯争霸的政治情势，他从孔子的仁义学说、"德政"思想以及自身的仁政主张出发，努力倡导尊王贱霸，把儒家的"德治"思想进一步具体化。在孟子那里，王道政治的内容十分丰富，可以说同德治是一体两面，既包括用仁义礼孝等儒家核心道德规范去治理国家、管理人民，也包括以民为本的政治伦理化实践，如他讲使民"养生丧死无憾"是王道之始，"保民而王，莫之能御"，同时还包括用非暴力手段去争取和巩固政权。孟子揭示了王道和霸道所产生的不同政治后果：

> 以力假仁者霸，霸必有大国，以德行仁者王，王不待大。汤以七十里，文王以百里。以力服人者，非心服也，力不赡也；以德服人者，中心悦而诚服也，如七十子之服孔子也。①

可见，实行"以德服人"的王道，才能使老百姓心悦诚服。孟子认为，君主如果与民同忧乐，没有不王的②。他还讲，王如施仁政于民，就"可使制梃以挞秦楚之坚甲利兵矣"③。在同齐宣王对话中，孟子回答据德怎样才可以称王时，指出"保民而王，莫之能御"。由此可见，孟子的王道政治思想同他的民本主义德治理论是一脉相承的。

战国末期的荀子反对孟子过分尊王抑霸及其仁政的理想主义政治构想，而主张王霸杂用。首先他大力发展了孔子重礼的一面，强调礼法并用，重王道但不否定霸道，提出"隆礼尊贤而王，重法爱民而霸"④的观点。他指出："粹而王，驳而霸，无一焉而亡。"⑤王霸缺一不可，但以王道为要。其次，荀子往往礼义并提，于是他又从是

---

①《孟子·公孙丑上》。
②《孟子·梁惠王下》。
③《孟子·梁惠王上》。
④⑤《荀子·强国》。

否合义角度区分了王道与霸道，主张义立而王："用国者，义立而王，信立而霸，权谋立而亡。三者，明主之所谨择也，仁人之所务白也。挈国以呼礼义而无以害之，行一不义，杀一无罪而得天下，仁者不为也，栎然扶持心、国，且若是其固也。"①再次，荀子上升到"德"的高度提出了"以德兼人"的观点，他说："凡兼人者有三术：有以德兼人者，有以力兼人者，有以富兼人者。"②采用这三种政术会带来不同的效果："以德兼人者王，以力兼人者弱，以富兼人者贫。古今一也。"③很明显，荀子更为重视王道。

秦汉一统中国之后，以董仲舒为代表的儒家总结了秦亡教训，认为"王者承天意以从事，故任德教而不任刑"，主张德主刑辅。汉武帝独尊儒术以后，采用阳儒阴法政治统治术，坚持以王道为主，霸道辅之。汉宣帝宣称："汉家自有制度，本以霸王道杂之。"④这就使儒家王道政治思想落实到现实政治层面。

根据上述孔孟荀的王道政治设想，结合中国上古和秦汉的现实政治实践，我们认为可以把儒家的王道政治主义归结为仁治、礼治和孝治三种具体的政治运行机制，当然这其中也包含着"义立而王"的观念。

1. 仁治。无疑，孟子的仁政学说是儒家王道政治思想中仁治的典型理论形态，是儒家德治思想的鲜明代表。不过，犹如梁启超在《先秦政治思想史》中所言："儒家言道言政，皆本于仁"，⑤孔子虽然明确讲的是"为政以德"，但他是儒家仁学的开创者，且仁又是全德之称，因此，谈儒家的仁治不能不从孔子谈起。在孔子看来，仁德是实行仁政的基础，仁政则是仁德在政治中的外在表现。孔子认为仁者爱人，这其中必然包含仁君对百姓的爱民。他把恭宽信敏惠五者

① 《荀子·王霸》。
②③ 《荀子·议兵》。
④ 《汉书·元帝纪》。
⑤ 梁启超《饮冰室合集》(第九卷)，中华书局1989年版，第67页。

归之于仁，而他正是从政治角度来强调五德的重要性：不悔、得众、人任、有功和使人。孔子还把"博施于民而能济众"看成仁。孟子从性善论出发，指出人皆有仁心即"不忍人之心"或恻隐之心，然后明确提出了他的仁政学说：

> 人皆有不忍人之心。先王有不忍人之心，斯有不忍人之政矣。以不忍人之心，行不忍人之政，治天下可运之掌上。①

孟子所谓的仁政，内容是十分丰富的，既包括上述的以民为本和王道政治，也包括仁民爱物，还包括不杀生和推恩——"老吾老，以及人之老；幼吾幼，以及人之幼"②。荀子的仁政思想则较为简略，只是提出了"仁义法正之质"、"仁义礼善之于人"等观念。到了董仲舒这里，他把仁义礼智信"五常"作为举贤良对策要求"王者所当修饬"，并断言仁乃是五常之道的根本，也是王霸之道的根本："霸王之道，皆本于仁。仁，天心，故次以天心。爱人之大者，莫大于思患而豫防之。"③

2. 礼治。儒家特别推崇制礼作乐的周公，向往周代的礼治秩序和礼乐文明。孔子不仅为个人的日常生活提出了各种依礼、尊礼、循礼而行的种种要求，还从"不知礼，无以立"④出发，为统治者制订了礼治的各种方略。他认为"贫而无谄，富而无骄"不如"贫而乐，富而好礼"⑤、"道之以德，齐之以礼，有耻且格"⑥，强调"君使臣以礼，臣事君以忠"⑦，执政者应以礼让为国⑧，使人约之以礼⑨。孟子不像

①《孟子·公孙丑上》。
②《孟子·梁惠王上》。
③《春秋繁露·俞序》。
④《论语·尧曰》。
⑤《论语·学而》。
⑥《论语·为政》。
⑦《论语·八佾》。
⑧《论语·里仁》。
⑨《论语·雍也》。

孔子那样重视礼，也未单独加以强调，况且他也基本不提周礼，仅把礼作为同仁义智一起的“四德”之一，提出仁宅、义路和礼门的逻辑架构，认为礼是出自人的辞让之心，它对仁义加以修饰和节制。不过，他也提出了一些同礼治有一定关联的主张和观点，例如“非仁无为也，非礼无行也”①，“言非礼义，谓之自暴也”②。荀子较为全面地阐述了礼治，明确提出了“隆礼重法”的治国思想。他把礼视为治国的常规：“治之经，礼与刑。”③界定为治之始、治辨之极；强调礼是处理政事的指导原则，如果不依礼而行，政事就无法完成：“礼者，政之挽也。为政不以礼，政不行矣。”④指明礼是强国之本，认为“国无礼不正”、“国之命在礼”；指出实践礼是实施王道政治的重要环节：“能以礼挟而贵名白，天下愿，令行禁止，王者之事毕矣”⑤，从而揭示了礼治在为政治民中的重要作用。

汉代秦以后，刘邦后来认识到礼对于治理朝政的价值而命叔孙通制礼，使“自诸侯王以下莫不震恐肃敬。……无敢观哗失礼者”⑥。自此，礼学开始走向礼治，礼学遂蔚为大宗。郑玄所注《三礼》也成为儒学重要经典。唐代不仅出现了很多《三礼》注疏，还形成了直接服务于朝政的礼典如《贞观礼》、《大唐开元礼》等。宋明理学虽然弱于外王，未有成系统的礼治思想，但他们大多把“礼”等同于“理”，明清之际，戴震等人曾批评封建礼教，指斥理学的“存天理，灭人欲”是以“礼”杀人，这也从反面说明“礼”仍是宋明理学的核心观念之一。自从儒学在汉代上升为官方统治思想以后，在其重礼、

①《孟子·离娄下》。
②《孟子·离娄上》。
③《荀子·成相》。
④《荀子·大略》。
⑤《荀子·致士》。
⑥《史记·叔孙通传》。

好礼、隆礼等思想的长期浸润下，中国传统社会形成了如费孝通在《乡土中国》一书中所指出的“礼治秩序”。

3. 孝治。孝本是用来处理亲子关系的家族伦理规范，何以能成为一种统治手段呢？这一则是因为传统中国社会，“家国同构”、父权君权一体，因而可以“移孝作忠”、“忠孝混一”，孝可以为封建王朝所用；二则“孝慈则忠”，君王以孝为政，可以起到正己正人功效，故此汉代许多君主以“孝”加在谥号之前；三则当权者在推行德治时需要对老百姓进行孝行教育，而民众奉行孝道能够维护“亲亲”和“尊尊”宗法关系，这也有利于国家的安定和谐，因而以孝治国是维护君主统治的必要条件。《尚书》、《吕氏春秋》等文献早就揭示了“孝治”的思想。《尚书·尧典》说“克谐以孝”，《吕氏春秋·孝行篇》讲到商朝刑法有“刑三百，罪莫大于不孝”之规定。前面我们已经探讨了先秦孔孟儒学有关孝的道德规范思想，这里只想从孝治方面强调指出，孟子十分推崇古代的孝治，把大舜神化为大孝子，并从“事亲为大”原则出发为大舜“窃负而逃”和“封之有庳”作辩护。在他看来，“尧舜之道，孝弟而已矣”①，文王的德化也只是“善养老”罢了②。自汉代以后，统治者宣扬“以孝治天下”，东汉选拔人才的主要方式则是“举孝廉”。由于孔子在《孝经·天子章》讲到“天子之孝”可以使“爱亲者，不敢恶于人；敬亲者，不敢慢于人”，因此《孝经》受到后世封建君主的认可，唐代唐玄宗亲自御批《孝经》。唐代承汉代使天下人诵《孝经》的德治传统，规定学生皆习《孝经》，同时仿汉代对孝悌以天子名义加以旌表，并且为不孝作为犯罪制订了详细的标准，从而把“孝治”纳入法制化轨道。唐、宋以后，通过科举考试更进一步把汉代以孝选官作为国家人事制度加以完善。

① 《孟子·告子下》。
② 《孟子·尽心上》。

（五）德主刑辅

毫无疑问，孔子是重德轻法的，但是他并未完全抹杀法治的作用。他尽管说"道之以政，齐之以刑"只能使民众免于惩罚却不能保证人有羞耻之心，但毕竟说明他肯定法治可以达到"民免"的目的。孔子所说的"礼乐不兴，则刑罚不中；刑罚不中，则民无所措手足"①，的确把礼乐摆在首要位置，但也同时认为刑罚可以使民众行为有据。而他所说的"听讼，吾犹人也。必也使无讼乎"②也表明孔子并非绝对排斥法治。在他看来，只要有善人治理国家，就可以去除残杀："善人为邦百年，亦可以胜残去杀矣。"③《大戴礼记·礼察》曾引用孔子的话说："礼者，禁于将然之前；而法者，禁于已然之后。是故法之用易见，礼之所为难知也。……礼云礼云，贵绝恶于未萌，而起敬于微渺，使民日徙远罪而不自知也。"据《左传》记载，孔子曾说："政宽则民慢，慢则纠之以猛；猛则民残，残则施之以宽。宽以济猛，猛以济宽，政是以和。"④可见，孔子主张宽猛相济、礼法并用。

孟荀各自从不同维度发展了孔子德主刑辅思想。孟子似乎更为重视仁政，而极力反对暴政、战争和霸道。然而，这并不是说孟子丝毫没有认识到法治在行政中的作用。例如他指出：

徒善不足以为政，徒法不能以自行。⑤

荀子隆礼重法、礼法并重。他说："治之经，礼与刑，君子以修百姓宁。明德慎罚，国家既治四海平。"⑥荀子重礼治已如前述，他同样强调称王治国必须实行法治和法制，主张赏功罚罪⑦，刑不过罪，爵不逾德⑧，

---

①③《论语·子路》。
②《论语·颜渊》。
④《左传·昭公二十年》。
⑤《孟子·离娄上》。
⑥《荀子·成相》。
⑦《荀子·王制》。
⑧《荀子·君子》。

执法必严。荀子坚持德治与法治并重还表现在他常常礼法并用，援法入礼，把礼与法均视为一种外在制度化、规制化的规范。不过，同孔子一样，荀子还是倾向于以德礼为主。这主要表现在：他以礼释法，认为礼是法之大分、类之纲纪；虽然他指出礼法都是治之端始，但把礼规定为“治辨之极”和“强国之本”，礼被置于更为重要的地位——礼高于法；荀子提出了道德之威、暴察之威和狂妄之威，认为“道德之威成乎安强，暴察之威成乎危弱，狂妄之威成乎灭亡也”①，不难看出，他更赞赏道德之威；荀子认为法治的推行离不开道义，如他说：“坚甲利兵不足以为胜，高城深池不足以为固，严令繁刑不足以为威，由其道则行，不由其道则废。”②同时，法治还必须有君子作保证：“有君子则法虽省，足以遍矣；无君子则法虽具，失先后之施，不能应事之变，足以乱矣”③，等等。

先秦儒家德主刑辅思想在汉代得到了传承和发展。贾谊揭示了礼法具有不同的功能，认为“礼者禁于将然之前，而法者禁于已然之后”④。不过，贾谊似乎更为凸现礼义治国的作用，如他说：“世主欲民之善同，而所以使民善者或异。或道之以德教，或驱之以法令。道之以德教者，德教治而民气乐；驱之以法令者，法令极而民风哀。”⑤董仲舒从阳尊阴卑视角明确提出了德主刑辅思想，为此他主张厚德简刑、文德为贵威武为下、任德不任刑、德经刑权等，他说：“古者修教训之官，务以德善化民，民已大化之后，天下常亡一人之狱矣。”⑥宋代朱熹的政治思想同样秉持了儒家德主刑辅的传统。他指出：“德与政非两事。只是以德为本，则能使民归。”⑦他还就德为

---

①《荀子·强国》。

②《荀子·议兵》。

③《荀子·君道》。

④⑤《汉书·贾谊传》。

⑥《汉书·董仲舒传》。

⑦《朱子语类》卷二十三《论语五·为政篇上》。

本作了解释:"愚谓政者,为治之具。刑者,辅治之法。德礼则所以出治之本,而德又礼之本也。此其相为终始,虽不可以偏废,然政刑能使民远罪而已,德礼之效,则有以使民日迁善而不自知。故治民者不可徒恃其末,又当深探其本也。"①在训释孔子"为政以德"命题时,朱熹强调指出:"为政以德,非是不用刑罚号令,但以德先之耳。"②

以上我们从内圣外王、无礼不宁、以民为本、王道政治和德主刑辅五个方面依次论述了儒家的德治思想,这五者无疑构成了儒家德治思想的主要内容。当然,儒家德治思想是丰富多样的,它还包括道德教育论、道德修养论、君主观等,这些只能留待以后再加以探讨。

第二节　道德与法律的同异与分合

关于"德治"与"法治"的关系问题是一个常谈常新的重大课题,由此也引发了如何正确认识和把握法律与道德、法律文化与伦理文化一般性关系的讨论。应该说,在法德关系上,以下观点得到了绝大多数人的认同,即,法律以其权威性和强制手段规范社会成员的行为,道德则以其说服力和劝导力提高社会成员的思想认识和道德觉悟。然而法德之间的关系比一般人所想像的要复杂得多,很有进一步加以反思的必要性和合理性。

一、道德与法律都既是内在的又是外在的

关于道德与法律的内在性与外在性问题,历来占主导的观点是"道德的内在性、法的外在性"。我们认为,断言道德只具有内在性,法律只具有外在性,是片面的。实际上,道德和法律两者都既具有

① 《四书章句集注·论语集注》卷一。

② 《朱子语类》卷二十三《论语五·为政篇上》。

内在性又具有外在性。

有关"法的外在性、德的内在性"思想,综合起来大致可拆解为两种不同的理路。一是认为道德化行为出于内在善良动机的考虑,而不是出于外在结果的直接爱好,法律行为则是基于怀赏畏罚的外在功利目的;二是从功能机制角度认定法律仅制约人的外在行为,相反,道德则不仅约制人的社会化行为,还管束人的动机、愿望等内在心理。

前一种思路主要是由康德阐发的。他从不同但又相互关联的多种维度作了论证。首先,作为支配人的行为的道德律令不是来自经验、感官,不是来自外在的习俗、教育、政治等,而是根源于内在的纯粹实践理性,这种纯粹实践理性正是人的意志。于是康德就把道德的基础由经验的外在的对象移置于人的先验的内在的善良意志上来。在康德那里,道德律令与实践理性(意志)是相互设置、相互规定的。一方面,道德律令根源于实践理性,根源于善良意志。另一方面,所谓"善良意志"不过是对绝对的道德律令的无条件顺从。康德断言,理性本身也不能称为好的,惟有意志,它自身就是好的。善良(好的意志)不在于希望为善;善不能用来界说善意,善意只能从其内容、内在规定以及主体所采取的态度加以诠释,而不能用其相关事项或意志的对象和结果去说明。其次,康德从义务伦理学视角进一步明确阐述了"道德的内在性、法律的外在性"理念。他指出,义务观念包含着好意志,换言之,善良意志不过是出乎义务心的意志。所谓"义务"就是做应当做的事,就是遵从道德律令的行为必要性。违背义务的行为当然是一种不道德的行为,但是符合义务也不能保证行为的道德性。只有既合乎外在社会义务又出于义务心同时又无直接爱好的行为,才具有道德价值。从康德对行为的合法性和道德性的严格区分中也可以窥见他凸现了道德的内在性和法律的外在性。他认为:“那种不从内心出发,只从结果上看符合道德命令的行为,虽然都是合法的,从而也是被允许的,不能称作是道德。例如,尽管不情愿,还是按规定纳税,这种行为是合法的,但不是道德。”①

康德将人的内在善良意志设定为人类道德的根源,当做道德价值产生的基础,突现了道德的人本性、合理性和实践性等特质,但是他完全否定了外在社会—技术—文化在道德起源(发生学)和本质(本质论)上的决定性作用,也是失之偏颇的。在我们看来,康德不假外求的内生主义道德论的根本失误在于,把道德产生的根源(它是道德观念所反映的对象)与道德观念得以形成的能动因素(理性和意志)混为一谈了。实际上,理性和意志不过是道德(包括普世伦理)得以生成的中介或工具而已,只有人性和社会关系才是人类道德产生和发展的真正根源。犹如马克思主义伦理学所强调的,利益是道德的基础,社会关系(尤其是经济关系)是道德反映的内容。这样,同法律一样,道德既是内在的,又是外在的。

康德的动机论伦理学强调道德行为的内在自律性及法律行为的外倾性、他律性,具有一定的可取之处。因为,在一定意义上道德的确本质上追求的是内在超越,而法律根底上则是社会主体基于怀赏畏罚人性的外在功利诉求。道德表现在主体自我上至少有三种内在规定性。一是克己,这就是,道德之为道德,就在于人作为有理性的存在者要对自己的各种生物性存在(欲望、需要)加以克制、压抑;义务之为义务,就在于它不屈从于自然性欲求和愿望。费希特也深刻揭示了道德的自我克制特性。他一语破的地指出:“道德的根本,是克制心克己心,使自身服从全体。”②二是舍己,这即是,“道

① 安倍能成《康德实践哲学》,福建人民出版社1984年版,第32~33页。
② 《费希特全集》,第156页。

德总以个人或多或少的牺牲为前提”(普列汉诺夫语)。正如康德所言,义务往往需要自我牺牲,德性之所以有那样大的价值,只是因为它招来那么大的牺牲,总之,道德本质上要求主体自然地舍弃个人的幸福、利益乃至生命。三是无私,此即意味着道德主体无论是克己还是舍己不是出自利己之心,而是纯出乎义务心;既不是为了获取上帝的恩宠或报答,也不是为了精神上的名誉、愉快或满足。应该说,以康德为代表的动机论强调道德的内在超越特质,突出了道德的主体性和合理性。

但是道德并非完全排斥外在功利追求。康德等人的失误在于两点。其一是未能分出利己心的主次地位,忽视了利己心作为次要因素并不否定道德的价值(道德属利他主导型,法律为利己主导性);其二是在否定利己心时连同利他也摒弃了。康德认为道德不计任何利害得失、任何经验内容、任何利益。这表明,过去我们将康德伦理学规定为纯粹利他主义并不确切。反对利己并不一定倡导利他,虽然客观上可能会如此。利他性是道德的本质规定性之一,而利他逻辑上必然会导向某种功利主义。将以外在功利为目的的他律性完全排斥于道德之外,显然失之于过于理想化、形式化和严苛化。任何道德动机不可能是纯粹内在的,它同样要受到外在功利的制约。从客观上,任何道德行为都不是发生在社会真空中,而是植根于现实的社会利益关系结构中,利益是道德的基础,因而道德行为必定会对道德主客体产生损益、利害、好坏等价值效应。从主观上说,不论作为具有道德性的人是出于自动化的习惯还是非常清醒的自觉意识,也不论他对道德主客体利益的认识是否正确,他的行为目的必然要指向某种或是对自己或是对他人或者两者兼顾的功利目标。犹如前述,儒家伦理也不能完全摆脱功利主义。且不说孟子在阐述实施仁政的好处时,强调它可以带来国泰民安等外在社会功利，即使是儒家的道统也是主张德利相通、为德得利，把“德者，得也”作为伦理的逻辑起点，在儒家所极力推崇的先圣周公看来，德是得天下的必要手段——“唯德是辅”，朱熹对此也有透彻理解：“正其谊(义)，则利自在，明其道，则功自在。专去计较利害，定未必有利，未必有功。”①因此，儒家伦理实为道德功利主义。②

同样的，法律也不纯粹是外在他律的，有时它也需要主体进行自我抑制、自我舍弃乃至自我牺牲，某些法律行为不仅是符合道德的行为，也是一种道德行为；而且法律也需要主体出乎义务心，只不过这种义务是一种法律义务而已。可见，法律和道德都既是外在的又是内在的。

从行为的功能效应角度来看，就制约的对象而言，是不是法律只是外在的、道德仅是内在的呢？应当说，持肯定观点的人历来比较多，且占主导地位，例如，前已述及孔子和贾谊均赞许“礼者，禁于将然之前；而法者，禁于已然之后”，当代也有人断言，道德对人的影响是内在的，法律对人的影响是外在的，③而且也不无一定的合理之处。一般说来，道德价值的评价要依据人的动机，一个人即便做了一件好事，也就是造成客观“善”，可是如果他动机不纯，甚至是邪恶的，那么他的言行就不能认定为“善”，至少其道德价值量会大打折扣。进一步说，道德制约(姑且称为“德制”)的对象固然也要考虑外在行为，但主要是人内在的动机，道德特别重视内在的良知、同情心和利他情感。反过来，法律并不直接惩戒人内在的思想，也不直接以人的主观动机为制裁的根据；所谓的思想犯，只是由于当事人试

---

①《朱子语类》卷三十七《论语十九·子罕篇下》。

② 参见丁冠之等主编《儒家道德的重建》，齐鲁书社 2004 年版，第 88～90 页。

③ 仲崇盛、宋戈《论“依法治国”中法律与道德的关系》，《理论与现代化》2001 年第 1 期。

图将其思想借助于某种方式（如演讲、书籍、刊物……）而影响社会时，他的思想才成为法律管辖的客体。一个人只有犯罪的念头，或仅存在不容于现政权而未形诸于外在行为的思想，恐怕法律无法给他定罪；虽然现实中有某些"恶法"将人的思想、政治主张或信仰作为是否合法的问题来处理，即使如此，仍然只是依据其外在行为才能推知某人是否持有不合法的思想和信仰。一个人是否犯法，是有罪还是无罪，并不是根据于他内在的思想观念，而是依据于他行为的性质——是否给社会造成了伤害。只是在量刑过程中，他的动机、思想（如故意或是无意）才成为法律实施的主观附带条件。由上可见，德制依据的主要对象和条件是内在的思想、观念等精神因素，而法制依据的主要对象和条件则是为外显的行为。从质的角度看，一个人的所作所为是否道德，要依主观动机而定，动机不良，即便做了件好事，仍属于不道德；反之，如果行为动机是高尚的，哪怕行为并未达到预期效果，仍可认为是具有道德意义的。我们不会因为一个人为了搭救一位失水儿童最后却被大海吞没而贬低甚至否定他的行为的道德价值。反过来，法律不管人的行为动机怎样而根据已发生的行为来定位。有人认为："法律是'形式性'的规范，而道德是'实质性'规范。作为可以量化操作的形式规范，法律所能规范的是人们行为的外在方式，在大多数情况下，它只能以行为的效果为对象，而很难顾及行为的动机。道德则不同，它更多的是以行为的动机来衡量行为的效果，并要求行为必须结合种种具体的环境和条件来实现动机和效果的统一。"①在德国古典哲学中，这一观点也得到了深刻阐发。"道德一定要过问内心的信念，而法律则仅过问行动。法律的世界是一个从外面进行强制的领地，而道德就不是这样。这

---

①《论德治和法治的结合》，《光明日报》2001 年 3 月 27 日。

是因为行为是可以强迫的,但信念却不能强迫。"①在康德看来,法律是整个从外面进行立法的,是在共同生活中为了从外面实现道德律的,也就是着眼于外部驱除每个人的自然冲动,限制行为的放肆,以确立内在道德的自由和人类实践理性的本质。对于黑格尔来说,道德是法的真理,是自由在人的主观内心中的体现,它是一种具有特殊规定的内心法,亦即"主观意志的法"。

然而,正像前面所讲的,法律并不是完全无视内在性,道德也不是绝对排斥外在性。法律禁止的行为,同样要追索其内在性。当某个人犯罪后,弄清这种行为是故意的还是过失,对于法律的裁决具有重大关系。这大概是因为,人的犯罪并不是完全受主体任意支配的,除了客观条件的影响外,社会主体可能或是无知,或是判断失误,或是能力有限,也会导致人过失犯罪。单纯的"善良意志"只不过为可能的"善"而不是现实的"善",只是内在的"善"而不是外在的"善",它只有外化为人的社会性行为,并产生实质性的社会后果,才是真正的善。虽然黑格尔从唯心主义出发将道德设定为"主观意志的法",可是他也认识到道德应是动机和效果、主观意志与客观行为的统一。他深刻指出:"主体就等于它的一连串的行为。"②一个人一系列行为有价值,那么他的内在意志就有价值;如果一系列行为无价值,则其主观意志也必然无价值。一个人也许在个别事情上可以伪装,但无法遮掩他全部的内心活动,在整个生活进程中人的内心必然要表露出来。光有良好的动机、伟大的志向而缺乏相应的行动,那么他的主观意志就是空的,就无道德意义。或许道德对人的行为没有强制性,没有硬约束,但可以借助于社会舆论、风俗习惯和人的内心信念而制约和调节人的行为。可见,人的社会化行为不

① 安倍能成《康德实践哲学》,福建人民出版社1984年,第59页。
② 黑格尔《法哲学原理》,商务印书馆1982年版,第126页。

仅成为道德评价的对象,也成为道德制约的对象,因而道德既是内在的又是外在的。在传统西方文化中,有人将“德的内在性、法的外在性”诠释为:德是个人规范,法则是社会规范。且不论将法德从规范角度做这样的划分是否正确,即便将道德视为个人规范,也不能否定它所具有的社会外在性。因为个人道德规范正是指导、调控个人外显行为的“指令”。

二、法律与道德既互为基础又相互独立

以上我们从形式规定(制约的对象)维度阐述了法律与道德之间的辩证关系。如果从内容维度,我们可以发现关于法律与道德流行着两种基本观念:一是法是道德的最小限度,二是法律与道德互为基础、互为支持力量。

“法是道德的最小限度”在国外由德国法学家耶内利克等人提出,国内在探讨德治与法治关系时也有人提出了相类似的观点:法是道德的底线。这一观点表明,法律是为了使人们遵守最小限度的道德而制定的社会文化规范。

要正确把握“法是道德的最小限度”观点,应引入“重要性”范畴。实际上,“法是道德的最小限度”无非是说明道德具有次重要性,法律具有最重要性。众所周知,无故失约是一种缺德行为,但不是一种犯法行为。而杀人和强奸不仅应受到道德的谴责,同时也应受到法律的严惩。不难看出,破坏同朋友的约会虽然是一种道德不当举动,可它毕竟较轻微,因而具有社会次重要性。反之,杀人是一件带来极其严重后果的事情,因而具有社会最重要性。可以说,犯罪行为是一种最为缺德的行为,是最不能容忍、极为严重的道德过错。

然而,从现实生活来观察,就会发现“法是道德的最小限度”观点是存在缺陷的。此一观点是以“所有法律均合道德”为思想前提。可是在社会现实中,这一前提是虚假的——有的法律设置是不道德的（"不义之法"）。同时，许多所谓的犯罪行为，有时并不会产生多么严重的后果（例如思想犯），并不具有社会最重要性，特别是站在人类社会总体发展来看更是如此。应当说，只有在理想社会状态中，法律与道德才能达到无差别、无冲突的完全统一，这，无疑只能作为人类永恒追求的目标，而不具现实性。

在讨论德治与法治问题过程中，许多人首先肯定了这两者之间的差异，归纳起来，大致表现为以下几方面。一是两者性质不同，道德具有自律性、理想性、利他性，法律具有他律性、现实性和利己性。二是两者发挥作用的依靠力量不同，法律是统治阶级通过国家权力机关制定和实施的，以其权威性和强制手段规范社会成员的行为（法治），道德是社会约定俗成的，它通过主体内心信念、社会舆论和传统习惯等来发挥作用，并以其说服力和劝导力提高社会成员的思想认识和觉悟水平。其次，许多人认识到了法律与道德的分化与冲突。然而也有少数人却有意无意忽视法律与道德的对立性和斗争性，而片面强调这两者之间的统一，其中最突出的就是过分凸现法律的合道德性及道德的法律化。有人认为，法律和道德之间常常相互支持，以法律来支持道德，以道德来支持法律，道德通过影响立法、司法、社会成员而影响法的运行，法律则通过制度上的优势和强力手段的优势来保证上升为法律的那一部分道德规范的运行；①有人更是明确指出："法治的建立与维护离不开道德的基础。所谓法治的道德基础，至少包括了以下两个方面的含义：其一，作为社会调控主导性手段的法律必须以道德为基础并与道德要求相一致；其二，法治要建立起来，必须得到道德的支撑与配合。"②

① 参见仲崇盛、宋戈《论'依法治国'中法律与道德的关系》，《理论与现代化》2001年第1期。

② 郁建兴《法治与德治衡论》，《哲学研究》2001年第4期。

从社会功能上说,法律的确必须具有道德基础,必须有社会伦理提供支持。作为法律客体,法律条文、法律规范本身虽说不一定要以合德性作为必要前提,但是,那种符合道德的法律,其权威性更大,能得到民众更广泛的支持,其产生的社会价值也更大;从历史上看,某些法律正是因为同人类普遍接受的伦理观念或道德价值相冲突,而得不到"普遍的服从",甚至于成为社会冲突的法理根源。然而,并非任何法律都必须合道德,有些不道德的法律甚至可能比道德的法律更实用,一些"恶法"或"不义之法"并不是完全缺乏历史合理性和价值性,例如我国法律对私营经济的充分肯定,尽管它容纳了"剥削"这一"恶"的社会价值分配机制,可它却是我国社会发展所必需的。

第三节　儒家德治思想的传承及其在人素质塑造中的作用

在如何认识和处理"以德治国"方略同我国传统的儒家德治思想的关系问题上,出现了两种错误的偏向。一是忽视这两者之间的差别,而将它们等同起来;二是过分夸大两者的不同,而否认它们的联系。我们在学习和贯彻"以德治国"基本方略时,一定要深入把握它同儒家德治文化的辩证关系,认识到这两者之间既有一致性又有差异性,既有继承又有发展。

在中国古代政治学说和政治思维中,大致可以分出两大类,即无为政治和有为政治。无为政治或无为而治主要是由老庄等人提出的治国方略。有为政治包括以法治国、以力治国、以智治国和以德治国。"德治"的思想和主张总体上是由儒家所倡导的。传统儒家德治理念蕴含着许多合理的"思想内核",构成了以德治国思维的重要历史源泉。

第一,儒家德治文化充分肯定和重视道德的社会作用,在这一点上同“以德治国”方略是相通的。虽然儒家所提倡的纲常伦理夹杂着封建性糟粕,可它也包含着许多直到今天仍然适用的超时代的普遍性原则和规范,例如仁义礼智信,例如孝顺,例如和谐。第二,儒家德治文化中的人本原则和民本观念与“以德治国”的根本精神也是内在一致的。在某种意义上,儒家所倡导的德治思想和实行“仁政”的政治主张,是建立在“民为邦本”的基础上,它体现了重民、爱民、顺民等民本主义思想。同样的,“以德治国”方略,一方面是以广大干部群众一定的道德水平为前提的,体现了对他们道德人格的极大尊重,另一方面它的根本目的是反对巧取豪夺、以权谋私、欺压百姓、横征暴敛等消极腐败政治,以维护广大人民群众的根本利益。第三,儒家德治文化为“以德治国”方略提供了许多可供继承和发展的有益养料。像富而好礼的观念、改进民风民习的观念、身正令行的观念等,经过一定的批判改造,仍可以为社会主义道德建设工程所用。

不过,“以德治国”方略同儒家“德治”思想又存在一定的差异,决不能将它们混为一谈。首先,儒家传统“德治”思想是一种泛道德主义,它不适当地扩展道德管辖的范围,管了它不应管也管不好的事情。同时它又是一种道德理想主义,所提的道德标准和要求太高了,一般人难以做到。而“以德治国”方略是在总结中国以往道德建设经验基础上提出来的,它符合社会发展状况,符合人民群众的思想觉悟水平。况且,党和国家新时期以来一贯强调在社会主义精神文明建设过程中,要把先进性要求和广泛性要求结合起来。其次,儒家“德治”忽视制度建设,忽视乃至否定法治和民主对于治理国家的重要意义,它把“德治”作为国家治理的根本,这就是所谓的“德主刑辅”，并把良好政治的希望寄托在“明君”、“贤人”或“清官”身上，它本质上是一种“人治”，是一种“贤人政治”。“以德治国”则是以社会主义制度和法治为根本前提的，它同后者是紧密结合的。此外，儒家“德治”思想主要体现了统治阶级的意志，是为了维护统治阶级的利益，而“以德治国”则是体现了广大人民群众的意志，它要代表最广大人民群众的根本利益。

既然儒家的“德治”思想既有精华又有糟粕，既同“以德治国”方略存在一致的一面又存在许多不同，那么当代社会公民在进行道德修养过程中，既要注意吸收儒家传统德治文化中的合理之处，又要注意剔除其中的消极成分，防止它们对自己的消极影响。只有这样，才能增强贯彻落实“以德治国”思想的主动性、针对性和科学性。

一些人之所以不愿接受儒家德治思想和“以德治国”方略，不仅在于他们不能正确认识法律和道德的关系，不能科学把握儒家德治思想与“以德治国”方略的同异性，还在于否定德治理念能够在很大程度上提高广大民众的主体素质。在他们看来，一个现代化的法治国家，需要每个人成为“法律人”，而不是道德君子般的“伦理人”，人们应该强化的是法律意识，而不是道德观念，更不是封建时代的“清官意识”；市场经济的发展必然带来“恶”，它同仁义道德相冲突，市场经济是法治经济，只能用法规加以约束，道德调节苍白无力，市场经济呼唤的是“经济人”人格，而不是“伦理人”人格；改革开放前，我国由于受儒家泛道德主义的影响，实行“政治挂帅、思想领先”、“狠斗‘私’字一闪念”等道德教化，不仅没有提高人的文明素质，反而产生了大量道德伪善和道德危机（亲人反目成仇、人与人之间互不信任等）现象；西方发达国家坚持“以法治国”，既为社会秩序提供了法律保证，也培养了人的整体文明素养……凡此种种均说明所谓的德治是可有可无、无足轻重的，更不能将其同“以法治国”相提并论。

必须客观地指出,由儒家德治思想引导下所形成的德性文化和人治文化以及道德社会,其对人的素质锻造具有积极和消极的二重性。这一点,不妨引证任剑涛的观点加以分析。他从德治文化对中华民族国民性影响的角度指出,德性人治文化一方面形成了一种重道德修养的社会氛围,造就了一大批可敬的史家、勇士、忠臣、志士、使节、贤相,他们以其道德节操的高尚,感染了众多中国人的精神。同时,以道德修养的高低衡量人是否值得尊重,是否能担任领导者角色,具有平等内涵,它可对统治者的横征暴敛进行约束,而志道据德的观念,也能提高人生境界,"杀身成仁"、"舍生取义"的人生壮举正是在德性文化氛围中出现的。另一方面,道德的形成,必定造成伦理中心主义格局,它不仅排除物质利益原则,使人陷入道德律令的泥潭,过分强化对人的规范作用,人无法自主生活,成了旧道德的奴隶,而非好与坏、非善即恶的二元化道德判断标准使人无法处在一种道德意识正常化状态,使人只有畏惧感,道德变成制造"单面人"的工具。而且道德中心主义只是把人的向善之心作为惟一的动力,忽视了卑劣的贪欲也是文明时代发展的重要动力,会使人过一种虚假的生活。①

不可否认,在中国正迈向法治社会的过程中,应当大力倡导以法治国,为广大人民群众的行为提供良好的法律环境和法律规范,使他们的生命财产安全得到法律保障,让大家真正能够安居乐业,既不应像某些现代新儒家所期望的那样坚守"儒学本位论",重建什么王道政治,搞什么泛伦理主义的以德治为主,也不应再退回到"文化大革命"时期推行"精神万能论"和道德理想主义。然而,我们也不应把德治和法治完全对立起来,应当承认它们各自有不同的适用

① 参见任剑涛《从自在到自觉——中国国民性探讨》,陕西人民出版社1992年版。

范围和社会功能，两者相互支持、相互转化和相互补充，在政治生活中应将德治和法治有机结合起来。值得注意的是，不论是实施儒家的德治思想，还是坚持“以德治国”的基本方略，且不说它们具有前面述及的道德教化、道德示范、行为调控、安邦定国等四大功能，它们本身还可以为人的素质提高创造行之有效的各种社会机制。

一是政治导向机制。自汉独尊儒术以后，儒家的德治思想就受到统治者的重视，他们在治国理政中奉行仁治、礼治和孝治，逐渐形成了传统中国的德孝文化传统。汉代的“举孝廉”、以孝选官制度确立以后被后世一直沿用到明清时期，尽管它也带来愚孝和伪善，但毕竟在孝治的引导下锻造出了中国的悠久孝道文化，为中国的家庭和谐和个人的孝亲、孝善、敬老品行创设了一种制度化的导向机理。特别是孝作为“三皇五帝之本务，万事之纲纪”，天子之孝具有强烈的垂范作用，促使天下百姓推崇仰慕，仿效相从，成为事亲敬长的子民。许多人为了谋取功名利禄，竞相使自己成为大孝子。汉唐两代君主对礼的重视和遵从，在客观上也引导民众重礼、循礼，不仅对中国形成“礼仪之邦”起到了引导作用，也对中国人的礼行、礼德发挥了范导功效。

二是文化教育机制。在儒家德治文化的推动下，在当权者以德治国政治方略的支持下，不仅设立了许多如乡校、私塾、文庙等文化机构对民众进行德化教育，教之以“六艺”及种种为人处世之道，还借助于科举考试让民众掌握儒家的人伦知识，同时还通过书信、图片等方式对民众进行道德教化、感化，努力把儒家的伦理纲常转化为人的内在道德自觉。拿孝治来说，《孝经》一经问世就受到历代重视，《二十四史》多有《孝友传》、《孝义传》，集中表彰历代孝悌力行的人。宋代以来，《孝经》被尊为“十三经”之一，进学读书必须诵习，科举考试从此出题。宋明以后，社会上出现了如《三字经》、《千字文》、《名贤集》、《改良女儿经》、《童蒙须知韵语》、《四言杂字》、《教儿经》、《小儿论》、《增广贤文》、《劝孝歌》、《二十四孝图》、《劝孝文》等蒙书，以及如《朱子治家格言》之类的家书，用生动的语言和形象宣传孝道。① 文以载道。宋明以后流传的各种小说《水浒传》、《三国演义》等也宣扬"忠"、"孝"、"义"等儒家伦理，对人们的品德修养起到了浸润作用。即便是致力于张扬佛道观念的神怪小说《西游记》，也引用了大量儒家的经典名言，在一定程度上培养了人的儒家伦理品格。

三是社会奖惩机制。在儒家德治思想主导下，往往援德入法，礼法一体，把缺德行为如不孝作为犯罪加以惩处，促使人们扬善抑恶。不论是中国传统社会还是新中国，均树立了大量道德楷模让人们学习仿效，利用人见贤思齐的心理，激励民众培养向善之心，培植人的德性。虽然我们的社会正日益走向世俗化，不再是英雄崇拜的时代，而是明星崇拜的时代，但是党和国家通过大力加强公民道德建设，在全国范围内选树各种先进典型、感动中国的十大人物和全国道德典型，并大力推广宣传他们的优秀事迹，这些对于广大人民群众尊崇英模、去恶扬善发挥着很好的激励作用。

从现实性说，批判性继承儒家德治思想，坚持以德治国，也有助于提高人的综合素质特别是道德素质。改革开放以来，党和国家重视利用道德手段去治国为民，利用道德力量去整合社会秩序、调控人的社会化行为，不仅坚持"两手抓、两手都要硬"的战略，颁布了社会主义精神文明建设的两个决议，推出了《公民道德建设实施纲要》，还提出大力加强社会主义核心价值体系建设，树立社会主义荣辱观，在大中小学校课程中设置了公民思想品德课程，在全社会树

① 参见骆承烈编《中国古代孝道资料选编》，山东大学出版社2003年版。

立了一大批道德先进典型，同时还在十五大以后党的政治报告中专门设立文化建设内容，大力发展社会主义先进文化。更为重要的是2001年明确提出了“以德治国”基本方略。最近，党又提出在提拔任用干部时，应德才兼备、德为先。这一系列德治举措有力地推动了我国公民道德素质的提高，社会文明程度得到了提升。然而，我们也看到，当前我国社会道德状态也有诸多不尽如人意的地方，甚至出现了较为严重的道德危机现象，不仅一些人道德麻木、良知丧失、见死不救、惟利是图、制假售假、卖淫嫖娼、坑蒙拐骗、杀人越货等现象屡禁不止，道德责任感缺失、道德信仰空虚，同时在政治生活中官德缺失严重，行贿受贿、权钱交易、渎职失职滋生蔓延。产生道德危机问题的原因固然很多，可这也与我们坚持“以德治国”不够有力有关：一是由于历次激进的反传统运动，加之西学的冲击，我们摒弃了儒家德治传统，丧失了以儒家伦理为主要内容的道德权威；二是关于道德方面的奖惩机制、监督机制不够完善，道德过失宽容度过高，好人不得好报，难以做到惩恶扬善；三是制订的道德规范出现空白、衔接不当、过于理想化、落实不到位等问题，无法内化为公民内心的道德自律；四是有关道德教化、劝戒的社会组织发育不全，诸如道德评议会之类的民间团体只是在个别地方存在；五是对各种道德知识和道德修养的学习力不够，流于形式和说教；六是在干部任用提拔中任人惟亲、重才轻德现象较为普遍，官德建设缺乏可操作性方案等。正是由于上述种种原因，使人们对各种社会伦理产生疏离感、冷漠感，严重削弱了主流道德的说服力、劝导人、整合力和教化力。正反两方面事实说明，只有批判继承儒家德治思想的有益成分，坚持以德治国，以德教民，以德化民，以德治民，并同法治有机结合，才能根本改变当前道德水平低下的现状。

第四节　儒家德治思想与当代中国民主政治建设

本书重点是探讨儒学与人的发展关系问题,似乎谈论儒家德治思想与当代中国民主政治建设有些偏离主题。但深究起来,又不尽然。这一则是因为如何看待儒家德治同民主政治之间的关系,直接牵涉到如何评价儒家德治思想的现代意义,有些人之所以排斥儒家德治,正是由于他们认为儒家的德治实为“人治”,而民主往往是建立在法治和法制的基础上;二则是因为早在亚里士多德时代,就把人视为一个政治动物,民主不只是一种政治选择机制、修错机制或社会管理机制,它同样也是人的内在需求,是人的基本权利——政治参与权,正确认识和把握好儒家德治传统同当代民主政治建设的对立统一关系,将有助于维护人的政治权利,尤其是民主政治讲究的是多数原则——少数服从多数,而这也可能导致多数人的暴政,故此现代民主也强调要维护少数人的权利;三则是同第二条密切相关,人的全面发展不仅表现为个性的丰富、综合素质的提高和社会关系的全面建立,还包括人的政治发展,民主政治建设需要人具备较高素质,包括道德素质——如对对手的人格尊重。出于上述考虑,我们这里将对儒家德治思想与民主政治发展作简要分析。

一直以来,儒学之所以受到排斥,恰是因为它被认为是替封建专制作辩护,它是导致东方专制主义的罪魁祸首,尤其是它所提出来的“三纲五常”更是扼杀人的个性、否定平等的工具,它所宣传的德治只是寄希望于圣君贤相、青天大老爷,不过是维护封建家天下的南面之术,而同民主共和制格格不入。为了回应西方文化的冲击,港台一些现代新儒家人士用“返本开新”的致思路向来承续中国文化的“道统”。所谓“返本开新”,大意是返回传统的心性之学之本源,开出西方式的民主科学之新局。唐君毅、牟宗三等人一方面承认中国无纯粹理论科学,承认德性之知和“理性运用表现”与理性之知及“理性架构表现”之区分,承认中国要发展源于西方的近代民主政治;另一方面又出于“民族中心主义”的文化认同意识或“恋母情结”,将民主科学纳入儒家文化本体架构之中,并断定中国文化的“仁心”或道德理性可以转出民主科学。他们辩护道:第一,“人皆可能为尧舜、一切人都可登天国”的大平等精神正是一切民主精神之最后惟一根据,从中国历史文化之重道德主体之树立,即必当发展为政治上之民主制度。第二,中国发展科学完全可以从中国文化之仁教自身上立根,一切科学的价值都只是为了发展仁教,科学不过是中国文化道德精神求其自身之完成与升进所应有之事。第三,传统中国的“德性主体”、道德理性与“知性主体”、理论理性是彼此关联的,从前者可以开出后者。令人遗憾的是,唐君毅、牟宗三等人并未深入阐述从传统的心性之学转化出民主科学的具体机制——环节、条件、原因等,对儒家文化过分“热情与诚意”的价值取向,使他们忽视了传统文化创造转化的可操作性。我们认为,儒家德治思想同民主政治既有一致乃至结合之处,也有相冲突的一面。

一方面,儒家的德治思想在一定意义上可以助成民主的生长发育。其理由有:一是儒家德治思想蕴含着一些民主政治发展的因素。儒家以民为本观念强调要重视民心,认为民心决定政权的巩固、国家的兴亡,这同民主要求尊重民心、民意是相通的。儒家德治强调君臣对待,格君子之非,可以推翻独夫民贼,君主以德为国,这些在一定程度上可以限制暴政和极端专制。二是儒家德治思想可以为民主政治提供某种人权基础。儒家德治思想提出当权者要富民、教民、重民和爱民,这实际上是为了维护人民群众的生存权、受教育权和人格权，民主说到底不过是通过某种选择机制更好地保障国民的生存权、享受权和发展权，可见，两者是一致的。虽然儒学中并没有发展出人权概念，但从实质上讲，孟子所讲的"制民之产"或"恒产"，以及孔子讲的"使民以义"，正是指的人的财产权和劳动权。三是儒家的德治思想同民主政治具有共同的选择机制。儒家的以德治国要求选贤与能，通过"举孝廉"方式选拔有德之人担任各级官吏；而民主选举也不过是更好地把优秀的德才兼备人才推选出来，成为治国理政的管理者，两者之间殊途而同归。儒家的德治本质上是通过"举贤才"创设一种贤人政治，它同民主政治所致力于发展的精英政治并没有根本上的差别。四是儒家的德治与民主政治在对主体的素质要求上是一致的。许多人认为儒家的德治是一种"人治"，而民主则是一种"法治"，二者治理机理完全不同。殊不知，德治也好，民主也好，在特定意义上均是"人治"。民国以来，许多人说中国是"人治"社会，而西方则是"法治"社会。这样虽然不能说不对，但是不准确的。因为，中国传统社会并非无法律和法治，儒家也并不反对法治或刑罚，只是中国传统社会皇帝掌握着更多生杀予夺之权，人民更多依靠情义、习惯、传统等来处理问题罢了。费孝通指出，法治其实是"人依法而治"，并非没有人的因素；所谓人治和法治之别，不在人和法这两个字上，而是在维护秩序时所用的力量和所依据的性质。他认为传统中国社会是一个乡土社会，这个社会是"礼治"的社会，它主要依赖传统。① 的确，德治和法治的区别不在于是否有"人"，实际上，同德治一样，法治也要靠人来推动实施，两者只是法德手段不同；民主法治要讲究程序性、强制性和客观性，而德治更为突出主观性、随机性和非强制性。如果坚持不懈地以德治

---

① 费孝通《乡土中国》，生活·读书·新知三联书店1985年版，第48~51页。

国,就可以增强人的尊严感和民本意识,提高执法者的道德水平和以法治国的自律性。

另一方面,儒家德治思想中蕴含的民本观念毕竟不能像某些现代新儒家人物所期许的那样能够直接“开出”民主来,它离真正的民主尚有一段距离。第一,民本毕竟不同于民主,它寄希望于圣君贤相实施仁政,民是否为本,视君有无道德自觉,并且君主只对自己负责,而不对人民负责。更进一步,民本的根本目的是为了王位、为了国家的长治久安。而民主则不然,它尊重人民主权(“主权在民”)和选举权,它要求对权力实施制约和监督,要求行政官员对人民负责。第二,只知尊重民意,却缺乏行之有效的机制——制度、组织、程序等去实现。第三,现代民主包含着平等精神,而“民贵君轻”说显然是有悖于平等原则的,即便是儒家“人人皆可以为尧舜”的人格平等观念,由于它是建立在性善论的道德理想上,而同不分种族、年龄、智愚等在“法律面前人人平等”的民主基础格格不入。第四,中国封建社会作为一种“超稳定结构”延续了两千多年,君主政体源远流长,使得民主难以扎根。

新中国成立以后,中国社会的民主化进程大大加速。从国体来说,确立了劳动人民当家做主的地位;从政体来说,建立了依照民主集中制原则建立起来的人民代表大会制度。同时,我国还发展了中国共产党领导下的多党合作制度、社会协商对话制度等。改革开放以来,我国在民主政治建设方面还采取了如下措施:党政分开、政企分开、权力下放、实施社会监督、完善基层(县、乡、村、居委会、厂矿企业)民主(如实行直接选举、差额选举等)、改革选举制度(如实行定期选举)、废除终身制、实行常任制等。

当然,我国的民主还有许多不完善的地方,其中,官僚主义现象、权力过分集中现象、家长制现象、特权现象、党政不分现象等还没有限制在最低限度,直接选举、差额选举、定期选举等还不够普遍和完善,人们的民主意识还比较淡薄,决策的民主化程度还比较低。

民主作为一种社会参与方式,由于它包含多数原则(少数服从多数)、程序原则、少数原则(保护少数人的权利),而且有提高决策科学化、高效化的功能,因此,民主化就成为人类社会不可逆转的大趋势。中国政治的发展不可能脱离人类文明发展的大道,因而民主化就势必成为它的必然选择。然而,我们又不能照搬西方的民主制度,而只能根据中国的国情逐步地推进民主。首先,可以批判地吸取西方民主的某些形式和做法,如选举程序等。但如果把诸如多党制、议会制、三权分立、普选制等搬到中国来,就可能出现民国时期那样政党林立、各自为政、你争我夺等混乱局面。其次,不能盲目迷信西方民主文化,因为它也会造成金元政治、腐败(如贿选)、暴政(如希特勒就是根据民选上台的)、政治不稳、缺乏变易性和灵活性等弊端。再次,我国现有政治条件、法制条件、经济条件以及国民的文化心理素质,决定了我国不可能实行西方式的"大民主",也不可能使完善的民主一步到位,而只能在中国共产党的领导下,逐步完善上述各项民主制度,反对特权、家长制作风、一言堂、官僚主义等。

要构建中国民主化政治,既要克服传统的阻碍民主的文化因素,又要创造必要的文化条件。在中国传统文化中有许多不利民主生长的成分,例如孔孟之道中的纲常礼教、名分等级、宗法家长制、权威人格、一元价值观、个人的不发展,等等,这些都是在中国政治民主化进程中要加以摒弃的。另一方面,又要大力强化国民的法制观念、权利观念、平等意识、参与意识,提高全体公民的科学知识水平和政治素质,以培养中国政治民主的文化心理基础。

第五节 儒家德治思想与官员道德修养

一、充分认识"以德治国"基本方略对于党员干部道德修养的重要意义

"以德治国"思想的提出,既有利于加强党员干部自身的道德建设,也有助于广大党员干部搞好社会主义道德建设。

第一,它表明,党员干部要做到以德治国,首先自身就要具备较高的道德素质。因为只有这样,才能具有影响力和凝聚力,才能成为群众信得过的组织者、指挥者。"以德治国"方略实际上向广大党员干部提出了很高的道德要求,它要求党员干部必须自觉地加强道德修养。只有做到修身齐家,才能治国、平天下;只有自身具有道德品质,才有资格和能力去从事领导工作。孔子强调说"其身正,不令而行;其身不正,虽令不从",只有"修德以正身",才能"修己以安百姓"。换句话说,党员干部只有做到思想领先,品德高尚,作风正派,才能得民心,才能达到以德感人、以德服人、以德治人的"仁政"目的。

第二,它激励和鞭策广大党员干部努力发挥道德带头作用,做到以身作则。搞社会主义现代化,特别是精神文明建设,党员干部以身作则是极其重要的。大家知道,党风建设是社会主义精神文明建设的重要组成部分。所谓党风,就是党的性质、宗旨、道德、理想及世界观、人生观和价值观在思想行为上的具体显现,它反映了一个党的精神风貌,也是党员干部思想道德素质的外在表征。中国共产党作为执政党,是社会主义事业的倡导者、领导者和组织者,各级政府和各个单位的党员干部,又是所在政府和单位的中坚力量,他们大多是我们社会中素质较高的先进分子,他们的行为和思想作风

直接影响着整个社会的精神面貌。有的人之所以产生“世风日下”的感觉，其主要根源之一就在于某些官员作风不正。在我们看来，民风不正，是因为民德不正；而民德不正，根子在某些官员的作风品德不正。为此，每个党员干部只有在道德修养方面率先垂范，才能促进整个社会风气的好转。

为了促进社会风气的进步，首先必须搞好党风，特别是要求党的各级领导以身作则。党是整个社会的表率，党的各级领导又是全党的表率。如果党的领导干部自己不严格要求自己，不遵守党纪国法，违反党的原则，闹派性，搞特殊化，走后门，铺张浪费，损公利私，不与群众同甘苦，不实行吃苦在前、享受在后，不服从组织决定，不接受群众监督，甚至对批评自己的人实行打击报复，怎么能指望他们改造社会风气呢！中国共产党十分重视党员干部在社会主义道德建设中的带头作用，反复强调领导干部要严于律己，以身作则，注重言传身教，树立良好的自身形象，认为这对调动各方面的积极性至关重要，并从三方面发展了“表率”和“模范”观点。一是从党风建设特别是廉政建设角度强调严于律己，以身作则。要抓好领导班子建设，身教重于言教。领导干部一定要全心全意为人民服务，密切联系群众，艰苦奋斗，清正廉洁，在各方面起模范表率作用。党是整个社会的表率，党的各级领导又是全党的表率。以身作则，廉洁自律，是各级领导干部必须具备的品格，也是党和人民对他们的起码要求。上梁不正下梁歪，中梁不正倒下来，正人先正己，身教重于言教。二是从讲政治的角度强调领导干部要以身作则。各级领导干部应从讲政治的高度自重、自省、自警、自励，在各方面以身作则，树立好的榜样。三是从领导艺术的角度强调领导干部要做到以身作则。要廉洁自律，起良好的带头作用，领导干部就要做到要求别人做到的，自己首先做到，禁止别人做的，自己坚决不做；要十分注意一级带一级,一级抓一级,一级管一级,特别是各级一把手更要起表率作用。

第三,它告诉党员干部要善于运用社会主义道德手段去管理国家,治理社会。大家知道,道德是一种调节社会关系的行为规范,是维持社会秩序的工具理性,是借助善恶观念进行评价和发出命令的社会意识形态。而社会主义道德是人类较高层次的道德类型,它具有调节、教育和认识等多种职能。社会主义道德不是万能的,所以我们不能像极"左"时期那样过分突出道德的作用,忽视物质利益原则;但是社会主义道德又不是无能的,不是可有可无的,它可以为个人和社会的发展提供精神力量和行为规范。作为党员干部来说,在致力于经济社会发展时要注意运用道德手段。要知道,虽然市场经济受"看不见的手"的支配,可它也是一种道德经济,同样需要讲道义,讲良心,讲公正,讲互利。在处理各种利益矛盾时,也要注意发挥道德工具的作用,借以调整人与人之间的关系。

二、把德治与法治有机结合起来

对一个国家的治理来说,法治与德治从来都是相辅相成、相互促进的,二者缺一不可,也不可偏废。法治属于政治建设,属于政治文明;德治属于思想建设,属于精神文明。二者范畴不同,但其地位和功能都是非常重要的。我们应始终注意把法制建设与道德建设紧密结合起来,把依法治国与以德治国紧密结合起来。法制和道德作为上层建筑的组成部分,都是维护、规范人们思想和行为的重要手段,它们相互联系、相互补充。法治以其权威性和强制手段规范社会成员的行为,德治以其说服力和劝导力提高社会成员的思想认识和道德觉悟。

"德治"与"法治"相结合的重要思想,为广大党员干部加强道德修养指明了总的方向和根本途径。从总体上说,党员干部应努力掌握各种法律知识,做一个懂法、用法的管理者,同时也要充分认识到道德也有它不可替代的功能,应努力提高自身的道德水平。为了贯彻“以德治国”思想,具体来说,广大党员干部应从以下几方面去加强道德修养。

1. 不断深化规范意识。法律和道德是调节人的行为的最重要的社会规范。它们的表现形式、依靠的力量、作用的范围、对人的行为要求有所不同,有时彼此还会发生一定的冲突,例如有些行为是合法的,但不一定是道德的,有时甚至是不道德的(例如“不义之法”或“恶法”)。在某种意义上说,法律是被动的、外在的、他律的,而道德则是主动的、内在的、自律的。不过,从根本上法律和道德规范是相互渗透、相互补充、相互促进和相辅相成的。一方面,党员干部要加强思想修养,掌握和运用各种法律法规,强化法律规范意识是极其重要的方面,因为法律一般是建立在道德的基础之上。另一方面,学习和践履社会道德规范,并把它们转化成内心信念和自觉的实践行为,不仅可以直接促进自己道德境界的提高,也有利于法律观念的培养,从而提高以德治政的水平。可见,要加强党员干部的道德修养,就必须着力于促使他们掌握各种法律规范和道德规范,增强规范意识。在这方面,新加坡为我们提供了很好的经验。

2. 塑造责任伦理。领导干部担任一定的领导职务,也就是扮演一定的社会角色,这就意味着他既享有一定的权力(利),也要承担某种社会责任。大家知道,责任可以分为政治责任、经济责任、法律责任和伦理责任。所谓责任伦理,也就是伦理责任。加强党员干部道德的修养,要求他们在行使权力过程中,增强两种责任感。一是树立伦理义务意识。对于共产党的干部来说,人民赋予他某一权力,他就应承担相应的义务,包括道德义务。在改革开放和市场经济大潮的冲击下,少数领导权力欲强了,责任感却淡了。这些人在权利和责任之间出现了严重的倾斜,责任“责人”,权利归己,忘记了一位为官者应承担的道德职责。二是要树立敢于承担道德责任的意识。应该让那些由于严重的失误和不作为(如“见死不救”)而造成严重后果的党员干部,不仅承担法律的、政治的、经济的责任,也承担道德责任,对他们进行道德谴责,使他们感到羞耻,感到自责,感到良心不安,借以唤醒他们的道德自律心。

3. 要坚持任人惟贤。传统儒家很强调“立德、立言、立功”,强调德、识、才、学并举,党在用人制度上也注重“德才兼备”。不过,在现实生活中,政治运行机制对干部道德品质的审查和要求不太严格。这一点也是导致许多党员干部放松思想道德修养的重要原因之一。为什么绝大多数干部走上犯罪道路都跟他们的生活作风不正有关呢？恐怕与缺乏严格的道德要求不无关系。今后,应当在选择、运用干部上坚持把思想道德放在第一位,处理好德性和能力之间的关系,以此激励党员干部注意道德修为。

第四章　儒家社会中和思想与人的全面发展

要深化儒学与人的发展关系研究，就必须大力加强儒家社会中和思想及其对人发展的影响探讨。这一是因为中和思想是中华文化的重要组成部分。贵和尚中已成为中华民族精神的有机要素，成为中华民族国民性的重要展现，成为传统中国社会人赖以待人处世的“为人之道”，成为人重要的社会理想价值目标，成为人追求真善美利的重要生存智慧。二是因为社会中和理论是儒学的核心内容。在儒家那里，中和诚然指向宇宙自然本性的“天道”，且不说汉代儒家中和思想的主题形态是宇宙自然中和论或阴阳中和论，即使是先秦儒学和宋明理学，其中和思想也不乏作为宇宙本体的自然中和观点。不过，就主旨和重心而言，儒家中和思想的主体则是社会人伦中和论，它在把中和道德化的同时进一步社会化，中和构成儒家社会思想的“道统”。为了改变“礼崩乐坏”、“天下无道”、“人心不古”的混乱局面，历代儒家社会中和思想追求人与人之间的和谐、人与社会之间的和谐以及人与自身之间的和谐，这就是德和、中和、心和、政和等。三是在儒家多种多样的思想形态中，社会中和思想对中国人发展的影响最为直接、最为深刻，也最为广泛，很大程度上塑造了中国人的中庸人格和谦谦君子型人格，以致从总体上模铸了中国人的中和人格。四是自古以来人们对儒家社会中和思想存在许多误解和误读,有的人把儒家所倡导的中和加以割裂,或是偏重于“中”,或是偏重于“和”,而在当代构建和谐社会的历史背景下,许多人则忽视了儒家的大中之道,而只注意到它的和谐思想。有的人把“和”仅仅理解了“和合”,或者仅仅规定为“和谐”。殊不知,儒家之“和”包含着更为丰富多样的含义。

第一节　儒家社会中和的基本内涵

“中”与“和”虽然具有各自相对独立的规定性,因而早期它们被分别加以运用,但后来逐渐由于两者的内在相关性而构成为一个合成词。在人类社会早期,中和观念即在古希腊和古中国几乎同时产生,只是由于受大陆温带型气候和宗法家庭制度的双重影响,传统中国的中和观念不仅较为浓厚且一直延续下来。早在夏商周三代文化之中,中和概念即被提出并得到运用,尧舜禹就已萌生“允执厥中”理念,由《诗》、《书》、《礼》、《易》、《乐》和《春秋》所构成的六经蕴含着较为丰富的中和思想,而周代史伯、晏婴等思想家更是明确提出了“和实生物”、“心平德和”、“可否相济”等重要命题,并展开和同之辨。正是在汲取前人中和思想的基础上,孔子赋予“中”和“和”以新的内容和形式,提出并阐释了贵和尚中学说,后世儒家又分别发展出阴阳中和哲学和心性中和哲学。在儒学系统中,中和具有不同的丰富内涵,它既是一种人类认识和改造外在世界的实践理性,又是处理和解决社会冲突和矛盾的政治谋略;而社会中和既是实现国家长治久安、和谐发展的价值理想,又是协调个人与个人之间、群体与群体之间关系的哲学智慧;既是一种祈求圆润融通、协和万邦的人格境界,又是一种宽容大度、和衷共济的伦理品性。

一、作为社会中和基础的自然中和

“中”作为表示事物的某种实然状态，它的本义主要是指中央、中间等。起初它是指中帜，也就是在某一地方树立的徽帜，后引申为中央和权威。《论语·尧曰》曰：“尧曰：咨！尔舜！天之历数在尔躬，允执厥中。四海困穷，天禄永终。舜亦以命禹。”这里所提及的“中”并非朱熹所训释的不偏不倚、恰好的“道理”，而是指代表某种权威的中帜。即使是《孟子·尽心上》的“中天下而立，定四海之民”和《荀子·大略》的“王者必居天下之中，礼也”所说的“中”，同样是指中央之地。随着人类思维水平的提高，从先秦到宋明的儒家才把“中”提升为整个宇宙自然的“事理之中”，借以肯定客观事物所表现出来的不偏不倚、无过不及的状态。正如程颐所言“物物各有个中”，朱熹所说“天然自有之中是指事物之理”①。作为自然之“和”主要体现在三方面。一是和音、和食等。根据段玉裁《说文解字注》，“和”同“禾”、“盉”等可以互训，表示音乐、味道和禾苗的调和及和谐。二是阴阳之和气。远至西周时期，我们的先民就已产生朴素的阴阳观念。《国语·周语》说：“气无滞阴，亦无散阳，阴阳序次，风雨时至，嘉生繁祉，人民和利，物备而乐成”，“阳伏而不能出，阴迫而不能蒸，于是有地震”。这是对阴阳五行和谐很好的表达。两汉和论在继承周朝史伯“和实生物”、老子“万物负阴而抱阳，冲气以为和”等思想的前提下，进一步提出了“和者，天之正也，阴阳之平也，其气最良，物之所生也”②的命题，凸现了“和气生物”的观念。三是宇宙之和。这最早是由《周易》提出来的，其“保和太和”旨在说明世上万事万物处于互有相容、彼此协调的最佳理想状态。总起来看，不论是和味（五味）、和音（五音）、和苗，还是阴阳之和，抑或是太和，本质上不过是表示客观世界不同因素、层次和方面处于统一协调的

---

①《朱子语类》卷十八《大学五·或问下·传五章》。

②《春秋繁露·循天之道》。

关系状态。

二、作为方法论的社会实践中和

外在客观事物的中和决定了人必须顺物之情而对客体进行调和、整合。就“中”而言,老子所讲的“万物负阴而抱阳,冲气以为和”的“冲”也可作“中”解,它表示的是激荡、汇通等含义。而《中庸》中的“发而皆中节”,以及后来人们常说的中的、中标,其“中”正是表明人的行为符合特定的应然要求和理想。当然,作为社会实践活动的“中”,儒家更多的是强调执中、用中、立中和致中。就“和”而言,“和”有时指调和(行为),有时指调和的结果(作为形容词),[①]《尚书》提出的“协和万邦”、“燮和天下”和“神人以和”等论断中的“和”,大致相当于“调和”、“整合”、“协调”的意思。自古以来,音乐被认为具有移风化俗、陶冶情性、抵达中和的功能,因此,《吕氏春秋·乐论》指出:“乐之务在于和心,和心在于行适”,这里,“和”带有“协调”之意。不过,对社会实践行为之“和”揭示最为深刻、影响最大的莫过于史伯和晏婴的和同论。史伯说:“夫和实生物,同则不继。以他平他谓之和,故能丰长而物归之。若以同裨同,尽乃弃矣。故先王以土与金木水火杂,以成百物。是以和五味以调口,刚四支以卫体,和六律以聪耳,正七体以役心,平八索以成人,建九纪以立纯德,合十数以训百体。出千品,具万方,计亿事,材兆物,收经入,行垓极。故王者居九垓之田,收径入以食兆民,周训而能用之,和乐如一。夫如是,和之至也。于是乎先王聘后于异性,求财于有方,择臣取谏工而讲以多物,务和同也。声一无听,物一无文,味一无果,物一不讲。王将弃是类也而与剸同。天夺之明,欲无弊,得乎?”[②]显而易见,史伯所言的“和”,是讲将不同质态的成分、方面加以混合、调和,使事物处于相辅相成、相互协调的统一关系之中,它既包括对物

---

① 参见董根洪《儒家中和哲学通论》,齐鲁书社 2001 年版,第 41 页。

②《国语·郑语》。

质的整合，又包括人际关系和人的身心协调，同时还包括政治上的和合。齐大夫晏子在继承史伯“和实生物，同则不继”观点的基础上，不仅提出了“和”与“同”相异的思想，还进一步提出杂多和对立的事物“相济”、“相成”的思想，从而深化了史伯的认识。晏婴是在同齐国国君一次对话中论述了“和与同异”观点的。齐君觉得他与臣子梁丘据的关系是“和”，晏婴表示不同意，认为“据亦同也，焉得为和”，然后指出：“和如羹焉，水火醯醢盐梅以烹鱼肉，燀之以薪，宰夫和之，齐之以味，济其不及，以泄其过。君子食之，以平其心。君臣亦然：君所谓可，而有否焉；臣献其否，以成其可。君所谓否，而有可焉；臣献其可，以去其否。是以政平而不干，民无争心。……先王之济五味、和五声也，以平其心，成其政也。声亦如味，一气，二体，三类，四物，五声，六律，七音，八风，九歌，以相成也。清浊，小大，短长，疾徐，哀乐，刚柔，迟速，高下，出入，周疏，以相济也。君子听之，以平其心，心平德和。故《诗》曰：‘德音不瑕’。今据不然。君所谓可，据亦曰可；君所谓否，据亦曰否。若以水济水，谁能食之？若琴瑟之专一，谁能听之？同之不可也如是。”①这里，晏婴从调羹讲起，认为只有各种佐料、火候等相互交融，才有味道；然后，指明在政治上只有君臣所说的话都有否有可，互有商讨，才能做到政平民和。他从日常生活、艺术活动和政治行为多种角度说明“和”与“同”异，它是指将不同质态因素加以整合。

三、作为价值观的伦理中和

早在三代，“中”与“和”即已被赋予某种伦理意蕴。德，从心从直。许慎《说文解字》提出：“直，正见也。”可见，德蕴含着人的中正之心含义。《酒诰》则直接说：“尔克观省，作稽中德。”这里，“中”俨

---

①《左传·昭公二十年》。

然变成一种道德品性。《诗经》、《尚书》、《礼经》、《乐记》、《周易》、《春秋》等原始六经虽未明确提出中德观念,但它们都体现出乐而不淫、哀而不伤、不刚不柔、无相夺伦等中德理念,共同构成了孔子提出“中庸”的思想来源。“和”尽管作为一种伦理品性远至春秋才得以产生,但在三代时期即已萌芽。不论是《周易》所说的“和兑,吉”、“鸣鹤在阳,其子和之”,还是《尚书》中所言说的“自作不和,尔惟和哉。尔室不睦,尔惟和哉。尔邑克明,尔惟克勤乃事”、“时惟尔初,不克敬于和,则无我怨”,都表明“和”已具备了人伦之意蕴。中和范畴在儒家那里更多的是被当做伦理概念加以运用的。特别是先秦孔孟荀儒学和宋明理学,尤为重视中和的道德特质。众所周知,儒家文化是一种伦理型文化,而“中”恰恰又是衡量道德品性的重要尺度。孔子说:“天之历数在尔躬,允执其中。”①孔子之所以推崇尧,就在于他表现出“持中”的伦理风范。鉴于“过”与“不及”游离了“中”的轨道,逾越了“中”的伦理限度,故孔子表示否定与轻视。孔子还讲:“中庸之为德也”②、“君子中庸,小人反中庸”③,并提倡“君子无所争”④。早在古希腊,亚里士多德就阐述了以中道为核心和原则的道德理性。他说:“因为德性必须处理情感和行为,而情感与行为有过度与不及的可能,过度与不及皆不对,只有在适当的时间和机会,对于适当的人和对象,持适当的态度去处理,才是中道,亦即是最好的中道。这是德性的特点。”可见,“中”不是简单的折衷,而是“适当”、“适度”。在亚氏那里,只有做到“中道”,才符合伦理理性:不及是恐惧、胆小,过度则是鲁莽,勇敢则是这两者的中道。不

---

①《论语·尧曰》。
②《论语·雍也》。
③《中庸》。
④《论语·八佾》。

难看出,中庸之道在中外文化史上主要指称调控人的合理行为的道德范畴或伦理命令。“中”与“和”作为伦理价值符号,它们大致具有两种意蕴。一是表示某种理想的伦理价值状态。在儒家经典文本里,诸如“致中和”、“礼所以制中”、“喜怒哀乐之未发谓之中”等,其“中”意味着人的行为道德合理性——不偏不倚、无过与不及等。正如董根洪先生深刻指出的,《中庸》“喜怒哀乐之未发谓之中”,这个未发之中作为人的由“天命”而来的心性之“中”,是一道德本体,它构成人所追求的理想人格或人性,其实质是儒家的道德意识和道德理性。[①] 至于“和”,像《论语》所说的“礼之用,和为贵”,《中庸》中所讲的“致中和”,《朱子语类》谈到的“发皆中节,情之正也,无所乖戾,故谓和也”,均是在道德理想意义上使用“和”的。二是作为动词的道德实践行为范畴。这一点前已述及,这里只想强调指出的是,儒家的“和”除了凸现其本体论意义外,例如《礼记·乐记》中的“和,故百物皆化”、《荀子》的“万物各得其和以生”、《吕氏春秋》的“天地含和,生之大经也”等,一般是在道德实践理性维度上加以界定和运用。不过,对中华民族精神影响最大的恐怕还是《论语·子路》的:“君子和而不同,小人同而不和。”孔子的意思是说,君子注重从事物差异和矛盾中去把握统一和平衡,而小人则追求绝对的无原则同一、专一、单一,这就从道德人格角度说明了孔子推崇的是那种包容、调和、和解等君子型人格。有时,儒家文本中的“和”兼具价值状态和实践理性双重含义。例如,董仲舒《春秋繁露·循天之道》所说的“德莫大于和”。

四、作为治国方略的政治中和

中和最早在三代时期是作为统治者的“立国之道”而提出来的,

---

① 参见董根洪《儒家中和哲学概论》,齐鲁书社2001年版,第62页。

后来被提倡经世致用的历代儒家加以继承和发挥。一方面,儒家的社会中和把"中和"当做治国行政的手段加以倡导。《论语》所讲的"允执厥中"直接就是尧舜禹治国安邦的"道统",借以维护天下国家的长治久安,在周人那里,"中德"还是为统治者垄断着,还未作为大众人格。这就不难理解宋代范镇在同司马光展开中和之辩时不同意将中和视为养生作乐之本,而认为致中和只是帝王之类"有位者"的职责。史伯的和实生物和晏婴的可否相济很显然是作为帝王的"南面之术"提出来的。孔子所讲的中和固然有作为普通大众人格的伦理意义,但也十分突出它作为"为政之道"的一面,不论是他所说的"尊五美,屏四恶,斯可以为政矣"①,还是他所讲的"宽以济猛,猛以济宽,政是以和"②,都表明孔子倡导政治中和。孟子之所以强调"天时不如地利,地利不如人和",也是为了宣扬他心目中的"仁政"。荀子所论说的中和固然包含着"群和之道",但它将"比中而行之"看做"先王之道",也是为了维护政治统治秩序。董仲舒的社会中和思想作为"天人之策"的重要内容,主张"以中和理天下"。扬雄也将中和视为最高的政治原则,提出了"立政鼓众,动化天下,莫上于中和"③的观点。宋明理学由于"强内圣弱外王",故此其中和论更为凸现伦理心性层面而忽视政治意蕴,不过,宋明理学并未放弃修身以治国平天下的伦理政治化理路,因而其伦理中和也是为了服务于政治中和。另一方面,儒家社会中和思想把"中和"当做政治目的加以强调。"乐道极和,礼道极中。"为了达到社会中和目标,儒家从政治维度提出了一系列行之有效的中和之道。《尚书》汇集了古

①《论语·尧曰》。
②《左传·昭公二十年》。
③《汉书·扬雄传下》。

代中国圣人之治的信息，而它的中心思想即是中和，周公制礼作乐的主要目的正是为了实现社会中和。《礼记》所提出来的“以五礼防民之伪而教之中”，《周礼·春官》中的“以天产作阴德，以中礼防之”，都表明了礼以致中的原典精神。在孔孟那里，中和同仁义礼之间互相作用、互为目的，因此孔孟仁义中和思想才突出了“无仁义无以故中和”的思想特质。荀子秉承了孔子“礼所以致中”的思想，为了实现社会的安定和合，他从礼法制度以及明分使群、等差有序等角度，强调礼义教化。

五、作为社会主体基础的心性中和

儒家社会中和思想对早期中和的改造不仅表现在中和伦理化上，也表现在中和人文化上。儒家把中和引入主体的养身之道之中。董仲舒指出：“能以中和养其身者，其寿极命。”这里，董氏较早提出了中和是人养身长寿的有益方法。中和可以养生的思想被宋代司马光加以充分发挥，他把“中和”提到“养生作乐之本”的高度加以强调。当然，儒家的社会中和思想更为重视心性中和。荀子较早涉及了儒家的心性中和，他从“化性起伪”思想出发，提出治心于中、心之所可中理、人之性和气所生等理念。《中庸》在儒家发展史上第一次较为明确地提出了心性中和，其“喜怒哀乐之未发，谓之中；发而皆中节，谓之和”开创了儒家心性中和的新模式。李翱在“复性论”中提出了圣人“制礼以节之，作乐以和之”以及“情者，性之动也，百姓溺之而不能知其本也”①等命题，将心性工夫与礼乐教化相结合。宋代王安石认为性情相须，当情外化于外时有一个“当”与“不当”理的问题，也就是有一个“中”与“不中”的问题，并提出了“大礼，性之中；大乐，性之和”②等心性中和论断。最后，程朱理学将传

①《李文公集·复性书中》。
②《王临川全集·礼乐论》。

统心性中和哲学发展到极端，并从体与用、未发与已发、静与动、性与情等多角度较为深刻地阐发了儒家的心性中和理论。

第二节　儒家的社会中和之道

儒家不仅深刻揭示了社会中和的丰富内涵，还从多个层面阐明了社会中和之道，提出了多种多样致社会中和的方法、途径、原则和策略。

以他平他。所谓“以他平他”，就是追求多样性的有机统一，讲究“和而不同”。在《论语》中，孔子多次强调要在尊重差异的基础上追求和谐，反对盲目附和和苟同，并且提出了“君子周而不比，小人比而不周”①、“君子泰而不骄，小人骄而不泰②”、“君子矜而不争，群而不党”③的道德化和谐型君子人格。与此同时，为了追求大和、真和，孔子还特别反对乡愿人格。乡愿之人只知一味附和、顺从，缺乏主见和独立性，可谓是对和顺的误用，因此孔子认为“乡愿，德之贼也”④。

无过不及。在儒家看来，致中和的重要方法首先从消极意义上说就是做到不偏不倚、无过不及。孔子说：

> 不得中行而与之，必也狂狷乎！狂者进取，狷者有所不为也。⑤

很显然，孔子推崇的是“中行”，亦即“执中”、“用中”，而狂狷则由于过与不及，而置于从属地位。为了遵行中道，孔子也曾批评子张过

---

①《论语·为政》。
②⑤《论语·子路》。
③《论语·卫灵公》。
④《论语·阳货》。

头（“师也过”）而子夏则有些不及（“商也不及”）。在谈到如何从政时，孔子提出应“尊五美，屏四恶”。所谓“五美”，即是“惠而不费，劳而不怨，欲而不贪，泰而不骄，威而不猛”①。这表明，鉴于费、怨、贪、骄、猛等太过，所以，要做到政通人和，就必须防止其发生。其次，从积极意义上相反相成也是致中和的不二法门。前已述及，晏婴说“和”如同羹一样，必须做到“齐之以味，济其不及，以泄其过”。孔子继承了这种相反相成以达和谐的思想，指出“政宽则民慢，慢则纠之以猛。猛则民残，残则施之以宽”。② 为此必须“宽以济猛，猛以济宽”，如是，才能达到“政是以和”③。再次，执两用中同样是致社会中和的重要功夫。“中”与“和”表示事物相反相成两个方面的平衡点，是使事物保持均衡和秩序的关节点，因而要达至社会中和，需要主体运用智慧对事物的两个方面进行深入认识。孔子说：

> 吾有知乎哉？无知也。有鄙夫问于我，空空如也。我叩其两端而竭焉。④

这里，孔子表面上是讲人的求知方法，可它也间接揭示了如何深入探索事物的对立方面以达到对事物“中”的把握。如果结合《中庸》中孔子所讲的“舜其大知也与？舜好问而好察迩言，隐恶而扬善，执其两端，用其中于民，其斯以为舜乎？”那么，我们就会认识到，只有“执其两端”，防止行为偏差，或走极端，才能“用中”、“执中”。

中和互动。“中”与“和”固然各自具有特定的规定性，故此两者经常单独使用，但它们又时时作为一个合成词而联用，这两者既是一种价值理性和目的理性，又是一种工具理性和实践理性，共同相互作用、相反相成，在儒学中同等重要，从而使得贵和尚中成为全民族的核心价值观之一。《尚书》提出的“协于中”、“和厥中”命题，已

---

①《论语·尧曰》。
②③《左传·昭公二十年》。
④《论语·子罕》。

然蕴藏着“中”与“和”相结合的思想种子。基于“中”“和”共同具有适中、平和、稳定、秩序等意义,《管子》率先提出了“中和”范畴,《荀子》则三次使用了“中和”概念,此即“故乐者,天下之大齐也,中和之纪也”①,“故公平者,职之衡也;中和者,听之绳也”②,“恭敬以先之,政之始也;然后中和察断以辅之,政之隆也”③。《中庸》上升到本体论高度论及“中和”问题,这就是子思所说的影响至为深远的“喜怒哀乐之未发,谓之中,发而皆中节,谓之和。中也者,天下之大本也;和也者,天下之达道也。致中和,天地位焉,万物育焉”。秦汉以后,历代儒家对“中和”作了不同阐释,不过,相对而言,后儒似乎更为推崇“中”,宋明心性中和哲学更是如此。“执中更具明确性实践方法的功能,执中内在包含了调和,执中也必然导致调和,总体上执中显得比调和更根本。”④实际上,“中”与“和”作为“大本”、“达道”,它们彼此相互为用、互为目的。对此,宋代思想家司马光作了很好的阐释。他说:“善为之者,损其有余,益其不足;抑其太过,举其不及。大要归诸中和而已矣。故阴阳者,弓矢也;中和者,质的也。弓矢不可偏废而质的不可远离。”⑤损有余弥不足、抑太过举不及,既是“中”,也是“和”,二者浑然一体。宋明儒学尤其是程朱中和哲学往往把“中”与“和”视为性与情、体与用、未发与已发之关系,例如朱熹讲:“天地之性浑然而已,以其体言之,则曰中;以其用而言,则曰和。”⑥“以中对和而言,则中者体,和者用,此是指已发、未发而言。”⑦这样,“中”与“和”属于体用合一,本立而用行之。宋明儒者只知秉承

① 《荀子·乐论》。
② 《荀子·王制》。
③ 《荀子·致士》。
④ 董根洪《儒家中和哲学概论》,齐鲁书社 2001 年版,第 67 页。
⑤ 《司马文正公传家书》卷六十一《答李大卿孝基书》。
⑥ 《朱子全书》卷二十四。
⑦ 《朱子语类》卷六十三《中庸二·第二章》。

《中庸》有关"中和"的未发已发观念,只注意到中内和外。殊不知,"和"同样可以是内在于人的,"中"则也可以体现于外。司马光指出:

> 是以圣人制动作礼义威仪之则,所以教民不离于中。不离于中,所以定命也。能者则养其中以享福,不能者则败其中以取祸。……乐也者,动于内者也;礼也者,动于外者也。乐极和,礼极顺,内和而外顺,则民瞻其颜色而弗与争也。……致乐以和其内,致礼以顺其外。①

在此,司马光虽未讲到乐和对于礼中的推动作用,但他毕竟讲述了和内中外,这显然是对《中庸》中和乃是未发已发关系的有益补充。关于人的内心和谐,季羡林先生在和温家宝总理谈话时特别提到过。应当说,主体的身心和谐比起"中"来更具根本性,它不失为人赖以"执中"、"致中"、"用中"的重要主体基础。

礼义有序。早在《周礼》中,就对礼可以导致社会中和进行了诠释:"以天产作阴德,以中礼防之"②,"以五礼防民之伪而教之中"③。孔子希望建立一种人人各安其位、各得其所、符合名分等级的以"君君、臣臣、父父、子子"为主要内容的社会礼治中和秩序,激烈抨击由"礼崩乐坏"带来的社会混乱景象:"天下有道,则礼乐征伐自天子出;天下无道,则礼乐征伐自诸侯出。"④孔子充分认识到了礼在调节个人行为、维持社会秩序、保持社会平衡中的作用,认识到了"礼"通过为人进行角色定位和关系定位而达到社会整合的价值。例如,他说:"礼乐不兴,则刑罚不中;刑罚不中,则民无所措手足。"⑤他还讲:"故坏国、丧家、亡人,必先去其礼"⑥,"民之所由生,礼为大。非

---

① 《司马文正公传家书》卷六十二《答范景仁书》。
② 《周礼·春官》。
③ 《周礼·地官》。
④ 《论语·季氏》。
⑤ 《论语·子路》。
⑥ 《礼记·礼运》。

礼,无以节事天地之神也;非礼,无以辨群臣上下长幼之位也;非礼,无以别男女父子兄弟之亲、婚姻疏数之交也"①,"不学礼,无以立"②,"博学于文,约之以礼,亦可以弗畔矣夫"③。正是看到礼对于维持社会正常运行、构建和谐可控的社会秩序的重要性,孔子要求个人严格讲究礼节、礼数、礼让,做到"非礼勿视,非礼勿听,非礼勿言,非礼勿动"。④孟子一方面强调"执中无权"⑤、"中道而立"⑥、"中天下而立",⑦另一方面则指出,为了建立和谐友善的人际关系,就要重义轻利。他既看到了仁义会成为"赢利"的手段或工具作用,如他告诉梁惠王用仁义治国也可以带来好处:"人人亲其亲,长其长而天下平"⑧,又认识到"放于利而行,多怨"、"上下交征利而国危矣"⑨,因此主张重义轻利、舍生取义,要求人们在待人处世时兼顾社会利益。当义与利、理与欲发生冲突时,个人必须以义驭利:

> 鱼,我所欲也;熊掌,亦我所欲也。二者不可得兼,舍鱼而取熊掌者也。生,亦我所欲也;义,亦我所欲也。二者不可得兼,舍生而取义者也。⑩

在孟子这里,依照仁义原则来调节人与人之间的社会关系,就要做到明耻知羞、非有勿取、尊敬长辈、事君以忠等。隆礼和重法是荀子社会思想的核心内容之一。如果说孔子"礼所以制中"说明礼仅仅是达到社会中和的手段的话,那么荀子"曷谓中?曰:礼义是也"⑪则把"礼义"等同于"中"了。他除了强调要注意赏善罚恶、实施严刑

---

①《礼记·哀公问》。
②《论语·季氏》。
③④《论语·颜渊》。
⑤⑥⑦《孟子·尽心上》。
⑧《孟子·离娄上》。
⑨《孟子·梁惠王上》。
⑩《孟子·告子上》。
⑪《荀子·儒效》。

峻法外,还从不同角度论述了社会必须隆礼、循礼、重礼。首先,他从社会规范起源方面阐明了礼对社会中和的作用。他说:“古者圣人以人之性恶,以为偏险而不正,悖乱而不治,故为之立君上之势以临之,明礼义以化之,起法正以治之,重刑罚以禁之,使天下皆出于治,合于善也。”①这里,荀子从“化性起伪”角度阐述了礼义的来源及其社会调节功能。他还指出:“人生而有欲,欲而不得,则不能无求;求而无度量分界,则不能无争;争则乱,乱则穷。先王恶其乱也,故制礼义以分之,以养人之欲,给人以求,使欲必不穷乎物,物必不屈乎欲,两者相持而长,是礼之所起也。”②这说明礼义法度是为了解决“欲多物少”的社会矛盾而产生的。其次,他直接从礼义功能角度论述了社会要想和谐就必须依礼而行。他说:“今当试去君上之势,无礼义之化,去法正之治,无刑罚之禁,倚而观天下民人之相下也;若是,则夫强者害弱而夺之,众者暴寡而哗之,天下之悖乱而相亡不待顷也。”③如果不对人类进行礼义刑罚的管理,整个社会就会陷入以强欺弱、以众凌寡的混乱状态。礼作为一种社会规范和准则还具有划分社会等级、维护社会秩序的作用:“礼也者,贵者敬焉,老者孝焉,长者弟焉,幼者慈焉,贱者惠焉。”④在《荀子·修身》中,荀子还说:“由礼则和节,不由礼则触陷生疾。”可见,在荀子那里,礼具有给人以求、养人之欲、区分等级、维持秩序、保持社会和谐运行的作用,因此,他心目中的理想社会是人人彬彬有礼。“礼”同“义”是密切相关的。同孟子一样,为了安邦定国,荀子也是贵义轻利。在理想的国度里,荀子认为人们都按仁义行事,自觉履行自己理应承担的社会义务:

①③《荀子·性恶》。
②《荀子·礼论》。
④《荀子·大略》。

高上尊贵不以骄人，聪明圣知不以穷人，齐给速通不争先人，刚毅勇敢不以伤人；不知则问，不能则学，虽能必让，然后为德。遇君则修臣下之义，遇乡则修长幼之义，遇长则修子弟之义，遇友则修礼节辞让之义，遇贱而少者则修告导宽容之义。[1]

荀子之所以推崇礼义国度，是因为仁义是安邦立国的根本，即“仁义德行，常安之术也”[2]，“故用国者，义立而王，信立而霸”[3]，“夫义者，内节于人而外节于万物者也，上安于主而下调于民者也。内外上下节者，义之情也”[4]。荀子认为，治理国家以达到和谐稳定强盛，除了信守道义准则外，还要正确认识和处理义和利之间的关系，因为“义胜利者为治世，利克义者为乱世。上重义则义克利，上重利则克义”。[5] 如果一味惟利是图，不信守仁义道德，背信弃义，对内欺诈百姓以图小利，对外欺骗他国以图大利，则会导致上下离心离德，国家易陷入危亡。所以，荀子一再强调要做到先义后利，重义轻利。

安贫乐道。人对富贵的追求及贫富分化历来是影响社会中和的重要因素，孔子所处的时代被称之为“乱世”，贫富对立严重威胁着社会秩序。为了应对社会混乱局面，孔子提出了“均平”和“安贫”的方略。他说：

丘也闻有国有家者，不患寡而患不均，不患贫而患不安。盖均无贫，和无寡，安无倾。[6]

---

①《荀子·非十二子》。
②《荀子·荣辱》。
③《荀子·王霸》。
④《荀子·强国》。
⑤《荀子·大略》。
⑥《论语·季氏》。

意思是说，我听说有国的诸侯、有家的大夫不担心人民稀少而担心财富不均，不担心贫穷而担心不安定，因为财富均匀便不觉得贫穷，彼此和睦便不觉得人口稀少，境内安定便不会有倾覆的危险。很显然，孔子认为贫穷无害大局，而贫富不均则会引发双方的对立冲突，破坏社会的和谐，因而他提出统治者应当防止社会的“不均”、“不安”。除了要求人们“安贫”、“均平”外，孔子还主张“乐道”，做到“君子爱财，取之有道”（和尚语）。他肯定了追求富贵是人的本性，但主张合乎仁道而去求取。他说：“富与贵，是人之所欲也；不以其道得之，不处也。”①董仲舒也指出：“大富则骄，大贫则忧。忧则为盗，骄则为暴。”②可见，董氏是认为贫富两极分化会造成社会混乱，因而，主张调均。孔子和董仲舒提出的“均平”、“安贫”和“乐道”思想对于传统中国人的价值观念和社会政策产生了深远影响，许多起义的农民就提出了平均主义口号（如“等贵贱，均贫富”），它对于中国封建社会构建超稳定结构也产生了很大作用。

明分使群。一个中和社会应该是有着合理的社会分工、人人各安其位、各得其所、各尽所能的社会。孟子反对代表墨家思想的许行弟子陈相主张的人人不分贵贱都应从事生产劳动的观点，而认为要维持国家的社会经济生活秩序，必须实行必要的社会分工：

> 有大人之事，有小人之事。……或劳心，或劳力；劳心者治人，劳力者治于人；治于人者食人，治人者食于人，天下之通义也。③

在社会生产生活中，劳心者与劳力者承担着不同社会职能，劳力者从事物质生产，劳心者则从事政治活动、管理活动及文化活动，他们

---

①《论语·里仁》。
②《春秋繁露·度制》。
③《孟子·滕文公上》。

各司其职，这种社会分工既是治国为政、安邦定国的社会控制手段，也是促进社会经济发展及维持社会秩序的需要。而且，有了合理的社会分工，就能够互通有无、互惠互利，从而为社会和谐创造相应的物质文化条件，满足人类不同层次、不同群体需求。如果说“治于人者食人，治人者食于人”体现了整个社会领域不同社会分工及其交换的话，那么，农夫“以粟易械器”、“陶冶亦以其械器易粟”①则体现了生产领域的社会分工及其交换。只有进行不同形式的社会分工，才能“以其所有易其所无”②，通过相互交换达到“通功易事，以羡补不足”③，从而使社会生活秩序能够正常运行和发展。荀子在论述人类社会秩序时提出了著名的“明分使群”观点。他认为，人优于动物的地方就在于既能结成群体又能适当分化；既结合并生存于一定的社会组织中，又具有各自的社会角色并承担一定的社会职能：“（人）力不若牛，走不若马，而牛马为用，何也？曰：人能群，彼不能群也。人何以群？曰：分。分何以能行？曰：义。”④荀子进一步指出，明分使群还可以防止社会的混乱、争杀。他说：“故人生不能无群，群而无分则争，争则乱，乱则离，离则弱，弱则不能胜物。”⑤荀子追求的和谐社会是一个社会分工十分明确的社会，因为社会角色分工是一个社会正常运转和发展的基础。他认为，社会上许多工作需要人去做，而这些工作又不可相互替代，只有通过社会分工，社会机体才能正常运转，社会秩序才能不乱。同时，个人的能力总是相对有限的，他不可能从事一切工作，个人只有各安其位并同他人交往合作，才能生存。“故百技所成，所以养一人也。而能不能兼技，人不能兼

①《孟子·滕文公上》。
②《孟子·公孙丑下》。
③《孟子·滕文公下》。
④⑤《荀子·王制》。

官,离居不相待则穷,群而无分则争。穷者患也,争者祸也,救患除祸,则莫若明分使群矣。强胁弱也,知惧愚也,民下违上,少陵长,不以德为政,如是,则老弱有失养之忧,而壮者有分争之祸矣。事业所恶也,功利所好也,职业无分,如是,则人有树事之患,而有争功之祸矣。"①有了某种相对固定的社会分工,家与国才能安定,社会才能很好治理:"有夫分义则容天下而治,无分义则一妻一妾而乱。"②有了明确的社会角色分工,社会秩序才不致紊乱,整个社会才能出现人人各得其所、各尽所能的和谐有序状态,才能使"农以力尽田,贾以察尽财,百工以巧尽械器,士大夫以上至于公侯,莫不以仁厚知能尽官职",③从而达到"至平"社会。

等差有分。孔子提出了很有名的正名思想,强调等级名分对于达至社会中和的影响。他说:"名不正,则言不顺;言不顺,则事不成;事不成,则礼乐不兴;礼乐不兴,则刑罚不中;刑罚不中,则民无所措手足。"④虽正不必中,但中必正。所谓"正名"实质上就是做到"君君、臣臣、父父、子子",每个人都按某种等级化的角色行事。只有"正名",才能言顺罚中。在《荀子·君子》篇中,荀子又提出了"尚贤使能,等贵贱,分亲疏,序长幼"的社会中和理想。他充分肯定了等级名分对于社会中和秩序的重要性。他这样说:

> 人之生,不能无群,群而无分则争,争则乱,乱则穷矣。……古者先王分割而等异之也,故使或美或恶,或厚或薄,或佚乐或劬劳,非特以为淫泰夸丽之声,将以明仁之文,通仁之顺也。故为之雕琢、刻镂、黼黻、文章,使足以辨贵贱而已。⑤

---

①⑤《荀子·富国》。
②《荀子·大略》。
③《荀子·荣辱》。
④《论语·子路》。

意思是说，人的生存不能没有群体，有群体如果没有等级差别就会产生混乱；古代帝王把人类社会划分为不同的等级差别，并不是故意制造荒淫、骄横、奢侈，而是要明确崇礼尊贤的礼乐等级制度。荀子认为治国之道最重要的是区分社会不同等级名分，使人人各安其位。他说："圣王财衍以明辨异，上以饰贤良而明贵贱，下以饰长幼而明亲疏，上在王公之朝，下在百姓之家，天下晓然皆知其非以为异也，将以明分达治而保万世也。"①圣王掌握着富余的财物是为了装饰各个等级的人以表明等级差别，明确等级名分，这可以使国家达到治理，永保万世长久。荀子之后，对安分守职以达至中和社会问题作了较好阐释的是唐朝初年著名经学家孔颖达。他认为，社会上的每一个人均安其职、守其分是实现天下和谐的重要基础。他说："夫妇有别，则性纯，子孝故能父子亲也。孝子为臣必忠，故父子亲，则君臣敬；君臣既敬，则朝廷自然严正；朝廷既正，则天下无犯非礼，故王化得成也。"②可见，当夫妇父子各尽其责时，社会包括朝廷就会变得中正平和。

乐以致和。就乐与社会中和的联系，《尚书·舜典》作了说明："八音克谐，无相夺伦，神人以和"，这表明由八音的协调可以带来神人的和顺和融合。在谈到三代音乐能够促进社会和谐方面的价值时，宋代陈旸在其《乐书》中作了精辟概括。他指出："先王作乐以情性为纲，以中和为纪。……乐至则无怨，节则不过，所以为中，无怨则太平，所以为和。"这是说，音乐的熏陶教化，可以使社会人心无怨无过，达到中和太平。先秦时期，孔子也肯定了乐致中和的功能，他认为《诗经·关雎》可谓"乐而不淫，哀而不伤"，③良好的音乐（如韶

①《荀子·君道》。
②《五经正义》。
③《论语·八佾》。

乐)会给人带来快乐而不会造成淫伤。就音乐对于社会中和的助成作用,荀子同样作了充分肯定。他认为,“乐合同,礼别异”,①实现社会中和的重要途径就是“审一以定和”。②不难理解,这个“一”不仅是指“礼”,也是指“乐”。荀子特别强调礼乐中人心、化风气、敦教化借以维持社会中和秩序的作用,指出:“乐行而志清,礼修而行成,耳目聪明,血气和平,移风易俗,天下皆宁,美善相乐”③。荀子之所以重视乐教,就在于他认识到乐教有助于达成社会之中和,故他说:“乐也者,和之不可变者也”④,“乐者,天下之大齐也,中和之纪也,人情之所必不免也”,⑤这种以音乐为中和“纪纲”的“《乐》之中和”⑥论反映了荀子在高度推崇音乐功用的前提下高度重视以乐教培养中和理想人格。⑦ 荀子对音乐导致社会之和(不仅是和谐)推崇备至,以至于给人以夸大之嫌。他指出:“君臣上下同听之,则莫不和敬;闺门之内,父子兄弟同听之,则莫不和亲;乡里族长之中,长少同听之,则莫不和顺”,⑧这里,乐教的作用被荀子发挥至可以使不同社会主体达到和敬、和亲和和顺的境地。不仅如此,荀子还认为声乐教化能够使“民和不流”、“齐而不乱”。⑨孔颖达同荀子一样,对乐以致社会人伦中和推崇至极,他说:“乐能感人心,故极益于和”、“先王制乐得天地之和,则感动人心使之和善”。⑩ 李翱也强调了礼乐的中和作用,认为“安于和乐,乐之本也;动而中礼,礼之本也”。⑪

治心养性。由于人是社会的主体,因而人的心性修养是社会中和的重要基础。自先秦以降,历代儒家十分重视人的修养对于社会

①②③④⑤⑧⑨《荀子·乐论》。

⑥《荀子·劝学》。

⑦ 参见董根洪《儒家中和哲学概论》,齐鲁书社2001年版,第148页。

⑩《五经正义》。

⑪《李文公集·复性书上》。

中和的作用。孔子虽然罕言性，但他毕竟提出了中庸至德、和而不同人格，从而体现出社会中和的人文主义特质，这有助于引导人们培养中和化的道德意识和道德人格。孟子尽管尚未将其心性之学同社会中和直接联系起来，但他终究提出了人应“中道而立”、“天时不如地利，地利不如人和”等观点，这使得他的社会中和逐渐带有主体化、人文化、内在化的历史转向。荀子是先秦儒家对身心双修是致社会中和重要方法问题阐述最为明确和系统的学者。他认为：“圣人知心术之患，……兼陈万物而中悬衡焉。”[①]为此，他吸收了《管子》所提出来的“治必以中”、“定心以中”、“正心在中”等“静因之道”，力主“治心在于中”。治心的根本在于认识和把握“中和之道”，这即是“道之所善，中则可从，畸则不可为”；[②]而要“知道”，又必须做到“心意修，德行厚，知虑明”。除“治心”之外，荀子还提出了诚以养心的致社会中和之道。[③]荀子为了致中和而提出来的正心、养心、定心和治心等概念，在中和思想发展史上明确将社会中和纳入主体心智结构之中，为后来心性中和哲学的发展做出了突出贡献。《中庸》虽然也没有上升到抽象思维高度将人的心性同中和挂搭起来，但它将中和视为人类喜怒哀乐之未发与已发，表明人只有加强自身心性修养，才能使性情保持中正，才能使性情外化时能够符合社会规范，从而达到和谐。这更加具体地论及了人的性情结构同中和的关联性，从而深刻影响了后世儒家的心性中和哲学。以程朱为代表的宋明道学，对如何达到社会中和作了较为广泛的探讨。程颐强调一要主敬涵养，例如他说：“敬而无失，便是‘喜怒哀乐未发之谓中’也。敬不可谓之中，但敬而无失，即所以中也”；[④]二是格物致

---

①③《荀子·解蔽》。

②《荀子·天论》。

④《二程集·河南程氏遗书》卷二上。

知,对外在事物之中理的理性认识,有助于内在性情外化时能中节,因而他说:“此心所发,纯是义理……安得不和”①,又说:“如博学之,又审问之,又明辨之,所以能择中庸也”②。朱熹的致中和功夫论主要表现在两方面:一是主张存善主敬以致中,一是省察致知以致和。他认为“存善是静功夫。静时是中,以其无过不及,无所偏倚也。省察是动功夫。动时是和,才有思为,便是动,发而中节无所乖戾,乃和也”③。

第三节　儒家社会中和的主要特征

儒家社会中和可谓博大精深,内涵丰富,其致社会中和之道也是极为广博。从总体上说,儒家社会中和主要表现出如下主要特点。

多样性与一元性的统一。“中”在儒家那里,本质上就是指事物的不偏不倚、无过不及。社会之中表示社会政治、主体、伦理及实践活动具有最佳平衡点。它或是指事物两方面(两端)的中间位置,或是指事物多个方面或方向的中间状态(事物之中)。就其基本要求来说,它主张“执其两端,而用中于民”、“叩两执中”和“允执厥中”,反对过与不及,坚持“中道而行”。社会之“和”不仅表达的是动态的调和、和合、整合,如“君子和而不同,小人同而不和”、“和实生物”以及“仇必和而解”。同时,社会之“和”也是蕴含和顺、和谐、和亲、协和、平衡、稳定、协调等各种含义的静态理想状态,它要求“以和为贵”、“保和太和”、“发而中节”等。简言之,儒家所倡导的社会中和强调社会中正、均衡、稳定和协调,以使社会政治、伦理、个人、实践

① 《二程集·河南程氏文集》卷九《与吕大临论中书》。

② 《二程集·河南程氏遗书》卷十五。

③ 《朱子语类》卷六十二《中庸一·第一章》。

等保持最佳结构和关系状态。与此同时,社会中和又是相对的,它们是针对社会矛盾及其对立方面、社会事物的多样性而言的,如果说社会之中标志着社会相反相成方面(上下、强弱、善恶、速慢、爱恨、动静、智愚……)及周边事态的中间最佳结合点的话,那么,社会之和则主要是表达社会事象(如不同利益集团、不同生产要素……)的整体协调状态。可见,儒家的社会中和既不是像“同”一样将同一质态的因素加以简单相加和机械拼凑,也不是不讲差异矛盾斗争、无原则的、“为和而和”的折衷主义和调和主义,而是一种讲究对立统一的“大本”、“达道”。

实然性与应然性的统一。首先,儒家社会中和肯定了中和是宇宙大化流行的客观规律和最佳实然状态,是宇宙万物赖以生成和发展的动力和源泉(如“和实生物”),从而为社会为何中和、怎样达到中和提供本体论根据,《中庸》所说的“中也者,天下之大本也;和也者,天下之达道也。致中和,天地位焉,万物育焉”为此作了最深刻的概括。其次,儒家所阐述的社会中和是事实与价值、是与应当、现实与理想的有机统一。朱熹指出:“凡物皆有两端。”①同样,社会也必然具有左右、好坏、顺逆、智愚、闭合、厚薄、贫富等对立方面,这决定了社会必然具有不偏不倚、无过不及的过渡、中间状态。任何社会不论总体上是处于治世还是乱世,是发达还是落后,是专制还是民主,不同要素、层次和方面之间总是既有斗争性又有统一性,既有冲突又有和谐。社会的中和不论人是否意识到,它作为本道是客观存在的。然而,儒家之所以贵和尚中,就在于社会中和以其具有巨大的社会价值而成为人类追求的理想目标。儒家认为,中和不仅可以化育万物,还能够带来政治公正、国泰民安和政治通畅,同时中和

① 《四书章句集注·中庸章句》。

之道还能提升整合人心，使人养身长寿，从而使整个社会有序协调发展。荀子说："上得天时，下得地利，中得人和，则财货浑浑如泉源，汸汸如河海，暴暴如丘山，不时焚烧，无所臧之，夫天下何患乎不足也。"①人们之所以追求社会中和、努力构建和谐社会，还在于社会中和可以直接满足人对秩序、公正、审美、协调的需要，并由此带来人的秩序感、节奏感、审美感和安全感（建筑的倾斜不正会让人恐慌）。在现实生活中，当人们"执中"、"用中"，追求和气、和谐、和顺、和善，讲究调和、融合、整合时，会有利于个人和社会的安宁、富裕和发展。正如董仲舒所言："中者，天下之所终始也；而和者，天地之所生成也。夫德莫大于和，而道莫正于中。中者，天地之美达理也，圣人之所保守也。……是故能以中和理天下者，其德大盛；能以中和养其身者，其寿极命②"。虽然董氏站在宇宙天下宏观维度说明了中和之用，但也指明了中和对于道德发展和人养生的重要作用。柳宗元从正反两方面同样揭示了社会中和的重要价值。他说："纯柔纯弱兮，必削必薄；纯刚纯强兮，必丧必亡。韬义于中，服和于躬。和以义宣，刚以柔通。守而不迁兮，变而无穷。变得其宜兮，乃获其终。"③可见，不走极端的中和之道乃是人获得成功的重要策略。再次，不论是社会中和的事实性还是价值性，它们作为一种客观性状和社会规律对社会主体致中和提出了应当做以及怎么做的要求，换句话说，社会领域里的中和决定了人们必须"用中"、"致和"。这一点充分体现了儒家社会中和思想积极有为、大胆进取的理性主义精神。用一句话来说就是"人本中和……人道曰为"④。而且，为了真

①《荀子·富国》。
②《春秋繁露·循天之道》。
③《柳河东集·佩韦赋》。
④《潜夫论·本训》。

正致中和，构建一个中正、平和、协调的美好社会，不同时期的儒家还提出了循礼而行、等差有序、明分使群、安贫乐道、修身养性等致中和功夫，为人们中道而行指明了有益的方法和途径。

可变性与不变性的统一。在一定的时空范围内，社会上任何事物总是保持相对稳定性，总是存在特定的质量规定性，总是具有一定的合理的度和统一协调状态，因而，社会之中和表现出相对稳定性和持续性。正因如此，孔子才坚持认为要致和务必以“礼”为标准和原则，反对不讲是非对错、抹杀差异和矛盾的和事佬作风，有子才认为“知和而知，不以礼节之”不可行。然而，社会又是处于不断运动变化过程中，充满着可变性，故此社会中和也是与时俱进的。事物的变与不变决定了既要固守中和之道，努力做到贵和尚中，同时又要根据情况的变化而去用中、致和。儒家社会中和思想坚持变与不变的统一，提出了以下三种基本主张。一是反对“乡愿”的人格。前面我们已述及孔子对乡愿人格的否弃，作为孔子私淑弟子的孟子也表达出对乡愿的不屑。他认为“乡愿”者乃是“阉然媚于世也者”，他们缺乏操守，失去了自我，“非之无举也，刺之无刺也；同乎流俗，合乎污世；居之似忠言，行之似廉洁；众皆悦之，自以为是，而不可与入尧、舜之道，故曰德之贼也”。① 可见，乡愿之所以为孔孟所不取，正是因它背离了真正的社会中和之道。表面上，乡愿之流不张扬个性，只知同流合污，取悦众人，试图以此去获取某种人际和谐，但由于不讲原则，不按中道而行，缺乏个性的恒定性，只是为和，这显然不符合社会中和的本义。二是讲求“时中”。儒家诚然讲究“中道而行”，力倡“执两用中”，并追求社会的平稳、和谐与和平，这不失为儒家的“常道”、“常理”。儒家的社会中和思想又是充满辩证精神的，它在承认中和不变的同时也指认了它的可变一面，因而历史上的儒

---

①《孟子·尽心下》。

家又是大力倡导“时中”。儒家特别是先秦儒家具有丰富的时中思想。孔子力主“执中”、“用中”,但其中庸哲学并不主张僵死地“用中”,而是与时俱进,因而孔子才强调“君子之中庸也,君子而时中”。[①] 孟子曾称赞孔子是“圣之时者也”,[②]强调“彼一时,此一时也”,[③]由此出发,他反复强调一切行为必须“不违农时”、“无失其时”和“勿夺其时”。《易传》对时中也做了大量论述,不仅提出了“随时”、“及时”、“时中”、“时行”、“时用”等一批相关范畴,还提出了“变则通,通则久”、“与时谐行”、“唯变所适”等论断。三是通权达变。孔子十分赞赏权变,他评价虞仲、夷逸是“隐居放言,身中清,废中权”[④],而认为自己是“无可无不可”,[⑤]也就是不机械死守,而是灵活应变。更进一步,孔子还提出了“君子之于天下也,无适也,无莫也,义之与比”[⑥]这类不墨守陈旧、随机应变的观念。孟子诚然提倡“中道而立”、“中天下而立”,但也同时主张在“用中”过程中力求创新性、灵活性,为此指明了呆板的“用中”所带来的危害:“执中无权,犹执一也。所恶执一者,为其贼道也,举一而废百也”,[⑦]倘若缺乏权变而死守中道,那就不是执两端而是固守一个方面,这必会因少失多,背离真正的中庸之道。在孟子眼里,“男女授受不亲”虽然是人人应遵循的礼制,但在嫂嫂溺于水这一特殊处境下,就应将人的生命置于首位,而伸手相救。[⑧] 他称赞孔子是“可以仕则仕,可以止则止,可以久则久,可以速则速”的“古圣人”。[⑨] 唐代中期著名思

---

① 《中庸》。
② 《孟子·万章下》。
③ 《孟子·公孙丑下》。
④⑤ 《论语·微子》。
⑥ 《论语·里仁》。
⑦ 《孟子·尽心上》。
⑧ 《孟子·离娄上》。
⑨ 《孟子·公孙丑上》。

想家柳宗元在探讨如何信守儒家“大中之道”时，对执经达权也作了十分精彩的论说，他指出：“知经而不知权，不知经者也；知权不知经，不知权者也。偏知而谓之智，不智者也；偏守而谓之仁，不仁者也。”①这里，柳氏对经权兼备的重要性作了辩证阐释。

第四节 儒家社会中和思想对人发展产生的影响

自古以来，对儒家社会中和思想给人发展产生的影响如何评估历来存在分歧，大致分为以下三派观点。一是基本肯定派。董根洪指出，孔子的中庸在历史上和当代都曾被指斥为圆滑媚俗、浮沉取容、蝇营狗苟、无所操决的没有原则性的折衷主义和调和主义，实际上，儒家中和作为根本的思维方式和价值取向的完整统一体，它高度体现了中华民族的生存智慧，从而构成了中国传统文化的核心，构成了中华民族的鲜明品格，塑造了中华民族的精神风骨；②儒家中和哲学的真精神在“时中”，中华民族灿烂的文化和不息的生命也都源于“时中”的伟大品格，与“时中”刚性相适应，中和人格便是一种“中立而不倚、和而不流”的强矫人格。③ 二是基本否定派。王润生指出，儒家的社会中和思想造成了中国人的性格悲剧，传统中国人推崇“世故型”君子，所谓“识时务者为俊杰”就是这种人格在民间亚文化中的体现；从标准文化系统看，孟子主张的“穷则独善其身，达则兼善天下”是一种圆通态度（“滑头哲学”），为孔子所赞赏的“邦有道，则仕；邦无道，则可卷而怀之”的蘧伯玉同“邦有道，则智；邦无道，则愚”的宁武，均不过是滑头；在“时中”文化背景下，“叫真”的

---

① 《柳东河集·断刑论下》。

② 董根洪《儒家中和哲学概论》，齐鲁书社 2001 年版，第 5 页。

③ 董根洪《儒家中和哲学概论》，齐鲁书社 2001 年版，第 20 ~ 21 页。

人免不了倒霉，而表现在幼儿教育上则是不问是非，“通达”得无边无际，反过来，和事佬则受到鼓励；“抹稀泥”之所以被视为近视症，就是由于它表面上达到了息事宁人的“和谐”效果，可实际上却导致人与人不信任，使无理者受到包庇和怂恿。① 三是折衷派。它认为儒家社会中和思想就其主导方面而言对人产生了积极影响，培育了人的中和人格，促进了人的身心和谐，同时也对人的品性造成了某种消极效应，如外圆内方人格。我们基本上同意第三派观点，认为在现实中外在世界及社会主体自身都具有中和特性，同时人也有对中和状态的追求和需要，这些客观上塑造着人的中和人格；而在理论上，以贵和尚中为基本特征的儒家社会中和思想经过长期的历史演变和发展，逐渐成为中华民族共有的价值观、方法论和道德理想，成为绝大多数中国人所具有的思维模式和人生信条，并以此模塑了中国人讲究中道、爱好和平、讲究变通、追求平衡、积极进取、兼容并包等中和人格。但不可否认的是，儒家社会中和思想或是由于理论本身不够完善（如缺乏系统性和可操作性），或是理论转化为实践的机制和条件不够健全和完善（如生产力水平低下造成的匮乏），也给人的发展造成了某些负面影响。下面，我们先讲儒家社会中和思想对人发展产生的正面作用。

一方面是儒家的社会中和思想作为一种无形的文化指令，指导着千百年来全体中国人去形塑培养中和人格。这主要体现在以下三方面。一是提示人们注意自身的身心中和。对社会主体来说，既有外在的自然中和与社会中和，也有内在的身心中和，这两者均是人必须高度加以重视的。前已述及，有的儒家反复强调人自身中和的重要性。司马光在同范镇就中和的客观普遍性展开论辩时，认为“中和之美，可以为养生作乐之本”，他指出：“人之有疾也，必自过与

① 王润生《我们性格中的悲剧》，贵州人民出版社 1988 年版，第 78～81 页。

不及而得之。阴阳风雨晦明,必有过者焉,饥饱寒燠劳逸喜怒,必有偏者焉,使二者各得其中,无疾也”①。可见,一个人必须保持阴阳调和,才不至于生病。为此,司马光要求人们的行为要“不失其中”、“以中和为节”。当然,儒家社会中和思想更为强调人要追求内心的中和,它力劝人们要时刻保持知情意三大人格因素协调一致,防止心理失衡,消解内心冲突和紧张,为人的身心健康以及整个社会中和提供心理情感基础。因此,《吕氏春秋》强调“乐之务在于和心”,《礼记·乐记》主张“反情以和其志”。二是指引人们注意自身伦理品性修养。在绝大多数儒家看来,要达到社会中和,就必须培养一种中和化的伦理人格,也就是要塑造社会主体的伦理心境,具体说就是锻铸仁心、义质、信德、乐感等。这是因为“道心”乃是人实现中和目标的重要主体条件。王阳明深刻指出:“心中则正,身修则和”。② 现实生活也表明,良好的道德性情(如良知良能)是致中和不可或缺的前提。假如一个人心术不正、私心杂念过甚,势必走邪门歪道,其行为不仅不能中节,符合社会规范,还会走极端,偏离正确、适宜、合度的人生轨迹。正是在儒家这类社会中和观念的熏陶下,中国人特别重视自身伦理心性的养成教育,以塑造出一种偏重于道德的中和化人格。三是塑造人的中和品德。伦理中和是儒家社会中和的重要形态之一,它无疑在很大程度上改变了中国人的心智模式,同时,儒家政治中和、心性中和和实践中和等层面的思想,也在一定意义上培育出中国人的中和伦理。正是在儒家社会中和思想的长期熏陶下,中华民族才形成了贵和尚中的传统美德。

另一方面则是儒家社会中和思想有助于培植人的中和精神。儒家社会中和思想作为官方统治思想的重要内容之一,作为传统中

---

①《司马文正公传家书》。

②《王阳明全集》卷一《传习录上》。

国社会"立国之道",它逐渐演变成为以中和为"大本"、"达道"的民族精神。这一民族精神成为陶铸社会个体贵和尚中精神的社会背景。儒家社会中和思想特别注意中和教化,主张"和心"、"立中",尤其是强调"立中之心",这显然极大强化了中国人的中和精神。一是培育了人的中和思维模式。且不说中和本身就是一种方法论,即使是作为某种世界观和价值取向,儒家社会中和思想也通过宣传、教化和濡化,不断内化积淀到中国人的文化心理之中,成为主体习惯化、固定化、系统化的思维方式,成为广大中国人待人处世的生存智慧,成为中国人处理人与人、人与社会、人与自然关系的重要工具和规范。二是构成为致中和的思想观念。为儒家大力倡导的"中"是一种无过不及、不偏不倚、充分体现事物对立统一辩证本质的最佳结构、最佳关系和最佳行为,中庸是中国人化解矛盾、优化生存的合理化生存模式,它被儒家推崇为至德;而"和"则是事物处于和合、协调、平衡、稳定、有序的最佳状态,是实现多样性统一的重要方法。正是由于社会中和具有巨大的社会功能,它才被儒家当做一以贯之的道统而加以推崇和宣扬,日渐转化成中国人的内在信念,成为大家共同信守的普遍价值观。一直以来,贵和尚中成为中华民族国民性的重要标志。三是培育出中国人的宽容品格。孔子的仁者爱人情怀,泛爱众、宽则得众等观念,孟子的仁民爱物思想,《周易》的"厚德载物"学说,二程理学的"万物一体之仁"概念,固然都是中国人宽以待人精神赖以生成和发展的重要因素,儒家所极力阐扬的"和而不同"、"和为贵"、"允执厥中"、"无过不及"等贵和持中思想同样是影响中国人具有宽容特质的重要原因。坚持致中和,显然有助于形成公正气度和平和心态,这些又是助成宽容品质的心理基础。"中"作为不偏不倚、无过不及的合理之度,它可以防止人的极端化举动,有助于使人团结具有不同观点、不同派别、不同类型的人。"和而不同"中的"和"主张多样性的统一,讲究协调、融合、和顺,尊重差异和个性,这些更是会强化人的宽容精神。四是塑造中国人爱好和平的精神。中华民族是一个爱好和平的民族。爱好和平这一优秀精神品格诚然同儒家反对战争与掠夺、主张义战和以德治国的王道思想有关,但它更受到儒家和而不同、协和万邦、中道而行、和为贵等社会中和思想的浸润。作为儒家经典的《礼记》首先使用了"和平"概念,汉代大儒董仲舒在大力阐扬儒家中和论的同时,也用了"和平"范畴,虽然这两处"和平"概念还不等于当代和平概念,但已隐含着国家和平的意味。正是在中和哲学的指导下,先秦儒家不仅提出了和平的和谐观,还提出了以和平为目的的"仁战"观。五是造就人的圆通人生态度。儒家"时中"思想绝不是传统国民性圆滑、世故等劣根性的根源,毋宁说它是形成中国人善于随机应变、通融豁达人生观的重要条件。儒家社会中和所倡导的"有道则现,无道则隐"、"无可无不可"、"可以仕则仕,可以止则止,可以久则久,可以速则速"等时中观念,讲究的是灵活性、可变性,它以不违背中庸和仁义为前提,以追求天人和谐与社会和谐为目的。正因如此,儒家的时中思想才受到人的认同,并逐渐内化成个人用以立德、立功、立言的人生态度。

那么,儒家社会中和思想是不是对人的健康全面发展毫无消极之处呢?恐怕还不能这么说。儒家社会中和学说也存在两点不足:一是过于理想化,连孔子也认为"中庸之为德,其至矣乎!民鲜久矣"。正是由于中和要求过高,使之难以对人产生广泛约束力;二是不够系统化。且不说先秦儒家有关社会中和的思想可谓"残章断篇",即便是司马光和朱熹的中和之辩对社会中和的论述也不能称为系统。由于对社会中和的内涵、特点、功能、发展等等问题缺乏深入透彻、富有逻辑的论述,使其很容易产生误解,以致导致行动上出现偏颇,到今天人们还对张载"仇必和而解"争论不休。正是由于上述两大缺点导致儒家社会中和思想对人的发展大约产生三方面的消极影响。

首先是助长折衷作风。中庸之道要求做到不偏不倚、无过不及,可是这并不具有绝对普遍性,只是适合于一部分场合,尤其是道德场合——因为“中”是衡量道德行为合理性的根本标准,有些时候则是二者必居其一,如果采取中道态度,就会有折衷主义的嫌疑。例如遇到善恶、闭合、行止、好坏、是非等问题,有时必须在两者之间做出非此即彼的选择,假如犹豫不决,当骑墙派、中庸派,就会沦为折衷主义。况且,“中道而行”讲究的是保持事物对立统一的恰好合理度,可是在现实生活中并不容易做到,这样,如果奉行中庸原则,人就会对双方都进行肯定和接受,从而陷入折衷主义泥坑。

其次是滋生某种世故型人格。既然儒家的“时中”观念倡导“无可无不可”,“有道则现,无道则隐”,“可以仕则仕,可以止则止,可以久则久,可以速则速”,那么在面临社会挑战时,人就会采取躲避态度,以求明哲保身;加之社会充满各种矛盾和冲突,个人就会随遇而安,而不是挺身而出。在有些场合,矫枉必须过正,需要人冲破旧有框框的束缚,可是“中和之道”却要求人不偏不倚、无过不及,这显然不利于培养人的敢闯敢干精神,使得人走向自我萎缩,只求自保,变得平庸。在“和为贵”观念的导引下,人就难以采取过激举动,不愿张扬个性,这就会削弱人的棱角,变得较为圆滑。

再次是助长和事佬作风。和事同中和、和解最大的不同在于它不讲原则,掩盖矛盾,为和而和。可是和事又同儒家的社会中和有着许多共同点:都是在承认差异和矛盾的前提下去解决矛盾,都试图将不同性质的东西整合起来,都是化解矛盾和冲突的方式等。这就使得中和之道同和事之间界限难以划清,加上其他因素的干扰,就会使中和之道变成和事的病因。当两个人发生矛盾和纠纷时,调解人就会充当中间人的角色,为了表示不偏不倚,就会各打五十大板;为了一团和气,尽快消除冲突,就可能不问对错,加以调和。

第五章 儒学传统与人的社会理想建构

人是一个复合概念，它包括个人、群体和类三个层次，相应地，人的存在分为个体存在、群体存在和类存在。可以说，民族、社会组织（包括企业组织）和社会公共领域也是人生存和发展的重要环境、形式和条件，因而关注人的发展，就不能不把社会及其发展纳入视野。作为对奋斗目标实际形象的向往和构想，理想是人生强大的精神支柱。每个人都有一定的理想，既有个人理想又有社会理想，既有生活理想、职业理想又有道德理想、家庭理想，等等，不一而足。儒学不仅本身提出了关于理想的构想，如小康社会、大同社会，同时它也在很大程度上形塑着人的社会理想。关于儒家的社会理想问题，在一些社会思想史上论著中有所涉猎，如王处辉的《中国社会思想史》，[①]韩德民也在《荀子与儒家的社会理想》[②]一书中对荀子社会理想的秩序描述、规范设定、价值依归、主体呈现等问题作了精深探究。不过，应该说目前有关儒家社会理想的研究还缺乏系统性，有待进一步加强。我们虽对此有浓厚兴趣，只可惜未作专门探讨，这里，主要围绕儒家思想传统在慈善事业、企业组织和小康社会三个层次和领域所给人的社会理想建构带来何种影响作一定的透视。

---

① 王处辉《中国社会思想史》，中国人民大学出版社 2002 年版。

② 韩德民《荀子与儒家的社会理想》，齐鲁书社 2001 年版。

第一节　儒学传统与慈善事业发展

要大力发展中国慈善事业，就必须汲取中国传统文化的精华。儒学作为一种观念形态的传统知识体系和人生智慧，蕴含着许多有助于慈善事业成长与完善的价值资源，它在人性论、同情心、仁爱思想、仁政观念、义利价值观、道德人格、忧患意识等层面，可以为我国慈善事业的振兴提供精神动力、思想支柱、自然基础、道德权威、价值导向、文化规范等。当然，儒学毕竟是适应小农经济和宗法社会的历史性产物，它具有内在的局限性，蕴含着某些消极乃至腐朽的文化因子，这些甚或阻碍中国慈善公益的快速发展，因而需要加以辩证地批判和扬弃。

一、儒学的人性论为中国慈善事业发展提供自然人性基石

众所周知，我国历史上人文学者分别提出过性善论、性恶论、性无善恶论、性善恶混论等主张，不过，就总体而言，性善论在学术文化中占据主导地位。这是因为力主性善论的儒学在我国传统文化中位居显学位置，并成为中国文化的主干——陈鼓应先生提出“道家文化主干论”，显然有失偏颇。在儒学谱系中，虽然不乏像荀子这样的宣扬性恶的歧出学人，但绝大多数儒者都赞同人性为善。对人性善否，孔子没有明确言说，但从他的主导思想倾向来看，他是认同性善的——“天生德于予”。他所讲的“性相近，习相远”应当意味着人性在善这一点上是相一致的。系统阐发性善论的儒家，应推亚圣孟子，他断言人的仁义礼智四德根源于人先天就具有的四种善端：“恻隐之心，仁之端也；羞恶之心，义之端也；辞让之心，礼之端也；是非之心，智之端也。”[①]孟子尽管从本体论上也承认“形色，天性也”，

---

①《孟子·公孙丑上》。

但是他认为人区别于动物的生物类特性是四种善端,这样他实际上是主张"人性本善"。此外,孟子还提出了"良知良能"观念,这一心性论日后成为王阳明"良知论"的重要思想来源。

我们认为人生来并不具有绝对的善与不善的道德特性,人的各种自然属性特别是其生物类特性只是提供人行善作恶的可能性;儒家的性善论不管是否真像台湾学者韦政通所说的那样过于肤浅,它至少存在泛伦理主义、先验论、事实与价值相混淆等缺陷,但是,人性中毕竟存在某种行善的自然条件,也就是蕴含着利他的心理倾向性。如前所述,在西方伦理思想史上,不少人肯定了人性之中同时包含着自爱和他爱的成分,社会生物主义既肯定人有自私的基因,也承认人有利他的基因。

儒家的性善论对发展中国的慈善事业具有一定的积极意义。其一,它为人的慈善行为设置了自然根基。儒家所讲的"人性本善"、"仁义礼智根于心",这些理论假说深刻揭示了人的慈善行为的先天基础,阐明了济危救困、守望相助具有自然生物条件。相信这可以使我们对慈善事业的迅速发展增添信心。儒家的性善论借助于《三字经》等形式,对传统中国人的身心修为产生了广泛的影响,我国古代的社会慈善事业之所以会产生和发展,这与儒家性善文化的浸润不无关系。其二,它充分展现了人的慈善之举的人文内涵和内在条件。儒家的性善论既诠释了人性不同于神性,人不同于神,据此我们不能强求全社会的人都像菩萨一样富有"善心",或者像上帝一样能够拯救天下子民的一切苦难;也阐述了人性异于兽性,人高于动物,由此我们看到了人性的光辉,看到了尽管在动物群内存在自我牺牲、保护弱小等"善行",但那只是出于动物的一种先天本能,而并不是基于理智的"善举",只有人类才有真正建立在人文精神基础之上的慈善行为。

儒家虽然也讲必须致力于“存善”，才不至于使人的“善心”丢失，但直接断言人具有某种“善端”，显然失之于理想化，这容易使人忽视慈善事业勃兴的艰难。要知道，人并非天生“慈善家”，人性也潜存着作恶的一面。即使人先天被赋予某种能够趋向于慈善的自然潜质，也需要我们努力加以挖掘和培养。

二、儒家的“仁爱”学说可以为慈善事业的发展提供伦理前提

如前所述，儒家关于仁爱的思想，主要包括如下内容。一是“仁”是人先天固有的“善”德。二是“仁”是人所普遍具有的。孟子说：“人无有不善，水无有不下。”①三是“仁者爱人”。“仁”是孔子的终极关怀。在他那里，“仁者人也”。所谓“仁”，在某种意义上即为“忠恕之道”，也就是“己欲立而立人，己欲达而达人”和“己所不欲，勿施于人”。孟子则明确提出“仁者爱人”②。四是爱有差等。儒家虽也讲普遍的泛爱，但反对墨子的“兼爱”。儒家文化框架下的爱是有差等的，它以人伦之爱为中心，把亲情摆在首要位置。在孔子及弟子思想中，“事亲”是仁的核心，“孝弟也者，其为仁之本与”③。孔子将亲情之爱置于首位：“入则孝，出则悌，谨而信，泛爱众，而亲仁”④。孟子于“仁”也说：“亲亲，仁也”，⑤“仁之实，事亲是也”，⑥“事孰为大？事亲为大”⑦。

有的学者指出，儒家倡导的有差等的仁爱思想同现代慈善事业的要求有一定的距离，甚至会发生冲突。我们认为对儒家的仁爱学说与慈善之间的关系必须作具体分析。无疑，“爱有差等”不如墨家的兼爱及西方基督教的博爱更能推动人去做善事、好事，兼爱观念

---

①《孟子·告子上》。
②《孟子·离娄下》。
③④《论语·学而》。
⑤《孟子·尽心上》。
⑥⑦《孟子·离娄上》。

更能让人冲破家族的藩篱而在更大范围内去对危难之人施于援手，它同当代慈善事业赖以产生发展的普世主义伦理更易协调；尤其是现代社会更突出交往的普遍性，强调一视同仁，所以儒家那种注重以关系的亲疏远近来决定交往准则的特殊化亲情伦理，在特定意义上难以完全适应法理型社会背景下慈善事业的发展。

不过，儒家的仁爱思想对于中国慈善事业的发展并非毫无助益，它至少可以在以下几方面提供有益成分。

（一）它为慈善创设血缘基础

血缘亲情符合人的自然本性，它是人类最切近的爱，是人能够对社会的弱势群体给予关爱的必要条件——不能设想一个不爱家人的人会做出舍己为人的善举来。哪怕是在现代化的发达社会，亲人之间的爱仍是人类之爱最基本的形式，仍是人们做善事的出发点。在某种意义上说，当代慈善事业的发展不过是传统父爱主义的扩大，不过是“父慈子孝”这一儒家家族伦理的延伸。在传统中国社会，儒家的仁爱思想不仅极大地推动了中国的官办慈善事业，也有力地促进了中国民间慈善事业的创生。这一点，国内著名社会保障问题研究专家、中国人民大学教授郑功成也表示首肯。他这样说：“在西方是宗教慈善事业，基督教、天主教、佛教等，教会组织将救苦救难作为自己的一项职责，教徒则把行善当做自己的必修功课；在中国则是官办的慈善事业，中国被称为充满着父爱主义的国家，官吏被称为父母官，老百姓被称为子民，救灾济贫一向被认为是官方应当承担的一项职责；还有中外相通的民间的慈善事业，它来源于个人内心的慈悲，比如我们强调父慈子孝、兄友弟恭，老吾老以及人之老，幼吾幼以及人之幼，我觉得都是一种慈悲，是一种道德伦理范畴的善行。”①

① 人大复印报刊资料《社会保障》2002 年第 8 期。

（二）儒家的仁爱伦理奠定了“国”与“家”慈善的根基

在儒家亲情之爱的导引下，适应小农经济和“差序格局”社会的需要，传统中国以家族照顾为特点的慈善事业逐渐发展起来，由分散在各个家族中的义田、义庄、义塾、贡士庄、族田、婚田、祭田等，在“睦族敬宗”的旗号下，对族内成员在生养、贫病、学业、婚丧嫁娶等方面遭遇困厄时加以照顾。大家知道，传统中国是一个家国共构的共同体，是一个“以家为本位”的社会，“国”是“家”的延伸和扩大，“家”是“国”的细胞和基础，两者相互连结构成了“家天下”，君主即是一个大“家长”。在儒家家族仁爱伦理的影响下，加之下面即将讲到的“仁政”理念的熏染，我国古代政府型的慈善事业得到了相当的发展。由于传统中国社会分化不如当今发达，国家与社会缺乏分离，由于儒家“亲情之爱”的制约，加之社会公德水平低下，因此过去中国社会独立于“国”与“家”之外的社会慈善公益没有充分发展起来，这同目前我们要重点培植的社会化慈善事业存在一定差距。由亲情之爱所生发出来的家族式照顾不可能惠及互不相识的陌生人，而只囿于“圈子内”的亲人、熟人；传统中国的社会慈善体现的是父权主义家长式的仁慈，而不是现代平权政治所要求的正义、平等。不过，建立在人伦之爱基础上的家族型慈善事业在当代仍不过时，尤其是在中国社会迄今仍很注重亲情的社会背景下，像亲戚之间的互通有无、守望相助，可以称为一种特殊的慈善事业。它是大力发展社会慈善公益事业的重要条件。由“亲情之爱”所促发的传统中国慈善照顾模式，为老弱病残和鳏寡孤独提供必要的照顾，“其基础是家庭和合理的照顾网络。正是这种照顾方式，形成了中国特有的家庭照顾制度和以地域性社区（村庄、邻里）或家庭（家族）为单位的自助式基本福利供应和生活安全保障制度。这种互济互助的传统，为我们今天开展社区照顾模式奠定了文化和社会历史的基础。”①由广州逢源街道办事处兴办的文昌慈善会的经验告诉我们，“中华民族传统的邻里互助和家庭照顾模式，在现代条件下，仍然是我们发展我国的现代社区照顾的重要条件”②。

（三）儒家的仁爱理念同现代慈善所要求的“博爱”有相通之处

尽管儒家强调以血缘亲情之爱为本，但是它并不否定人类的普遍之爱。例如孔子就讲过“泛爱众”、“博施于民而济众”，等等。在孔子那里，“仁”分为广狭两义。狭义的“仁”仅指基于同情心的利他主义行为。广义的“仁”，则是涵盖忠信、孝悌、智勇、刚毅、木讷、恭宽、敏惠、勤厚、庄重等诸德的总称。在孔子“忠恕之道”的基础上，孟子进一步提出了“老吾老以及人之老，幼吾幼以及人之幼”的人道主义原则，这些普世主义伦理思想只要舍弃掉狭隘的“亲情之爱”的羁绊，完全可以成为当代中国慈善事业蓬勃发展可资利用的不竭的历史文化资源。

三、儒家的同情理论可以为慈善事业的发展提供心理支持

孟子在阐述“四端说”时，提出人生而具有不忍人之心，并认为它是“仁”的端始。所谓“不忍人之心”即是恻隐之心，即是同情之心。孟子认为，同情心乃是人做善事的内在动力。他这样说：“今人乍见孺子将入于井，皆有怵惕恻隐之心。非所以内交于孺子之父母也，非所以要誉于乡党朋友也，非恶其声而然也。”③他还指出：“人皆有所不忍，达之于其所忍，仁也。”④可见，孟子所说的“不忍人之心”是对别人痛苦、危难的同情心，是一种发自内心深处的真情实感，它摒弃了个人任何的私心杂念。

同情心是促使人产生同情冲动和引发行善行为的根本动因，正

---

①② 人大复印报刊资料《社会保障》，2003年第1期。

③《孟子·公孙丑上》。

④《孟子·尽心下》。

是有对他人痛苦的同情和怜悯，人才能去爱人，才能去扶危济困、救助弱者，才能促进慈善事业的发展。西方伦理思想史上，休谟开了“同情说”的先河，亚当·斯密和卢梭则继承和发展了他的“同情说”。休谟说：“同情是人性中一个很强有力的原则。”①他认为，同情感使人产生慈善这种德，“慈善（也就是伴随着爱的那种欲望）是对于所爱的人的幸福的一种欲望和对他的苦难的一种厌恶……”②卢梭则干脆宣称：“怜悯心是一种自然情感，由于调节着每一个人自爱心的活动，所以对于人类全体的相互保存起着协助作用。”③西方绝大多数伦理学家认为，同情心是道德的基础，是扬善去恶的心理机制；它要求社会主体关心他人的需要、欲求和愿望，它是“仁爱的一种表现形式（人道主义）；对他人的一种态度，这种态度的基础是承认他人的需要和利益的合法性，它表现为对他人的感情和思想能够理解，对他人的愿望能给予道义上的支持，并准备促进这些愿望的实现。”④大量的道德事实表明，人的同情和怜悯之心借助于心灵交感，而成为产生乐善好施举动的根本情感基础，很难想象患有良知麻痹的人，会成为慈善事业的热心人。

显然，儒家关于同情方面的思想深刻揭示了慈善事业赖以生成和壮大的强大心理—文化机制，它表明要促使人热衷于慈善事业，就必须努力调动和培植人的同情心。然而，我们决不能过分夸大儒家同情说在中国慈善事业发展中的作用。要知道，同情心仅是慈善的精神动力之一。一个人是否去帮助他人，是否解救别人的困苦，是受一个人综合素质所决定的，恻隐之心不过是重要因素之一。同情心有时非常脆弱，在现实生活中它能否促使人做善事，往往会受

①② 休谟《人性论》，商务印书馆1980年版，第419～420页。

③ 卢梭《论人类不平等的起源和基础》，商务印书馆1982年版，第102～103页。

④ 伊·谢·康主编《伦理学辞典》，甘肃人民出版社1983年版，第375页。

到各种内外因素的扰动。由同情并不一定会达成慈善。同情本身包含着某种自私成分，它旨在使当事人免除他人的痛苦给自己带来的痛苦。德国著名伦理学家泡尔生指出："同情的冲动必须听从理性的教育，接受智慧的指导。这样产生的德性，即社会德性的总的基本形式，可以叫做仁慈"①；他还讲："仁慈和慈善的人防止或减轻别人的痛苦而无需总抱着对别人的同情感。不仅如此，对于同情心的某种抵制力量恰恰是仁慈德性的一部分，就像对于自发的疼痛的抵制力量是勇敢德性的一部分，就像欲望意识的抵制力量是节制德性的一部分一样。我们不期望一个医生去忍受病人所经历的或者由他自己所造成的全面痛苦。相反，医生在这方面的一定的冷酷无情是仁慈行为的条件；他的同情会模糊他的判断的清晰程度并妨碍他的动作的坚定性"②。泡尔生还指出："在慈善活动中，盲目的同情会导致坏的结果：我们的博爱行为宠坏了那些接受者，并且鼓励他们去提出要求，而当我们不能或不愿再满足这些要求时，我们就抱怨他们忘恩负义。"③可见，基于同情的慈善只是一种"小善"，这种善德有时会像西方社会社会福利制度造成"道德困境"、养成大批懒汉一样，而带来某种"恶"，因而对于人类的同情心、怜悯心必须用理性加以正确引导，如此才能使之成为中国慈善事业走向健康轨道的推动力。

四、儒家的德政学说和民本思想可以为慈善事业的发展提供政治保证

前已讲到，儒学是一种伦理政治型的理论，为政之道是其思想的核心内容之一。而在如何施政上，儒学又是德治主义，它虽然不完全反对刑罚，但似乎更重视仁治教化等德治的作用。孔子反对严

①② 泡尔生《伦理学体系》，中国社会科学出版社 1988 年版，第 514 页。
③ 泡尔生《伦理学体系》，中国社会科学出版社 1988 年版，第 515 页。

刑酷法，而主张德治礼教，由此提出了“为政以德”的政治思想。孔子认为德治可以起到刑政所起不到的作用，“道之以政，齐之以刑，民免而无耻；道之以德，齐之以礼，有耻且格”①。实施德治能够带来良好的社会效应，“为政以德，譬如北辰居其所而众星共之”②，“子帅以正，孰敢不正”③。在《宪问》篇中，孔子还论述了为政者推己及人的内圣外王的三个阶梯：首先是“修己以敬”，其次是“修己以安”，最后则是“修己以安百姓”，如此，就可达到理想的德治目标。在性善论的基础上，孟子系统阐述了“仁政”思想。孟子所谓“仁政”，就是“尊王贱霸”，实施“王道政治”；在他那里，“仁政”的基础，即是“仁心”，“人皆有不忍人之心。先王有不忍人之心，斯有不忍人之政矣”④。孟子阐明了实施“仁政”的积极意义，“以不忍人之心，行不忍人之政，治天下可运之掌上”⑤、“行仁政而王，莫之能御也”⑥。孟子的仁政学说同其民本思想相辅相成，合为一体，为了实行王道政治的社会理想，他又提出了民本观念。在民心决定论的基础上，孟子指出：“民为贵，社稷次之，君为轻。”⑦由此他提出了仁民爱物、与民同乐的亲民、爱民、顺民、为民、养民、保民、安民、富民、不扰民、利民、贵民等民本主义思想。

儒家的德政学说和民本思想究竟对中国慈善事业的发展有何助益呢？最根本的是它在某种程度上推动了古代中国官办社会福利及其慈善事业的兴起。正是根据仁政理念和民本思想，孟子提出了一系列带有社会福利和慈善性质的政策主张，例如制民之产、取于民有制、保民而王、薄其税敛、与民谐乐等，借以使老百姓“养生送

①②《论语·为政》。

③《论语·颜渊》。

④⑤⑥《孟子·公孙丑上》。

⑦《孟子·尽心下》。

死无憾”、“乐岁终身饱，凶年免于死亡”。在“仁政”的政治理想和“大同”、“小康”社会理想的范导下，儒家提出了许多有关慈善的蓝图。《礼记·礼运》说：“大道之行也，天下为公……故人不独亲其亲，不独子其子。使老有所终，壮有所用，幼有所长，鳏寡孤独废疾者皆有所养。”而《孟子·滕文公上》中说：“乡田同井，出入相友，守望相助，疾病相扶持，则百姓亲睦。”在“天下为公”、“民为邦本”、“为政以德”等儒家政治理念的统辖下，从汉朝起，统治者以国家的名义建立起了以储粮度荒为目的的“常平仓”、“义仓”等仓储制度，大力兴办济贫、养老和抚幼的慈善事业，如养老院、慈幼局、漏泽园等。王卫平先生强调指出，传统中国社会保障制度的思想基础，正是“以民为本”的民主思想。① 在新的历史时期，中国共产党强调要“以德治国”，德治法治并重，强调要代表最广大人民群众的根本利益，做到用权为民、立党为公，这些显然是对儒家“仁政”思想和民本学说的继承和发展。它们作为主流社会意识形态，必将成为发展我国慈善事业的根本指导思想和强大精神动力。

当然，凡事都是一分为二的。儒家的仁政学说和民本观念对于慈善事业的发展，也表现出一定的局限性。首先，仁政民本思想并不是慈善事业兴盛的决定性力量。为官者的道德约束是一种软约束，它无法保证政府在根本上重视慈善事业。要大力发展我国慈善事业，还必须借助于制度、法纪等力量。我国传统的慈善事业不过是统治者的恩赐和悲天悯心，而不是出自制度化的维护正义的公理。其次，过分倚重道德教化会妨碍慈善事业的健康发展。例如，由于我们总是从“性善论”假定出发，寄希望于清官政治，这会使人们疏于对社会捐款的监督管理。再次，建立在仁政民本思想基础上

① 人大复印报刊资料《社会保障》，2003年第1期。

与建立在民权理念之上的现代慈善事业存在一定的差距。传统中国社会政府之所以会发展如弃婴养育、助学济困、治病救人、失业救济、养老善终、理丧恤葬等慈善之举，主要并不是为了保障人民的生存权、健康权和发展权，而不过是出于维护统治秩序的政治需要，为此对老百姓给予一定的安抚、照顾。当社会发展到民权阶段，要求政府积极发展社会救助，努力振兴慈善事业，不再是为了求得某种施舍，而是基于人的最基本权利。

以上我们分别从人性论、仁爱学说、同情理论、仁政民本思想四大方面阐述了儒家思想与中国慈善事业发展的关系，从中可以看出，儒学系统中蕴藏着许多有助于慈善事业发展的有益资源。实际上，像儒家重义价值观、君子人格论、忧患意识等也有不少可以促进慈善发展的合理因素。为了推动我国慈善理论和实践的快速发展，既要从儒学中汲取宝贵的营养，又要注意剔除其中不利于慈善事业发展的杂质。

第二节　儒商精神与美好企业创建

进入21世纪，创建美好企业，不仅成为企业管理理论的时代指向，也成为广大企业的现实追求和远景目标。任何企业的发展都离不开文化的支撑，都离不开文化环境的建造，都离不开传统文化的开掘与借鉴。通过对企业文化发展的深思，我们深深感到，作为由中华文化所孕育出来的儒学，对于我们建设美好企业具有多方面的重大意义。由孔子所开创，孟子、荀子等人所继承和发展的儒学，其内涵博大精深，由之所锻造和培养出来的儒商精神可以为创建美好企业、培养企业美好主体提供有益的思想文化资源。

一、儒商为企业美好主体创设一种可供选择的人格范型，儒商精神为美好主体提供精神动力

儒商及其凝聚的儒商精神，同企业美好主体具有内在关联性。儒商不仅代表着特定的美好主体人格，而且儒商精神还为美好主体提供强大的精神力量。

(一)儒商与美好主体具有内在一致性

美好企业主要体现在三方面：一是美好的主体，二是美好的产品，三是美好的环境。美好的主体，必须是内在美和外在美、自然美和社会美的统一，必须是心灵美、语言美、行为美、服饰美等的统一。企业美好的主体，也就是德才兼备、义利兼顾的职工。缺乏一定的道德觉悟和健康的人格操守，只讲个人发展，只顾个人发财，不配称为美好主体。从字面意义上说，"美"具有伦理意蕴，它建立在真与善相统一的基础上；而所谓"好"，不仅指能给企业和员工带来实惠、带来益处，还指能显现舍己为公、见利思义、勇于奉献等伦理价值。

那么，儒商精神文化对培养企业美好主体有何助益呢？我们认为，由儒学所塑造和倡导的"儒商"与美好主体人格典范具有一致性。

本来，"儒"与"商"存在一定的分离乃至矛盾之处。在传统中国社会，历来存在"士农工商"的社会分层，"儒士"位于社会结构的上层，"商"则处于社会底层；"士农工商"序列之中，"商"为四民之末。同时，儒家一般较为排斥商。自古以来，儒者重义，商人重利——儒家素来"耻言利"，倡导"君子喻于义，小人喻于利"；"儒"重道德自律，重利他，而"商"重他律，重自利；在一些儒家看来，只有农耕才能创造社会财富，而商人只是分配和消费财货，因而它断定"农本商末"。据此，儒家主张重农轻商、重农抑商。坦率地说，传统中国社会工商业相对不够发达并在近代落后于西方，与儒家泛伦理主义思

想的阻滞作用不无关系。而且,正是“儒”与“儒商”的产生步履维艰,使得“儒商”要承受更大的道德压力。

然而“儒”与“商”并非水火不容,中国抑商思想与轻商政策的产生与发展也不能完全归咎于儒家。首先,轻商抑商观念主要是小农经济的产物。社会存在决定社会意识,生产力决定生产关系,经济基础决定上层建筑,这些都是马克思主义社会哲学的基本原理。传统中国是一个小农经济、自然经济占主导地位的农业国家,这一社会现实决定了它必定排斥工商业。如果把抑商制度和轻商文化完全归根于儒家文化,就会陷入“文化决定社会”的唯心主义泥坑。实际上,“无商不奸”或“无奸不商”的理念,把商品经济看做“诈伪”、“贪鄙”、“多靡”的渊薮,把商人视为“导奢长贪”、“惟利是图”、“兼并农夫”以及“损民负国”的小人,主要是由小农经济的汪洋大海所养成的。其次,如前所述,儒家并不一概否定“利”,而只是否定不义之利、不义之财,而力主“以义驭利”,以伦理制约经济。儒家从来都承认个人自利的本源性和合理性,孔子说:“富与贵,是人之所欲也”,“富而可求也,虽执鞭之士,吾亦为之。如不可求,从吾所好”。当然,儒家所追求的利不是一己私利,更不是用不道德手段所谋取的利,而是合理合法之利,以及社会公利,正所谓“君子爱财,取之有道”,“不义而富且贵,于我如浮云。”可见,儒家反对的是“为富不仁”的恶商。再次,商品经济、商业行为并不绝对排斥儒家伦理。不错,要发展市场经济和商品经济必须容忍某些缺德行为,儒家许多反映自然关系、人身依附关系及宗法制度的伦理观念如不患寡而患不均、安贫乐道、重义轻利等并不适合发展商品经济。然而市场经济不仅是一种法制经济,也是一种道德经济,商业活动并不排斥一切儒家伦理,它需要有诚信、公平、合作、利他、自强等儒家伦理精神加以激励、维护、调节。在某种意义上,“儒”是伦理人,而“商”为经济人。经济人当然要追求实际功利，要受“看不见的手”的支配，但是如果完全把经济人看成惟利是图、不择手段的非道德“小人”，显然有失偏颇。殊不知，儒家的“道德文章”与商人的讲求实效实利、精打细算是相辅相成的。不论是在市场经济领域，还是在非市场经济的其他社会场合，“经济人”不仅可以同“伦理人”相一致也可以向后者转化，从而成为具有儒家伦理品格的“儒商”。王阳明指出：“虽终日做买卖，不害其为圣为贤”；①“古者四民异业而同道，其尽心焉，一也。士以修治，农以具养，工以利器，商以通货，各就其资之所近，力之所及者而业焉，以求尽其心。其归要在于有益于生人之道”。② 商品生产者和经营者的市场行为对他人需要的考虑固然是以自身利益为依归，但是市场主体在互惠互利过程中毕竟遵循了利他原则。由于利他是道德不可或缺的行为特质，因而市场经济行为就接近了道德。而且，经济人虽然受“看不见的手”的推动，并把利他作为利己的手段和工具，但久而久之也会锻造出在心理行为结构上把利他当做自身就具有独立价值的目的这样的信念和操守。另外，主体在市场经济行为中表现出来的“舍己为人”举动——投入产品和劳务、蚀本销售、免费送货等，尽管其动机并不高尚，是追求自身利益，但长此以往，就会培育出经济人的克己舍己特质，从而为其做出道德选择奠定心理文化基础。正因如此，一个在市场经济中搏杀的经济人才能顺利实现向舍己利他的道德角色的转换，一个成熟的市场经济体系和发育完善了的经济人才能是产生乐善好施、慷慨大方品性的基本前提。正是由于“儒”与“商”的一致性，在儒家文化的浸润下，我国自古以来就产生了许多儒商，他们“贾而儒行”、“以儒术饰商事”。历代儒商的不绝如缕，也从事实层面上证明了“儒”

①《王阳明全集》卷三十二《补录·传习录拾遗》。
②《王阳明全集》卷二十五《外集七·节庵方公墓表》。

与“商”是完全可以融为一身的。

由上可见，儒商是按照儒家伦理从事商品经济活动的工商人士，是儒家思想的人格化，它同美好主体是完全相通的。从本质上说，儒商是奉行儒家伦理原则获取经济利益的商品生产者和经营者，在当代，它是遵循儒家经济伦理的企业主体。从外延上说，儒商既包括体现儒家道德人格的广大企业普通员工，又包括具有儒家伦理精神的企业内部各群体，还包括那些展现儒家风格、具有强烈道德责任感和社会使命感的优秀企业家。有人认为儒商就是“文人+商人”。这显然不符合儒商的本质规定。文人从商不一定成为儒商，儒商也不一定要具备多高的文化修养。只要在商业行为中躬行仁义礼智信等儒家道德规范，不论文化水平高下，都可以称为儒商。从境界上说，如同美好主体可以划分为不同层次一样，儒商也可以显示出不同人格境界，它大致分为两大层级。第一层次的儒商是不仅在日常经济事务和经营活动中依循儒家经济伦理从商、经商，而且在广泛的社会生活中也能践履儒家社会伦理的从商者及企业管理人员。这一层次的儒商既注重利用儒家伦理规范管理企业，也能对整个社会突现人性关怀和社会奉献，例如致力于乐善好施的社会福利事业。第二层次的儒商，是指仅在经济行为中履行儒家所倡导的行为规范，而不甚关注社会公益。不论何种层次的儒商，都可以归于企业美好主体之列，都代表了美好主体的人格理想，都传达了企业的远景目标。

（二）儒商及其精神有助于企业美好主体的塑造

在历代儒商身上，充分体现了儒商精神。这一精神的内涵十分广泛，主要包括自强不息、诚实守信、人文关怀（以民为本）、团体至上、见利思义、刚健有为、克己为公、勤俭反奢、和谐合作等。我们认为，儒商及其负载的儒商精神，在培养企业美好主体中至少可以发挥以下三种作用。

一是激励作用。作为企业美好主体，儒商为每个职工树立了努力追求的理想人格，它既是对“官商”的超越，又是对“奸商”的鞭笞，还是对“俗商”的舍弃。从纵向看，自从儒家文化诞生后，就有一些儒者及具有儒家伦理素养的人从事商业性经济活动，成为一代儒商。他们被作为儒商的先驱和榜样，激励着一代又一代经济人发愤图强，坚持把功利追求和人格完善有机结合起来，把真善美利四者统一起来。在我国儒商发展史上，先秦有子贡、范蠡，近代有徽商、晋商，现代海内外也有许多以儒商自称的优秀企业家。在前代儒商的感召下，在儒商精神的长期熏陶下，当代华人世界也涌现了大批杰出的“以义取利”、“克己奉公”，具有向善之心，热心于回报社会的儒商，如李嘉诚、邵逸夫等。从横向上看，儒商辩证扬弃了亚当·斯密斯提出的“理性经济人”的假设，而成为将工具理性和价值理性、义和利、个人利益和社会利益合于一身的“社会人”和“文化人”。在中国这个礼仪之邦，许多商品生产者和经营者在从商、经商过程中，往往既从消极意义上给自己“度势夺利”的“末业”披上儒家伦理外衣——在儒家文化主导的社会氛围中，一个商号只有做到“敬德修业”、遵守商德，才能被社会所认同，才能立足成名；又从积极意义上运用儒家思想于商业活动之中，以树立自己良好的社会形象，提升自己的人格品位。于是，为了达到儒商的境界，许多企业主体努力运用儒家经世致用的生存智慧，把义与利、经济与伦理加以有机调和。

二是教化作用。我国自古以来，就很注意利用理想人物去教化民众，利用榜样进行“修身养性”。通过教化，许多人在正式从事商业活动之前，就已深受儒家伦理文化的熏陶，心灵得到陶冶净化，为日后成为儒商创造了文化、心理基础，为他们完成商利与道德的融合和统一提供了伦理基础。我们可以看到，在中国商人特别是北方商人及徽商中，都鲜明地打上了儒家文化的烙印。以徽商为代表的儒商，把经商与做人结合起来，亦商亦儒，认为“良贾何负闳儒”，坚持以儒家伦理教义进行自我教育，并以此指导商业活动，从而奉行仁义礼智信等儒家伦理以作为商德，达到做人与经商并重。在我国当代儒商身上，同样展现了为儒家所极力倡导的圣贤风度和强者风范，凝聚着为儒家所推崇的价值观念、人格思想、道德规范等。如果说儒商的产生和发展是儒家文化教化的结果的话，那么它反过来又为我们培养企业美好主体提供了学习和效法的榜样。要创建美好企业，就必须塑造一大批美好主体；而要造就出把“经济人”和“伦理人”融为一体的美好主体，离不开加强企业文化建设及企业道德教育。由于儒家伦理在当代仍有许多具有生命力的因素——如王锐生教授在《求真、求善、求美：企业文化的追求》的对话中，就展示了儒家的“君子慎独”的修养功夫，在培养企业道德自律精神方面值得学习和提倡的一面①。因此，儒商及其精神能够帮助我们在培养企业美好主体时达到扬善抑恶的效果。首先，儒商精神可以提升企业职工的人格。向广大企业员工灌输恪守信用、诚信不欺、自立自强、见利思义、以义取财、仗义疏财、和气生财、团结合作等儒商精神，援儒入商，有助于洗涤掉一味求利的商人习气，杜绝见钱眼开、损人利己等恶劣作风，锻造出企业员工和企业家诚实经营、以义取利、以民为本、以国家社会利益为重的优秀品格，使之流淌着道德的血液。其次，儒商精神可以鞭策广大企业主体改造自我、规范自律。“天下熙熙，皆为利来；天下攘攘，皆为利往”，在金钱引诱下，在市场经济还不够完善的形势下，难免会产生“俗商”、“奸商”，难免会在商业竞

① 《美好企业》，2003 年第 3 期。

争中出现缺德过失。确立儒商这一美好企业典范,可以使人们受到"良心的谴责",约束自己的不良举止,鞭策自己的经济行为,起到"看护者"、"监督员"角色的作用。而大力张扬儒商精神,也能对某些市场经济主体的假丑恶行为进行批判和矫正,培养企业员工的向善之心和见利思义的风范。

三是助推作用。培植企业美好主体,仅靠伦理教化远远不够,必须借助于社会实践磨炼。因为,实践出真知,实践出人格。借助于"内推外引"的机制,儒商精神可以充分发挥其精神动力和精神支撑的作用,推动各类企业主体勇于在市场竞争的社会实践中,不仅谋取正当利益,同时锻炼自己的道德人格,不断强化以义克利、见利思义、诚信经商、以人为本、人格为上、和气合作等儒者品格。

二、儒商及其展现的精神能够推动美好企业的创建

儒商及儒商精神不仅有助于大力培养优秀企业主体,并且也可以在优化企业管理、提高产品质量及改善企业环境方面发挥独特的作用。

管理是一个企业的核心和灵魂,缺乏有效管理,企业连生存都成问题,更谈不上美好与否了。一个美好企业必定是管理有方、经营有善的企业。我们知道,企业文化是一种现代管理形态,这一管理形态无疑要合理利用传统文化资源。企业文化首先是由美国学者对日本管理艺术研究而提出来的。而我们知道,日本属于儒教文化圈,儒家伦理在日本企业管理中运用得十分普遍。涩泽荣一是日本具有深厚儒学修养的著名企业家,他一生不仅创办了五百多家企业,被尊为"日本工业之父",他撰著的《论语加算盘》(又名《道德经济合一》)一书还被当做"致富经国之大本",被称为"实践论语",而成为日本企业家最喜欢读的好书之一。为了提高企业经营效率,促进企业的发展,日本许多企业家努力从儒家经典中寻找智慧,不少企业家把《论语》作为日本工商企业的圣经。他们把“和为贵”、“人无信不立”、“言行一致”、“自强不息”、“穷则变,变则通”、“放于利而行,多怨”等作为企业管理的根本方针。同属儒家文化圈的韩国,以及东南亚许多国家和地区,不少企业家也是主张以儒治厂、以儒治企。

那么,儒商及其精神究竟在哪些方面可以改善企业的环境,提高企业的产品质量,完善企业经营之道呢?

一是人本管理。目前,盛行于国内外企业管理的理念是人本管理。这一思想正是从孔子“仁者,爱人”及孟子“民为邦本”等民本主义思想中引申出来的。正是在人本思想的范导下,许多企业管理人员注重提高企业员工的素质,注重人才资源开发,注重职工切身利益的满足,从而大大提升了企业管理水平。日本企业管理之道之一,恰恰是致力于“感情投资”,这种人情化管理方式乃是吸引美国人探讨日本企业文化秘密的原因之一。

二是自我管理。儒家思想特别倾注于自我修为和自我修养。它倡导忠恕之道——“己所不欲,勿施于人”和“己欲立而立人,己欲达而达人”;讲求成人先成己,正人先正己,治人先修己,认为“其身正,不令而行;其身不正,虽令不从”①,断言修身才能齐家治国平天下。据此,企业管理者只有加强自我修为,强化自我修养,才能率先垂范,才能具有威权,才能号召人、感召人,才能赢得广大职工对领导产生亲近感和敬佩感,形成企业内部强大的凝聚力和战斗力。国外著名管理理论家德鲁克在1985年为《有效的管理》一书再版作序时,强调了“修身”或自我管理的重要:“一个有能力管好别人的人不一定是一个好的管理者,而只有那些有能力管好自己的人才能成为好的管理者。”

---

①《论语·子路》。

三是忠信管理。这又可分为培养员工对企业的忠诚及树立企业管理人员对职工的信誉。儒家历来推崇“与人忠”,忠诚待人。一般说来,企业员工的“忠”既包括对国家的“忠”,又包括对本企业的“忠”。日本企业家十分注意培养职工对企业的“忠”,把“忠”的对象转化为所属的单位,以之作为荣辱与共、利益攸关的“家”(以厂为家),并体现在劳动观之中。这种“忠诚”意识使日本企业职工归属感、团体感特别强。一个美好企业,不仅应是上下忠诚的企业,还应是一个诚信企业。诚信经营是美好企业主体的制胜法宝。作为重要的儒商精神,企业管理人员的诚信主要表现为在广大职工面前做到真实无妄,诚实无欺,言行一致——“人而无信,不知其可也”①。言而有信,以信服人。企业管理者如果言而无信,言行不一,就会失信于民,失信于人,就无以很好地团结职工群众,使自己的企业失去竞争力。取信于人,以诚待人,这既是管理者的美德之一,又是一项有效的管理要求和经营原则。英国管理学家罗杰·福尔杰说过:“世界上最容易损害一个经理威信的,莫过于被人发现他在进行欺骗。”被称为“经营之神”的日本著名企业家士杰敏夫在《经营管理之道》一书中也将“言而有信”、“言行一致”作为建立威信、使员工信赖的两条原则。遵守儒家诚信精神的重要作用,表现于外,一是促使企业为社会、为顾客提供货真价实的产品、服务,不制假售假,不以次充优,以假充真,做到在市场交往中童叟无欺;二是推动企业在经营中讲求信誉、遵守诺言,保质保量按时地为社会和消费者提供满意的优质产品和服务。有无诚信,是衡量一个企业是否美好的重要尺度。国外企业家很注重企业信用体系建设,他们把诚信看做商业活动中最重要最基本的原则。目前,我国政府和企业也在大力开

①《论语·为政》。

展诚信建设,致力于打造诚信企业。坚持诚信为本,诚誉第一,不仅会为企业树立良好的形象,也会为企业的可持续发展带来实实在在的好处。明清时的徽商、近代山东旧军孟家的“祥”字号等著名商家,正是以守信重信屹立于广大消费者心目中,带来了生意兴隆。反之,违背诚信儒商商德,必定声誉自毁,丧失顾客的信任与支持,生意绝不会长久。俗话说:“百金求名,千金求誉。”为什么要这样做?因为信誉是企业巨大的无形资产,它可以大大提高企业的知名度和美誉度。

四是礼治管理。“礼”是儒学中的核心范畴之一,重礼、隆礼、尊礼是儒家思想的基本特色。如前所言,“礼”的含义十分广泛,既包括各种仪式、风俗习惯、要求、规则,也包括各种规章制度、规范原则。按照“礼”来治理企业,加强制度建设和规范内化,可以使每个人行为规范有序,便于人际互动和关系协调,有助于企业保持稳定。做到“道之以德,齐之以礼”①,不仅可以有效约束、调节每个职工的言行,使广大员工能够做到正身自律,保证企业的规章制度得到贯彻实施,还能够使人做到自重和尊人(“礼者,敬而已矣”②),另外,“礼”也有助于树立企业美好形象。一个企业的管理和营销人员在对内生产活动和对外商务活动中,表现出彬彬有礼,礼貌待人,讲究文明礼节,这些显然会维护乃至提升企业美好形象。正是由于礼治管理具有上述功效,它在实践上和理论上都受到了极大肯定。例如,年序工资制和终身雇佣制被证明是日本企业实现有效管理的制度规定,而它们正好来源于儒家的“礼”。由美国特雷斯·E·迪尔和阿伦·A·肯尼迪撰著的《企业文化》一书也凸现了礼节仪式在企业管理中的独特作用。从美好企业的建构来说,必须高度重视礼

①《论语·为政》。
②《孝经·广要道章》。

治,只有这样,才能使企业制度健全,秩序井然,规范合度,才能使人人各安其职,文明有礼,彼此相互尊重。

五是和谐管理。儒家特别重视"和谐"。它强调"和为贵",孟子则说:"天时不如地利,地利不如人和",它要求"和而不同","执两用中",致中和。和谐不仅是儒商精神,也是一种管理原则和管理艺术。依循儒家和谐观念,至少可以在三方面促进企业管理水平的提高,促使企业创造优良的环境和优质的产品。一是在企业内部培植和谐稳定的人际关系,创造充满和睦亲情的家庭式的温暖内环境;二是在企业对外交往中做到"和气生财",既为顾客提供和蔼可亲、细致周到的微笑式服务,与消费者之间建立互惠互利的社会关系,又给企业带来滚滚财源;三是促进企业注意环境保护,讲究生态效益,使企业与自然生态之间保持"天人合一"的协调关系,努力创建绿色环保型企业。在儒教文化圈的国家和地区,儒商的和谐管理思想受到了普遍重视。1992 年《韩国画报》冬季刊发表晓星公司的宣言,他们以"追求和谐,本着和谐的精神工作为宗旨",还经常引用孟子"天时不如地利,地利不如人和"这段名言。在国内外不少现代企业中,许多儒商遵循"和为贵"的古训,把将心比心的"絜矩之道"转换成"角色互换"的管理范式,成为一条成功的管理艺术,借以实现企业和谐的目标。

以上从人本管理、自我管理、忠信管理、礼治管理及和谐管理五个方面扼要阐述了儒商及儒商精神对于优化企业管理、创建美好企业的重要意义。实际上,博大精深的儒家思想可以从很多方面为改善企业经营、提高管理绩效、实现美好企业愿景提供有益的资源,像重俭反奢价值观有助于加强企业成本管理;重教尚贤的教育观有利于企业人才培养和精英治企;坚持用儒商仁义理念治理企业,可以强化企业的伦理管理;"守经用权",既坚持原则性又保持灵活性,能提高企业的应变能力,等等。一句话,只要大力弘扬儒商精神,培养一批又一批儒商,以德治企,就能促进企业管理水平上档次、上台阶,为实现美好企业的愿景创设有利条件。

第三节 儒学伦理精神传统与小康社会建构

一、儒家伦理精神是全面建设小康社会的重要价值目标

首先,儒家伦理精神内在地包含在小康社会的目标体系之中。从某种意义上说,小康社会不能是一个畸形社会,而必定是一个全面发展和全面进步的社会,不仅物质文明、政治文明要相对发达,精神文明、社会文明、生态文明也要相对繁荣。按照主流话语关于小康社会的构想,我国要在21世纪头二十年,集中力量全面建设惠及十几亿人口的更高水平的小康社会,使经济更加发展、民主更加健全、科教更加进步、文化更加繁荣、社会更加和谐、人民生活更加殷实;全面建设小康社会不仅要达到国内生产总值翻一番、社会差别不断缩小、人民过上更加富足的生活、基层民主更加健全、社会秩序良好、人民安居乐业等经济政治目标,还要实现全民族的思想道德素质、科学文化素质和健康素质明显提高等文化目标。这表明,小康社会虽不会是一个君子之国,但必须是一个有"道"社会,是一个礼义社会,是一个"君子"越来越多的社会。据此,我们觉得不仅可以提出经济小康、政治小康概念,还可以提出文化小康、道德小康的范畴。由于是否具备了儒家伦理精神是衡量人的道德素质是否明显提高的重要标准,因此我们可以逻辑地得出这样的结论,即:儒家伦理精神构成了小康社会的内在要素,它成为判断社会是否真正走向小康的重要尺度。

其次,把是否有仁德作为小康的目标来追求,是整个中华民族

包括儒家文化的悠久传统。按《说文解字》,“康”的本义有二:一是从广部,而“广”的本义是房屋,可见“康”同住房密切相关;二是从禾从米,这表明它和稻米饮食有关。《尔雅》释康为乐,为静,为安,为宁,为五达之路。“小康”一词最早见于《诗经·大雅·民劳》:“民亦劳止,汔可小康。惠此中国,以绥四方。”这里的“小康”,意为“安养”、“休息”。东汉郑玄将“小康”释为“小安”。不难看出,早期国人对“小康”的追求犹如今人对“小康”的规定一样,主要限于社会经济的发展。不过,后代的思想家、文学家逐渐开始注重从道德维度去憧憬小康,追求小康。杜甫《壮游》云:“君辱敢爱死,赫怒幸无伤。圣哲体仁恕,宇县复小康。”杜荀鹤《献池州牧》亦云:“池阳今日似渔阳,大变凶年作小康。江路静来通客货,郡城安后绝戎装。分开绿色收新麦,惊断莺声摘嫩桑。纵有逋民归未得,远闻仁政旋还乡。”由此可见,诗人主要从“仁政”角度展开对小康现实的描述和向往。众所周知,“仁”是儒家伦理体系的核心范畴,以之来赞美“小康”,足见“仁德”之于小康社会的重要性,足见儒家伦理同小康的内在相关性。

再次,儒家对“和”的伦理价值诉求成为小康社会的主要内容之一。儒家历来贵中和,强调和而不同、协和万邦,认定“礼之用,和之贵”,其所推崇的社会和谐理念主要体现在四大方面。一是整个社会的和谐发展,二是人际关系的协调,三是人自身的和谐,四是人与自然之间的和谐。很显然,这四方面都是小康社会的理想目标。政府将“社会更加和谐”列入小康社会的发展远景,这就使儒家的贵和伦理精神借助于和谐社会的中介而达到与小康社会的统一。

最后,儒学本身也从社会伦理角度(主要为礼义)勾画过小康社会的美好蓝图。《礼记·礼运》不仅描述了“小康”,还借孔子之言,通过与“天下为公”的三代之治对比,指出禹、汤、文、武、成王、周公

“六君子”的统治为“小康”。对《礼记》思想是否表达了孔子儒学精神虽然今日仍见仁见智,但有一点是可以肯定的,这就是《礼记》体现了孔儒的尚仁义理念。《礼记·礼运》构想了一种大同社会后在“大道既隐”条件下出现的“小康社会”:“今大道既隐,天下为家,各亲其亲,各子其子,货力为己,大人世及以为礼。城郭沟池以为固,礼义以为纪;以正君臣,以笃父子,以睦兄弟,以和夫妇,以设制度,以立田里,以贤勇知。以功为己,故谋用是作,而兵由此起。禹、汤、文、武、成王、周公,由此其选也。此六君子者,未有不谨于礼者也。以著其义,以考其信,著有过,刑仁讲让,示民有常。如有不由此者,在势者去,众以为殃。是谓小康。”不难看出,小康社会具有人人为己、为亲、天下为家的非伦理行为,但是它同时又包含有儒家一贯倡导的讲究礼让仁义的道德行为。《左传·昭公二十年》及《孔子家语》也有相似的记载,并提出“小康”也就是为政时的“宽猛相济”。

二、儒家伦理精神是推动全面建设小康社会的巨大力量

儒家伦理精神是一种内在超越型的、以仁义礼为核心的主体人文精神,它既是立足于现世的修身之道,又是一种伦理与政治合一的为政之道。作为中华民族精神的重要内涵,儒家文化中的伦理精神是中华民族的守护神,是中华民族保持旺盛生命力的源泉,也是中华民族永不衰绝的动力。民族精神相沿不断,其中的儒家伦理精神今天仍然适用。不论是为儒学所极力倡导的修齐治平、廉洁奉公、和谐仁爱、重义轻利、杀身成仁、诚实守信、克己复礼等协调性道德,抑或是大力张扬的勤劳节俭、自强不息、艰苦奋斗等进取性道德,都对我国社会的现代化建设具有积极作用,都有助于我们正确理解和处理私与公、己与他、个人与社会、竞争与协作、先富与后富、义与利、物质文明与精神文明的关系问题。在新的历史时期要实现全面建设小康社会、基本实现现代化的宏伟目标,必然要面临各种内部的和外部的压力、困难，甚至还会遇到像非典、地震这样意想不到的风险。儒家伦理精神作为战胜一切困难的强大动力，作为推进现代化建设的重要法宝，为了克服在全面建设小康社会过程中的一切艰难险阻，必须充分发挥它们在武装人、教育人、激励人、团结人等方面的功能。

儒家伦理精神可以为全面建设小康社会提供秩序和凝聚力量。民族精神在一定意义上说是指一个民族“共同文化上的共同心理素质”。儒家伦理精神具有普遍性，它遵循“大数定律”，为绝大多数中国人所共同接受、具有和追求。这一点使得儒家伦理成为中国人产生强烈的文化认同意识、形成“我们感”的强大力量，并使自身成为一条无形的纽带，能起到团结人心、统一人心、聚集人心的作用。为儒家文化所阐扬的共同的理想信仰、人格操守、价值取向、道德品格，能够把全国各族人民、各个社会阶层不分职业、不分地域、不分年龄维系在一起，一起追求小康社会的理想目标。道德在本质上是调节人与人、人与社会的社会行为规范。它的主要功能在于解决各种利益矛盾和冲突，维持社会秩序。小康社会不仅在追求它的社会建构过程中需要一定的社会经济秩序，而且它本身也必须是“社会秩序良好”。儒家伦理精神作为一种以“仁—礼”为核心的道德律令，它本身即是社会调控的重要手段。倘若说达至小康社会必须坚持“以德治国”基本方略，那么借助于儒家伦理精神以维持稳定的社会秩序，就成为必然的选择。

儒家伦理精神可以为全面建设小康社会提供强大的推动力。任何人类社会的发展，除了需要各种物质动力外，还需要发挥各种精神动力的作用。所谓精神动力，即是推动现代化建设和社会经济发展的主体驱动力量。如果说人的社会需要和利益是社会发展和人类社会实践的动因的话，那么，人的观念（尤其是价值观念）、理想信念、社会精神、道德义务感(含良心)等就是精神动力。邓小平在总结社会主义革命经验时明确指出:“对马克思主义的信仰,是中国革命胜利的一种精神动力。”①对儒家伦理精神是否是推动社会现代化的动力,历来存有争议。马克斯·韦伯不仅否认儒家伦理可以促成资本主义的兴起,反而断言它会起阻碍作用。同属于儒教文化圈的日本和亚洲“四小龙”经济腾飞或现代化的动力究竟是什么?儒家伦理精神到底在其中扮演何种角色?有的认为儒家伦理根本没有助力作用,甚至起障碍作用;有的认为即便说儒家伦理成为现代化的动力,也是很小的,微不足道;有的认为儒家伦理是推动东亚现代化、促使其走向“小康”的强大动力。日本大东文化大学教授沟口雄三指出,儒学在日本现代化的作用是复杂的,二战之前,儒学在日本近代化过程中的作用是很反动的,日本只是利用儒家思想的“忠”、“孝”,这种忠孝思想以国家主义为性质,以天皇为顶端,它成为军国主义的思想基础,而在二战后,儒学在整体上帮助了日本在近现代化过程中增强了国家的总体实力。日本经济腾飞主要借助于市场机制的作用,而市场经济的立足点是利己心,它成为经济发展的原动力,然而在日本,利己心不是个人的,而是公司的,儒学的作用就在于强调对整体负责的精神。② 新加坡国立大学中文系教授陈荣照先生则表示,新加坡经济的发展自然受到儒家的影响,特别是其“与时并进”精神作用尤大,但对于经济起飞,儒家似乎并不构成动力因素,或者只是其中之一。③我们认为,儒家伦理精神是一个包含众多层次和要素的复杂大系统。它有时对现代化具有积极的作用,如儒家的节俭反奢精神推动日本战后储蓄率成为全球最高的

① 《邓小平文选》第3卷,人民出版社1993年版,第63页。
②③ 参见《光明日报》1994年10月7日。

国家之一，并因此为生产资金的积累打下了基础，但节俭伦理显然构不成现代化的动力。有时儒家伦理直接成为推动现代化建设的动力因素，像儒学中的实用理性精神、自强不息精神等即是。在新的世纪，我们尤其要发扬儒家所倡导的艰苦勤劳精神和自强不息精神，以此为全面建设小康社会的伟大实践提供推动力。“艰难困苦，玉汝于成”，“生于忧患，死于安乐”，“安危相易，祸福相生”，“忧劳兴国，逸豫亡身”。翻开中国历史的长卷，就会发现，王朝的兴衰更迭、社会的治乱变迁，蕴藏着一条内在的规律，这就是“忧劳可以兴国，逸豫可以亡身”，励精图治，艰苦奋斗，勤劳进取，方能使国家长治久安，而骄傲自满、贪图安逸，必然亡国，我国封建社会许多政权正是在灯红酒绿、歌舞升平中走向衰败、走向灭亡的。秦王朝的很快覆亡，就是最好的例子。为了保持国家的长治久安，唐朝宰相魏征提醒唐太宗要“居安思危，戒奢以俭”。劳动是一切财富的源泉，勤劳是一切事业成功的前提，是一切民族兴旺发达的保证。以儒家文化为主体的中国传统文化历来视勤劳为立身立国之本，认为“忧劳可以兴国，逸豫可以亡身”，“勤则难朽，逸则易坏”，强调“民生在勤，勤则不匮”，倡导“克勤为邦”。正是靠着勤劳进取，我国劳动人民才创造了灿烂的中华文明。要在新世纪把小康社会的理想变为现实，同样需要广大民众发扬勤劳的传统美德。“宝剑锋从磨砺出，梅花香自苦寒来。”能够吃苦才能真干，而要实干必然要吃苦。邓小平多次强调要艰苦创业，江泽民也一再重申发扬艰苦奋斗精神。《孟子·告子下》中强调：“天将降大任于是人也，必先苦其心志，劳其筋骨，饿其体肤，空乏其身，行拂乱其所为，所以动心忍性，曾其所不能。”胡锦涛来到革命圣地西柏坡，高瞻远瞩，见微知著，洞悉我国社会政治生活中存在的奢靡之风、享乐之风、浮躁之风，告戒全党增强忧患意识，居安思危，坚持“两个务必”，以防微杜渐，永葆党的蓬勃生机，使中华民族能够长治久安。自强不息是中国儒家传统文化的精华，也是儒家伦理精神的精华，自古以来就受到广大有识之士的推崇。我国先哲在《周易》中就提出："天行健，君子以自强不息。"自强不息，不论是过去、现在和将来，都将是我们国家和民族屹立于世界民族之林的精神动力，也是我们新时期推进小康社会建设的坚强支柱和强大动力。

三、儒家伦理精神是构建小康社会需要承继和发展的传统资源

全面建设小康社会离不开弘扬和培育中华民族精神，离不开继承和发展儒家伦理精神，离不开树立与增强民族自尊心和自豪感。为此，我们既要反对文化保守主义，注意克服和剔除儒家伦理精神中的劣质成分，又要反对文化虚无主义，注意批判地汲取儒家伦理中的精华，创造性转化其中富有吸引力、感召力、亲和力、凝聚力的优质因素。鉴于仁、礼、孝是儒家伦理思想系统中极为重要的德目，而且都具有为当代社会所能容纳的普遍性价值，所以我们试图从这三方面去阐释一下如何发挥儒家伦理精神在全面建设小康社会中的作用。

一是构建礼法型的小康社会。如前所言，在孔子那里，"礼"主要是指"周礼"，亦即周初确定的典章、规矩、仪节、制度，同时包含着谦虚、恭敬、礼貌、辞让等意义。孟子则舍弃了"礼"的周制内容。很显然，用来调节人行为角色的"礼"（礼节、仪式、谦恭等），即使是在文明社会也是不可或缺的。然而我们又必须在小康社会构建中抛弃掉"礼"所蕴含的劣质成分（"吃人的礼教"），例如，它对上下尊卑、等级长幼的严厉规定，对虚饰而形式化的繁文缛节的强调，对家长制、君主制和偶像崇拜的维护，对祖先的过分尊崇等。历史证明，一个国家的现代化过程往往会出现"礼崩乐坏"的规范失控态势。我国一度开展的"文明礼貌月"活动，新加坡开展的"礼貌运动"及确定的“儒雅国家”目标，既表现了一个后发现代化国家或已经现代化国家对礼治秩序的向往，又说明了社会某种有序状态的缺失。中国过去是一个礼治（或人治、德治）国家，现在则要向一个法治国家迈进。然而，实现法制化、法治化并不是要全盘抛弃相沿成习的一些文明、礼节、礼数等，恰恰相反，由于我国正处于由农业社会向工业社会、由机械连带社会向有机连带社会、由传统社会向现代社会、由欠发达社会向小康社会转变的“文化转型期”，要在一张压缩的时间表内走完西方发达国家经过几百年走过的路途，必定会产生脱序、失控现象。目前中国重要的社会问题即是道德失范、价值失控，许多人的行为不规范，因此，我们不仅要大力加强法制建设，也要确立一些他人导向的道德规范，强化包括“礼”在内的各种社会规范的教育（礼化、德化），以维护社会的良好秩序。

二是构建人道化的小康社会。从某种意义上说，“仁”是将外在规范的“礼”内化为个体自觉的心理状态。不过，“仁”本身也有内外之别。孔子说过“仁者爱人”，显然，爱不仅仅是一种内隐的爱心，或者用孟子的语言来表达就是“不忍人之心”（恻隐之心、同情心），而且按新精神分析大师弗洛姆的解释，爱是一种对他人的关心、体贴、尊重、忍让、帮助等。此外，“仁”也表示孝悌、事亲等外显行为。① 毋庸置疑，仁爱之心是为现代社会生活所需要的。然而，“仁”从一开始由于时代的烙印而使它带有先天缺陷。例如，孔子是以“礼”释“仁”——克己复礼为仁，为此“仁”的历史内容就必然会受到小农自然经济的纠缠，从而使之具有维护氏族统治体制、血缘亲属关系和等级制的滞后作用，这又正是为现代商品经济和平权政治所不容的。李泽厚认为“仁”是由血缘基础、心理原则、人道主义和个体人

① 孔子：“弟子，入则孝，出则悌，谨而信，泛爱众，而亲仁。”（《论语·学而》）

格组成,并以实践理性为总体特征的结构系统。① 不管这一提法是否有将古人思想现代化之嫌,它至少透示出"仁"所包含的积极和消极二重性,并提示我们必须对"仁"下一番去粗取精的转化功夫。

三是建设孝道式的小康社会。这就要求对"孝"进行创造性的转换。自古以来,孝敬父母为天经地义,小康社会恐怕也不能完全拒斥"孝道"。再说,孝本身确实会产生"和合"作用——国家政通人和、家庭和睦和个人内心和乐。不过,儒家文化下的"孝"又确有许多不能适应现代化生活的内容。在传统中国有《孝经》等典籍,落实到人们的伦常心理上,则大多信奉"不孝有三,无后为大",只有"居三年之丧",或"父母在,不远游",才算"孝"。由于国是家的延伸与扩大,所以孝就不仅成为维护家族制的根干,也为专制政治提供了土壤(忠孝混一)。为了行孝,中华大地上不知上演了多少有关孝子贤孙惨烈故事的历史悲剧。由此可见,不能笼统地讲"孝",而必须摒弃诸如讲求继嗣、服长丧、家长制等陈旧杂质,且根据现代社会文化的实际,重新规定孝的内涵,重新限定孝的范围,反对泛孝主义。

总而言之,对礼、仁、孝等他人导向型的规范文化要进行结构性调整,使之既能突现团体本位、他人至上、社会整合的价值目标,又能体现个体的独立人格、感性功利和自由自主等要求,以为小康社会建设提供强有力的精神资源。

---

① 李泽厚《中国古代思想史论》,天津社会科学院出版社 2004 年版。

下　篇

儒学主要特质与人的发展

第一章　儒学的人情性与人际关系的优化

人情文化似乎更具有差异性、主观性、相互性、感情性等特点。人情文化与人际关系、权力交换(交易)、社会交往、社会成本与代价等密不可分。美国社会学家彼德·布劳在《社会生活中的交换与权力》一书中对社会报酬交换、人际互惠互利、价值期望、人际吸引力等相关问题作了系统阐述,我国著名社会学家费孝通在《乡土中国》一书中也对中国的人情文化有所涉及,而台湾学者黄光国等人在《中国人的权力游戏》等论著中对人情与面子等问题作了较为自觉、较为深刻的揭示。在新时期中国文化热中,也有不少论者对我国人情文化作了阐释。应该说,人情文化是普遍的人类学现象,诸如关系网、社会交换、走后门、拉交情、摆阔气、裙带风、家族主义等在任何社会、任何国家都存在。不过,“人情”历来是中国人普遍具有的价值观念,它既是中国人生存和发展的特殊模式,也是其重要的待人处世之道;作为一种特殊的社会文化,人情是构成中华文化的重要源流,较之其他民族和地区,中国的人情文化似乎有着更为独特也更为成熟的形态。因此我们将以中国的人情文化为范型来讨论儒学的人情特质及其对人发展产生的影响问题。

第一节 人情的基本涵义与主要特征

“人情”一词较为模糊和多义，处在不同情境中往往被赋予不同含义。归纳起来，“人情”大致包含以下几种涵义：(1)指人之常情，即普通人都赋有的欲望、需要及性情，很有点类似于“人性”概念；(2)指个人遭遇不同情境时，由需要是否被满足所引发的各种心理体验状态，即人之感情，《礼记·礼运》中说：“何谓人情？喜、怒、哀、惧、爱、恶、欲，七者非学而能”；(3)指恩惠、情谊。它是指称由人际互动和感情交流所产生和表现出来的社会物象，表征着互动双方关系的密切程度；(4)指个人为达到一定的功利目的与他人进行社会交换时用来馈赠对方的价值资源。它是维系感情、沟通人际关系的媒介，不仅包括可感的具象物——财货、金钱等，也包括无形的抽象物——感情、权力、知识、信息、劳务、能力、声望等。人情文化中的“人情”综合了上述各种意蕴。

人情文化呈现出以下几种特征。

关系性。黄光国在《人情与面子：中国人的权力游戏》一文中指出，中国人一般拥有三大类人际关系：情感性关系、工具性关系和混合性关系。情感关系持久、稳定，情感成分超过物质功利成分，像家庭、密友、朋友团体等原级团体中的人际关系，都属于此。工具关系则短暂、易逝，功利成分大于情感成分，像店员与顾客、公车司机与乘客等人际关系即是。混合性关系则是空间上联成一个社会关系网络，时间上保持一定的延续性，情感成分和工具成分所占的比重不分上下，像亲戚、师生、同学、同乡、同事、邻居和一般朋友等角色关系即属此列。中国人往往会选择不同的社会交易法则和三种不同类别关系中的人进行交往。如果是情感关系，中国人就会按“各尽所能，各取所需”法则交往。如果是工具性关系，采取的交易法则则是讲究“童叟无欺”和“公平法则”。如果是混合性关系，个人则最有可能以“人情”来影响他人的动机、态度和行为。因为这种关系既不像情感关系那样大多以亲密的血缘关系为基础，长绵不断，而需借助于人与人的时相往来维系，也不像工具性关系那样是普遍性的、一视同仁的，交往双方一般不预期将来是否进行任何情感交往，而是交往双方都会预期以后还会进行社会交往，为了不致破坏彼此之间建立起来的“人缘”，资源拥有者要依据“人情法则”，满足对方一定的要求，给予他一定的回报、帮助。① 可见，人情文化体现了人类社会中的混合性关系属性，它通过感情来维系人际关系。

血缘性。中国传统社会结构的基础是以家庭为基本单元的小农自然经济和宗法关系。家又是以血缘关系为纽带组合而成的。在西方，其社会为一团体格局，家庭是一个界限分明的团体，一般只限于他（她）配偶及未成年的子女。传统的中国社会却是一个差序格局的结构关系，“家”是一个以个人为中心的可变动的圆圈，随着血缘关系和婚姻关系的远近扩大或缩小。因此，中国人的家观念就具有极大的模糊性和伸缩性，它有时指家庭，有时又指家族。正如费孝通所指出的：“‘家’字可以说最能伸缩自如了。‘家里的’，可以指自己的太太一个人，‘家门’可以指伯叔侄子一大批，‘自家人’可能包罗任何要拉入自己的圈子、表示亲热的人物。自家人的范围是因时因地可伸缩的，大到数不清，真是天下可成一家。”②这种缘于血缘关系的泛化了的亲属关系，容纳了大量区别于能过分表现出真诚行为的家庭情感关系的混合性关系，如亲戚、朋友等，这就必然导

① 参见黄光国编《人情与面子：中国人的权力游戏》，巨流图书公司1988年版，第11～19页。

② 费孝通《乡土中国》，生活·读书·新知三联书店1985年版，第23页。

致中国人人情关系的血缘化和扩大化。

地缘性。中国历来以农治国,精耕细作。这种小生产方式的特点是对天地的依赖性以及由此决定的不流动性。乡下人大多聚村而居,形成一个个比较独立的自然村落。生活环境的静止、狭窄和封闭使同一村落群体内的人只在彼此间交往、互动,通过多方面、经常的接触或人际认知,互相发生亲密而又熟悉的感觉,形成一种"我们感"。同村人主要又是为了水利、安全、生活等方面的需要而聚居的,其利益有某种相通之处。由于彼此熟悉,彼此利益相关,所以,一旦谁遇到什么红白之事,大家免不了随礼相送;倘若某家遭受特别的困厄,左邻右舍也有义务凑份子解难。所谓"远亲不如近邻"的观念正是此一人情地缘性的表现形式。中国人"乡"意识也具有极大的伸缩能力,"乡"是一相对变动的概念。此时此地同村人是老乡,彼时彼地就可能同县人也是老乡。因地缘而生的同乡、邻居等混合性人际关系的放大扩展,无疑会加剧中国人人情关系的复杂化、重叠化,致使中国人情文化具有广泛的地缘性。

层序性。处在差序格局框架下的社会成员,社会关系是以本人为中心而一层一层推出去的变动不居的圆圈,各条辐射线和圆周线错综交织便形成了每个人的社会关系网络。这一社会关系网状系统覆盖面极大,包容着情感性的家属关系和混合性关系。人情文化的层序性就主要体现在这些不同性质关系的不同组合和层次上。在传统的中国社会里,个人首先要根据血缘和婚姻的远近而识别亲属关系的亲疏,然后选择不同的方式与之交往。中国人亲属的称谓十分繁杂严细,借以悉心甄别血亲关系的疏密。这与西方一些称谓差不多一律的习俗大相径庭。中国文化中的个人,其朋友、同事、同乡等人际关系也时常按彼此亲近的程度、交往的频率和利益的相关度分出人缘的深浅。关系的亲疏、人缘的深浅是中国人做人情的重要参考依据。施与人情的方法是什么呢？抑或说怎样做才算“通人情”呢？一个字——推。“推”至少包含这么两层意识：一是“忠恕之道”，亦即感知和推测他人的需要和喜怒哀乐等情感，尔后投其所好——乐其所乐，哀其所哀。这是行人情的内在动力和外在通道。它又分为两个方面：积极意义上的忠——“己欲立而立人，己欲达而达人”和消极意义上的恕——“己所不欲，勿施于人”。“推”的另一层意识是推己及人，亦即遵循“礼”的规范，用不同的方式对待与自己关系远近不同的人。“礼”实质上是一种严格的等级秩序，是调节上下尊卑、贵贱亲疏等角色关系的外在规范和行为表现。遵循“礼”无非就是用不同的方式、不同的资源与他人交往。所以从“礼”、礼节的级差性就不难推演出人情的层序性了。

伦理性。这可以从人情的非利性和非法性两个方面来认识。在中国社会，拉关系、行人情并不表明只讲义，不讲利。恰恰相反，人情关系总是建立在利益基础之上的。人情施与者之所以施惠于人，并不是像康德所期望的那样“纯出乎义务心”，而是因为他预期对方将来一定会回报。尽管中国的社会伦理强调“施人慎勿念”、“施恩拒报”，但这只是一种“圣贤的理想”，并非大多数中国人所遵循的行为模式。何况中国伦理十分强调“受施慎勿忘”的道德义务呢。再则，可能基于礼义道德考虑，中国人比较轻视物质回报，但注重精神酬赏（“重义轻利”）。既然不论是施者施恩还是受者图报，都不过是为了某种功利目标，那么说人情具有非利性岂不是自相矛盾吗？不，不矛盾。因为，这里所说的“利”并不是指包括物质利益和精神利益的广义的“利”，而是指“君子喻于义，小人喻于利”意义上的狭义的物质利益。因此所谓人情的非利性准确地说是指人情的非物质功利性。而人情的非物质功利性又并不是说它不借助于任何物品、财货、金钱进行交换，也不是说交往双方不追求任何物质目标,而是说中国人往往把做人情和回报本身都当做一种伦理义务来倡导和要求——“来而不往非礼也”,且注重人与人之间的情义、仁爱,很少用金钱、财物当成普遍性的交换资源。质言之,人情的伦理性并不绝对排斥功利性,而不过是说它比较轻视物质而注重精神情感和伦理目的罢了。那么,什么是人情的非法性呢?众所周知,传统中国是一个礼俗社会,个人与他人的社会交往主要是对一种规矩、情义和习惯的依赖,而不像西方法理社会那样对契约、对法律十分重视。中国人在家内注重血缘亲情的整合作用,讲究“父慈子孝”(“在家靠父母”),在外则讲交情、重义气(“出外靠朋友”)。而西方人却比较重视个人权利与法律平等。由于过分突出人情的制导而忽视法纪的调控,使中国形成了尚情不尚理、尚礼不尚法的伦理文化。这与西方的法理文化大异其趣。人情的偏盛自然就导致法律受挤压,遭轻视,于是就难免“人情大于国法”了。

总之,关系性、血缘性、地缘性、层序性和伦理性构成了中国人情文化的基本特征和主要脉络,它们相互影响,相互作用,共同建构了中国人情文化的主要框架。人情文化从一个广阔面上对中国社会的政治、经济、道德、法律和文学艺术等社会的各个层面都产生了深刻影响。尤其在塑造中国人的人格方面,人情文化更发挥着不可替代的独特功能。

第二节　人情的社会功能

大家已知“人情法规”要求个人关心体贴别人的苦乐,并帮助他人从面临的困境中解脱出来,如此方为真正“通情达理”的人。人情的这种特点和规约无疑培养了中国人的同情之心和仁爱精神。由于中国文化表现为“礼义至上”、“伦理本位”,加之社会资源总是有限的,所以中国人总是比较强调克己、忍让、勤俭,以求得人际关系的协调和心灵的宁静。这一切都使中国文化充满着浓郁的人情味,蕴含着温情脉脉的人文主义格调。对中国文化推崇备至的印度大学者泰戈尔早在上世纪初就曾赞叹道:“中国古老的文明,那耐久合乎人情的特性,对所有属于它们的事物都产生了生气勃勃的影响。如果这一文明不是这样地突出地合乎人情,不是这样充满了精神的生命,它绝不会延续这样久。”也许泰戈尔过分夸大了中国人情文化的积极效应,然而仅就注重人情冷暖、崇尚人际和谐的文化传统来说,泰戈尔毕竟还是把握了中华民族基本精神的一个极其重要方面。中国传统文化之所以愈来愈受到西方人的倾注,恐怕不单是出自学理兴趣,一个重要的思想动因是出于对西方世界那种沉湎于物欲、人性沦丧、精神紧张、心灵空虚等惨痛现状的苦恼、抱怨和不满,而试图从中华文化中吸取宁静、和谐、自足和仁慈等有益成分,以冲淡西方由于过分激烈的无情竞争而引起的紧张的持续的张力和激荡不宁的精神状态。英国著名历史学家汤因比曾经断言,只有当中国文化中的和谐引导人类精神前进时,世界历史才真正找到它的归宿。

然而历史总是充满辩证法的,人情文化对中国的国民性同样产生了巨大的消极效应。首先,它助长了一部分中国人的自私。做人情总是以自我为圆心,以自我利益为半径,并依据不同的方式与关系亲疏不同的人进行社会交换,以获取一定的功利目标;而且,做人情还要尽可能保持本人所付出的代价与对方的回报相等,因此讲人情在一定意义上说是个人追求个人利益实现的手段,它极可能滋长斤斤计较个人得失的自私心理。其次,它损害人们的公正心,可能造成社会的不平等。按照“人情法则”,假如是两个以上的“关系户”共同分配既定资源,为了维持自己、关系户之间的感情和人际平衡,资源支配者就可能依据“均等原则”,而不论关系网内各个人的行为表现如何、有多少贡献,也不论社会的规范制度怎样,将资源平均分配,让大家“利益均沾”。从另一方面看,资源支配者总是要遵循“对等原则”,仔细权衡自已所付出的代价是否与对方的酬报公平,以求大体均衡。诸如这些特点和要求,在一定程度上造成了中国人“不患贫而患不均”的平均思想和“求大同”的大一统观念。把资源平均分配,貌似公正,实则不然。因为中国是一个差序格局的社会,资源支配者通常要根据关系的疏密、厚薄以及主观的好恶,选择不同的方式和资源来与关系网内不同的人交往,这样就可能违反社会公正原则和规章制度而决定是否做人情以及人情的大小,从而造成社会的不平等现象。再次,由于遇事讲人情,惟恐伤害对方的情面,因此中国人常常过分表现出忍让、谦恭、中庸、保守、怯弱和自卑等性格。除此之外,像依附、顺从、懒怠、奢侈等许多不良品质与人情文化也不无千丝万缕的联系。

新时期以来,我国实行了包括发展市场经济等在内的一系列改革、开放政策,个人正当的物质利益得到了肯定,人们不再谈利色变,而是把求利、求富当成普遍有效的行为方式,金钱、物质愈来愈成为社会交往的重要手段和价值尺度。同时,人们不再单凭习惯、传统、道德和感情进行社会交往,而开始运用法规、法纪来调节人际关系。这样,人际关系中传统的人情性受到了广泛的冲击。然而,在人情弱化的同时人情又被强化,传统的人情文化在当代中国呈现出“二律背反”的历史形式。毋庸讳言,历史传统具有强大的惯性。作为具有行为价值定向功能的人情文化由于深厚的历史渊源和耐久的生命力,它逐渐被历史所积淀,并渗透到中国人的国民性中,演化成习惯化了的社会规范和行为模式。这种人情文化的历史遗传的方式,又被当代中国人所承继。我国已逐步实现从产品经济——

自然经济向市场经济的转变,按理说市场经济内在固有的平等原则(在商品面前人人平等)和经济因素,可以冲涤和抑制人情的滋生和蔓延。但是,由于我国仍处在新旧体制转换时期,许多规章制度尚未建立,或者不够完善,由于我国生产力还不太发达,社会产品还不完全丰富,不能根本满足人民日益增长的物质文化需要,所以本来就有限的社会资源极可能从非正当渠道流走,极可能被"关系"或人情所利用。这样,市场经济对人情的潜在抑制作用被本身的不完善和生产力的落后性所抵消,我国的人情关系反而在某些方面被强化了。

一般说来,决定资源支配者是否做人情要看对方面子的大小。而面子又取决于两类因素:社会地位和社会关系。社会地位越高,关系户越多,面子也越大。为了加强在资源支配者心目中的面子,社会上一些人就采取显示自己才能、美貌、财权,炫耀自己地位的方式。当前,婚丧中讲排场、摆阔气等不正之风,除了有其他种种原因外,一个重要根由就是操弄自己在世人眼中的形象而做"面子功夫"。抬高面子的另一重要途径是扩大"关系户"。常用的办法是角色关系,即运用各种方法将对方套系在和自己有关的角色关系中,以混合性关系和对方保持往来。角色套系又分两个步骤。第一步是和没有混合关系的人建立关系;第二步是和关系疏远的人加强交往。鉴于面子是人情的正比例函数,面子之于中国人犹如人情一般至关重要。假如你损伤了某君的面子,将来他也可能不给你留情面。

究竟如何评价人情的这种弱化和强化现象呢?人情文化在当代中国到底具有什么样的社会效应呢?我们认为,既要强化人情,又要淡化人情;既要剥取人情文化中的"合理内核",又要剔除其糟粕成分。如同许多传统观念一样,人情也是精华与糟粕的杂糅、混合,具有积极和消极的两面性。它在当代中国所发生的社会效应的性质和范围,主要取决于我们本身的背景条件、抉择方式和心理准备势态。只要根据不同的情景,分别不同的关系,对人情加以具体分析与运用,就能扬长避短,达到人情效用的优化。人情文化固然能够协调人际关系,沟通人的情感,丰富人们的精神生活,但是它也会成为阻碍中国现代化进程的绊脚石。

首先,它造成社会资源的极大浪费。人们一方面为数不胜数、花样日新的礼——压岁礼、婚丧礼、生日礼……而苦不堪言,另一方面却大摆酒席,大修墓碑。刚刚走上富裕道路的农民,许多人不是把钱用于培养人才、改善衣食等日常生活上,而是为了争面子、慕虚荣、攀比高,把本来还不多的收入大多花在结婚、盖房两项支出上。目前,从农村到城市,"人情债"愈来愈重,"人情风"愈刮愈烈,几乎泛滥成灾。

其次,它阻滞市场经济的深入发展。马克斯·韦伯在《新教伦理与资本主义精神》一书中指出:西方早期中产阶级由于信奉具有禁欲倾向的"新教伦理",非常注意节俭和资本的原始积累。第二次世界大战后一段时间的日本职工,生活水平虽比欧美国家低,但由于日本人受儒教伦理的影响而厉行节约,使日本职工的个人储蓄率远远高于欧美,这就为日本的经济腾飞奠定了雄厚的物质基础。按说中国人更应节约,可事实却是除了朴素值得称道外,我们中国人似乎更能浪费。这从愈演愈烈的吃喝风中可见一斑。这里,人们不禁要问,中国为什么会出现上述畸形现象呢?原因自然很多,但人情不能不说是一个非常重要的原因。婚礼中大宴宾客诚然是结婚人在炫耀自己的财物、志气,生怕丢失面子,但另一方面宾客也在借机送人情、拉关系。而两者的共同目的说穿了不过都是为了从对方手中获取各自所需的资源。由做人情和还人情所带来的财物、资金的巨大浪费,对于人均收入还较落后的我国来说,显然不利于消费资金向生产资金的转化,不利于市场经济向纵深拓展。人情观念也有碍于商品意识的巩固和深化。人情文化强调情感交换，金钱、物质只是附带地充当交际媒介；而以商品、经济作为行为价值取向的人际交往，则很少虑及人情冷暖和伦理目的，钱、财是主要的价值目标。虽然中国人平时倒很注意节约，但每逢过年过节却十分"奢侈"，衣食住行可能很俭朴，婚丧却非常浪费。市场经济在我国城乡的深入展开，促使人们改变传统的人情观念，把追求利润、财富当做有效的生存方式，以适应日益商品化的社会势态，然而，习惯的人情势力异常强大、异常顽固，许多人的人情观念根深蒂固，他们对追求富裕，对用物质利益作为衡量行为的价值标准困惑不解，心理上承受不了。如果不尽快改变传统的人情观念，就不可能树立和强化市场商品意识，就会丧失市场经济的内在动力。

再次，它导致权力滥用。由做人情带来的社会弊端最令人痛心疾首的除了严重的"人情礼"外，当首推以权谋私。诸如行贿受贿、任人惟亲以及走后门、拉裙带等不正之风，大多属于以权谋私。

人情文化的消极影响当然不止上举数端。要克服人情的不良影响，最根本的应是提高社会的物质生产力和精神生产力。只有两种生产力水平极大提高，才能提供丰富的物质资源和精神资源，减少因争夺贫乏的资源而托人情的可能性。由于我国人情文化具有深厚的非法性、层次性，因此要遏止人情发生消极效应，还必须充分利用道德的约束力和法律的强制力，使人与人之间既相互理解、相互帮助，又合理合法、不徇私情，达到感情和理性、义和利、礼与法的和谐统一。

第三节　儒学的人情特质与人情文化的形成和发展

在此必须指明的是，在中国传统儒释道乃至墨学、法家之学等众多学派、思潮中，只有儒学对传统中国社会中普遍盛行的人情文化产生的影响至深至广，从多个维度和层面形铸了历史悠久的中国人情文化形态，并由此改造和重构国人的处世哲学和人际关系，使人情成为维系中国人社会关系的重要纽带，在很大程度上，儒学的人情特质决定着中国人情文化的内容、特点、走向和发展。

一、儒学为人情创设情理基础

对于儒学的人情特质及其对中国人情文化产生的影响，国内学者同海外学者不同，有的更多从负面角度作了诠释。王润生在谈到儒学以血缘道德为标志的道德相对主义时指出，有人说中国文化重人情是它的优越性，这是一个误会，因为，中国人素来不重人情，重的只是亲情和友情，不是一般意义上的人情，人们更多的是把亲戚当人看，把兄弟当人看，把朋友当人看，而很少把陌生人当人看。① 刘清平认为，西方的道德理性虽然同认知理性有别，但它作为人的理性本质在实践一道德领域的具体体现，与“认知理性”或“纯粹理性”内在相关；同时，西方哲学中的道德理性精神则既外存于情感欲望又具有普遍可适用性。反之，儒家伦理由于它特别注重宗法家族关系的伦理道德意义，由于它以血缘亲情作为确立宗法伦理规范的内在依据，由于它把血亲伦理规范作为一切道德行为的本根基础，由于它赋予血缘亲情原则以天经地义的至上意蕴，因而它是一种以情感为依据、以特殊主义为特质的血亲情理，而异于西方式的道德理性。②

我们认为，儒学尤其是儒家伦理固然突现血缘情感，且将认知理性从属于道德伦理（即“智”不具独立意义，而视为伦理智慧），不

① 王润生《现代化与现代伦理精神》，广西人民出版社 1989 年版，第 245 页。
② 刘清平《儒家伦理：道德理性还是血亲情理?》，载曾振宇主编《儒家伦理思想研究》，中华书局 2003 年版，第 462 ~ 474 页。

过，无可否认，儒家伦理同时也是一种道德理性，它将情感与理性融为一体，一方面儒家强调情理合一，另一方面它并不否认“智”和“知”在人的社会行为中的作用——例如荀子就断言人是一种“有气、有生、有知，亦且有义”的存在①。儒家的情感理性特征在某种程度上奠定了中国人情文化的性情基础。

（一）儒学为人情提供了某种主体架构

如上所述，“人情”是一个包括人的感情、欲望、性质、体验等在内的概念，儒家不仅在《礼记·礼运》这一经典中提出了“七情”学说，同时还从多个层面阐释了人的情感问题，并将之置于十分突出的位置。这从我们在本书相关章节中所讲到的孔子认为人之所以要守三年之丧就是由于三年的亲子之爱，孟子把仁的本义归结为事亲（“仁之实，事亲是也”《孟子·离娄上》）等论述中，把血缘亲情视为伦理行为本根基础，可以得到说明。尤其是孟子所提出来的作为仁义礼智的恻隐之心、羞恶之心、辞让之心和是非之心并不是认知理性而是一种道德化情感。蒙培元先生曾深刻指出，在儒家看来，人首先是情感的存在，就是说，人是有情感的动物，而情感具有内在性、直接性，儒家之孝正是出于亲子之间的“真情实感”，中国人常说“天理良心”、“天理人情”，“良心”即是“人情”、人心之“良”，即是“人情之美”。②

（二）儒学为人情创设了某种伦理基础

儒家在把众多伦理规范建立在人的美好情感尤其是血缘亲情基础上的同时，也就使情感伦理化，情理达至一体，孟子明确地说“乃若其情，则可以为善矣”③，朱熹说“仁义礼智之理具焉。动处便

---

①《荀子·王制》。

② 参见蒙培元《人是情感的存在》，《社会科学战线》2003 年第 2 期。

③《孟子·告子上》。

是情”①,王阳明也讲“七情顺其自然之流行,皆是良知之用”②,这些论断在在表明儒家多化情为理的理论皆趣。正是由于将情感伦理化,才使人们把人际感情交往不仅当成一种行为惯例,也会把做人情和还人情当做一种道德义务来践履;不仅把为了人情而所做的面子功夫看成一种世故化的要求,也作为维护个人尊严和荣誉的社会象征;不仅把人际的互惠互利视为个人生存和发展的不二法门,也把利用人情维系人际关系(知恩图报)当成人的道德责任。一言以蔽之,由于把“人情”伦理化,儒家往往把合乎理义之情看成是正当的、神圣的置于极其重要地位,以至于孔子把“父子相隐”这一天理人情看得大于“国法”,从而赋予中国的人情文化以浓厚的伦理性和非法性色彩。

二、儒学为人情文化提供行之有效的行为规范和准则

中国传统社会中所讲的人情不仅是指人内在的心理感受,也是一种外化于社会关系中的交际媒介、资源,是用来处理人际关系的某种工具和策略;而儒家所提出来的仁义礼智信等伦常规范恰好是用来调节人伦关系的,它们在同社会人际关系的相互作用、相互映照中得到了强化。从某种角度说,儒家通常把人看成生活于各种社会关系之中,而各种关系不过是某种伦理关系;儒家相信人与人之间的关系是种情分,故伦理关系即是情谊关系。这样,儒家核心伦理为中国社会人情维系和运转提供了重要的行为方针,这主要从以下几个方面得到印证。

一是仁爱。前已多处述及,儒家仁爱讲究的是差等有序、亲疏有别,它强调应根据人际交往对象同自己关系远近来施与不同的

---

①《朱子语类》卷九十八《张子之书一》。

②《王阳明全集》卷三《传习录下》。

爱；而人情正是按照关系类型（情感关系、混合关系和工具关系）遵循不同法则进行交往，把关系的亲疏、人缘的深浅作为做人情的重要根据，这实质上是把人分为亲人、熟人和陌生人以表达不同的“爱情”。仁爱原则同人情关系的这种同构性和同质性，使儒家仁道成为中国人建构人情的伦理根基。对亲人的爱和对熟人的爱虽然都带有恩情成分——如孝正是建立在报本返始上，但前者毕竟情感因素超过功利因素，后者则是功利大于情感。仁爱把对亲人的恩情同外在化、世俗化的对熟人的恩情区分开来。

二是礼义。来而不往非礼也。中国人正是把报恩和还人情作为有礼的表现。而在传统中国社会，社会化人情往往要借助于礼节、礼物、礼教等加以维系——礼尚往来。同时，“礼”作为调节社会等差秩序或角色关系的外在行为规范，它也要求人们应采用不同的方式、运用不同的资源同不同的人打交道。① 情与义总是密切相关的，讲人情、懂人情被认为是有义（义者宜也）的表现，在中国，“无情无义”、“不近人情”是对人的负面评价。情与义之所以不可分，还在于义是一种正当之理，是合适的行为，如果人情失去义的节制，就会使人变得世故，而不那么“合情合理”。林语堂先生在《中国人》一书中曾讲到中国把人情置于“理义”之上，并有崇拜“常情”的倾向。②

三是忠恕。正如我们在本书多次所言，近代以来，有的论者认为儒家之“忠”与“恕”并不是并列关系，“忠”从属于“恕”，由“忠”所表达的“己所不欲、勿施于人”不过是“恕”的消极意义，而“己立立人，己达达人”则视为积极意义。当然大多数学者还是把“忠”和

---

① 冯友兰指出：“在表面上，礼似乎是些武断底、虚伪底仪式。但若究其究竟，则他是根据于人情底。”载《三松堂全集》第四卷，河南人民出版社 2000 年版，第 365 页。

② 参见林语堂《中国人》，学林出版社 1994 年版。

“恕”理解为两个并列不悖的待人处世之道。不论曾子说“夫子之道,忠恕而已矣”①是否能够完全反映孔子的原意,有一点是无可置疑的,即儒家十分重视忠恕之道,把它作为协调人情世故的重要原则和方法在全社会加以倡导,主张按照推己及人的理念去处理社会关系网络中的不同人际关系——“能近取譬,可谓仁之方也已”②。尽管孟子反对墨子的兼爱,认为这会取消血缘亲情(无父)的本根性,会造成“二本”③,但同孔子一样,他也主张“泛爱众”,要求人做到普遍性的“推恩”——“老吾老,以及人之老;幼吾幼,以及人之幼”④。对于忠恕在人情中的作用,冯友兰在《新世训》中作了深刻细致的分析:“‘来而不往,非礼也’。若专把来往当成一种礼看,则可令人感觉这是虚伪底空洞底仪式。但如我去看一个人,而此人不来看我,或我与他送礼,而他不与我送礼,或我请他吃饭,而他不请我吃饭,此人又不是我的师长,我的上司,在普遍底情形中,我心中必感觉一种不快。由此我们可知,如我们以此待人,人必感觉不快。根据己所不欲、勿施于人的原则,我们不必‘读礼’自然可知,‘来而不往’,是不对底。一个人对于别人做了某种事,而不知此事是否合乎人情,他必须问,如果别人对于他做了这种事,他心中感觉如何。如果他以为他心中将感觉快乐,则此种事即是合乎人情底;如果他以为他心中将感觉不快,则此种事即是不合乎人情底。”⑤在某种意义上可以说,人情不过是儒家恕道思想外在化、世俗化和社会化的思想观念,正因如此,它才对历代中国人产生强有力的社会约束力。

---

①《论语·里仁》。
②《论语·雍也》。
③《孟子·滕文公上》。
④《孟子·梁惠王上》。
⑤ 冯友兰《三松堂全集》第四卷,河南人民出版社2000年版,第364页。

三、儒学在很大程度上强化了人情文化的社会基础

儒学的人情性最突出的是表现在它的血缘亲情性,传统中国宗法关系的长期延续和根深蒂固深刻地反映在儒家思想中;反过来,在儒学的推动下,中国社会的血亲关系又进一步得到强化。儒学何以能够为中国的人情文化提供某种社会基础呢?

一是儒学特别注重血缘亲情。且不说儒学特别是孔孟儒学把血亲情理视为伦理的基石,即使是作为儒学核心的核心,五伦有三伦是讲家族关系,突出父子、夫妇和兄弟关系的地位。并且这五伦也还是受家庭关系的影响而强调某种有差等的关系结构,正是在此种儒家伦理文化的熏陶下,使得中国人依关系的特殊差异而选择做人的方式。

二是通过家族主义而作用于人情文化。尽管如前所述中国人"家"可大可小,但实际上由于受儒家泛家族主义文化的影响,中国人往往借助于联姻、生育、工作、学习、交往等手段而扩大"家"的范围,以此把那些没有任何情感关系的人纳入情感关系或混合性关系,按照"人情法则"同混合性关系中的人进行人际交往。在传统中国社会,许多人通过把家族血亲之爱加以放大来编织人情关系网,如拜把子兄弟、移孝作忠(把君主称为大家长、君父),培植各种人际关系资源。拿孔子来说,在他所处的时代,虽然民族血亲之爱关系仍起着重要作用,但随着分封制的生成和发展,出现了许多异姓者,为了使以仁为核心的伦理思想适应新的政治体的需要,孔子儒家把血亲之爱加以延伸和扩大,使之变成普遍遵循的社会准则,提出了"四海之内,皆兄弟也"①、"朋友有信、泛爱众"等观念,从而把道德情感推广到更为广泛的社会生活领域。就家族主义的泛化给人情

①《论语·颜渊》。

文化带来的效应,金耀基作了很好概括。他指出:“既然家之范围有如此伸缩性,那么人与人之间关系有无、厚薄、亲疏也都变得很有伸缩性。从而,拉亲情、攀关系,便成为社会普遍的现象。人情在这样的情形下,也成为一极有伸缩性的东西,所谓‘得势叠肩来,失势掉臂去’、‘一朝马死黄金尽,亲者如同陌生人’在说明人情之冷热、世态的炎凉,此诚然是古今中外所同然的社会现象,但中国社会似特别明显。”①

三是借助于报、恩等范畴而为人情文化创设某种社会交换机制。如上所述,中国社会中的人情是通过人际交往、交换来达成的,它乃是一种施者同受者进行社会交换时用来互惠互利馈赠对方的价值资源。金耀基就儒家思想与人情文化中的社会交换机理也作了透辟的诠释。他引证说,西塞罗说过“没有一种义务比回报他人之善更不可或缺的了”、“人皆不能信赖——忘人之恩者”。他还讲,在有些特殊之“伦”的关系中,有较大的规范性,“报”或“人情”的成素是较固定的,正如史搢臣在《愿体集》中说:“父慈、子孝、兄友、弟恭,从到极尽处,只是合分如此,著不得一毫感激居功念头。如施者视为德,受者视为恩,便是路人,便成市道矣。”而在另一类不属于某一“伦”的特殊关系中,人并没有特别的“名分”或角色义务,儒家社会理论对此很少有特定的规定,但其忠恕之道却有很重要的规范。金耀基指出,冯友兰先生把“施恩拒报”视为超道德的“义”虽比一般的“报”要超越,但它仍是中国社会不可缺少的道德要素,在忠恕之道中,这是“施者”的义务;况且,中国社会伦理还同时强调“受恩者”的义务,如朱子治家格言:“施惠无念,受恩莫忘。”儒家论人与人之间关系时,往往对“施者”求以“不望报”的圣人道德,而对“受者”则

① 杨国枢主编《中国人的心理》,桂冠图书公司1988年版,第88~89页。

求以“勿忘报”的常人道德。在中国社会家属关系之外的一般性关系中，既有经济性的交换行为，也有社会性的交换行为，后者正是通过“人情”赖以维持，我们常说“卖个人情”、“送个人情”或“讨个人情”、“求个人情”，都表示人情的“交换”特点。① 交往与交换是一种极为重要也很普遍的人际关系，同时它们也是个人的一种重要生存方式。一方面，历代中国人讲求情感交往，另一方面，传统中国社会又特别重视在交往、交换过程中遵循忠恕、礼义等道德原则。而这显然离不开儒家伦理观念的制导。人际交往借助于“施”、“受”与“报”赖以展开，在任何文化有机体中，“报”是一个普遍倡导和推行的原则，不过，在中国“差序格局”的社会背景下，“报”同儒家的忠恕之道、尚礼重义相互作用、相互强化，共同建构了中国特有的人情文化。我们承认金耀基所说的“施恩拒报”是一种较为高尚的圣人道德，但施者求报作为一种人情法则属于正当的社会化行为。从受者角度看，知恩图报是一种道德义务。正是因为受者必报，施者才有施恩的动力。在这种施受的恩情往来中，维系着中国人的社会关系赖以正常进行。正如在“直”规范一节中谈到的，孔子所说的“以直报怨，以德报德”，毫无疑问“以直报怨”是一种高尚的道德行为，“以德报德”从其精神境界来说低于“以直报怨”，不过它也可算是一种较低层次的伦理行为，至少它可以视为正当化的社会行为。我们认为，送人情、拉关系、施与别人恩惠符合利他的道德本质规定，尽管施者主观上会求取某种图报，这在很大程度上降低乃至消解施恩的道德价值。有的学者认为，按照“以直报怨”的逻辑，“以德报德”也不值得提倡，因为“以德报德”同“以怨报怨”并无多大区别，不应因为他人做了对得起我的事情我也做出同样的事情相报答，只有“以

① 杨国枢主编《中国人的心理》，桂冠图书公司1988年版，第88～94页。

直报怨”和“以直报德”，才是儒家所倡导的精神。这样来理解儒家之“报”不太符合孔子的原意。且不说孔子是将“以直报怨”与“以德报德”共同加以倡导，就“以德报德”本身而言，它不仅是受者的义务，也是维持社会正常运转的重要机制，能够促进德福一致，同时它也符合人之常情，符合儒家“礼尚往来”的规范要求。

第四节 人情文化的扬弃与人际关系的优化

一是提倡人际的正常交往。如上所述，在当代中国社会，由于受资本市场经济的冲击，以及西方个人主义、实用主义等思潮的侵蚀，人情文化在强化的同时，也出现了弱化的状况，这种弱化固然有其积极的一面，但亦带来人际关系的功利化、金钱化、世俗化和疏远化等消极景况，其直接后果就是人与人之间的冷漠、无情，导致人的孤独、空虚，导致兄弟反目成仇，以及邻里之间老死不相往来。我们认为，只要克服惟利是图、权钱交易等负面因素，遵循公平、公正、公开的原则，就应加强人际交往，注重礼尚往来，就应珍惜人际的亲情、友情，使人与人之间多一些关爱、体贴、宽容、尊重，多一些人情味，从而促进人际关系和谐发展。

二是遵循普遍理性原则。虽然儒学不乏泛爱众、仁民爱物、天下万物一体之仁、四海之内皆兄弟等普爱主义，然而儒家之爱毕竟讲究差等，而儒家倡导的伦理本位实质上就是关系本位；而与之密切相关的人情文化也是突出关系性和层次性，这些显然会妨害社会公正，带来人情大于王法、裙带风、以权谋私、奢侈浪费、政治腐败、任人惟亲等弊端，阻碍政治经济关系的良性运行。就情感关系而言，我们要充分发挥儒家包括五伦在内的各种纲常的规范作用，重视亲情，克服家族主义的消极成分；就混合性关系而言，应承继和发扬儒家的忠恕之道、尚礼重义、主忠信等伦理思想，扬弃中国传统的人情文化，构建起互惠互利、和谐共存的人际关系；就工具性关系而言，一方面要防止把讲人情、亲情等特殊主义因素带入进来，另一方面要确立和遵循公域性规范（含道德规范），按照一视同仁（不分关系亲疏远近）、公平合理等普遍主义交往法则，平等地对待所有社会关系中的人。总之，我们既要注意血缘亲情对于人际关系的协调作用，防止人情冷漠、家庭观念薄弱、人伦关系松弛等不良现象的发生，又要充分发挥西方式的理性精神和法治原则，防止任人惟亲、人情至上、徇私枉公、以权谋私等消极文化滋生蔓延。

三是实施合理的人情规避。过分讲人情，陷入人际关系网的包围之中，实际上给当事人带来很大压力和困难：没完没了的人情债会使人身心疲惫，不堪重负；徇情枉法，以权谋私，任人惟亲，要承担很大的政治法律风险；受人恩惠，亏欠他人的人情，会使人身心难以保持平衡，且在某种程度上失去了独立性，等等。俗话说："人情紧过债"、"赖债不如赖人情，赖了人情难做人"、"钱债好还，人情债难还"。因此，社会上有许多人努力规避人情，如拒收他人的礼物，婉拒别人的宴请，无事少跟人交往，或是亲兄弟明算账，朋友聚会实行AA制，实行回避制，等等。应当说这些不失为避免人情关系扩大化、防止人情与国法相冲突的重要策略。

四是大力弘扬正义精神。在儒学中，正如前所述，义虽然不能同正义画等号，但它却内在地蕴含正义观念。在西方，亚里士多德就已提出了正义思想。他指出："政治学上的善就是'正义'，正义以公共利益为依归。""正义"本质上是"平等（均等）"，亦即"相等的人就该分配给到相等的事物"。① 当代西方著名政治哲学家罗尔斯也

① 参见亚里士多德《政治学》，商务印书馆1965年版。

在《正义论》一书中强调"正义是社会制度的首要价值"。① 如果是基于某种道德的考虑或伦理义务,以及个人正当利益的需要,那么不论是送人情还是还人情,都是符合正义原则的合理行为。但是如果超过正常的人际关系,大搞人情交换,拉关系,结帮派,显然是不义的举动。尤其是将人情法则带到公共活动领域,大搞什么人情至上,亲情为本,显然不符合社会正义原则。反之,能够做到"施恩拒报",就如同冯友兰先生所讲的那样,是一种"义行"。可见,人情关系只要保持适当的范围和合理的度,按照儒家倡导的礼义、情义行事,遵循道德正义原则,就是健康有益的。更进一步地说,人情文化既不是纯粹的利己,也不是纯粹利他,而是利己与利他、自爱与他爱的合取、统一,是一种互惠互利关系,即使是在现代化社会,也是具有合理性。但是,如果牵涉三人以上的人情关系,或者说涉及公共资源的分配,那么就应遵照政治正义和伦理正义的原则,来公正地加以处理,来平等地对待所有互动的人,而不能囿于关系网、关系户。

五是大力弘扬社会公德。我们多次强调,儒家伦理系统中并不是完全缺失社会公德规范,像孔子提出来的泛爱众、"唯仁者能好人,能恶人",孟子所讲的"乐以天下,忧以天下"和仁民爱物,张载倡导的"民胞物与"等,均是针对处理广泛的社会人际关系的。孔子所讲的"以直报怨"也超越了狭隘的人情关系,具有崇高的道德价值。然而,不可否认的是,儒家更为彰显的是五伦五常,以及忠恕之道。它们一般是用来协调情感关系(父子有亲、夫妇有别、长幼有序)和混合性关系(君臣有义、朋友有信)这类私人性关系类型,这些同个人利益紧紧缠绕在一起,甚至直接以自我利益为出发点,从而包裹

① 参见罗尔斯《正义论》,中国社会科学出版社1988年版。

着个人本位主义成分。正是由于私人道德的功利主义,加之现实生活中人情文化的巨大张力,使中国社会反而产生了同儒家意愿相反的自私自利行为,这就是“各人自扫门前雪,莫管他人瓦上霜”、“事不关己,高高挂起”、“洁身自好”、“明哲保身”等处世态度。张曙光深刻指出,以直报怨作为私德是值得肯定的,但以之作为公德又是颇成问题的,因为它所关注的不是当事人双方是否奉行普遍正义原则,而是看对方的态度如何,要人们各以对方对自己的态度为转移,这反而容易造成人与人之间狭隘、庸俗的关系,所谓“你敬我一尺,我敬你一丈”、“你不仁,我也不义”的民谚即由此而来。你对我“好”,你就是“好人”,我也对你“好”;你对我“坏”,你就是“坏人”,我也对你“坏”。感情代替了是非,所以中国人都不难做到“内举不避亲”,却难以做到“外举不避仇”。有感于此,梁启超援引斯宾塞的伦理思想在《新民说·公德》中指出,中国道德发达很早,但大都是“私德”,也就是讲究“人人独善其身”的道德,而“人人相善其群者”的“公德”则少之又少。如《尚书·皋陶谟》之九德,《尚书·洪范》之三德,《论语》所谓温良恭俭让、所谓克己复礼、所谓忠信笃敬、所谓寡尤寡悔,……《中庸》所谓好学力行知耻、所谓戒慎恐惧、所谓致曲,《孟子》所谓存心养性、所谓反身强恕,凡此之类,关于私德者,发挥几无余蕴。其实,在中国古代无所谓私德公德,因为中国的社会结构是家国同体,一切都在宗法关系的牢笼之下,私人交往与公共关系缺少明确界限,人们的道德皆由血亲伦常关系为原点而外推,所以私德公德不分。而中国传统道德的严重问题之一,就是道德内部与道德和政治之间缺少必要的分殊,致使“正义”被私人化、情感化而丧失了其公平合理性。① 不可否认,中国传统社会是建立在小

① 参见丁冠之等主编《儒家道德的重建》,齐鲁书社2004年版,第49~50页。

农宗法关系基础上的“差序格局”，导致家国同构同体，私人关系发达，已群界线模糊，公共生活缺乏，这也是儒家重私德轻公德的重要原因。不过，即便如此，传统中国社会同样存在家国分立（忠孝不能两全即是佐证），同样有职业的公共生活，同样存在各种集市。与此相应，儒家提出来了一些公德规范，如齐家、治国、平天下，如四海之内皆兄弟，等，问题是必须正确界定私德和公德范畴。所谓私德（或称个人道德），大致有四种规定性：一是为了生存、发展和享受而对个人提出的品质要求，有人称之为进取性道德，而同用以处理个人同他人、同社会之间利益关系的协调性道德相对应，如永不知足、坚韧不拔、勤俭节约、艰苦奋斗等。二是个人对自身的伦理义务，同对他人的义务相对应，如发展才智、保存生命等。三是用来处理个人与个人之间关系（私人性关系）的行为品质和规范，像孟子提出来的“父子有亲，君臣有义，夫妇有别，长幼有序，朋友有信”正是一种个人性品德。四是私域道德，它是指个人在私人生活空间时应具有的品德和规范，而同公共生活时应遵循的道德相对应。所谓公德大致有两种含义：一是用以处理个人同群体之间关系的道德，如齐家、为公等，二是个人在社会公共场合所应遵循的行为规范，如一视同仁、遵纪守法、公平正义、有诺必践等。无疑，在人情关系领域，既要倡导忠恕、仁义、正直等私德，也要提倡公平、正义等公德，因为在混合性关系网中，同样面临着公共生活，同样面临着如何合理分配各种资源的问题——如朋侪团体、工作单位、同学圈等。

第二章 儒学的二重性与人的发展

首先必须申明的是，我们在此所讲的儒学二重性，并非时下某些学者所宣传的儒学自身包含着自我矛盾、不能圆通的现象，而是指儒学某种相互对待、彼此相反相成的思想倾向，它反映了儒学自身的辩证性、全面性和多样性。儒学之所以呈现出二重特征，一则是因为它所反映的外在对象如宇宙万象、社会人生、文化心理结构等本身充满着既对立又统一的重要特质；二则是因为儒学分为不同的流派、人物、思潮，它们各自从某一侧面归宗儒林，共同从不同方面发展了儒学，使之体现出不同的思想倾向；三则是因为主观上每位儒家由于受到认识条件和时代条件的限制而难以完全达到逻辑一贯和思想自洽，从而为后人对它的诠释留下了或许正好相反的认知空间，例如儒学的人文性与反人文性等。从根本上说，儒学存在着个人本位与社会本位、人文主义和反人文主义、伦理主义与非伦理主义、普遍主义与特殊主义、理性主义与非理性主义等二重性。本章将就前三大二重性讨论儒家思想的基本特质对人发展的影响。

第一节 儒学的人文—反人文二重性与人的全面发展

对儒学是否具有人文主义这一设问，近代以来的思想界历来争议颇大。以牟宗三、唐君毅、杜维明等现代新儒家人物为代表,力主儒学蕴含着人文主义因素和特质,而某些激进的反传统人士却断言儒家是反人文主义的,至少是非人文主义的。其实,儒学乃是一个博大精深、历经两千年流变的复杂观念文化系统,它包含着许多相反相成的思想倾向和特征,蕴含着不少文化二重性,从中既可窥测到人文主义要素和特点,又可发现不少非人文乃至反人文的文化特质。

一、儒学的人文主义特质

儒学的人文主义主要体现在以下几方面。

(一)在神人关系上,儒学表现为弱宗教、弱神学

严格意义上讲,儒学不是宗教,如它缺乏严整完善的教义、教规和祭祀传统,但它具有宗教性,在传统中国社会发挥了某种宗教信仰功能。应当说,著名学者李泽厚将之视为准宗教还是较为准确的。儒学诚然并不像某些人所认定的那样否定宗教和神学,但它确实对神、怪等“敬而远之”,缺乏浓厚的理论兴趣,而注重人的现世终极关怀。不论是孔子的“子不语怪、力、乱、神”,还是他的“未知生,焉知死”的反问,都说明儒学具有世俗化、人文化的精神特质。作为一种弱宗教人学或强人文文化,儒学不同于西方文艺复兴时期与正统神学和中世纪宗教相颉颃的强世俗化人文主义,而在不否定神文的前提下致力于人生哲学的阐释。儒学的人文特征之所以产生,正是顺应了殷周时期神文主义衰落的历史趋势。缺乏宗教文化传统的周人东迁入主中原,直接冲击了东殷人的宗教型文化精神,西周代殷这一历史事件本身就是对天道观念的震撼。早在周朝时期,一些人就在“神民互补”观念下提出了“民本”思想,并重视民事力量,而到了春秋时代,“重人事,轻鬼神”的人文主义思潮开始兴起,“天人相分”、“以人为本”观念逐渐确立。这些都为儒学的人文主义形

成和发展奠定了思想前提。

(二)在价值世界与现实世界的关系上,儒学呈现为内在超越型文化,而区别于西方外在超越型文化

由唐君毅、牟宗三等现代新儒家所提出并加以阐扬的"内在超越"理念①,用来描述儒学思想特质,大致是不差的。儒家文化同西方文化一样,均确认有一超越人间的价值源泉和神圣力量,只是儒家将之归诸于"天"、"帝",而西方以基督教为代表则把它归于"上帝"。就人与天、神关系而言,儒家文化只对超越源头作肯定而不去"穷根究底",而西方文化则要作"理性的追问"或追求信仰的绝对认同;在儒学系统中,人与天、神之超越源头并无二分,超越本体内在于人心,而在西方文化中,超越世界同人间世界纯然分离、外在。余英时深刻指出,中国人不在超越世界与现实世界之间划下一道不可逾越的鸿沟,"西方哲学上本体界与现象界之分,宗教上天国与人间之分,社会思想上乌托邦与现实之分,在中国传统中虽然也可以找得到踪迹,但毕竟不占主导的地位。中国的两个世界则是互相交涉,离中有合,合中有离的。"②在儒学看来,"道之大原出于天",因而人间价值源头在超越性的"天",但如同孔子所言"为仁由己"③、"人能弘道,非道弘人"④,孟子所说:"尽其心者,知其性也。知其性,则知天矣"⑤,从而把超越之路放在个人自觉修为上,表现出内在超越型、以主体自律为特征的人文精神特点。

(三)在天人关系上,儒学在"天人合一"主题上辩证地认识到天人分立,并把人道置于天道之上

① 详见郑家栋《断裂中的传统》,中国社会科学出版社2001年版。
② 余英时著,京华、任菁编《内在超越之路》,中国广播电视出版社1992年版,第11页。
③《论语·颜渊》。
④《论语·卫灵公》。
⑤《孟子·尽心上》。

儒学的主导倾向是重人道而轻天道，这主要体现为：一是孔子所言之“天”和“命”虽然包括自然界及其客观规律之含义，而更多的是指社会历史必然性和伦理客观规定性。《论语·季氏》篇曰：“君子有三畏：畏天命，畏大人，畏圣人之言。”这里“天命”应是指人类社会中无法预知也无法控制的客观必然性。而孔子多处提到的“命”也是一种人类社会发展中及人的生命中不以人的意志为转移的自在必然性。二是儒学更重视人道的探求。荀子曾批评“庄子蔽于天而不知人也”而称赞“孔子仁知且不蔽”①，这表明孔子既知天又知人。不过，以孔子为代表的儒学基于“天道远，人道迩”的认识，似乎更重视人道。三是儒学主张以“人”统“天”。在儒家那里，天、地、人并称三才，人则是宇宙的中心。儒学在把人事归之于“天道”的同时，又把人的伦理情感赋予天，把“天”视为“人”的投影，从而高扬了人的主体性。四是儒学逐渐形成了人定胜天的思想。在孔孟人学系统中，存在着许多宿命论言论，如《论语·八佾》中的“获罪于天，无所祷也。”正因如此，孔孟的天命观才遭到了墨家学派的激烈批判。不过，孔孟并不是主张一切“听天由命”，且不说孔子在力命之辨中对人能弘道、为仁由己等道德主体性的伸张，即便是亚圣孟子也努力弥补天命观的缺陷而强调人事、人为及反求诸己、强恕而行的主观能动性。至于荀学，则在承继殷周以来关于天人关系思想的基础上，明确而又系统地提出了“天人相分”和“制天命而用之”等思想，突现了人主观的能动性在天人之际中的地位和作用，既超越了道家哲学的自然无为思想，又超越了孔孟天人并重的理念，而显示出以人为本的精神特质。

（四）在人与宇宙关系上，儒学在“天人合一”的宇宙本体论背景

①《荀子·解蔽》。

下，充分重视和肯定人的地位和价值

肯定人在大化宇宙中的崇高地位和独特价值，反对把人仅仅当成奴隶和上帝的奴仆，尊重和维护个体的生命、尊严和权利，是西方人文主义的基本精神。在这一点上，儒学与人文主义也是可以会通的。先秦儒学主张"天人合一"，人与万物合为一体，人与天地并列为三才，惟天为大，认为"万物本乎天，人本乎祖，此所以配上帝也。"①故此，"先秦儒家虽开辟了人文的新世界，但并未能完全摆脱原始宗教中天神观念的影响，仍是在天道笼罩下的人文精神。"②但这并不妨碍它对人在宇宙万物中的独特性的肯定。从主导倾向看，儒学是重人的，呈现出人本主义特色。它一方面肯定人同天地万物一般同为天所生，例如孟子说过："天之生民久矣"；另一方面则阐明了人在宇宙中的独特价值和地位，历代儒家反复说明了人最为天下贵，高度肯定了人的主观能动作用，如《荀子·天论》讲："若夫志意修，德行厚，知虑明，生于今而志乎古，则是其在我者也。"

（五）在官与民、国与民之关系上，儒学系统阐发了民本主义思想

先秦儒家继承和发展了殷周和春秋以来的"敬德保民"的人文思潮，在"仁政"论的旗帜下系统提出了民本主义思想。有的学者断定儒家的"以民为本"思想根本不是什么人道主义或人本主义，因为人道主义作为市场经济的产物，是以有生命的个人为前提的，是把人本身当做一切价值的终极价值，而民本主义的所谓"民"，指的不是"人民"（无数个人的集合体），而是相对于"官"而存在的一个抽象物（老百姓）。不错，西方人本主义是反封建、反神学的历史产物，它立足于普遍的、作为"类"的人的基础之上，而传统儒家民本思想

① 《礼记·郊特性》。
② 韦政通《儒家与现代中国》，上海人民出版社 1990 年版，第 66 页。

仅是为了维护封建王位及其专制统治秩序,并且它所讲的“民”仅仅是特定的社会群体,两相比较,民本同人本差异自现。但是,民本与人本本质上是一致的,人本内在地包含着民本。人本之“人”过于抽象,必须借助于“民”来体现,因为民本之“民”属于一个国家中的绝大多数,代表着“最广大人民群众”。自古以来,“民”相对王、官而言,属于社会中的“弱势群体”,最需要关心、爱护,以人为本的现实社会价值主要体现在以民为本上。尽管儒家提出民本的主要目的是为了君王王位的永存和“家天下”的稳固,但同时也饱含着对人民群众疾苦的同情式理解和人道式关怀,它凝聚着儒家一贯的重生仁民的人文情怀。儒家民本思想对暴政虐政的鞭笞,对三代无德之君主纣的谴责①,对“仁政”和“德治”的孜孜以求,不仅客观上对封建君主进行限制,也破天荒地在中国思想史上对“不德”君主及专制制度进行批判,这些对于当前各级官员坚持“以德治国”、“立党为公,执政为民”具有极大的启发作用。由儒家基于民本思想提出来的一系列“为政之道”,如“为政以德”、“博施济众”、“使民以时”、“保民而王”、“分田制禄”、“制民之产”、“从政裕民”、“王者富国”、“兼足天下”、“与民同乐”、“富而教之”等等,充分展现了人本主义光辉,具有超越时空和历史局限的普遍性价值,仍是我们提高执政、行政能力和治国管理水平值得汲取的宝贵精神资源和政治智慧。

(六)在科学与人文关系上,儒学也是重视人的人文性问题而轻视其科学性问题

“人文”一词可分为形容词和名词两义。作为形容词的“人文”相当于西文中的humanism;作为名词的“人文”则同“文化”同义,指非自然的人工领域,如文章、文制、教育、科技、文艺等。就自然与社

① “闻诛一夫纣矣,未闻弑君也。”(《孟子·梁惠王下》)。

会文化之关系而言，儒家虽提出过“格物致知”命题和“义理之知”范畴，但实际上不大注重外在自然对象的纯理性、客观化探求，因而儒学系统缺乏自然科学知识，主要包含人文社会科学知识。不论是儒学抑或易学，有的只是对天文的现象学式、笼统描述，而缺乏实证化、精确化、严密化、逻辑化的描述和探究，远逊于阴阳家、墨家。质言之，由于受直观、体验、内省、模糊等思维方式的影响，儒学缺乏系统化、抽象化、思维化的严谨科学知识，疏于推理、论证。就对人本身的探求而言，儒学不仅对外在自然缺乏浓厚兴趣，对人的内在自然也缺乏认识，疏于对人的自然生物性因素的探索，而倾注于人的文化存在、精神存在和社会存在尤其是价值性因素的应然思考。

以上我们从弱宗教、内在超越、天人分立、重人、民本和重人文等六个方面分析了儒学的人文主义特质。其实，儒学的人文主义性质还表现在：在致思方式方面侧重于直观、体验、顿悟等人文学方法的运用；在对人的文化心理结构的思考方面，偏重于情感、信念、理想等非认知方面而忽视生物本能、欲望及理知层面；致力于伦理型知识的探寻，不大追求纯粹的知识论体系；缺乏科学理性精神，而人文精神较为发达，等等。

二、儒学的非人文主义和反人文主义特质

按照唐君毅的人文精神重建理论，儒学并不包括非人文主义和反人文主义，只含有作为中国传统文化主流的人文精神。而某些激进的反传统人士都绝对否定儒学中的人文主义，认定它是反人主义的，同西方文艺复兴时期以来所发展起来的人本主义风马牛不相及。我们认为，对儒学同样应持辩证分析态度，它既有上述不同维度的人文主义因素，也有不少非人文主义乃至反人文主义的东西。这主要体现在以下几方面。

（一）未能完全摆脱天命论的束缚，带有宿命论倾向

儒学批判继承了殷商以来的非神论思潮，但并没有像某些学者所说的那样达到了无神论高度，而是打上了深深的天道神学色彩。韦政通先生说："如就儒家人本思想看，当然是排斥命运观念的。"①这一断语显然是不实的。殊不知，在儒学中，天命与人为往往并行杂糅。孔子把人的生老病死归之于"天"和"命"，把"道"的兴废也看成是"命运安排"："子曰：道之将行也与，命也；道之将废也与，命也。"②孔子关于"不怨天"、"获罪于天"、"与命与仁"、"天之未丧斯文也"等观念，都是原始天神的历史遗迹。孟子为了回应墨子对儒家宿命论倾向的攻击，提出了一些非命、抗命的主张，并把"命"分成"正命"和"非正命"两种，但是，他同孔子一样要人"知天命"、"听天由命"，从而带有较为明显的宿命主义倾向，忽视了人的主观能动作用。荀子虽然提出了"明于天人之分"和"制天命而用之"等非命论思想，但由于不能归于儒学正统而被遮蔽。在孔孟天命论观念的熏陶下，加上个人能力的弱小和整个社会文明程度低下，使得宿命论在传统中国社会不绝如缕，"尤其是两汉，由于灾异谶纬、五德终始诸说的盛行，使政治事务与民间事务，多被笼罩在命运的观念之下。先秦时代的人文精神，在这时代，差不多已被湮灭。两汉以后的中国社会，命运观念一直是一股主要的支配力量"③。

（二）缺乏感性自然和世俗功利的诉求

在本体论上同一般人文主义一样，儒学对超人文的神鬼和上帝"存而不论"、"敬而远之"，对超现实的"来世"和"彼岸世界"也不大关心，而专注于现实人生和现实社会文化世界的思考。同时与神创论不同，而同人文主义一致，儒学肯定了人是大自然的产物，赞美人的特性和力量，把人看做"宇宙精华"、"万物灵长"，这些都使得儒学

---

①③ 韦政通《儒家与现代中国》，上海人民出版社1990年版，第68页。
②《论语·宪问》。

充满温情脉脉的人文色调。不过,与西方人文主义重视人的感性自然迥然不同,儒学既忽视对人的内在自然(包括自然本能、欲望等)的具体认知,又贬低了人的自然性因素在社会文化创造和人生践履中的作用,故而又包含着非人文成分。从价值论来说,如同西方人文主义一样,儒学把人性从动物性中提升出来,使人转变成既不同于神又异于兽的大写的人(或者使人既有神性又有动物性),肯定了人独特的价值、尊严和权利,张扬人的主体性,尤其是孔子"问人不问马"①的态度充分体现了儒家重视人的人文情怀,而他的"为仁由己"一语更是强调人的主观能动性的最好注脚。然而,同西方人文主义不同,儒家奉行的是"重义轻利"、"重理轻欲"的禁欲主义和非利主义人生价值观,它不注重人现实的享乐和幸福,轻视人的世俗功利追求,只要求过德性生活,只满足于人伦之乐、天伦之乐。如果说孔孟儒学只是强调重义轻利、反对"为富不仁",因而是一种非人文主义人学的话,那么宋明理学的"存天理,灭人欲"则把人的感性需求和个性存在从公义维度掏空,属于一种弱势的反人文主义了。儒学有对人追求富贵利禄的肯认,但从总体上都不重视和倡导人去求利。要知道,即使是作为人欲的美味要求,也具有一定的合理性。儒家过分压抑人性欲望的观念,显然与人文主义肯定人正当享受的旨趣是大相径庭的。

(三)抹杀人的个性,贬低个人的价值

真正意义上的人文主义建立在个人主义基础之上,它反对宗教桎梏、封建等级及其人身依附,强调发挥个人的各种潜能,主张个性自由和解放。然而在儒家文化中,虽然人性、人情、忠恕、仁礼等社会价值和规范以个人为出发点,但是从总体上中国社会文化中的个

① "厩焚。子退朝,曰:'伤人乎?'不问马。"(《论语·乡党》)

人被设计或当成血缘纽带、人伦秩序、封建等级、名分差序中的符号，个体的独立作用受到某种压抑，像仁义礼智信之类的“五常”或亲义别序信之类的“五伦”反映的正是一种他人导向的等级隶属关系（个人被当成各种社会关系结构的附属物）。这种社会关系的限制加上各种伦理本位的束缚，使个人不易被发现，难以培养独立自由的人格。尤其是“反求诸已”、“尽心知性”、“发明本心”、“为仁由己”之类的内在超越型追求，把伦理置于个人心性之上，必然导致个人不假外求，只求顺应社会律令、人生法则、等差伦序，而向内求得内心纯善，这同样会妨碍个性的伸张。这些显然同人文主义是背道而驰的。

（四）把人文自然化

在“天人合一”思维范式引导下，儒学往往将自然与人文混合，尤其是将伦理自然化。先秦儒学把本属于社会人文属性的善与恶看成人的自然本性，两汉经学更是立足于“天人感应”将社会等级、纲常名教自然化、天道化。魏晋玄学家嵇康、阮籍主张“越名教而任自然”，王弼、郭象以体证用，用天道自然来证成社会伦理。宋明理学大多也将性理不分。值得一提的是，儒家往往把文化关系、人际关系降格为自然关系。在儒家文化中，协调人际关系的是五伦，而五伦正是以个人为中心展开的自然关系。其中父子有亲、夫妇有别、长幼有序直接来源于血缘亲情关系，而君臣有义虽属后天的社会关系（社会职位关系），但它也不过是父子关系向外扩展的产物。在传统中国社会，“君”为父，“臣”为子，国是家的延伸，君为一国的大家长，整个国家不过是君主的“家天下”。这里所在的是一种自然的文化逻辑：父、子、长、幼、男、女的地位是自然（血缘、出生）使之然，不是社会使之然，君臣关系是父子关系的延伸和扩大，同样是以血缘关系为基础。这样，自然的逻辑就成了社会的逻辑，这显然降低了人的地位。儒学往往把各种社会伦理规定植根于血缘基础之上。孔子说:“君子笃于亲,则民兴于仁。”①从“孝”道中最能窥见到儒学是如何将社会文化伦理转变成自然逻辑。绝大多数儒者认为“孝”是一种与生俱有的自然情感,其主要理由有:即使是在动物界也存在“乌鸦反哺”的伦理本能,作为来源于动物又高于动物的人类必定具有类似的道德反映:“孩提之童,无不知爱其亲也。”《孝经·三才章》曰:“夫孝,天之经也,地之义也,民之行也。”可见,“孝”乃是人的自然情感的流露,它内在于人的自然天性之中。由上可见,在儒学中,人的血缘亲情变成了道德要求和伦理准则,反过来说,人的伦理关系被还原成人的自然关系。

综上所述,儒学在饱含人文特质的同时也表现出非人文乃至反人文的一面。这似乎是在玩折衷、调和手法,但事实上儒学确实存在如此双重性。

三、儒学的人文—反人文特质对人的全面发展造成的影响

儒学的人文—反人文二重性给人的全面发展带来了积极和消极的双重后果。从儒学人文主义对人的发展产生的积极作用来说,首先,儒家重人轻神、重人轻物、以民为本等人文主义理念有助于对人的生命存在、人的独特价值的重视,有助于提高人的地位,有助于人的文化自觉和主体意识觉醒。尽管儒学尚未从根本上摆脱原始天道神学观的羁绊,但毕竟表达了对“怪力乱神”的漠视态度,这一轻神文而重人文的思想特质,既为人挣脱神学禁锢和迷信文化诱惑实现自由独立发展提供了观念支持,又为人的健康成长指明了正确的“成人之道”。自古以来,东方神秘主义和极端化的邪教鬼怪思想,不仅给人的身心造成了极大危害,也使许多人误入歧途。为了给人的发展创设一个良好的人文环境,我们应该进一步发扬“子不

①《论语·泰伯》。

语怪力乱神”的人文精神传统。儒学把人异于天地万物和一般动物的本质规定性深刻揭示出来并加以重视，有利于我们发掘人独特的、内在的潜能和价值。《孝经》提出了“天地之性人为贵”的卓越命题，荀子也指明了“人有生有知且有义”，在《论语》中孔子还提出“鸟兽不可与同群，吾非斯人之徒与而谁与？天下有道，丘不与易也”①。这些表明他们已明确认知到了人的类本质，并达到了理性的人文自觉。这势必导引人类努力保持和展现自身的独有规定性，以实现“立德立功立言”的“三不朽”人生目标。人的发展离不开他人的仁爱和社会的关爱。儒学中的仁爱理念及其重生爱生、重人轻物人文态度，能够为人的生存和发展打造一个合适的物质文化环境。同“君”、“官”相比，“民”往往处于弱势地位，他们的生存和发展会经常面临各种困厄，需要社会各方的关心、支持。儒家“民为邦本”、民轻君轻思想在客观上会促使当权者收敛自身对老百姓的剥夺和欺压行为，一定程度上关心普通大众的生死和疾苦，保障他们最起码的生存和发展权得以实现。

其次，儒学关于内在超越、天人分立和重人文等特质，有助于人主体性能力的展现，有助于提高人的综合素质。由前可知，儒学并不否定“天”和“天道”，甚至也没有像无神论者那样完全排斥、否定“神道”，但是却通过“性”（自然、人与万物一体）和“理”（在这里，是指德性）把天人合一，并借助于人的心性能力而强调人的内在超越，突出人的道德主体性（“为仁由己”）。为了达到成仁、成人、成圣的理想境界，儒家指明了要发挥个体内在的道德力量（致良知，展现内在仁心），并指出由于“任重而道远”，必须经历长期艰苦的磨炼——苦其心志、劳其饥肤，孔子还说：“君子无终食之间违仁，造次必于

① 《论语·微子》。

是，颠沛必于是”①。这既表明了社会主体高度的伦理自觉和道德努力，又说明了修身的艰难性和持久性。儒学这种宣扬人的伦理自觉意识，倡导人的艰苦历练，肯定人的内在超越力量和精神追求的路向，可以为人的主体能力的培养提供诸多有益启示。儒学对人文世界的凸现无疑会有助于强化社会主体提高人文素养的自觉性。我们不赞同某些现代新儒家过分抬高人文文化贬抑科学文化。诚然，科学往往固着于对外在客体的认识，固着于纯粹理性和逻辑之境，而忽视人的非理性价值因素，忽视人的人文关怀和伦理理性，科学也不能解决人生价值问题。因此，我们必须反对科技至上主义，大力提倡人文精神。特别是在当前我国青年人人文素养低下的情况下，更应努力发扬民族的人文传统，提高他们的人文知识水平，加强人文精神培养，以补救科技文明带来的“社会病”，以锻造一大批德才兼备的全才。当然，我们决不能像某些“玄学派”那样走向否定科技人文的极端。这不仅是因为，科技文化是国家富强、民族振兴的根本支持和动力，科技昌明是社会主义现代化的重要标志和构成因素，是在激烈的国际竞争中取胜的关键，也是因为我国国民科技素质不高，科技精神不足，各种非科学的消极落后乃至腐朽的文化（如算卜、求神、迷信等）仍在腐蚀人的心灵，误导人的行为。正确的文化选择理应是把德性之知和义理之知、科学文化和人文文化有机结合起来，尽量避免西方现代化所造成的人的科技文明和人文文明、知识才能和道德修养、科学主义和人文主义分裂的局面。

儒家非人文主义乃至反人文主义的人学给人的发展可能造成的消极后果也不能忽视。一是造成缺乏进取精神的萎缩性人格。

---

①《论语·里仁》。

由儒学所阐发的"与命与仁"、"乐天知命"、"听天由命"、"惟天为大"、"获罪于天"等一系列宿命论观念,表现出对非人力之外的客观必然性和社会人生必然趋势的顺应和认同,表达出对外在世界的敬畏感和神秘感,而其"知天命"、"敬鬼神而远之"等思想,传达了"对人力所达不到的领域怀敬畏而不肆意妄言、妄为的态度,正表现了一种最高的人生智慧"①。这些无疑会引导个人从个人自身的实际(包括各种"机缘"和"天命")出发,把个人的发展同社会实际(天时、地利、人和)、社会发展结合起来,以实现合理的人生设计、人生选择和人生建构。不过,儒家带有宿命论痕迹的人学思想确实会给人格发展带来不利影响。在"认命"观念导引下,人会变得消极无为,变得退缩遁世,变得不思进取。这种乐天知命的非人文特质极大地限制了儒家本有的淑世精神的发展,使人易于侧重玄想。韦政通先生一针见血地指出:"中国人文精神的发展始终不离天神和天道。凡是关于天神天道的一切描述,莫不出于人主观的玄想。此外,原始儒家的淑世精神,一挫于两汉的政治,再挫于魏晋隋唐的佛老。从此以后,儒家已变质,先秦时代的重现世的精神,愈来愈淡薄了。"②

二是造成个人的不发展。儒家的人文主义过于兴盛,以及其对人内在自然的忽视,使儒家文化下的个人难以充分自由地发展。过分讲究名分、礼节,使个人受到种种钳制,无法独立成长。由此不难理解有人指责"礼教杀人"。家庭本位和他人本位,往往会牺牲个人的个性和利益,为了光宗耀祖,为了家庭的门面,个人不得不压抑自己。过于强调伦理制导和关系隶属,使个人养成依附人格,缺乏积极进取精神。本来,儒学力主"仁者爱人",但由于个人受到各种伦

---

① 刘宗贤《儒家伦理——秩序与活力》,齐鲁书社 2002 年版,第 133 页。
② 韦政通《儒家与现代中国》,上海人民出版社 1990 年版,第 69 页。

理规范的束缚,使个人本身无法自由地发展,追求个人正当利益,最终从总体上无法达到“爱人”目的。鲁迅在《狂人日记》中悲愤地喊出了“仁者吃人”,这虽然过于激烈,但它确实展露出儒家伦理对个人的束缚,使个人湮没在整体之中。

第二节　儒学的社会本位与个人本位二重性与人的全面发展

社会本位主义是指某种以他人、集体、国家和民族的利益为重的理论和学说,它是利他主义、集体主义(包含家族主义、团体主义、国家主义等)、民族主义等的合题。个人本位主义大约相当于常说的个人主义,它是一种把个人的个性、价值、权利置于首要位置的理论和学说。对于儒家思想是否具有社会本位主义特质的问题,虽然中国哲学界绝大多数论者表示肯定性的认同,但在具体理解和诠释上却是颇具争议。关于儒学的个人本位倾向,尽管前贤也有人申论,但迄今仍被绝大多数人所忽视。我们认为,儒学呈现出某种己他、己群关系二重性,它不仅具有社会本位主义的特质,而且也蕴含着与之相反相成的个人本位主义性质;儒学的社会本位与个人本位特质给人的全面发展带来了积极和消极的双重影响。

一、儒学的协调性取向

儒学的主导思想和核心内容是伦理教化,伦理主义是其最大特点之一。而这种伦理主义并不是一般地以伦理为本位,而是具体地鲜明地表现为重协调性道德而轻进取性道德。所谓协调性道德是指调节人与人、人与社会之间关系的伦理规范和道德品性,它也可以称为社会道德(狭义的),诸如诚实、公正、仁爱、同情、正义、牺牲、团结、和合等,即是协调性道德。所谓进取性道德就是用以调节个人自身关系的伦理规范与道德品质，像刚毅、敏捷、勇敢、明智、节制、节俭、创新、竞争等，就是进取性道德，它也可以称为个人道德。儒家伦理主义学说总体上以突出协调性道德为其根本特色。

（一）协调道德成为儒学之重心

首先，儒家核心伦理理念凸显社会协调性道德。孔子所建构的儒学是以仁、礼互动互摄为中心的社会伦理体系结构。从某种意义上说，孔学即是仁学，“仁”在实质上是以他人为导向的协调性德目。孟子对孔子提出来的“仁”作了新的发挥，并使之成为其思想的轴心之一。先秦儒学以“仁”为根本，必然导出以协调性道德为主导的伦理思想体系。在有的学者看来，孔孟重仁，强调培养个人内心的道德自觉，注重个人的品德修养，由个人伦理归向社会伦理，形成人本主义特色伦理学。① 这一观点有失偏颇。且不说孔孟是如何重礼的，即使孔孟儒学重仁，也是社会本位主义的。因为首先，个人的仁德和礼德都既需要个人的自觉修为又需要社会教化，“仁”和“礼”本质上都是调节人与社会之间关系的行为规范；“仁”主要讲的是爱人，重点不在自爱，主导性不是表达个人对自身的进取性义务，而是表达一种社会伦理诉求，故而孔孟重“仁”实质上就是重社会协调性道德。其次，儒学轻个人进取性品质而重协调性人格特质。在整个儒学框架中，用来表征个人积极进取精神的个人性道德条目较少，它不大鼓励个性的张扬、竞争意识和创新意识的培养，而偏重于强调用以处理个人与社会关系的道德，注重个人内敛性品格的锻造，推崇人的忧患意识、仁爱情怀和社会道义感。儒家一贯推重的仁义礼智信五常之德，惟有“智”勉强可以称为进取性德目；即便是温良恭俭让这一儒家道德谱系里，也只有“俭”一项可为进取性道德。

① 参见李欣复主编《儒家思想与未来社会》，上海人民出版社 1989 年版，第 294 页。

(二)儒家思想系统中,个人道德缺乏独立性、自足性,往往从属于社会道德

儒学有时被称为“修己安人之学”及“为己之学”,有的论者据此否定儒学是“为人之学”。殊不知,儒学既强调“为己”又强调“为人”。儒家提倡“为(wéi)己”,其“克己”、“求诸己”实为修己、克己,是己为和依靠自身,而不是为(wèi)己,不是为了尽个人对自身的责任(发展才智、保存生命、追求权力……),为了追求个人自我价值的实现;儒学的为(wéi)己既是为(wèi)人(做人),又是为(wèi)人,即助人利人,其修己、为己缺乏自足性目的,而只是作为一种手段,是为了达至安人、安百姓、齐家治国平天下的社会性目的。在儒者看来,即使是提高个人的各种修养,践履对自身的义务,也主要是为了完成好各种社会责任。这样,儒学就使个人对自身的义务服从于个人对社会的义务,个人伦理隶属于社会伦理,进取性道德依附于协调性道德。

儒家义务论伦理学的社会本位特点还表现在用协调性道德范畴去改铸、限定进取性道德范畴。这一点可以借助于儒家极力倡导的智、仁、勇三达德来加以诠释。智、仁、勇被儒家典籍《中庸》称为“天下之达德”,可是智与勇在儒学里不能独立存在,没有自足价值,而是从属于各种社会伦理,必须由社会协调性道德予以解释和规定。在智、仁、勇三者之中,仁是核心,是主导。孔子不但强调“仁者安仁,知者利仁”,①而且认为“仁者必有勇,勇者不必有仁”。②儒学中,勇与义并提,被谓之“义勇”。“三达德”中勇这一惟一标志着个人道德的范畴,同样必须由社会伦理赋予崇高意义。假如说“仁义”

①《论语·里仁》。
②《论语·宪问》。

是正向的、积极意义上的扬善,那么"义勇"即为反向的、消极意义上的抑恶。孔子讲"见义不为,无勇也"、①"君子有勇而无义为乱,小人有勇而无义为盗"。② 不去履行自己应当承担的社会道义,如见死不救,就不是真正的勇。孔子还用礼去限定勇,认定"勇而无礼则乱"。③ 智在先秦儒家那里被作为与"仁勇"并举的、用来评价和调节人的行为的准则而得到重视,并被后来的董仲舒纳入"五常"框架之中。可是,智往往不是指人的理智认知能力,而更多地指人的道德理智,被限定为判断善恶的认识能力,例如孟子认为:"智之实,知斯二者弗去是也。"④这样,智成了从属于协调性道德、完成社会道德义务的附庸。

虽然我们不赞成王润生激进的反传统文化主张,但他对儒家道德重心转变的分析还是令人信服的。他说:"如果说,在孔孟的言行录中多少还有一点略带进取意味的品行要求的话,那么在宋明理学盛行之后,进取性道德在封建道德结构中就完全消失殆尽了。显然,从表面上看,宋明理学家好像也强调个人品质素养,如什么'忠孝节义'中的'节',以及'温良恭俭让'等等。但实际上,这些东西在本质上并非严格意义上的个人道德,不是进取性品质,而是封建的协调性道德要求于个人的内心修养。"⑤倘若依照现代伦理学来观察,那么不论是先秦儒学还是两汉儒学,抑或是宋明理学,其伦理思想的共同倾向都是社会本位主义:在道德本质上,儒学把道德主要视为调节个人与社会之间关系的行为规范;在道德特征上,儒学重协调性、轻进取性,重规范性、轻主体性;在道德类型上,儒学重社会

① 《论语·为政》。
② 《论语·阳货》。
③ 《论语·泰伯》。
④ 《孟子·离娄上》。
⑤ 王润生《现代化与现代伦理精神》,广西人民出版社 1989 年版,第 31 ~ 32 页。

伦理、轻个人伦理,重社会义务、轻个人义务。

二、儒学的社会本位主义

儒学在价值观上表现为社会本位主义。儒家虽然也倡导“罕言利”,主张重道义轻功利,但是,任何道德其实都是以利益为基础的,任何精神文化都无法摆脱物质的纠缠,儒家实际上就是主张利人、利家、利国、利天下,以社会功利为重,尤其是在核心价值理念上儒学更是主张以社会为本位,呈现出浓厚的他人理性、家庭理性、国家理性和天下理性等特质。

(一)“仁”的社会轴心

孔子在人类文化史上第一次全面系统地阐释了“仁”范畴,并把它置于其思想的核心地位,“仁”同礼、义从此成为整个儒学三位一体的“内核”。首先,就“仁”的本义而言,在孔子那里,爱人为“仁”的最基本含义。孔子及其弟子还从其他不同层面阐释了“仁”的社会本位主义特征——孝亲和敬兄乃是仁道的基本要求:“孝弟也者,其为仁之本欤”;①爱亲是仁兴的条件:“君子笃于亲,则民兴于仁”。② 就“仁”的价值和意义而言,孔子十分推崇仁,认为只有具备了仁性,才能成为扬善抑恶的伦理人,才能成为舍己为人的君子,他说:“唯仁者能好人,能恶人”。③ 就“仁”的实施方法而言,儒家从仁爱出发,要求人人亲其亲,注重对自己亲人的爱,做到孝悌慈祥。而施爱的方法是从关心自己的人做起,亦即“能近取譬,可谓仁之方也已”,④然后由近及远,由己推人,由爱自己的亲人推及爱其他的人,也就是孟子所言:“老吾老,以及人之老;幼吾幼,以及人之幼。”就

①《论语·学而》。
②《论语·泰伯》。
③《论语·里仁》。
④《论语·雍也》。

"仁"的地位而言,当己与他、己与群发生矛盾冲突时,儒家主张"杀身成仁",舍己为人,牺牲个体以保全他人和群体,做到"无求生以害仁,有杀身以成仁",①充分体现了儒学的利他主义导向特质。

(二)"礼"的社会规范

孔子所推崇的"礼"主要指周礼。"礼"在客观上也会造成利己(安身立命)和损人(以礼杀人)的双重后果,不过,儒家所维护的"礼"主观上主要还是以社会为本位。其一,礼是为了维护社会的秩序和稳定而创制的。如前所述,作为一种社会规范,"礼"通过为人进行角色定位、关系定位,通过正名,达到维持社会正常秩序的目的。孔子说:"礼乐不兴,则刑罚不中;刑罚不中,则民无所措手足。"②孔子还指出:"故坏国、丧家、亡人,必先去其礼。"③礼不是为了达到维护个人权利等个人性目的,而是为了构建和谐的、稳定可控的社会秩序这种更为根本的社会性价值。其二,礼是一种用来调节个人与社会之间关系的外在行为准则或社会规范。孔子的弟子有子说:"恭近于礼,远耻辱也。"④孟子讲:"仁者爱人,有礼者敬人"⑤,"辞让之心,礼之端也"⑥,可见,"礼"表示的是个人的谦恭和敬让之思想和行为。在儒家那里,一方面,礼由仁义而生,仁义决定着礼。孔子说:"人而不仁,如礼何?"这表示一个人假如缺乏以社会为本的仁心,礼是无用的。孔子还有一句流传久远的名言"克己复礼为仁"。这意味着不论是克己还是复礼,最终是为了体现"仁",为了爱人。另一方面,礼又反作用于仁义。礼既可以节制和裁度人的

①《论语·卫灵公》。
②《论语·子路》。
③《礼记·礼运》。
④《论语·学而》。
⑤《孟子·离娄下》。
⑥《孟子·公孙丑上》。

行为——“言非礼义，谓之自暴也”①，又可以文饰人的仁义行为——“礼之实，节文斯二者是也”②。不论是要求人的行为合于礼，做到克己复礼，还是礼与仁义的相互规制，儒家礼学的主旨归根结底是为了使人的行为能够符合社会要求，使人我关系、人群关系能够和谐一致。

（三）“义”的社会导向

从根本上说，儒家倡导的是重义轻利的价值观。虽然重义轻利并不完全等同于重公轻私——前者倡导的是重伦理价值、轻功利价值的人生理念，后者倡导的是重社会价值、轻个人价值的人生哲学，但是在整个儒学框架之中，重义轻利如前所言往往导向重公轻私。将义利之辩转换成公私之辩，具有相当的合理性。正因如此，荀子提出“君子之能以公义胜私欲也”，③程颐更是明确指出“义与利，只是个公与私也”④，张载则说“义公天下之利”⑤，王守仁也讲“必欲使此心纯乎天理，而无一毫人欲之私”⑥。不论是先秦儒家倡导的较为温和的以义制利，还是宋明理学力主的较为极端的去欲存理（义理），抑或是戴震等人宣传的综合折中的以义节欲，其共同的思想倾向均是要求个人行为符合社会纲常要求，个人利益符合社会利益，坚持社会至上、义务本位。当然，将“义”完全等同于“公利”有失偏颇，因为“义”也蕴含着利他主义意义上的“私利”，这一点从原始儒学对“义”的本质规定也可得到佐证。孔子有一些“义”的命题主要是从义利价值观和人格理想的角度使用的，如“见利思义”、“见得思

①②《孟子·离娄上》。
③《荀子·修身》。
④《二程集·河南程氏遗书》卷十七。
⑤《张载集·正蒙·大易》。
⑥《王阳明全集》卷二《传习录中·答陆原静书》。

义”、“君子义以为上”、“君子喻于义,小人喻于利”。他虽未就“义”本身展开论述,但他所言说的“义”显然是指符合社会利益的正当行为。孟子在继承孔子“仁”学思想的基础上提出了“仁义”范畴,并将其确立为思想核心,建构起庞大的仁义理论体系,而其倡导的舍生取义、居仁由义等贵义思想也突出地凝聚了儒学的利他主义精神。纵观儒学史,可以看出,儒学框架之下的“义”基本上缺乏康德所言说的对己的义务,本质上是社会以应然要求的形式向特定个人提出来的“应当”完成的职责、使命和任务;它不是指向利己,更不是为我,而是指向利他、利家、利国。

(四)“孝”的社会基础

儒家心目中的“孝”,同样具有利他(双亲、国君)、利国(君代表国家)等特质,但主要体现为以家庭为本。儒家文化反映的是以家庭本位为基础,包括他人本位、群体本位、国家本位等在内的社会本位。一方面,儒学尤为重视倡导家族伦理。整个儒学体系在某种意义上即是亲情伦理,即是家族主义伦理。孔学以仁学为主臬,但同时以“孝”为仁之大本。儒家推崇尧舜之道,可在它看来,尧舜之道“孝悌而已矣”。儒家的泛家族主义伦理往往支配其社会伦理,促使其把一切社会关系家庭化,例如主张移孝作忠、忠孝混一、把事君也称为孝的泛孝主义。另一方面,儒学凸显重家庭轻个人的价值观。儒家重光宗耀祖,重孝,为了家族亲情,孔子甚至主张不顾社会公义而“父为子隐,子为父隐”。为了尽“孝”,个人必须服长丧,讲继嗣,遵父命,守父道。再一方面,儒家所宣扬的各种家庭伦理如父慈子孝、兄友弟恭、长幼有序等,也莫不强调以他人利益为本。

除仁义礼孝等中心理念具有社会本位特质外,儒家阐扬的其他许多重要思想无不表现为重社会轻个人的倾向:儒家所推重的内圣外王之道将成就外王事功作为成圣成贤的根本旨归;儒学所宣传的利国利天下、忠君报国、“达则兼善天下,穷则独善其身”等人生价值观凸显的是社会义务本位;儒家所认可、由管子首倡的礼义廉耻四维明显属于他律性伦理规范；儒家推崇的无我无私、存理灭欲、重义轻利、忧国忧民等人生理想实为一种谦谦君子型人格；儒家设想的天下为公、讲信修睦、人不独亲其子等社会大同理想，更是散发着社会本位主义的气息。因此，儒学在认识和处理人我关系和人群关系问题上，表现出的正是一种特殊的社会本位主义。

三、儒学的个人本位主义

以上简要分析了儒学的社会本位主义特质。这是不是意味着儒学是非个人主义的甚至是反个人主义的呢？既是又不是。说"是"，是因为儒学确实蕴含着非个人主义乃至反个人主义的成分；说"不是"，是因为在儒学思想系统中又蕴藏着个人主义要素。

（一）儒学蕴含着非个人主义乃至反个人主义（非我主义）因素

首先，儒学用仁义礼智孝忠等一整套规范来严厉约束个人的言行，使个性不能伸张，导致同步化、一律化。杜维明先生认为，儒家传统中的"为己之学"在"人能弘道，非道弘人"、"三军可夺帅也，匹夫不可夺志也"、"人能尽心知性知天"的基础上提出了人的独立人格和个人性，它主张不是社会性压倒个性，而是个性要成全社会性。① 我们认为，孔孟上述人学理念强调的是片面的道德主体性，它们忽视了人的自立性、独特性、创造性等个性特征，是以人的个性服从、隶属于社会性为前提的。其次，它把人视为社会关系网的一个小小环节，没有自身独立的价值和地位，个人利益必须绝对地、无条件地服从社会利益，个人毫无价值理性可言，他不过是成就社会的工具、筹码而已。朱熹认定"我是为恶成就"，②二程也讲"无我，则圣人也"。③ 这就使儒学带上了非我主义的色彩。再次，就个人自身

① 参见李欣复主编《儒家思想与未来社会》，上海人民出版社1989年版，第10～11页。

② 《朱子语类》卷三十六《论语十八·子罕篇上》。

③ 《二程集·河南程氏遗书》卷十一。

而言，他必须时时刻刻克己、反省、自责、慎行、忍让，必须“安分守己”，必须遵循等级名分，这样，个人的自由就被剥夺净尽。总之，由于血缘关系纠缠、等级制束缚、人身依附、王权至上及道德本位，传统中国人几乎丧失了人格独立、个体自由及自我尊严。

(二)儒学又隐藏着某种个人主义成分

个人主义具有多种形态和提法。康德在《实用人类学》一书中认为有三种个人主义：道德个人主义(利己)、审美个人主义(孤芳自赏)和认识个人主义(自以为是)。个人主义虽然有许多类型，但它的实质却是以个人为本位，以自我为中心，强调个人利益高于他人利益、集体利益、社会利益，强调个人的尊严、权利、自由、个性等。学术界一般不承认儒学含有个人本位主义因素。然而，与社会本位主义相反又相成，儒学确实同时具有个人本位的思想倾向，譬如“人能弘道，非道弘人”的儒家理念，强调的是个人作为弘道的根本，强调不能依赖人之外的力量，包括道也不能依靠，从形而上的角度展现了儒学自力更生、自强不息的精神。这也是“为仁由己”、“君子求诸己”作为儒家个人主义构建的旨趣所在。儒家要求不能怨天尤人，而必须自我塑建，自我展现，成己成人，从而达至威武不屈、富贵不淫、贫贱不移的境界。这可以称为积极个人本位主义。

与此相对应，还有消极个人本位主义，这也是儒家教义中的普遍规定。儒家有一句名言，即“穷则独善其身，达则兼济天下”，将其表露无遗。孔子“乘桴浮于海”①的志向，特别是儒家一方面不遗余力地批判扬朱“拔一毛而利天下，不为也”②的主张，另一方面又大力提倡“身体发肤，受之父母，不可毁伤”③的律令，可见其个人本位主义之一斑。无怪乎《庄子》多次把孔子的第一门人颜回放到道家

① 《论语·公冶长》。
② 《孟子·尽心上》。
③ 《孝经·开宗明义章》。

“保身全生”的框架内，大力张扬颜回“坐忘”的经验和获得最高境界的过程。司马迁在《史记》中关于孔子夸奖老子“其犹龙邪”之语，似乎已经把“儒道互补”的“原型”告诉后学。在某种程度上，儒学汲取了庄子提出来的近似个人主义的“在宥”观念。儒家思想中之所以能产生消极个人主义，不仅有内在的因素，也有与道家兼容互补的成分。白居易在《与元九书》中为我们淋漓尽致地展示了这一点。他说：“‘穷则独善其身，达则兼济天下’。仆虽不肖，常师此语。大丈夫所守者道，所待者时。时之来也，为云龙，为风鹏，勃然突然，陈力以出；时之不来也，为雾豹，为冥鸿，寂兮寥兮，奉身而退。进退出处，何往而不得哉？故仆志在兼济，行在独善……谓之‘讽喻诗’，兼济之志也；谓之‘闲适诗’，独善之义焉。故览仆诗，知仆之道焉。”老子讲“柔弱胜刚强”，白居易在《遇物感兴，因示子弟》一诗中写道：“吾观器用中，剑锐锋多伤。吾观形骸内，劲骨齿先亡。寄言处世者，不可苦刚强”，“于何保终吉？强弱刚柔间。上遵周孔训，旁鉴老庄言”。庄子《山木篇》有“周处于材与不材不同”，白居易《偶作》一诗云：“木雁一篇须记取：致身才与不才间”。

除了上述积极个人主义、消极个人主义外，儒学系统中还有政治个人主义。如果说消极个人主义的形成与道渗于儒相关，那么政治个人主义则是儒法互用亦即法家冷酷无情原则楔入南面之术中的必然产物。《论语》讲礼乐刑政，其极一也，既然治国平天下两者缺一不可，而儒家又是参政的主要成员，那么没有“礼乐”与“刑政”的张力，就不可能建构社会秩序、协调人际关系，不可能贯彻儒家政教目标。这里以韩非为例加以说明。韩非以及道法家与孔门仁学在政治上形成了“阳儒阴法”、“杂王霸而用之”的专制统治。韩非从《老子》的冷眼旁观的非情感态度发展到极端冷酷无情的利己主义，把一切都归入冷冰冰的利益关系的计量之中，把社会的一切秩序、价值、关系，人们的一切行为、思想、观念以至情感，都还原为冷酷的个人利害，成为衡量、考察、估计一切的尺度标准。对此韩非有大量的论述,如"舆人成舆,则欲人之富贵;匠人成棺,则欲人之夭死也。非舆人仁而匠人贼也,人不贵则舆不售,人不死则棺不买,情非憎人也,利在人之死也"。[①] 值得注意的是,韩非将上述思想理论化,认为"舆"、"棺"的制作和买卖,只是万事万物的"理"的个体表现,而贯穿于万事万物的"理"的总和才是"道";主观的喜怒哀乐容易使人产生偏见,误入歧途,必须抛弃主观情绪,才能"心虚",走入正道;在此基础上,再加以"参验",就十拿九稳了。他所谓"观容服,听辞言,仲尼不能以必士;试之官职,课其功伐,则庸人不疑于愚智",[②]即是如此。他不仅把个人计算理性化,而且将其实用化,把功利目的发展到自觉的极致。在韩非那里,明是非、辨真假、定对错本身是次要的,重要的是如何运用和实际处理问题以达到目的。"宋有富人,天雨墙坏,其子曰:'不筑,必将有盗。'其邻人之父亦云。暮而果大亡其财。其家甚智其子,而疑邻人之父……非知之难也,处之则难也。"[③]可见,韩非在这里不强调知识本身,也不强调对错、真假、是非,而主要讨论如何对待、处理、应用知识于具体不同的人事关系中,讨论研究的是人情世故的复杂性和变异性,以便具体而微地对待,取得成功。儒家总结的"世事洞明皆学问,人情练达即文章"的结论,正是这一点的定型。

由上可知,儒家也讲个人本位,也有积极、消极、政治等层面上的个人主义形态。如果说积极个人主义是其正面旗帜,消极个人主义是"失落"后的无奈或者有意的选择,那么极端的政治个人主义则是"南面术"的成功诀窍。[④]

这里要说明一下,本书所讲的个人主义,既不是从伯林那里套

---

① 《韩非子·备内》。
② 《韩非子·显学》。
③ 《韩非子·说难》。
④ 参见李泽厚《中国古代思想史论》,天津社会科学院出版社2003年版。

来的积极—消极的自由主义框架,也非卢梭式的“天赋人权”,更不是马克思规定的市民社会指涉个人主义的商品交换形式(平等)、内容(自由)的经济基础内涵,而是主要就中国农耕社会的儒家特有的行为模式、心理状态的两重特征而言。比如说,汉代以孝治天下,结果出现了如汉民谣讽刺的大量“举秀才,不知书;察孝廉,父别居”的现象;唐宋时代,既有“先天下之忧而忧”的表率,也不乏寡廉鲜耻的伪君子、假道学,等等。因此,学术界一般认为儒家是集体主义、社会整体主义的体现者的论断就显得片面了;倘若全面衡量,就会发现所谓儒家集体主义后面还有“个人主义”的隐蔽密码,如上述三种个人主义。为什么会这样呢?下面略述几点理由。

在小农经济背景下,个人处于分散状态,缺乏有机联系,个体化的私人生活较为发达,而公共生活比较贫乏,社会交往限于狭隘、固定、单一的模式之中。“小农人数众多,他们的生活条件相同,但是彼此间并没有发生多种多样的关系。他们的生产方式不是使他们互相交往,而是使他们互相隔离。”①这些情况反映到儒学系统中来,必定使之打上个人主义印痕。

传统社会的发展,生产力的提高,交换的扩充,到战国已形成了知识分子阶层的经济基础。劳心者治人,劳力者治于人,士可以脱离自然脐带,获得相对的自由,不再束缚于土地,如孟子所言:“无恒产而有恒心者,惟士为能。”②他可以做教师,拿学费;或学而优则仕,拿俸禄。范文澜说,这些知识分子,分为四类:一是学士,二是策士,三是术士,四是食客。除了食客地位较低,其余三类地位较高,经常成为国君的座上客。士所学的知识开始是百家之学,孔、孟之后,儒家成为主流,修齐治平成了他们的理想,在社会上升时期显得生气

① 《马克思恩格斯选集》第1卷,人民出版社1995年版,第677页。
② 《孟子·梁惠王上》。

勃勃。“鸟能择木,木焉能择鸟”成为他们身价显赫的隐喻,而“士为知己者死”则成为人身依附时代的庄严伦理承诺。前者是个人才的显赫,后者是双向亲和的价值。如果说前者可归之于中国式积极个人主义的范畴,那么后者则是滑向集体的中国式“契约”。

儒家之所以能从道法家那里采借个人本位主义因素,就在于它作为传统社会的主流意识形态是在与其他各家既斗争又融合的过程中发展壮大起来的。在这个过程中,儒家既保持中流砥柱的核心地位,又不拒一得之见,广纳百家之长,丰富发展自己。所谓“非循一迹之路,守一隅之指,拘系牵连之物而不与世推移”,①以及“天下一致而百虑,同归而殊途”,“因阴阳之大顺,采儒、墨之善,撮名、法之要”,②都是中国文化“有容乃大”和儒家“灵活性”特征的表现。不仅儒家,其他各家如名、法、道,都非清一色。以前的中国哲学史研究,把各家作为“单打一”式的纯粹派别来看待,都失之于片面。从儒家的历史嬗变来看,先秦孔子后就有“儒分为八”,更可见一斑。陈寅恪曾经讲过,秦朝的法家如李斯以法家的手段完成了儒家的理想,是发人深省的,很具体地点明了各家殊途同归的互补性。

总而言之,无论是“与世推移”,还是“变则通”;无论是“经”与“权”的原则与灵活,还是殊途同归的“兼容”,儒家都力图排除固执于个人本位与社会本位某一端的呆板僵化,以寻求柳暗花明的生动活泼。孟子讲:“莫执一”,认为“可以仕则仕,可以止则止,可以久则久,可以速则速,孔子也”,③即是说,人应当成为一个“时者”。用今天的话来说,儒家有与“识时务者为俊杰”相近的成分、因素和性质。由此观之,儒家的三种个人主义的说法便可以从这里找到其思想融

①《淮南子·要略》。
②《史记·太史公自序》。
③《孟子·公孙丑上》。

通、角色转换的人生观、方法论的原因。

四、儒学个人本位与社会本位二重性对人发展的影响

不论是儒学的社会本位主义还是其个人本位主义，都会给人的发展产生有利和有害的双重后果。在中国历史上，许多志士仁人、民族英雄无不是在儒家社会本位主义文化的熏陶下成长起来的。不过，儒家的社会本位主义学说也包含着极端化的皇权本位主义、集团本位主义和家族本位主义的因素，它较少考虑个人的合法权利、自我价值和个性发展，只知重视个人的义务。过分强调利他，会严重削弱个人自我发展的动力。以社会为本位，不仅会阻塞个人发展的空间，也会使人养成依赖、知足、容忍、柔弱、懒怠等不良人格。为了讲孝道，为了家庭的荣誉，为了家庭的门面，为了家庭的稳定，个人的意义就会不被重视，个人的个性不被尊重，个人的婚姻不能自由。为了行孝，中华大地上不知上演了多少有关孝子贤孙的历史惨剧。在以家族为中心的儒家文化笼罩下，许多中国人既缺乏约束公共角色行为的公德观念（有意思的是，五伦之中没有一伦涉及社会公德），又缺乏为公的公德意识；既缺乏国家意识（有的只是愚忠），又缺乏社会公共事务意识。正如韦政通先生深刻指出的："一个以家族为中心的社会，其人生的目的，既不外光宗耀祖，兴家立业，那末人生的努力，便只变成为私而非为公，自无从培养公德观念……中国人因重家族情谊，所以凡事重情不重理，这就是中国人情味特浓的由来，它的出发点大部分为私而非为公。好处是人与人之间可以少几分暴戾之气；坏处是往往会破坏了社会公理和公德观念。一个处处只讲人情的社会，是不公平的社会，也是不健全的社会，因人情常常会排斥是非。"①对宗法血缘观念和家族主义给人的

① 韦政通《儒家与现代中国》，上海人民出版社 1990 年版，第 74～75 页。

发展带来的流弊,费孝通先生早在其《乡土中国》一书中作了深刻剖析。他指出,在中国传统社会,每个人都是他的社会影响所推出去的圈子的中心,儒家最考究的人伦就是从自己推出去的和自己发生关系的那一群人所发生的一轮轮的差序;孔子最注重推己及人的“己”字和“推”字;在中国传统思想里有的只是自我主义,一切价值均是以“己”作为中心的主义;在儒家自我主义人学思想陶铸下,个人只能培养私德而缺乏社会化的公德,只能具备有差等的爱,而达不到墨家所倡导的“兼爱”境界。

西方的个人主义是一个中性词,但它有时也会导向利己主义。儒学中的个人主义为我们每个人的成长和发展提供了十分切近的“为人之道”和“成人之道”,为个人如何待人处世提供了可行的“不二法门”。它对个性的维护(例如儒家对“乡愿”的否定)也有助于人的个性发展。同时,儒学思想中的己立立人、己达达人的忠恕之道以及推己及人的涵养功夫,也有助于培植人的同情心、宽容心,经过按照康德倡言的道德普遍性要求进行改造,可以转化为道德选择的重要形式,提高人判断和践履道德义务的自律能力。但是儒学那偏激的亲情观念和利己色彩,也不利于培养个人集体主义观念和社会责任感,不利于个人确立与一切人一视同仁地进行交往的普遍主义现代观念。尤其是,儒家所倡导的“有道则现,无道则隐”、“邦有道,危言危行;邦无道,危行言逊”等处世人生哲学,也会培养世故、圆滑、自安、退让等“外圆内方”型劣质人格,造就“事不关己,高高挂起”的自私型品质。在儒家个人主义文化和差序格局社会的共同影响下,传统中国社会滋生出一种特殊化的个人主义(实为利己主义或惟我主义),其外在表征就是为人所诟病的“独善其身”、“明哲保身”、“以邻为壑”、“不管他人瓦上霜,只扫自家门前雪”等利己主义行为,以及鲁迅所批评的“看客”心理。中国社会生活中流传至今的裙带风、关系网和“熟人效应”，同儒家个人主义的浸染也不无关联。

总之，在儒学系统中，泛爱众与笃于亲，致富达贵与患不安不均，为仁由己与忠恕而行，为己与为人，这些构成了其相反相成、自我缠绕的社会本位与个人本位双重性。在儒家社会本位主义与个人本位主义的双重作用下，加上传统中国宗法社会中人与人、人与社会之间既相互依赖又缺乏有机联系，使得传统中国人虽然获得了某种“原始的丰富”，但又导致个性的“空虚”。个人要达到真正自由全面的发展，必须首先经过商品经济这一“物的依赖”时代——对物的依赖关系既造成了个人全面和丰富的社会联系、需求和能力，又严重束缚了个性的充分展示，造成人的“畸形发展”，然后到达共产主义社会的产品经济时代——只有到那时，社会生产力有了极大提高，人与人之间实现了团结一致和丰富全面的有机联系，人们的思想觉悟有了极大提高，才能为社会本位主义精神和合理个人主义精神的塑造创造充分条件。

五、集体主义道德原则的重诠与重构

由于受到西方自由主义、社群主义等社会政治哲学思潮的影响，近年来不少学者提出了儒教社群主义问题，并围绕个人与社会之间的关系就儒学与自由主义、社群主义之间的关系进行了热烈的讨论。社会包含个人、他人、群体等，儒学社会本位主义内涵十分丰富，它内在地涵盖了儒家团体主义、儒教社群主义，同时它在本质上同共产主义的集体主义基本原则是一致的。不论是儒学社会本位主义抑或是集体主义，都面临着理论和实践的双重挑战。在理论上，面临个人主义、自由主义的挑战。近代以来，西学东渐，以严复、胡适等人为代表，把自由理念同儒学对立起来，严复论证了自由的正当性，要求突破儒家正统观念的束缚，力图把个体性原则同群体性原则统一起来。胡适则进一步把自由同儒学对立起来，把个体性

原则同群体性原则对立起来,形成个体同社会之间的尖锐对立。孙中山、熊十力则试图挖掘儒家传统中有助于培育自由理念的资源。① 20世纪50年代,台湾也爆发了以徐复观、牟宗三等为代表的现代新儒家和以殷海光等人为代表的自由主义者之间的激烈论辩,自20世纪90年代,国内外一些学者开始对儒学的社会本位主义同自由主义、合理个人主义之间关系进行了批判性考察。刘清平在悖论的思维框架下指出儒家的团体本位(主要是家庭至上,讲究孝亲为大)同推恩和社会正义之间会产生不可兼容的冲突与矛盾。而一些新自由主义者则指责儒教社群主义会牺牲个人的自由和发展。主张儒教社群主义的人则批评自由主义片面提倡自由选择、个人无节制的利益追求以及排他性弱肉强食般的社会竞争理念,以为这些理念酿成了社会族群之间的排斥、分裂与斗争。② 前面我们已提到,五四运动的激进反传统人士指斥传统儒学造成了奴性人格,妨碍了个人的自由、平等,遏制了个性发展。在新时期思想解放运动中,一些人也曾批评儒学社会本位主义和集体主义基本原则缺乏合理性、准确性,它们会束缚个人的自由全面发展,有的甚或认为集体主义无法同市场经济相容。在实践上,面临极"左"思潮和个人至上观念的挑战。改革开放以前,由于受极"左"思潮的干扰,加之儒家社会本位主义和伦理主义的负面效应以及对儒家合理伦理精神的排斥与拒绝,在进行社会整合和价值引导时,常常混淆个人不当、正当、应当的行为层次,把集体主义不加分析地运用到一切社会生活领域,大搞"斗私批修"运动,割资本主义尾巴,结果否定了个人对自身正当利益的追求,妨碍了个人正常发展,削弱了社会发展的活力。改革

---

① 参见宋志明《自由理念与儒学的冲突和会通》,载《社会科学战线》2008年第4期。

② 李哲承《新世纪"儒教社群主义"的意义与问题》,载《山东大学学报》(哲社版)2008年第2期。

开放以后,由于受西方个人主义、利己主义的冲击,由于市场经济发展的不完善对集体主义的侵蚀,也由于我们在思想道德教育方面的失误,致使极端个人主义泛滥,自私自利行为猖獗。尽管主流意识形态仍然强调和倡导社会主义和集体主义原则,但收效甚微,许多人在思想深处和外在行为上实际上奉行利己主义价值观。当前在社会上,虽然出现了某种"儒学热",但绝大多数人对蕴含社会本位主义在内的儒学存在陌生感、疏离感和排斥感。这些导致了一些个人的畸形发展。

基于儒学社会本位主义和社会主义集体主义存在同构性、同质性,基于它们共同面临各种各样的挑战,基于至今人们仍对其存在种种误解乃至歪曲,基于正确认识和把握个人与集体之间的关系是保证个人良好发展的基础,我们认为有必要对集体主义进行重新诠释和重新建构。可以说,正确认识和把握集体主义的科学内涵、基本特质、社会作用,具有极为重要的意义,它是解决儒学与人的发展所产生的影响这一论题的理论基础,是搞好社会主义主导价值导向的基本前提,是消解极端个人主义、利己主义、惟我主义所带来的各种社会流弊的思想前提。

(一)正确对待集体主义道德原则面临的挑战

长久以来,不论是在官方意识形态里,还是在普通大众的道德观念中,集体主义一直被作为惟一的社会主义道德原则来接受的。例如,十四届六中全会的《决议》就提出社会主义道德建设要以集体主义为原则。然而进入新时期以来,集体主义作为社会主义道德系统的惟一原则却遭受到了来自理论方面的各种挑战。

有的人将集体主义当做一元的道德原则表示肯定。他们认为某种道德的核心就是该道德体系的基本原则,而核心只能有一个,因此道德的基本原则也只该有一个,集体主义是社会主义道德的核心,故此它应成为惟一的道德原则。反对者断言,之所以不能将集体主义当成惟一原则,其一,根据不足。并非只有道德体系的核心才能构成道德原则,只要根据是否体现了道德类型的根本特质,且是否自始至终贯穿于社会道德的任何情况和任何方面,就可以确定为道德原则。基于此,有的人提出了共产主义道德的四项基本原则,即人们的行为必须服从共产主义事业的客观要求,必须符合集体主义原则,以崭新的共产主义劳动态度对待工作,且自觉地为创造高度的劳动生产率而斗争及以实事求是的科学态度为基础的忠诚老实。① 很显然,这种提法来源于前苏联伦理学界,因为自从20世纪70年代以来,前苏联某些人改变了视集体主义为惟一道德原则的一元论作法而向多元化方向发展,如季塔连科主编的《马克思主义伦理学》就讲了"五条道德原则":对共产主义事业的忠诚、共产主义的人道主义、集体主义和团结一致、诚挚的劳动、爱国主义和国际主义。② 其二,不能适应多方面、复杂多变的社会道德关系。传统观点认为集体主义能够调节一切社会伦理关系。可是主张集体主义为惟一道德原则的人一般将集体主义解释为个人利益服从集体利益,据此可知集体主义主要是用来调节个人和集体之间的利益矛盾,而对于个人与个人之间的关系、集体与集体之间的关系,它就失去了规范的效力。再说,道德人伦关系是纷繁多元的,它需要多方面、多层次的原则去加以调整,如"义"、"亲"、"别"、"序"、"信"就是五种调节中国封建社会人际关系的道德原则,而作为调控社会主义社会的三项基本伦理关系——个人与个人、个人与集体、集体与集体三项关系的伦理原则分别是热爱社会主义和忠于共产主义、社会主义的集体主义、革命的人道主义。③

---

① 周原冰《共产主义道德基本原则和平共处规范的根据究竟是什么》,《江淮论坛》1985年第1期。

② 季塔连科主编《马克思主义伦理学》,上海译文出版社1981年版。

③ 魏英敏《论共产主义道德原则及层次性问题》,《北京大学学报》1985年第4期。

改革开放以来,我国在怎样解决个人利益与集体利益关系问题上,肯定了个人对自身正当利益的追求。然而在理论上,由于受西方个人主义、利己主义、自我中心主义等错误思潮的影响,少数人主张"人性自私论",过分夸大个人主义价值观的历史文化功能,认为它包含了人的尊严、自主性、隐私权和自我发展四方面的积极内容;有的人在肯定个人合理利益的幌子下,为个人主义正名,为利己主义张目,攻击集体主义原则"缺乏准确性与科学性",断言它"具有反个人、反主体的倾向";个别人把集体主义混同于社会本位主义,以重新解释集体主义的基础为名义,以曲解马克思恩格斯有关个人和社会关系的论述为手段,以个人利益为价值观的出发点和归宿,在寻求社会本位主义和个人本位主义结合的名目下,宣传个人主义、利己主义;还有人断言市场经济同集体主义无法相容,只有个人主义才能与之相配合;有的认为在经典马克思主义著作中没有"集体主义"概念,而只有像"每个人的自由发展是一切人自由发展的条件",未来社会是"自由人联合体",因而不应倡导什么集体主义,等等。在实际生活中,有的人个人主义膨胀,以自我为中心,把个人利益同集体利益、自我价值同社会价值绝对对立起来,从而严重损害了集体主义道德原则,导致营私舞弊、以权谋私、行贿受贿、贪污盗窃、损人利己、损公肥私等丑恶现象滋生蔓延。

无疑,在改革开放条件下改变过去对集体主义原则的歪曲运用,重新思考如何调节个人与社会之间的关系,认真反省一下以往的社会结构和社会组织是否在某些方面抑制了个人积极性的充分发挥,是有积极意义的,这也是我们在加强社会主义道德建设时所应加以注意的。然而,有的人在寻找用什么道德价值观去指导中国建设时,从盲目信奉集体主义又走向怀疑乃至否定集体主义原则;不是依据正确理解的社会主义集体主义去反思和理顺个人与社会、己与他之间的关系，而是将以往我们在处理个人与社会关系问题上出现的失误完全归咎于集体主义，而不管集体主义本身的性质，也不管集体主义是否在实际过程中受到歪曲、误解。这种对集体主义的错误认识同西方个人主义思潮汇合在一起，使一些人片面夸大个人主义的作用，似乎只有用个人主义才能激发人的积极性和主动性，才能使人幸福与解放，而集体主义则压抑和钳制个人。

以往的道德原则理论的确需要完善，不过我们认为应从以下三方面着手。一是对集体主义重新加以界定。这就是不能将集体主义解释为只是规范个人与集体之间的关系，而应将它看做一般地要求人的行为“利他”，即要求不论是个人还是某一集体必须做出“自我牺牲”而服从于他人或集体的利益。二是将道德规范分为高低不同的层次，即分成道德原则（原则实质上也是一种规范）和一般道德规范（包括道德准则、道德范畴）两个层序。而道德原则又分为主导性、根本性的原则及次要的、从属性的原则两种类型。由于集体主义集中显现了社会主义道德区别于他种道德体系特别是以个人主义为中心的资产阶级道德的根本特点，且为调节主要的伦理关系提供总的纲领和指针，因而它就成为社会主义道德的根本原则，而像功利、公正、生命、自由、善良、诚实等可以作为从属性的道德原则补充集体主义的不足之处。三是把集体主义分成社会主义思想原则与社会主义道德原则两种类别，社会主义道德原则应坚持一元性，这就是把集体主义确认为社会主义道德的惟一原则。同时，也可以把集体主义上升为社会主义思想体系的基本原则，而同社会主义、人道主义、爱国主义等相提并论。

（二）防止和纠正在对待集体主义原则问题上的两种偏差

集体主义作为一种道德品质、道德精神乃至道德原则，自从它产生以来，就一直受到“左”的和“右”的干扰。道德的基础是利益，而利益的最基本形态是个人利益和社会利益，在任何社会里，如何处理两者的关系问题，始终是道德面临的基本问题。迄今为止，人类的伦理思想有两套解决道德基本问题的方案。一是集体主义，一是利己主义、个人主义。

1. 要坚定不移地遵循集体主义原则，就必须反对各种形式的个人主义。个人主义是一个充满混乱、模糊、多义的概念，它具有多种形态或提法。既有所谓广义个人主义，也有狭义个人主义；既有伦理意义的个人主义，也有社会意识形态意义的个人主义；既有伦理道德个人主义、宗教个人主义、政治个人主义、经济个人主义，也有认识论个人主义、方法论个人主义。在中西方早期思想中就有个人主义、利己主义的萌芽，如中国的扬朱所提出来的“拔一毛以利天下而不为也”，但是作为较为完整的思想体系，个人主义产生于17、18世纪，例如当时的洛克、斯密、卢梭、霍布斯、爱尔维修、霍尔巴赫等人就具有个人主义概念因素。不过，最早使用“个人主义”这个词的是法国人德·梅斯特，它被用来说明或谴责对社会秩序、宗教信仰、国家统一构成威胁的个人理性、个人意识及个人性。许多人也认为，法国政论家托克维尔在《论美国的民主》一书中首次使用“个人主义”一词来概括美国的政治、经济、文化及道德现象。最早系统使用“个人主义”这个术语的是空想社会主义者圣西门的追随者，它被用来指明造成社会解体、无政府状态、社会的原子化等消极现象的自我中心主义思想和行为。正是在托克维尔和圣西门主义者的启示和影响下，人们逐渐接受了个人主义这一概念，并用它概括西方资产阶级意识形态。个人主义虽然有许多类型，包含许多意义，但是它的实质却是以个人为本位，以自我为中心，强调个人利益高于他人利益、集体利益、社会利益，强调个人的尊严、权利、自由、个性等。

事实上,在社会主义社会企图倡导个人主义,无论是在理论上还是在实践上都是行不通的,都会造成严重危害。

一是个人主义不符合中国国情。众所周知,我国实行的是社会主义制度,以公有制为基础,这就决定了它必然崇尚集体,以社会为重,也就是说它必然要将集体主义作为道德的最一般原则。而个人主义从它产生的那一天起就是同完全的私有制度联系在一起的。西方国家为了达到颠覆社会主义国家的"和平演变"目的,总是想借助于向社会主义国家的人们灌输个人主义价值观这一手段。

二是个人主义从根本上是不科学、不合理的。个人主义作为一种道德原则,在社会主义条件下是荒谬的。个人主义与利己主义不像有些人所认定的那样是根本不同的,也不像某些人主张的那样是完全一致的,而是同利己主义既有同一性又有差异之处。个人主义在不涉及人我关系、群己关系而只关涉到自我时,作为一种价值观因不损害社会利益,因而区别于利己主义,并可以倡导。但是一旦关联到社会人伦关系,个人主义就会导向利己主义——或是合理利己主义,或是极端利己主义,这时个人主义就成为一种利己的个人主义伦理观了。① 对于利己主义,正如费尔巴哈所言:不仅有个人的利己主义,也有社会的、家庭的、公司的、村庄的、国家的利己主义。可见,个人主义和利己主义是彼此交叉的。不过,不管是何种个人主义,它们的思想基础都是"人性自私论"。而这种人性论背离了人的真正本性。因为人性并不都是自私的,它还有利他、无私的一面;同时作为现实的人,他不仅作为独立个体而存在,还作为一定社会整体或群体的成员而存在,人生来就具有合群本能,对社会、对集体具有强烈的依赖性,不可能完全脱离社会独立生存和发展。"人性

① 有的论者认为一般个人主义类同于"合理利己主义",极端个人主义为极端利己主义,笔者的见解显然与此不同。

自私论”以及由此出发的个人主义割裂了人的存在和需要的二重性，使本来内在结合的双重性变成了外在的对抗：个人对抗社会，个人利益对抗社会利益，从而使人陷入分裂之中。个人主义还会导致人的自我否定、自我矛盾和自我异化。个人主义者在现实社会生活中，一切从个人利益出发，以自我为中心，片面追求个性自由和解放，可是由于他没有把自身融入集体和社会之中，而是把“我”摆在至高无上的地位，摆在社会的对立面，这样他势必同社会发生对抗、发生冲突，从而受到社会的反对和限制。尤其重要的是，社会主义道德是将利他、自我牺牲、舍己为人确认为道德行为，而将损人利己、个人至上、损公肥私等看做缺德行为。当己与他、个人利益与集体利益发生矛盾的时候，社会主义道德倡导个人利益服从集体利益、自身利益服从他人利益。很明显，个人主义根本就不能作为一种社会主义道德原则来提倡。事实证明，个人主义从政治、经济、文化等方面削弱社会主义制度，瓦解中国的社会结构，导致人际关系紧张，导致消极腐败现象的滋生蔓延，同我国现代化建设的目标背道而驰。只有集体主义才能作为指导人们正确行动的道德原则。在当前要加强以为人民服务为核心、以集体主义为原则的社会主义道德建设，就必须坚决抵制和反对极端个人主义思想和行为。

2. 防止将集体主义错误理解与运用。在传统儒家社会文化里，虽然不乏“规范个人主义”、“人情个人主义”，但是如上所说占有主导地位的价值文化却是反个人的。首先，它用仁义礼智孝忠等一整套规范来严厉约束个人的言行，使个性不能伸张，强调同步化、一律化。其次，它把个人视为社会关系网的一个小小环节，没有自身独立的价值和地位，个人利益必须绝对地无条件地不分善恶地服从社会（民族、国家、他人等）利益，个人毫无价值理性可言，他不过是成就社会的工具、筹码而已。再次，就个人自身而言，他必须时时刻刻克己、反省、思过、自责、自戒、慎行、忍让,必须“安分守己”,必须遵循等级名分,必须“非礼勿视,非礼勿听,非礼勿言,非礼勿动”①。这样,个人的自由就被剥夺净尽。总之,由于血缘关系纠缠、等级制束缚、人身依附、王权至上及道德本位,传统中国人几乎丧失了人格独立、个体自由、自我尊严及个人利益。新中国成立后,在意识形态领域,我们在全社会进行了集体主义教育。由于受极“左”思潮的干扰,集体主义价值观的教化出现了四大失误。一是把集体主义道德原则泛化,当成一切社会行为都必须遵守的规范,混淆了经济与道德等不同领域的功能与范围,夸大了道德控制的社会整合作用。二是抹杀了应当、正当与不当行为的层次性,把本属于正当活动的东西当成不当行为加以批判,使个人不敢在合理范围内谋求和维护个人的正当利益。三是把集体主义原则当成压抑个人的绝对道德律令,把个人、自我混同于个人主义,在处理个人与社会的关系问题上,贬低乃至抹杀个人利益。所谓“个人的事再大也是小事,国家的事再小也是大事”,所谓“狠斗‘私’字一闪念”、“斗私批修”等,都是压抑个人的外在表征。四是忽视了利己与利他的一致性,夸大了他人导向价值观的作用。

错误的道德教育给中国社会带来了许多消极后果。第一,由于抽空了个人的利益,使集体主义原则过于严苛,过于理想,脱离了人性定势,从而使大多数人难以遵守,强制的结果不是失去了对人的行为应有的约束力,就是造成了大量道德伪善。第二,由于个人不敢大胆争取自己的切身利益,由于将个人利益同集体利益看成绝对同一,忽视或抹杀两者矛盾乃至冲突的一面,这就为一些坏人打着集体的幌子干着以权谋私、损公肥私、篡党夺权、贪污腐化等坏事,

---

①《论语·颜渊》。

提供了可乘之机。第三,个人的不发展,不仅无助于集体意识的培养,反而导致人们团体观念和合作精神的淡漠。中国本来就有特殊的小农分散意识及个人主义观念,中国人又长期生活在机械联带社会,逐渐养成了"一盘散沙"(鲁迅语)、"窝里斗"、"内耗"、不合作等劣根性,再加上一段时期后把个人加以挤压后共同捆绑在集体这棵大树上,无数个人难以正常生长发育,结果导致集体这棵大树营养不良,不仅个性无法伸展,人们的集体意识和规范观念也淡化了。为什么20世纪50年代那种夜不闭户、路不拾遗、人与人真诚相待的良好风气一去不复返?为什么改革开放后,人们的欲望急剧膨胀,像决堤的洪水一样泛滥成灾,个人主义、享乐主义日益盛行?原因固然很多,但与我们长期不重视个人的权利、自由和个性不无关系。

正当的个人利益应受到政策、法律和舆论的保护,只要不违法乱纪,追求自我价值是完全许可的。极端个人主义则是主张一切以个人利益为转移,而不管这种个人利益是否合理。极端个人主义是万恶之源,当然应该坚决反对。然而,以往在宣传集体主义精神时,没有严格区分哪些是正当的个人利益追求,哪些是极端个人主义行为,从而错误地将前者当做后者加以否定,以致个人的积极性和潜能不能很好地发挥,个性受到严重的压抑。实际上,社会主义集体主义原则只是要求当个人利益同集体利益发生冲突时,应当做出自我牺牲而维护集体利益,并不是一般地反对个人利益。

由上可见,要加强社会主义道德建设,就必须坚持和发展集体主义;而要发扬集体主义精神,就必须既反对极端个人主义,又反对错误地对待集体主义。

(三)正确认识集体主义的根本特点

在社会主义道德建设问题上,之所以出现极端个人主义和极"左"思潮,在很大程度上是由于一些人没有正确认识和把握集体主义的精神实质、基本特征及社会作用。因而要坚持道德建设的集体主义导向,就必须科学地理解集体主义的根本性质和历史功能。

首先,集体主义所讲的"集体"是真实的集体,而不是虚假的集体。马克思恩格斯曾指出,只有在真实的集体中或共同体中,个人才能获得全面发展其才能的手段,才能有自由:"从前各个个人所结成的那种虚假的共同体,总是相对于各个人而独立的……在真正的共同体的条件下,各个人在自己的联合中并通过这种联合获得自己的自由。"①这说明,马克思主义社会伦理学所说的集体,是那种具有历史的合理性、合法性和道德性、具有旺盛生命力、代表整个人类进步方向的有机人群共同体,而像犯罪团伙、反革命集团、反动会道门等组织则不是集体主义所说的集体,对这些"集体"的服从不仅不是集体主义所倡导的,而正是它所要极力反对的。

其次,集体主义具有丰富的、多层次的社会历史规定性。通常说来,集体主义蕴含两种意思。一是指人们的生产生活注重采取共同协作的社会结合形式,重视选择团结合作的力量,而轻视个人的自我奋斗、孤军奋战。一是指个人利益服从集体利益,以他人利益为主,以全局利益为主,以长远利益为重。另外,集体主义道德原则又可具体化为三个不同层次的行为要求:①无私奉献、自觉为民、大公无私;②在己与他、己与群利益相矛盾的时候做到先人后己、先公后私,自觉自愿履行自己应尽的道德义务;③诚实劳动、遵纪守法、热爱科学等。将集体主义原则分出这些不同层次的道德指令,不仅便于人们在实际的道德实践中操作,同时也有利于人们按照循序渐进的方式提升自己的道德境界。

再次,集体主义的产生有着巨大的历史必然性。早在原始社会

① 《马克思恩格斯选集》第1卷,人民出版社1995年版,第119页。

就已萌芽了集体主义,它用来维护民族和部落的共同利益,协调集体劳动、团结互助及民族内部平等,尽管这种集体主义还很原始、朴素,还同风俗、习惯混为一体,并且带有氏族复仇、血缘群婚等消极的一面,可它毕竟已是人类进步道德的萌芽。随着社会分工的发展、私有制的产生、阶级的出现及等级制的演变,集体主义在不同阶级那里遭到不同对待。奴隶主、地主和资本家对集体主义进行了粗暴的歪曲,集体主义被篡改为对奴隶主阶级、地主阶级及资产阶级的国家利益的维护和服从,而其中所包含的平等观念、集体劳动、团结互助等则被财产不平等、剥削和压迫、等级、厌恶劳动等代替;而且剥削阶级公开奉行个人主义价值观。奴隶、农民则继承和发展了原始集体主义,而提出了社会平等、"天下穷人是一家"、"穷帮穷"及"普天之下皆兄弟"等道德观念。无产阶级在社会斗争和社会化大生产中,逐渐锻炼了自己的组织性、纪律性及革命的彻底性,形成了集体观念、劳动观念以及团结互助等优秀品质;马克思主义产生以后,集体主义被上升为系统化、理论化的道德观,转化成无产阶级自觉遵守的道德原则。社会主义社会国家的建立,集体主义又被作为社会意识形态而成为上层建筑的一部分,并用以指导广大人民群众的社会实践;人们在根本利益上的一致,也为集体主义提供了强有力的社会基础。可见,社会主义集体主义道德原则的产生和发展反映了社会发展的客观规律,是和人类道德进步的客观要求相适应的。集体主义既继承和吸收了历史上劳动人民的优秀道德及进步思想家如孔子等人提出的积极道德思想,又高于历史上任何一种类型的道德原则,因此它是人类历史上最先进最合理的道德原则。

最后,集体主义反映了人的根本利益,最符合人的本性。我们知道,己与他、个人利益与集体利益、社会利益有时会发生矛盾,社会利益也不是个人利益的简单相加,集体主义原则正是要求个人牺牲自身利益而维护集体利益。但是个人利益同集体利益又存在一致的一面,这两者是相互渗透、相互结合和相互依存的。个人的存在与发展离不开集体与社会,后者为前者提供各种条件,所以对集体利益的服从从根本上也是有利于个人利益的;社会利益的主要内容是社会生产力的发展,以及政治、文化的进步,这些最终都是将作为社会成员的个人利益而表现出来。可见,社会利益是个人利益的基础、前提和保证。在己与他的关系上,列宁说过:“人人为我,我为人人”。这说明个人利益与他人利益也是相互依存的。集体主义虽然要求个人牺牲自身利益而服从集体利益,可是从根本上不但不否定个人利益,而且有利于个人利益。显然集体主义道德原则是完全符合人既作为独立的个体存在又作为社会存在的本性的。

总之,个人主义是隶属于资本主义体系的一种价值观念、道德原则,它的根本特质可以用《简明不列颠百科全书》来概括:“个人主义 individualism,一种政治和社会科学,高度重视个人自由,广泛强调自我支配、自我控制、不受外来约束的个人或自我。”相反,集体主义则是为社会主义社会所奉行的价值准则、道德要求,它既是一种以集体利益为重心的价值哲学,又是一种坚持公有制为主体的经济哲学。

在当前,要对集体主义进行重构,诚然要借鉴西方个性观念、自由意识、平等理念等有益文化成分,并结合社会结构现状和个人生存方式的变化进行创新,但另一个重要途径就是要批判继承儒学中社会本位主义和个人本位主义的合理要素。在社会基础、根本指向、依赖主体、历史条件等方面,儒家的社会本位主义同集体主义之间确实存在一定的差异,但也存在许多相同相通之处,这也是 20 世纪初期为什么在各种外来思潮涌入之际中国最终选择了社会主义的重要原因。目前,一些学者提出了马克思主义儒学、社会主义儒学，这不失为对儒学社会本位主义和集体主义进行有机整合、重铸的有益尝试。

第三节　儒学的伦理—非伦理二重性与人的全面发展

在社会主义初级阶段这一社会历史背景下，不论是促进人的全面发展，抑或是将人的全面发展理论研究引向深入，都应该从儒学思想中寻找资源、灵感和动力。从理论旨趣上来说，儒学思想可谓博大精深，它可以为促进人的全面发展提供传统文化资源。在特定意义上，儒学即是人学，是关于人的“身心性命之学”。犹如现代新儒家代表人物杜维明所言：“如果比附西方哲学的分类，儒家‘探索如何作人的道理’，应说是一种以人格发展为运思核心的人学。”① 儒学涉及许多人的发展问题：在天道与人道之间，儒学更偏重于人道的思索；儒学的基本特点是入世，讲究人的内在超越，其致思对象不离人伦日用，关注现实人的现实生存和发展；儒学实为一种人的修身之学，其核心是“修己安人”，同时包含两大“基本点”：一是为人道，二是为政之道，为政之道又可以还原为待人处世之道。儒学系统中，蕴含着丰富的与人的全面发展直接相关的人学理念。尽管儒学缺乏有关人的全面发展的系统化理论，但上述不同层面的儒学思想，有助于我们更深入地理解和把握人的全面发展问题。从实践上说，儒学以其蕴含着许多相反相成的文化二重性而对人的全面发展产生积极和消极的双重影响，它的泛伦理主义、反人文主义、人情个人主义等特质固然会妨碍人的个性培养和多方面才能的充分展现，

① 杜维明《儒家传统的现代转化》，中国广播电视出版社1992年版。

阻碍人的全面发展，而它的崇德人学理念、人文主义、团体本位主义等人学特质却有利于人的全面发展。下面就儒学的伦理与非伦理二重性及其对人的全面发展的影响展开讨论。

一、儒学对人的非伦理向度给予了关切

在一些人看来，儒学框架之下只能锻铸出孝子贤孙、贞女节夫之类的谦谦君子型人格，只能造就片面化的个人。因为从根本上说，儒学只是一种伦理之学，它仅从道德层面去关照人，提升人，培养人，而忽视人的非伦理向度。事实上儒学也探讨过人非道德的品性、修养和境界等问题。

首先，儒学将非伦理要素看成人的本质规定性之一。历代儒者尤为重视"智"这一人类认知因素作为人类的类特性。孟子将"智"作为与"仁"、"礼"、"义"相并列的四种德目，不仅建立在所谓的恻隐之心、羞恶之心、辞让之心、是非之心这四种"我固有之"的"善端"基础之上，而且将其作为人性区别于兽性的首要因素。他指出："人之有德慧术知。"①荀子则指出：

> 人之所以为人者，非特以二足而无毛也，以其有辨也。②

可见，先秦儒家是将人类固有的主体认知能力视为人所特有的属性。汉儒唯物主义哲学家王充更是明确肯定人之所以为万物之长是因为人具有理性智慧："夫倮虫三百六十，人为之长。人，物也，万物之中有知慧者也。"③

其次，在知、情、意人格基本要素规定上，儒学不仅把仁勇这些伦理品性赋予人，强调人的理智本性，也注意到了"志"、"美"在人格结构中的地位与作用，在一定程度上表现出"尚志"、"崇美"的倾向。

---

①《孟子·尽心上》。

②《荀子·非相》。

③《论衡·辨崇》。

“志”是一个内涵十分丰富的心理人格范畴,它以蕴含意志、志气、志向等不同规定性而表达了社会历史主体主观意志的坚定性、行为的合目的性和理想信念的超越性。儒学突现“尚志”,孔子曾言:“三军可夺帅也,匹夫不可夺志也”①,并极力称颂伯夷、叔齐等人“不降其志,不辱其身”。孟子则认为志为气之帅,“持其志,无暴其气”②。儒学又要求人们要善于“立志”——根据“学者大不宜志小气轻。志小则易足,易足则无由进”的思想③,张载指出:“立志”是“教之大伦”④的关键,理学大师朱熹认为“只患立志不坚”⑤,王阳明则强调“志不立,天下无可成之事”⑥。儒学肯定了求“美”是人类共同的本性。孟子认为“目之于色也,有同美焉”⑦。荀子则说:“目好色,耳好声,口好味,心好利,骨体肤理好愉佚,是皆生于人之情性者也。”⑧儒学还强调要“成人之美”,主张“乐以成人”,倡导“诗教”、“乐教”。

再次,在理想人格设计上,儒家所推崇的圣贤、君子、大丈夫、成人等也具有非伦理品格。尽管孔孟儒学未将内圣与外王加以分疏,认为“外王”必须以“内圣”为充分必要条件,但“外王”毕竟有其“事功”一面。儒家所向往的古代圣贤既具有尚贤、刚毅、尊礼、节俭等伦理品质,又具有独行、特立、制作礼乐、发明器物、树立五教等非伦理特质。“圣”的原始意义是“闻声知情”,如应劭《圣俗通》:“圣者,声也,通也。言其闻声知情,通于天地,条畅万物也。”因而“圣”言人聪明能干。孔子虽然赋予“圣”以崇高无比之含义,但没有完全舍弃

①《论语·子罕》。
②《孟子·公孙丑上》。
③《张载集·经学理窟·学大原下》。
④《张载集·正蒙·中正》。
⑤《性理精义》卷七。
⑥《王阳明全集》卷二十六《续编一·立志》。
⑦《孟子·告子上》。
⑧《荀子·性恶》。

其聪明能干的本义。同样,“贤”也具有非道德内涵。一为“多财”——《说文解字》说:“贤,多才也,从贝,臣又声”;二为“有才能之人”——《论语·子张》曰:“贤者识其大者,不贤者识其小者”。儒家尽管主要在“明德知德有德”意义上推崇“圣贤”人格,但并未彻底消解其非伦理性,而是把内在修养和外在事功统一起来。如孔子说:“所谓贤人者,行中规绳而不伤于本,言足法于天下而不伤于身,富有天下而无怨财,布施天下而不病贫,如此,则可谓贤人矣。”①儒家所推崇的“成人”更是触及了人的全面发展问题。前已讲到“成人”既可以作为一个名词,指称一个既定的人格状态,又可以作为一个动词,意味着人的发展过程。《论语·宪问》说:“子路问成人。子曰:‘若臧武仲之知,公绰之不欲,卞庄子之勇,冉求之艺,文之以礼乐,亦可以为成人矣。’”在此,孔子认为“成人”必须具备“知”、“不欲”、“勇”、“艺”、“礼乐”等多种品质,涉及了社会主体知性潜能、德性力量的开发和审美情趣的培养,为后人树立了自我发展的全面发展的人格范型。

另外,在人的社会价值取向上,儒学也注意到了功利性的一面。儒学并不一概否定人的功利诉求,只是要求人要“以义驭利”,反对“为富不仁”,孔子“不义而富与贵,于我如浮云”可谓这一理念的经典表达。同时,儒学思想也力主开发人的多方面潜能,倡导一种“三不朽”人格精神。《左传》有言:

> 大上有立德,其次有立功,其次有立言,虽久不废,此之谓三不朽。②

儒学也注意到人多种技艺的培养,要求人们在“诗、书、礼、乐、射、御”六艺上下功夫。

---

①《荀子·哀公》。

②《左传·襄公二十四年》。

同时,儒学也主张发展个人的独立人格,尊重人的个性发展。这可以从孔子反对“乡愿”的“好好先生”而倡导“狂、狷”人格得到佐证。孔子认为“乡愿”是“德之贼”,①没有自己的是非观念,一味地从众、媚俗,因而反对“乡愿”之人。孔子还肯定了“狂、狷”人格,认为“不得中行而与之,必也狂狷乎！狂者进取,狷者有所不为也”。一个人在社会交往中即便接触不到具有较高道德品行的“中行人士”,也一定要交结到富有进取精神和狷介品质的人。可见,儒学尊重个性的多样化发展,并不是只讲协调性人格,不讲进取性人格。儒学还肯定人的需要的多样化。孔子指出:“富与贵,是人之所大欲”,荀子认为人无不“好色,好声,好味,好利,好愉佚”。

二、儒学以伦理为中心

伦理之学终究是儒学的核心和主流,重德终归是儒学思想的根本特质,更有甚者,儒学带有浓厚的泛伦理主义色彩。

儒学伦理至上的理论品格主要体现在以下几方面。

其一,以性善论为滥觞。诚然,儒家探寻到了理智和审美在人性结构中的位置,但却更为凸现人的伦理类特性。孔子尽管没有明言人性善,只是讲过“性相近,习相远”,但从他的主导思想倾向来说,他是认同人性为善的。孟子并不否定人的食色之性,他说:“形色,天性也;惟圣人,然后可以践形。”②不过,对他来说,食色之性不过是人兽共有的“生性”,人的类特性是根于四种善端之上的仁义礼智“四德”——“君子所性,仁义礼智根于心”。③荀子力主性恶,但他倚重的是通过“化性起为”达到人性善。况且荀子正是由于其性恶论而为后世儒家所诟病,批评他的言行不符合“道统”。荀子本人也

①《论语·阳货》。

②③《孟子·尽心上》。

曾强调人之异于禽兽在于其“有义”：“水火有气而无生，草木有生而无知，禽兽有知而无义，人有气、有生、有知，亦且有义，故最为天下贵。”①北宋新儒程颢、程颐也提出人性与动物性的区别就在于人有仁义之性：“君子所以异于禽兽者，以有仁义之性也”②。南宋理学家陆九渊也认为“仁心”是划分人与动物的分界线：“仁，人心也，心之在人，是人之所以为人而与禽兽草木异焉者。”③

其二，强调人格系统中的伦理因素，把人格伦理化。在“智仁勇”这三种人格因素中，勇和仁均属于道德范畴，而“智”在儒学思想中尤其在孔子之后的儒家那里大多并不是一个独立不倚的纯粹理智范畴。孔子指出：“知及之，仁不能守之；虽得之，必失之。”④“智”也被孟子改铸成一个道德理性概念，被规定为判断善恶的道德是非之心——“智之实，知斯二者弗去是也。”⑤西汉大儒董仲舒也将“智”看成“德”的附庸：“智而不仁，则知而不为也。”⑥为儒家所推崇的“志”同样不过是道德化的意志。孔孟提倡“尚志”，可他们从伦理维度强调“志”，要求人们“志于道”、“志于仁”。张载断言“立志”无非是“教之人伦”。王阳明尽管肯定“虽百工技艺，未有不本于志者”⑦，但最终把“立志”的出发点和落脚点置放于道德人格之上——“故立志而圣，则圣矣，立志而贤，则贤矣”⑧。颜元则径直将“志”作为区分圣人与庸人的标准：“圣人亦人也，其口鼻耳目与人同，惟能立志用功，则与人异耳”⑨。儒学也注重从道德角度去规定

---

①《荀子·王制》。
②《二程集·河南程氏遗书》卷二十五。
③《陆九渊集》卷三十二《学问求放心》。
④《论语·卫灵公》。
⑤《孟子·离娄上》。
⑥《春秋繁露·必仁且智》。
⑦⑧《王阳明全集》卷二十六《续编一·立志》。
⑨《颜元集·颜习斋先生言行录》卷上《齐家》。

和诠释“美”,不仅提出“里仁为美”,而且强调只有君子才能真正知音知乐,强调在“乐教”、“诗教”中造就道德完善的人,强调培养人的审美意识是为了人格的完美。孔子提出了“乐以成人”的学说,指出:“兴于诗,立于礼,成于乐”①,“文之以礼乐,亦可以为成人矣”②,“人而不仁,如乐何”③。孟子在继承西周“德音”论基础上提出了“仁声”说。荀子虽曾提出“学”必须要全,但他心目中的“成人之道”还是“君子之学也,以美其身”。④ 由此可见,儒家的人格要素理论是以伦理为至上,用“德”去统辖“智”、“志”、“美”,使后三者从属于“德”。

其三,偏重于伦理视角进行理想人格设计。儒学关于理想人格的构想主要有以下几种较为流行的提法:君子、圣贤、大丈夫及“内圣外王”。对这些理想人格形象,儒学均作了偏于伦理化的改造和规定。“圣”、“贤”本来包含“多才”、“多财”等涵义,儒学对此虽未否定,但都赋予它们更多伦理崇高意义——仁爱精神、中庸准则、经世情怀、献身品格等。在儒学那里,“内圣”乃是指具有较高德性修养的个人,“外王”则是指在社会上能够建功立业、齐家、治国、平天下的人士。如前所述,孔孟虽未将“圣”与“王”合称,如《论语》、《孟子》这两大典籍中未曾出现过“圣王”二字,但他们却是“圣”、“王”不分,以为凡王必须具有“圣心”或“仁心”,君王的“为政之道”必须以实行“仁政”为旨归。荀子虽然将“圣”、“王”合称,在《荀子》一书中大量采用“圣王”,但同孟子偏重“内圣”不同,他偏重“外王”,尤其是他看到了圣与王之间的差异,提出了“尽伦”与“尽制”的不同:

① 《论语·泰伯》。
② 《论语·宪问》。
③ 《论语·八佾》。
④ 《荀子·劝学》。

“圣也者，尽伦者也；王也者，尽制者也。两尽者，足以为天下极矣。故学者，以圣王为师。”①由于荀子思想不被视为儒家正统，而为后儒视为非儒家道统，整个儒家思想的主流是伦理至上主义，故荀子关于“圣”、“王”有别的正确认识并没有受到重视，倒是孟子以德定王的内在超越性人格思想，及《荀子》中“人皆可以为尧舜”、《大学》中“自天子以至于庶人，壹是皆以修身为本”的泛伦理主义人学受到普遍遵从。到了宋明理学那儿，“外王”人格理念几乎被完全遮蔽。清初唐甄批判理学是“精内而遗外”②。即使宋明理学提及“内圣”，也是完全把它当成某种道德人格。如王阳明认为“圣人”之所以是圣人，是其心纯出于“天理”，从而把德性作为圣人的根据，而剔除了知识、技能、人才等非伦理因素。“君子”原本指位居高位的人，是一种特殊的社会角色，但后来被儒家转化为一种道德人格的化身。虽然儒学没有完全舍弃掉“君子”中“位”的含义，但似乎更突出“君子”道德情操意义。③ 总观儒学对“君子”的论述，可以看出儒家既从消极意义上赋予“君子”以伦理属性，如《论语》倡“君子不器”，又从积极意义上赋予“君子”以下伦理规定性：重义轻利（“君子喻于义，小人喻于利”、“君子义以为上”），安贫乐道（“君子谋道不谋食”、“君子忧道不忧贫”）和自强不息（“天行健，君子以自强不息”）等。至于大丈夫人格精神，儒学更是明确将其赋予杀身成仁、舍生取义等伦理品性。

其四，在人生价值取向上重义轻利。儒家重视道德、重视人的道德价值而忽视人的功利价值、审美价值，主张道义论，这些儒家人

---

①《荀子·解蔽》。

②《潜书·有为》。

③ 关于儒家君子人格中“位”与“德”的含义演变，可参见余英时《儒家“君子”的理想》，载余英时著，辛华、任菁编《内在超越之路》，中国广播电视出版社 1992 年版。

学思想特征得到了学术界的承认。然而，具体到儒学在人生价值观上是否重义轻利，却是见仁见智，至今仍聚讼不已。我们认为，儒学肯定了求利是人之本性，承认富与贵是人之大欲，考虑到了人的事功追求，并且在符合仁义的前提下也主张人不放弃对"利"的追求。孔子曾说："富而可求也，虽执鞭之士，吾亦为之。"①儒家所轻视的"利"不过是不义之利、一己私利和眼前利益。正统儒家也讲"利"，孔子提出"因民之所利而利之"，孟子主张"制民之产"，董仲舒肯定"利者，体之养也"。但是，儒家的人生价值观从根本上还是重义轻利。因为首先，儒家把重义轻利设定为绝大多数人的普遍价值取向。"圣人"属于最高人格境界，一般人难以企及，连被后人称颂的孔圣人自认为非圣人，而感叹道："圣人，吾不得而见之矣，得见君子者，斯可矣。"②君子虽为一理想人格，但大多数人经过"修身"的努力还是可以达到的。君子的做人准则恰是重义轻利。尧、舜、禹正是儒家所推崇的"重义轻利"的典范，而儒家一再声言"涂之人可以为禹"、"人皆可以为尧舜"。正是借助于君子人格的大众化，儒家将重义轻利的人生价值观在全社会加以普遍化。其次，儒学价值观将义摆在价值系列的第一位。如孔子说："君子义以为上"、"君子喻于义，小人喻于利"，而孟子则说"王亦曰仁义而已矣，何必曰利"。总之，儒家是"罕言利"、"先义后利"。再次，儒家虽然也强调仁义可以成为"赢利"的手段或工具，如孟子告诉梁惠王用仁义治国可以带来好处："人人亲其亲、长其长而天下平"③，但是，孟子从治国策略上强调仁治（施仁政），而忽视实际功利、法治和经济手段的作用。从目的来说，儒家看重的主要是

①②《论语·述而》。

③《孟子·离娄上》。

太平、安定、和谐、公平等道德价值,而轻视富裕、生存、强盛等功利价值。① 另外,孟子及宋明理学家看到了义与利、理与欲的矛盾,在处理如何选择两者问题时,他们主张重义轻利、存理灭欲。孟子说:"鱼,我所欲也;熊掌,亦我所欲也,二者不可得兼,舍鱼而取熊掌者也。生,亦我所欲也;义,亦我所欲也,者不可得兼,舍生而取义者也。"②宋儒更是把道德看得比生命还重要:"饿死事小,失节事大"。

三、儒学的伦理—非伦理二重性对人的全面发展造成双重影响

儒学对人非伦理品性、才能、需要等的阐发在一定程度上有助于人的全面发展。儒家把"智"、"德"视为人区别于动物的类特性,将引导我们注意开发人的理智和道德潜质,塑造才智和德性兼备的人才。儒学重智、尚志、崇美的人学主张,及其所彰显的"成人之道",启发我们培养德智体美全面发展的人格,造就有理想、有道德、有文化、有纪律的"四有"新人。儒学关于理想人格的构想对人才能、财富的重视,有助于人们把才能展现和道德文章、功利追求和伦理完善有机结合起来。儒学尽管呈现"重义轻利"、"重道轻器"的价值论倾向,但它毕竟把握到了人的求利价值取向,这使得中国传统社会文化实用理性比较发达,中国人的聪明才智在劳动实践和各种创造发明中得到充分锻炼和展现。儒学对"乡愿"的否定,对人个性的维护和尊重,也会促进人发展自己的个性。传统中国社会个人之所以不够发达,难以全面发展,主要应归因于自然经济和宗法社会,而不能完全归咎于儒学思想。其实,以儒学为主干的传统中华文化所熏陶的个人,并不都是孝子贤孙之类的道

---

①《论语·述而》。
②《孟子·告子上》。

德化畸形个体,同样也有才情洋溢、仁智结合的真君子、大丈夫和完满之人。

应当承认,儒家泛伦理主义思想对人的全面发展还是会造成一定的负面效应。第一,存天理灭人欲的伦理教化,及重义轻利的非利主义价值方针,造成对人各种合理欲望的过分压抑,这会大大削弱人发展自己的潜能、从事各种创造活动的原动力。恶劣的情欲有时不仅如同黑格尔所说的是历史进步的动力或杠杆,同时也是个人充分而全面发展的精神支撑。不适当地克制乃至贬低人的正当需要,用重义轻利、重理轻欲作为一元价值尺度去剪裁生活,不分场合地绝对地去强求个人遵行,只会造成大量萎缩性人格。第二,儒学在处理人格要素关系问题上偏重于道德,不利于培养德、智、体、美全面发展的"新民"。儒学把"智"、"美"、"志"等完全纳入"德"的范畴之中,把"德"抬高到不适当的地位,忽视前三者同"德"的差异乃至冲突,抹杀前三者的相对独立性,这显然会限制人的聪明才智和审美能力的独立发展。本来,"修身"包含锻炼身体或身体化的合理成分,但由于伦理中心的人学思想的改造和笼罩,使之晦暗不明。荀子所阐释的"成人之道"比孔孟更深刻地涉及了人的全面发展问题,但却被后世儒家特别是宋明理学所淹没。要促进人的全面发展,造就完整人格,就必须将体育、智育、美育从"德育"中分离出来并摆在同等重要的地位。蔡元培先生深刻指出,所谓健全的人格,应分体育、智育、德育和美育。这四育是一样重要。第三,儒学伦理本位的理想人格思想会造成大量片面的、畸形的"道德人"。儒学倡导以圣、贤、君子、大丈夫等为典范的理想人格,给人的发展带来两大流弊:忽视人的非伦理品质的提升,片面发展道德品质;由于理想人格过于脱离人性定势,造成某些人虚假的自我完善,为伪君子的滋生提供了文化土壤(满口仁义道德，背地男盗女娼）。

话又说回来，儒学的重德特质对于塑造“全面人”也不无启迪，不无助益。

儒学推崇“修身”、“养性”，极力倡导道德教化，借此培养出具有较高道德境界的“君子”、“圣贤”、“明君”、“贤相”。只不过儒家文化所倚重的这类道德人格过于“圣化”，过于理想化。提高整个中华民族素质及国民素质，是近代以来致力于追求中国现代化的仁人志士所期望的。早在1895年，维新派思想家严复就提出“鼓民力”、“开民智”、“新民德”的主张。尔后，梁启超在《新民说》中将严复“民力、民智、民德”统称为“民质”，并通过中西文化的比较而说明培育“新民”的重要。虽然维新派人士所倡导的“新人”、“新民”褪除了儒家道德思想和人格学说中的消极腐朽杂质，否弃奴性人格，弘扬独立人格和自由个性，但并不绝对排除儒家人学中具有普遍性的有益成分（如自强不息）。维新派的“新民”主张对世人提高国民素质在现代化中的作用的认识无疑是有启发意义和合理之处的。新文化运动时期，李大钊、陈独秀等人也大声疾呼要反对旧礼教、旧道德，提倡新道德，以此去改造中国的国民性。社会主义新中国成立以后，我们党也曾多次提出要培养又红又专的无产阶级事业接班人。这里值得一提的是，毛泽东所谈到的社会新人洋溢着浓厚的道德理想主义色彩，浸润着儒家圣贤风格；毛泽东所推崇的人格范型是那种：一个高尚的人，一个纯粹的人，一个有道德的人，一个脱离了低级趣味的人，一个有益于人民的人。十一届三中全会以后，邓小平多次强调要培养“有理想、有道德、有文化、有纪律”的“四有”新人，通过加强思想政治工作和社会主义精神文明建设来造就一代道德主体。只是市场经济对道德新人积极和消极的双重作用向我们的“育人工程”提出了严峻挑战。

当前,社会上一些人身上出现的种种不道德现象也从反面说明了加强社会主体道德品质修养、建构优秀人格的必要性。虽然目前社会道德状况主流是积极健康向上的,但不容忽视的是,由于我国正处于"社会转型期",适应新的政治经济基础的道德体系并没有及时建立起来,某些人的行为出现了道德失范,特别是由于忽视了道德基础素质建设,导致了"主体性迷失",一些人、一些地方及一些领域出现了过度物质化、功利化、金钱化、个人化倾向。更令人气愤的是,少数人理想淡漠,良知麻木,道德沦丧,道德素质极为低下,有的竟致见死不救,残害忠良。整个社会的物质化、世俗化、平面化,也滋生了一大批被物欲所异化的"单面人"。殊不知,现代社会作为有机连结的社会,不仅需要人具备高素质,也呼唤着素质全面,也就是说社会主义新人必须是全面发展的人、大写的人,而不是畸形的人。有的人只注意提高自己的知识技能,而忽视品德修养,结果使自己胸无大志、信念缺失、道德败坏、纪律松弛、文化品位低下,从而沦为知识的巨人、思想的矮子和道德的侏儒。在社会主义初级阶段促进人的全面发展,固然不能要求所有人都像儒学所倡导的那样具有"圣贤气象",成为道德完人。但是,如果缺乏起码的道德修养,恐怕也不能算是"全面发展"。光有才能和知识而人品低劣,并不能获得人生的真正成功,有时甚至会堕落为社会的败类,我们每个人应该具备最基本的道德文明素质。

当前,固然要注重人多方面潜能的开发及社会关系的广泛建立,但也要借鉴传统儒学的德性和德化理论,努力造就社会主义一代新人。这一道德新人,至少应有两重规定:一是基本素质,也就是作为一个人,不论古今中外应该具备的品格。孟子认为"人异于禽兽者几希",而仁义理智正是人为数不多的类特质;人生来就有恻隐之心、羞恶之心、恭敬之心及是非之心这四种"善端"。剔除孟子"四端说"的先验论成分,从中可以推演出人首先应具有一种以他人苦乐而感到苦乐的同情之心,这乃是人扬善抑恶的心理基质。除此之外,要做一个道德之人,就要具备较崇高的正义感、良知感、荣誉感,具备忠孝、诚实、正直、公平、节俭、仁厚、勇敢、刚健等道德品性。二是特殊道德素质。我们每个人不是纯粹的、抽象的生物个体,而是历史的、社会的现实人,特定的历史文化背景锻造了我们的道德个性,也向我们提出了特殊的道德"命令"。就我国社会发展所要求的社会主义道德新人而言,应具备适应社会主义初期阶段及市场经济发展需要的道德素质,这些道德素质不仅包括开拓进取、永不知足、敢于竞争、自主自立等不同于自然型经济道德人格的买卖型人格(弗洛姆语),也包括为传统伦理文化所突现但又必须赋予新时代内涵的协调性道德素质。

第三章　儒学的实用性与实用理性的发展

提及儒学的实用性，许多人肯定不以为然。在他们看来，儒学同实用性是不搭界的。这一则因为儒学"迂远而阔于事情"，它所创设的圣贤君子人格、仁义礼信等德性伦理、仁政德治政治主张等过于理想化，难以同现实合拍，因而孔孟游说诸侯列国最后均以碰壁而告终，孔子成为"丧家之犬"；二则是因为许多儒者空谈心性、理气、有无、一多、道器等"玄学"问题，不仅离百姓日常生活太远，且不易被大多数民众所理解和接受，何谈实用性；三则儒家坚持伦理本位，具有泛伦理主义流弊，把伦理价值作为惟一的评价尺度，因而同人丰富多样的社会生活和多变的思想观念（现代尤甚）相脱节，难以真正发挥其规范指导作用。应当说，这些否定儒学实用性的说法并非没有一点道理，因为儒学确乎有着过于高远、过于理想化的一面，尤其是宋明后学更是流于空谈和玄虚。但是，从另外一个角度看，儒学又呈现出较强的实用性，它强调不离日用、学以致用、明体达用、经世致用、实事求是等，足以表明儒学不失为一种实用之学。正是从先秦开始到汉唐儒学，均是有实用性的特质和因子，如此才产生了宋明以后的实学形态和实学思潮。在具有实用性特征的儒学长期浸润下，中国人锻造出求真务实的精神品格。置身于新的世俗化时代，汲取儒学中的重实用的态度、方法、途径等合理成分，将有助于当代中国人实用理性的建构。

第一节　儒学实用性的基本内涵

儒学的实用性也就是指它在社会实践和人的日常生活中具有实际应用价值,能够发挥实际的指导作用和调节作用,能够产生实效、实功、实利。上一章在谈及儒学的影响时,实际上已涉及它的经世致用性,从而展现了它在传统中国社会和当代社会所产生的效用问题,同时这也将是儒学社会学和儒学历史学研究的课题,这里将从理论自身上去探究儒学何以能够产生实际功效、具有应用效用的条件、潜质和特征。诚然,我们并不把儒学的实用性等同于美国的实用主义,虽然在重视行动、生活、实践、实验、实证、实效等方面两者殊途同归,但儒学并不一味倡导功利主义、工具主义、经验主义(如儒家重视体知和顿悟、反省)、相对主义等。儒学的实用性具有更为丰富、更为独特的社会历史内涵,它至少体现在以下三方面。

一、在致思对象上强调不离日用

关于儒学的学科定位,许多人把它说是人学,或者是为政之学,当然更多的人断言它乃是建立在伦理主义基础上的人生哲学。下面我们将讲到,儒学的核心层是伦理之学,第二层是为人之道和为政之道,这些显然是"不离人伦日用",它们同人生实践和现实的政治实践息息相关,故此能够为人所用。孔子较少言性和天道,且他不语怪力乱神,而把思考的重心放在礼乐教化、仁者爱人、学做圣贤等上面。不可否认,儒学并不是一点不关注本体论、辩证法等形而上问题,但是儒家的实体学说基本上围绕人道来运转,也就是以天道推及人道,正因如此,我们才承认先秦荀子和汉代王充的天论,张载、程朱、罗钦顺和王廷相等人的气体之学,也是一种明体达用的实体实学。同西方宗教哲学不同,儒学不太关心对超验世界的探讨,对鬼神存而不论,认为"天道远,人道迩"、"敬鬼神而远之,可谓知矣",而致力于现实社会人生问题的反思,关心民事民瘼、治国平天下以及如何在现世做到"立德立功立言"三不朽。在儒者看来,他们所思考的对象均是实事,而不是空无。程朱理学认为"理"是"实理"而非"虚理",从理一分殊角度,断言"理"既是宇宙万物的"根实处",也是寓于宇宙万物的"实有之理"。"由宇宙实体进入心理实体,有的学者也把实践道德之学称为'实学',宋代儒学在同佛、老的'以心为空'的辩论中,认为'吾儒以性为实',承认人的心性以其体言,则有仁义礼智之实;以其用言,则有恻隐、羞恶、恭敬、是非之实"。①

二、在理论主张上儒家追求学以致用

在儒家那里,每个人的学习、言语以至学问必须付之实际行动,做到言行一致、学以致用。首先,学以致用。孔子说:"诵诗三百,授之以政,不达;使于四方,不能专对;虽多,亦奚以为。"②其次,修己以安人,正德是为了利用厚生。一方面,儒家认为"内圣"是为了"外王",个人修身的目的并不完全是"独善其身",而更是为了"兼济天下",也就是孔子所讲的修己以安人、修己以安百姓,做到为政以德。另一方面,儒家在个人修身养心上强调要"实修"、"实功",而不是佛老的"空悟",例如陆九渊主张"在人性、事势、物理上做些功夫",王阳明倡导"实地用功"、"切实用力"。再次,知行合一、休用无间。孔

① 葛荣晋《关于中国实学历史地位的理论思考》,载张树骅、宋焕新主编《儒学与实学及其现代价值》,齐鲁书社 2007 年版,第 4 页。

②《论语·子路》。

子反对“知而不行”、“言过其行”，要求“君子欲讷于言而敏于行”①，断言“君子耻其言而过其行”②、“古者言之不出，耻躬之不逮也”③，认为“知之者不如好之者，好之者不如乐之者”④，倡导在实践中获取“乐趣”。程朱理学认为“知先行后”，陆王心学主张“知不先，行不后”，后世思想家也有主张知后行先（如王夫之）。不过，无论在知行先后问题上见解有何不同，宋明理学家总是共同倾向于“合知行”。

三、在治学目的上强调经世致用

从学以致用、不离日用出发，历代儒家提供为学致用、通体达用，认为思想理论必须回到现实、服务于实践，以发挥其经世致用、安邦定国、为民请命的作用。孔子孟子“明知不可为而为之”，周游列国，向统治者宣传自己德政仁治主张，充分表明利用自己的理论智慧改造社会现实的务实风格。与此同时，儒家也把为学之道指向个人修身养性、贵生乐安这一人生目的上，为此，他们通过教授弟子、学校教育来实现道学问以尊德性、独善其身以及安人的学术理想。对此，孟荀也有过深刻论述。孟子说：“君子深造之以道，欲其自得之也。自得之，则居之安；居之安，则资之深；资之深，则取之左右逢其原，故君子欲其自得之也。”⑤依靠正确的方法在学问上达到精深境界，就可以左右逢源。荀子也指出：“君子之学也，以美其身。”⑥朱熹也曾批评“务讲学者多阙于践履”的弊病，张栻认为“圣门实学，贵于践履”。本来，不论是经学、词章之学，还是历史学、义理之学，大抵算是当今所说的基础人文学科，但明清之际的思想家

①③《论语·里仁》。
②《论语·宪问》。
④《论语·雍也》。
⑤《孟子·离娄下》。
⑥《荀子·劝学》。

纷纷标榜历史实学、经学实学、考据实学之说，个中原因大概一是如戴震所言"注经必籍实据"，不空谈义理；二是乾嘉考据学家多批评弊政，关心时务，通过考据形式以求治世之策；三则是因为借助于治史治经可以更好地理解、把握和挖掘经史中蕴含的"微言大义"，以正确地利用之去指导人生践履和治国理政。

现代新儒学为人所诟病的是它过于重学理，追求利用西学范式重建儒学理论体系，而其发展起来的经院儒学往往同普通民众的生活相脱离，儒学的实用性遭到削弱乃至消解。为此，有的提出应建立一门实用儒学，以使儒学中有价值的内容能为现代社会利用。①

第二节　实学是一种儒学的次生文化样态

虽然早在汉代"实学"概念即已由王充在《论衡·非韩》一书中创始，宋明儒者较为广泛使用，但真正自觉地把"实学"当做一个相对独立的理论形态加以研究则是由20世纪40年代的学人嵇文甫开其端，而比较系统的实学研究在我国则是始自20世纪80年代的事情。无论实学研究处于何种状态，它同儒学之间的关系始终是人们关注的焦点，也是聚讼不已的难题。根据我们的初步探讨，可以把实学归之于儒林，把它视为从儒学这棵大树上移植出来的次生学术文化形态。一方面，儒学为实学提供了一定的资源和动力，成为实学赖以产生和发展的元素；另一方面，实学在某种程度上发展了儒学的同时，也导致了儒学的瓦解和衰落。

如何在概念的本质规定性上去理解和把握儒学与实学之间的复杂关系，前辈学者颇费了不少心力。葛荣晋先生的《中国实学思

① 参见刘宗贤、蔡德贵主编《当代东方儒学》，人民出版社2003年版。

想史》(三卷本)、《中国实学文化导论》,赵吉惠先生的《中国儒学史》,冯天瑜等人的《晚清经世实学》,张凯之的《儒学·理学·实学·新学》,苗润田主编的《儒学与实学》等一系列著作均作了深刻的分析。对于儒学与实学概念上之间的关系,海内外学者发表了不同的看法。有的直接从概念内涵上去界定儒学与实学。一种观点认为,在程朱理学和陆王心学之外还客观存在着一个以张载、王廷相、王夫之、戴震等人为代表的实学派别,宋元明清实学本应是理学、心学与实学的三足鼎立的格局,明清实学是一个相对独立的哲学派别,它是儒学发展的最高阶段,"实学"实质上是始自宋儒的对先秦孔孟儒学的特指。① 一种观点认为,实学是在明末清初特定的社会历史条件下产生的,以"经世致用"为核心、以社会改革为手段、以反对程朱陆王末流为学风、以调整封建社会后期矛盾为目的的一种学术思潮,它是儒家"正德、利用、厚生"理论在特定历史条件下的发展,并没有超出儒家自我调节的大范围。许多论者则从广义和狭义两方面去理解儒学与实学的关系。有的认为孔子之学也是一种实学。② 有的断定只有"真儒"之学才是实学。③ 有的论者认为,历史上的实学有广义、狭义之分,程朱学派虽然强调理性,但真下功夫,可以称为实学,这种真下功夫的身心修养,就是广义的实学;狭义的实学就是气一元论,即唯物论,如张载、颜李学派。④ 有的学者指出,广义实学概念泛指自先秦以来一切追求实际并重在应用(包括科学技术)的学问,狭义实学则是中国传统儒学发展演变的特殊文化形态,特指北宋至清末以坚持发扬儒家"经世致用"传统,既反

① 罗炽《论中国实学范畴内涵的历史演变》,《湖北大学学报》1996 年第 4 期。
② 夏长朴《孔子的实学》,《中国哲学》第 16 辑。
③ 姜广辉《走出理学·"实学"考辨》,辽宁教育出版社 1997 年版,第 49 页。
④ 张岱年《中国实学研究会成立十周年》贺词。

对佛道“空”、“无”,又以反对空疏玄理无用为己任而逐渐形成的文化思潮。[①] 虽然观点多种多样,但若归纳起来,不外乎三大类型:一是认为实学即是儒学,是儒学的特定历史形态;二是认为实学同儒学彼此交叉,可谓同中有异,异中有同;三是认为儒学同实学完全异在,决然不同。我们比较倾向于赞同第一种看法——从学术主体来说,某些儒家人物提出了不少实学思想,反过来,许多实学家也接纳了儒学核心观念;从学术内容来说,儒学与实学既相互促进,又互为排斥,属于整体与部分之间的关系。

要准确把握实学与儒学的辩证关系,不妨将实学分为广义、中义和狭义三个层面。首先,广义的实学可以由明清思想上溯到先秦原始儒学。台湾学者夏长朴在《孔子的实学》一文中把孔子的行仁之学、正名分之学和“子不语怪力乱神”的黜虚崇实态度都说成是实学。[②] 毋庸废言,以孔、孟、荀为代表的先秦儒学的确带有较浓厚的实学色彩,因为其思想虽然博大精深,但可以归纳为“为人之道”和“为政之道”,这两点表明它的致思对象“不离日用”,倾注于现实的人事和政事,它的学术旨趣重心也放在安邦兴国、救世济民等世俗事务上,从而标志着原初儒学实用理性较为发达,入世精神较为明显。其次,中义的实学应定位于从汉代思想或宋代思想开始直到明清的求实思潮。国内研究实学的知名学者葛荣晋先生认为实学应始于宋代。他指出,北宋思想家针对汉唐以来的“俗儒记诵辞章之习”和佛老的“虚无寂灭之教”,在吸取佛老的本体论思想基础上,从“体用不二”新的思维角度,将儒家传统的“内圣外王之学”升华为“实体达用之学”,从而构成了中国实学的基本内涵和理论框架。[③]

---

① 赵吉惠《张载关学与明清实学》,葛荣晋等主编《张载关学与实学》,西安地图出版社 2000 年版。

②③ 葛荣晋《中国实学文化导论》,中共中央党校出版社 2003 年版,第 411～412 页。

再次,狭义的实学指明清时期特定的抑虚崇实思潮。力主此说的学者在海内外占大多数。陈朝晖认为,实学虽与儒家的经世传统有密切的关系,但从实质和主流上说,是属于近代启蒙思想的,是对经世传统的哲学扬弃。① 应当承认,不论是程朱理学、陆王心学等唯心色彩较浓的道学,还是王安石的"新学"、张载的"关学"和陈亮、叶适的"功利之学"这类唯物主义思想,都蕴含着实学的内容。不过,作为对宋明理学的修正、改造或反动,实学严格说来应是指萌生于罗钦顺、王廷相等人的批判思潮,兴起于明清之际顾炎武、黄宗羲、方以智、王夫之等人的启蒙思潮,成熟于颜元、戴震等人的"实学"思潮,终结于张之洞、曾国藩等洋务派的"中体西用"思想体系。明中叶以来,中国社会出现了许多生成实学的新的因素和条件,例如资本主义商品经济的萌芽、外来文化的传入、社会矛盾的激化等。作为对明末居敬主静、明心见性和"束书不观、游谈无根"的王学末流所带来的崇虚流弊进行理性反思和深层批判的唯实变革思潮,实学的共同的思想特质就是强调经世致用,反对空谈性理。

只要加以合理的限定,不论是从广义上抑或是从狭义上去规定和运用"实学"概念,都是可以接受的。不过,我们认为从中义上去理解"实学"并由此把握儒学同实学之间的关系,似乎更恰当。这主要是基于如下两条理由。

一是宋明明确提出和广泛使用了"实学"范畴。有的论者把实学看成是"经世之学",有的则把实学视为"实体之学"。葛荣晋先生则把两者结合起来,将"实学"规定为"实体达用之学"。我们认为应在"实体达用"基础上把实学界定为"通实致用"之学。这一则是因为"实体"范畴难以容纳实证、实行、实事等内涵;二则是因为"实体

① 陈朝晖《论道探源辨实学 厚生利用识儒真——第二届东方实学学术讨论会纪要》,《清史研究》1993 年第 1 期。

达用”局限于体用思维模式；三则是因为“实体达用”容易导致实学的泛化。按照理论的重心、特色和意旨不同，实学可分为实体实学、经世实学、科技实学、史学实学、明经实学和考据实学等不同面相。无疑，为了批判宋明理学家空谈性理、脱离现实、鄙弃事功、专注于心性修养的崇虚理论，明清思想家着力发展了经世实学、实测实学、史学实学和明经考据实学，然而，宋明两代思想家也在实体、实行和经世三种层面上提出并使用了“实学”范畴。就实体实学而言，朱熹在继承二程“惟理为实”的实理本体论基础上从“理一分殊”维度提出并运用了“实学”概念。他这样说《中庸》一书：“始言一理，中散为万事，末复合为一理，‘放之则弥六合，卷之则退藏于密’，其味无穷，皆实学也。”①明以来主张气本论的思想家许多也针对佛家、道家及理学家的空无之学而将自己的学说标榜为“实学”。罗钦顺在《困知记》中说：“此博约所以为吾儒之实学也。”王廷相在《慎言》中将张载的气本论归之为“实学”：“《正蒙》，横渠之实学也。”陆九渊从道德践履角度指出“躬行践履”即是“唐虞三代实学”。就经世实学而言，南宋吕祖谦发挥金华、永嘉、永康学派的经世致用思想，驳斥“章句陋生”为“徒诵诂训”，强调“不为俗学所汩者，必能求实学”。②明清之际，王廷相针对明中叶士人“专尚弥文，罔崇实学”的时弊，明确指出“士惟笃行可以振化矣，士惟实学可以经世矣”；③顾炎武反对“明心见性之空言”，提倡“修己治人之实学”；④颜元倡导“身实学之，身实习之”。⑤ 从以上“实学”范畴发展史看，宋明思想家

① 《四书章句集注·中庸章句》。

② 《吕东来先生文集》卷一。

③ 《王氏家藏集》卷二十二。

④ 《日知录》卷七《夫子之言性与天道》。

⑤ 《颜元集·存学编》卷一《上太仓陆桴亭先生书》。

开创性地从“形而上”和“形而下”两大方面提出了“实学”概念，并加以广泛运用，同时还以“实学相期许”，以此为指导去自觉建构自己的思想学说，而这又得到后世儒家的继承和发展，故此必须将中国实学定位于宋代之后儒学发展链条上的重要环节和特殊学术思潮。

二是宋明第一次明确赋予了实学以丰富内容。实学作为“通实达用之学”，它大体上是由对实体（宇宙实体、心性实体、社会实体和文化实体）、实证（考据、实验）、实行和实用（经世致用）四大部分的探索所构成。宇宙实学由宋代思想家开其先河。宋代宇宙实体论最为发达，主要由周敦颐的“太极”说、王安石的气一元论、张载的气化论和陈亮、叶适的物本论所构成。周敦颐所提出的“无极而太极”命题虽然承继了老子“天下万物生于有，有生于无”①的哲学路线，但无中涵有，它“把本原的实体规定为实有而非物、本无而不定的绝对体，是对以往哲学思辨的理论总结，表示他力图克服玄学、佛学空无本体论的理论局限”。② 王安石的气化论把宇宙本体有时归于“道”，有时归于“太极”，然而不论是“太极”还是“道”，在他那里并非纯粹的“无”，而含有“有”及“气”，从而具有物质实体性。张载从气化论出发，“既批判了玄学化了的道教所谓虚虚生气、无生有的观点，又驳斥了佛教把现象（形、物）和本体（性、虚）割裂而把客观世界看做是主观幻觉的谬论”，③指出“太虚无形，气之本体”、“太虚不能无气”，④从而从存有论维度肯定了“太虚”和“气”的实体性。唯物倾向较为明显的陈亮、叶适不仅分别提出了“盈宇宙者无非物”、“物

---

① 《老子》第四十章。
② 肖萐夫、李锦全主编《中国哲学史》下卷，人民出版社 1983 年版，第 18 页。
③ 肖萐夫、李锦全主编《中国哲学史》下卷，人民出版社 1983 年版，第 51 页。
④ 《张载集·正蒙·太和》。

之所在,道则在焉”的宇宙实体世界观,还着力发展了重“事功”的实用实学这一功利主义价值观,以及“明于事物之故以奏实事实功”的实用认识论和方法论。与唯物主义道学相反相成的宋明理学特别是王学末流虽然受到明清实学思潮的批判,被认定为“空无虚寂”之学,可在其思想体系中仍然包裹着大量关于实体实证实行实用的言论。正如葛荣晋先生所言,在宇宙观上,朱熹发扬了二程的天理论,大力提倡实理论,尖锐批评了佛教“以空为宗”、道家“以无为宗”的本体之学,以陆九渊为代表的象山学派虽然把心作为宇宙本体,具有一定的空虚性质,但陆九渊从“理在事中”出发,指明心是伦理实体,认定“宇宙间自有实理”;在人性论上,程朱学派反对“释氏以性为实”,指出“吾儒以性为实”,承认“以其体言,则有仁义礼智之实;以其用言,则有恻隐、羞恶、恭敬、是非之实”①。在道德修养上,以程朱为代表的理学家主张不管是“向外用功”还是“向内用功”,都必须“着实做事”,以陆九渊为代表的心学派虽然带有浓厚的虚无主义性质,但主张“为学有讲明、有践履”、“一意实学,不事空言”等,而宋明理学家大多主张明经致用、史学经世和兴滞补弊等②。由上可见,除了受时代条件的掣肘而疏于对“质测之学”的思考(并非没有)外,宋明之际的思想家尽管尚没有达到明清实学那样的高度和广度,但并不缺乏对实学的追求和探究,因此,把实学看成从宋代以迄清末的儒家文化思潮是可以成立的。

总之,我们不能狭隘地把实学仅仅归结为“明清实学”,更不能将它当成实证科学,不论是从概念的本质规定来说,还是从种类和内容而言,宋代实学不失为中国实学发展的一个重要形态。

---

① 《朱子语类》卷六《性理三·仁义礼智等名义》。

② 参见葛荣晋《中国实学文化导论》,中共中央党校出版社 2003 年版,第 28～32 页。

第三节　儒学对实学的催生与阻滞

在国内学术界,无论是肯定实学是儒学还是否定实学是儒学的独立文化形态,一般不会否认儒学对实学产生的影响。只是有的较为突现这两者的一致性,乃至把实学看成儒学发展的最高阶段,有的则较为强调两者的差异性,从而认为明清实学是对宋明理学的修正和反动,例如梁启超先生在《清代学术概论》中指出清学是“对于宋明理学之一大反动”。在我们看来,儒学同实学既对立又统一,具体说就是,儒学包含实学,孕育促动了实学,同时又在一定程度上限制了实学的发展;反过来,实学既发展了儒学,又在某种意义上瓦解了儒学。

自从孔子创立儒学以来,依次经历了先秦子学、两汉经学、魏晋玄学、宋明理学、明清实学、清代朴学等不同发展形态,后世儒学对前代儒学有损益也有发展,有批评也有继承。大家知道,实学的本质特征是崇实黜虚,而先秦原始儒家思想就蕴含着众多实学因素——在致思对象上它不离日用、远鬼神天道而又近人道政事;在价值取向上它形成了学以致用、安邦定国、利用厚生、修己安人、内圣外王等经世致用传统。倘若说先秦儒学为宋明实学提供了可以利用和加工的思想素材,那么,原始儒学和宋明儒学则共同构成了明清实学的文化资源。

首先,先秦儒学的实学因素成为宋明实学的重要来源。宋代道学包括气学、理学(狭义的)、心学和新学都从原始儒学中吸取了实学资源。这一点前面我们已作了一定阐释。这里,撇开以张载为代表的气本论和以王安石为代表的新学这类具有较明显实学特质的宋代道学不说,仅就被后世认定为空谈性理的程朱理学和陆王心学而言,也可窥见它们借鉴吸收了前代儒学尤其是原始儒学的实学成分。二程从实理角度直接阐明了《中庸》一书的实学意蕴,说:“如《中庸》一卷书,自至理便推之于事。如国家有九经,及历代圣人之迹,莫非实学也”;①在认识论上,二程理学通过对《大学》中“格物致和”的诠释提出“格物穷理”的经验主义实学命题;在知行观上,二程认为“孔子言语,句句是自然;孟子言语,句句是实事”②;在价值观上,二程反对汉唐的章句注疏之学和笃守师说的家法,而提倡“读书将以穷理,将以致用也”③的“明道致用”论。朱熹从本体论高度同样肯认了《中庸》之道“皆实学也”,④并引述孔孟之道以论证性是实理:“理一也,以其实有,故谓之诚。以其体言,则有仁义礼智之实;以其用言,则有恻隐、羞恶、恭敬、是非之实。”⑤同时还从孟子儒学所张扬的“五伦”维度去驳斥佛家“以性为空”的思想:“吾儒做得到底,便‘父子有亲,君臣有义,兄弟有序,夫妇有别,朋友有信’。吾儒只认得一个诚实底道理,诚便是万善骨子。”⑥进一步,朱熹在道德修行上肯定了原始儒家的实功论,批判了佛老的虚功论:“尝窃病近世学者不知圣门实学之根本次第,而溺于老佛之说,无致知之功,无力行之实,而常妄意天地万物人伦日用之外别有一物,空虚玄妙,不可测度,其心悬悬”,⑦并继承孔子“躬行君子”的传统而力主“为学之实,固在践履”⑧、“必践于实而不为空言矣”⑨的实行论。特别是

① 《二程集·河南程氏遗书》卷一。
② 《二程集·河南程氏遗书》卷五。
③ 《二程集·河南程氏粹言》卷第一《论学篇》。
④ 《四书章句集注·中庸章句》。
⑤ 《朱子语类》卷六《性理三·仁义礼智等名义》。
⑥ 《朱子语类》卷一二六《释氏》。
⑦ 《朱文公文集》卷四十六。
⑧ 《朱文公文集》《答曹文可》。
⑨ 《四书章句集注·中庸》。

朱熹承袭了孔孟修己治人安人、内圣外王、修齐治平等经世传统，而认为圣贤教人之学是为了格物、致知、诚意、修身进而达至齐家、治国、平天下的目标。不难看出，前代儒学特别是先秦儒家为程朱理学体系中的实学思想提供了重要资源和动力。众所周知，陆王心学作为同程朱理学既对立又有所贯通的道学受到了后世实学的极力反对和批判，它把心作为本体，更是具有较明显的空虚特性，因而必然受到人们的诟病。不过，正如前已论及的，陆王心学由于受到先秦儒家的感染和影响，同样隐藏着实学思想。陆氏之学同孟子之学一脉相承，犹如王阳明所言："圣人之学，心学也……陆氏之学，孟氏之学也。"①陆九渊为了阐述实理论和心本论，把理归结为心，提出"心即理"命题，并将心看成伦理实体，同时还根据孟子的存心、养心、求放心和仁义礼智四端论证"心"是"实"的。陆九渊发明了存养心性的"易简工夫"，而这一自我修养、"发明本心"的实功方法正是源自于古代易学："'乾以易知，坤以简能；易则易知，简则易从。易知则有亲，易从则有功；有亲则可久，有功则可大；可久则贤人之德，可大则贤人之业。'出自《周易·系辞上》。《易传》对世界有一个深刻的哲学观察，认为最根本的也就是最简易的。陆九渊把自己'发明本心'的方法称为'易简工夫'，即取其虽简而实深刻，虽易而实根本之义。"②在新的时代背景下，陆九渊创造性地吸取了先秦儒家思想中可发展为实学的因子，使得其思辨体系中不乏实学色彩。同陆九渊一样，王阳明的心学也从原始儒学及宋明道学中吸取了某些实学营养。例如，在《大学问》这一最后著作中，王阳明分析"明明德"和"亲民"之间关系时指出：

明明德必在于亲民，而亲民乃所以明其明德也……君臣

① 《王阳明全集》卷七《文录四·象山文集序》。

② 侯外庐、邱汉生、张岂之主编《宋明理学史》（上），人民出版社1992年版，第566页。

也，夫妇也，朋友也，以至于山川鬼神鸟兽草木也，莫不实有以亲之，以达吾一体之仁，然后吾之明德始无不明，而真能以天地万物为一体矣。①

不过，先秦儒学对王阳明实学思想的影响最鲜明地还是体现在他的"知行合一"实践论上。正是受到孟子"乍见孺子将入于井，必有怵惕恻隐之心"的启发，王阳明提出"知是行之始，行是知之成"的著名论断，并强调"穷人理"的主要方法不是认识而是实践（"行"）。

其次，明清实学继承和发展了前代儒学中的实学思想。在一些人眼里，宋明理学和心学"空谈性理"，耽于"存天理，天人欲"的伦理空想和哲理玄议，几无实学，原始儒家的经世精神逐渐淹没，似乎明清实学与宋明道学无关。例如，有的论者指出，学以致用是先秦孔派儒学的传统，宋代兴起的新儒家即所谓理学在一定程度上抛弃了这个传统，专讲道德性命、修身养性，不务实际，特别到明末的王阳明后学，束书游谈，几近狂禅，学问与社会实际严重脱节，清初学者在总结明亡教训的基础上，深感必须返虚就实，倡导经世致用的新学风。② 实际上，明清实学也从宋明思想中获得了许多养料，这主要是因为宋明道学具有二重性，它不仅具有"虚学"成分，也包含着"实学"因素，一如葛荣晋先生所深刻指出的："从本质上看，宋明理学思想体系既有虚学成分又有实学成分，是'虚'与'实'的有机统一。宋明理学既有承认'虚理'，亦提倡'实理'；既承认天命之性是'悬空之物'，又肯定'吾儒以性为实'；既鼓吹'发明本心'的顿悟之说，又主张'在事上磨炼'的实修实功论；既提倡经国济民，又留心'格物游艺之学'。正因为宋明理学具有'虚学'与'实学'的二重性，所以宋

---

① 《王阳明全集》卷二十六《续编一·大学问》。

② 赵宗正《清初经世致用思潮》，载《实学文化与当代思潮》，首都师范大学出版社2002年版，第275页。

明时期实学家在排斥它的‘虚学’的同时，也都尽量地吸取它含有的‘实学’成分。在它们之间，既有继承性又有排斥性。实学家认为合于实学者，即‘信而守之’，戾于实学者，即‘辩而正之’。”①毋庸置疑，明清实学根据新的社会条件（例如新生的资本主义因素）和文化背景（如“西学东渐”）而有所创新，但是它并没有完全割断传统，不仅容纳了许多原初儒学的实学成分，也接纳了宋明道学的实学因素。著名思想史家钱穆指出，宋学精神乃明清之际学术的源头。宋学精神即所谓“道德仁义圣人体用以为政教之本者，它有革新政令、创通经义的两端，而精神之所寄，则在书院。宋元明清三朝六百年学术与书院兴衰息息相关，而以东林为殿。明清之际学者流风余韵，则源于东林。阳明学继朱子而有变异，东林学继阳明而有变异。东林诸儒欲挽救王学末流之弊，避虚归实，重在实行之实学精神，而后世学者相率以实学为标榜。凡清儒辨宋明理学诸大端，东林已开绪”②。

明清实学发展史也表明，包括宋明道学在内的前期儒学构成了明清实学赖以生成和发展的源头活水。在谈到陆九渊心学的历史地位时，张立文先生明确指出：“陆九渊学问与事功，都贯彻了其重实、践履的风格。它给予后世中国人纠正宋学空疏，汉学烦琐之风，以启迪和动力，适应经世致用的需要。”③在明清实学的形成与发展时期，绝大多数实学家如罗钦顺、王廷相、杨慎、黄绾、唐鹤征、杨东明、王艮、何心隐、李贽等都是从程朱理学或陆王心学派别中分化出来的，除以李贽等人为代表的异端学者外，这一时期的实学家表现出两大特点：一是遵从孔孟，二是崇实黜虚，他们在反对宋明道学“虚学”的同时也进一步展开了其中的“实学”一面。拿王廷相来说。

① 葛荣晋《中国实学文化导论》，中共中央出版社2003年版，第413页。
② 钱穆《中国近三百年学术史·引论》。
③ 张立文《宋明理学研究》，人民出版社2002年版，第452页。

王廷相在讲到宋代道学时指出：

> 然世逖风漓，异端窃起，而老、佛清净无为之论出，世乃为之大惑。……宋儒极力诋辨，以挽洙、泗之风，而才性有限，不能拔出流俗，亦未免沾带泥苴。①

可见，王廷相并不否定宋儒对孔孟之道的维护及对佛道以空、无为本的排斥，只是不满于宋儒因“才性有限”而滑向玄谈流俗。而且，王廷相的气一元论继承和发展了张载“太虚不能无气”的实学思想，而在知行观上，他虽然反对张载和程朱的先天超验“德性之知”以及王阳明的“良知说”，但也吸收了朱熹的“论先后，知为先；论轻重，行为重”②的“力行”思想，借鉴了王阳明“知是行的主意，行是知的功夫。知是行之始，行是知之成”③的“知行合一”论。譬如，王阳明强调“知”依赖“行”，所谓“行”，是指“以求履其实而言，谓之行”，④这是说实实在在地去践履实事实功就叫做“行”，因此，他说：

> 夫学、问、思、辨、行，皆所以为学，未有学而不行者也：如言学孝，则必服劳奉养，躬行孝道，然后谓之学，岂徒悬空口耳讲说，而遂可以谓之学孝乎？学射必先张弓挟矢，引满中的。学书则必伸纸执笔，操觚染翰。尽天下之学，无有不行而可以言学者，则学之始固已即是行矣。⑤

与此观点相一致，针对那种没有经历过“风水之险”却在高门大屋中空谈“操舟之术”的“虚寂寡实”，王廷相强调必须“随事体察以验会通”，在“实践处用功，人事上体验”。⑥ 在明清实学的鼎盛时期，以

---

①《雅述》上篇。

②《朱子语类》卷九《学三·论知行》。

③《王阳明全集》卷一《传习录上》。

④⑤《王文成公全书》卷二。

⑥《与薛君采二》。

顾炎武、黄宗羲、王夫之、刘宗周、方以智、颜元、李塨等人为杰出代表的、具有较丰富实学思想的思想家，揭明了明朝灭亡是宋明理学末流空疏所致，他们在“力矫晚明颓习的基础上，易主观玄想为客观考察，改空谈为实证，把学术研究领域扩大到自然和社会的众多实际领域”。① 然而，我们理应看到，清初实学家并没有也不可能完全割裂或抛弃传统儒学，他们大多同宋明道学具有师承关系，不是宗程朱，就是宗陆王，或兼而采之。实际上，他们的实学思想大多不过是将蕴含在前代儒学体系中的实学种子发展到极致罢了。清初实学重实证科学，同样的，朱熹和陆九渊也很注意吸收当时的自然科学成果。顾炎武、黄宗羲等人的历史实学也深受原始儒学的启迪。顾炎武说：“孟子曰：‘其文则史’，不独《春秋》也，虽六经皆然。”②由此，他提出了“六经皆史”的论点和“理学，经学也”的命题。狂儒李贽所提出来的“童心即真心”命题，虽然“剥落”了王守仁“良知”说中义理对人的“本心”的名教伪装，但同时也输入了王阳明所关注的那种超越了有生死“躯壳”的“真己”、“真心”范畴。且不说颜元、李塨所标举的“实学”是否同宋明理学具有渊源关系，可以肯定的是，颜李学派极力推崇孔孟、力主法三代，其实学在很大程度上发端于孔孟之道。例如，颜元在批评宋明儒者专为“无用”之学时讲到，儒学的真谛在于“申明尧、舜、周、孔三事、六府、六德、六行、六艺之道，大旨明道不在《诗》《书》章句，学不在颖悟诵读，而在期如孔门博文、约礼、身实学之，身实习之，终身不解者。”③在明清实学的衰落时期，尽管实学气势大不如前，但毕竟涌现了一大批经世实学家、考据实学家、经学实学家、历史实学家、实证科学实学家等（如戴震、焦循、

① 孔祥林主编《大哉孔子》，齐鲁书社2004年版，第139页。

②《日知录》卷三《鲁颂商颂》。

③《颜元集·存学编》卷一《上太仓陆桴亭先生书》。

全祖望、章学诚、龚自珍、魏源等），他们在批判宋明理学空谈心学的同时，也对其中的实学思想加以承继和发挥。从魏源“及而后知，履而后艰”的重行学说上，可以依稀看到朱熹和王阳明“力行”思想的影子。崔锐则称赞说：“宋之四子（指周、程、张、邵）造诣精矣，皆实学矣。”①章学诚也极力推崇“性命、事功、学问、文章，合而为一”的朱子之学，认为“黄（干）、蔡（元定）、真（德秀）、魏（了翁），皆承朱子而务为实学”，“而非专己守残、空言性命之流也”。②

综上所述，儒学孕育了实学，也促成了实学。那么，何以如此呢？理由很简单，除了前代儒学体系中的实学适应了后来社会发展的需要外，最根本的还在于儒学的独占统治地位。自从汉代“独尊儒术，罢黜百家”以来，虽然孔孟儒学也曾受到过佛道的冲击，但从总体上它还是高居官方思想地位，对封建士大夫的思想产生了广泛而深远的影响。程朱理学于宋代后期被确立为官方哲学，统治中国几达八百年，阳明心学虽然一度受到打压，但也曾风行达三百年，故而宋明理学成为后世思想家无法绕开的源泉。不论是为了求取功名利禄，抑或是为了济世救民，历代文人包括实学家都要先从儒学中获取知识和智慧。

这里必须指出，儒学也在某种程度上抑制了实学的发展。这首先是因为孔孟儒学和宋明儒学作为“君临一切”的官方统治思想，具有保守和钳制作用，因而不利于带有革新意味的实学的生长。其次是因为儒学中的“虚学”部分同其“实学”部分之间往往呈现犬牙交错、你争我夺的状态，它会在一定程度上阻止“实学”的兴起。由于篇幅限制，就不一一论列了。

① 《恒词》卷十。

② 《文史通义》卷三《朱陆》。转引自葛荣晋《中国实学文化导论》，中共中央党校出版社 2003 年版，第 141 页。

第四节　实学既批判发展了儒学又瓦解了儒学

我们虽然不同意把明清实学看成是儒学发展的最高阶段，它从总体上并没有超越宋明儒学，而认为宋明道学才是儒学的成熟形态，但肯定实学发展了儒学——这种发展主要体现在发扬光大了儒家不离日用、注重践履、知行合一、经世致用的实学传统。

也许不能断言明清实学是对宋明道学的反动，然而，明清实学确实展开了对宋明理学的激烈批判。这种批判从性质上说，是属于儒学自身发展的需要，是原始儒家经世致用思想传统不断发展的成果，是儒学内部的自我批判和历史反思；从思想实质而言，明清实学的基本特征是：反对空疏清谈，主张经世致用；反对空虚假谬，主张实证求是；反对浮虚空谈，主张笃行实践①；反对宋儒空谈性理，发扬传统儒学"明体达用"风气。其实，早在宋代，儒学内部围绕"虚"与"实"即展开了互相批判。如朱熹和陆象山即互相指责对方"狂禅"。而陈亮、叶适的"功利之学"则从实事实功出发批判了朱陆的理、心本体论，只不过前者侧重于"外王"，后者侧重于"内圣"。批判宋明儒最为强烈的是肇始于处于严重社会危机背景下的王廷相。他把明朝走向衰亡的原因之一归结为理学的空疏与迂腐："近世好高迂腐之儒，不知国家养贤育才将以辅治，乃倡为讲求良知，体认天理之说，使后生小子澄心自坐，聚首虚谈，终岁嚣嚣于心性之玄幽，求之兴道致治之术，达权应变之机，则暗然而不知。以是学也，用是人也，以之当天下国家之任，卒遇非常变故之来，气无素养，事无素炼，心动色变，举措仓皇，其不误人家国之事者几希矣！"②他还指出，宋

① 参见葛荣晋等主编《张载关学与实学》，西安地图出版社2000年版。
② 《雅述》下篇。

儒力僻佛老,但都由于“俗儒寡识”,导致援邪阿世,“害道甚矣”。[①]攻击宋明儒的空无本质在明清之际达到了最高潮。面对陆王心学的流行,面对清初统治者厉行专制统治、竭力恢复程朱理学的权威,面对“天崩地解”的社会大变革,面对国破家亡(明朝覆灭)的痛苦,明清之际的一大批杰出思想家从思想启蒙、个性解放、人格平等、劫富济贫、社会治理等方面汇成反道学的实学思潮,要求返虚为实,以求通体达用。顾炎武指斥宋儒导致人人清淡,“以明心见性之空言,代修己治人之实学”,[②]痛斥宋明以来“空谈性理”的腐朽学风使一般知识分子在唯心主义理学桎梏下,“足不出户”,“游谈无根”,置四海之困穷不言,终日讲“危微精一”之说。为此他倡导实学、崇尚实际,力主经世致用,并且身体力行。黄宗羲虽然推崇王学,但他却批判了王阳明“四句之教”的虚无特质,并揭露宋代理学治学不以《六经》为根底,提倡以修行为心学之本,以慎独为入德之要,力主读经、治史以用世,“学者必先穷经,经术所以经世。不为迂儒,必兼读史”[③]。颜元同样批判了宋明理学的空疏,崇尚实学。他批评道:“汉、宋之儒全以道法摹于书,至使天下不知尊人,不尚德,不贵才。”[④]自汉以来的儒者以死读书为“为人之道”,不顾国计民生,疏于事功,至于程朱与陆王两派则“辨至非处无用,辨至是处亦无用。”[⑤]《四库全书总目提要》也说颜元“其说于程朱陆王皆深有不满,盖元生于国初,目击明季诸儒,崇尚心学,放诞纵恣之失,故力矫其弊,务以实用为宗”。颜元所提倡的“实学”达到了当时最为丰富的状态,它包括实文、实习、实行、实功、实用、实才和实体等各个

---

① 《雅述》上篇。

② 《日知录》卷七《夫子之言性与天道》。

③ 《清史稿》卷四八〇。

④ 《颜元集·存学编》卷四《性理评》。

⑤ 《颜元集·习斋记余》卷六。

方面。

本来,宋明儒学具有较为丰富的实学内容,也表现出较明显的求实风格,而且,不少理学家"以实学相期许",他们在建构新儒学思想体系过程中,坚持虚实结合,有无合一,义理与考据兼备,大力批判佛道以空无为本的做法,同时始终关注社会现实治乱和人生困苦,从而使得他们的思想观念、伦理追求、价值导向和思考重心同社会现实、生活实际密切相连。即使是被后世实学家攻击最为严厉的朱熹,其思想也含有实理论、实性论、实功论、实行论和经世论等众多层面。可是,为什么如此宋明道学仍然被明清实学指斥为"空无"而遭到激烈而又全面的批判呢?不能否认,明清实学家对宋明儒所谓虚无本质的揭露并不全然恰当,而有攻其一点不及其余及过分夸大之嫌,也没有完全顾及到宋明儒学面临的特定的社会历史背景及理论思维任务(如辟佛老及援释道入儒)。然而,宋明道学的固有缺陷也是它成为批判对象的重要根由。首先,宋明儒学过于抽象和思辨。宋明理学和心学在儒学的哲理化、精致化和系统化方面的确做出了突出的理论贡献,使之获得第二期发展,不过,也正因如此,它虽非"空谈性理",而探讨了较为实际的社会治术,但它毕竟主要着力于思考心理、性情、知行、道器、一多等一般哲学问题。要知道,哲学的重要特征是超验性、本质性和抽象性,它往往以其概念思维而较为远离现实,并且实用性较差(烤不出面包),这也许正是明清实学判定宋明儒"空无"的重要原因。当朱学和王学被定为科举取士的教科书和标准之后,它们逐渐成为猎取功名的工具,变得越来越僵化。尤其是理学和心学末流,更是热衷于讨论理气等抽象而玄虚的哲理,追求静坐冥思等内在体悟,而容易被斥为"平日袖手空谈心性"。其次,宋明儒者的道德追求过于理想。宋明儒学固然涉猎到了宇宙观、认识观、历史观、政治观等许多领域,但其重心还是放在

“存理灭欲”、“致良知”、“发明本心”等的伦理追求上，而其道德观念又存在泛伦理主义和理想主义的儒学通病，带有一定脱离人性定势的说教意味。孔孟儒学之所以被认为“阔于事情”，就在于它极力张扬的德治仁政脱离现实而流于空谈。同样的，宋明儒学讲究“内在超越”的内圣之学难以应对明清两代激烈的民族矛盾、社会危机、农民起义、外敌入侵、西学东入等现实社会问题。要知道，内圣与外王并不是完全一致的，前者只是后者的充分条件，内圣之学并不必然导致外王事功。再次，宋明实学并不彰显。不错，宋明儒学包含不少实学内容，但应看到，这些实学内容往往被掩埋在庞大的唯心主义理学和心学体系框架之中，而未完全突现出来，不够彰明。况且，宋明思想家的实学同虚学大多浑然一体，致使鱼目混珠，真假难辨。更何况理学家和心学家常常由佛老入儒，其思想学说中已然夹杂着佛道元素。这些都容易导致明清实学家把宋明道学（主要是理学和心学）当成陈旧消极的“虚学”加以批判。

明清实学对宋明道学的清理并不都是破坏性的。通过批判地继承前期儒学，实学大大拓展了儒学的发展空间。撇开宋明道学对儒学的创发性贡献不论，明清实学借助于继承宋明儒学实学和排斥其虚学而在许多方面推进了儒学事业。作为一种从宋明道学中分化出来的进步文化思潮，作为儒学内部自我革新自我调整的结晶，明清实学从许多方面发展了儒学。一是它把不同类型的实学推进到极致。明清两代在经世实学、实体实学、经史实学、考据实学、科技实学等领域产生了相当多的实学家，他们超迈于宋明道学而把实学引向深化，为之注入新的生命活力，使实学成为一棵参天大树。二是它同各种社会进步思潮齐头并进。作为一条主线，实学贯穿在思想启蒙、社会批判、个性解放、民族独立、社会变革等各种思潮中，使它打上了民主主义、健全的个人主义、人文主义、自由主义等色彩。三是它引入了许多新内容。随着中国社会的历史性变迁(出现千年未有之变局),随着西方外来文化的传播,明清实学消化吸收了社会实证知识经验和西方新学新知,并以之去补充完善传统儒学,使儒家一贯倡导的经世致用、讲究事功的传统借助于新的机缘、方法和条件而得以发扬光大。

凡事均具有双重性,都必须"一分为二"。明清实学从主体上推动了儒学的演进,但在一定程度上也导致儒学的分化、解构和衰落。南宋晚期以来,历代统治者不仅尊奉孔子,同时也无不取法于朱熹,直至清末取消科举考试以前,儒学一直处于官方意识形态位置。但是,从王阳明以后,儒学就开始走下坡路。儒学走下神坛大致有内因和外因两方面。就后者而言,主要有封建社会结构开始松动、资本主义商品经济的兴起、外敌侵略导致中国日益沦为殖民地半殖民地、西学的冲击、外来宗教的侵入,等等。就前者而言,主要有儒学自身的僵化和落伍、儒学大家的匮乏、内部的分歧,等等。在我们看来,明清实学同样是导致儒学逐渐解体和衰退不可忽视的重要根源。第一,它导致儒学权威地位的动摇。明清实学家绝大多数信奉孔孟儒学而贬斥宋明儒学,例如颜元认为"程朱之道不息,周孔之道不著"。这样做表面上看有助于巩固原始儒学的神圣地位,实际上由于宋明道学代表儒学的现实形态和最高阶段,对其否定也就必然引发整个儒学大厦的不稳。有的论者提出:"从思想发展的逻辑看,心学的没落是实学思潮兴起的原因,实学思潮的兴起是心学没落的归宿。它们是同一过程的两个方面。"①其实,心学的没落和实学的兴起是互为因果的。心学的没落固然与其自身的日趋腐朽有关,与王门后学偏注于"顿悟"和"渐悟"有关,与王门走向清淡有关,但同

① 张显清《晚明心学的没落与实学思潮的兴起》,《明史研究论丛》第1辑,1982年版。

时也与阳明学派内部儒者倒向实学及外部营垒实学的攻击有关。无论如何,阳明学承继了孟子的“良知良能”说,它的衰败标志着孟学的认同危机。至于李贽提出的“是非无定质,无定论”的怀疑主义,更是直接撼动了对孔子的绝对信仰,颠覆了孔孟两位神圣偶像。第二,它导致儒家核心理念的失落。如果说南宋陈亮、叶适的“事功之学”主要是同程朱理学展开斗争的话,那么,明清两代许多实学家的批判锋芒则不光指向宋明儒学,也指向先秦儒家倚重的核心思想。众所周知,血亲伦理是原始儒学的重要思想。而对此,王廷相表示了大胆的质疑。在批评阳明心学的“天性之知”时,他对孟子“良知良能”的先天道德观念作了解剖。孟子说过,小孩生下来就知道孝亲敬长。而王廷相质问说:“婴儿在胞中自能饮食,出胞时便能视听,此天性之知,神化不容已者。自余因习而知,因悟而知,因过而知,因疑而知,皆人道之知也。父母兄弟之亲,亦称习稔熟然耳,何以故?使父母生之孩提,而乞诸他人养之,长而惟知所养者为亲耳。涂而遇诸父母,视之则常人焉耳,可以侮,可以詈之。此可谓天性之知耳?”①这里,王廷相从实习、实践的角度驳斥了“良知良能”的“天性之知”,这就从特定方面冲击了儒学的中心信念。第三,它导致正统儒学的削弱。“中国近世哲学的遗风,起于北宋,盛于南宋,中兴于明朝的中叶,到了清朝,忽然消歇了。清朝初年,虽然紧接晚明,已截然成了一个新的时代了。自顾炎武以下,凡是第一流的人才,都趋向做学问的一条路上去了;哲学的门庭大有冷落的景况。接近朱熹一脉的学者,如顾炎武,如阎若璩,都成了考证学的开山祖师。接近王守仁一派的,如黄宗羲自命为刘宗周的传人,如毛奇龄自命为得王学别传,也都专注在史学与经学上去了。北方特起

① 《雅述》上篇。

的颜元、李塨一派，虽然自成一个系统，其实只是一种强有力的'反玄学'的革命；固然给中国近世思想史开了一条新路，然而宋明理学却因此更倒霉了。这种'反玄学'的运动是很普遍的。"①实学诚然发展了儒学，但它包含着一些非儒学道统思想，因此，它的片面性发展将挤占儒家道统的领地。同样，实学也不等于实学家的学说，不少被称为实学家的儒者，其思想也容纳了许多同儒学正宗相异相斥的思想，例如李贽的个性解放思想、方以智的"质测之学"等。这些实学家在建构实学和非实学的同时，往往会逐渐游离甚至否弃儒家的"道统"，从而有意无意地侵蚀了儒学。

第五节　儒学的实用性与人的实用理性发展

由儒家实学所生发出来的实用精神产生了广泛的反响，以致在欧洲掀起的"中国热"中，德国哲学家莱布尼茨在1697年所刊的《中国新论》导论中，提议"把金苹果奖给中国人"，他认为中国经世致用的哲学及政治价值优于西方。在国内，宋明理学家重于心性、理气、一多之思辨，把理欲绝对分开并倡导"存理灭欲"的过于理想化的禁欲主义，以及道德修养功夫上主静涵敬致良知本有的虚无化、玄虚化，尤其是王门后学"袖手空谈心性"，导致了儒学逐渐走向空虚，伴随着西学的冲击，它逐渐离人们的现实生活越来越远，以致在某种意义上被边缘化。不过，客观地讲，由于儒学原有的崇实黜虚性格，即使在它逐渐衰落乃至瓦解过程中，由于长期的熏陶、积淀，儒学的实用理性精神内化到了中国人固有的文化心理结构之中，在一定程度上培养了中国人的实用理性品格。

① 参见胡适《〈戴东原的哲学〉引论》，《胡适精品集》，光明出版社1998年版。

一、儒学在一定程度上培养了中国人的务实品格

一是在日常行为取向上，中国人注重现世利益诉求。中国人定时祭祀是为了禳除阴阳天害，为了保佑平安，为了福禄寿达；拜祭神仙（例如泰山娘娘崇拜），也是为了多子多福、升官发财，从而使中国人本来就淡薄的宗教意识打上了浓厚的功利色彩；传统中国人既不像印度人那样热衷于追求出世的快乐，也不像西方人那样为真理献身或是向往天堂的幸福，等等。

二是在道德选择上，中国人义利兼顾。即使是重义轻利的儒家也未能彻底摆脱功利主义的纠缠，恰恰是在孔子“因民之所利而利之”理念的范导下，中国人变得较为世故，特别是改革开放以来，中国人很快接受了让人富起来的观念，致力于快速致富。以至于可以说少数中国人当前实际奉行的道德价值观是实利主义。为了使德福一致，一些地方还设立了见义勇为基金，在学术界有人甚至提出当前在中国应推行互惠互利主义道德或合理功利主义道德。

三是在政治观念上，中国人讲求实事求是。毛泽东同志在对“实事求是”作了独到诠释的基础上，把它确立为中国共产党的思想路线，中国共产党新时期在全社会大力倡导发扬求真务实精神，并继承五四追求科学、民主的传统，把科教兴国上升到国家战略高度。这些崇实作用和做法虽不能完全归结为儒学实用性的影响，但也不能说同它毫无关系。可以说，鸦片战争以来，中国社会所出现的洋务运动、维新运动以及民主建国，均受到儒家经世致用观念的启发，是汲取儒学中崇实合理因素摒弃腐儒的空虚做法而提出来的治世之道、救世之方。改革开放以来，主流话语体系也注重吸收儒家名实观中的“合理内核”，注重现代化建设的实效、实功，坚持正名求实、以实求名和先实后名，把社会主义之名同社会主义之实有机结合起来。

二、致力于建构中国人的实用理性

那么,当代中国人应在哪些方面去深入挖掘儒学实用性的有益成分,批判继承儒家重实用精神,以建构中国人的实用理性呢?一是继承发展儒家知行合一、讷言敏行、重践履的精神,坚持实践是检验真理的惟一标准,反对教条主义、神秘主义和绝对权威主义,努力把理论和实践、知和行有机结合起来,尊重创造、尊重劳动;二是继承弘扬儒家学以致用的传统,在重视基础研究的同时,大力发展应用学科,向人们传输更多实用知识和实用科学,注重实证、实验,杜绝空虚无用的"玄学";三是汲取儒学中经世致用的价值取向成分,不尚空谈,多做实事,经纶世务,经国济民,关心老百姓的疾苦,以民生为重,以人民群众满意不满意作为评价一切事务是否成功的标准;四是借鉴儒家崇实黜虚的传统,在全社会大力培养求真务实精神,培养广大人民群众求实思维方式,培养人们的实效观念、力行理念和求利意识;五是在道德上要摒弃空无的理想主义,根据绝大多数人的人性定势和现实需要,根据人心之实理实情,来制订应然道德规范,并注意借鉴西方功利主义和实用主义的某些合理特质,使当代中国的道德体系能够促使人把功利追求同道德文章有机统一起来。

三、辩证扬弃儒学的实用精神

一方面,把经验理性同理论理性加以综合。儒学讲究实用性,给中国人及其文化造成了逻辑抽象理性的不发达。中国传统实用理性的最大缺陷和弱点就在于它对超经验、符号化的实践力量缺乏足够认识和充分展现,以至于导致中国缺乏高度抽象的纯粹哲学,而过分强调"理论联系实际",重视现实的可能性,轻视逻辑可能性,导致轻视和贬低"无用"的抽象思维。雄辩如孟子,常违反形式逻辑,仅以气势逼人;清醒如荀子,也以无实用价值而反对名家;从孔子起，重视的都是名实相符，“必也正名乎”，而不是“名”自身的独立发展。天人不分的巫史传统、缺乏抽象的先验观念和思维方法，使得中国人的心智和语言长期沉溺在人事经验、现实成败的思考和伦理追求中。① 要建构中国人合理的理性精神，固然要汲取儒家经验型实用理性，大力发展上述实用精神品格，也要借鉴西方注重逻辑推演、讲究抽象思辨的合理要素，重构经验理性与理智理性二元互补的理性系统。

另一方面，改变由儒家实用理性畸形所造成的片面道德实用理性结构。儒学具有双重特性，它的“重道轻器”价值取向诚然会在某种程度上抑止技术理性的培养，但它崇实黜虚的文化导向也助成了传统中国技术发明兴盛，像方术、医术、气功、武功乃至房中术即很盛行，中国的四大发明也闻名于世。只是儒学对纯粹科学不够重视，导致中国缺乏为科学而科学、为知识而知识的科学理性传统。今天，要发展中国人健康的心智模式，就应做到技术理性与科学理性兼顾。另外，儒家偏重了伦理实用理性、情感实用理性，注重于人伦日用，而弱于经济理性、民主政治理性、法治理性等方面的工具价值。未来，应将儒家倡导的道德人文理性和经济逻辑、政治民主逻辑、法治逻辑在人生社会实践中加以整合，以充分发挥它们的实际效用，以使当代中国人在社会转型中发展为知识主体、道德主体和政治主体融于一身的现代性个体。

---

① 参见李泽厚《实用理性与乐感文化》，生活·读书·新知三联书店 2005 年版，第 12～13 页。

第四章　儒家文化的层次性与人的文化重建

儒学或儒家文化并非是铁板一块的僵硬体系，而是一个包括多个要素、多个层次、多元指向的层次有序复杂系统，它的某些子系统或部分可能会受到外来冲击，如西学个人主义对儒家社群主义的撞击，当代中国社会结构的巨变和社会经济基础的快速发展对传统儒家孝道文化造成进一步瓦解，但它从总体上其结构保持着"僵而不死"，董仲舒说"天不变，道亦不变"，殊不知，有时即便"天"变了，"道"也不变。且不说儒家思想在当代逐渐得到认同和复兴，即使它的核心价值今日仍有其展现的空间，例如忠恕之道。明清之际启蒙思想家攻击儒家理教杀人，也只是涉及禁欲主义框架下的礼教，而未能触及儒家仁宅、义门、礼路逻辑视野中的礼教。正因如此，要正确认识和把握以儒学为中心的儒家文化对人发展产生的影响，就应对其层次性进行理性分析，以为人的文化创建与发展提供方法论启示。

第一节　儒家文化层次性的本质内涵

什么是儒家文化的层次性呢？我们认为，它主要是指儒家文化在理论结构、传统形态、学派人物、社会价值等方面所表现出来的多元有序、上下有别、相互连结的基本特质。这种层次性既对传统中国社会及其个人产生了极为复杂多样的影响,至今还在很大程度上制约着中国人的众趋人格、价值取向、道德表现、思维方式、情感模式、处世方式等,并对我们如何汲取以儒家文化为主体的中华传统文化用以建构当代中国个人文化具有重要指导意义。

一、儒家理论的结构性特征

儒学无疑是儒家文化的主干部分,而它又是博大精深、源远流长的。从横向上说,它是由天人之学、人学(主要是人性论、人生哲学、人格论等)、伦理哲学、政治学、教育思想、宗教观(如子不语怪力乱神)、文化思想(如博学于文)、审美思想(特别是乐论)、法律思想、经济思想(如孟子提出"井田制")等所组成的庞大体系;从纵向上说,儒学既有先秦元典儒学、两汉经学、魏晋玄学,也有宋明理学、清代朴学以及现代新儒学。崔大华把儒学的理论形态主要分为天人之学、自然之学和性理之学,提出儒学的理论结构分成社会的理论层面、心性的理论层面和超越的理论层面三大部分。①

儒学发展史不同的思想形态,彼此之前有着共同的理论旨趣,如对仁义的倡导,对道德的持守,对经世致用的追求,对心性的强调,即使是被宋明理学视为儒家道统异端的荀学,也并没有因为它的性恶论而放弃讲"仁"。正是由于具有共同的学术指向和理论主张,才使两汉经学、宋明理学和清代朴实以及儒学的古今文经学、汉学与宋学、词章之学与义理之学均归之于儒学大系统之中。不过,由于不同历史时期社会矛盾、民族关系、生产力发展水平、政治上层建筑、阶级斗争等的差异,以及思想家个人的致思方式、学术传统、价值取向、社会地位、学术修养等的不同,使不同的儒学形态在理论

① 崔大华《儒学引论》,人民出版社 2001 年版。

重点、思想观念、政治主张等方面有所不同。孟荀分别从内在心性和外在礼义两个维度发展了孔学,而宋明理学则弱于外王强于内圣。毋庸置疑,后世儒学对前代儒学有发展、有创新,例如孟子对孔子仁学的阐发立足于“四端说”根基上,提出了较为完整的仁政学说,宋明理学的心性理欲学说使儒学更加精致化、哲学化。然而,这并不等于儒学的发展没有曲折,没有偏离,没有沉沦。相反,前后相继的儒学形态,一方面表现出片面性发展的一面,譬如孟子就有些“剑走偏锋”,他把仁规定为“事亲”,把义规定为“敬长”,显然是不符合孔子仁学的圆融性,因为在孔子那里,“敬老”同样是“仁”。再如,孟子把仁义礼智对应于恻隐之心、羞恶之心、辞让之心和是非之心固然有其合理性,但这又同他的仁宅义路礼门存在矛盾。另一方面则是出现某些倒退,使儒家合理的命题走向非合理。拿“欲”来说,孔子认为只要符合“道”,那么就可以求。孟子倡导“寡欲”说,荀子主张“养欲”说,这应当说是正确的。可是到了宋明理学,它从十六字心法出发,把欲理对立起来,二程说:“人心,私欲也,危而不安;道心,天理也,微而难得。”①要求“存天理,灭人欲”(尽管程朱作了修正和补充,认为人心不完全是“人欲”),且不说这一道德戒律的错误,由于封建专制主义对人个性的压抑,社会财富的短缺,以及人们对宋明理学的误读,使存理灭欲演化成消极落后的禁欲主义,成为“以理杀人”的思想基础。

在儒学理论逻辑结构中,儒家文化也显示出不同的层次。前面我们提及,到底什么是儒学的核心,学术界充满观点歧异,有人认为是仁,有人认为是礼,还有人认为是“孝”,不一而足。儒学固然可以分为为人之道和为政之道,这从《论语》一书表现得非常明显。不

① 《二程集·河南程氏粹言》卷二,《心性篇》。

过，儒学的核心层应上升到较为一般高度确定为伦理学说。这一点也得到了许多人的首肯。张岱年、程宜山虽然认为中国哲学即天人之学，但他们赞成伦理道德学说是中国古代哲学的核心。[①] 陈谷嘉指出："无论从儒学的内蕴社会价值，即创造一种和谐融洽、互济的社会环境和氛围，或是从其表现形式，即致力于社会和谐而提出的仁、义、礼、智的社会规范，都说明伦理思想是儒学的基本内容，构成儒学体系的核心组成部分。"[②]崔大华同样认为伦理道德思想构成儒学的核心："由春秋末期孔子确立，此后一直绵延不断地流变发展着的儒家学说，就其本身而言，是一个以伦理道德为核心，且有多层理论层面的观念体系。"[③]为什么说伦理思想是儒学的核心呢？其一，从理论建构的目的来看，一方面，儒家关于阴阳五行、气与质、动与静、一与多、无极与太极、易与诚等关于宇宙的本体论思想，既是立足于人道、人极去推演天道、天极，也是为其伦理学说创立本体论根据，这大概是儒家天人之学何以发达的重要原因。另一方面，儒家通过建构一个庞大的包括心性、善恶、纲常、义利、已他等思想内涵的体系，以为了给人的处世之道和当权者的为政之道提供行为准则、道德规范，这就是以伦理为中心、为本位，然后将之外在化、社会化，达到政治伦理化和伦理政治化，及主体伦理化和伦理主体化，可以说，儒家人学即是伦理人学，儒家政治学也就是伦理政治化，儒家政治学的根本即是德政、仁政，儒家人学就是使人做一个道德化的人。其二，从理论体系的主线来说，儒家往往把非伦理范畴加以道德改造，如上面所讲的"贤"，还有气理、知行范畴，而且融事实与道

① 张岱年、程宜山《中国文化论争》，中国人民大学出版社 2006 年版，第 159 ~ 160 页。

② 陈谷嘉《儒家伦理哲学》，人民出版社 1996 年版，第 1 页。

③ 崔大华《儒学引论》，人民出版社 2001 年版，第 1 页。

德价值、是与应然于一体，在宋明理学那里，人的“心”本来可以纯然是一是非之心、是一个很知性范畴，但程朱却按伦理标准把它分为人心（和心）和道心。学术界分别把仁礼孝等范畴视为儒学的核心，殊不知，这些范畴正是儒家所大力倡导的伦常范畴。其三，儒家伦理思想最丰富影响也最大。许多人把孔学归结为仁学，足以说明“仁”在孔子思想中的地位。同时，“仁”也是孟荀用力最多的范畴之一，在某种意义上可以说，先秦儒学建构了较为完整的仁学体系。不论是先秦儒学、两汉经学，抑或是宋明理学，主要是围绕道德本体、规范、工夫、教育、功能、人格等展开。儒家伦理也最为后来的学人所关注，黑格尔评价《论语》主要是一些道德箴言，虽然他完全否弃孔子形而上不可取，可他毕竟敏锐洞悉到孔子学说实以伦理教化为轴心。当代人所关注的儒学与现代化关系问题也主要从儒家伦理角度去看待儒学是现代化的动力还是阻力。综上所述，如果用圆圈来表示的话，那么，可以认为伦理学说构成了儒家文化的核心层，人生学说和政治学说则为第二层，其他的则为第三层。

二、儒学传统的结构性特征

从孔子创立儒学之后，通过历代儒家不断地加以阐发，构成了历史悠久的文化传统，这一传统可以从不同角度分为不同的层次。

依据主体的不同，儒家文化可分成精英文化和平民文化，它们即为余英时所讲的大传统和小传统。[①] 一方面，儒学是由文化精英所创造的，用杜维明的话说它是“士的自觉”的产物，它代表了士大夫阶层的精神追求、社会理想、价值观念，因而在某种意义上儒家文化即是士大夫文化，儒学也就是贵族儒学。同时，儒学又具有前述的实用性特征，它致思的对象不离人伦日用，它的思想宗旨讲究经

---

① 参见余英时著，任菁编《内在超越之路》，中国广播电视出版社 1992 年版。

世致用，它不仅可以为统治者作为安邦定国工具所用，也为普通民众待人处世提供人生智慧、道德规范、行为准则和精神家园，因而通过统治者的推动，以及社会教化，儒学逐渐转化到平民的文化心理结构之中，借助于生理性遗传和社会获得性遗传，成为代代相传的平民文化传统。这些平民化传统既有如讲究婚礼、祭礼，注重敬祖，推崇孝道等，又包括重男轻女、人情往来等。这些日常生活文化构成了今人所说的"平民儒学"或"草根儒学"。另一方面，儒家内在精神上呈现贵族化特点，在其理论建构上倾向于重视社会精英，如"民可使由之，不可使知之"、"上智下愚不移"、"中人以上，可以语上也；中人以下，不可以语上也"、"礼不下庶人，刑不上大夫"等等。但同时又具有以民为本的价值指向，强调"人皆可以为尧舜"、有教无类、君臣对等等人格平等观念，"它的最高价值体现在人伦日用之间。自觉的程度不同，理解的程度就不同，这里的确有层次之分；但各种层次之间又有很明显的同构关系。因此，在传统的儒家思想中，特别是在孟学的思想中，有相当程度的群众路线"①。正是由于儒学的精英与平民层次的分立，尽管使平民能够现实地接受儒学的熏陶和指导，但儒家所代表的道德权威主义、精英主义导致"广大民众缺乏自觉、缺乏主体性、缺乏独立精神，习惯于被灌输、被统治，习惯于被动地生活。在这个意义上，所谓农民的坚韧性格，就常会体现为奴性，体现为呆板的螺丝钉精神"②。

根据文化的内在结构，儒家文化又具有物态文化、制度文化和精神文化的层次分别。所谓儒家物态文化是指为了宣传、推行、尊奉、传播儒家思想和儒家人物而建造的物态事物，如府学、文庙、乡校、私塾、碑刻、牌位、文物等。它们作为重要文化遗产，对于教化民

①② 杜维明著，岳华编《儒家传统的现代转化》，中国广播电视出版社1992年版，第119～124页。

众、传播知识、文化传承等都具有重要作用，是儒家文化的载体和象征。所谓儒家制度文化既包括有关儒家文化的制度化规定，如汉武帝的"独尊儒术"、隋唐宋元明清的科举考试制度，以及秦汉时期的博士制度和儒生制度，也包括制度儒学化层面的条例规定，如以孝治天下、礼制等，以及按照儒家思想所制订的乡规民约、家规族规、校训学规等。这些儒家制度文化是实现儒家齐家治国平天下理想向现实社会转化的重要途径和建制。据此，儒学才真正成为中华民族文化的主干。在文化学领域，有的还把行为文化单列出来而同物态文化、制度文化和精神文化相提并论。为简单起见，不妨将之归入广义的制度文化级别之中。据此，它包括体现儒家理念的风俗习惯、行为准则、规矩等。所谓儒家精神文化是以儒家思想为核心，以儒家观念、儒家信仰、儒家情感、儒家思维、儒家态度（如对儒学的认同或排斥）、儒家精神（如儒商精神）、儒教、儒学文艺、儒家道德等为主要内容的观念形态的综合体。在儒家文化三个层次中，儒家精神文化最重要，影响也最大，属于核心层，儒家制度文化和物态文化乃是它外化的产物。

精英文化与平民文化诚然不能完全等同于高雅文化与通俗文化，但大体相当。余英时指出，中国文化很早出现了"雅"与"俗"两个层次，恰好相当于大、小传统的分野，例如《论语·述而》讲："子所雅言，《诗》、《书》、执礼，皆雅言也。"中国大、小传统之间互相通流、交流和渗透，汉代流行的《尔雅》与《方言》即是例证，孔子所说的"缘人情而制礼"、"礼失求诸野"以及"先进于礼乐，野人也；后进于礼乐，君子也"①等也表明儒家已经自觉地意识到"雅"与"俗"的分立与沟通。② 就儒家文化本身来说，它固然是一种雅文化，但它无论是理论上还是实践上总是追求敦风化俗、文治武功、安邦定国等人

① 《论语·先进》。

② 参见余英时著，任菁编《内在超越之路》，中国广播电视出版社 1992 年版。

世目的,因而逐渐转变为民间的通俗文化——蒙书、家训、祭祖、卜筮、乡规、民约等。由于儒家文化在长期演变过程中发生了雅俗的分立,它们在表现方式、价值取向、人格要求、审美趣味等方面有所不同,因而对它们既不能偏废,又不能等而观之,必须区别对待。"如果只看到雅文化,而完全忽视俗文化,容易把中国文化理想化;如果只看到俗文化,特别是其中庸俗、腐朽的东西,必然把中国传统文化贬得一无是处。又如,居主导地位的儒家文化的价值观有严重偏颇,如贱力轻利,如果只看到这一点,以偏概全,忽略了还有与之相反相成的另一面,以为中国历史上只讲道德,不讲力量的培养和物质生活的提高,那就完全偏离了实际,变成了主观臆断。"①

三、儒家学派人物的结构性特征

如果说如上我们讲的儒家文化类型属于客体儒家文化的话,那么由儒家学派和人物所展现的不同文化可归之于主体性儒家文化。根据历史境遇、学术贡献、思想水平、创新程度、理论旨趣、人格境界等不同,可以把儒家文化分为不同学派、流派和人物。在这些各自不同的众多儒家流派和人物之中,有着纯粹和驳杂、精深和粗浅、完善和褊狭、先进与保守之分。

早在《论语·雍也》中,孔子就对子夏讲"女为君子儒,无为小人儒",可见他把儒分为"君子儒"和"小人儒"两种类型,并对谨密有余、宏大不足的子夏提出了做"君子儒"的要求。孔子死后,儒家学派出现了分化。韩非子倡说"儒分为八":

> 自孔子之死也,有子张之儒,有子思之儒,有颜氏之儒,有孟氏之儒,有漆雕氏之儒,有仲良氏之儒,有孙氏之儒,有乐正氏之儒。……故孔、墨之后,儒分为八。②

颜炳罡根据郭店楚简和上博简等新出上文献以及孔子所讲的孔门

---

① 张岱年、程宜山《中国文化论争》,中国人民大学出版社2006年版,第118页。
②《韩非子·显学》。

德行、言语、政事、文学四科，认为孔子之后的儒家可分为三大类型，即传道之儒（德行）、传经之儒（文学）和政事之儒（言语、政事）。传道之儒又可分为天道派、心性派、孝行派，颜氏之儒是天道派，思孟之儒是心性派，曾子、乐正氏之儒是孝行派；传经之儒可分为现实派和理想派，子夏之儒是现实派，子游之儒是理想派；子张之儒、孙氏之儒乃至子贡、宰我、冉有之门徒等是政事系。① 荀子则提出了贱儒、大儒、俗儒之说。他把子张、子夏、子游称为贱儒：

> 弟佗其冠，神禫其辞，禹行而舜趋，是子张氏之贱儒也。正其衣冠，齐其颜色，嗛然而终日不言，是子夏氏之贱儒也。偷儒惮事，无廉耻而耆饮食，必曰君子固不用力，是子游氏之贱儒也。②

荀子称赞文武周公孔子是大儒，肯定大儒"法先王、统礼义、一制度"的政治主张，宣传大儒"谲德而定次，量能而授官"的用人政策，赞扬大儒"志安公，行安修"的道德品质③，他批评"俗儒"是"不知法后王而一制度，不知隆礼义而杀《诗》《书》"，称赞"雅儒"是"法后王，一制度，隆礼义而杀《诗》《书》……内不自以诬，外不自以欺，以是尊贤畏法而不敢怠傲"④，并以"儒"相期许。秦汉以后，有醇儒、杂儒、腐儒之说。

我们认为，在儒林谱系之中，根据思想的原创性、丰富性、纯粹性、精深性等，可以把孔子、孟子、荀子、董仲舒、韩愈、张载、二程、朱熹、陆九渊、王守仁、王夫之等作为真正的大儒，他们是儒家文化的真正代表。当然，对中国文化心理结构、社会发展产生影响最大的

---

① 颜炳罡《"儒分为八"的再审视》，载庞朴主编《儒林》第一辑，山东大学出版社2005年版。

②《荀子·非十二子》。

③④《荀子·儒效》。

应首推孔孟和朱熹。历史上不同时期还创造了多种多样的学派，而最值得重视的当为先秦儒学、两汉经学、程朱理学，次一位的则有荆公新学、清代朴学、王夫之之学、关学等。这些儒学代表性人物及其学派绝大多数属于体制外的学术精英，可谓理想化儒家，而同那些依附于现实政权、利用儒学作为政治工具去统治民众的政治化儒家是不同的，代表着社会良知、道德理想和崇高价值精神，应算是真儒。反之政治儒家许多是伪儒、小人儒，这两者应有所区别。

以上我们分别从理论结构、历史传统、学派人物三个方面分析了儒家文化的层次性，还有一个重要方面则是从社会作用角度加以透视，可以发现儒家文化表现出先进文化、健康有益文化、消极文化和腐朽文化四个层次，这四个层次不仅涵盖了上述儒家文化的各个层面，同时由于它同社会现实密切相关，同儒家文化的社会作用和历史价值密切相关，同人和社会的发展密切相关，因而我们将在下面几节主要立足于先进文化、有益文化、落后文化和腐朽文化参考框架去探讨儒家文化层次性的评价标准、基本特征及其人文启示。

第二节　儒家文化层次性的评判标准

21 世纪初，中国共产党提出了“先进文化的前进方向”概念，郑重指出，要大力发展先进文化，支持健康有益文化，努力改造落后文化，坚决抵制腐朽文化。[①] 在国内学术界和思想界，极少数人（例如个别主张中国文化本位的人士）认为“先进文化”概念是西方中心主义的产物，文化具有强烈的民族性和相对性，难以作出优劣高下之分，因而是一个不合理、不科学的范畴。然而，绝大多数人认可“先

---

① 关于如何理解四种文化类型，详见拙作《试论当代中国文化的类型与发展》，《马克思主义论坛》第 3 辑，山东人民出版社 2007 年版。

进文化”存在的价值和意义。自从“先进文化”作为主流意识形态话语被彰显出来之后,人们就在思考儒家文化同先进文化的关联性。迄今,围绕儒家文化是不是一种先进文化这一论题,大致形成了两种相反的观点。一是认为儒家文化不是先进文化。在许多人看来,儒家文化充其量算是健康有益文化。而有些人则径直指明,儒学是对封建小农经济和宗法社会的反映,它适应于封建帝王和专制政治的需要,因此成为中国封建社会的统治思想达两千多年,后来,随着社会经济的历史性发展而出现的社会转型逐渐变得僵化、落伍,以致近代以来走向衰落,从而成为落后的乃至腐朽的文化。二是断言儒家文化是先进文化。20 世纪 20 年代的东方文化派、30 年代的本位文化派、现代新儒家等都认为东方文化优越,中国精神文明高,西方物质文明见长等。国内持此一观点的突出代表是近年力主实施儒家王道政治的大陆著名儒家人物蒋庆先生。他在一次答问中就儒家文化是先进文化作了系统的阐发。其基本思想是:在文化“好”与“坏”的评判上,中国人从总体上没有含糊过,这就是认为“夏文化”优于“夷文化”,因为“夏文化”任德不任力、从道不从霸,优于任力从霸的“夷文化”,故“夏文化”在价值上“先进”于野蛮的“夷文化”;两千多年来,尽管中国历史上出现过多次文化的歧出与偏离,最终还是回到中国文化的正轨,因为歧出的文化背离了尧舜文武周公孔子之道所确立的道统标准,而道统标准的核心则是精神道德,而以功利或虚无作为评判文化的标准最后都得不到中国主流知识分子的认同;所谓“先进文化”,即是建立在尧舜文武周公孔子道统上的儒家文化,也就是尚德尚仁的“君子文化”,是把善和公正放在第一位的文化,而不是近代西方(以美国文化为代表)那种尚力尚利的“小人文化”,不是把强力、霸权、功利、效率、欲望放在第一位的文化。

作为研究儒学的同道，我们对蒋庆先生维护儒学道统的执著精神深表钦佩，并且坚决反对把儒家文化一概视为封建过时的、消极落后乃至腐朽的东西而全盘加以否定的做法，坚决摒弃种种民族文化虚无主义，但同时对蒋庆不加分析地一股脑儿把儒家文化说成是先进文化的观点也表示不敢苟同。在源远流长、学派众多的儒家文化系统中，既有民主性精华，又有封建性糟粕；民主性精华或者为先进文化，或者为健康有益文化，封建性糟粕则既可能是消极落后的文化，又可能是带有腐朽色彩的文化。

一、儒家文化层次性的价值标准

在答问中，蒋庆谈得最多的是评判先进文化的标准问题。他指出，按照中国文化的评判标准，"先进文化"必须是把追求道德仁义放在第一位的文化，用今天的话说是把善与公正放在第一位的文化，而把强力、霸权、功利、效率、欲望放在第一位的文化称不上"先进文化"，只能算是落后文化；近代以来中国许多知识分子把评价先进文化的标准弄颠倒了，把一种典型的"霸道文化"和"功利文化"之类的西方"小人文化"视为先进文化；不论是西方的民主政治、市场经济、工业经济，还是其人权、自由、法治，均是功利性的，而这套文化追求的是强权政治，是武器先进者胜，是所谓人的利益最大化，是以力服人而不是以德服人，简言之，是"能打"、"能赚"的文化。由此可见，蒋庆是把伦理道德或善看做判定文化是否先进的惟一尺度，把儒家伦理视为最先进的文化样态。我们认为，这是片面的、偏执的。

一是先进文化必须追求价值最大化。不论是经济体制、民主法治、科学技术之类的工具理性，还是审美、道德之类的价值理性，要成为先进文化，应是体现人类价值的最优化和最大化。先进文化从一般意义上充分体现了真善美利人类四种最基本价值的有机统一，具有极高的认识价值、伦理价值、审美价值和功利价值。健康有益文化属于价值相对较小的文化，它只是在一定程度和范围上体现真善美利这四种价值，不可能达到真善美利的有机统一，只是在一定层次上实现了人类对真善美利的追求。而消极落后以致腐朽文化则是价值量较小乃至只有负面价值的文化。不可否认，儒家伦理有许多不仅具有善的价值，具有追求真理（伦理真）、审美感受（人格美）的特性，同时还致力于追求家庭和睦、政通人和、安邦定国、平治天下这样的社会功效，如儒家的忠恕之道、孝亲之道、中和之道等。然而，且不说儒家伦理系统中许多由于时代的局限性而带有封建保守的杂质，如极端化的礼教、理教、愚孝等，这些在今人看来不仅同真美利背道而驰，也是不美的甚至是恶的，因而是消极落后以致腐朽的文化。真正的儒家并不是只推崇善的价值，而是崇尚真善美利的合一。作为儒家创始人的孔子就曾大力倡导"六艺"教育和诗教、乐教，并赞叹"韶乐"尽善尽美，以致他发出"三日不知肉味"的慨叹。

二是儒家伦理并不排斥功利。诚然，从主导倾向上说儒家是主张重义轻利的，例如，孔子说："君子义以为上"，"君子喻于义，小人喻于利"，孟子认为当生和义二者不可得兼时，则"舍生取义"。此外，儒家还提出了重道轻器、先义后利、见义勇为、见利思义等价值观念。不过，利益毕竟是道德的基础，儒家伦理并不完全不讲功利，它所反对的不过是不义之利、一己私利。首先，孔子承认人都有自利之心，富与贵是人的大欲；其次，孔子认为在治理国家时，应以富民为首务，为政应"因民之利而利之"，①孟子认为在治民方面，应以利为先，使民有恒产；再次，儒家所说的仁义实质上是民族邦国之利、社会公利及他人之利，是正当之利，虽然"君子爱财，取之有道"

①《论语·尧曰》。

并不是儒家所提出来的,但它表达了儒家的财富观;最后,儒家的德治仁政主张作为一种工具理性,它的终极关怀正是国富民强、安邦定国、老安少怀、天下大同的民族国家大利,儒学不离“人伦日常”,实用理性发达,讲究“正德利用厚生”,以致有的学者认为儒家伦理是一种道德功利主义①。可见,儒家文化之所以被称为先进文化,并不仅仅因为它肯定“善”的价值,也在于它追求正当之利。

三是西方文化不仅仅崇尚功利。不可否认,近代以来西方文化的主流价值观是功利主义,但是它并不排斥真善美。撇开西方文化对真善的追求不谈,它同样体现了某种道德合理性。西方文化系统也推崇某种宗教伦理,并把利他主义作为重要原则加以倡导;西方文化中的民主法制以及市场经济虽然也带来贿选、种姓歧视、剥削、两极分化等“恶”,但正如马克思所指出的,“恶”是社会进步的一种重要动力,市场经济尽管会带来一定的道德负面作用,但它是迄今最好的经济体制,它以其对生产力的巨大推动作用给人类带来福利而成就了“大善”,正因如此,我国才把市场经济作为一种先进文化用来建设中国特色社会主义。

二、儒家文化层次性的社会标准

任何一种文化是否先进,就看它能否对社会产生巨大的积极作用。蒋庆认为,近代中国之所以放弃儒家文化的王道理想,就在于丧失了“周孔之教”这个“体”,以致在评价先进文化的标准上出现了歧出与错位。殊不知,历代儒家讲究的是体用无间、体用不二,追求的是儒学的经世致用。中国近代以来儒家文化之所以衰落了,之所以不再作为一种先进文化而偏离了它,就在于它在一定程度上阻碍了中国社会的发展,已经失去了“用”。如果只是空悬一个道德仁义

---

① 肖群忠《论“道德功利主义”:中国主导性传统伦理的内在运行机制》,载丁冠之等主编《儒家道德的重建》,齐鲁书社2001年版。

而不追求实用,必定会被人们视为过时的、落后的文化。实际上,蒋庆一直追求由“心性儒学”发展为“政治儒学”,力倡王道政治,不正好是致力于儒学之大用吗?!我们判定儒家文化的性质应立足于当代中国社会实际,根据它对现实社会的作用如何来认识其文化类别。不论是儒家文化抑或是当代社会环境均是复杂多样的,这也决定了儒家文化不会隶属于某种单一文化形态,而呈现出先进文化、健康有益文化和消极落后文化、腐朽文化并存的状态。在儒家文化系统中,有些社会效用表现为单纯积极的或消极的,例如“守三年之丧”在当代几乎只有负面意义;有些则显示出“好”、“坏”并举的文化悖论,例如儒家之重礼、隆礼;有些对于现代化而言则是中性的,例如儒家所倡导的起居礼仪。

下面从社会总体视角来分析一下儒家文化的性质和类别。由于社会是由狭义社会、文化和人三大子系统所构成的复杂系统,因此不妨从三个方面来加以诠释。

第一,对狭义社会的作用。首先,看它是否及在多大程度上有助于促进社会的和谐稳定。为儒家所极力推崇的忠诚爱国精神、大同理想、“协和万邦”、和而不同、从仁不从霸、“和为贵”、“定于一”、居安思危等思想,不论是在过去还是现在均极大地维护和促进了中华民族的和平和稳定,因而可以被视为先进文化,至少可以列为健康有益文化。只是儒家所宣扬的愚忠观念(在传统中国社会,忠君与报国往往浑为一体),则带有愚昧的消极成分。同时,自古忠孝不能两全。为儒家所张扬的“孝亲为大”、“百行孝为先”的宗族主义伦理对国家而言乃为一种消解力量,因而不能不说是落后的文化。其次,看它是否及在多大程度上有助于推动社会经济的发展。很显然,儒家文化所蕴含的经世致用的入世情怀、自强不息的进取精神、节俭反奢的伦理品性、修齐治平的社会理想、重民爱民的民本观念,等，这些都能够对社会经济发展产生推动作用，都不失为社会进步的精神动力，因此应划入健康有益文化乃至先进文化之列，属于可以汲取的民主性精华。至于儒家人物倡行的“存理灭欲”禁欲主义、“耻言利”的非利主义、“不患寡而患不均”的平均主义、“农本商末”的重农主义等，作为适应于封建小农经济和宗法社会的产物，都在一定程度上会抑制市场经济的勃兴，彼此之间构成内在的张力，就此言之，它们都可谓是消极落后文化。再次，看是否有助于促进政治发展。在当代，政治发展主要显现为政治民主、自由、平等、效率等方面水平的提高。虽然儒家文化中诸如为政以德、正己以正人、民贵君轻、和而不同、举贤荐能、闻过则喜、从谏如流等思想观念，对现代政治建设起到借鉴、推动作用，理应作为健康有益文化乃至先进文化对待。但是，历代儒家所主张的“刑不上大夫，礼不下庶人”、“君为臣纲”等观念，“上智下愚”、“民可使由之，不可使知之”的愚民思想，以及君权神授观念，也许可以作多种正面解释和辩护，但是在现实大众层面它们的确不利于现代政治建设和法制建设，故此它们应属于被剔除的封建性糟粕。

第二，对文化的作用。为儒家所提倡的见利思义、执两用中、忠恕而行、舍生取义、见义勇为、讲信修睦、主忠信、孝亲敬长、和为贵、致良知、仁义礼智等伦理精神，对于当前的敦风化俗及道德修养，具有纠偏、教育、激励、推动等积极作用，其中不乏同共产主义道德相契合之处，以至于有的人认为儒家伦理属于后现代，它可以消解现代工具理性主义和唯科学主义造成的某些弊病。当然，在儒家文化体系中，也存在一些陈旧保守的思想道德，例如繁文缛节、差等之爱、孝亲惟大等，这些特殊主义伦理显然同现代化所要求的普遍主义格格不入，因而应当加以转化性创造。儒家任德不任力、从道不从霸、重义轻利的所谓“君子文化”，如果说对于夺取政权和反对外来侵略而言显得“迂远而阔于事情”，它们既无功利价值又无道德价值，因而属于消极文化的话，那么，在特定的道德场合，它们就是应当加以大力倡导的健康有益文化，这是因为它们充分展现了人类对道德之善的追求，具有较高的道德价值。由孔子所开创、历代儒家所倡导的尊师重教、有教无类、不耻下问、每事问、谦恭好学、学而不厌、诲人不倦等教育思想和学习态度，至今仍是我们发展现代教育和创建学习型社会加以遵行的有益文化准则。

第三，对人的作用。一般说来，儒家文化对人往往产生积极和消极的双重作用，因而精华与糟粕、先进与落后、有益与有害常常并存，呈现出“二律背反”的文化悖论。由儒家所提出和强调的天人合一、天人同心、与仁与命、与天地合德、取仁于天、阴阳二分、天地流变等宇宙论，往往使人多敬畏之情，易培养谦逊、诚信美德，但它们同时又使人相信命运，侧重玄想，向往超人，不太注重向自然的进取开拓和科学探索。儒家所阐述的为政以德、孝治天下、礼治教化、亲亲仁民、等差有序、民贵君轻、尊王贱霸、正己正人、尊贤任能、内圣外王、富民保民等政治思想的制导，有助于个人的职业分途和发展、道德品质的培养、人际关系的稳定、社会角色的合理定位，但也会限制人的个性，不利于人才流动，造成人的片面道德化发展，易培植人的主奴根性。而由儒家大力倡导的修己安人、克己制欲（存理灭欲）、以私利公、仁者爱人、和善忠恕、恭宽信敏惠、义以为上、重义轻利、安贫乐道、厚德载物、孝悌尊亲、和合中庸、均平隆礼、严己宽人、见贤思齐等人生伦理思想，一方面有利于人道德潜质的发掘（扬善抑恶），伦理人格的完善，人性关系的建立，但不利于个人被发现，不利于个人摆脱家族藩篱而向外发展，不利于个性和公德观念的培养，多乡愿而少进取精神。

第三节 儒家文化层次性的基本特性

自从春秋时期孔子创立儒家文化以来,它经过两千多年的演变与发展,呈现出许多不同规定性,这些基本特质决定了它不可能尽为先进文化。

一、系统性

把儒家文化归结为由尧舜禹汤文武周公孔子所提出的尚德的"王道文化"(或君子文化),虽然把握到了儒学的核心和本质,可毕竟是片面而褊狭的。殊不知,儒家文化乃是一个由儒家制度文化、物质文化(如孔府、文庙、碑刻、府学、典籍等)、政治文化、精神文化、风俗文化等所组成的复杂系统。仅就作为观念形态的儒家学术文化而言,它是一个包括多种层次、多种因素的复杂系统,它虽然以伦理为核心,以政治学说为基干,但又涉及人学思想、经济思想、法律思想、文化思想、管理思想等,可谓博大精深,而且它所提出来的每一个范畴(如忠、孝、仁、义、礼等)、每一个命题(例如重义轻利、万物皆备于我、人能弘道等)的复杂性、多样性决定了它的性质和作用不可能是单一的,而是多维的,不可能仅仅属于先进文化或消极落后文化,而是同时蕴含着四种文化类别。如果说为儒家所阐扬的以民为本、为政以德、有教无类、富民教民、给人以求、礼治教化等政治经济文化思想可以算是健康有益乃至先进文化的话,那么儒家所倡导的复井田、君权神授、家长制等观念恐怕就是消极落后的文化要素了。即便是为现代新儒家所极力推崇的儒家王道文化,也由于它将伦理道德普遍化、绝对化、一元化而带来泛伦理主义的弊端,以及过于理想化——秦汉时期正是因为儒学将政治过度伦理化更被视为"迂远而阔于事情",从而使得儒家伦理难以列入先进文化行列。作为儒家核心的“仁爱”尽管符合人之常情和血缘宗法社会现实，但它所凸现的等差有序就其精神境界而言，应该说低于墨家的“兼相爱”和基督教的博爱。

二、历时性

儒家文化作为一种过去的传统自然不能将其“博物馆”化，把它当成“死物”看待，但它毕竟是中国传统社会的创造物，历史的限定性决定了它势必存在许多过时的、落后的成分，甚至也不能完全排除它裹挟着某些腐朽成分。同时，不同历史时代，由于人性结构、需求结构、实践结构、社会关系结构等的同质性，使得儒家文化具有超历史、超民族的普适性，特别是儒家伦理如同冯友兰所言既具有“殊相”又具有“共相”，使得儒家文化不仅可以适应于现代生活方式，而成为健康有益文化，还可以转换成后现代文化，而打上先进文化的成色。在蒋庆看来，中国古代虽然出现过主流文化的歧出与偏离，虽然在魏晋、唐等朝代出现过先进文化评定标准的模糊与混乱，但儒家的道德文化标准仍得到绝大多数主流知识分子的认同，只是到了近代西方文化进入后，即从晚清到现在，中国文化出现了彻底的歧出，带来了中国士大夫文化评判标准的模糊、混乱乃至完全颠倒，完全抛弃了建立在古圣人之道上的先进文化评判标准——儒家文化的评判标准，彻底接受了西方近代以来极端世俗化、庸俗化、霸权化的文化评判标准——即功利主义与社会达尔文主义的文化评判标准。我们认为，固守儒家的道德标准而排斥近代西方功利标准显然是只强调儒家文化的普遍性而忽视了它的特殊性，只肯定了儒家文化的历史延续性而忽视了它的可变性。先进文化诚然不是纯粹时间概念，过去的传统文化（包括儒家文化）有的具有普遍适用性，并不随着时间的流逝而成为落后的文化，它们仍是当代人可以汲取的重要资源，这正是我们始终坚持批判地继承中国传统历史文化以共建中华民族精神家园的重要原因,也是它们在今后仍可称为先进文化的重要前提。然而,真正的先进文化必须是能够反映中国和世界未来发展,能够代表文化前进方向,具有前瞻性、导向性和理想性的文化。如果仅仅出于卫道的考虑而顽固保守、因循守旧、不思进取和夜郎自大,那么所谓的先进文化同世界文化相比实际上会是落后的乃至腐朽的东西。要知道,传统的包括儒家道德文化在内的固有文化之所以被承认是健康有益以至于先进的,也是因为它适应了当前乃至未来社会发展的需要。拿蒋庆所倚重的儒家尚德尚仁的"君子文化"来说,包括贺麟先生等新儒家在内的绝大多数人都认为由儒家所张扬的"三纲"已成为应被舍弃的封建杂质,惟有"五常"还可作为道德规范加以创造性转化而纳入社会主义道德体系之中。礼仁孝无疑是儒家文化的核心,它们都有为当代先进文化建设所能接受和容纳的一般规定性,同时又有需要加以褪去的特殊历史内容。显然,用来调节人行为角色的儒家之礼(礼节、仪式、礼貌、制度、规矩、典章等),即使是当代文明社会在致力于发展的社会主义先进文化时也是可以吸纳的。但是,儒家之礼又有许多必须抛弃的劣质成分——对上下尊卑、等级长幼的严厉规定,对虚饰而形式化的繁文缛节的强调,对家长制、君主制、祖先崇拜和偶像崇拜(圣王)的维护等。毋庸置疑,儒家所着力倡导和辩护的仁爱精神是为现代道德重建所需要发掘和弘扬的优秀文化质素,然而,"仁"由于时代的限囿从一开始就具有先天的落后缺陷,基于小农宗法社会的纠缠而使之具有维护氏族宗族统治体制、血缘亲属关系和等级制的滞后作用,而这正是为现代市场经济和平权政治所不容的。儒家之"孝"作为"仁之本",固然有着尊敬关怀长辈、促进代际和谐的健康有益一面,但它也蕴含着诸如讲求继嗣、服长丧、家长制等陈旧杂质,正因如此,当前有许多人倡导"新孝文化"。断言只有中国传统的儒家王道文化或君子文化是先进文化,而当代西方功利文化以及近代以来中国所推行的市场经济、民主法制、工业文明等是“小人文化”,是落后的霸道文化,这一论断显然缺乏历史发展的眼光,缺乏辩证分析的态度,缺乏向前看的卓识。虽然并不是一切现代文明均是先进的,但是从总体上现代文化应当高于建立在小农宗法社会基础之上的儒家文化。

三、民族性

任何文化都是民族的,都具有民族性。而任何民族文化都有先进、有益、落后和腐朽之分。中国的筷子文化同西方刀叉文化无高低之分。可以说,中西方文化各有优劣,各有偏差,各有高下。如果只肯认中国传统儒家文化的先进性而否定西方现代文化的进步性,明显失之偏颇。倘若说儒家文化适应了中国传统小农自然经济和宗法社会而具有先进特质的话,那么,西方现代的科技、法制、民主、市场经济由于推动了西方社会的文明进步而对它们而言同样是先进的。把中国儒家文化完全归结为道德文明,把西方文化完全归结为非道德的尚力尚霸的功利文明,也是片面的,这不过是民族文化中心主义和自大狂的表现而已。实际上,在西方当代文化系统中,同样蕴含着某些高于儒家君子文化的道德文明——至少西方的公共道德、普遍主义道德要比儒家的特殊主义血缘道德进步一些,同样包含着基督教伦理。人同此心,心同此理。人类共同的生存背景、实践结构、社会关系模式等使不同文化之间可以相互借鉴、相互交流、相互学习和相互融通。儒家所提出来的许多伦理观念如己所不欲勿施于人、贵和尚中、隆礼重教、节俭反奢等今日也由于其普遍性而得到众多西方人士的推崇。同样的,西方的民主、科学、法制、功利、人权、平等、自由等观念也由于它们是社会现代化、工业化、市场化、城市化的重要动力而作为先进文化得到近代以来中国一大批有识人士的认同。同极端民族文化保守主义立场不同，几乎所有现代新儒家在肯定儒家文化仍是有益文化的同时也承认它的落后的需要发展的方面，他们主张援西学入儒，以使儒学扬长避短，存优去劣，与时俱进。

第四节　儒家文化层次性的人文启示

社会大系统是由人和社会（中义的）所构成的，人是社会的创造者、享有者，是社会的主体，文化是渗透在社会和个人之中的有机内容，因而文化可以在一定意义上分为个人文化和社会文化。个人文化主要是指个人的思想观念、价值取向、人格操守、理想信仰、道德品性等所组成的综合体；社会文化主要是指主流意识形态、公共文化、文化产业、文学艺术、科学技术、文化遗产等所构成的，它由人所创造，也是为了人的生存、发展和享受服务的。人是文化的动物，也是环境的产物，社会文化环境对个人的发展包括文化发展会产生重大的影响。故此，我们探讨人的发展问题不能不关注外在社会文化的现代化发展。同时，不仅儒家文化可以分为不同层次，就是个人内在文化和整个社会外在文化也可以分为不同层次，也可以分成先进文化、健康有益文化、消极落后文化和腐朽文化，儒家文化不仅体现在当代中国的个人文化和社会文化之中，也对其产生了巨大的影响。要探讨人的发展问题，就不能不关注外在社会文化的现代化发展。我们既可以根据儒家文化层次性的表现、内容和标准来制订当代中国文化差异性和层序性发展战略，还可以从儒家文化层次性中获取两大人文启示，这就是，按照层次化原则，正视以儒家文化为主体的中国传统文化同当代中国人现实社会生活的冲突，确立对待以儒家文化为主体的中国传统文化的科学态度。

一、正视以儒家文化为主体的中国传统文化同中国人现实社会生活的冲突

(一)个人文化的冲突与现代化

人是文化动物,文化成为真正人的有机构件。鉴于人是一个小宇宙,它是一个由身心组成的极其复杂的系统,因此人自身的文化样式多种多样。这里,仅限于从人生、人情和人格三方面扼要阐述个人内在文化的冲突和现代化走向。

人情取向的规范系统同情感中立的现代社会交往准则的冲突及其转化。前面我们已对儒家文化对中国人情文化的影响作了较详细的阐述,这里只想简要指出,在儒家文化的主导下,传统中国文化是一种伦理型文化,而这种伦理本位的文化正是一种由感情关系的亲疏远近决定行为取向的人情化、特殊化的道德符号系统。现代社会所需要的交往行为模式则是从特殊的互动客体中超脱出来,按照普遍的道德准则一视同仁地同他人进行社会交往。要构筑一种能够适应现代生活的新型人文主义伦理文化,就不能不促使由特殊的感情取向占主导的传统自我化、特殊化道德文化向情感中立、普遍化的新道德文化转化。

“依自不依他”的自我对待人生态度与注重社会监督和社会教育的现代生活样法相冲突及其转化。在中国传统文化系统中,一方面,个人总是通过他人、通过社会关系(儒家所推崇的“仁”即是反映二人关系)来定义和设计,缺乏独立性、自主性、个人性,被压缩成隶属于各种社会关系结构的符号;另一方面,与此形成“悖论”的则是人们在生活态度和道德修养上奉行内在超越型价值观。具体说就是把价值之源置于个体内在之心上,断言人生来就具有“良知”、“良能”等善性,突显人的道德自律,认为自我道德修养的功夫和途径是“反身而诚”、“尽心知性”、“自反”、“自省”、“反求诸己”。自我修养

的目的不光要“独善其身”，还要达到齐家、治国、平天下的目的，以求取个人在社会人际秩序中的和谐。大家知道，现代人对人性的假定不是“善”，而更多的是倾向于“恶”，由此出发，当今社会更突出人的品质修养的社会化，除了要倡导“慎独”、“一日三省”外，还要在制度结构安排上，强调权力制约、社会舆论监督和社会教化。可见，中国的自我超越型文化与注重外在社会教育和规范功能的现代生活是不完全合拍的。尽管中国人内在超越型的自我修养观念显示了人性的高贵、人格的独立及自我控制的尊严，因而它在某一方面能够顺应现代生活，但是，由于它过于凸现人性善的一面，而且往往把仁义礼智信等外在规范混同于内在的价值之源，因此它必须吸收行为科学和规范伦理学等成果，用外在的规范去补救人性内在价值源泉的不足，使内在的个人修养与外在的社会规范制导达到平衡，做到自律与他律并举，以保证自我的心理健康和社会安定。

谦谦君子型理想人格与现代强者型人格的冲突及转化。综合前面有关儒家人格方面的思想，可以归纳出中国文化中关于理想人格设计的四大特点。一是以儒家为主的各家各派都有自己对人格的构想，这些人格范型分别是：圣贤、大人、大丈夫、君子、成人、真人、仙人、君师、外王，等等。二是人格的片面道德化。本来，“圣”的原始意义是“闻声知情”。在《诗经》、《尚书》、《国语》等文化典籍中，“圣”字大多指聪明能干，尚无崇高之道德意蕴。可是，自孔子赋予“圣”以崇高无比之伦理意义后，它愈来愈成为一个特定的伦理辞。“贤”的本义是指多财，可是后人却根据道德教化的需要，而在“明德知德有德”意义上使用它。即使在“智仁勇”这一传统中国道德谱系里，“智”也不是纯理智范畴，而被孟子限定为“智之实，知斯二者弗去是也”，亦即是判断善恶的道德是非之心。所以，在智慧、意志和情感人格三因素上，以儒学为主流的传统中国文化更强调道德(对应于道德化的感情)的力量。三是向协调性道德人格倾斜。传统中国道德所推崇的人格范例,虽不乏自强不息、大义凛然等品性,但更多的是具有仁慈、礼让、克制、忍耐、老实、宽厚、忠孝、公正、诚实、顺从等用于处理人际关系的风范。不论是在上层文化还是在下层文化里,都较为排斥冒险、创新、出人头地、竞争、不知足、自主自立、自我实现等进取性精神。四是设计的人格过于理想化。理想人格诚然不同于实有人格,它是对后者的超越。但是理想人格又不能完全脱离实际人格,否则就变成可望不可即的东西。孟荀等儒家思想家虽然也强调人人都可以成为圣人("涂之人可以为禹"),但是,由于中国古代儒道把过多的优良特质(如尚贤、刚毅、特立、独行、尊礼、节俭、制作礼乐、发明器物、树立五教……)赋予尧、舜、禹、汤、文、武、周公等"内圣外王",从而使得以儒家文化为核心的中国传统文化所推重的人格理想难以落实到大众的日常行为中。

当代中国人的人格正处于由传统到现代的嬗变过程中,为了适应现代化潮流,我们应该自觉地促进中国人的人格现代化。当代中国人格建构的总体方向应是知、情、意全面发展,真善美三位一体,协调与进取品格并行不悖,努力追求自我实现,造就社会主义"四有"新人。

(二)社会文化的冲突与现代化

社会的内容也是相当丰富的,它蕴含着社会关系、社会结构、社会活动、社会组织、社会群体、社会物质、社会领域(政治、经济等)众多层面,本小节将从以下三方面去阐述社会领域中文化的现代化问题。

单纯垂直型社会文化结构与纵横交错的网络型社会文化结构的矛盾及其转化。传统中国社会结构立基于封建的小农自然经济和宗法制之上，由此决定了它是一个人分九等、尊卑有序、贵贱有别的金字塔式系统。生活在这样的分层式社会中的中国人，其官本位意识、等级观念、人身依附心理十分浓厚。只有彻底打破这种以牺牲个人自主性和正当权利为代价的纵向隶属型社会结构，才能向既有纵向分层又有横向流动和沟通的网络式社会结构转换，才能树立起人的商品观念、平等意识、权利意识和民主意识等。

家族主义与社会本位主义的矛盾及其转换。传统中国是一个典型的农耕民族，农耕民族的典型社会载体就是自给自足、守望相助的村落共同体，由此孕育出来的社会文化就是家族主义。作为中国主流文化的儒学所创立的道德哲学正是家族伦理。这种伦理观推崇"三纲五常"，推崇孝亲为大，推崇亲亲相隐，推崇家族至上。中国的家族主义培养了国人爱好和平、注重人际和谐、讲究勤俭节约、以家族为本等性格。但是在我国，家族主义始终未能超出"孝"或"小家"的樊篱，从而使家族主义在中国现代化中扮演的角色变得扑朔迷离，虽不能说它对于我国的现代化毫无助益，但其消极性却不可忽视。家族主义不仅抹杀个性的成长，抑制个人能量的充分释放，养成人的过分依赖心理，而且，它会带来裙带风、关系网、人情游戏、专制、家长制、内耗、权钱交易等弊端。因此必须对它作根本性的结构调整，以强化它在团体整合方面的功能，弱化它对个人的忽视；应尽可能打破家族界线，使之容纳更广泛更普遍的社会关系和不同的人群。

封闭型文化与开放型文化的矛盾及转换。笼统断言中国传统文化属封闭型，未免有点武断。因为就民族文化传统交流而言，我国也曾吸收过佛教等外域文化；就本土文化中各种宗派，不同时代、不同源流的文化之间而言，也存在着相互渗透、相互贯通的态势，例如儒释道三大主流文化之间就曾出现相互兼容的局面。但是，由于自给自足的小农经济的影响，由于传统中国长时期处于“君临一切”的优势文化地位，加之高山、沙漠和海洋等自然环境的阻隔，使得中国社会总体上为封闭社会而非开放社会，使得中国文化总体上呈现闭锁性特点。在文化思想上，中国人注重协调性道德忽视进取性道德，提倡内敛式的“反求诸己”的处世态度，重视人伦秩序和宗法血缘纽带，突现“华夷之辨”的空间观念。这些都是中国传统文化封闭性的典型表征。可是在当今世界，全球化、一体化的趋势逐步加强，“历史正向世界历史转变”，封闭型的、板块式的区域性文化格局正在被打破，任何一个国家、一个民族的文化要想跟上世界潮流，要想不被淘汰，就必须超越自身，全力拥抱异域文化（当然要有选择）。毫无疑问，要使中国文化获得新生，不仅要在物质文化方面实行对外开放，在精神文化方面也要实行对外开放。

以上我们从两大方面阐述了中国文化与现代化的冲突及其转换。其实，要实现中国文化的现代化，以促使个人文化的现代化发展，培养具有现代性的个人，为个人发展创造良好的社会文化空间，至少还应做到：①从注重直觉体验的综合思维方式向理性和分析为主的思维方式的转换；②从侧重道德主体性抑制个人主体性、突现规范性和义务感忽视个人权利的社会关系结构向尊重人多方面的主体性、权利义务并重的社会关系结构转换；③从“以理抑情”、“以理化情”、“人情至上”、“情理合一”（血缘亲情与实践理性合一）的情感方式向法情并重、普遍情感与不同理性一致的现代情感方式的转换；④从只求和谐一致的人际关系向竞争与合作并行的人伦关系的转换；⑤从不够完善的民主政治文化向发达的民主政治文化转换；⑥从以自然产品经济为主要特征的经济文化向商品市场经济文化转换，等等，不一而足。

一言以蔽之，现代化是中国个人文化和社会文化发展的必然走向,而中国文化的现代化运动首先要像下一章所论述的那样,历史地承续和发掘中华民族固有的自强不息精神、爱国主义精神、宽容和谐精神、尚仁重德精神等特质,但是它又绝不是近代化乃至古代化,不是所谓的“儒学复兴”,不是像少数新儒家人物所热切期望的那样以中国传统“国粹”为本位的历史回归。其次,它要大胆吸收西方文化的个性精神、科学精神、民主精神、法制精神等优质成分,但绝不能完全等同于“西化”。再次,中国文化的现代化不能用适用于“超现代化”(或称“后现代化”)国家的精神文化来超前引导,对于发达国家产生的“现代化病”,我们固然要引以为戒,加以防治,但决不能因此扰乱我们自身追求现代化的正常心态。

二、确立对待以儒家文化为主体的中国传统文化的科学态度

一百多年来,中国众多仁人志士为了国富民强,为了改造中国国民性、培养一代新民,为了寻求摆脱中国文化危机的社会发展道路,基于不同的思想背景、参照框架、价值观念及方法论原则,提出了中体西用论、全盘西化论、本位文化论、彻底重建说、西体中用论、超稳定结构论、启蒙说、返本开新论、综合创新论等理论和方案。我们认为,对待以儒家文化为主的中国传统文化的正确态度应是“综合创造”,具体说就是立足现在,放眼未来,坚持致力于中外文化的批判、继承和借鉴,综合多种文化,创造出更多更好的文化。

(一)坚持两点论与重点论的统一

海内外关于中西文化的观点存在着文化保守主义与文化虚无主义两个极端。文化虚无派片面夸大中国文化的病症。五四激进的反传统运动者彻底否定中国传统文化,大力鼓吹打倒“孔家店”,导致传统的崩解和权威的失落。新文化的旗手鲁迅以其犀利的笔触暴露了以阿 Q 精神为典型的国民劣根性,主张全力拥抱西方文化。钱玄同更为偏激,他甚至断言汉字已不能适应20 世纪而必先废除之。① 一位所谓的“民主精英”更是极尽污蔑中国传统文化之能事，胡说什么中国人种不行，中国文化是“阳痿的文化”，是一身“毫无用处”的俗不可耐的“古装”，中国文化一直是以理性束缚感性生命，以道德规范框架个性意识的自由发展。反之，西方文化越发展，生命的创造意识越强。港台等地也出现了一批激进的反传统文化人士。曾名噪一时的台湾自由主义者柏杨认为中国文化已成为“酱缸”，它的主要特征是脏、乱、差，死不认错，自我膨胀，窝里斗，等等，为此，他宣布“绝对崇洋”。② 在关于中国民族精神和文化基本特性的讨论中，有人认为中国文化具有人文精神，有人则针锋相对，认为它是反人文主义的；有的断言中国文化具有封闭性，有人则认为它具有开放性；有人认为中国文化中的民本思想即是民主观念，有人则说儒家等级思想导致中国过去毫无民主可言。总之是各执一词。其实，中国文化作为悠久而又博大精深的符号系统，绝不可能具有片面特征，同任何事物一样，它也是具有好坏、善恶、文野、正反等多种“悖论”，也是包含着多种矛盾着的自我相关的方面、倾向和性质，因此对之应持辩证分析的态度，而不能加以绝对肯定或否定。同理，西方文化也是一分为二的，甚至是一分为多的。例如西方既有人文主义也有神文主义，既有伦理主义也有非伦理主义，既有社会本位主义也有个人本位主义，既有功利主义也有如康德倡导的道德理想主义，既有非理性主义也有理性主义，等等。

不过，在对中外文化进行两点论解析的同时，也应坚持文化重点论（或文化本质主义），否则就无以揭示不同文化类型的本质和主流。因为，你可以从典章书籍中摘取一段说明中国主精神文明，我也可以从中撷取一句来论证中国文化也重物质文明。至今仍有人

---

①《新青年》第4卷，第4号。

② 柏杨《丑陋的中国人》，花城出版社1986年版。

之所以认定中国文化的主导价值观不是“重义轻利”，原因之一就是他们太强调墨子的“交相利”、法家的严刑峻法以及陈亮叶适等人的功利主义这些支流末节，而忽视了儒家“重义轻利”作为占有优势的价值取向的文化学意蕴。只有舍弃非本质的偶然性因素和杂质，才能真正把握到古今中外文化的精神实质以及文化变迁的本质规律。

（二）区分文化的不同层面

如前所言，以儒家文化为代表的中国传统文化可以分出不同层次和类型，如器物层、行为层、规范层（含制度层）和心理层（含精神层），大传统（文化）与小传统（文化），雅文化与俗文化，上位文化与下位文化，等等。我们在阅读、析取传统文化“文本”时，必须厘清不同层次、不同界域的文化问题，不然就可能造成思想错位，引致无谓的争论，产生不必要的思想混乱。

在20世纪的文化大讨论中，许多人只是局限于从儒家经典中寻章摘句去概括中国文化的基本特质，而很少顾及中国人的日常生活文化，有人讽之为“书斋文化学”。韦政通也注意到“《新青年》的反儒家言论，重点放在破坏孔教，破坏礼法，破坏旧伦理（忠、孝、节），破坏国粹，破坏贞节（见陈独秀《新青年罪案之答辨书》），大部分属于行动层次，偶然涉及物质层次（主张把经典丢入茅厕和打倒汉文），对儒家的理论层次，如仁、义、心、性等问题尚少提到。这种偏向，颇值注意，因‘五四’以降的新儒家，维护儒家的立足点主要是站在理论层次上，这使得六十多年来反儒与拥儒者是站在不同层次上在争辩”①。许多人之固执于复古与西化并相互攻讦，一个重要思想根源或曰方法论失误的确就在于他们所立足的层次（或参考系）不一致。新文化保守主义开山祖之一的梁漱溟认为中国文化具有“向

① 韦政通《现代儒家的挫折与复兴》，载封祖盛编《当代新儒家》，生活·读书·新知三联书店1989年版，第85页。

上之心强”和“相与之情厚”精神，与西方人不同，中国古人历来崇尚和谐。显而易见，梁漱溟更多地侧重强调中国文化中关于理想人格的设计。而西化派代表胡适则攻击中华民族“成了一分像人九分像鬼的不长进民族”、“又愚又懒的民族”，因此他主张一种“健全的个人主义真精神”。显然，胡适所批判的对象是中国人的实有人格（民族性）。

不能否认，观念精神态文化与日常生活文化、事实文化与价值文化、应然与实然彼此可以相互影响、相互渗透，因而不能将它们决然分离，但是它们毕竟分属于两个不同层次，不能混为一团。决不能因为中国儒家文化注重人伦日用的实践理性，而将“少数圣贤的经典中所记载的理想”和“一般人日常生活中所表现的实际倾向”①两大价值系统完全等同起来。

在构建当代中国个体文化和社会文化时，同样要注意区分正当与应当、现有与应有、理论与实际、雅与俗、精英文化与大众文化等不同层次，既不能把理想形态的文化当成实有文化而盲目称颂，也不能一味认同现有文化而抹杀应有文化对人生的规范和提升价值。“在道德建设上，一定要从实际出发，鼓励先进，照顾多数，把先进性的要求同广泛性要求结合起来。”②

（三）正确对待文化有机论

不论是大陆还是港台的激进反传统主义者，他们都犯了盲目崇拜文化有机论（或整体论）的方法论错误。在他们看来，东西文化都是不可分离和选择的有机整体，对它们那么一概抛弃，要么一股脑儿接受，没有任何挑选的余地。激进反传统主义者的文化主张向我们提出了两大从19世纪末直到今日仍困扰我们的难题：一为文化是

① 余英时《从价值系统看中国文化的现代意义》，时报文化出版公司1986年版。

②《中共中央关于社会主义精神文明建设指导方针的决议》。

不是不可"挑拣"的有机体？二为对已经过去的文化遗产，是不是只能采取极端的态度、运用极端手段打破它？

任何社会诚然是一个有机体，任何文化诚然都是相互联系的，一种文化质素（因素、成分）只有在与他种文化要素的相互连结中，只有在文化系统中，才能获得特有的规定性，才能发挥应有的功能。譬如儒家文化中的"仁"与"礼"就是彼此关联、互相规定的。由文化联系的普遍性可以推知，我国在引进西方市场经济体制的同时，也必须适当吸收西方文化系统中的平等、民主、自由、人权、功利观念（加以改造）与之相配合。然而，中外文化又都不是铁板一块，它们实际上是由无数同质的、异质的文化子系统、文化因子组成的巨系统；它们既可交流、沟通、渗透、融合、合并、组合，也可分离、分化、流失、转移、衰亡。尤其是器物文化，更是可以分离、组装、选择。可见，对文化完全可以进行"去伪存真"、去粗取精、"扬长避短"的分析选择，丝毫没有必要和可能绝对接纳或摒弃。例如，对西方的政治文化，我们尽可以吸纳它的某些民主形式或行政管理体制，但却不必机械照搬它的议会制、三权分立和多党制。

当然，从文化的层次性来说，中国文化往往是暇喻互见、善恶并存、正反互补及精糟间杂，呈现辩证的自我对待自我关涉的"二律背反"。职是之故，我们在利用和分享某种文化及其价值时，常常要为它付出一定的代价，承受它所造成的"恶果"或"苦果"。过去由于没有理智地认识到文化发展的"二律背反"规律，我们只注意商品文化和市场文化的消极社会效应和资本主义特征，忽视了它们"利大弊小"这一特质，忽视了它们作为我国发展生产力不可或缺的有效手段的历史必然性，从而加以排斥。现在我们终于发现引进市场文化虽然可能会带来"小恶"，但它却造成"大善"，因而被确立为中国经济文化发展的主导模式。

是不是因为中国文化具有先进文化、健康有益文化、落后文化和腐朽文化之分，就不分良莠地全盘否定中国传统文化、不加选择地接纳西方文化呢？

对于西方的某些现代“社会病”——吸毒、卖淫、黄色文化、道德沦丧等，即使是西方社会本身也是尽力加以抑制，更何况社会主义的文化中国！文化的副产品虽然是必然的（从一定意义上），但并不都是必要的、合理的。况且我们应该也可以把它们作用的范围和程度力图控制到最低限度。尽管文化悖论决定了我们任何关于理想的文化体系和政策在其最终实现时，并不是尽如人意，必定会产生某些反文化以及消极乃至腐朽的劣质文化，但这并不妨碍我们在个人文化和社会文化重建时进行优选，对中外文化进行冷静客观的分析。不可想象，一个国家的文化发展战略会采纳“一刀切”的简单化的文化取舍方案。

在根据儒家文化的层次性实现中国文化的现代化中，对包括儒家文化在内的中国传统文化的“矫枉”并不一定要“过正”。首先，凡是主张中国文化发展必须走极端、必须“矫枉过正”的激进反传统主义者，必定陷入文化虚无主义的泥潭。绝大多数文化激进分子总是过分渲染中国文化的“黑暗面”，总是激烈诅咒中国人的“劣根性”，总是“以偏概全”地暴露中国传统文化的“流弊”。这种极力贬低乃至全盘否定中华民族传统文化的民族失败主义势必导致民族文化精神、自尊心和自信心的丧失。而一个缺乏民族凝聚力和自豪感的国家就很难推动自身文化的更新及其现代化。其次，竭力揭露传统文化的缺失并主张“整体化”的摒弃，虽然可能收效于一时——引起“疗救的注意”（鲁迅语），唤醒世人的文化“忧患意识”，刺激众人的文化振兴冲动，但是，由于实践操作上缺乏可行性，难以化为普通大众的共识，而未能为绝大多数中国人（文化主体）所认可的文化主张只会成为“清议”或“空谈”。再次，与其侈谈什么用“海洋文明”取代“黄河文明”，不如站在世界文化总体角度，扬弃中国文化的封建性糟粕，吸取、融汇中西文化各种有益构件，做到“中西合璧”，内外互补，创设一种既异于中国传统文化又异于异域文化的中华民族新型文化模式。

(四)科学区分并处理传统文化和文化传统

许多人(尤其是反传统主义者)由于没有严格区分“传统文化”与“文化传统”这两个相近概念的界限，以致屡屡在如何对待中国文化问题上陷入“误区”。实际上，传统文化与文化传统既有一致的一面也有细微的差别。传统文化一般是指已经凝固化、定型化、静态化的“死”的遗物——如传统的典章制度、典籍、文物等，它们只有在为活着的现代人所解释、体认、感知、改造时，才能发挥文化功能。它们既蕴含着先进健康文化，又包含着消极落后乃至腐朽的文化。而文化传统则是在历史长河中逐渐积累、沉淀而流传至今，并内化为当代人的文化心理结构和行为模式的动态性“活”文化。一般说来，文化传统主要是指先进有益的文化遗产。文化传统实质上是现实文化①的有机组成部分，说它是文化传统只是由于它曾是过去的。文化传统不论自觉到没有，也不论承认与否，总是在那里客观地起着作用，它“永远是活生生的，它不断被形成，也不断被超越。……是人们无法切断而不停从过去向现在以至未来涌动的流，任何人都只能生活在这个流之中，而不能跳到流之外”②。

从辩证的立场看，传统文化和文化传统都是既连续又间断的。传统文化的断裂、湮没可以说不绝于史，世界上许多灿烂文明都一个个没落了。不过，从总体说，任何一个民族和国家又不可能完全

① 现实文化由遗传文化、借鉴文化和创新文化三部分组成。

②《哲学研究》1993年第7期，第75页。

丧失了传统文化。文化传统的流动性、连续性前已述及，其间断性从文化系统的内部透视，也可发现它是存在的。例，由于中国社会的急剧变迁，以及如同五四、“文化大革命”那样的激进反传统运动，导致我国儒家文化传统从中国文化大河中遗失，从而使中国文化传统出现了局部的断裂带，特别是如重德尚仁精神、集团主义精神、礼貌观念在当代中国日渐减少，惟一在世界上令人称道的是中国人的勤劳和孝道（也受到了强烈冲击）。

既然传统文化作为一种对象化的客体只有借助于文化主体的作用才能产生现实影响，那么当我们追求中国传统文化的“经世致用”时，对其（尤其是消极落后文化和腐朽文化）的解释、宣传乃至倡导理应十分慎重，弄不好很可能阻滞中国文化的现代化。拿儒家文化来说，它们有的已转化为大多数中国人的文化心理结构和行为模式，有的则仍停留在经典文化层面而未变为实然态文化，虽然它们部分构成了中国的现实文化从而成为一种文化传统，但是并不占有主导地位。由于儒家文化主要是“匮乏经济”的产物，它的许多内容已不能适应于现代民主政治和市场经济，因而它只能作为未来中国文化大系统中的从属成分，而不能作为中国现代文化的主干和核心。不过，我们虽然在一定意义上赞成“反传统是突破传统继承传统的形式”，但不敢苟同那种试图通过“全力动摇、震荡、瓦解、消除”中国所谓旧的文化传统系统的方法来彻底重建中国文化。① 这不仅是因为根本不可能割断历史，完全消解过去的文化传统，而且也因为文化传统和现代新型中国文化不可能凭空产生，不可能完全舍弃本土文化而“另起炉灶”。我们认为，文化批判的重心应由传统文化转向现实文化，不能老停留在“影射史学”的圈子里。只有通过批判

① 甘阳《传统、时间性与未来》，《读书》1987 年第 2 期。

性地分析和研究现实文化的利弊得失，正确分析评估当代中国文化的层次性，才能根据我们确定的未来中国文化模型进行渐进式的文化改造与更新。

（五）坚持中外文化的整合

不能将中外文化的综合仅限定为中国已往传统文化与输入的“西学”的有机合一，它还包括中国传统文化与既有本国文化的嫁接（“古为今用”），以及域外文化与我国既存本土文化的移植两方面。

由于确定文化先进和合理的标准的困难，由于文化认识能力的低下，我们接受过来的传统文化和西方文化很可能并非精华，甚至可能是垃圾。即使吸纳的是优秀成分，或者不符合中国的土壤、气候，或者使用不当，也有可能使之变形、变质。外国的好东西，一到咱们中国来，常常变了味。输入的文化精华就是不单纯产生负效应，它所造成的正面价值与输入地同种文化所产生的积极作用相比，也会出现三种可能性：一是价值较小，二是近似等价，三是价值较大。

文化移植或综合的复杂性与艰难性是一回事，力图博采众家文化之长又是另一回事。基于此，我们仍然强调要进行文化的整合。要知道，人是一个未定的存在，也是世界上惟一具有超越性的文化动物；人不仅生活在现实的文化世界，它同时总是试图冲破现有的文化网罗而创造一种理想化的可能性文化世界。也许在实际的中国文化建构过程中，我们继承和借鉴来的文化原料并不是最优的，并非先进有益的，也许文化整合的结果并不是所期许的，甚至与当初的愿望背道而驰，但是，我们决不能因此而轻视中国文化兼容并包的气魄，轻视中国人这一文化主体的巨大文化综合能力。更何况中国文化的现代化也要求确立“取长补短、有机互补”这样的文化思想以作为推动创建中国文化的精神动力。

中外文化综合的复杂性与理想性，提示我们要防止中国文化建设上的“浅尝辄止”老毛病。以往，我们在输入西方某种文化特质时，还没来得及彻底消化吸收，就大谈特谈它的副作用和可能滋生的疾病。曾几何时，当新文化启蒙运动疾呼“科学救国”时，梁启超却大喊“科学破产了”。当我国刚一发展有计划的商品经济时，少数人却以它会带来“道德滑坡”而抵制它。当市场经济刚发育时，有人却以它造成政治腐败而加以否定。殊不知，许多道德颓丧现象和政治腐败病症恰恰是商品市场文化还不发达的产物。事实告诉我们，要真心诚意地吸取外来优秀文化成果，就不能满足一点“皮相”，不能投机取巧，不能因小失大，不能因噎废食，不能三心二意。

(六)致力于文化创造

不管是因袭与更新中国文化传统抑或是借鉴异域文化，决不能停留于模仿、搬用，而必须进行再创造。

对以儒家文化为主体的中国文化的创造至少有三个取向。

1. 中国传统文化的转化性创造。这种转化的必然性寓于中国自然—社会—人文环境的历史性变化之中。就器物文化来说，由于风化、雨淋及人为破坏，如果不对它们(如反映儒家文化的碑林、古建筑、石雕石刻、文物等)进行必要的修复、整理和保护，就会出现衰减。就儒家典籍文化来说，倘若没有人给予传习、训诂、今译、诠释、整修、考古、保存，就可能失传、破损。就儒家制度文化和观念文化来说，由于其生存的社会基础——传统的小农经济宗法关系为主的相对封闭社会已经动摇，并向以市场经济为导向的开放型社会转轨，因而它们有的已经过时，有的虽然还能为今日所用，却必须作适应性调整。

中国传统文化的创造性转化大致有三方面：内容的转化、形式的转化以及内容和形式同时转化。传统文化的转化途径，或者是吸取我国民族文化的内容和形式并加以创新,如“文明家庭”评比活动是对传统儒家“孝道”进行社会化的新形式;或者是借用外来文化重新建筑中国传统文化,在这方面,现代新儒家作出了切实而富创见性的努力。作为现代新儒家的开山祖的梁漱溟吸收了柏格森生命哲学、进化论等西方哲学观点,创立了新王学,构建了以意欲为动因的文化发展论。冯友兰以宋明理学为原料,把西学中的新实在论、生命哲学、逻辑分析等导人其中,建构了一种包括理、气、道、体、心、性、大全等范畴的“新理学”。熊十力则援柏格森的直觉主义、罗素等人的过程哲学入儒家义理,创立了被称为中国现代哲学中惟一系统化的唯心论体系——“新唯识论”。现代新儒家的文化保守主义倾向虽然不可取,但他们在试图以儒家学说为基础吸纳会通西学并创建独特的理论体系方面的做法是令人称道的。必须指出,促进传统文化的创造性转化必须选择好立脚点,不应像“本位文化派”那样主张以儒学为本位,而应以未来中国文化体系(文化生命)为本位来对传统文化进行改造。中国传统文化的创造还必须考虑到可行性,决不能穿凿附会,生拉硬扯。

2. 中国文化创造的第二个取向是实现现实文化的更新与改造。从绝对意义上讲,中国现实文化的改革和再造离不开引进外来文化,离不开对以儒家文化为核心的中国文化的批判继承。但从相对意义上说,现实中国文化又具有某种“不假外求”的自我改造、自我更新能力。全盘西化论者失误的一个重要原因就是他们认为中华文化已陷入“超稳定结构”所控制的周期性循环中,丧失了自我更新、自我变革、自我创造和自我转化的再生能力,只有借助于西方异质文化(蔚蓝色文明)为参照和动力才能打破“这个惰性极强的庞然大物”。这种文化外因论者显然失之偏颇。毋庸赘言,中国人民立足于现实文化基础上并对之进行自我改造是完全可能的,通过扬长避短，去劣择优，现实文化完全可以实现向未来形态的创造性转化。

3. 中国文化创造的第三个取向是异域文化的创造性运用。对于西方好的东西不能不加消化，拿来就用，必须首先掌握其精神实质，看它是否真的符合我国国情，如果适用，就加以调整、修正，并赋予它以新的内容、新的形式。过去我们曾机械套用外国模式，结果延缓了我国社会和文化的现代化进程，而今我们已经比较注意把外来文化同中国实际有机地结合起来，创造性地建设中国特色的社会主义新文化。

可以相信，通过文化的综合和创造，一个有助于中国人个性充分发展、有助于每个人全面展现自身的中国文化新体系不久将建立起来。

第五章　儒家文化的主位性与民族精神建构

如果说儒家文化的层次性说明的是儒家文化自身在要素、关系、性质、社会表征等方面所呈现出来的结构性特征的话，那么，儒家文化的主位性是用以描述儒家文化在整个社会系统尤其是中国文化体系中的位置、功能、作用和影响。它表明，儒家文化在中国传统文化中占据主要地位，发挥着主导作用。以儒学为内核的儒家文化在整个中国文化体系中到底给人的发展可能和已经产生多大影响、影响的范围和程度有多大，这种影响是正面的多，还是负面的话，诸如此类问题的解答在很大程度上取决于给儒家文化到底怎样定位。作为一种具有核心地位的意识形态文化，儒家文化对中国人和中国社会产生了极其广泛而深远的影响，这种影响最突出地体现在它对中华民族精神的形塑和锻造上，体现在它对中华民族文化心理深层结构的浸润上。千百年来，儒学"对广大知识分子并由之而对整个社会的思想情感行为"①活动一直起着规范作用并由意识而进入无意识，成为人的某种思想定势和情感取向。

① 李明辉主编《儒家思想的现代诠释》，台湾"中央研究院"文哲研究所筹备处。

第一节　儒家文化的主位性

自先秦诸子百家生成以来，儒家就同道家、墨家、名家、法家、阴阳家等各家各派进行思想交锋和竞争、互争高下，互相争取为君王所用。汉代“独尊儒术”以后，到东汉中国引入了佛教，在道家基础上又生成了本土化的道教，这两种宗教在魏晋南北朝隋唐时期香火旺盛，成为封建皇帝、士大夫和民众广泛尊奉的对象，以致造成“儒门淡泊”、收拾不住的三足鼎立局面。宋明理学虽然统治中国达八百多年，并出现了儒释道三教会通、三教合一，可佛道仍极大地影响着中国人的精神世界。这些都给我们界定儒家文化在传统中国社会中的地位造成了困难。儒家文化的主位性，实质上即是为现代新儒家（如牟宗三）所彰显的“判教”问题。早在20世纪90年代，陈鼓应先生就曾提出了“道家主干论”，虽然他主要限定在中国古代哲学范围内，但这也引发了学者关于中国文化到底谁是主干、谁是核心的争论。根据多方面考虑，我们认为从总体上说儒家文化虽没有包治天下、一统天下，但它却是中国文化的主导者，而这其中最为重要的体现是它不仅本身蕴含着各种文化精神，而且从主要方面成为中华民族的主流意识形态，成为中华民族基本的集体记忆，成为影响中华民族国民品性、众趋人格、道德信仰、人生哲学等的最重要的文化传统，通过教化和熏陶，以及不言之教，儒家文化发展成为中华民族精神赖以生成、发展和完善的主要文化资源。

一、儒家文化是中国传统文化的主流与正统

自古以来，中国文化就是一个多元文化的体系，它不仅是一个由不同地域文化组成的复杂系统，也是一个由各民族文化交织而成的复杂系统。在多民族文化的碰撞、交流和融合过程中，绝大多数

是由汉民族政权主导,有时(例如元清时期)由少数民族政权领导下赖以展开,但所谓的"夷狄"文化均被汉民族文化所同化,可以说由春秋战国和秦汉时期所奠定的汉文化是中国传统文化的核心。而在中国传统文化结构体系当中,无疑包括物态文化和各种制度文化、行为文化(如习俗),但起主导作用的则是精神文化;而在精神形态文化之中,思想理论文化又是中心。先秦之际所生成的诸子百家,儒道法墨均是"显学",它们共同对中华民族的政治、经济和文化产生了巨大的影响。不过,比较而言,在中国文化发展的不同历史阶段,儒家文化逐渐上升为中国文化的主流,并长期居于正统地位。

张岱年、程宜山指出,近年来有的人开始怀疑五四时期把主要矛头指向儒家思想、儒家文化的习惯;有人认为,从先秦开始,中国文化思想就是多元构成的,而不是儒家思想统治下的单一传统;有人认为,中国传统文化的主干不是儒家,而是道家,中国传统文化从表层结构看,是儒家文化为代表的政治伦理学说,从深层结构看,则是道家的哲学框架;有人甚至认为,中国国民的真实心态不在思想家的言论著作中,而体现在诸如俗谚俚语一类的东西中。在张、程二位先生看来,儒家思想、儒家文化虽然并不等于中国传统文化的全部,但确实最能代表中国传统文化的东西。① 我们基本赞同二位先生的观点。为进一步加以申说,不妨先分析一下从春秋战国到秦汉之际儒家文化是如何同各家各派竞争平起平坐尔后上升为中华传统文化主导地位的过程。

春秋时期,儒学起初仅是诸子百家之一,后来逐渐发展成一门"显学",并最终成为整个中华文化的中心。儒学本身固然受到夏商周三代文化和东夷文化的影响,但它一经产生并发展成较为完善的

① 张岱年、程宜山《中国文化论争》,中国人民大学出版社 2006 年版,第 107 页。

学术形态，又对整个中华文化产生巨大的反作用。

在我国学术界，一般在肯定儒道互渗、儒道互补的前提下，承认儒学是中华文化的主干。陈鼓应先生提出在西汉独尊儒术之前，道家是中华文化的主干，而不是惯常所说的儒家。在我们看来，“道家文化主干说”具有一定的合理性，但若立足于文化发展史进行客观辩证分析，就会发现它却不全对。

首先，春秋儒道同为支流。毋庸置疑，在西汉之前，儒家仅是百家之一。孔子儒学在鲁国应运而生，紧接着墨学产生，儒学与墨学并称“显学”，处于平起平坐的地位，同时，诸子并作，百家争鸣。墨学随着中华文化的不断分化和发展，日渐式微，到了西汉，近乎失传。应当说，秦汉之前真正能与儒学争夺中华文化主干地位的只有道家。不过，如果说此时的中华文化好比长江或黄河的话，那么，儒道不过是最大的两大支流，谁也不是主流。春秋战国之际，道学可谓显学，但并不是什么主干。在孔子和老子时代早期，儒学和老学影响都很有限，但到后期，孔子儒学对现实的政治文化产生的作用则盖过老子学说——尽管传说孔子曾向老子请教过周礼，在当时就具有“显学”地位。况且，当时作为“显学”的墨学，其创始人墨子早年曾受过孔子的儒家教育。先秦之际，儒家与墨家作为“显学”独领风骚，为道、名、法、阴阳诸家所望尘莫及。

其次，战国儒道难分伯仲。战国时期，诸子并起，百家争鸣，老子思想通过“剽剥儒墨”而在战国有较大发展，并分化为稷下道家和庄周道家两大派。此两大道家学派以其所提出的问题的深、广度和思辨的丰富性，而对战国各家乃至秦汉以后中华大一统文化都产生了广泛而又深远的影响。但同时，孔子儒学分为八派，尤其是思孟学派的形成和后期荀子儒学的发展，同样对古代中国各家各派产生了极其重大影响，与道家的影响不相上下。尽管战国时全国文化中心由鲁国转移到齐国(以稷下学宫的设立为标志),但文化中心同道家中心不是一回事,齐作为中心地位的确立只是提升了黄老道家在文化中的地位,但尚不足以使它成为中华文化的主干。从表面上看,稷下黄老学派是稷下学宫中势力最旺盛、队伍最庞大的一派,似乎意味着道家已成为齐鲁文化乃至中华文化的主干。但是,一则因为稷下黄老学派是合法、道于一体,只是偏重于道;二则是因为被公认为稷下黄老学派代表作的《管子》中的《心术》上下及《白心》、《内生》都提到了道、德、义、礼、法,渗透了儒家思想内容;三则是因为作为先秦时期最后一位儒学大师的荀子,在稷下生活了半个多世纪,曾三为"祭酒",最有学术成就,他的学说不光对先秦诸子百家作了批判性总结,还创立了稷下儒学或齐学化了的儒学,因而,从总体上说,儒学与道学在稷下学宫平分秋色。荀子思想如何定性在后世争议颇大,分别有人判定他为法家、道家或杂家,并被秦汉之后的崇儒派视为异端,不符合"道统"。不过,从总体上看他应属于儒家。

再次,秦朝汉初道家略占上风,但不足以称为主干。秦统一中国后,独尊法术,虽然儒道在中华大地上仍在承传着,但同为"江湖兄弟",难以分出高下。秦实施"焚书坑儒"政策恰恰从一个侧面印证了儒学在秦之前的思想界影响甚巨。秦始皇的一统天下后实施的"焚书坑儒"尽管对儒文化不失为一场大灾难,但儒家文化并未被完全清除掉,特别是在齐鲁之地,儒学仍得到了相当程度的尊奉和播化。《史记·儒林列传》说:"陈涉之王也,而鲁诸儒将孔氏之礼器往归陈王",刘邦兵围鲁中,看到"鲁中诸儒尚讲诵习礼乐,弦歌之音不绝"。可见,在齐国和鲁国,儒学并未断绝。如前所述,德治和礼治是社会治理的有效手段之一,任何统治者不可能也没有必要全盘放弃。且不说为秦始皇所倚重的著名法家人物韩非、李斯均受业于儒学宗师荀子,由秦建立的博士官制度也表明秦并不一概排斥儒生,秦始皇留在泰山、琅琊、芝罘等地的石刻遗迹,据《史记·秦始皇本纪》记载,也处处闪现着儒家思想的光芒。汉初黄老道学盛行一时,风靡全国,并得到汉初统治者的趋奉和推行,成为“文景之治”的思想动因。即便如此,处于“在野”地位的儒学仍为“显学”。儒学不仅在汉初开始实现由贵族儒学向平民儒学、由学术化儒学向制度化儒学的转变,而且确立了两汉经学的主题形态。况且,为汉初统治者所倚重的黄老学说已经不同于原初形态的老庄道学,而是融合了各家各派思想,尤其是吸纳了法家学说,它的旨趣是把法家法治原则同道家执本秉要、清静无为的精神相统一,以法家的法治方略的实现达到道家的无为而治。汉初并没有一位纯正的黄老学说的代表人物,诸如陆贾、贾谊、晁错、刘安等思想家几乎都以儒学为思想底蕴。犹如司马谈所言,汉初黄老学说“因阴阳之大顺,采儒墨之善,撮名法之要”。因此,汉初儒道两家相争,黄老道家的确略处上位,但儒学也毫不逊色。汉代实现了由独尊黄老学术到儒术独尊的转折,汉初,黄老学说虽处垄断地位,但尚未形成独断,儒学不失为“显学”。自从“惠帝四年废除《挟书令》后,儒家学说取得了存在和发展的合法地位。儒学便逐步恢复生机,继而迅速发展和广为传播,特别是儒家文化传统极为深厚的齐鲁地区,更成为儒家学说恢复、重建、传播的中心,人才济济,大师辈出:治《易》者为齐人田何,治《尚书》者为济南人伏胜,治《鲁诗》者为鲁人、荀子弟子浮丘伯,治《齐诗》者为齐人辕固生,治《礼》者前有叔孙通、高堂生、徐生等,治《春秋》、传《谷梁传》者瑕丘江公,传《公羊传》者为赵人董仲舒和齐人胡毋生。总之,汉初以齐鲁地区为中心的儒学的繁荣昌盛,不仅为汉武帝时儒家学说走向大一统文化之主体做好了充分的理论准备,而且为成为大一统文化之主体的儒家学说向全国的传播培养了大批人才”①。儒学被提升到汉朝封建大一统文化体系之主体地位,

---

① 郭沫兰主编《齐鲁文化》,华艺出版社1997年版,第26页。

不仅它从此成为统治意识形态，其他各家学派也被纳入大一统文化构架之中，而同儒学相互呼应，相互支持，只不过处于"在野"地位罢了。同时，其他地域文化也被汇入中华大一统文化主流之中。必须指出，儒学在汉武帝之前之所以受到排挤，与其"博而寡要"、"迂远而阔于事情"、"拘而多畏"等不无关系。而齐文化则以其阿世媚俗、智巧应变、开放进取等特点，弥补了儒学的不足，将其改造成能够迎合大一统需要的新儒学进而赢得独尊地位。

最后，汉武之际，儒学由支流走向主流。儒学作为中华文化核心地位的确立，当然不是一蹴而就的，而是逐渐形成的。在齐、鲁刚建国及春秋战国前期，儒学不过为齐鲁地区诸子百家之一，它虽为显学，但尚未成为核心，那时齐、鲁文化作为两个相对立的系统走着自己的发展之路，各学派之间虽存在一定的相互吸收和相互渗透，但主要表现为相互斗争和相互对立。至战国末期，齐、鲁文化逐渐融合，各家各派思想你中有我，我中有你，至两汉经学，干脆连派别也难分了，众家均以儒学为核心统称为经学。自从西汉儒学定于一尊之后，儒学作为官方统治思想的核心地位几乎未被动摇。汉代儒学遭遇过本土文化中法家的挑战，统治者实行的也是"阳儒阴法"，同时受到外来佛家文化的冲击，但这些都未从根本上改变其主导优势；许多封建统治者也热衷于方术、道术和道教，道家文化对中国人的信仰、生活方式、心理也产生过极其广泛深远的影响，在中华大地上，各种偏离于儒家信仰道教的宗教也一度盛行，但是这一切并未撼动儒学的官方意识形态角色，儒学作为占统治地位的"官学"仍处于"君临一切"的地位。

中华文化的逐渐融合与汇流，儒学也发挥了一种桥梁和纽带作用。秦朝独尊法术，法家出自魏秦，这似乎表明儒家文化被排斥在秦文化主流之外。殊不知，法家正是发端于儒学，同儒家文化具有密切的历史渊源关系。法家理论源于儒家。孔子的弟子子夏在魏国创立西河学派,三晋地区因此成为法家代表人物辈出的地区。其中,著名法家李悝是子夏的弟子,李悝主持魏国的变法,所著《法经》由商鞅带到秦国,以为秦国制定《秦律》的理论依据。韩非是先秦法治理论的集大成者,其理论对秦始皇的思想产生了重大影响;李斯是秦帝国的名臣、秦始皇统一全国的最有力的助手、法家理论的实践者,而韩李却是大儒荀子的学生,是齐鲁文化的延伸。秦代保留了一些博士官(儒生),同时,如前所述,儒家文化对秦始皇本人也产生了一定影响。对此,顾炎武曾评价说:“然则秦之任刑虽过,而其坊民正俗之意未始异于三王也。”①可见,儒学已逐渐渗透进法家文化体系中,两者的互相渗透为中华文化的一统奠定了一定的基础。西汉初年将黄老道家确立为指导思想,无疑是老子思想及稷下道家的胜利,但如前所言,儒学也起到了牵针引钱的作用。在西汉前期文化选择过程中,儒学通过各种方式和途径钳入其主导思想体系之中。例如,汉高祖刘邦平定天下之后,陆贾利用“马上马下”观念对其进行劝说,叔孙通则发表“儒者难与进取,可与守成”②的忠告。刘邦晚年去祭拜孔子,足以说明儒学对他的吸引与转化。汉武帝顺应社会历史和文化发展的潮流接受董仲舒“罢黜而家,独尊儒术”建议,既标志着中华大一统文化体系业已完成,也标志着儒家文化正式成为中华文化的主体。黄老学说自此失去了一统天下的地位而为儒学所替代,不过它并没有像有的论者所说的那样已经“终结”了,只是从前台退至幕后罢了。

儒学以其独有的优势被定于一尊。为什么它作为一种区域性文化能够成为中华文化的主体呢?为什么生长于邹鲁之地的儒学

①《日知录》卷十七。
②《史记·叔孙通传》。

能够脱颖而出一跃成为中华文化的核心呢？对这两大问题，前代学者作了不少可贵的探索与解释。我们认为，这主要是由于儒道法等共同具有济世匡民、以民为本和礼治教化的特质。(1)济世安邦。尽管中华文化学派林立，观点各异，际遇不同，但它们绝大多数具有相同的致思方向，这就是围绕如何安邦定国、维持封建统治秩序，如何夺取权力和保住王位，而提出政治主张、策略、政策和方法。并且，各家各派大多以结束社会分裂割据、实现民族国家统一为旨归，既为构建完整的主流文化体系提供理论准备和合理性论证，又为维护封建大一统秩序作意识形态辩护。“天下一致而百虑，同归而殊途”，《史记》也说：“夫阴阳、儒、墨、名、法、道德，此务为治者也。”以积极入世、匡世济民为宗旨的儒家、法家、墨家，其现实政治性自不待言，即使是被认为远离现实政治的名家、阴阳家也具有一定的入世精神，也追求为统治服务。西汉刘向这样评价名家：“论坚白异同，以为可以治天下。”①司马迁在批评阴阳家“闳大不经”的同时，也没忘记肯定其创始人邹衍的学说为“要其归，必止乎仁义节俭、君臣上下六亲之施”②。(2)以民为本。众所周知，人心向背往往决定一个国家的生死存亡，决定一个民族的兴衰。传统中国社会统治者大多意识到民众的力量在争夺和保住王位中的基础性作用。在重人重民、人文关怀这一点上，各家学说同样是“殊途同归”。儒家主张“仁者爱人”、“保民而王”、“民贵君轻”、“民为邦本”。墨家的淑世主义精神和人道主义理念丝毫不亚于儒家，它主张“非政”、“尚贤”、“节用”、“节葬”、“兼爱”，这些显然均是利民的，体现了以民为本的人文精神。管仲学派在中国思想史上第一次明确提出了“以人为本”的命题。管仲说：“夫霸王之所始也，以人为本。本理则国

① 《汉书·艺文志》。
② 《史记·孟子荀卿列传》。

固。”“夫争天下者,必先争人……得天下之众者王,得其事者霸。”①从人本主义出发,管子要求当权者从民欲,顺民心。(3)礼义教化。礼治和德治是任何社会管理和政治统治不可或缺的手段,只是有的恩威并重、刑礼并举,有的德主刑辅,有的则是刑主德辅。即使是秦王暴政,也不过是实施严刑峻法,并没有绝对排斥仁义教化。在“以德治国”方略上,各家各派同样表现出某种一致性。且不说孔子的德政和孟子的仁政,也不言墨家的“非政”、“兼爱”和“尚贤”,就拿讲究“霸道”的法家来讲,管子学派重法不忘义,兴霸不绌王道,管子甚至把礼义廉耻提高到关系国家兴亡的高度:“礼义廉耻,国之四维”、“守国之度,在饰四维,四维不张,国乃灭亡”②。而晏婴比管仲更重仁义,更具积极德化态度。法家的确重法,尚法规,重耕战,但它并未绝对排斥礼义教化。黄老道家固然讲究清静无为,讲究依法治国,但也借重于“义”。阴阳家邹衍提出的“五德终始转运”说体现了某种王道主义精神:“邹子之作,变化之术,亦归于仁义。”③至于兵家,由于战争本身有正义与非正义之分,战争手段有德与非德之别,战争基础有得人心与失人心之异,战争后果有利民与害民之差,故兵家也不乏人道主义情怀。中华文化各家各派中的淑世精神、人道情怀、重礼义教化显然能够迎合统治阶级的政治需要,因此它们才能纳入封建大一统文化的核心圈之中。

何以儒学能够取黄老道学而代之,成为“定于一尊”的中华文化之核心呢? 我们认为,一方面是因为儒学经过一定的修改、完善而把固有的淑世主义精神、人道主义情怀、民主主义思想和德治主义发挥到极致,以此赢得统治者的青睐。儒学适合治世而不大适合乱

①《管子·霸言》。
②《管子·牧民》。
③《盐铁论·论儒》。

世。在地方割据、诸侯争霸的社会情势下，儒学必然是“曲高和寡”。孔孟周游列国而处处碰壁，即是明证。经过汉初的自我改造、自我充实和发展提高，儒学改变了迂阔、高远之弱点，逐渐得到了汉代统治者的认同。另一方面则是儒学作为中华文化的象征而成为中国内陆文明的代表，这使之具有极其深厚的社会基础，易于为封建王朝所接受。儒家文化植根于传统中国单一小农经济的生产方式和生活方式之中，立足于宗法社会、家族制度和血缘亲情之上，具有浓厚的等级名分观念、礼治主义、亲情主义、等序之爱、泛孝主义等特质，这些使得它不光受到普通民众的认可，也迎合了维护封建专制集权和等差秩序的统治需要，有助于把分散的个体小农整合到专制统治秩序之中，保证国家的长治久安。这些赋予了儒学以巨大的向心力和号召力，使之上升为中华文化的主体和正宗。

汉武帝“独尊儒术”以后，法家文化只是以隐文化的方式发挥作用，封建统治者是以儒家作为官方意识形态，但实际奉行的都是“阳儒阴法”，不过，从此以后，法家作为一个完整的思想体系开始中绝了。可以与儒家一争高下的是外来佛教文化和本土道教文化。无疑，魏晋玄学、南北朝佛学在思想文化领域占据一定的优势地位，道教文化也发挥着重要作用。到了隋唐，出现了儒佛道之三足鼎立的文化态势。即便如此，佛道也只是个人信仰，而不是官方统治者的为政之道，儒家文化尽管出现了漫长衰落期，但还是处于正统地位，并未退出官方意识形态。尽管隋唐时期封建士大夫同佛教有过接触，但其过快的发展也引发了他们的不满，导致唐武宗的灭佛运动，使佛教遭到毁灭性的打击，继五代十国以后，佛教再难有盛唐时期的鼎盛气象。唐朝极力推崇道教，但主要在上层社会流行，在民间的影响远不如佛教大。到了宋元明清时期，佛道的创造性再也不如前，发展处于停滞状态，佛道由盛转衰，而儒学开始走向复兴，并孕育发展出宋明理学，重新成为思想文化界的主流。① 宋明理学一方面接过了唐代后期的儒学觉醒的余绪，另一方面则致力于对佛老思想进行吸收、消化、熔铸和改造，在坚持承继先秦儒家的道统（纲常伦理）的基础上，以精致化的哲学思辨，创造性地发展出宋明理学，自南宋以后直到明清时期，新儒学成为官方统治思想，并借助于程朱理学、陆王心学、清代朴学而在中华文化中独占主导位置。

二、儒家文化对中国社会所产生的影响最大

儒学自创立之始，作为一种特殊的文化形态，对中国社会产生了极为广泛而深远的影响。

（一）文化影响

这主要表现在以下几方面。一是对其他学术文化的影响。且不说先秦时期法墨弟子许多是从儒家分离出来，即便是佛老为了迎合中国宗法制下广大民众的需要，也吸收了儒家的一些伦理观念如“孝”，东汉以后的儒道会通、三教合一即是明证。魏晋玄学从其思想主旨上应划归于道家，但它也吸收了儒学的重要养分。正如崔大华先生所指出的，就理论思潮言，玄学是崇尚老庄思想而有别于儒学甚至可以说是和儒学相对立的一种新思潮；就学术科目言，玄学是由诠释“三玄”为主要内容，而与诠释传统儒学经典有所区别的一种新学术科目，但是，在玄学中，儒学的基本范畴、命题、思想都获得了一种新的援引道家的解释，正是在这个意义上，可以把玄学作为儒学的一个特殊形态②。南北朝、隋唐时期儒释道三教合一、三教并举蔚为潮流。一些佛教高僧在对佛经的翻译和研习过程中为了使佛教立足于中国社会致力于“会通儒学”，形成了“附儒”、“会儒”现象。例如康儒会的《六度集经》利用佛教的菩萨行发挥儒家的“仁

① 参见王瑾瑾主编《中国文化概论》，机械工业出版社 2007 年版。
② 参见崔大华《儒学引论》，人民出版社 2001 年版。

道”之说，把孟子的“仁道”转换成“三界上宝”，要求“王治以仁，化民以恕”。宋朝契嵩则从心性出发用佛教的“五戒”会通儒家的“五常”，认为“夫不杀，仁也；不盗，义也；不淫邪，礼也；不饮酒，智也；不妄言，信也”①。各种本土和外来宗教的“附儒”、“会儒”、“通儒”现象从特定角度说明了儒家文化对中国宗教文化产生了巨大影响。二是学术体系的发达。且不论儒学自身在长期历史发展过程中形成了先秦儒学、两汉经学、宋明理学和清代朴学这些在中国学术思想史占有重要地位的儒学学术体系，而且正是通过对儒家经典的解读，使中国古代发展出蔚为大观的子学、经学传承体系。围绕儒家经典所展开的学经、习经、传经、注经的传统可谓源远流长、规模宏大。早在周代，即有《诗》、《书》、《礼》、《乐》方面的教育。战国之时，有“四经”、“六经”之名。六经之说始见于《庄子·天运》：“孔子谓老聃曰：丘治《诗》、《书》、《礼》、《乐》、《易》、《春秋》六经，自以为久矣。”庄子此说虽带有寓言意味，但并非空穴来风，郭店楚简出土的《六德》篇中就说：“观诸《诗》、《书》，则亦在矣；观诸《礼》、《乐》，则亦在矣；观诸《易》、《春秋》，则亦在矣。”这在一定程度上提供了确证。史籍载述孔子曾修纂六经，这虽未成定论，但他以经教育弟子却是有据可查的。《荀子·劝学篇》所论：“学恶乎始？恶乎终？曰：其数则始乎诵经，终乎读礼。”这表明读经已成为战国之时的文化风尚。经过长期的历史演变，到南宋绍熙年间，《孟子》列入经部，遂有“十三经”之称。汉武帝“独尊儒术”以后，立五经博士，从此往后，尊经、习经、治经俨然成风，经学大盛，凌驾于一切学术之上。汉以后直至宋，笺经、注经、解经之著作层出不穷、汗牛充栋。清代汉学复兴，经学随之大行。改革开放以来，随着国家对古籍整理投入

① 《镡津文集》卷八《寂学解》。

力度的不断加大,经学逐渐开始振兴。历史上有关佛、道的经学及其传承体系也甚为发达,但从总体规模来说还是逊色于儒家经学,儒家经学是中国国学的主干,通经致用被士大夫引为终身职志。就儒家学术的当代发展而言,即使是在西学的强烈冲击下,也仍然出现了儒学的第三期发展,并生成了现代新儒学乃至后现代儒学思潮。而当代对中国国学的研究,不论是在研究机构、研究人员、研究投入还是在研究成果、研究实力上,儒学远超佛学和道学。三是儒学对中国教育的影响巨大。孔子是伟大的教育家,他不仅开创了中国私学的传统,还提出了丰富的教育思想如有教无类、因材施教、循序渐进、博学以文、德艺兼备等,因而在中国封建社会被尊为"至圣先师"。而儒学经典几千年来一直是学生学习的主要科目,以致许多人皓首穷经,"一心只读圣贤书,两耳不闻窗外事",直到科举取消以前,苦读四书五经是中国人获取功名利禄的主要门经。另外,像明清以来日渐兴盛的各种蒙学读物和家书,也表明儒学对中国社会人文教育的影响是佛道无可比拟的。四是就学术思想来说,儒学的覆盖面更大。虽然道家也不乏"人君南面之术",儒家的德治仁政主张"迂远而阔于事情",但相对而言道家的政治学说较为简要,而孔孟儒学除了讲为人之道之外,大量的是关于为政之道,特别是儒家文献《礼记》、《春秋》、《孝经》更是直指人君的治统和政统。不错,道家和佛家阐述了大量有关人生的修身处世之学,但无论是《论语》还是《孟子》在论述人生哲学方面似乎一点不逊于佛道,尤其是宋明理学又是以心性思想、理欲思想、修养思想等而成为中国人学的主流,从而导致了佛道由盛转衰。新时期,一些人重提中国哲学合法性危机问题。我们认为,也许中国传统文化缺乏黑格尔式的逻辑辩证法,但不乏自然辩证法、人生辩证法和社会历史辩证法。倘若说道家强于自然辩证法和形而上学,那么,儒家在人生辨证法和道德形而上学方面占优势。一如牟宗三所言：

> 儒家自孔子讲仁起（践仁以知天），通过孟子讲本心即性（尽心知性知天）即已涵着向此圆教下的道德形而上学走之趋势。至于《中庸》之天命之性以及至诚之性，而至《易传》之穷神知化，则此圆教下的道德形上学在先秦儒家已有初步之完成。宋明儒继起，则充分地完成之。①

宋初有"以佛治心，以道治身，以儒治世"之说。实际上，除弱于养身保生外，就理论的辐射面来说，儒学既治世又治心。

（二）政治影响

从一开始，儒学就讲究经世致用，倡导为政以德，致力于为统治者提供"南面之术"或为政之道，从而对中国政治发展产生了多种重大影响。一是上升为官方意识形态。自汉武帝独尊儒术以后，儒学就成为官方统治哲学，即使是唐代受到佛教文化的冲击而出现了衰落，儒学直到有清一代仍未丢弃主流意识形态的地位。每一个封建王朝取得天下之后，一般会奉行德主刑辅的治国方略，而儒家不仅力倡德法兼具、以德为本的治统，同时它的核心正是各种纲常伦理，这两点正是历代君主愿意利用儒学以为其政权作合法性和合理性辩护。二是儒学在制度化的同时制度②也儒学化。尽管儒学同政治建制之间存在着理想与现实的分野，两者之间保持着一定的紧张关系，但借助于儒生的政治参与和统治者的尊崇，儒学逐渐实现建制化，尤其是儒学成为传统中国选官制度的重要考核科目和内容。如前所言，举孝廉、以孝选官逐渐成为汉代的定制。朱熹死后九年，宋宁宗诏赐朱熹遗表恩泽，否定了禁止"道学"的诏令，从此以后一直

① 牟宗三《心体与性体》第一册，上海古籍出版社1996年版，第158页。

② 参见干春松《制度儒学》，世纪出版集团2006年版。

到清代，理学成为官方哲学，而朱熹所注的《四书章句集注》成为官方钦定的教科书和科举考试的标准答案。① 三是儒学在与政权结合的同时，也对封建专制主义作了批判和限制。孔子作《春秋》，孟子提出“民君君轻”论、诛一夫论，董仲舒宣传“天人感应”，这些均对封建君主起到了一定的威慑和限定作用，历代儒家以其井田制、等级分权制、封建制等社会理想对现实政治中的私有制、郡县制、君主专制集权制在一定程度上进行了批判乃至谴责。而受过儒家教育的士大夫进一步推动了儒学的政治化和政治的儒学化。四是以儒治国成为中国传统社会的主要治国方式。不可否认，佛道也对中国政治产生了很大作用，甚至出现了某种政教合一的现象，但从总体上说，即使中国封建帝王推崇佛道（如唐代时期），但更多的是从个人信仰考虑问题，而不是也不可能当做统治术来看待。在某种意义上，儒学同佛道的竞争乃至冲突，主要是为了争夺人心和话语权，是为了巩固自身官方正统地位。即使在秦朝汉初道家“无为而治”得到统治者的普遍欢迎之际，儒家对于政治控制和政治管理的价值也并未完全被抹杀。班固在《汉书·艺文志》论道家说：“秉要执本，清虚以自守，卑弱以自持，此人君南面之术也，合于尧之克让”。司马谈在评价儒家时说，儒者以六艺为法，六艺经传以千万数，累世不能通其学，当年不能究其礼，因此“博而寡要，劳而少功”。然而，他也肯定了如果“列君臣父子之礼，序夫妇长幼之别，虽百家也‘弗能易’”。汉武帝即位后，把儒家经学正式确定为官学，强调以礼治国、以孝治国。以后历代王朝除少数之外，均采纳了以儒治国的政治策略。

（三）社会影响

儒学的根本宗旨就是建立一个仁民爱物、礼义有度、人主忠信、

① 张立文《宋明理学研究》，人民出版社2002年版，第395～397页。

各安其位、老安少怀、等差有序的理想社会，借助于政治推行、人文教化、个人修养、言传身教等社会化方式，而对中国传统社会发挥着社会控制、社会整合、社会导向等作用，促进了中国社会的文明进化。首先，它对中国社会关系起到了极大的调节作用。孔孟儒学所倡导的仁者爱人、隆礼重礼、忠恕而行、见利思义、贵和尚中等伦常规范，推动了中国社会关系的和谐发展，建构了为世人所向往的礼治秩序和人情社会，使中国以“礼仪之邦”闻名于世。儒家力主的“三纲五常”更是为传统中国人待人处世提供了行为准则，尤其在儒家伦理中心主义的范导下，传统中国形成了梁漱溟所称的伦理本位社会。其次，儒家文化深刻地改变了中国人的日常生活。它不仅使中国人在平常生活中注重各种礼仪、礼节和礼数，例如婚礼、丧礼、葬礼、乡党之礼等，讲究尊卑、长幼、上下的等差秩序，讲究修身齐家，以家为本，孝亲为大，重视血缘亲情，也造成了中国人“慎终追远”的敬祖风习和祭祖传统，同时还促成了中国人守望相助、礼尚往来的民风民习，而且也在很大程度上铸造了中国人崇尚正义、好勇正直、感恩报德等风尚。① 再次，儒学有力地推动了国际社会中外文化的交流。自汉代起，儒家文化就开始向朝鲜、日本等国传播，在唐代达到高潮；同时，儒学也向越南等东南亚国家和地区输出，以致形成了儒教文化圈。虽然现代化之后儒家文化受到极大冲击，日渐走向衰落，例如韩国儒道会的人越来越少，而受佛者不断增长，但从总体上说，特别是在现代化之前，中国周边邻国外来文化还是儒家文化影响最大。自15世纪，就开始了“东学西渐”，尽管道家文化在国外的影响不可忽视，据说在国外《道德经》比《论语》外文译本要多，不过儒家文化在域外受重视程度还是大于道家、兵家、佛家，由此我

① 刘厚琴指出，汉代独尊儒术、以经治国对汉代形成复仇之风、归隐之风、谦让之风和报恩之风起到了推波助澜的作用。参见刘厚琴《儒学与汉代社会》，齐鲁书社2002年版。

们不难理解孔子为何被尊为世界十大思想家之首。16世纪，传教士利玛窦在中国本土对儒家经典"四书"进行翻译，并向西方介绍儒学。17、18世纪，欧洲国家掀起了以孔子哲学为代表的"中国文化热"。[①] 在西方汉学家中，治儒者远多于治道者。应当说，儒家文化相对于中国其他传统文化，在国外的传播最广、影响最大。

第二节　儒学在中华民族精神建构中的地位与作用

儒学系统中所蕴含的各种伦理精神如忠恕、节俭、仁爱、重义、孝悌、克己等，不仅是中华民族精神的源头活水，也是博大精深的民族精神不可或缺的有机组成部分。如同一切优秀民族精神一样，儒家伦理精神是推动理想社会目标建构的强大力量，它能够为"小康"、"大同"的实现提供社会规范、文化条件、精神动力和文化环境，锻造了中国人和中华民族的精神品格，而且，借助于儒学对民族精神的塑造，还可以为每个人的健康成长提供精神家园。

中华民族精神是一个包括多要素、多层次、多类型及多方面的复杂系统，它的主要内容作为传统精神早在秦汉之际就已具备，随着中华民族的繁衍和发展又不断增添了许多新的时代精神。中华民族精神可以按社会不同层面分为中国哲学精神、中国法律精神、中国教育精神、中国伦理精神、中国经济精神和中国文化精神。由李宗桂主编、广东人民出版社2007年版的《中华民族精神建设丛书》即是依此而行。本书将按照持久性、重要性和实用性等标准，把中华民族精神的内容分为两大类，即主体民族精神和基本民族精神。前者主要是指以爱国主义为核心的团结统一、爱好和平、勤劳

① 参见姜林祥《儒学在国外的传播与影响》，齐鲁书社2004年版。

勇敢、自强不息等，可以称为“五种”民族精神。后者则除了包括中华民族精神的主要内容外，还包括其他一些比较重要的内容，如求真务实、博大宽容、艰苦奋斗、尚仁重义、节俭反奢、仁爱孝悌等。由于人类面临着许多共同性问题，有着某些相同的物质文化需要，用古人的话讲就是“人同此心，心同此理”，中华民族精神与其他种类的民族精神如法兰西精神、日耳曼精神、美国精神等具有一定的同一性，但是，中华民族精神毕竟生长发展在中国这一特殊国度上，具有许多特有的经济条件、政治条件、文化条件以及地理环境因素，这就使得中华民族精神具有鲜明的中国特色。大体说来，中华民族精神呈现出恒久性和流变性、多元性和总体性、传统性和现代性等主要特征。

一、儒家伦理精神是民族精神的本质表征

民族精神从根本上说不是一般意义上的对象化群体意识，而是一个民族的灵魂，是一个民族文化当中最本质、最深刻、最内在的体现，也是民族性格、民族道德、民族心理素质、民族价值观等的总和。“民族精神是一个民族的普遍的、自身同一的、永恒不变的本质”①。伏尔泰所说的“esprit”、斯宾格勒所讲的文化“灵魂”，即是某种民族精神。文化怪杰辜鸿铭在《中国人的精神》一书中指出，他所讲的中国人精神，即是中华民族固有的心态、性情和情操。② 儒学所倡导的各种伦理精神如恭、宽、信、敏、慧等，从调控人的意识活动和外显的行为方式来说，可以看做规定中国人角色表演的规范（如“重义轻利”从一定意义上说就是一种道德要求）；从人实践活动的动力来说，儒家伦理精神（如“重道轻器”）又可以视为儒学文化圈中广泛流布的价值观念或人生态度；从人的行为方式的规定性来说，儒家伦

① 黑格尔《精神现象学》下卷，商务印书馆1996年版，第2页。
② 辜鸿铭《中国人的精神》，广西师范大学出版社2001年版。

理精神(如“安贫乐道”)又是中国人一种定型化的普遍生存方式。可见,儒家伦理精神从不同侧面体现了中华民族精神的本质规定。民族精神有广狭之分。广义的民族精神从本体论维度来说既包括一个民族的积极品格,也容纳一些消极性特质,同时还含有许多非优非劣的中性品质。马克思恩格斯所提到的“希腊精神”、“日耳曼精神”、“法兰西精神”,以及今人所谈及的武士道精神等文化模式,也都是良性、劣性和中性三种品质混杂,并充满着紧张和冲突。中华民族精神从最一般意义上包含着某些消极成分,正因如此,才有五四运动时期激进派人士对国民性的批判和改造。不过,民族精神有时仅仅在狭窄的肯定性价值意义上被使用,时下主流意识形态也多次重申没有优秀的精神和高尚的品格,一个民族不能自立于世界民族之林。显而易见,这里所谈的“民族精神”正是那种为世人所极力倡导的能支撑人蓬勃向上的积极心态和健康人格模式。毫无疑问,儒家伦理体系中既包裹着某些陈旧的、过时的成分,如泛孝主义话语中的孝道,也蕴含着某些“超前”的过于理想化的浪漫情结,如孟子关于道德动机的规定和解说(“良知良能”或“不忍人之心”)。然而,儒家所极力诠释的伦理精神作为一种以“仁—礼”为核心、以整合社会秩序及激发社会活力为主臬、以道德自律为动力的价值体系,是维系人心、整合人心、凝聚人心、促进社会发展、维护社会秩序的主体性力量,它蕴含着许多可以为优秀的民族精神所吸纳的合理内核。在本书中,我们将依序从正面意义上去阐述和把握儒家伦理精神在中华民族精神形成、发展和建构中的积极功能。

二、儒家伦理精神是民族精神的源泉和主流

儒家文化构成了中国传统文化的主干,这已成为绝大多数人的共识。儒家文化及其伦理意蕴,既影响了中国文化的大传统又渗透到小传统,既介入了观念文化又嵌入了行为文化,因而它从不同层

面塑造了中华民族精神。新时期以来，主流意识形态一再倡导的许多时代民族精神如团结统一、爱好和平、艰苦奋斗、自强不息、见义勇为等，均是对儒家伦理精神批判性扬弃的产物。我们曾出于忧患意识而力主文化"断裂说"，并强调"由于以儒家伦理为主干的传统道德规范如忠孝节义、恭宽信敏慧、仁义礼智等，或是本来只停留在书本上未能转化为大众的日常行为方式而流于空谈，或是受到'五四'等激进反传统运动的破坏而崩解断裂，或是受到西方文化的冲击而走向衰落"①。而今，我们仍认为儒家伦理理念虽然在我国出现了某些断层及流失，但历史总是充满着辩证法，从总体上说，儒家伦理作为中华民族的文化基因，作为一种"集体无意识"，并没有被完全舍弃，通过生理性遗传和社会获得性遗传，它沉淀在中华民族文化心理结构之中，积淀在中华民族的思想观念和人生态度中，融化在中国人的价值取向和行为方式之中，其在敦风化俗、育人化民方面的历史性作用，是不容抹杀的。

一言以蔽之，以儒家伦理为核心的儒学传统是中华民族精神的发源地，是它永不衰绝的宝贵资源。如果说全面建设小康社会必须发扬和培育民族精神，那么要想共建中华民族的精神家园，就必须对儒家文化抱有诚意和敬意，从中汲取动力和营养。

第三节 儒家文化与中华民族精神的形成与发展

中华民族精神不是天上掉下来的，不是神赐的，也不是完全自发生成的，更不是由人凭空创造的，而是在中华民族五千多年的历史长河中，中华大地上众多民族在长期改造主观世界和客观世界的

① 涂可国《社会哲学》，山东人民出版社 2001 年版，第 416 页。

社会实践中所形成的。我们虽然反对文化决定论，但是同时也承认文化对中华民族精神产生了重大作用。可以说，在以儒家文化为主体的中国优秀传统文化的长期熏陶下，逐渐凝聚成了中华民族为绝大多数人所认同、具有并推动广大人民和整个民族蓬勃向上、积极进取的思想品格、价值取向、道德规范和人格品质。江泽民曾经指出："中华民族有着自己的伟大民族精神。这个民族精神，积千年之精华，博大精深，根深蒂固，是中华民族生命机体中不可分割的重要成分。"①十六大报告中又讲："在五千多年的发展中，中华民族形成了以爱国主义为核心的团结统一、爱好和平、勤劳勇敢、自强不息的伟大民族精神。我们党领导人民在长期实践中不断结合时代和社会的发展要求，丰富着这个民族精神。"这些精辟论述说明，中华民族精神历史悠久，源远流长。如果说中华民族原始祖先的艰苦劳动创造了中华民族精神，那么以后不同历史时期的劳动人民用他们的双手和智慧不断为中华民族精神增添新的社会历史内容。随着中华民族的历史发展，儒家文化对中华民族精神漫长的形成、演变和发展产生了巨大影响。

一、中华民族精神的"源"

要科学了解和把握中华民族精神的发生发展过程，必须正确认识这里所讲的中华民族精神的"源"和"流"同一般所说的中华民族精神的"来源"和"源泉"的同异性。本书所理解的中华民族精神的"源"是指民族精神的起源，它要回答的是中华民族精神是从什么时候开始生成的、是从哪里形成的等问题，而中华民族精神的"流"则是指它的流动、变化。可见，我们这儿所讲的中华民族精神的"源"与"流"是从动态角度描述它的发生发展过程。而通常所说的中华

①《江泽民论社会主义精神文明建设》，中央文献出版社1999年版，第146页。

民族精神的“来源”主要包含三个大的方面。一是指中华民族所处的客观社会物质条件和环境及其现实社会生活。它们作为社会存在，是中华民族精神的重要源泉。相比之下，精神产品和精神文化如思想学说仅仅是中华民族精神的支流。毛泽东对文学艺术发展的源、流关系作过精辟分析。他深刻指出：书本上的文艺作品、古代的和外国的文艺作品，“是流而不是源”；人类的社会生活“是一切文学艺术的取之不尽、用之不竭的唯一源泉”①。这里讲的尽管是文学艺术的源、流关系，但同样适用于解释中华民族精神的来源问题。二是中国各族人民用以改造自然、社会及人自身的生产劳动、文化创造、政治活动等社会实践。它们既是中华民族精神赖以形成和发展的重要来源和途径，也是其重要动力。三是中国人民在科学探索、思想创造和思想教育、道德修养等精神生产生活中所创造的文化成果。我们常说马克思主义来源于英国古典政治经济学、法国空想社会主义和德国古典哲学。同样的，中华民族精神也是来源于中国各族人民所创造的精神文化产品，它是中国人民伟大智慧的结晶。中华民族精神的“源”与“流”同儒家文化“来源”是密切相关的。

中华民族精神并不是一蹴而就的，而是经历了一个发生、发展和变化的漫长历史过程。中华民族历史悠久，具有五千多年的文明史，在漫长的岁月中，逐渐形成了独有的价值观念、道德规范、人格气度及其他共同心理素质，并发展出优秀的民族精神。它萌生于中国原始氏族社会，兴起于奴隶社会，定型于两汉时期，在汉以后的社会中得到不断丰富和发展。

（一）中华民族精神的萌芽

早在距今约七千年到五千年，中国境内的一些民族公社已达到

---

① 毛泽东《在延安文艺座谈会上的讲话》，《毛泽东选集》第3卷，人民出版社1991年版，第860页。

繁荣时期,长江流域的河姆渡原始居民和黄河流域的半坡原始居民就已经按血缘关系结合成一个个氏族、部落和部落联盟。在原始社会,中华民族精神已经初露雏形。这主要是由以下文化现象共同作用的结果。

一是各种原始宗教信仰文化。我国原始宗教文化包括丰富的内容,主要有卜、占、兆、数、图腾、崇拜、禁忌等。同远古神话传说一样,原始宗教也是由于原始时代生产力水平低下,人的能力有限,人们对许多自然、社会和自身的现象不能完全认识,许多奥秘无法理解,以为是某种超人的神秘的力量在支配着、主宰着,于是把自然物和自然力神化起来,从而产生了各种鬼神观念和多种崇拜,如自然崇拜、图腾崇拜、鬼神崇拜、祖先崇拜等。鬼神观念和原始崇拜对中华民族精神产生了极其深远的影响。对鬼神的畏惧及自然崇拜、图腾崇拜,培养了中国人乐天知命、热爱生命和自然、顺应自然和追求天人合一的思想品格。而对祖先的崇拜,正是传统中华民族注重血缘亲情、讲究家庭伦理的根基,同时它还起到一种凝聚、感召和导向作用,通过对祖宗的追忆和祭拜、对故土的眷恋,潜移默化地积淀成一种爱家爱国的情愫,凝结成一种深沉的乡土意识。这种原始宗教文化还通过对儒家文化和道家文化的影响而铸造着中华民族精神。儒家讲究天人合一、注重血缘亲情和家庭伦理显然是吸收了巫祝文化和祖先崇拜的某些因素,道家的自然无为观念也是承袭了自然崇拜的一些成分。

二是礼乐习俗文化。我们知道,中华民族被称为“礼仪之邦”,讲究礼让、礼节、礼仪和礼貌,强调知书达理、明礼诚信是中华民族精神的重要方面。而这同我国古代人民的礼乐习俗文化具有历史渊源关系。据《后汉书·东夷列传》记载,我国古代东夷人就特别喜欢礼乐,天性柔顺,好让不争,这一点深刻影响到周代礼乐文化进而让孔子崇尚礼乐文明。他重视礼乐教化，纳礼入仁，试图改变“礼崩乐坏”的社会混乱景况，明显受到了古代东夷人讲礼好乐习俗的启发。

三是神话传说。在我国古代社会，有许多神话传说，包括为儒家所推崇的尧舜禹的历史传说。有的是在原始社会人群中就流传的，有些是在后世流传的。这些神话传说主要有夸父追日、盘古开天辟地、女娲补天、尧治天下、舜立五教、大禹治水、后羿射日、愚公移山、神农氏尝百草、神农作琴、鲧作城郭、奚仲造车，等等。神话传说是古代社会中人类用幻想的艺术方式，按照自己的心理和愿望，对自然和社会的潜在力量所进行的描述与解释。神话虽不是对自然和社会的科学反映，但它毕竟是原始先民们的真实创造，是当时现实生活的真实反映，它体现了人类童年时代纯真进取的精神，展现了人类认识自然、改造自然的自强不息、艰苦奋斗、勤劳勇敢、机巧睿智等品格；特别是古代神话讲述了大量关于诸神发明、以德治国、尊贤使能、孝亲敬长等故事。由神话传说所体现和培养出来的各种优秀品性，是中华民族精神极其重要的组成部分。

四是原始社会生活。原始居民的经济生活和政治生活也为中华民族精神的萌芽创造了社会条件。在原始氏族社会，生产力水平低下，人的生存能力也很差，生存环境十分恶劣，因而在应对艰苦的自然环境挑战中逐渐培养出中华原始祖先勤苦耐劳、自强不息、勇敢顽强的奋斗精神。原始居民使用简陋的生产工具，生产水平低下，这就决定了氏族社会没有财产，没有阶级，没有剥削，生产资料归氏族集体所有，人们共同劳动，共同生活，平均分配。在这一社会基础上，诞生了原始集体主义，个人无条件地服从集体，同时也锻炼出团结一致、互助合作和原始平等道德精神。近代对我国鄂温克人原始生活的调查表明，热爱劳动、扶助孤寡、团结互助，是他们最高的道德准绳。原始社会大致相当于三皇五帝时代，这一时期展现出来的共同生活财产公有、善与人同、尚贤任能等不仅深刻影响了儒家文化关于理想人格的设想，也渗入到儒家大同社会的理想之中。

（二）中华民族精神的兴起

由于生产和社会分工的发展，到我国父系氏族社会后期，私有财产和贫富分化出现了。约公元前2070年，禹建立了我国历史上第一个奴隶制国家——夏朝。我国奴隶社会历经夏商周三代，周又分为西周和东周，东周包括春秋战国两个时期。在这一历史阶段，各诸侯国之间互相争夺，但又逐渐交流、融通，尤其是战国末期，形成了以汉族为主体的中华民族。夏商周作为我国奴隶社会可以说是中国社会大动荡、大分化、大变革时期，中国文化得到了进一步规定，周代的制礼作乐，为中华民族的礼仪之邦形象奠定了坚实基础，中华民族精神也从中得到了凝聚和沉淀。这主要表现在以下几方面。

一是不畏强暴的抗争精神。奴隶社会是第一个以公开的不平等和最直接、最残酷的奴役形式而出现的阶级社会，奴隶主对奴隶实行残酷的剥削和统治，这引起了奴隶们的反抗斗争。为了表示对夏桀这个有名暴君统治的不满，平民和奴隶纷纷怠工；商纣的暴政和虐杀，也迫使奴隶和战俘纷纷倒戈，引导周军伐纣。正是在反抗奴隶主野蛮统治、残酷剥削、争取人生存的长期斗争中，广大劳动人民形成了勇敢、顽强、自我牺牲、不畏强暴的斗争精神。

二是多元一体的宽容精神。我国幅员辽阔，人口众多，是一个多民族聚居的大家庭，至今有56个民族；在夏商周三代，诸侯林立、部落繁多，生活在不同地域的人们，不仅创造了各具特色的区域文化，如齐鲁文化、燕赵文化、荆楚文化、巴蜀文化、吴越文化、三晋文化、三秦文化、中原文化等，还由于地理环境、风土人情、文化传统、生产方式等的不同造就了各个地区性情、人格、风习、价值观等方面的差异。就文化来说,春秋战国时期,中华大地上诸子蜂起、学派林立,不同学术派别之间既相互辨论、相互驳难、相互竞争,又相互借鉴、相互渗透、相互融通,形成了亘古未有的"百家争鸣"局面。尤其是齐国的稷下学宫,荟萃了儒家、道家、法家、名家、阴阳家、农家、兵家等各家各派,使齐国一时成为当时全国文化的学术中心。"百家争鸣"不仅促进了我国学术大繁荣、思想大解放,也在一定程度上熔铸了兼容并包的中华文化精神。就性格而言,全国不同地域的人群各自形成了不同文化性格特点。班固的《汉书·地理志》对此作了生动的概括和描述:齐地的人舒缓迂阔、奢侈夸诈;鲁地的人长幼相让,尚仁义,重廉耻;宋地的人性格厚重,多君子;秦地的人好稼穑、务本业,又以力气为上,以射猎为先;晋地的人深思俭陋;周地的人巧伪趋利;晋北戎狄等地的人慷慨悲歌、好作奸巧;楚地的人懦弱偷生,信巫鬼,重谣祀;河南殷墟一带的人性格刚强,多豪杰,喜相侵杀,薄于恩礼;卫地的人性格刚武;汝南一带的人性格急剧,有气势;吴越的人好勇轻死,等等。众多地域的精神品格为中华民族精神增添了丰富的内容,中华民族精神之所以在此时兴起,也是因为它吸收了不同地域精神中的精华,同时又包容了各自不同的秉性,而且不同地域精神的生成和发展也使中华民族培养出了多元并包的精神品质。

三是追求和合的统一精神。从夏朝到秦代之前,中华大地总体上处于分裂状态,各诸侯国之间经常发生争霸之战。不过,尽管多民族的方国林立,文化传统各有不同,但是各民族之间不断发生融合、文化不断同化及国家趋向统一。统治者之间的领土和军事争夺,最终也是为了一统天下。长期的争霸给人民的生命财产带来了极大破坏,人民渴望和平,厌恶战争。春秋战国各家各派虽然见解不同，观点各异，但都是围绕济世安民、安邦定国、追求统一这个核心展开的。以孔子、孟子为代表的儒家，坚持反对诸侯和大夫破坏中华大一统的行为，而主张应使天下“定于一”。在民族融合、文化交流和同化、诸侯争霸天下的过程中，中华民族追求和合的统一观念渐渐孕育而生。

另外，殷商时期所铸造的大量甲骨文和青铜器主要用于祭祀，这些祭祀活动对中华民族精神也产生了较大影响：“一是可以培养人的诚敬心，后来演变成中国人礼仪教化的内容之一；二是形成了中国人追根溯源的意识和重视血缘、姓氏和家族的观念，由此培育了中国文化尊祖宗、敬长辈的传统。”①

（三）中华民族精神的定型

到了秦汉之际，中华民族精神作为一个相对独立完整的体系可以说已经基本定型，中华民族的主要精神品质已大体具备。经过近三千年的历史积累和文化沉淀，到了西汉儒学定于一尊后，以爱国主义为核心，以团结统一、爱好和平、勤劳勇敢、自强不息为基本内容的伟大民族精神已经基本形成。

秦王朝虽然是短命的，但它毕竟结束了春秋战国数百年间诸侯割据、列国争霸、政治分裂、社会混乱的无序局面。秦始皇统一了语言文字，统一了货币和度量衡。自秦王朝统一中国后的两千多年来，我国封建王朝虽出现过多次纷争和分裂，也建立过不同政权，但主体和绝大部分时间却是一个统一的多民族国家。国家经济、政治、军事和文化等方面的统一，为塑造为绝大多数人所共有、共享的民族精神创造了条件。秦统一中国之后，决定民族精神生成和变化的基本因素几乎没有什么改变，地理环境和宗法社会基础依旧，经

① 王瑾瑾主编《中国文化概论》，机械工业出版社 2007 年版，第 25 页。

济制度由奴隶制发展成为封建制，可是其小农经济、私有制、剥削等特性仍同奴隶社会一样，政治上保留着专制制度。变化最大的是文化因素，秦汉把春秋战国时期（轴心期）产生的法家学说确立为国家的统治思想，秦始皇实行“罢黜百家，独尊法术”的文化专制政策。为了加强思想控制，秦始皇实施“焚书坑儒”，排斥包括儒学在内的几乎所有思想学说。汉初统治者一开始是把黄老道家学说上升为政治统治的理论基础，后来汉武帝接受董仲舒“罢黜百家，独尊儒术”的建议，把儒家学说确立为封建王朝的统治思想。封建大一统文化体系的建立和推行，对中华民族精神的形成和发展产生了极其深远的影响。通过思想控制、教化和传播，不仅使儒、道、法等博大精深的思想不再局限于狭窄的地域，而渗透到全民族所有社会成员的思想观念和言行之中，深深植根于中华民族肌体之中，并且建构起全民族的共同心理—文化结构，形成共同的民族心理、民族意识、民族伦理、民族性格和民族价值观等精神品质。儒、道、法思想虽然产生于春秋战国，但只是到了秦汉才被分别定为统治阶级的主导思想，才真正对中华民族精神产生广泛深刻影响。正是政治和文化的大一统，使中华民族精神主体框架宣告基本形成。

自汉武帝确定儒学为全国性的统治思想后，它虽然历经变异，并不断注入、吸收了许多新内容，并且受到法家、道家的挑战，受到外来佛家文化的冲击，虽然统治者实际上奉行的是“阳儒阴法”政策，在整个社会上流行的是“儒道互补”，不过，儒学仍处于“君临一切”的绝对权威地位，仍是整个中华文化的主干部分。如上所述，儒学以其持续时间长、覆盖面广、渗透性强而成为熔铸中华民族精神的主要资源。儒家思想源远流长，博大精深，学派众多，它在秦汉对中华民族精神的定型产生了极其广泛深远的影响。由于伦理道德是儒家文化庞大体系之中的核心，因此，儒学对中华民族精神的形塑主要体现在中华伦理精神上。

一是仁爱思想。“仁”是儒家思想核心的核心，它的基本含义就是孔子所说的“爱人”，就是关心、体贴、宽容、帮助他人，它是一切道德规范的基础，涵摄了礼、义、忠、孝、悌、智、勇、恭、信等各种德目。在仁学思想中，孔孟儒家不仅提出了“仁者爱人”、“克己复礼为仁”和“亲亲而仁民，仁民而爱物”等对后世中国人的人生哲学影响极大的命题，还提出了流传千古的“忠恕之道”——所谓“忠”就是“己欲立而立人，己欲达而达人”①，所谓“恕”就是“己所不欲，勿施于人”②，也提出了“无求生以害仁，有杀身以成仁”③的道德规范，以及“以不忍人之心，行不忍人之政”、“亲亲而仁民，仁民而爱物”等仁政主张。在这些丰富的仁学思想的长期浸润下，中华民族培养出宽厚、仁爱、友善、勇敢、自我牺牲等利他主义优秀精神品质，塑造出一大批志士仁人。

二是礼让思想。“礼”也是儒家最重要的范畴之一。前已述及，在儒家那里，“礼”主要指尊重和维护社会秩序的生活规范和道德规范，如各种典章、礼制、制度、规矩、准则和要求，同时还包括用以区别尊卑贵贱、亲疏远近、身份职位等的礼节仪式，蕴含谦虚、恭敬、礼貌、辞让等意义。儒家十分看重“礼”的社会意义，认为它是维持社会秩序和调节个人行为的重要工具。礼被儒家视为“天经地义”，不仅是经国家、定社稷、序人民、利后嗣的手段，也是定亲疏、决嫌疑、别同异、明是非的依据；礼对个人是修己正身之道，对国家是使民治国之道；礼既是具有强制性的法治手段，也是惩恶扬善的道德规范。儒家要求人们要尊礼、敬礼、习礼、合礼，做到“非礼勿视，非礼勿听，非礼勿言，非礼勿动”，要求统治者实行礼治。儒家还指明了实施

---

①《论语·雍也》。

②③《论语·卫灵公》。

“礼”的方法、途径和要求:行礼要有恭敬的情感,要注重精神面貌,不要流于形式;礼节仪式要节俭、严肃,不要奢侈,不能繁琐;要把内心的仁德和外在的文采结合起来,做到文质彬彬。很显然,儒家丰富的礼让思想有利于培养中国人的恭敬、辞让、友善、谦逊、礼貌等品质,中华民族素称礼仪之邦,显然与儒家礼让思想的塑造分不开。

三是中和思想。儒家在《论语》和《中庸》等典籍中系统阐述了中和思想。所谓“中”,简单点说就是不偏不倚、无过无不及,恰到好处;“中”作为人的品行,是指既不狂妄、嚣张又不保守、拘谨,做到“温而厉、威而不猛、恭而安”。所谓“和”,有时指有机调和、混合的意思,如“君子和而不同,小人同而不和”;有时指事物和谐、圆满、一致等理想状态。儒家特别重视中和,讲究中庸之道,主张贵和,“致中和”,倡导“执两用中”,反对走极端;认为“中和”是天下之“大本”、天下之“达道”。据后代人解释,中庸的行为规范有 12 条:忍辱负重、不偏不倚、持之以恒、推己及人、谨小慎微、知足安分、清心自省、述而不作、一团和气、诚则得中、明哲保身和随时合俗。这其中不少成为后代人待人处世的座右铭。中和思想几乎家喻户晓、妇孺皆知,而且潜移默化,积习成俗,成为中华民族心理的重要部分。几千年来,儒家倡导的中和精神制约着绝大多数中国人的思想和行为,深刻烙印在中华民族精神之中。① 中和思想尤其是中庸之道尽管对中华民族心理、给国民性带来了许多负面效应,例如它反对冒险,轻视创新,否定进取,老于世故,抹杀斗争,但它更多的是培养了中华民族的优秀品质,例如不狂暴、重和谐、不偏激、重节制等,尤其是儒家贵和观念在很大程度上锻造出中华民族爱好和平的品格。

---

① 任剑涛在《从自在到自觉——中国国民性探讨》(陕西人民出版社 1992 年版)一书中谈到轴心期文化与国民气质,曾就儒家气象与中庸心态作了专门剖析,可参考。

在“和为贵”、“天时地利不如人和”等中和思想的长期浸润下，中华民族养成了爱好和平的精神。中庸之道同样塑造了中华民族精神，使它具有择善而从、集思广益、兼容并蓄、中正持中等特点，所以韦政通先生在《中国的智慧》①一书中认为中庸是中国文化的基本精神。

四是忠孝思想。“忠”与“孝”也是影响中华民族精神形成与发展的重要范畴。忠是针对君主国家以及事业、他人而言的，孝是针对家庭而言的；前者是社会公德，后者是家庭道德。孔子说：“臣事君以忠。”②曾子也说：“为人谋而不忠乎？”③这表明，忠是下级对上级的事奉、遵从，是个人对朋友的忠诚。朱子说“尽己之谓忠”，这表明“忠”的具体内容是尽自己的一切能力为上级、为君主、为朋友效力。所谓“孝”，就是做子女的要关心、照顾、体贴父母。尽孝不仅要做到“能养”，在物质生活上保证父母的衣食住行需求，也要做到“有敬”，在精神生活上尊敬父母，满足他们的心理、情感需求，同时还要做到“无违”，即不违礼，不违背父母的意愿、命令。在儒家的忠孝道德中，无疑包含着封建性糟粕。由“君为臣纲”、“臣事君以忠”、“君叫臣死，臣不得不死”等思想造成的尽力效忠于封建君主的愚忠，由对父母绝对服从的父为子纲带来的家长制、服长丧、讲求继嗣等愚孝，都给民族品性、国民心理造成了消极影响。不过，儒家的忠孝思想也有许多合理性因素。例如孔子认为，君有不善之言，为臣者随声附和，不敢争辩，不向君主进谏，算不上尽忠。在封建时代，“忠君”同“爱国”有时也是一致的。因为古时候，“普天之下，莫非王土”，“朕即国家”。因此爱国必须忠君，忠君即是爱国，二者密不可分。我国历史上的许多民族英雄、爱国将士如岳飞、文天祥、史可

① 韦政通《中国的智慧》，吉林文史出版社1988年版，第100页。

②《论语·八佾》。

③《论语·学而》。

法、戚继光、林则徐、邓世昌等,他们的爱国气节同其忠君观念是浑然一体的。即使在现代社会,“孝”字也不完全过时,尊敬和赡养父母、老人,至今仍应提倡。在中国社会,儒家的孝道文化产生了极其广泛深远的社会影响。历代统治者通过科举考试制度、举孝廉制度,达到“以孝治天下”的目的,像《孝经》、《二十四孝》等读物也教育出许许多多“孝子贤孙”。重孝、尽孝、行孝成为传统中国社会民族心理结构的重要特征。

五是节义思想。本书儒学人学思想部分中讨论儒家道德规范论时已指出,在儒家那里,“节”具有两种含义,一方面是表示对某种政治道德理想坚定不移、始终不渝的信仰,以及为了这种信仰毫不畏惧、不怕牺牲;另一方面表示在生死危险关头及各种考验面前能够挺身而出或毫不屈服、动摇。儒家十分重视节操、气节等人格修养,孔子主张“舍生取义”和“杀身成仁”,孟子倡导“富贵不能淫,贫贱不能移,威武不能屈”①的大丈夫气概。儒家倡导的主要价值观就是贵义,它的内容是:提倡“居仁由义”的贵义追求;奉扬“重义轻利”、“见利思义”、“以义驭利”、“舍生取义”等重义轻利人生价值观;倡导“见义勇为”的品德。尽管宋明理学提出了所谓的“饿死事小,失节事大”的贞节观,忽视妇女的权利,尽管重义轻利也带来了义务本位的流弊,但从总体上儒家的节义思想在塑造中华民族精神方面发挥着巨大的积极作用。它引导人们为了民族大义,为了祖国和集体的尊严、荣誉和利益,为了个人的理想信仰,为了他人的安危,无私无畏,毫不妥协,勇于牺牲,舍己为人,从而表现出“富贵不淫,贫贱不移,威武不屈”的浩然正气、坚定意志和英雄气概,表现出见义勇为、舍生取义、舍己为人、宁死不屈的献身精神。我国历史上

① 《孟子·滕文公下》。

的苏武、文天祥等民族英雄，以及叶挺、张思德、董存瑞、邱少云、黄继光、欧阳海、雷锋、王杰等党的好儿女，他们的高贵情操和献身精神，同儒家节义思想的熏陶是密切相关的。

另外，儒家所倡导的“主忠信”、“人而无信，不知其可”、“自古皆有死，民无信不立”、“忠信，礼之本”等诚信思想，“安贫乐道”、“天下有道则现，无道则隐”、“穷则独善其身，达到兼济天下”等权变态度，“学而时习之”、“温故而知新”等求知精神，以及自强不息、奋发有为的拼搏品质，都成为中华民族精神的重要内涵。吴灿新把中华民族伦理基本精神概括为“父要子亡，子不得不亡”的家庭主义精神，“中为天下本，和为天下道”的中和主义精神，“亲亲而仁民，仁民而爱物”的情感主义精神，“君子喻于义，小人喻于利”的尚义主义精神，“去私欲，存天理”的禁欲主义精神，“人之初，性本善”的德性主义精神，“民为贵，君为轻”的民本主义精神，“循三纲之纪，通八端之理”的等级主义精神，①也表明儒家思想对中华民族精神产生了多种广泛影响。

墨家、道家在秦汉时期中华民族精神形成和发展过程中的作用虽然不能与儒家相提并论，但作为当时两大文化支流同样不可忽视，它们作为中华民族传统文化的重要组成部分，对民族精神的内容和特点也产生了较大影响。秦王朝独尊法术，汉代封建统治者也大多奉行“阳儒阴法”政策，不过，中国传统社会终归是一个礼俗社会、人治社会，而不是法治社会，所以法家文化对中华民族精神的塑造作用较小，传统中国人主要表现为重德不重法、重情不重法的特点，法制精神比较欠缺。

先秦时期，墨学与儒学同为“显学”，并领风骚，后来逐渐衰落，

---

① 吴灿新《中国伦理精神》，广东人民出版社 2007 年版。

汉武帝“独尊儒术”以后，墨家近乎失传。墨家学派虽然亡绝了，但其思想观念则绵延不息，在民族精神中，可以找到它的积极影响。墨家学说主要有兼爱、非攻、尚贤、尚同、非命、非乐、节葬、明鬼等主张，其中对民族性格产生较大影响的是非攻观念和节俭观念。在兼爱思想基础上，墨子坚决反对一切侵略性战争，支持保卫和平的正义战争。这些深深渗透进我们民族的血液中，成为孕育中华民族爱好和平的文化因素。墨家弟子不仅从“国家人民之大利”的立场出发，提出了“节用”、“节葬”的主张，反对华而不实、奢侈浪费，而且还身体力行，节衣缩食，衣不求好，食不过饱。墨家的这种节用思想同儒家的节俭反奢观念一道，共同锻造了中华民族艰苦奋斗、勤俭节约的传统美德。

道家文化在中国人的思想中所占的地位仅次于儒家，它同儒家文化一道共同塑造了中华民族的性格和思想观念。老庄主张顺应自然，不去强力干预，做到虚静无为，返璞归真，保持赤子之心，力倡“不争”、“贵柔”、“守静”、“谦下”等处世哲学，这些显然是中华民族自然谦和、旷达超脱、任其自然等精神特质的重要养料。《庄子》关于“神人”、“真人”、“圣人”等人格的描述和向往，体现了一种豁达、乐观、超脱的人生态度，这一达观心态和精神追求，在很大程度上润泽着中华民族心理，使中国人总是保持着乐观主义态度。同时，“道家的自然无力及其不干涉主义，对于专制政体具有很大的消解作用，它的叛逆精神及其一切价值重估的观念，对于僵固思想具有极大的震荡力”①。

二、中华民族精神的“流”

中华民族精神总体结构秦汉大体奠立之后，并不是凝固不变

---

① 陈鼓应《论道家在中国哲学史上的主干地位》，《哲学研究》1990 年第 1 期。

的,而是伴随着中国社会历史的变化而变化,在不同时代由于经济、政治的差异和发展特别是以儒家文化为主导的传统中华文化的流变、发展和完善而被赋予新的内容和新的特征。

（一）古代中华民族精神的演变

中华民族精神自汉代正式形成以后,直到清朝鸦片战争,进入古代发展时期。这一历史时期虽然民族精神的主要内容没有发生根本改变,但得到了深化和完善,而且在不同的历史阶段呈现出不同的具体内容和特点。

1. 汉魏隋唐的民族精神。汉武帝"独尊儒术",不仅使儒学成为中华一统的主流文化,也极大地促进了经学的发展。在两汉时期,对中华民族的心理、心态、信仰、习俗、道德、思维方式、价值观等影响最大的就是经学。经学的一统和专制严重束缚了人们的思想,导致人精神的僵化。经学的发展促使儒生顿增,学经习经论经成风,以致形成了皓首穷经的学术风气,学术文化也走向烦琐僵化的末路。由于汉代儒学披上了神学色彩,至两汉末年又与荒诞的谶纬迷信相结合,使反理性的神秘主义充斥整个东汉思想领域。董仲舒创立的以天人感应目的论为中心的唯心主义神学体系,以及他所论证的以"三纲"(君为臣纲、父为子纲、夫为妻纲)、"五常"(仁义礼智信)为核心的政治伦理思想,刚开始反映了新兴地主阶级的积极进取精神,但随着封建制的向前推移,董仲舒的思想逐渐丧失其历史的合理性,而成为阻碍社会前进的桎梏,特别是他利用神权来维护封建宗法等级中的皇权、族权和夫权,使他的思想变成历代统治者奴役人民的精神枷锁。

汉末魏晋南北朝是中国社会比较混乱的时代,但同时也是思想较为解放、较为自由的时代。随着东汉政权的败亡及曹魏政权的建立,儒学一统天下的局面结束,从此一方面出现了文化多元的构局,另一方面则是以引老庄去解释儒学的玄学逐渐占据思想界的统治地位。整个社会和个人的精神生活出现了对儒学的信仰危机，人们力图摆脱各种纲常名教的约束，追寻一种狂放、颓废、玄远、自由的生活，形成了一种狂放不羁的时代精神，鲁迅称之为"魏晋风度"，其主要表现是志气宏放、傲然独立、任性不羁、清淡放浪等。东汉末期，佛教开始传入我国，道教也在民间兴起，从此，这两大宗教不论是对国民性格还是对民族心理都产生了较大影响。我们将作专门介绍。

唐代中华民族文化日益高涨，走向繁荣，在思想文化领域，佛学中国化，逐渐融入中国本土文化之中，并同儒、道抗衡。其中对后世思想影响较大的禅宗正是中国文化与外来文化相交融的产物。这一时期，一方面，佛教成为封建地主阶级统治思想的重要精神支柱，社会上信佛的人也越来越多；另一方面，唐代经济、政治繁荣与发展，文化交流扩大，文学艺术走向辉煌，这些使唐代人表现出博大的胸怀、开放的心态、兼容的气度和昂扬的风貌。

2. 宋元明清的中华民族精神。宋元明清时期，中华民族精神由于以下社会文化事件而出现了某种新的变化。

一是宋明理学成为主流思潮。经过魏晋隋唐长期的斗争融合，儒、释（佛教）、道三家最终结合出宋明理学。作为儒学的新发展，理学主要包括陆（陆九渊）、王（王阳明）"心学"和程（程颢、程颐）、朱（朱熹）"理学"，它以儒家思想为核心，批判继承了佛家和道家学说，以理欲之辨、穷理尽性、伦理纲常等为主要内容，成为后期中国封建社会的统治思想，一直维持到清代。理学强调纲常名教等"天理"，它无疑包含着一些积极因素，如它有利于强化中华民族重德崇德的价值取向，有助于培养人的道德自律精神和贞操观念，自古以来，"天理不容"成为评价和劝戒人趋善避恶的道德标准和要求，但是它所推崇的“居敬”、“主静”、“存天理，灭人欲”等封建禁欲主义道德，也在一定程度上束缚了人的个性发展和首创精神，以致造成“以理杀人”的流弊，给民族精神造成了一定不利的影响。

二是实学和启蒙思潮开始兴起。早在12至13世纪，陈亮、叶适等人就提出了“功利之学”。明清之际（明隆万至清乾嘉时期）即公元16世纪中叶至19世纪初，我国历史进入封建社会末期。此时，新的资本主义经济关系开始萌芽，虽然新经济、新思想受到旧经济、旧思想的阻挠，但仍孕育着启蒙主义的新思潮。社会的大动荡、大巨变促使一批先进知识分子对传统道学思想特别是心学进行批判，努力瓦解旧的价值观、认识论和思维方式。以李贽、顾炎武、王夫之、黄宗羲、戴震、颜元等人为代表的一批启蒙思想家把批判的矛头直指传统理学和心学，反对封建专制主义、禁欲主义和蒙昧主义。在激烈抨击和批判专制制度、“存理灭欲”的纲常名教、“农本商末”的价值观、空谈心性的玄学和理学的基础上，他们为人的私欲和功利心作辩护，大力批判传统节烈观，提出了重实际、重功利、重实践、重工商、私欲有理等经世致用的实学思想。明清之际的实学启蒙思潮，深刻地改变了中华民族精神的内容和走向。它打破了宋明理学的一家独尊局面，使荒芜已久的学术文化园地重新焕发生机，继春秋战国之后，在明清之际形成了又一个百花齐放、百家争鸣的学术繁荣期，它冲破了封闭僵化的旧礼教、旧观念、旧伦理，动摇了传统儒家所提倡的“重义轻利”、“重道轻器”、“农本商末”等旧价值观；由之所孕育出来的某些思想因素，例如民主、平等、个性、法治、自由等，成为近代中国思想的先声；它所提出来的一系列经世致用主张，也在一定程度上培植出中华民族的求真精神、科学精神、实效精神和功利精神；在资本主义商品经济和实学思潮的共同作用下，中国人的商品观念逐渐萌生和发展。

三是民族矛盾与冲突的加剧。宋以来，民族矛盾更加突出，民族冲突频仍，民族融合也有新的发展，尤其是汉族同外族之间的矛盾十分尖锐。明清之际西学开始东渐，它既给古老的中国带来一股清新格调，也造成了中西文化的撞击。正是在激烈的民族文化对峙、冲突、融合中，爱国主义精神得到了新的锤炼和更新。像陆游、岳飞、辛弃疾、文天祥、戚继光、郑成功等中国历史上最著名的民族英雄，都是在宋元明清时期抗击外族压迫和入侵中涌现出来的，他们成为中华民族爱国主义精神的杰出代表。

四是创造发明有了新发展。中华民族是世界四大文明古国之一，我们的祖先为人类创造了许多优秀成果，到了宋元明时期，中华民族也取得了举世瞩目的成就，发展出较发达的科学技术，充分显示了中国人民的勤劳与智慧。印刷术、指南针和火药虽然早在宋元前已经发明并用之于实践，但这时又有了新的进展。11世纪中期，北宋平民毕昇发明了活字印刷术。早在战国时期，我国人民就制成了"司南"(最早的指南仪器)，后来又制成了指南针，到了北宋，指南针应用于航海事业。宋元时期，火药开始用于军事，制造了火箭、突火炮、火炮等。沈括的《梦溪笔谈》、李诫的《营造法式》、王祯的《农书》、曾公亮和丁度的《武经总要》、薛景石的《梓人遗制》、李时珍的《本草纲目》、徐光启的《农政全书》、宋应星的《天工开物》等书籍中，都有大量关于自然科学技术的记述。在宋元，我国还涌现出了一大批杰出的科学家，如数学家朱世杰，天文学家郭守敬，火箭制造者唐福、冯继生，地图学家朱思本等。同时，我国在史学、文学、艺术领域也取得了辉煌成就，主要有北宋司马光的《资治通鉴》、宋词、元杂剧，以及明朝灿如晨星的，以《三国演义》、《水浒传》、《西游记》等为代表的古典小说。在各种文化创造活动中，中华民族的创造精神和科学理性精神得到了升华。

3. 道教文化、佛教文化与中华民族精神。佛教(简称释),是世界上三大宗教之一,它起源于印度,东汉末年传入我国。道教作为我国土生土长的宗教,东汉时期在民间兴起。佛教输入我国后,逐步吸收融合中国传统的儒家文化和道家文化,特别是融入了黄老道术和魏晋玄学,创造出了具有中国特色的佛教——禅宗。经过与儒道的对抗、渗透、融合,佛教在隋唐达到鼎盛时期。唐代统治者实行儒释道三教并行政策,进一步促进了三家融合,到宋代则形成了"三教合一"思潮。释道自汉以后直到清末,不仅成为中华文化的两大支干,成为封建意识形态的重要内容,而且渗透到中华民族的风俗习惯、价值观念、人生态度、思维方式、思想意识、人格特质等之中,成为制约中华民族精神的两大因素。

道教同道家既有联系又有区别,它吸收了道家"道"的学说,并神化老子(称他为太上老君),但它又区别于原始道家承认天神的存在和作用,而吸取了神仙方术一些东西,尊奉老子为教主,而且道教吸收了墨家、儒家、阴阳家等的思想,以修道成仙思想为中心。道教文化大致从以下几方面对中华民族精神产生了积极作用。一是积德行善。同任何宗教重视劝人为善一样,道教也有许多惩恶扬善的思想主张。道教有不少劝善书如《太上老君感应篇》、《功过格》等,从生死、贫富、祸福、子嗣等方面劝戒官民要多做善事。道教的道德教化思想通过各种宗教活动和文艺作品在宋以后的社会中广为传播,渗入到老百姓的民风民俗民情之中,濡化了中华民族重德好仁的品质。二是现实乐观态度。道教固然有追求成仙成道、长生不老、洞天福地等神仙境界的理想主义一面,但它既不刻意追求天国世界或彼岸世界,又不沉湎于过去,而是立足于现实。同佛教宣扬"一切皆苦"不同,道教倡导的是"乐生"态度,所以它助长了中国人的达观、乐观、贵生意识。鲁迅先生曾说:"中国根柢全在道教",著名学者陈鼓应先生也讲中华文化的主干是道教文化,这些说法尽管可能偏激,但它表明道教文化同中华文化及其精神息息相关。

佛教文化对中国国民心性和品格也产生了较大影响,信仰佛教的人较多,但它似乎给民族精神带来一些负面的效应,它认为人生一切皆苦,提出极乐净土、因果轮回、地狱天堂等观念,这显然容易使人产生悲观厌世乃至遁世的思想。佛教文化对民族精神造成的正面效果主要体现在塑造人们的重德向善精神上。为顺应中国文化及满足中国人的需求,佛家文化也大力宣传孝道,为此编造了讲孝的佛经。佛教认为,佛性不在现实世界之外,而是内在地、先天地存在于每一个人的本性之中,因而,“人人皆可成佛”,据此,佛教发展了“无念为宗”、“本性是佛”、“放下屠刀,立地成佛”等观念,除了具有神秘主义神学外衣,这些无疑有助于养成人的道德自律精神。另外,佛教提出的顿悟、性净等修持方法也成为中华民族精神中思维方式的重要因素。

(二)近代中华民族精神的发展

步入近代以来,特别是1840年鸦片战争之后,中华民族出现了“五千年之未有变局”,从此中华民族精神沿着两条线路得到锤炼和塑造。一是社会变动对民族精神的模塑。我国沦为殖民地半殖民地,外敌纷纷入侵,占领大片领土;战乱不已,对外先有鸦片战争、中法战争,继而是甲午战争和抗日战争,对内则有军阀内战以及由国民党发动的内战;同时民族自强、独立、解放和革命运动也是风起云涌、此起彼伏,先后出现洋务运动、太平天国革命、戊戌变法、辛亥革命、新民主主义革命。外敌的入侵,中国的落后挨打,这些极大地冲击了中国人民的自尊心,但也激发起国人自强不息、自由独立、爱国忧民、变革创新的意识。二是文化运动尤其是五四新文化运动对民族精神的浇灌与再造。一方面,各种社会思潮的涌现为民族精神的发展提供了文化条件,另一方面是人们对民族精神的内容、特点、发展与重建进行了比较自觉的思考。

从鸦片战争到中华人民共和国成立，近代中华民族精神大致经历了两个发展阶段：从鸦片战争到南京国民政府的建立为第一阶段，从国民政府成立到中华人民共和国成立为第二阶段。

1. 从鸦片战争到国民政府成立时期的民族精神。中国社会进入近代以后，民族精神开始发生了重大变化，出现了新的时代特点。这一变化主要表现在三点上，即民族精神的危机、人们意识的变化及新的思想学说的产生与发展。首先，深重的社会危机带来了精神的危机。鸦片战争之后，中华民族饱受欺凌，深受帝国主义的侵略和压迫，中华民族陷入严重的危机中，国门打开后，人们明显感到了中国的落后。这些都使人们开始怀疑中国传统文化遗产的合理性，儒家学说作为人们的信仰也开始动摇，于是人们的思想信念陷入迷茫、困惑、苦闷、分裂状态之中。同时，中国的落后挨打尤其是一系列丧权辱国条约的签订，也极大地伤害了中华民族的自尊心和自信心，文化虚无主义逐渐滋长。二是在中西方文化撞击和社会大动荡、大变革的社会历史背景下，中国人的思想观念、价值取向、道德观、人格等民族精神方面出现了历史性变化。受到明清之际启蒙思想和外来文化思想的双重影响，一部分中国人思想开始觉醒，某些新道德、新价值观、新思想逐渐被人们接受。三是一批先进人物围绕中华民族的救亡图存、发展振兴及现代化，在对以儒家为主的传统文化及其意识形态进行批判的基础上提出了新的救国救民的思想理论，譬如洋务派的中体西用论、改良派的变器卫道论、顽固派的以夏变夷论和革命派的民主共和论，它们中的合理部分不仅本身成为民族精神的有机内容，还渗透到普通百姓的文化心理结构之中，在很大程度上影响着中华民族精神的培育和弘扬。

(1)思想的维新与启蒙。鸦片战争后近半个世纪国内涌现出来的各种社会思潮,特别是资产阶级启蒙运动,对中华民族精神的塑造主要有以下两方面。一为求新、求变意识的增强。近代启蒙思想的先驱龚自珍、魏源生活在我国封建社会急剧衰败、开始沦为半封建半殖民地社会的社会转折时期。他们对停滞不变的封建法统和道统产生了怀疑,以此发出“变法”、“变古”的建议。龚自珍、魏源吸取了公羊三世说的历史进化观,强调“变”的思想。魏源在“变古愈尽,便民愈甚”的改革思想之后,又提出了“师夷长技以制夷”的时代呼声,成为近代启蒙思想的最强音,也成为时代精神的先声。太平天国运动被镇压以后,出现了资产阶级早期改良主义思潮,一批具有初步资产阶级思想的知识分子如王韬、薛福成等针对顽固保守派“恶西学如仇”、“祖宗之法不可变”、“孔孟之道不能变”等形而上学的不变论,而在理论上提出了“道难变但器可变”的渐变论理论。到了19世纪末变法维新运动,严复以介绍达尔文物竞天择的进化论而开创了中国进化论的新思潮,康有为也分别提出了自己的新进化论。作为近代思想解放运动的先驱,康有为、谭嗣同、梁启超的维新思想中都充满着“器变道变”、“一切皆变”的观点。20世纪初,资产阶级民主革命运动高涨,“尚变”的观点又有新的进展,章太炎等人反对保皇派的“渐变”而强调“迅变”、“革命”的社会意义,中国革命的先驱孙中山也强调社会的进化应有“突飞之进步”。可以说,此一时期社会变革、社会进化及求新求变成为时代精神的主要象征。二为求实求效意识的提高。明清之际的经世致用风气为魏源所延续,他提出的“及之而后知,履之而后艰”观点已具有实证倾向。到了19世纪末,严复吸收借鉴了英国唯物主义经验论,并运用西方逻辑归纳和实验科学等方法去揭露传统独断哲学和经学思维的弊端。总之,这一时期由于受到西方实证主义思潮的影响,求实求效的思想倾向逐渐得到传播。

(2)价值观的嬗变。民族价值观是民族精神的核心之一,民族精神的变化与发展最突出地表现在价值观的变迁上。在特定的地理环境、小农宗法经济结构和以儒学为主体的传统文化作用下,中国古代价值观主要有成圣成王、修己爱人、重义轻利、重农轻商、尊道鄙器、存理去欲、社会本位、执两用中、崇古唯上、孝悌为上等。早在明清之际,一些进步思想家就开始对旧的价值观进行激烈批判。鸦片战争后中国社会的深重危机和变局,摧毁了国人"天朝上国"、"华夏中心"的心态,一些有识人士开始自觉睁眼看世界,从西方文化先进价值观中吸取营养,加之中国封建社会资本主义经济的萌发,这些促使人们逐渐调整、改变落后的价值观。这一历史时期,中国古代传统价值观开始崩解,传统的圣贤偶像受到怀疑,纲常名教受到冲击,忠君唯上、崇古农本观念受到质疑;而某些新的价值观开始确立,重商、重器、重利以及自由、民主、人权等观念逐渐在一些人思想中树立起来。

(3)人格的重构。进入近代以来,中华民族的人格世界也出现了裂变和重构。一些启蒙思想家如谭嗣同、薛福成、严复、康有为等,一方面用变通趋时、谋利求富等去改造传统的圣贤人格,另一方面则提出了新的人格类型。新人的观念到了近代蔚为社会思潮。在改革传统观念习惯和国民品格方面,太平天国洪仁玕在《资政新篇》中提出了建设近代文明的主张,提倡人人自新而成为"新民"。1895 年维新派严复提出"鼓民力"、"开民智"、"新民德"的主张。以后,梁启超在《新民说》中将严复的"民力、民智、民德"统称为"民质",并提出"新民说"。资产阶级改良运动失败后,以孙中山、章太炎、邹容、陈天华等人为代表的资产阶级革命派,不仅提出许多民主革命思想,为中华民族精神的健康发展做出了贡献,他们提出的各种民主共和思想,以及"中国传统,西洋精华,自己创见"的文化主张，尤其是孙中山创立的三民主义思想（民族主义、民权主义、民生主义），都深刻影响了中华民族文化和精神的发展。他们还自觉地对中国人的人格和民族国民性进行了批判性反思，指明国民的奴根性使中国人顺从、安分、依赖、谦卑、对政治冷漠等，提倡人人皆有权利的国民新精神。

2. 从国民政府成立到中华人民共和国成立时期的民族精神。国民政府成立后（1911 年），辛亥革命的成果不久被篡夺，在思想文化方面，以康有为、梁启超等人为代表的保守派认为孔教是中国之国魂，因而力倡尊孔读经，力图恢复以"三纲五常"为核心的传统纲常伦理，恢复孔教，恢复帝制。为了民族振兴，为了救亡图强，为了寻找救国救民的真理，激进的民主主义者和中国共产党人先后掀起了五四新文化运动和民族解放运动。这一时期，中华民族精神经过五四运动、北伐战争、抗日战争、解放战争的洗礼和中国共产党人的初步建构，更加趋于丰富和完善，优秀的民族精神不仅在新的历史时期得到弘扬，而且得到了新的发展。

（1）五四新文化运动对中华民族精神的发展。五四新文化运动作为一场激进的反传统运动，虽然有文化激进主义、文化自由主义和革命主义之分，虽然带有某些偏激的思想偏向，虽然以辜鸿铭、梁启超、梁漱溟、贺麟等人为代表的文化保守主义并非一无是处，但从某种意义上说它未尝不是一场思想启蒙和精神解放的运动，也是中华民族精神大发展的运动。"我认为一切解放的基础，都在精神解放。""所以我们的解放运动第一声，就是'精神解放'。"①由陈独秀、李大钊、鲁迅等人领导的五四新文化运动高举民主和科学两面大旗，同保守派的开明专制论和现代新儒家第一代标志性人物梁漱溟

① 李大钊《精神解放》，《李大钊文集》（下），人民出版社 1984 年版，第 211 页。

等人的东方文化优越论展开激烈思想交锋，提倡新文化，反对旧文化；提倡新思想，反对旧思想；提倡新道德，反对旧道德，有力地荡涤了我们民族心理中的腐朽落后成分，批判和揭露了中华民族的劣根性，为中华民族精神注入了许多新鲜血液。五四新文化运动揭露了封建“仁义道德”，认为它们的实质是“吃人”，批判了礼教对人性的摧残和扭曲，揭露了“孝”、“烈”对幼者弱者尤其是女性的残害，从而暴露了“三纲五常”、“三从四德”①等封建旧道德几千年来对人们心灵的毒害真面目，呼唤建立一种更加符合人性、男女平等的新道德。五四新文化运动倡导个人的自由（如婚姻自由、人身自由），呼吁人们从奴性人格中摆脱出来，以发展自身的独立人格；它反对封建专制，反对纲常名教对人的束缚，倡导民主共和，这些思想主张为自由民主精神扎根于中华民族大地起到了理论先导作用。五四新文化运动喊出了科学和民主的口号。它反对封建迷信，反对盲从，宣传无神论，宣传科学，宣传科学理性。五四运动以及1923年开始的“科玄论战”所展现出来的科学主义思潮，尽管存在唯物论科学主义、经验论科学主义之分，尽管存在科学至上主义的偏向，混淆了科学理性和人文理性、价值理性和工具理性的界线，尽管过分贬低了道德理性和人生信仰的作用（康德认为知识应该为信仰让出地盘），但是其主张发展科学、利用科学、尊重科学，符合人类精神文明发展的大方向，它也有助于中华民族科学理性精神的弘扬，对治传统儒家相对轻视科学的偏向。新文化运动的主将胡适认为，西洋近代文明精神方面的第一特色是科学，科学的根本精神在于追求真理，将来的中国必然走上科学化的道路。在五四新文化运动的推动下，科

① 所谓“三从”，即是《仪礼·丧服子夏传》所说的“未嫁从父，既嫁从夫，夫死从子”。所谓“四德”，即是《周礼》所讲的“妇德、妇言、妇容、妇功”。妇德谓贞顺，妇容谓辞令，妇言谓婉娩，妇功谓丝枲。

学精神逐渐深入人心。

(2)中国共产党人对中华民族精神的初步创造。1921年7月中国共产党的成立,开辟了中华民族历史的新纪元。以李大钊、陈独秀、瞿秋白等人为代表的中国共产党人运用马克思主义的立场、观点和方法积极参加东西文化论战、科玄论战、中国社会性质论战,批判封建文化,倡导社会主义文明。同时,在中国共产党的正确领导下,全国人民经过浴血奋斗,取得了土地革命战争、抗日战争和解放战争等伟大胜利,推翻了“三座大山”,建立了人民共和国,在这28年的民族革命和解放斗争过程中,中国共产党培养出许多优秀的精神类型,如井冈山精神、长征精神、延安精神和红岩精神。这些崇高精神既是优秀中华民族精神的生动展现,又在特殊的社会历史条件下丰富和发展了民族精神;既是先进的中国共产党人和广大人民群众用鲜血和汗水浇灌的结晶,同时又是鼓舞人心、催人奋进的强大动力和支柱。中国共产党人在革命战争年代所培植起来的崇高精神十分丰富。毛泽东曾经说:一定要保持革命战争时期的那么一股劲,那么一股革命热情,那么一股拼命精神。邓小平联系新时期的实际概括出党在长期革命斗争中形成的五种革命精神:革命和拼命精神,严守纪律和自我牺牲精神,大公无私和先人后己精神,压倒一切敌人、压倒一切困难的精神,坚持革命乐观主义、排除万难去争取胜利的精神。在艰苦岁月中,为了提高中国共产党员及其领导下的人民群众的思想觉悟,帮助他们树立坚定的共产主义信念、集体主义观念,养成不怕艰苦、不怕牺牲、团结合作的精神品格,中国共产党还广泛传播马克思主义,加强各种思想政治工作,用人类最先进最科学的理论去武装广大人民群众的头脑,从而极大地促进了中华民族精神的更新和发展。正如毛泽东深刻指出的,自从中国人学会了马克思列宁主义以后,中国人在精神上就由被动转入主动,从这时起，近代世界历史上那种看不起中国人的、看不起中国文化的时代应当完结了。在民主主义革命时期，毛泽东不再孤立地去思考通过"改造哲学伦理学"来重建中国的价值秩序，而是将启蒙与救亡、内圣与外王、意义危机的拯救与生存危机拯救紧密联系在一起，并把马克思主义宇宙观、人生观与中国传统道德理想主义有机融合。① 同时，党还十分注重加强自身修养，在延安时期，刘少奇撰写了《论共产党员的修养》，该书对人们加强精神修养、提高精神境界产生了较好作用。

(3)中华民族精神得到了锤炼和升华。伟大的红军二万五千里长征是人类历史记录上的第一次，通过战胜无数艰难险阻，中国共产党人的意志品质由此变得更加坚强，共产主义信念愈加坚定。伟大的抗日战争的胜利也使我们民族精神得到了洗礼，中国人民的爱国主义精神和团结互助、艰苦奋斗、英勇不屈的精神得到了扩展。中国民族独立和解放运动表明我们中华民族有同自己的敌人血战到底的气概，有在自力更生的基础上光复旧物的决心，有自立于世界民族之林的能力。

(三)当代中华民族精神的发展

随着新中国的成立，中华民族精神又翻开了新的一页，文明古国重新焕发出新的生机、新的风貌。新中国成立至今，中华民族精神的发展大致又可以细分为两个阶段：从中华人民共和国建立到十一届三中全会召开为第一阶段，不妨称为社会主义建设探索时期，此一时期在民族精神塑造上的最大特点是，尽管有过对道德遗产批判继承的呐喊，但出于思想改造和文化革命的政治诉求，对儒家文化更多的是持批判、破坏和摒弃态度。从十一届三中全会迄今为第

① 何显明《毛泽东对中国价值秩序的重建》，载赵剑英主编《世纪之交的中国文化》，广西人民出版社 1994 年版。

二阶段,不妨称为改革开放新时期,这一时期在探索如何培养优秀民族精神过程中,对儒家文化进行客观分析、现代转换和辩证取舍逐渐成为思想主流。

1. 社会主义建设探索时期的中华民族精神。自新中国成立之后,中国共产党领导人民群众积极开展社会主义建设,并积极探索中国式社会主义的发展道路,既有"三大改造"等方面的成功经验,也出现了反右扩大化、人民公社化、大跃进和"文化大革命"等的失误。特别是"文化大革命"给中华民族精神造成了很大破坏。一是实行同传统彻底决裂,大搞批孔运动和评法批儒,导致以儒家伦理为代表的优秀精神遗产遭到抛弃,人们的文化认同出现严重危机。二是坚持"政治挂帅"、"思想领先"、"狠斗'私'字一闪念",宣扬"精神万能"论,大搞个人崇拜,反而导致产生大量的虚假自我同一或道德伪善,人的个性受到压抑,精神或心灵受到禁锢。三是残酷的阶级斗争和政治运动,泛政治化的思维,使人的精神世界被扭曲,亲情、人情断裂,人际间充满不信任,假、大、空泛滥。不过,此一时期,由中国共产党领导下进行的社会主义经济建设、政治建设和文化建设,还是从总体上发展和完善了中华民族精神。

社会主义政权的建立为民族精神的新发展注入了强大动力。人民共和国的成立,使中国人民结束了被压迫被奴役的悲惨命运,人民群众成了国家的真正主人,他们的主人翁精神明显增强,普遍具有强烈的翻身感,焕发出冲天的革命干劲和建设热情,人民群众从事社会主义现代化建设的积极性、创造性和能动性有了极大提高。

社会主义建设事业的蓬勃发展为民族精神的新发展提供了社会条件。为了巩固人民政权,加快社会主义建设步伐,党领导人民开展了镇压反革命运动、土地改革运动、"三反""五反"运动、人民公社化运动和"大跃进"运动,基本完成了对农业、手工业和资本主义工商业的社会主义改造,社会主义国营经济和集体经济有了较大发展。这些客观上强化了人民群众的社会主义信念,进一步培育了人民群众的集体主义观念。同时社会主义建设取得的巨大成就,也激发了人民群众热爱社会主义祖国的意识。改造自然、改造社会的艰苦社会主义建设实践,使党艰苦奋斗的优良作风同样有了新的砥砺和发展。

党领导进行的思想教育和改造工作为民族精神的新发展提供了广阔土壤。为了清除一些人身上存在的封建小农思想和资产阶级思想,为了确立马列主义、毛泽东思想在社会主义文化建设中的指导地位,党领导人民群众在20世纪50年代初期开展了几次大的思想改造运动。一是知识分子的思想改造。知识分子的思想改造,是我国在各方面彻底实现民主改革和逐步实现工业化的重要条件之一。据此,党先是组织广大教师进行理论学习,后逐渐扩展到各界知识分子中,成为全国规模的知识分子思想改造运动。时间从建国初到1952年底。1951年,周恩来向北京、天津高等学校的教师作了《关于知识分子的改造问题》的报告,着重阐明知识分子进行思想改造的必要和目的,强调要分清敌我,批判帝国主义、封建主义和官僚资产阶级的思想影响,勉励一切有民族思想、爱国思想的知识分子进一步站到人民的立场上来,并力争更进一步站到无产阶级立场上来。通过这次思想改造运动,广大知识分子不断克服旧思想,接受新思想,马克思主义、毛泽东思想逐渐深入人心。二是在思想文化领域开展了“五大批判”。这就是对孙瑜编导的电影《武训传》的批判、对俞平伯红学思想的批判、对胡适思想的批判、对胡风文艺思想和梁漱溟思想的批判。虽然这些批判存在简单化、片面化的弊端,但它们毕竟有力地批判扫除了各种唯心主义、封建地主阶级思想和资产阶级思想,进一步确立了马克思主义在思想文化领域的指导地位。三是马克思主义的宣传启蒙教育运动。新中国成立初期，中国共产党在全国人民首先是知识分子中间广泛深入地开展了一场学习和宣传马克思主义的启蒙教育运动。这场启蒙教育运动,从学习社会发展史入手,帮助人们清理头脑里的各种剥削阶级旧的思想观念,树立马克思主义一系列科学观点。此间,《实践论》和《矛盾论》等著作的重新发表,进一步激发了全国人民学习马列主义、毛泽东思想的热情,巩固了毛泽东思想在社会主义文化领域的指导地位。通过解放初期的思想改造运动,加上后来一系列的社会主义思想文化建设实践,马克思列宁主义和毛泽东思想逐渐被确立为中国社会主义文化建设的指导思想,并在宪法、党的报告和决议中作为一项根本文化制度明确下来。

选树英模为中华民族精神的新发展提供了良好载体。建国以后,社会主义价值观逐渐深入人心,一些人头脑中存在的封建主义、资产阶级思想也逐渐被清除。而在火热的社会主义建设实践中,中华大地上涌现出了许许多多的英模人物和先进典型,其中主要有:全心全意为人民服务的好公仆焦裕禄;助人为乐的标兵雷锋;见义勇为的英雄罗盛教、欧阳海;舍己为公、奋不顾身的英模向秀丽、蔡永祥;艰苦奋斗、吃苦耐劳的先进人物王进喜、孟泰、马恒昌、马万水、时传祥、赵梦桃、张贵顺、尉凤英、赵春蛾等;自强不息、身残志坚的钢铁战士高士琪、麦贤得;爱岗敬业的劳模姚濯新、彭厚芝、李月华、张秉贵等;共同致富的带头人史来贺;军中之魂、最可爱的人杨根思、黄继光等。共和国英雄是中华民族精神在新时代的代表,在他们身上,凝聚了优秀的传统民族精神,体现了革命战争年代的英雄主义精神,代表了高尚的人生境界和道德追求,展现了坚定的共产主义理想信念。为此,中国共产党在全社会大力宣传他们的先进事迹,号召人们向英雄学习。毛泽东向全国人民发出了“向雷锋同志学习”的号召。1957 年,他曾亲笔为山东临沂莒南县厉家寨题词:“愚公移山,改造中国,厉家寨是一个好例。”可以说,新中国成立后的二十多年,铁人精神、雷锋精神、邱少云精神、张秉贵的“一团火”精神、罗盛教精神等激励、鼓舞和教育了无数人,对于确立共产主义理想信仰,增强人们的集体主义观念,树立全心全意为人民服务的宗旨,培养艰苦奋斗、勤劳节约、爱国敬业、自强不息等精神品质,都发挥了巨大的导向、凝聚、示范作用。

2. 改革开放时代的民族精神。自十一届三中全会以来,中国共产党领导全国人民拨乱反正,重新确立了解放思想、实事求是的思想路线,进行了一系列社会主义改革开放,使中国社会结构发生了重大变化。社会的变化带来了民族精神的变化。这种变化从总体上说是积极的、健康的、向上的,但也存在某种令人担忧的精神危机、精神畸变现象。

就思想观念来讲,人们逐渐摒弃了“精神万能”的错误想法,确立了适应改革开放和社会主义市场经济发展的新观念、新思想,但也存在某些思想混乱。新中国成立以后,我国逐渐形成了较为僵化、高度集中的经济政治体制,几十年一贯制,整个社会比较静止,缺乏充分的横向流动和纵向流动,人们的思想往往较为守旧,不思进取。改革开放后,出现了许多新事物、新问题、新观念,新的机会也不断增多,于是人们的求新求异求变观念明显强化。改革开放充分肯定了个人正当利益的追求,人们不再“耻言利”,不尚空谈、追求实惠成为大家共同认可的价值观念。市场经济是一种实利经济,它追求以最小的投入换取最大的收入,与之相适应,人们的效益观念、实效观念逐渐树立起来。传统中国社会往往强调中庸、协调、知足,而随着改革开放向纵深拓展,社会竞争空前加剧,人们逐渐认识到竞争是一种重要激励机制,它可以激发社会成员多方面潜能的充分释放,激发社会的生机和活力,成为促进社会和个人发展的重要动力和源泉,于是人们的竞争观念得到了强化,强者型人格逐渐得到强化。除上述之外,广大干部群众思想进一步解放,并日趋活跃、多样,与改革开放、社会主义市场经济和知识经济相适应的一系列新观念如新的人才观念、时间观念、幸福观念等也逐渐形成。但是,我国社会的精神状况也出现了某种"滑坡",甚至存在一定的精神危机,这主要表现在一部分人理想、信念淡薄,一些人的金钱观念、享乐意识、自我意识和官本位意识过度膨胀。

就道德观、价值观来说。中国确实存在一定的所谓的"道德危机"、"信仰危机"。社会风气不正,伦理道德失范,非道德、不道德行为充斥于市场和社会生活中,见利忘义、为富不仁、贪污腐败、良知泯灭等丑恶现象屡见不鲜。扼要说来,新时期中国道德价值领域存在的主要问题有三方面:一是道德观念上的混乱与冲突,社会生活中五花八门的价值观、道德观蜂拥而入,出现了各种价值观、道德观相互交错、相互冲突的局面。马克思主义的与非马克思主义的、社会主义的与资本主义的以至封建主义的、中国传统的与现代西方的、现代工业文明的与传统农业文明的各种价值观和道德观,都可以在当代中国社会生活中找到踪迹。二是比较普遍的道德约束力的弱化和道德意识淡薄。一些人很少去想一想自己的行为是否合乎道德,而是醉心于算计功利的大小、金钱的多少,对于不义之行、非道德行为麻木不仁。三是社会行为的片面功利化和非道德化。社会一切生活领域功利化,少数人一切只从利益出发、一切向钱看,把一切关系变成冷冰冰的交易关系,崇高与神圣的东西遭到排斥;不道德的现象泛滥,利己主义、拜金主义、惟利是图、权钱交易、行贿受贿、卖淫嫖娼、吸毒贩毒、假冒伪劣、走私贩私比比皆是。上述问题虽然不是当前道德领域的主流,但也足以说明我们社会中一些人的德行低下到何种程度。

针对社会精神出现“滑坡”乃至危机的状况，针对社会转型带来的人文精神失落、“三俗”（低俗、庸俗、媚俗）文化的泛滥、相对主义盛行、信仰缺失、道德权威崩解等症状，学术界在致力于汲取儒家传统文化“合理内核”的同时，倾心于当代中国价值重建、人文精神复兴、精神文明发展。中国共产党也始终坚持“两手抓，两手都要硬”的基本策略，注意搞好社会主义精神文明建设，加强思想政治工作。其中，为了振兴民族精神，重建新的时代精神，党和政府尤其注意发挥抓先进典型的传统政治优势，注意发挥英雄模范的作用。早在改革开放初期，由于经历过“造神运动”和个人崇拜，有的人产生了被愚弄感、幻灭感。看到中西文化的差异，有的滋生了民族失败主义、悲观主义情绪。少数人丧失了精神寄托，对过去一贯奉行的集体主义价值观、共产主义理想产生怀疑以致否定。有的甚至认为：“雷锋在精神上也是自私的，他为别人做好事，目的是从中得到精神上的安慰。”社会的大变革和大震荡带来人们精神的多元化、相对化，助长了民族的离散倾向。此时，党和政府发现了张海迪这一身残志坚的特殊典型并很快推向全国。由于张海迪精神很好展现了中华民族仁民爱物、舍己为人、自强不息、刚健有为等精神素质，使之成为广大青年乃至全社会的楷模。它对于沟通人们的思想，统一人们的理想信念和行动，维持和发展人与人之间的新型关系，确立共同的他人导向价值观，增强民族振兴的自信心和责任感，都起着较大的推动作用。张海迪的事迹在社会中的反响，正如一首诗形容的那样：“你给予瘫痪者以行走的自由，你给予沉沦者以奋发的勇气，给精神苍白者以血色，给思想荒芜的人以启迪。”进入 20 世纪 90 年代，虽然社会不再是英雄崇拜的时代，而是明星崇拜大行其道，但在全国还是深入开展了“学先进、讲奉献、树新风”活动，利用传统儒家

"见贤思齐"的修身理念,先后树立了严力宾、徐洪刚、赵雪芳、张鸣岐、白雪洁、孔繁森、韩素云、王廷江、李向群等英雄典型,这些时代英雄的光辉事迹和崇高精神的大力宣传和弘扬,不仅直接推动了社会主义精神文明建设的快速发展,而且有力地回击了自由化思潮,粉碎了敌对势力对我"西化"、"分化"的图谋,有力地维护和发展了共和国的连续性、同一性和秩序性,从而在一定程度上强化了中华民族的凝聚力和整合力。

3. 主流文化对民族精神的自觉建构。在古代中国,"民族"与"精神"是分开使用的。民族精神连为一词,即"民族精神"一词的出现,是近代以后民主革命的产物。为了推动民族的解放与复兴,民族精神作为一种特殊的文化现象日益受到社会的关注与思考。

中华民族具有许多优秀的民族精神。中国共产党人在长期的革命和建设过程中,铸造了一系列宝贵的革命精神和时代精神,进一步丰富和发展了中华民族精神。为充分发挥民族精神在教育人、影响人、引导人和塑造人,为推动社会主义现代化建设提供精神动力、行为规范、价值导向的作用,党和国家立足于自觉的理性层面在批判继承以儒家文化精神为代表的传统优秀质素的基础上,根据时代的需要提炼、概括中华民族精神。早在革命战争年代,毛泽东就曾指出,人总是要有点精神的。在新时期,邓小平曾概括提炼出五种革命精神。在新的历史时期,党和人民更加自觉地去认识和把握优秀的革命精神和时代精神,对民族精神的内涵、本质、作用、意义、形态等作了全面论述。首先,深刻分析了民族精神的社会作用。民族精神本质上是指人们在社会实践中所形成和展现出来的高贵道德人格、合理的价值观念、崇高的理想信念和高尚的人生追求,它具有导向、凝聚、教育等多种社会功能。江泽民 1998 年在全国抗洪抢险总结表彰大会上深刻指出,一个民族、一个国家,如果没有自己的精神支柱，就等于没有灵魂，就会失去凝聚力和生命力，有没有高贵的民族精神，是衡量一个国家综合国力强弱的一个重要尺度；在一定条件下，精神可以变物质，精神的力量可以转化为物质的力量。其次，深入探讨了民族精神的各种类型。从广义角度看，民族精神大致包括传统民族精神、革命精神和时代精神。对这三种精神的本质、内涵和社会意义，主流意识形态做了充分的分析和估计。民族精神，是指一个民族在长期的历史发展过程中锻炼和培育起来的，为本民族成员所共同具有和追求的民族性格、民族自豪感和自信心、民族道德品格和价值准则的总和，是一个民族文化最本质、最深刻的体现。它是一个民族在艰难环境中得以繁衍、发展、壮大的精神支柱，是激励和鼓舞本民族成员为着美好目标积极奋进的精神动力。中华民族在数千年的历史发展中，凝聚成了深厚的民族精神。江泽民指出："中华民族有着自己的伟大民族精神。这个民族精神，积千年之精华，博大精深，根深蒂固，是中华民族生命机体中不可分割的重要成分。"江泽民认为，一个国家，一个民族，一个人，总要有点精神，赤忱爱国、自强不息、乐于奉献，是我们最宝贵的精神财富；自尊、自信、自强的民族精神，是求生存、图发展的一种志气，一种自信力，是我们民族的灵魂。对于革命精神，江泽民不仅重申要大力发扬邓小平提出来的"五种革命精神"，还强调了长征精神、抗大精神等，并指出这些革命精神仍是激励我们克服困难、奋发进取的重要动力。他指出："我们共产党人肩负着人类历史上的最伟大的使命，具有崇高的理想和远大目标，一定要保持革命战争年代那么一股劲，那么一种革命精神，那么一种拼命精神，通过一代又一代人的不懈奋斗去创造光辉灿烂的未来。"①对于时代精神，江泽民强调要

① 江泽民《在纪念抗大建校六十周年大会上的讲话》，载《人民日报》1996年6月1日。

学习大庆精神,并在十四大报告中明确要求在全党大力倡导和弘扬五种时代精神:解放思想、改革创新的精神,尊重科学、真抓实干的精神,顾全大局、团结协作的精神,谦虚谨慎、崇尚先进的精神,艰苦奋斗、无私奉献的精神。1993 年,江泽民要求积极倡导为现代化建设所要求的"解放思想、实事求是,积极探索、勇于创新,艰苦奋斗、知难而进,学习外国、自强不息,谦虚谨慎、不骄不躁,同心同德、顾全大局,勤俭节约、清正廉洁,励精图治、无私奉献""64 字"创业精神。① 在 1998 年的抗洪斗争中,中国人民展示了伟大的抗洪精神。江泽民把它概括为"万众一心,众志成城,不怕困难,顽强拼搏,坚韧不拔,敢于胜利",并号召全社会学习和弘扬抗洪精神。新世纪伊始,在全国宣传部长会议上,党中央又提出要大力宣传和弘扬为实现社会主义现代化而不懈奋斗的精神,这就是:解放思想、实事求是的精神,紧跟时代、勇于创新的精神,知难而进、一往无前的精神,艰苦奋斗、务求实效的精神,淡泊名利、无私奉献的精神。

以胡锦涛同志为总书记的党中央同样十分关注民族精神的弘扬和培育问题,同样注意自觉建构中华民族精神。就在担任总书记不久,胡锦涛就来到河北西柏坡重温毛泽东关于"两个务必",强调务必发扬艰苦奋斗精神,务必做到戒骄戒躁。2003 年春天,当突如其来的"非典"灾难袭来时,中华儿女没有退缩,没有畏惧,而是在党中央的坚强领导下,临危不惧,迎难而上,在较短时间内遏制了这一病魔的侵袭,而且我们的民族同以往"历经磨难而不坠"一样,愈挫愈勇,变得更加坚强,更加团结,更有活力。这一切,在很大程度上靠的是党中央所倡导的"万众一心、众志成城,团结互助、和衷共济,迎难而上、敢于胜利"的"抗非典精神",靠的是弘扬博大精深、历史

---

① 江泽民《在八届全国人大一次会议上的讲话》,《十四大以来重要文献选编》(上),人民出版社 1996 年版,第 248 页。

悠久的民族精神。伟大的中华民族精神,既为我们战胜非典提供了强大的动力,又在抵御SARS病毒的艰苦奋斗中,得到了考验,得到了展现,得到了升华。十六大以后,中国共产党在批判继承传统儒家“和为贵”、“协和万邦”、“和而不同”等思想观念及早期社会主义“和谐制度”等理论的基础上,又提出大力构建社会主义和谐社会,发展和谐文化,在国际舞台上强调和平发展,使和谐日益成为全民族的共同精神追求。2007年党的十七大报告明确要求在建设社会主义核心价值体系中,要注意用以爱国主义为核心的民族精神和以改革创新为核心的时代精神鼓舞斗志,并强调要弘扬中华文化以建设中华民族共有精神家园。2008年5月,汶川大地震虽然给中华民族带来了灾难,但也印证了“多难兴邦”,中华民族在抗震救灾中精神品格得到了锤炼,培育了伟大的抗震精神,尤其是80后、90后年青一代所表现出来的不怕牺牲、坚强不屈、见义勇为等优秀品格,更进一步提高了民族精神振兴的自信心。

中国共产党之所以在不同历史时期大力倡导和培育民族精神,是因为我们在建设中国特色社会主义现代化进程中,在建设中国特色社会主义文化过程中,须臾离不开这些民族精神。社会要全面发展、全面进步,物质文明、政治文明和精神文明要比翼齐飞,离不开弘扬民族精神。党要代表先进文化的前进方向,离不开这些民族精神。特别是在实行改革开放和建立社会主义市场经济体制的过程中,面对改革开放、市场经济的考验,大力弘扬民族精神,对中国共产党人保持自己的本色,树立正确的世界观、人生观、价值观,真正解决好不断提高执政水平和领导水平、增强拒腐防变和抵御风险能力两大历史性课题,都具有强烈的现实意义和深远的历史意义。

自20世纪90年代以来,国内理论界开始系统探讨民族精神问题,出版了一大批成果,有的人还对民族精神的内涵和核心作了概括。例如,有的将民族精神概括为自强不息和厚德载物;有的规定为重德精神、务实精神、自强精神、宽容精神、爱国精神;有的概括为七个方面,即爱国主义精神、集体主义精神、自强不息精神、勇于奉献精神、勤奋节俭精神,等等。这些关于民族精神的提法虽然涉及了民族精神一些基本的内容,但不够完善,既显得繁杂难以把握,又有挂一漏万之弊。

在理论界开始研究民族精神的同时,作为执政党的中国共产党也开始了对中华民族精神的自觉探索和建构。1991 年 5 月 9 日在同优秀残疾人和助残先进集体、个人代表座谈发表讲话时,江泽民明确指出,我们的民族之所以经历了许多大风大浪而不沉没,反而成为屹立在世界东方的伟大民族,是因为我们有自强不息的民族精神。1994 年 8 月 29 日,在第六届远东及南太平洋残疾人运动会开幕前不久听取残疾人运动员和教练员代表汇报时的讲话中,江泽民强调指出:“一个国家,一个民族,一个人,总要有点精神。赤忱爱国、自强不息、乐于奉献,是我们民族最可宝贵的精神财富。”这儿,江泽民已把“赤诚爱国”和“自强不息”看成中华民族精神的内容。1996 年 5 月 31 日在纪念抗大建校 60 周年大会上,江泽民指出,抗大所培育和锻造的为民族解放事业而艰苦奋斗、英勇献身的革命精神,是中华民族和中国人民的自尊自立自强精神的生动体现。在此,江泽民又一次将自强当成中华民族精神。1996 年 10 月 22 日,在纪念红军长征胜利 60 周年大会上的讲话中,江泽民认为:“长征精神,是中华民族百折不挠、自强不息的民族精神的最高体现。”这一次把“百折不挠”同“自强不息”一起看成中华民族精神。1997 年 5 月 13 日,江泽民在同出席第二次全国自强模范、扶残助残先进代表座谈时发表讲话说,一个民族要有自己的精神,自尊、自信、自强是中华民族几千年来赖以生存和发展的伟大精神。同年 11 月 1 日在美国哈佛大学发表演讲时江泽民已经提出了中华民族主体精神的基本雏形，只不过，他不是直接谈民族精神，而是讲中华民族优良的历史文化传统。他深刻指出，中国在自己发展的长河中，形成了四大优良文化传统，即团结统一的传统、独立自主的传统、爱好和平的传统和自强不息的传统。到了1998年，江泽民在全国抗洪抢险总结表彰大会上，不仅充分肯定了民族精神的伟大意义，而且指明中华民族有着自己伟大的民族精神。2001年1月10日，在全国宣传部长会议上，江泽民发表讲话提出了著名的“五种精神”。这次讲话他虽然未明确提“民族精神”，但他提出，对一个国家、一个民族、一个政党来说，牢固树立并始终保持积极向上的精神状态，是极端重要的。2002年11月8日，江泽民在十六大报告中关于“文化建设和文化体制改革”部分讲到坚持弘扬和培育民族精神时，指出：“在五千多年的发展中，中华民族形成了以爱国主义为核心的团结统一、爱好和平、勤劳勇敢、自强不息的伟大民族精神。”从而正式提出了“五种民族精神”。“五种民族精神”是继承和发展中华民族几千年来形成的各种优良精神的产物，是中国共产党长期以来的各种崇高精神的概括性表述。它既简明扼要，又内容丰富，具有鲜明的时代特色和民族风格。

综上所述，中华民族精神可以说源远流长，博大精深，它随着中华文明的发展而发展。在五千多年的历史长河中，逐渐形成了以爱国主义为核心，以团结统一、爱好和平、勤劳勇敢、自强不息为主要内容的中华民族精神，同时又锻造出了其他许许多多崇高的精神品格。中华民族精神萌芽于我国原始氏族社会，生长于奴隶社会，完成于秦汉之际，它基本定型后又经历了古代、近代和现代三个历史阶段。在不同时期，我国劳动人民在社会实践中不断丰富和发展了中华民族精神，而中国共产党人又在伟大的社会主义革命和建设中对中华民族精神作了深化完善和自觉建构，使之发展成为具有鲜明特色、内容丰富多样的精神形态。

第四节　中华民族精神的基本结构

虽然中华民族基本精神内在地包含着中华民族主体精神，但是中华民族主体精神是中华民族基本精神构架当中的主干部分，它是对中华民族基本精神的高度概括与凝练。在中华民族主体精神内部，不同要素之间既相互分立、具有不同的社会功能，又相互连结、相互作用。

一、中华民族主体精神是对民族基本精神的高度凝结

在中华五千年的文明发展史中，我国各个民族在改造客观世界和主观世界活动中，尤其是在近代反对外来侵略、争取民族独立和解放以及改革开放中，相互交流和融合，取长补短，共同凝结成了中华民族文化最本质、最核心、最深刻的灵魂和支柱，形成了具有广泛影响、为绝大多数人所认识、接受和追求、能激励人前进并促进社会发展的思想品格、价值取向、道德规范、思维方式和精神品格。其中，最重要、最有现实价值、处于主导地位的，就是以爱国主义为核心的勤劳勇敢、团结统一、爱好和平、自强不息。这些中华民族精神的主体内容，既反映了传统中国人的思想品质，又体现了当代中国人的精神风采；既具有鲜明的中华民族风格，又超越了狭隘的民族主义；既深深植根于中华文化的优秀传统之中，又广泛吸收了其他人类文明的有益成果；既是中华民族积五千年之精华的结晶，又是中国共产党人领导人民在社会主义革命、建设和改革实践中所创造出来的时代精神的升华。一句话，中华民族主体精神是在新的时代背景下对传统民族精神的高度概括与凝结。

在长期的历史发展过程中,中华民族形成了许多基本精神,其中持续时间最长、影响面最大、特色最鲜明的主要有以下四个方面。

(一)求真务实精神

不尚空谈,求真务实,说老实话,办老实事,做老实人,是中华民族的传统美德。儒家学说实用理性发达,具有实学风格,讲究经世致用,思考的对象不重视鬼神,而重人事,重人伦日用。中国传统文化也较为注重知行合一,注重现实,注重理论为实践服务,注重实践在认识、教育等方面的作用,反对华而不实,认为"大人不华,君子务实"。程颐主张知先行后,认为"君子之学,贵乎行"。① 朱子讲:"论轻重,行为重。"②明代唯物主义哲学家王廷相在认识论上提出"事机之妙得于行",③要求人们要在"实践上用功,自身上体验"。在以儒学为核心的传统文化的熏陶下,特别是受到事功学派的影响,中国人历来重视实际,讲究实用,追求事功④,而轻浮华,贬空谈,鄙玄虚,表现了黜玄想而务实际的精神。这一求真务实精神在中华民族的基本表现是,强调在平常生活、政事日用、耕稼工商等实际实践中去实现人生理想;没有形成宗教狂热,即使是信仰某些宗教,也是希望在现实中去追求和实现善的境界,而不像西方和印度宗教那样过分追求彼岸世界。中华民族在中国共产党领导下,遵照唯物主义的一般原则,坚持把马列主义普遍真理同中国革命和建设的具体实际相结合,克服了传统务实精神中重经验理性轻实证科学精神的弊

① 《伊川易传》。

② 《朱子语类》卷九《学三·论知行》。

③ 《慎言》。

④ 关于中华文化是否存在较强的事功精神问题,学术界存有歧见。牟宗三认为,以儒家为代表的中国文化重王贱霸,其政治理想以帝、王、霸为次序,推崇圣贤、英雄而轻视豪杰,重内圣工夫轻外王事功,事功精神不足,而要求事功的意识只是与儒学平行的暗流。参见牟宗三《从儒家的当前使命说中国文化的现代意义》,载封祖盛编《当代新儒家》,生活·读书·新知三联书店 1989 年版,第 161 ~ 164 页。

端，把思想解放、实事求是确定为党的思想路线，坚持反对主观唯心主义、教条主义，反对脱离国情的左、右两种错误偏向。

求真务实精神同中华民族主体精神是息息相关的。缺乏求真务实精神，不从实际出发，就可能只看到成绩，看到形势好的一面、积极的一面，盲目乐观，从而导致骄傲自满，心浮气躁，盲目乱干，导致贪图享乐，耽于安逸，不思进取。俗话说："空谈误国，实干兴国。"同样的，"忧劳可以兴国，逸豫可以亡身"。可见，要真正做到爱国，就必须了解国情，了解祖国，了解人民的疾苦，发扬求真务实精神。缺乏实事求是的思想作风，还会使一些人只看到国家的不足和缺陷，只看到它的落后，而丧失民族自尊心和自信心，陷入民族悲观主义和虚无主义的泥坑之中。反过来，一个人只有具有爱国主义情怀，才能正视祖国的一切，既不会因为祖国的落后、贫穷和不足而自暴自弃，也不会因为祖国取得了伟大的成绩和进步而骄傲自满、盲目自大。党所倡导的自强不息精神，要求人们不畏艰难、积极向上、刚健有力，充分发挥主观能动性，表现出坚强的革命意志。然而，自强不息绝不是不切实际的夸夸其谈、盲目乱干，而是建立在尊重事实、尊重客观规律的基础上。可见，求真务实精神是坚持和弘扬中华民族主体精神的思想基础，而中华民族主体精神尤其是爱国主义这一核心是实事求是的进一步拓展和具体体现。

(二)博大宽容精神

作为主体民族精神的自强不息与作为基本民族精神的博大宽容均是由《周易》同时提出来的。乾道成男，坤道成女。从天垂象、天人合德的天人之学出发，《周易》讲："天行健，君子以自强不息"，"地势坤，君子以厚德载物"。这一阴阳互补、刚柔相济的太极宇宙图式为我们揭示了人类所具有及应追求的两种相反相成君子人格，这就是刚健有为和柔和宽容。所谓"厚德载物"，就是包容万物的意思，它表明，君子应当以宽广的胸怀和宽厚的仁德去包容一切。"厚德载物”从多种层面塑造并集中体现了中华民族的博大宽容精神。一是在处理人与自然的关系上,它突出“天人合一”。张载提出“民吾同胞,物吾与也”的著名命题,认为万民都是我的同胞兄弟,万物都是我的同伴朋友。二是在处理国际关系、民族关系问题上,儒家思想强调“协和万邦”①、“中天下而立,定四海之民”,②程颐说:“万邦协和,则所为必成矣”③。力倡亲善友邻——《左传·隐公六年》讲“亲仁善邻,国之宝也。”对外族采取持之以和、待之以义、平等互助的政策。新中国成立以后,中国共产党人对传统的博大宽容精神加以改造和弘扬,发展出国际主义精神。三是在对待各种外来文化问题上,中华民族表现出百家争鸣、兼容并蓄。根据“殊途同归,百虑一致”的思想,中华民族不仅包容了无数地域文化和少数民族文化,还以博大的胸怀接纳各种域外文化。例如对于从印度传来的佛教文化,中华民族不是排斥,而是采用开放态度,不断加以吸纳、改造和提高,并将之融入中华民族文化之中。中国历史上儒、释、道三家虽然存在一定的冲突,但总体上却是并行不悖,共同融合进中华大一统文化构局之中。这种兼容并包的文化态度和文化价值观,充分展现了中华民族海纳百川、宏伟开阔的气魄。改革开放后,中华民族实行全方位的开放政策,不仅大量引进国外的资金、技术、人才和先进的管理经验,还借鉴国外的各种精神文明成果(如影视等),并加强同不同社会制度的国家的广泛交往,进一步把中华民族博大宽容精神加以发扬光大。四是正如儒家待人之道部分所讲的,在处理个人与他人的关系问题上,中华民族讲究宽以待人,严以律己,成人之美,待人宽厚仁慈。

中华民族的博大宽容同团结统一、爱好和平紧密相关。博大和

---

①《尚书·尧典》。

②《孟子·尽心上》。

③《二程集·河南程氏粹言》卷二《论政篇》。

宽容是团结统一、爱好和平的精神基础。团结统一并非不承认差别,不承认多样性,而是在尊重彼此不同的前提下做到“求同存异”,实现团结合作,维护和促进民族的统一。要达到团结统一的目标,就必须学会宽容,必须拥有博大的胸襟。大家知道,作为传统文化主干的儒家最讲究“和”,也就是重和、贵和。从某种意义上说,重和把博大宽容精神同爱好和平精神有机统一了起来。如前所述,“和”在传统文化中具有两种意义。其一是动词性质的,指调和、融合,也就是把不同质态的事物有机整合起来。西周末年史伯最先提出了“和同”理论:“夫和实生物,同则不继。以他平他谓之和,故能丰长而物归之。若以同裨同,尽乃弃矣。”①孔子也指出:“君子和而不同,小人同而不和。”②其二是形容词性质的,指和谐、和睦、和平,儒家倡导的“致中和”、“和为贵”等思想,其中的“和”就是在这个意义上使用的。这两种“和”充分展示了博大宽容同爱好和平的统一关系。“和而不同”表现在处理国际关系、民族关系上就是首先承认各国的民族特殊性,承认差别,承认多样性,然后彼此间沟通、融合、借鉴,反对霸权主义和帝国主义,这种博大宽容精神显然有利于世界和平事业的发展。江泽民在许多国际场合深刻揭示了博大宽容与世界和平与发展的关系。他在美国乔治·布什总统图书馆发表演讲时说:“和谐而又不千篇一律,不同而又不相互冲突。和谐以共生共长,不同以相辅相成。和而不同,是社会事物和社会关系发展的一条重要规律,也是人们处世行事应该遵循的准则,是人类各种文明协调发展的真谛。”

(三)艰苦奋斗精神

艰苦奋斗是一个涵盖面很广的精神品格,它包括艰苦创业、吃

---

①《国语·郑语》。
②《论语·子路》。

苦耐劳、勤俭节约、积极有为、知难而进和坚韧不拔等内容。艰苦奋斗是中华民族的优良传统。我国古代不少思想家提出了艰苦奋斗的主张。孔子要求人们“学而不厌,诲人不倦”①、“发愤忘食,乐以忘忧,不知老之将至”②,称赞颜回不畏艰难、以苦以乐的人格。孟子不仅提出“天将降大任于是人也,必先苦其心志,劳其筋骨,饿其体肤,空乏其身,行拂乱其所为”③的观念,还大力倡导“富贵不能淫,贫贱不能移,威武不能屈”④的大丈夫气概。虽然少数思想家主张无为、主静的理论,但提倡积极有为、节俭反奢、顽强拼搏、艰苦奋斗却是中华文化的主导精神。古人说过:“艰难困苦,玉汝于成。”正是靠着艰苦奋斗精神,中华民族才在人类文明史上创造了不凡的伟绩;正是靠着艰苦奋斗精神,中华儿女才做出了可歌可泣的历史贡献;正是靠着艰苦奋斗精神,海外华人才能创起大业。艰苦奋斗同样也是中国共产党在长期的革命和建设实践中形成的优良传统,是治党治国的传家宝。正是发扬艰苦奋斗精神,党才赢得了四次反“围剿”斗争、抗日战争、解放战争、抗美援朝等的胜利。在社会主义现代化建设中,中华民族涌现出了无数艰苦奋斗的先进典型,其中,时传祥、焦裕禄、孔繁森、王进喜、徐虎等就是最杰出的代表。在中华民族优秀精神中,中国共产党格外重视弘扬和培育艰苦奋斗精神。1949 年 3 月,毛泽东在党的七届二中全会上告戒全党:“务必使同志们继续地保持谦虚谨慎、不骄不躁的作风,务必使同志们继续地保持艰苦奋斗的作风。”他还多次号召全党全国人民及各级领导干部坚持艰苦奋斗、勤俭建国的方针,指出:“要使我国富强起来,需要几十年艰苦奋斗的时间,其中包括执行厉行节约、反对浪费这样

---

①②《论语·述而》。
③《孟子·告子下》。
④《孟子·滕文公下》。

一个勤俭建国的方针。”十六大闭幕不久,新任总书记胡锦涛就来到河北西柏坡重温“两个务必”的讲话,要求大家铭记“两个务必”,大力发扬艰苦奋斗的作风。早在改革开放之初,邓小平就多次用革命战争年代和60年代初期克服困难的经验教育全党同志和各级干部要发扬艰苦奋斗精神。他说:“为什么过去很困难的局面我们都能渡过?根本的问题是我们的干部、党员同人民群众一块苦。”邓小平深刻地阐述了发扬艰苦奋斗的意义,认为,要抗住腐败现象,就应该保持艰苦奋斗的传统;中国搞四个现代化,就必须老老实实地艰苦创业,我们穷,底子薄,教育、科学、文化都落后,这就决定了我们还要有一个艰苦奋斗的过程。江泽民在他提出来的“五种精神”和“64字创业精神”中都讲到要发扬艰苦奋斗精神。由此可见,艰苦奋斗既是中国共产党的优良传统,也是中国共产党一贯坚持强调和大力弘扬的优良作风。

艰苦奋斗同中华民族主体精神也是相互贯通、有机关联的。一方面,在某种意义上,吃苦才能兴国,勤俭才能建国。正如古人所说:“忧劳兴国,逸豫亡身”、“生于忧患,死于安乐”。只有大力弘扬艰苦奋斗精神,才能为富国强民节约宝贵的资源,创造更大的财富。如果贪图安逸,不思进取,奢侈浪费,必定亡党亡国。另一方面,一个人具有爱国主义精神的人,必定会为祖国的繁荣富强而尽心尽力,艰苦创业,积极进取。一个意志品质薄弱、不愿吃苦耐劳的人,一个只图享乐不思奋发作为的人,难以做到自强不息。只有当我们民族的绝大多数社会成员能够艰苦创业,大胆进取,积极作为,中华民族才能自强不倒,才能自立于世界民族之林。反过来,当自强不息成为中华民族绝大多数人自觉的追求和共同认可的价值规范,就会激励和引导人们不畏艰险,吃苦耐劳,从而去战胜前进征途上一个又一个困难。可见,艰苦奋斗为爱国爱民、自强不息提供一定的精神基础,而爱国爱民、自强不息又统领着人们去艰苦创业。

（四）尚仁重义精神

中华民族素以礼仪之邦著称于世。中国几千年文明的发展和进步，与对道德精神的追求分不开的。崇尚道德成为中华民族最显著的特点之一。重视道德是中华文化延续不断的主题，其中作为中华文化核心的儒家学说对塑造中华民族重德精神起了相当大的作用，而它又是一种伦理体系，它建构起了一套完整的道德学说。在以儒学为主体的中国传统文化的熏陶下，推崇仁义道德成为中华民族自觉的行为准则和精神追求，成为中华民族国民性格、价值观念的重要内容。

崇尚道德的精神具有极其丰富的内容，其中最重要的是尚仁重义。“仁”是一个相当古老的伦理范畴，早在《尚书》、《诗经》等典籍中就谈到了“仁”。后来，以孔子为开山祖的儒家对仁进行了系统阐述。在吸收前人仁德思想的前提下，儒家不仅把“仁”视为总德目，把“仁”界定为“爱人”，还提出了仁者的理想人格和“天下归仁”的仁政政治理想，同时还阐发了“为仁由己”、“以仁存心”、“仁民爱物”、“克己复礼”、“推己及人”等为仁之道，从而发展出重仁爱的传统。墨家学派的创始人墨家则提出来了“兼爱”理论。中国传统文化中的仁爱思想尽管存在某些历史局限性，它同中国共产党人所倡导的大公无私、自我牺牲等奉献精神不可同日而语，但是它有助于培养人们的利他主义精神和集体主义观念，因而奠定了无私奉献精神的基础。像舍己救人、乐于助人等精神，正是中华民族尚仁爱精神的具体体现。重义轻利也是中华民族基本精神的重要内涵。儒家主张先义后利、以义驭利、见义勇为、惟义所在、重义轻利，造就了中华民族积极行义的道德品格，形成了中华民族坚持正义的凛然正气，熔铸了中华民族尊崇道义的优秀品格。在新的历史时期，中国共产党人在继承中华传统尚仁重义精神基础上，提出了“淡泊名利、无私奉献”的时代精神，把它们作为“五种精神”之一要求使之成为大家的自觉追求，以便为抓住机遇、加快发展，实现社会主义现代化、实现中华民族伟大复兴提供巨大精神动力。

尚仁重义的基本精神与中华民族主体精神同样是统一的。舍己为人、克己利人可以说是爱祖国的道德基础，一个没有仁爱之心的人，一个不关心他人的人，决不会爱他的祖国，也不可能在他人、国家的生命财产受到威胁时，挺身而出，见义勇为。孔子很早就揭示了仁义精神同勇敢品性之间的辩证统一关系。他这样说：“见义不为无勇也。”“勇”不能孤立存在，故孔子说：“君子有勇而无义为乱，小人有勇而无义为盗。”①可见，“勇”是以“义”为节制的合理化行为，脱离开“义”的“勇”，不仅无益于社会，反而可能是有害的。

以上我们分别从求真务实、博大宽容、艰苦奋斗和尚仁崇义四个方面揭示了中华基本精神同中华民族主体精神之间的关系，说明了两者之间互为条件、互为补充、互为目的、互相依存和互相作用，而中华民族主体精神从总体上统领着民族基本精神，处于民族精神的主导地位。

二、中华民族主体精神是一个既相互区别又相互联系的有机整体

中华民族精神是推动全国各族人民为实现社会主义现代化和中华民族伟大复兴而不懈奋斗的强大动力，是凝聚全党全国各族人民的精神支柱，是求生存、图发展的一种志气，一种自信力，更是我们民族的灵魂。大家都知道，中华民族精神博大精深、内容丰富，即使是其基本精神也是复杂多样的，为什么仅仅把爱国主义、团结统

---

①《论语·阳货》。

一、爱好和平、勤劳勇敢、自强不息五个方面确定为中华民族精神呢？这五种精神彼此之间又具有什么关系呢？

以爱国主义为核心，以团结统一、爱好和平、勤劳勇敢、自强不息为主要内容的中华民族精神，充分体现了优秀文化传统与社会主义市场经济条件下时代精神的有机统一，体现了协调性与进取性的有机统一，体现了先进性与普遍性的有机统一。尤其是中华民族精神是一个具有相当丰富内涵的动态结构，每一种精神要素各有侧重，在中华民族精神体系中占有特殊地位，在推动整个中国社会发展和中华民族伟大复兴中发挥着独特的作用，但彼此又不是完全孤立的，而是相互作用、相互补充，共同构成了一个有机整体。

（一）爱国主义是调节人与国家、人与民族关系的根本指针

有许多人认为应把自强不息当成中华民族精神的核心。我们还是倾向于将爱国主义作为中华民族精神的核心，主要有以下几点理由。

首先，爱国主义是民族精神的根本。中国是一个多民族国家，它是以汉族为主体、由多种民族汇合而成的国家。汉族与少数民族有一个相互融合的过程，历史上有些少数民族也曾建立过国家。汉族和少数民族都有为本民族国家而捐躯的仁人志士，他们的英雄事迹也是爱国主义精神的生动体现。在当前，中国作为一个国家和一个民族是有机统一的，它是一个由56个民族所组成的统一的社会主义民主国家。国家是民族的主体，也是民族的载体。因此，热爱中华民族与爱祖国是一致的，在某种意义上可以说，中华民族精神就是中国精神。民族精神是一个民族文化当中最核心、最深刻、最本质的灵魂，它是国民性格、价值观、思维方式、道德规范的综合体，而民族精神最根本的就是关心和维护民族的尊严、独立、完整、生存和发展，也就是热爱自己民族所从属的国家。作为中华民族精神的爱

国主义，既表现为对祖国命运休戚与共的深厚情感，表现为维护民族尊严和国家独立完整的坚强信念，又表现为对祖国悠久的历史文化和取得的伟大成就的自豪感和自信心，表现为关心祖国安全和发展的历史责任感、使命感。可见，爱国主义是中华民族精神最直接、最本质、最内在的综合体现。

其次，爱国主义是中华民族最悠久的精神传统。自从中华民族形成以后，爱国主义就产生了。早在远古时代，屈原的《离骚》就表达了对楚国存亡的强烈历史责任感，他的爱国之情鼓舞着世世代代的中华儿女。在我国几千年的历史发展中，各族人民正是以自己的爱国感情为纽带而维系在一起，共同生活和斗争在祖国的广袤疆域上，以自己的勤劳和智慧共同创造着祖国光辉的历史和灿烂的文化。中国人民历来把国家利益、民族大义放在至高无上的地位，无数志士仁人在儒家主流文化修身齐家治国平天下入世精神的感召下，在“天下为公”①理想的鼓舞下，以爱国为崇高之志，以报国为终生之责，认为“天下之本为国”，强调以国家之务为己任，“敬利国家生死以，岂因祸福避趋之”。在爱国主义精神感召下，我国历史上涌现出了无数可歌可泣的维护民族团结、祖国独立与尊严、反抗外来侵略的英雄。中华民族不仅以勤劳勇敢著称于世，也以忠心报国著称于世。同其他民族相比，中华民族的爱国主义精神表现得更为强烈，更为普遍，更爱重视。它深深扎根于中华民族的肌体之中。今天，爱国主义仍是鼓舞全国人民建设中国特色社会主义的根本动力，仍是民族精神中最闪光的部分。

再次，爱国主义是中华民族精神的灵魂。中华民族精神层次多样，丰富多彩，但贯穿始终、起主导作用的却是爱国主义精神。国家

①《礼记·礼运》。

是一个包括人口、土地、主权等多种因素在内的综合性概念，这就决定了爱国主义是激发、培育和塑造崇高民族精神的主要动力和资源。许多优秀民族精神是在献身祖国、建设祖国、保卫祖国的光辉实践中锻炼出来的。正是为了祖国的安全，黄继光、邱少云在抗美援朝战斗中舍生忘死、勇于牺牲；正是为了祖国早日脱掉贫油的帽子，王进喜表现出艰苦奋斗的忘我精神；正是为了祖国大家庭的团结、繁荣和发展，孔繁森“舍小家，顾大家”，两次援藏……中国人民之所以在社会主义革命和建设中表现出求真务实、艰苦奋斗、尚仁崇义、见义勇为、敢于创新、勤劳勇敢、团结统一、自强不息、无私奉献等优秀品质，归根到底就是为了祖国的生存与发展、繁荣与昌盛。儒家讲求“内圣”是为了“外王”、修身齐家是为了治国平天下，从另一个侧面说明爱国主义在制约道德精神的重要性。

最后，爱国主义是推动民族振兴和社会发展的支柱。爱国主义是一个国家、一个民族凝聚人民的重要思想基础和不断追求进步的强大精神动力，是一种伟大的凝聚力、感召力和向心力。在我国历史上，爱国主义从来就是动员和鼓舞人民团结奋斗的一面旗帜，是各族人民风雨同舟、自强不息的强大精神支柱，在维护祖国统一和民族团结、抵御外来侵略和推动社会进步中，发挥了重大作用。

（二）团结统一是调节民族关系的基本原则

团结和统一在中华民族精神系统中同样是极其重要的要素。

第一，团结统一精神是一种特殊的民族精神。所谓团结统一的民族精神，就是一个民族在共同的利益和目标基础上形成的，促进着人们在意志和行动上和谐统一的向心力和凝聚力。古人云：“众心成城，众口铄金”，“同德则同心，同心则同志”，说的就是这种精神。如前所述，爱国主义主要是用来要求民族成员或国家公民关心、爱护自己所在的国家，它是一种调节个人与民族国家关系的规范,也是一个国家同另一个国家相互区别又相互联系的精神风貌。而团结统一虽然也表现为对民族成员的要求,但它的主要目的则是协调不同民族之间的矛盾、冲突,以实现和睦相处。

第二,团结统一是中华民族优良的精神传统。中华民族的团结统一精神根植于华夏大地,源远流长,是中华民族生存、团聚、延续和发展的精神支柱。从遥远的古代起,我国各族人民就建立了紧密的政治经济文化联系,共同开发了祖国的河山,两千多年前就形成了幅员广阔的统一国家。悠久的中华文化,成为维系民族团结和国家统一的牢固纽带。在儒家"定于一"大一统精神的激励下,团结统一深深印在中国人的民族意识中。中国历史上虽曾出现过暂时的分裂现象,自秦王朝统一中国后的两千多年,我国在封建王朝的历史更替期间虽曾有过纷争,建立过不同的政权,但主体一直是一个统一的多民族国家,民族团结和国家统一始终是中华民族历史的主流,是中国发展进步的重要保障。在漫长的历史发展过程中,我国各族人民共同生活、劳动和斗争,一起维护着祖国的大好河山,形成了团结统一的民族精神。新中国的成立,标志着中华民族实现了空前的大团结,各民族之间建立了平等、团结、互助的新型关系,各民族人民依法享有各项权利和自由。在少数民族聚居的地方实行了区域自治,民族地区的经济社会获得不断的发展。

第三,团结统一是影响民族主体精神的重要因素。团结统一作为一种社会理想,它能够激发人的斗志,磨砺人的品质,提升人的思想境界。爱国主义的根本指向,除了维护祖国的尊严、促进祖国的发展外,就是为了推动祖国的统一,维护各民族之间的团结合作。同时,像不畏艰险、勇于拼搏、无私奉献等崇高精神也是在团结统一的信念的驱动下形成起来的。为了维护祖国的统一,防止外敌入侵,为了民族团结大业,许许多多优秀中华儿女抛家舍业,固守边关,支援边疆建设,并培养和表现出艰苦创业、吃苦耐劳、自强不息、舍己为公等优秀品质。

第四,团结统一为巩固国家统一和民族团结奠定坚实的精神基础。团结统一之所以上升为中华民族主体精神,就在于它具有极其重要的社会作用。大家知道,团结统一与生存发展都是一个国家、一个民族最重要的状态和目标。当团结统一作为社会美好目标转化为民族成员内在的理想信念时,就会变成人的自觉追求,成为推动人前进的强大动力。团结统一的民族精神,不论是在祖国顺利发展、兴旺发达的时期,还是在祖国面临生死存亡的危急关头,都在捍卫国家主权和维护民族团结中发挥着重大的导向、激励、示范作用。

(三)爱好和平是中华民族精神中最重要的价值取向

中华民族历来以爱好和平著称于世,爱好和平渗透在中国人的国民性格、价值观念、人生态度和道德伦范之中,成为中华民族精神不可分割的、极其重要的组成部分。

爱好和平是处理国际关系、民族关系问题的重要价值方针。所谓“和平”,包括国际和平和国内和平,前者主要指国与国之间的协调,后者主要指本国内部各民族之间友好相处,没有大的矛盾和冲突。爱好和平就是“协和万邦”①,就是反对国与国之间、民族与民族之间的侵略和扩张,反对殖民主义、霸权主义和民族沙文主义,维护各国之间、各民族之间的和睦相处、友好往来。如果说爱国主义是调节社会成员与民族国家之间的关系,团结统一是调节国家内部各民族之间的关系,那么,爱好和平则是既调节国与国之间的关系,又调节国家内部各民族之间的关系。不过,爱好和平同爱国主义、团结统一之间虽然各有侧重,但并不是相互隔绝的,而是相互联系、

①《尚书·尧典》。

相互作用的。爱国主义最突出的体现形式,就是维护国家的和平,保证国家的安全。爱好和平则为国家的统一和民族的团结提供心理基础,战乱、冲突和暴力只会造成民族之间的仇恨、分裂。

爱好和平也是中华民族极其重要的传统精神。我们的祖国是人类历史最早发源地之一,也是世界四大文明古国之一。《左传》提出了"亲仁善邻,国之宝也"①的思想,反映了古代中国人民希望天下太平、同各国人民友好相处的愿望。"和为贵"、"和而不同",儒家这些至理名言所体现的重和精神,一直深深扎根于我们的民族传统之中。秦王朝统一以后,直到16、17世纪,中国在世界上号称强国。中国积极发展同世界其他民族的友好往来,为人类的文明做出了杰出的贡献,成为举世闻名的礼仪之邦。汉武帝派遣使者出使西域,唐太宗发展西域交通,郑和七下西洋,著名的"丝绸之路"等,是中华民族对外和平交往的历史见证。历史证明,中国人民是爱好和平的人民,对内重视社会的道德教化,主张各族人民和睦相处,对外重视睦邻友好,主张各个国家和平共处。传统中国社会的统治者也曾发动过几次战争,但一则是中华民族主要采取守势,较少主动侵犯他人,二则中华民族对异族包括蛮族主要采用怀柔政策,而非"大棒"政策,三则中国人从未遵行殖民主义路线,从未拥有一个殖民地,这些都表明中华民族从总体上说具有爱好和平的优秀品格。新中国成立以后,我们坚持独立自主的和平外交方针,促进世界和平与共同发展是我国外交政策的宗旨。我们历来主张通过和平的手段解决国际争端,反对霸权主义和强权政治。我们还多次向全世界庄严宣告:中国永远不称霸,中国的发展与进步,不会对任何人构成威胁。今天,谁也不能否认,社会主义中国是维护世界和平、促进共同

---

①《左传·隐公六年》。

发展的一支重要力量。

(四)勤劳勇敢是中华民族最为世人称道的道德品质

劳动是一切财富的源泉,勤劳是社会发展和一切事业成功的基本前提,是一切民族兴旺发达的重要保证。正因如此,我国劳动人民历来倡导勤劳,赞扬劳动,热爱劳动,视勤劳为美德。社会主义道德规范也将“爱劳动”同“爱科学”、“爱祖国”、“爱社会主义”、“爱人民”一道作为“五爱”,在全社会加以推行。在我国,勇敢总是同勤劳相连,共同构成“勤劳勇敢”而相沿成习,成为中华民族精神的象征。

首先,勤劳勇敢是中华民族最值得称赞的国民品性。道德一般分为两种。一种是社会性道德,它主要是用来调整人与人、人与社会、国与国之间的行为原则和行为规范的总和,也称为协调性道德。另一种是个人性道德,它主要是用来解决人对自身的各种义务,是一种个人的品质修养,如节制、坚韧等。同爱国主义、团结统一、爱好和平这些社会性规范不同,勤劳勇敢属于个人品质,属于社会对个人行为的要求。美国著名历史学家摩尔根在《古代社会》这本被马克思大量引用过的著作中,给我们描绘了原始人的生活图景,在他们的习惯性道德规范中,与团结、互助并行的就有勇敢和勤劳。从古希腊哲学家的文献中可以看到,勇敢、明智、节制、公正是当时为人们所公认的四种美德,其中前三种就是个人道德。说勤劳勇敢是个人道德同说它们是中华民族精神并不矛盾。因为,当勤劳勇敢在长期的历史发展过程中由少数个人所具有的品质变成为绝大多数中国人所共同认可、具备和接受的品德时,它就转变为具有普遍意义的民族精神了。

其次,勤劳勇敢是中华民族最古老最显著的精神品格。早在中华民族的原始先民身上,就在同恶劣的自然环境抗争中锻炼出了勤劳勇敢的品质。中华民族是具有两千多年自然经济的小农社会,悠久的农耕文明使广大的劳动人民培养出了勤劳勇敢的品德。中国人民历来十分重视勤劳，视勤劳为立身立国之本，认为"忧劳可以兴国，逸豫可以亡身"，"勤则难朽，逸则易坏"，"业精于勤荒于嬉"，强调"民生在勤，勤则不匮"，倡导"克勤为邦"，"业广惟勤"。在中国，同勤劳紧密联系着的勇敢，是和智慧、仁义并列的三大美德之一，被儒家称为"三达德"，成为中华民族精神的鲜明特征。孔子认为"勇者无惧"，只有为了正义事业、为了真理而不惧权势，不畏强暴，不怕孤立，不顾利害，不计生死，才称得上大勇、真勇。这就是孔学所谓的"率义之谓勇"、"见义不为，无勇也"。正是有对勤劳勇敢有独到的理解并身体力行，所以中国人民能够在人类历史发展的进程中创造出辉煌的物质文明和精神文明，为世界文明做出杰出的贡献。今天，我们倡导勤劳勇敢的民族精神，就是要充分发挥全体人民的积极性、主动性和创造性，艰苦奋斗，开拓创新，为物质文明、政治文明和精神文明建设，为国家的发展和民族的振兴，为创造自己更加美好幸福的生活，贡献出全部的聪明才智。

再次，勤劳勇敢是同其他民族精神有机联系的优秀品质。当一个人具有爱国之心，他的劳动动机才能变得高尚，才具有真正的意义，他的勤劳才具有强大的动力。为了民族、国家的利益而劳动，才是最光荣的事情。当一个人有了强烈的爱好和平愿望，有了维护祖国统一和民族团结的决心，他才能在民族生死存亡关头挺身而出、视死如归、英勇顽强。反过来，勤劳勇敢为爱国、团结、统一及和平输送动力和提供条件。只有依靠勤劳勇敢，才能使祖国繁荣富强起来，才能维护国家的安全与领土的完整，才能永保国家的和平与安宁。懒惰与懦弱，只会导致国家贫弱，导致受外敌欺侮。

(五)自强不息是中华民族自立于世界民族之林的生活态度和

坚强意志

自强不息是中华文化的基本精神之一，是中华民族生生不息的内在动力，它像源头活水，给中国文化及其精神以无穷的生命活力。中华文化的主要代表性人物姜太公、管仲、晏婴、孔子、孙子、墨子、孟子等，都是积极入世、救世的，充满刚健进取、自强不息精神。老子讲："自胜者强。"孔子重"刚"，把它作为仁的德目之一加以强调，倡导"为之不厌"、"发愤忘食"等。《周易》提出了"天行健，君子以自强不息"、"刚健而文明"、"刚中而应，行险而顺"、"君子进德修业"、"终日乾乾，与时偕行"等。倘若说"自强不息"这一君子人格取法于"天行健"天象的话，那么前述的"厚德载物"品格则来源于"地势坤"的比拟，二者共同构成了中华民族可以互补的理想人格范式。正是在儒家刚健有为思想的长期熏陶下，自强不息成为中国人自觉的精神追求，成为中华民族精神的主体要素。

第一，自强不息充分显示了社会主体的主观能动性、自觉性和坚定性。自强不息就是一个民族、一个国家及其社会成员充分发挥主体能动性、创造性、自觉性和持久性，它既表现为主体自尊自信、自立自主、不卑不亢的独立人格，又表现为奋发图强、坚韧不拔、勇于开拓等进取性品格，还表现为永不知足、永不停止、坚持不懈等执著追求；同勤劳勇敢有所不同，它不光是指个人的优秀品性，更是以民族、国家为主体的积极精神。自强不息集中地反映了中华民族朝气蓬勃、努力向上的顽强生命力，表现了中华民族百折不挠、反抗侵略势力和邪恶势力的斗争精神，显示了中华民族不畏艰险的坚强意志和独立自主的人格。自强不息又可分成民族个体的自强不息和整个民族的自强不息，前者是后者的基础，后者则是前者的综合。中华民族的自强不息精神主要是指以民族为主体所展现出来的自强不息。

第二,自强不息是中华民族传统文化的精华。自强不息、刚毅不屈精神早在中国盘古开天辟地、女娲补天、愚公移山等远古神话中就得到了反映。必须重申的是,我们的先哲通过观察宇宙万物的变动不居,在《周易》中提出了"天行健,君子以自强不息"的思想,它在不同历史时期成为激励中国人民变革创新、努力奋斗的精神力量。中国古代文明的发展,中华文化传统薪火相传,是中华民族艰苦奋斗、自强不息的结果。几千年来,自强不息精神是中华民族精神的脊梁,影响着整个民族文化和精神活动的走向,始终是我们国家和民族屹立于世界民族之林的精神动力。特别是近百年来,面对列强欺凌,国势衰败,为了摆脱半殖民地半封建的历史境遇,中国人民进行了艰苦卓绝、奋发图强的斗争。中国民主革命的先行者孙中山首先提出"振兴中华"的口号,他领导的辛亥革命推翻了在中国延续几千年的君主专制制度。在毛泽东思想指引下,中国共产党领导中国人民实现了民族独立和人民解放,并在探索自己的发展道路时,坚持从中国国情出发,来解决如何进行经济政治文化建设的问题,而不照搬别国的模式;在处理国际事务中,我们采取独立自主的立场和政策。

第三,自强不息是中华民族精神的灵魂。自强不息是中华民族赖以形成、繁衍、发展、稳定及自立于世界民族之林的直接动力和牢固基石。在漫长的历史发展中,中华民族历经磨难而不坠,几临厄运而不倒,并一次又一次地衰而复兴,蹶而复振,转危为安,巍然屹立在世界的东方,靠的正是自强不息的伟大精神。自强不息精神是其他民族精神的基础和前提。只有自强不息,奋发有为,战斗不止,才能为祖国的繁荣富强、安定和平提供强大的物质文化基础,才能树立起坚定的民族自尊心和自信心。只有自强不息,才能具有主观能动性、坚固性而在大风大浪中显示出勇敢果断精神来。自强不息精神实质上就是民族主体意识。在当前国际交往日益广泛、全球化趋势日益明显,国际竞争越来越激烈的态势下,中华民族要在对外开放中求生存、求发展、求稳定,就必须努力增强自主意识、主体意识,弘扬民族的自强不息精神。

以上我们分别阐述了中华民族五种主体精神之间的有机联系。它表明,爱国主义是核心,其他民族精神都从属于它,服务于它;自强不息精神是灵魂,它贯穿于各种民族精神之中;团结统一、爱好和平和勤劳勇敢是中华民族精神的主干,它们都为中华民族的生存、发展和振兴,为中国社会的发展提供了强大的精神动力。

三、中华民族精神的主要特征

中华民族精神既具有民族精神的普遍特征,又具有属于自己独有的特殊性。中华民族精神主要有恒久性与流变性、传统性与现实性、多元性与总体性等。深入了解和把握中华民族的基本特征,有助于我们正确认识中华民族精神的内在结构、存在方式和发展规律,以便更好地坚持弘扬和培育民族精神。

(一)恒久性与流变性

1. 中华民族精神的恒久性。中华民族精神的恒久性主要包括两大方面。

一是指中华民族精神的相对稳定性。从历史发展来说,作为中华民族精神,它一旦在秦汉之际奠定了基本框架之后,其主要内容一直延续至今。例如,春秋战国以至秦汉时期逐渐锻造出来的追求团结统一的理想信念被确定之后,就演变成我们民族的基本品格。从民族精神的本质来说,中华民族精神作为本民族文化当中最深刻、最内在的灵魂,它一旦生成,就会沉淀在中华民族国民心理文化结构之中,渗透到中华儿女的血液中,成为中华民族的文化基因,它一经形成就保持相对不变。正如江泽民指出的:"这个民族精神,积千年之精华,博大精深,根深蒂固,是中华民族生命机体中不可分割的重要成分。"①从中华民族精神的功能作用来说,它是中国社会发展的根本动力,是中华民族赖以生存、发展和安定的根本支柱。无数历史事实证明,一个没有坚强精神动力的民族是没有希望和前途的民族,一个缺乏崇高精神支撑的国家是涣散消沉的国家,一个丧失了共同精神支柱的社会是混乱无序的社会,"一个民族、一个国家,如果没有自己的精神支柱,就等于没有灵魂,就会失去凝聚力和生命力"②。中华民族在五千多年的历史发展中,历经磨难而信念愈坚,饱尝艰辛而斗志坚强,屡遭侵略而不倒,中华文明屡经侵蚀而延续不断,就在于有许多不变的基本精神相伴随。而且,"一个民族要在世界民族之林中保持其独立面貌,保持其民族风格,就必然要保持并发展自己的文化,保持并强化其民族精神"③。从影响民族精神的基本因素来说,几千年来,中华民族虽然有分有合,疆域也时有变更,但影响中华民族精神生成、发展、内容的各种因素如地理环境、小农经济结构、文化传统等几乎没变,特别是主要制约民族精神发展的儒家文化自从汉代实行"独尊儒术"政策、儒学被上升为统治思想之后,它的主导地位基本未被动摇,这些决定了中华民族精神具有相对持续性。

二是指中华民族精神的长久性。中国是世界上四大文明古国之一,有五千多年的悠久历史。大禹治水、愚公移山、女娲补天等尽管是一种美丽的传说故事,但它所表现出来的英雄气概、奉献精神

① 江泽民《江泽民论社会主义精神文明建设》,中央文献出版社1999版,第146页。
② 江泽民《江泽民论社会主义精神文明建设》,中央文献出版社1999版,第145页。
③ 梁自洁主编《中国精神》,济南出版社1990版,第10页。

和吃苦品格毕竟深深烙印渗透在中国先民的心理结构之中,成为中华民族挥之不去的"集体无意识"。早在原始社会,中华民族的祖先就在与恶劣的自然环境的抗争中锻铸出了自强不息、勇敢顽强、舍己为公等思想品质。在世界文明发展史上,中华文明源远流长,尽管到了近代随着西方资本主义国家的兴起,古老的中国开始落伍了,以至沦为殖民地半殖民地,可是中华人民共和国的成立宣告了东方巨人重新站起来了,改革开放使中国逐步迈向小康社会,综合国力跻身世界前列,而今中国已经发展到了全面建设小康社会新阶段,可以不夸张地说,中华民族已经实现了初步复兴。反观世界上许多古老文明,有的已经衰落了,如古巴比伦文明;有的已经灭绝了,如玛雅文明。中华文明之所以能够历经久远而不灭,如今又开始出现中兴,正是因为它背后有开放包容、自强不息、爱国忧民、崇仁尚义等民族精神在长期地支撑着它,推动它不断向前发展。

2. 中华民族精神的流变性。中华民族精神不仅具有稳定性,同时还具有变易性。这也有两方面。

一是中华民族精神的可变性。首先,中华民族作为民族精神的主体和载体是历史的、变化的。民族是一个历史范畴,"民族也和任何历史现象一样,是受变化规律支配的,它有自己的历史,有自己的始末。"①中华民族本身也是不断发展变化的。中华民族主体汉族是由古代的华夏族和其他民族长期融合而成,华夏族本身则是由传说中的炎帝、黄帝部族与别的几个部落交融而成。在华夏族与别的民族相互融合过程中,汉族包括的范围越来越广泛,到周代已包括夷人、狄人、戒人等。春秋战国时期,各诸侯国不断吸入了周边少数民族,如东北的胡族,南方的苗、彝族,西方的氐、羌、巴族。到了西汉,

①《斯大林选集》上卷,人民出版社1979年版,第64页。

汉族已是包括北方的鲜卑、羯等族及南方的“蛮”族的大民族。以后，各朝各代又分别同化了契丹、党项等少数民族。伴随着民族的历史发展，中华民族精神不断丰富和完善，尤其是吸取了其他少数民族精神的精华，使民族精神的具体内容和表现形式发生了深刻变化。当然，由于中华民族作为一个主体自从形成以后基本结构未发生改变，中华民族精神并未发生质的改变，而只是某些局部、某些形式和内容的变化。其次，不同历史时期特殊的社会经济、政治、文化条件使中华民族精神的具体内容发生改变。有时由于条件变化了，中华民族精神的某些因素的内涵会具有不同的历史规定性。就拿爱国主义这一民族精神的核心来说，它就具有鲜明的时代特征。传统封建社会爱国是同忠君联系在一起的，并带有“闭关锁国”特点，随着时代的前进和历史的进步，它不断被赋予新的内容、新的要求，我们今天讲的爱国主义，就是要热爱我们伟大的社会主义祖国，在党的领导下为祖国的繁荣富强贡献自身的智慧和力量，而且我们所要弘扬和培育的爱国主义不是狭隘的民族主义、关门主义，而是既善于借鉴国外一切先进的文明成果，坚持对外开放，同时又不妄自菲薄，崇洋媚外，不丧失国格、人格。有时由于历史条件变了，中华民族精神会增添某些新的内容。在儒家文化的影响下，传统中国人往往具有安贫乐道、重义轻利、不患贫而患不均、重农轻商、义务至上、团体为本、知足常乐等观念，随着我国社会现代化的发展，它们中的某些内容逐渐变得陈旧、落伍。社会主义改革开放、社会主义市场经济体制的确立和完善以及思想大解放，促使我国广大干部群众逐渐确立起了适应新形势需要的新的价值观念，人们的自主意识、竞争意识、创新意识、效率意识、个性意识、商品意识、金钱意识等有了显著增强，传统价值观开始瓦解，新的价值观开始树立。

二是中华民族精神的时代性。中华民族精神的时代性同其可变性密切相关，它实质上是指民族精神流变性在不同时代的表现，它说明中华民族精神具有阶段性特征。中华民族精神在秦汉基本形成以后，在总体框架保持不变的情况下，也加入了反映时代特征、适合时代要求的内容，并受特定时间、空间和条件的影响，往往呈现出不同的风貌，从而打上时代的印记，留下时代的痕迹。魏晋时期，人们追求生活的飘逸、安适；唐代盛世时期，中华民族表现出大度、开放、高贵的特点；近代以后，中华民族遭受到列强欺凌，人们的爱国热情空前高涨；进入改革开放以后，求真务实、求异创新、个性解放、自由开放等就成为时代的最强音。

(二)多元性与总体性

中华民族精神的多元性与总体性又可细分为三个方面。一是个体性与群体性，二是层次性与系统性，三是多样性与一元性。

1.个体性与群体性。在某种意义上说，中华民族精神就是一种群体精神。首先，中华民族是由古今中外华人、汉人和少数民族人所组成的大的群体，是由无数中国人构成的共同体，“民族是人们在历史上形成的一个有共同语言、共同地域、共同经济生活以及表现在共同文化上的共同心理素质的稳定的共同体”①。中华民族的这种群体性决定了中华民族精神必然带有群体性。其次，中华民族精神从本质上来说也具有群体特征。中华民族精神并不是哪一个个体所具有的精神，而是中华民族这个人群集合体绝大多数成员所共同认可、信奉、具有的带广泛性、普遍性的思想观念、价值观、道德人格等，它是中华民族的灵魂、内核，是整个民族向心力和凝聚力之源，它表现为整个中华民族的自尊心和自信心。

① 《斯大林选集》上卷，人民出版社1979年版，第64页。

中华民族精神的个体性是指它由中华民族每个社会成员具体来承担、认同、接受、创造和实现。严格意义上说，只有个体才具有身心结构，才具有主观能动性。离开了中华民族成员个体，中华民族精神也就不复存在。中华民族精神既是整个中华民族的精神支柱，又内化于每个社会成员的心理和行动之中。

要弘扬和培育中华民族精神，就要注意到它的群体性和个体性是密切相关、有机统一的。中华民族精神的群体性寓于个体性之中，是每个中华民族成员所表现出来的共同心理素质，离开了中华民族个体的认同、创造和接受，中华民族精神的群体性就无法实现；反过来，中华民族精神的群体性又规定着、影响着其个体性，中华民族精神作为一种共同的心理素质制约、规范着个体的思想和行为。

2. 层次性与系统性。中华民族精神具有明显的层次性。它可以分为三大层次。第一个层次包括爱国主义这一核心，以及团结统一、爱好和平、勤劳勇敢、自强不息这些主要内容。这一层次构成了中华民族精神的最高层次，或者说核心层。无疑，爱国主义是核心之核心。第二个层次包括由博大宽容、求真务实、艰苦奋斗、尚仁崇义等所构成的基本结构。第三个层次包括平等持中、豁达乐观、顾全大局、诚实守信等精神。即使是中华民族精神的同一要素，它内部也包含着不同方面、不同层次的要求。例如，爱国主义就包含着忧国忧民、勤奋工作、天下为公、忠心报国、为国捐躯等不同层次的行为规范。再如，自强不息表现为自尊自信、自主自立的品性，不卑不亢的独立人格；表现为坚韧不拔、奋发图强，在困难和挫折面前不悲观、不丧气，勇于开拓，积极进取；表现为志存高远，不安于小成，不囿于小利，为着远大理想和目标执著追求，等等。

中华民族精神分为不同层次，包含不同方面，但它却是一种完整的文化现象、一个层次有序的有机集合体。它的各个部分分别处于不同位置,承担着不同功能,同时又互相协调、互相作用、互相渗透和互为条件,组成了一个由爱国主义为核心的、具有很强自我调控、自我修整能力的系统。随着时代的发展,中华民族的某些精神要素有些可能变得不那么重要,有些可能会出现中断,如重农轻商,但中华民族精神的基本结构不会断裂,它作为一个系统仍会保持下去。

3. 多元性与一元性。中华民族精神呈现出较明显的多元化特征。首先,这一点不仅表现在中华精神的构成因素是多元的,也表现在它的制约因素是多元的。地理环境是影响中华精神的自然因素。中国文化因在贫瘠而较广大的地区产生,社会内部成员必然始终保持勤奋与朴素的美德,大海的波涛和陆地的铁共同锻铸了希腊人外向型、以真为本、绝对自由的个人实践平衡形态,而中国人内向型、以善为本、自由自觉的整体实践形态则与中国所处的内陆环境有着一定的关系。特定的经济、政治条件是制约中华精神的社会因素。小农经济基础上形成的农耕文明是中华民族具有勤劳朴实、自强不息(日出而作,日落而息)等品格的决定性条件。封建大一统专制制度固然给中华民族精神的健康发展带来负面效应,可它在特定意义上也会强化国人追求团结统一的心理。在以儒学为主体的传统文化的熏染下,中国人养成了重视道德的价值观。多种因素的作用使中华民族精神变得丰富多彩。其次,中华精神的多元性还表现在它的来源是多元的。中华民族精神之所以博大深邃、丰富多样,一个重要原因就是它由众多区域性精神融合而成,它吸取了齐鲁文化、燕赵文化、吴越文化、中原文化、荆楚文化等地域文化中的精华。例如,越王勾践的“卧薪尝胆”就是中华民族坚韧不拔、自强不息精神的源泉之一。黄河流域所要应付的自然挑战比两河流域和尼罗河流域严重得多,在气候严寒、土地贫瘠的环境中,黄河流域的先民培养出了勤劳朴实的性格。

中华民族精神在内部构成、决定因素和来源途径等方面的多元性,并不改变它的一元化特征。中华精神一旦生成,就会被模式化、固定化,变成一个相对独立的、自足的完整实体。它好比奔涌向前的长江或黄河,不同的源泉最终汇归于它,而它在流变过程中也会有不同的面相、不同的遭遇,但它的主流却一如既往,始终不变。中华精神虽然是多样化的,但它却以爱国主义为核心,爱国精神就像一条主线把众多中华民族精神要素有机串联起来,形成一股川流不息的主流。

(三)传统性与现代性

中华民族精神既是传统的又是现代的,是由传统精神和现代精神构成的有机整体。

1. 中华民族精神的传统性。中华民族精神是传统的产物。自原始社会开始,中华民族的祖先就在改造自然、改造社会的社会实践中,逐步锻造了民族文化、民族性格和民族意识,并从中凝聚为自强不息、艰苦奋斗、勤劳勇敢、克己奉公等精神品质。中华民族传统社会所特有的地理环境、生产生活方式、政治体制和观念文化深刻地制约着民族精神的内容、特征和发展。中华传统精神凝聚了中华民族以往历史文化的精华,它是由各地域文化、少数民族文化交流、碰撞的结晶,是由相对独立的大陆型自然环境和农业耕作方式所决定的精神特质,悠久的历史传统形成了中华民族以爱国主义为核心,以团结统一、爱好和平、勤劳勇敢、自强不息为主要内容的主体精神结构。早在秦汉之际,中华民族精神的基本内容就已产生了,从此在长达近两千年的演化过程中,它逐渐积累、沉淀而流传至今,并内化为现代中国人的文化心理结构和行为方式之中,成为我们民族宝贵的财富和优良的传统。

中华民族传统精神的基本特征主要有以下四方面。

第一,伦理本位。由于深受儒家伦理型文化的塑造,中华民族形成了重德的心理倾向、价值观念和人格特质。在传统中国社会,重义轻利、重理轻欲、重道轻器之类的重精神价值轻物质价值的价值观受到普遍尊奉,人们推崇"舍生取义"、"见义勇为"、"杀身成仁"等伦理风范,因此,中华民族素以礼仪之邦著称于世。此外,中国民族格外重视勤劳俭朴这一美德,像"俭以养德"、"俭以养廉"等观念十分流行。

第二,社会本位。中华民族精神的显著特征就是重社会整体(包括重国、重家、重群体)轻个体,突出他人导向、社会导向。克己奉公、舍己为人、仁爱忠恕、家族至上等成为社会普遍推崇的人格。可以说,传统中国社会一方面存在分散、独立式的小农经济意识,但另一方面却存在浓厚的原始集体主义观念,因此,忠君报国受到中国人的普遍称赞和认同。

第三,义务本位。中华民族非常强调个人对他人、对社会的责任,许多仁人志士怀有深厚的忧国忧民意识,抱有"天下兴亡,匹夫有责"、"先天下之忧而忧,后天下之乐而乐"的道义感,拥有强烈的民族自豪感和使命感,并因此导致民本主义思想在传统中国十分发达。

第四,关系本位。中华民族的主导价值观和道德观是重视人伦关系,重视血缘亲情,重视人情交往。这一点表现在精神导向上就是讲求和谐、平等,讲究中庸之道,讲究人际关系协调,据此团结统一、爱好和平成为中华民族最主要的精神品质。

以上所述的中华民族精神的传统性方面大体反映了中华民族传统精神的总体面貌。在几千年的历史发展过程中,中华民族精神不断丰富、发展和完善,广泛渗透于中国社会的制度习俗、社会规范、经济政治结构、文化教育等各个层面,内化在国民的价值观念、行为方式、道德规范等之中,转化成为传统中国社会强大的凝聚力、感召力和向心力。

2. 中华民族精神的现代性。随着明末清初资本主义经济的萌发,随着中国社会的对外开放、外来文化的不断涌入,随着近代中国社会开始迈向现代化,中华民族精神也开始由传统形态向现代形态转换,其中融入的现代因素越来越多。社会的发展也使人们认识到,中华民族传统精神虽然构筑了民族精神的基石,是民族精神的母体,因而必须加以继承和弘扬,但传统精神结构毕竟是适应传统社会的产物,它是不完善的,必须加入新的时代精神因素,才能使中华民族精神成为中华文明复兴、中国社会发展的强大动力,才能使民族精神保持永不衰绝的生命力,否则,就会窒息中华民族精神的发展。为此,中华民族进入近代以后,许多有识之士开始自觉地进行中华民族崇高精神的塑造,尤其是中国共产党人对中华民族精神进行了科学的改造和自觉的建构,赋予古老的中华精神以现代性因素和特质。

中华民族现代精神的主要特征表现在以下方面:

一是个性意识显著增强。传统中国社会的伦理观往往导致轻视个人的感性生命,导致轻视个人的权利、价值和欲求,导致个人的不发展。当代中国社会的价值观则是在坚持集体主义导向的前提下,肯定个人正当利益的追求,尊重和维护个人的权益、价值和尊严。

二是义利兼顾逐渐被普遍认同。传统中国重义轻利伦理取向往往造成社会发展动力不足,造成人们只求精神平衡、不思进取的流弊。当代中国的伦理观则是既重义又重利,努力把伦理完善同功利追求有机结合起来。

三是独立进取人格逐渐树立。中华民族精神的再造固然要继承和发扬传统的优秀人格(如自强不息),但也要注意人格现代化,摒弃传统文化中的依附、无为、中庸、崇古等消极人格特质。经过现代化的初步洗礼和改造,当代中国人的人格已经注入了许多现代因子,像开拓创新、独立自主、勇于竞争等人格越来越成为大多数中国人的普遍精神。

在马克思主义指导下,在社会主义思想主导下,在中国共产党的领导下,一种既立足于传统文化精神基础之上,又吸纳了现代文化因素,同时着眼于中华民族未来发展和创造的新的"三位一体"的中华民族精神必定会建构起来,这种集传统精神和现代精神于一体的中华民族精神必将在中国人的发展中发挥极其广泛重大的作用。

第五节　汲取儒家文化精神合理内核以共建中华民族精神家园

本书尤其是本章从不同层面阐述了儒家优秀文化精神是塑造培育中华民族基本精神的集体记忆与文化基因,是形塑中华民族国民性、人格特质、价值取向、德性修养、人生哲学、思维模式等精神质素的重要源泉,是培植新型民族精神和主流价值文化的有益养料。主流意识形态郑重提出要弘扬中华传统文化以共建中华民族精神家园的战略构想,这为我们辩证扬弃儒家文化精神以使之有机融合到核心价值体系和中华民族精神家园之中,赋予了庄严的使命,也增添了无穷的遐想和信心。

一、儒家文化精神转化为中华民族精神面临的挑战

现在的问题是这一事关中华民族文化复兴和文化整合的任务要得以顺利完成,必须面对许多挑战。

儒家文化由于由道德迷失、存在迷失和形上迷失而引发的精神危机应融入民族精神之中的必要性越来越被人认同,但儒学自近代以后受到多次打击,支离破碎,失去了制度的依托(1905 年废除了科举制)和政治的庇护,由于西学的冲击和教育体制的变革,加之语言的障碍使儒家经典解读困难,特别是“文化大革命”时期“批林批孔”运动引致的对儒学的误解和误读,使绝大多数民众对儒学存在陌生感、疏离感,缺乏现代新儒家所期许的“诚心与敬意”,缺乏最基本的认同,导致儒家文化精神转化为中华民族精神面临种种阻碍。

我们所要构建的民族精神及精神家园必须具备如下特征:既是符合人类普遍理性的、能够为中国社会的现代化提供强有力的精神动力,又能够真正为广大人民群众提供安身立命的信仰依托,为他们的安乐重生创设精神支柱,为其待人处世提供良好行为规范和人生导向,同时还能包含西方发达社会率先彰显出来的民主、科学、个性、法制、效率、公正、平等、自由、契约等精神理念。很显然,要把儒家文化精神纳入当代民族精神框架中,就必须解决好以下几大难题:差等之爱与普遍理性、等级与平等、伦理完善与功利追求、亲情与社会公正(合法)、民本与民主、重和与竞争、自律与他律、社会本位与个性发展,等等。尤其是当代中国社会要大力发展市场经济必须容忍“恶”从而排斥儒家伦理,同时社会上的道德危机及人民群众对一种合乎善的生活的追求,要求批判继承儒家仁义礼智信等伦理规范并加以整合,这种“二律背反”现象对儒家文化精神融入中华民族精神,既提出了巨大的挑战,又提供了良好的机遇。

怎样正确处理好儒家文化在中华民族精神的地位呢?前面我们从中华民族精神的产生发展和结构两方面论述了儒家文化对于中华民族精神的主导作用。不过,我们要认识到,当代中华民族精神家园作为涵盖价值观念、伦理品性、理想人格、国民品格、思维方式等在内的精神态文化系统应是既融汇了儒家文化精神，又吸收了西方合理精神要素，同时又包括当代中国人在现代化建设实践过程中的创造，是一种“三位一体”的精神系统。不论是大陆某些“新儒家”主张实施王道政治或儒化中国也好，还是港台等一些人士力主“儒学本位”也好，都不会受到主流意识形态的认可，比较现实可行的是，把儒家文化精神作为当代中华民族精神的有机组成部分，从属于以马克思主义或社会主义为主导的精神文化体系之中，以做到古为今用。

二、儒家文化精神纳入中华民族精神家园的路径选择

儒家文化精神虽然有的已经成为中华民族精神的重要成分，但也有并未被吸纳进去，这不仅是因为儒学的花朵飘零，成为某种孤坟野鬼，成为人们日渐被遗弃和遗忘的远逝的文物般东西，也是因为它自身面临着中国社会快速转型的巨大冲击，例如在广大农村，由于经济结构的转型和生产方式的转换，以前被颇为推崇的孝道逐渐走向衰落，不肖子孙越来越多；同时，当代中国道德建设工作不力，使以伦理精神为核心的儒家文化精神仍然游离于主流文化之外，并没有被绝大多数中国人所接受。

为积极推动儒家文化精神转化为中华民族精神，批判继承儒家文化用以构建中华民族精神家园，我们认为理应做好以下“三化”工作。

（一）社会化

这又分为以下三方面。一是政治化。所谓儒学政治化并不是要求国家大政方针奉行王道主义，也不是要儒化共产党、儒化社会主义，更不是要恢复儒家政统，而是一方面要让儒家主导价值观如仁爱、贵和、尊礼、尚中等成为主流文化核心价值体系不可或缺的价值支撑和价值基础，成为中国价值观的有机构成；另一方面，则是成

为党和国家领导人在对外文化交往中的重要政治智慧和文化精华，使儒家名言被引用、被宣传、被推广，从而代表中华民族精神形象而为世人关注，借以提高中国文化软实力；再一方面则是把儒家德治思想整合到"以德治国"的基本方略之中，吸收传统中国"举孝廉"、以德选官的某些做法，把具备儒家伦理品性的人选入干部队伍，纳入人事考核和管理范围。只有将儒家文化政治化，才能使之像古代中国"独尊儒术"一样，成为国家统治意志和统治思想的要素而在更大范围内得到重视和推广，成为民族的集体意识和众趋人格。

二是人文化。① 俗话说"文以载道"。虽然在当前世俗化的更为开放文明的市民社会，不能如同非常时期那样强求所有文学艺术的作品、大众传媒等文化产品均要宣传纲常伦理、理想道德，但从客观上说，文化产品不能不传播某种价值观念、人生态度、道德追求和审美情趣。当前，要想使儒家文化精神通过文化的传播、润泽、教育、范导而吸纳进入中华民族精神家园，使之成为绝大多数国民所奉行的灵魂性东西，就务必做到：在大中小学课程中加大儒家经典的分量，不能仅满足于把四书五经作为语文范本来读，而是要像新加坡那样考虑把儒学或儒教作为专门课程来让学生选择；要充分利用好文庙、孔庙、乡校、府学、碑刻、标语、口号、墙体等载体，宣传儒家文化精神，为广大民众提供日迁善而不知的儒家文化环境，孔子的故乡曲阜的做法值得向全社会推广；利用影视、动漫、图书等形式传播儒家人物事迹；加强儒家学科建设力量，培养一大批儒学大师、专家，使之成为传道解惑的文化人才，发展好各种儒学研究机构和

---

① 郑可君指出，国外在如何培养小公民方面大致有八种模式，即传统深厚而著称的法国公民教育、理论经验丰富成熟的美国公民教育、拓宽视野关注欧洲的英国公民教育、"多维公民"理念独特的加拿大公民教育、公民学加公民身份的澳大利亚公民教育、东方德育与西方价值兼备的新加坡公民教育、阶段特征鲜明的日本公民教育和突出国民精神教育的韩国公民教育。载《中国社会科学报》2010 年 11 月 2 日。

学术团体，使之成为传播研究乃至信仰儒学的中坚力量，等等。

三是大众化。在当前，由于科举制等依托制度的废止、语言文字的障碍、社会经济基础的变更、多次激进反传统运动的破坏以及主流意识形态、西方文化和现代化等的冲击，导致儒学在许多大众精神层面出现了疏离、陌生、冷待乃至排斥，因而，要使儒学成为绝大多数中国人的精神信仰、人格操守、价值向导、观念支撑，就不能将儒学博物馆化、学院化，而要使它走入大众日常生活之中，内化成为他们内心世界中的重要成素，这在某种意义上也就是在全民中进行儒学普及。从修身齐家达至治国平天下的内圣外王之道固然令人向往，但如果难以做到，则由格物致知诚心正意达至修身齐家也是可为可取的。要将儒家思想转化为民族精神，完全可以借助于向大众普及儒学使之成为人们的日常生活价值准则。陈卫平先生在谈到当代中国儒学普及时，提出了值得注意和深思的五大问题，这就是：历史经验——制度层面与义理层面、解读方法——我注六经与六经注我、思想内容——通俗性与深刻性、价值取向——学做圣贤与平民人格和主要渠道——大众传播与学校教育。① 虽然他所讲的有的已超过了儒学普及范畴，但毕竟深刻揭示了在儒学普及化过程中所存在的矛盾和困惑。当然，不论是普及还是提高，最好是把这五者相互对待方面结合起来，或做到兼顾，保持必要的张力。应当说，自20世纪90年代以来，儒学普及工作正逐步展开，诸如读经班、儒学讲坛、儒学普及读物、中华美德教育实验（吉林教科院承担了相关课题）、经典诵读活动等形式，都有力地推动了儒学在全国的推行。这里我们只想指出的是，目前在致力于普及儒学的人士之中，有一种泛伦理主义的倾向，把儒学普及的主题归结为“儒家伦

---

① 陈卫平《当代中国儒学普及的五个问题》，载《第一届世界儒学大会论文集》，文化艺术出版社2009年版。

理——公民道德——建设精神家园”。诚然，儒家伦理是儒学的核心，也是它的现实价值所在，但是儒家文化精神不等于儒家伦理精神，它还蕴含着人文主义精神、民本精神等，儒学也不能完全归结为道德，它还有为政之道和为人之道，我们在普及儒学、以使之成为全民族共同的价值诉求、伦理品格过程中，不仅要大力宣扬它的伦理价值和行为规范作用，同时也要把它当成人生智慧和政治智慧向全社会推广普及。当然，儒学的普及也应注意防止当前“国学热”中出现的赶时髦、功利化（商业炒作）、装门面、浮躁化等不正之风。

（二）多样化

当前中国和世界普遍呈现出多样化趋势，这一多样化固然会带来观念的差异与冲突、相对主义泛滥、个性的过度膨胀、行为的不一致、文明的冲突等弊端，但是诚如马克思主义所深刻指明的，人类文明正是在对抗中进步的，且必须付出一定的代价，依此去观照中国文化，就可发现整个社会的多样化也促进了思想的活跃、文化的革新、人的全面丰富等。在此一社会历史背景下，儒家文化要获得新的生机与活力，就必须顺应多样化的大趋势，这样它才能被更多持有不同价值观、伦理观和人生观，具有丰富多样个性和文化需求的人所接受，才能成为为绝大多数中华民族公民所共有和共享的人生信仰、价值追求、情感方式、处世哲学等，从而进入中华民族精神家园之中。为此，儒学的多样化就应如同我们上面指出的那样体现在不同的社会领域。

一是推动儒学学术文化的多样化。在儒学发展史上，由于不同的思想追求和时代背景，思想家建构了多种儒学形态，既有前后相继的先秦儒学、两汉经学、魏晋玄学、宋明理学和清代朴学，也有心性儒学、义理儒学、易学儒学、佛学儒学和实学儒学，近代以来，许多儒学研究者也建构了不同学术形态的儒学，如儒学本体论（成中英)、儒学道德形而上学(牟宗三)、新理学(冯友兰)、新心学(梁漱溟)等。这些均使儒学得到了新的发展,使人们对儒学的选择更加多样化。同时,儒学学术层面的多样化还应鼓励人们从不同的学术资源角度去探讨儒学,例如马克思主义儒学、现象学儒学、本体论儒学、社会主义儒学等。

二是发展不同存在形态的儒学。新时期以来,许多学者出于不同的理论旨趣提出了各自不同的儒学样态,例如实用儒学、生活儒学、政治儒学、社会儒学、民主儒学等。应当说,它们之间存在一定的思想歧异,但并不是绝对的、你死我活的互相排斥,而是在"理一分殊"的理念下,可以共生共进,共同在新的世界大势下,为人们的精神世界提供不一样的文化资源,它们将根据"多元一体"的致思理路从不同方面去丰富和发展中华民族精神。

三是认肯社会领域儒学的多样化。由于中国分为不同的阶层,社会也分为政治、经济、文化等不同领域,人们的文化心理结构和人生境界就有高下之分,这就为儒学分为不同的类型创造了社会基础。正是顺应这一社会现实,学术界的同仁纷纷提出了不同的儒学类型,既有学院儒学也有草根儒学,既有伦理儒学也有宗教儒学,既有制度儒学也有新兴儒家经济学。① 另外,前面我们已指出,在国际上也存在不同的儒学样态,如中国儒学、韩国儒学、日本儒学、美国儒学等。即使是同一个国家,儒学也分为不同的具体样式。例如中国就有大陆儒学、台湾儒学和香港儒学之别,在美国则有波士顿儒学和夏威夷儒学之分。这些社会领域的儒学各有其存在的合理性,它们应在加强对话和交流的过程中,共同为华人世界提供精神资源,由此为中华民族精神的发展完善贡献智慧。

① 参见张峰《新兴儒家经济学》,研究出版社 2009 年版。

(三)现代化

中国社会的现代化显然并未完成,但作为一个后发现代化国家正处于加速转型过程之中,中国社会的整体现代化需要民族精神现代化及其人格现代化、观念现代化和道德现代化,儒学毕竟是适应传统专制政体、小农经济、宗法关系等的产物,它固然蕴含一些超历史的共相的东西,但也存在不适应现代化的落后成分,它要继续成为当代中华民族精神家园能够接纳的精华,就不能不使自身实现现代转型。为此,必须做好以下工作:

一是创造性转化。这一点我们已在上一章作了说明。这里不妨引述现代新儒学代表性人物杜维明的人格观点作进一步解释。杜先生在接受薛涌的访谈中对儒学的现代转化进行了较为系统的阐释。同李泽厚主张儒学四期说不同,杜先生力倡儒学三期说。立足于儒学三期发展说,他指出,中国的现代化要解决四个问题:要发扬代表中华民族文化认同的优良传统精神,要彻底扬弃在中国为害甚深的封建遗毒,要引进西方文化中最精彩、深刻的东西,同时也要认清与之俱来的一些负面现象,清除一些必须清除的"污染"。他指明儒家学说与现代人存在种种矛盾,如"五伦"往往会限制人的个性发展,它为人的生活提供的道路比较狭窄,对儒学的一些君子人格设想应进行批判,同时他又认为儒家所塑造的人格是一种全面性的人格,它既有开放性,又有无穷的内在动源;既非窝囊的"乡愿",又不是以个人主义为中心的男子汉;既有开拓的心灵,又有一种群体的自我意识,以强烈的社会关切对人类各方面的问题都加以照察,因而它有适应现代化的一面。[1] 在我们看来,不管是提创造性转化也好,还是提转换性创造也好,要使儒家文化精神能够适应中华民

① 参见杜维明《儒家传统的现代转化》,中国广播电视出版社 1992 年版。

族精神家园的需要，不仅要做好剥离工作，去粗取精，也要结合当代中国社会实际进行转换，例如像日本那样，把对封建君主的“忠”转化为对企业的“忠”，同时也要大力进行儒学创新，赋予它以新的内涵、新的生命力、新的要素，像国内提出的新孝文化即是对儒家“孝道”的超越。

二是世俗化。世俗化同现代化是相伴相生的，随着现代化的发展，一个国家公民会更加关注日常生活中的享受、发展，追求平民化的生活方式，关心现世的人生体验；与之相应，民族精神也会变得更加务实，更为契合普通大众的个人正当利益追求，更加现实化、入世化。在这样的生存背景下，儒家文化也必须相应做出调整和更新，使其精神要素如仁爱精神、重信精神、礼义精神、忠恕之道等日益平民化、去魅化，只有这样，才能为广大人民群众所理解、认同和接受，进而上升为一种民族集体品格。多年来，蒋国保先生致力于儒家世俗化的探索，这一努力对于如何吸收儒家文化精神的合理成分以建构中华民族精神家园，富有重要意义。儒家文化精神的世俗化即是通俗化，不过通俗化并不等于庸俗化，它无非是要求我们把儒家经典用文言文形式所传达的义理之学变成易懂的现代话语，这就是改变儒家文化的言说方式，使老百姓喜闻乐见、易于接受。对此，我们应当学习明清时期的做法，编写新的三字经之类的蒙学读物，同时把儒学的一些精神要素融贯到民规民约、标语口号、座右铭等之中去。至于利用故事、小说、评书等方式也不失为儒学通俗化的好形式，这能做到雅俗共赏、下里巴人。当然在儒学通俗化过程中，也要注意传播者的儒学功夫修养，防止出现对儒学的误读误解。陈卫平先生所讲的于丹《论语心得》出现的回避孔子儒学内在矛盾的问题确实值得我们警惕。

三是全球化。中国儒学早在汉代就开始传播到近邻的韩国和日本,进而向越南、马来西亚等国输出,到了15世纪被一些传教士带到欧洲,以致对欧洲的启蒙运动产生了影响。20世纪末以来,世界经济全球化步伐进一步加快。许多人只承认经济全球化,否定文化的全球化,实际上,文化全球化已成为一种必然的经验事实。全球化固然会造成文化的某种同质化,但它也为不同民族文化在全球范围内展现自身的魅力和价值提供了机会和舞台。近年来,令世人瞩目的是孔子学院实现跨越式发展,已达三百多家,孔子早已成为世界文化名人。日本和亚洲"四小龙"的经济腾飞也引发了马克斯·韦伯关于儒家伦理阻碍资本主义兴起思想的重新评估,有的论者甚至提出了"儒教资本主义"概念。"他山之石,可以攻玉。"儒学在国际上普遍受到重视,为他人所了解乃至接受,这既提高了中华民族的文化软实力,也增强了国人对传统儒家文化现代价值的信心和认同感,这些为儒家文化精神成为全民族的普遍心理和群体意识创造了很好的外部条件;同时又可在文明对撞中发现儒家文化自身中的某些不足和缺失。今后,我们应将儒家文化价值观经过去粗取精、去伪存真的改造后融入中华民族精神价值体系之中,向全世界宣扬,成为普世价值、普世伦理的重要一元,以更进一步提高民族文化自信心,增强对儒家传统文化的认同感,在文明对话中反观儒学,在防止文化帝国主义的前提下致力于儒家文化向域外输出,以提高儒家文化精神在中华民族精神家园中的地位。

总之,儒家文化传统尽管出现了某种断裂,但它仍然沉淀在中华民族的血液中,它已成为全民族共同的精神记忆和中华民族特有的文化基因,它将是我们创造中华民族共有精神家园的思想根基和宝贵资源,应按照去粗取精、为我所用、古为今用的原则,把它熔铸到中华民族精神世界之中。根据中华民族基本精神不断发展完善的期待,"当前,特别要对天下兴亡、匹夫有责的爱国传统,天地之间莫贵于民的民本理念，以和为贵、和而不同的‘和合’思想，革故鼎新、因势而变的创新精神，富贵不淫、威武不屈的高尚气节，扶正扬善、恪守信义的社会美德等，进行深入研究和阐发，并结合新的实践不断加以发扬光大”①。

①《十七大报告辅导读本》，人民出版社 2007 年版，第 293 ~294 页。

主要参考文献

一、古籍部分

1. 徐元诰《国语集解》,中华书局 2002 年版。
2. [春秋]左丘明《国语》,上海古籍出版社 1988 年版。
3. [清]孙诒让《周礼正义》,中华书局 1987 年版。
4. [明]来知德《易经集注》,上海书店 1988 年版。
5. [清]王夫之《尚书引义》,中华书局 1976 年版。
6. [晋]杜预《春秋经传集解》,上海古籍出版社 1978 年版。
7. [清]黎翔凤《管子校注》,中华书局 2004 年版。
8. 朱谦之《老子校释》,中华书局 1963 年版。
9. 王焕镳《墨子校释》,浙江古籍出版社 1987 年版。
10. [清]戴震《孟子字义疏证》,中华书局 1961 年版。
11. [清]王先谦《荀子集解》,中华书局 1988 年版。
12. [清]王先慎《韩非子集解》,中华书局 1998 年版。
13. [宋]朱熹《四书章句集注》,中华书局 1983 年版。
14. 国学整理社《诸子集成》,中华书局 1954 年版。
15.《十三经注疏·孝经注疏》,中华书局 1957 年版。
16. 陈士轲辑《孔子家语疏证》,中华书局 1985 年版。
17. [清]孙希旦《礼记集解》,中华书局 1989 年版。
18. [清]王聘珍《大戴礼记解诂》,中华书局 1983 年版。

19.［汉］司马迁《史记》，中华书局1959年版。
20.［汉］班固《汉书》，中华书局1962年版。
21.［汉］贾谊《新书》，中华书局1985年版。
22. 王符《潜夫论》，上海古籍出版社1978年版。
23. 苏舆撰《春秋繁露义证》，中华书局1992年版。
24. 何宁《淮南子集释》，中华书局1998年版。
25. 汪荣宝《法言义疏》，中华书局1987年版。
26.［汉］王充《论衡》，中华书局1985年版。
27.［汉］荀悦《申鉴》，上海古籍出版社1990年版。
28. 王利器《盐铁论校注》，中华书局1992年版。
29.［三国］诸葛亮《诸葛亮集》，中华书局1960年版。
30.［唐］韩愈《韩昌黎集》，商务印书馆1958年版。
31.［唐］李翱《李文公集》，上海古籍出版社1987年版。
32.［唐］柳宗元《柳河东集》，上海古籍出版社2008年版。
33.［宋］李觏《李觏集》，中华书局1981年版。
34.［宋］邵雍《皇极经世书》，中州古籍出版社2007年版。
35.［宋］周敦颐《太极图说》，上海古籍出版社1992年版。
36.［宋］张载《张载集》，中华书局1978年版。
37.［宋］张载《张子全书》，台湾商务印书馆1985年版。
38.［宋］王安石《王临川全集》，中华书局1966年版。
39.［宋］欧阳修《新五代史》，中华书局1992年版。
40.［宋］程颢、程颐《二程集》，中华书局1981年版。
41.［宋］张栻《张南轩先生文集》，上海商务印书馆1936年版。
42.［宋］黎靖德编《朱子语类》，中华书局1994年版。
43.［宋］朱熹《朱子全书》，上海古籍出版社2003年版。
44.［宋］吕祖谦《吕东来先生文集》，丛书集成初编本，中华书局

1985 年版。

45.[宋]陆九渊《陆九渊集》,中华书局 1980 年版。

46.[明]王守仁《王阳明全集》,上海古籍出版社 1992 年版。

47.[明]王守仁《王文成公全书》,商务印书馆 1935 年版。

48.[明]薛瑄《读书录》,山东友谊出版社 1989 年版。

49.[明]罗钦顺《困知记》,中华书局 1990 年版。

50.[明]何心隐《何心隐集》,中华书局 1960 年版。

51.[明]王廷相《王氏家藏集》,台北伟文图书出版社有限公司 1976 年版。

52.[明]胡广等纂修《性理大全》,山东友谊出版社 1989 年版。

53.[清]黄宗羲《宋元学案》,中华书局 1986 年版。

54.[清]黄宗羲《明儒学案》,中华书局 1985 年版。

55.[清]黄宗羲《黄宗羲全集》,浙江古籍出版社 2005 年版。

56.[清]顾炎武著,黄汝成集释《日知录集释》,上海古籍出版社 2006 年版。

57.[清]王夫之《诗广传》,中华书局 1964 年版。

58.[清]王夫之《张子正蒙注》,中华书局 1975 年版。

59.[清]唐甄《潜书》,中华书局 1955 年版。

60.[清]颜元《颜元集》,中华书局 1987 年版。

61.[清]李光地《性理精义》,中华书局影印本。

62.[清]章学诚《文史通义校注》,中华书局 1985 年版。

63.[清]赵尔巽等《清史稿》,中华书局 1977 年版。

64.[清]焦循《雕菰集》,中华书局 1985 年版。

二、著作部分

1.(古希腊)亚里士多德《政治学》,商务印书馆 1965 年版。

2.《斯大林选集》,人民出版社 1979 年版。

3.(英)休谟《人性论》,商务印书馆 1980 年版。

4.(俄)季塔连科主编《马克思主义伦理学》,上海译文出版社 1981 年版。

5.(法)卢梭《论人类不平等的起源和基础》,商务印书馆 1982 年版。

6.(德)黑格尔《法哲学原理》,商务印书馆 1982 年版。

7.(日)安倍能成《康德实践哲学》,福建人民出版社 1984 年版。

8. 费孝通《乡土中国》,生活·读书·新知三联书店 1985 年版。

9. 牟宗三《圆善论》,台湾学生书局 1985 年版。

10. 余英时《从价值系统看中国文化的现代意义》,时报文化出版公司 1986 年版。

11. 柏杨《丑陋的中国人》,花城出版社 1986 年版。

12. 杨国枢主编《中国人的心理》,桂冠图书公司 1988 年版。

13.(美)罗尔斯《正义论》,中国社会科学出版社 1988 年版。

14. 王润生《我们性格中的悲剧》,贵州人民出版社 1988 年版。

15. 黄光国编《中国人的权力游戏》,巨流图书公司 1988 年版。

16.(德)泡尔生《伦理学体系》,中国社会科学出版社 1988 年版。

17. 贺麟《文化与人生》,商务印书馆 1988 年版。

18. 姜国柱、朱葵菊《中国历史上的人性论》,中国社会科学出版社 1989 年版。

19. 王润生《现代化与现代伦理精神》,广西人民出版社 1989 年版。

20. 李欣复主编《儒家思想与未来社会》,上海人民出版社 1989 年版。

21. 封祖盛编《当代新儒家》,生活·读书·新知三联书店 1989 年版。

22. 梁启超《饮冰室合集》,中华书局 1989 年版。

23. 梁自洁主编《中国精神》,济南出版社 1990 年版。

24. 韦政通《儒家与现代中国》,上海人民出版社 1990 年版。

25. 余英时《内在超越之路》,中国广播电视出版社 1992 年版。

26. 杜维明著,岳华编《儒家传统的现代转化》,中国广播电视出版社 1992 年版。

27. 侯外庐、邱汉生、张岂之主编《宋明理学史》,人民出版社 1992 年版。

28.《邓小平文选》,人民出版社 1993 年版。

29.《马克思恩格斯选集》,人民出版社 1995 年版。

30. 陈谷嘉《儒家伦理哲学》,人民出版社 1996 年版。

31. 牟宗三《心体与性体》,上海古籍出版社 1996 年版。

32.(德)黑格尔《精神现象学》,商务印书馆 1996 年版。

33. 姜广辉《走出理学·"实学"考辨》,辽宁教育出版社 1997 年版。

34. 郭沫兰主编《齐鲁文化》,华艺出版社 1997 年版。

35. 冯友兰《三松堂全集》,河南人民出版社 2000 年版。

36. 牟钟鉴《儒学价值的新探索》,齐鲁书社 2001 年版。

37. 江泽民《论党的建设》,中央文献出版社 2001 年版。

38. 崔大华《儒学概论》,人民出版社 2001 年版。

39. 徐复观《中国人性论史(先秦篇)》,生活·读书·新知三联书店 2001 年版。

40. 董根洪《儒家中和哲学通论》,齐鲁书社 2001 年版。

41. 郑家栋《断裂中的传统》,中国社会科学出版社 2001 年版。

42. 刘宗贤《儒家伦理——秩序与活力》，齐鲁书社 2002 年版。

43. 倪素襄编著《伦理学导论》，武汉大学出版社 2002 年版。

44. 张立文《宋明理学研究》，人民出版社 2002 年版。

45. 刘厚琴《儒学与汉代社会》，齐鲁书社 2002 年版。

46. 杨国荣《道德形而上学引论》，五南图书出版公司印行 2002 年版。

47. 骆承烈编《中国古代孝道资料选编》，山东大学出版社 2003 年版。

48. 李泽厚《中国古代思想史论》，天津社会科学院出版社 2003 年版。

49. 刘宗贤、蔡德贵主编《当代东方儒学》，人民出版社 2003 年版。

50. 郭齐勇主编《伦理争鸣集》，湖北人民出版社 2004 年版。

51. 丁冠之等《儒家道德的重建》，齐鲁书社 2004 年版。

52. 曾振宇主编《儒家伦理思想研究》，中华书局 2004 年版。

53. 姜林祥《儒学在国外的传播与影响》，齐鲁书社 2004 年版。

54. 李泽厚《实用理学与乐感文化》，生活·读书·新知三联书店 2005 年版。

55. 仝晰纲等著《中华伦理范畴·义》，中国社会科学出版社 2006 年版。

56. 李翔海、邓克武编《成中英文集·伦理与管理》，湖北人民出版社 2006 年版。

57. 张涛、项永琴著《中华伦理范畴·廉》，中国社会科学出版社 2006 年版。

58. 干春松《制度儒学》，世纪出版集团 2006 年版。

59. 李翔海、邓克武编《成中英文集》，湖北人民出版社 2006

年版。

60. 张岱年、程宜山《中国文化论争》,中国人民大学出版社 2006 年版。

61. 王瑾瑾主编《中国文化概论》,机械工业出版社 2007 年版。

62. 张树骅、宋焕新主编《儒学与实学及其现代价值》,齐鲁书社 2007 年版。

63. 张峰《新兴儒家经济学》,研究出版社 2009 年版。

64. 李明辉《儒家思想的现代诠释》,台湾"中央研究院"中国文哲研究所筹备处 1997 年版。

三、文章部分

1. 魏英敏《论共产主义道德原则及层次性问题》,《北京大学学报》1985 年第 4 期。

2. 甘阳《传统、时间性与未来》,《读书》1987 年第 2 期。

3. 陈鼓应《论道家在中国哲学史上的主干地位》,《哲学研究》1990 年第 1 期。

4. 罗炽《论中国实学范畴内涵的历史演变》,《湖北大学学报》1996 年第 4 期。

5. 蒙培元《从孟子"仁民爱物说"看儒家生态观》,《大众日报》1999 年 8 月 9 日。

6. 何怀宏《儒家生态伦理思想述略》,《中国人民大学学报》2000 年第 2 期。

7. 李维武《现代新儒学重建本体论的贡献与困境》,载丁冠之等主编《儒家道德的重建》,齐鲁书社 2001 年版。

8. 蒙培元《中国的德性伦理有没有普遍性》,载丁冠之等主编《儒家道德的重建》,齐鲁书社 2001 年版。

9. 仲崇盛、宋戈《论“依法治国”中法律与道德的关系》,《理论与现代化》2001 年第 1 期。

10. 郁建兴《法治与德治衡论》,《哲学研究》2001 年第 4 期。

11. 白奚《仁爱观念与生态伦理》,《首都师范大学学报》2002 年第 1 期。

12. 葛荣晋《试评儒家生态哲学思想及其现代价值》,《长安大学学报》2002 年第 1 期。

13. 刘清平《美德还是腐败》,《哲学研究》2002 年第 2 期。

14. 任俊华《孟子的生态伦理思想管窥》,《齐鲁学刊》2003 年第 4 期。

15. 刘清平《儒家伦理:道德理性还是血亲情理?》,载曾振宇主编《儒家伦理思想研究》,中华书局 2003 年版。

16. 蒙培元《人是情感的存在》,《社会科学战线》2003 年第 2 期。

17.《胡锦涛总书记在省部级主要领导干部提高构建社会主义和谐社会能力专题研讨班开班式上的重要讲话》,2005 年 2 月 19 日。

18. 陈卫平《当代中国儒学普及的五个问题》,载《第一届世界儒学大会论文集》,文化艺术出版社 2009 年版。

19. 夏长朴《孔子的实学》,载《中国哲学》第 16 辑。

后 记

经过近五年苦我心智、劳吾筋骨的艰苦劳作，终于把本作奉献给读者诸君。虽然时光不算短，但由于时常杂务缠身，使我不能像亚圣孟子所期望的那样做到专心致志，使拙著存在这样那样的缺漏，这只能期待日后在我对儒学一如既往的执著探索中去做些微弥补。

这本专著是国家社会科学基金项目“儒学对人发展的影响研究”的最终成果。坦率地说，当得知我的申请得以公正立项后，有些喜出望外，同时又世俗地涌现出些许兴奋之情。不过，过后我的心里感到的更多是沉重，一则儒学对人发展产生的影响太过复杂、内容众多，而我才识粗浅，难以完整把握；二则该项目带有较大的开拓性，尽管前贤作了创造性研究，但尚不系统也不直接，要把这一问题打磨清楚着实不易，对我极具挑战性；三是课题组成员或是退休，或是忙于其他事务，只能凭我一己之力去完成。经过苦思冥想，最后确定从儒家的基本思想和主要特质两个维度去分析儒家对人发展在理论上和实践上所产生的影响。然而，不论是儒家思想抑或是特质均复杂多样，这迫使我只能择取要端且有一定研究基础的方面，去透视儒学对人发展所产生的作用及意义。欠缺之处，只能依靠以后分别对儒家道德哲学、儒家政治哲学和儒家人类哲学的研究加以解决。

当初之所以选择做“儒学对人发展的影响”这一课题，并不是一时心血来潮,也不是旨在标新立异,而是出于如下种种考虑:一是我长期从事人学研究,对人的全面发展问题颇感兴趣,由于特殊的机遇,推动我去挖掘儒家文化有助于人健康发展的资源;二是在对儒学的特征、地位、作用及其价值等问题进行思索过程中,明清以来有关"理(礼)教杀人"的观念总是困扰着我,让我难以释怀,促使我对儒学给予人带来的影响作出客观、公正、全面的判定;三是觉得引入人的全面发展这一参考框架去认识和把握儒学的当代定位和转化问题,有助于克服文化极端保守主义和虚无主义的"洞穴假相"。然而,我深知我所得出的"儒学对人发展产生积极和消极双重效应"这一结论,既让一些文化原教旨主义者恼怒,也让某些文化自由主义者难以认同,可谓两边不讨好。好在我的治学态度是严谨的,对儒学也是抱有诚心和敬意的。

国家社会科学基金委员会将我的申请立项,并给予多方面的关心与支持,为我从事儒学对人发展的影响研究提供了历史机缘和精神动力,这是首先要感谢的。吴光、宋志明、张全新、杨朝明诸位前贤同道在审阅成果报告时,也奉献了宝贵的真知灼见,我将铭记在心。我的夫人张树群女士克服了常人难以想象的困难,默默承担了繁重的家务事,让我有更多的时间和空间去思考相关问题。我的众多圈内好友的关爱,使我在遭受"智慧的痛苦"的同时,能够得到精神的放松和心灵的慰藉。特别是我人生的最好朋友张友谊贤兄,他的宽容豁达、聪明睿智让我能够把学术苦差事转换成快乐光彩事业。我的学术团体中的诸位同仁,也给了我难得的思想收益和工作支持。我真诚地把这本著作奉献给他们。

涂可国

2011年6月8日

图书在版编目（CIP）数据

儒学与人的发展/涂可国著. —济南：齐鲁书社，2011.10

ISBN 978-7-5333-2530-5

Ⅰ.①儒… Ⅱ.①涂… Ⅲ.①儒学—研究②人学—研究 Ⅳ.①B222.05②C912.1

中国版本图书馆 CIP 数据核字（2011）第 189754 号

儒学与人的发展

涂可国 著

出版发行 齊魯書社

社　　址 济南市英雄山路 189 号
邮　　编 250002
网　　址 www.qlss.com.cn
电子邮箱 qlss@sdpress.com.cn
印　　刷 山东新华印刷厂德州厂
开　　本 880mm×1230mm 1/32
印　　张 20.75
插　　页 3
字　　数 539 千
版　　次 2011 年 10 月第 1 版
印　　次 2011 年 10 月第 1 次印刷
标准书号 ISBN 978-7-5333-2530-5
定　　价 69.00 元

儒家哲学文库书目

《儒家管理哲学新论》 孙聚友著（已出）

《中国现代哲学新论》 李军 曹跃明著（已出）

《荀子与儒家哲学》 路德斌著（已出）

《儒学与人的发展》 涂可国著（已出）

《鲁文化与文化强省建设》 张进著（待出）

《儒家道德哲学》 涂可国著（待出）

《周易哲学研究》 刘云超著（待出）